Fudan Translation Series

西方经济社会思想名著译丛 ／韦森 主编

上　册

政治经济学常识

The Common Sense of Political Economy

〔英〕菲利普·威克斯蒂德／著
李文溥／等译

复旦大学出版社

译丛总序

韦森

探索中华民族的振兴富强之路,建设一个现代民主法治国家,已成为近代以来无数中国知识分子和社会有识之士长期追寻的一个梦想,亦有无数志士仁人为之付出过艰苦卓绝的努力。通观晚清以来中国社会变迁的过程,可以发现,中国社会现代化的一个主旋律是思想启蒙和思想解放。这一思想启蒙过程的一个重要组成部分,是中国学界从西方翻译出版了大量包括马克思主义经典著作在内的近现代科学和社会科学的学术思想名著,以致于在某种程度上我们不得不承认,晚清和民国以降中国社会的现代化过程,实际上变成了一个对西方近现代以来的自然科学和社会科学的某些理论和一些普世价值的转译、继受、改造以及对象化(embodiment)的过程。

经历了晚清君主立宪、辛亥革命、新中国 1949 年建立和 1978 年以来的改革开放,中华民族目前正处在 21 世纪伟大历史复兴的一个节骨眼上。改革开放以来中国社会的迅速市场化,既为经济增长提供了强大的动力,亦带来了诸多社会问题和挑战。未来中国向何处去?《中华人民共和国宪法》第五条所确定的建设一个"法治国家"的社会目标如何实现?在数千年的历史长河中经历了无数次战乱和王朝更替,中华民族如何才能在21世纪型构出一个既能确保经济稳定增长、社会长治久安、人民康乐幸福,又公正和合理的制度安排?这均是当今中国社会所面临的一些重大理论和现实问题。面对这些亟须回答的重大理论和现实问题,一些社会共识正在中国社会各界内部慢慢形成,这其中包括:现代市场经济体系的良序运作需要相应的法律制度,而良序运作的法制必须由一个宪政民主的政制框架来支撑。换言之,只有现代市场经济体制与宪政民主政制下的良序法律制度相结合,才会构成一个现代法治社会或曰法治国家。

然而,为什么现代市场经济的运作自然要求民主与法治?到底什么才是一个"法治社会"或"法治国家"?一个现代法治社会的存在和运作的法理及伦理基础又是什么?要恰当认识这些问题,就要求中国学界在当今中国与国际社会互动发展的动态格局中,能明辨出人类社会运行的一些基本法则和人类社会的一些普世价值。要做到这一点,广泛阅读并理解西方近现代以来在各学科内部不断出现和形成的一些经典名著,尤其是在经济学的社会选择理论和福利经济学与伦理学、政治学、法学等相近学科交叉领域中的一些经典文献,是一个必要前提。从这个角度来看,译介国际上已经出版的与这些重大理论问题有关的一些经典文献,无疑是一项基础性的理论工作。

基于上述考虑,笔者和一些学界的朋友、同事、身边的几个学生,与复旦大学出版社的编辑同仁一起,共同策划了这套译丛。我们希望,通过这套丛书的陆续翻译出版,能在译介中汲取并型构思想,在思想中反思现实,进而在东西方文化与思想观念的差异的审视中,以及在东西方社会制度演化变迁的不同路径的比较中,来认识和把握人类社会发展的一般趋势。有了这个宗旨,在选编这套译丛时,我们基本上打破了——或曰已超越了——目前已形成的一些现有学科划分的界限,不仅选取了西方一些经济学名家的著作,也选取了国际上法学、伦理学、政治哲学、社会学、人类学、史学等其他学科中一些名家和大师的经典作品。我们希望,通过把这些名著翻译为中文,使国内学界和广大青年学子能对西方近现代和当代的一些著名思想家对现代市场运行的基本条件以及对其政治和法律制度基础的理论阐释有所了解。只有通过这样一些基础性的工作,我们才能较恰当地认识一个现代社会的公平、正义、合理和效率原则,才能理解那些确保市场运行和经济可持续增长的法治制度的法理和伦理基础。通过这样一个过程,我们才有可能期望社会各界逐渐形成在未来中国社会发展道路选择上的一些"重叠共识"。

为了达至这一目标,我们把这套丛书设计为一个相对开放的体系:其一,既不囿于某一学科,也不限于任一流派,并对不同学科、不同学术观点、不同政治主张,甚至不同政策见解,完全持一种包容和开放态度;其二,我们会随着对国际上哲学社会科学经典文献认识的增宽和加深,以及随着对国外哲学社会科学新近发展动态的把握,不断把西方学术思想中的一些新的和真正的精华引介到中文中来,从而期盼未来中国的学术思想界能大致与世界同行同步探索,共同推进人类经济社会思想探索的前沿边界,并为未来中国的经济社会发展探寻深层的学理和思想基础。

"大学之道,在明明德,在亲民,在止于至善。"(《礼证·大学》)在21世纪中华民族伟大复兴的历史契机面前,让我们以一种开放的胸襟、开阔的视野和海纳百川的宽容心态,来广泛汲取人类各文明社会中业已形成并积累、发展起来的思想精粹,努力明辨已被世界上绝大多数社会所接受和认同的一些人类社会普世价值,明天道,育新民,开心智,共同呼唤中华民族在21世纪的新思想启蒙和精神复兴。值此,我们由衷地希望,经由复旦大学出版社的这套"西方经济社会思想名著译丛"的出版,能汇集编者、译者和出版者的共同努力,涓滴汇流,增益于未来中国的法治化市场经济体制的型构与建设。

2008 年 6 月 12 日晨谨识于复旦园

目　录

序言 / 001

前言 / 001

导言 / 001

第一卷　系统化和建设性 / 009

第一章　导言：资源与替代物之间选择的管理、价格和相对程度 / 011

第二章　物质报酬边际递减 / 031

第三章　经济管理及其困难 / 091

第四章　货币和交易：共同相关范围 / 114

第五章　商业与经济关系 / 139

第六章　市场 / 183

第七章　市场（续）：利息、工具和土地 / 227

第八章　市场（续）：收入 / 267

第九章　分配、生产的成本 / 301

第二卷　浏览与批评 / 333

第一章　边际及其图示 / 335

第二章　表示满足的面积和边际重要性的图示法 / 365

第三章 总满足曲线的性质 / 393

第四章 买方和卖方 需求和供给 / 409

第五章 "报酬递减和报酬递增"理论 / 437

第六章 租金法则的图表表述及其应用 / 456

第七章 银行、票据、货币 / 476

第三卷 分析和实例 / 517

第一章 案例分析 / 519

第二章 进一步分析 / 544

第三章 结论 / 572

论文精选及评论

马克思的价值理论

    1. 资本论：一种批评 / 581

    2. 杰文斯学派对马克思的批评 / 596

    3. 杰文斯学派对马克思的批评：一个回答 / 602

对杰文斯的政治经济学理论的某些部分的研究 / 605

基本数理经济学

    1. 经济数理度量维度 / 623

    2. 效用程度 / 627

    3. 最终效用程度 / 629

政治经济学与心理学 / 633

价值与分配："边际"理论下的政治经济学的研究范围和方法 / 638

最后效用 / 659

评论与个人传记

    1. 威廉·斯坦利杰文斯 / 663

2. 杰文斯的经济学著作 / 670

3. 帕累托的政治经济学手册 / 674

4. 西德尼·查普曼先生的政治经济学 / 677

5. 达文波特的企业经济学 / 680

扩充课程的精选提纲

1. 政治经济学的要素(益处或价值),1891 / 685

2. 租金和利息,1892 / 697

3. 收入和支出的理论(第二次课),1895 / 699

4. 获取与支出,1905 / 706

附录 / 718

索引 / 721

译后记 / 744

序　言

菲利普·亨利·威克斯蒂德(Philip Henry Wicksteed)——收录在本卷书的《政治经济学常识》及其他一些论著的作者是刚刚过去的半个世纪中最非凡的智者之一,是唯一神教派牧师的领导成员①。威克斯蒂德是他那个时代研究中世纪社会的最重要学者之一,是享有国际声誉的经济学家,是一位在知识的高度技术性分支领域作出了具有永久价值的贡献的学者。同时,他又是一位优秀的教师。在没有刻意推广的情况下,他成功地推动了他所研究的众多领域为世人所知。几乎没有人能够像他那样整合如此广阔的学术领域知识,并且在各个方面都取得相当优秀的成就。

威克斯蒂德的主要生活经历也很快为人所知②。他多种多样的人生经验与其说来自思想过程,不如说来自他的人生经历。1844 年 10

---

① Uniearian:唯一神教派。认为上帝只有一位并否认基督神性的教派。——译者注
② 全面介绍威克斯蒂德的生活经历和学术成就的论著,请参见 C·H·赫弗德(C. H. Herford)所著《菲利普·亨利·威克斯蒂德——他的生活和工作》。在准备这个序言时,我大量地引用了其中关于威克斯蒂德经济著作的一章,我曾参与了那一章的写作。同时,在结合更多深入思考和更多信息的基础上,我对一些具体的内容作了充分的扩展,并略微改变了重点。

月,威克斯蒂德出生在约克郡的利兹镇①,他的父亲查尔斯·威克斯蒂德(Charles Wicksteed)是唯一神教派的牧师。在伦敦大学学院完成本科学业后②,威克斯蒂德选择牧师为业。1874年,他受命接替詹姆斯·马蒂诺(James Martineau)成为小波特兰街(Little Portland Street)的教堂神父,并且在这个位子上一干就是20年。期间,他在伦敦的唯一神教派圈子里起了非常关键的作用。不过,从很早开始,他的活动范围就已经超越了这一有限领域。例如,对哲学的爱好,把他引导至但丁和中世纪;对伦理学和社会学的浓厚兴趣,则将他引向经济学;而与生俱来的教学天赋,使他成为早期的大学附校最成功的讲师之一③。1897年,由于他在神学方面的研究越来越离经叛道以及对文学和哲学的热爱愈发强烈,他辞去在小波特兰街教堂的职务并以教学和写作来谋生和支撑家庭的生计。在这段时间里,他撰写了《政治经济学常识》和关于中世纪的许多重要著作。1927年3月18日,他因咽喉梗塞辞世。沉迷于工作和写作的他甚至在逝世前两天还在口授翻译亚里士多德的著作。

根据赫弗德(Herford,C. H.)博士的介绍,威克斯蒂德对经济问题的最早兴趣是由于他精读了亨利·乔治(Henry George)的《进步与

---

① 利兹:英国英格兰北部城市。——译者注
② University College London:伦敦大学学院(简称UCL),也称伦敦学院大学,是一所创建于1826年的综合性大学,也是伦敦大学联盟(University of London,简称UOL)的创校学院。创校之初名为伦敦大学(University of London),1836年放弃原伦敦大学校名,改名为伦敦大学学院。UCL通常被认为是继牛津大学、剑桥大学之后英格兰第三古老的大学。UCL是第一个在招生上不论种族、宗教和政治信仰的英国大学,被认为是英国教育平权的先锋。UCL还是第一所提供女性受高等教育平等权利的英国大学,历史上第一个学生会和大学剧院也诞生于此。——译者注。
③ University Extension:大学附校(如夜校、函授部等)。——译者注

贫穷》而产生的。但是,他不像很多人那样为那些表面上铿锵有力实则愚昧无知的宣言所激动。他有所触动,不仅仅是其所宣传的那些,更多是进一步的质疑。他对书中提到经济现象的意义进行了广泛的研究。终其一生,威克斯蒂德都对土地国有化持同情态度,尽管他用于证明这一观点的理由以及他所支持的土地国有化的实际措施不同于相关的其他通常观点和措施①。不过,他对这一改革运动早期认识的主要意义,不是使他相信公共部门以征税的方式获得一定形式的土地所有权是可取的,而是引起了他的质疑,进而使他对杰文斯(Jevons,W. S.)的研究产生了兴趣。

19世纪80年代初期,杰文斯在纯经济学理论上的创新逐渐脱离了早期的模糊晦涩。这些创新在国外受到了关注和欢迎;在国内,即便遭到凯恩斯(Cairness,J. E.)的反对和马歇尔(A. Marshall)的冷言以对,依然引起了受过教育的公众的注意。从第一次接触这些理论起,威克斯蒂德似乎就意识到其穿透力和革命意义。为了全面、彻底地了解这些理论,他通过学习一些微积分方面的课程来补充自己的数学训练。1882年,威克斯蒂德购买了《政治经济学理论》(*The Theory*

---

① 参见威克斯蒂德一篇非常严谨的论文:《论土地国有化——在全国自由主义联盟(the National Liberal Club)的政治经济组会议上宣读》。他写道:"我们确实不能愉悦地接受亨利·乔治的简单计划,即直接剥夺土地所有者的土地,与此同时,把让他们生活在一个可以自我谋生的较为幸福的社会秩序中作为对他们的补偿。过去的数代人一直自然而然地视土地为私人财产。土地所有权不断地被转手,即使在人类的历史记忆中,相当部分土地被盗窃,盗窃者也会在社会的直接批准下很快卖出并得到收益。我们不能使社会改革沦为一场'抢帽子'(hunt-the-slipper)的游戏,叫后来者为我们掠夺他前面的那个人。如果我们向他支付赔偿,我们或者一次性地从当代人筹集资金。也就是说,我们必须发起一场大规模的各类财产的继承人的捐赠活动以资助国家——这恐怕是一种不会得到回应的呼吁,或者我们必须买下土地所有者的全部权,使我们自己背负起足以耗尽此后多年从土地上可以获得的全部收入的债务。"威克斯蒂德希望通过赋税使土地逐渐转为国有,并针对未来可能发现矿产的土地产权适当地修订法律。

of Political Economy）第二版。这本书是当今作家必备的书籍。威克斯蒂德几乎在这本书每一页的空白部分都写上了评注，充分展现了他对这一理论深刻而广泛的思考。在杰文斯的主要贡献——价值的效用理论中，他发现了一个能够建立经济分析系统的基础，其细节比任何已有的研究都更严谨，应用范围和影响也更为深远①。

威克斯蒂德对理论经济学的第一个贡献是把杰文斯的经济分析应用到对马克思价值理论的批判——1884年10月刊登在一份社会主义杂志《当代》（*Today*）上的一篇关于《资本论》的文章。这篇文章不仅仅是一种批判，更是单独对价值效用理论的阐释，而且补充了重要的新的推理分析，在不止一个要点上推动了这个新理论的进一步发展。其中，劳动价值理论被证明是错误的。这篇文章所运用的例子是作为一个更全面的理论的特例来解释的，因此更能够令人信服。"对社会来说，一件外套不会因为其制作的时间8倍于一顶帽子而它的价值是一顶帽子的8倍……社会之所以愿意用8倍的时间制作一件外套，是因为它产生的价值将会是帽子的8倍。"②这是远在庞巴维克（Böhm-Bawerk）和帕累托（V. Pareto）之前对马克思理论的第一次科学批判——它至今仍在许多方面具有权威性。（他的文章引起了一场争论）这一争论因一个充满自信的人而展开，它不是源于自欺或不成熟的假设，而是因为他掌握了一些基本材料。那时的一位马克思主义社会主义者——乔治·萧伯纳（George Bernard Show）先生做了一个

---

① 见《政治经济学常识》前言以及杰文斯写给《帕尔格雷夫政治经济学词典》和《经济杂志》的论文（英文版第801—813页）。

② 同上（英文版第718页）。

引起争论的回应。但是,正如萧伯纳先生随后所述①,他最终还是被威克斯蒂德说服了,承认自己是错误的。他也是第一个承认威克斯蒂德对他的答复的意义并不在于内容本身,而在于对杰文斯理论的进一步说明②。也许值得注意的是,威克斯蒂德的答复是对由价值效用理论所引发的概念的有关性质的最早认识之一。

1888年,威克斯蒂德开始尝试更多的富有建设性的阐述。在这一年,他出版了《经济科学入门》一书,试图重述并更详细地阐述自己从杰文斯那里所学到的理论的基本精义指导。这本书是一本明确翔实的介绍。它对极限率这一概念进行了长达40页的详细数学阐述,为应用这些概念解释交换价值以及在随后的讨论中的每一步丰富和细微的推理拉开了序幕。或许,在经济理论史上,此书之所以闻名,主要因其引入了"边际效用"——奥地利用语 *Grenz-nutzen* 的一种翻译——这一术语,作为对显然容易导致认识混乱的杰文斯的"最终效用"的替代。但是,这本书不仅仅在经济思想史上具有重要性,它至今仍在相当程度上具有适用于教学的价值。从那时至今的所有关于价值效用主题的著作中——其中一部分是威克斯蒂德写的——此书一直是最具实用性的介绍之一。其他的介绍性书籍也许更易阅读,也更能取悦学生,但是,没有哪本书能比这本书更多地运用数学计算来使人真正获得领悟和理解。当然,从广义的层面看,边际效用递减的一般概念本身是简单易懂和容易理解的。但是,当边际效用理论进一步运用在价格决定问题上时,至少对于非数学家而言,这一概念却变得

---

① 《泰晤士报》,1927年3月27日。
② "杰文斯学派对马克思的批评:一个回答"(本书第602—604页)。

令人难以捉摸,许多经济学家陷入了荒诞的曲解之中。如果读者不具备微积分知识,威克斯蒂德的著作就具有巨大优点。他用异常严谨和精确的语言阐述经济理论,任何正常的专心阅读此书的人,都不可能对这类理论产生错误的理解①。

此书一经出版,立即在经济学家中获得了好评。对威克斯蒂德而言,这是一步大跨越,意味着他在国际上深奥的纯理论学术圈里取得了一席之地。他受到了埃奇沃思(Edgworth, F. Y.)的赞许;而伟大的帕累托,一位在维护纯理论神圣权利方面最不愿妥协的守卫者和最挑剔的批评家,在撰写他的《政治经济学教程》的第一部分"纯粹经济学"时,在他的参考书目中将此书置于显著的位置。但是,对于一般大众而言,威克斯蒂德的这一著作却不太成功。严谨的阐述和对难点决不让步的处理方法,导致这本书难以普及。尽管这是一本面向非数学家的数理经济学导论,它也的确像所承诺的那样——使那些缺少微积分知识的读者通过易于理解的推理,完全明白主要的命题,但可惜的是,能够理解这些内容的非数学家仍然数量极少。

在《经济科学入门》的前言中曾提到,如果此书满足了经济学专业的学生要求,作者将继续撰写这个学科其他分支的类似导论。但是看起来,这项计划已经被放弃了。威克斯蒂德接下来的一本著作并非导论性的,结构不那么单一。这便是1894年发表的著名

---

① 《经济科学入门》中的一些主要定理和《经济学季刊》上刊登的"关于杰文斯政治经济学的路径"(英文版第734—754页)随后都被收录进《帕尔格雷夫词典》第一版中。见本书第623—632页的"初级数理经济学"、"经济数量的范围"、"效用的程度"、"效用的最后程度"等词条下的相关论文。

的《论分配法则的协调性》(*Essay on the Co-ordination of Laws of Distribution*)①。

19世纪90年代初,理论经济学研究的重心开始从狭窄的商品价值问题转向更为广泛的分配问题,或者称之为生产要素的定价问题。杰文斯及其国外革新者们提出了一种理论,认为作为一种粗略的近似,价格是可以由"最终产品"来说明的。但是,当涉及价格在产品生产中同时投入的不同生产要素之间进行分配的比例等一些更为深入的问题时,该理论就没有办法进行令人满意的解释了②。而这恰是《论分配法则的协调性》所要着力解决的问题,威克斯蒂德提供的解决方案正是后来为人们所熟知的分配的边际生产力理论。如果将拟分配的产品记为 P,依照威克斯蒂德的表述,"参与产品生产的任何要素 K 可以要求获得的……,将是每个单位为 $\frac{dp}{dk}$,其总份额为 $\frac{dp}{dk}K$"③。

这篇论文一经发表,将边际生产力的概念用于分析生产要素价格的做法立刻为诸多思想先进的经济学家们广泛接受。就像19世纪70年代初期由杰文斯、瓦尔拉斯(Walras, L.)和门格尔(Menger C.)提出的价值的效用理论一样,19世纪90年代初期,分配的生产力理论迅速开始流行,随后由克拉克(Clark, J. B.)等人提出了

---

① 最近,这篇文章被列入伦敦经济学院《经济学和政治学丛书珍本重印系列》第12期,予以再版。

② 门格尔在他1871年撰写的《国民经济学原理》一文中清晰地指明问题的本质,尽管他所提供的解决方案随后就被证明难以令人满意。1876年,瓦尔拉斯的生产方程提供了一个特殊假设下有效的解决方案。维塞尔(Wieser)在其《经济价值的来源和主要规律》(1884)和《自然价值》(1889)中指出一般解的必要条件。但是,直到19世纪90年代,一般形式的边际生产力理论才得到系统化的阐述和讨论。当然,作为一个对特定问题的解,它与李嘉图(Ricardo)、兰菲尔德(Longfield)和屠能(von Thunen)一样古老。

③ 前面所引书,第9页。

各种不同的变形。然而,这篇论文的主要论点——如果每种要素都按各自的边际生产力获得报酬,各种参与分配的要素所获得的报酬总额将耗尽总产品全部价值,换句话说,在这个意义上,边际生产力分析对分配问题给予了充分的解释——却没有因此得到普遍的认可。

不过,分配的生产力理论获得普遍认可,始终是与对《论分配法则的协调性》这篇论文的争论联系在一起的,即便在今天,它仍然是争论的主题①。几年后,由于埃奇沃思和帕累托的批评,威克斯蒂德开始不满意自己的证明,认为边际生产力分析是一个不成熟的综合,并最终在《政治经济学常识》中宣布收回这个理论。然而,他不满足的原因主要在于技术和数学证明方面存在缺陷。尽管有时候确实是这样,但是,认为他已经放弃了生产力分析的想法是错误的。可以肯定的是,《政治经济学常识》中的解决方案与此前论文中的观点并不存在显著的差别,以致可以认为此前的证明是完全错误的。事实上,正如希克斯先生最近指出的,有时候一个理论要做到逻辑上无懈可击,所要做的仅是一个非常细微的修正。威克斯蒂德的命题不是不正确;唯一的批评是认为其陈述不够完整,使它没有达到作者原先假设的那样全面和彻底。这些问题在新的理论中不是非常严重的瑕疵,所有人都无法做到如自己所想的那样接近目标。

---

① 见希克斯(Hicks, J. R.):《工资理论》的数学附录部分(ⅰ)和《边际生产力和变化的原理》,《经济学》,1932年2月,第79—89页。在这些论文中,希克斯先生这一长期争论的问题作出了最终解答。值得重视的是,威克斯蒂德在1905年给出的课程讲义大纲(本书第706—717页)中引用了他对帕累托和埃奇沃思的批评的明晰的答辩(本书第312页注释)。威克斯蒂德继续采用《论分配法则的协调性》论文中的一般方法。这显然说明威克斯蒂德并不认为这些批评否定了边际生产力的一般原理,他认为解出了"错"仅仅说明数学证明的形式需要改进。

这篇论文发表后的 16 年里,威克斯蒂德在经济理论方面出版的论著较少。1905 年刊登在《经济杂志》(*Economic Journal*)上的对杰文斯的《经济学原理:社会工业结构论文残页及其他论文》和 1906 年对帕累托《经济学教程》的两篇评论构成了他这一时期的全部发表文章。但是,在这期间威克斯蒂德反复思考比之前他已尝试的论述更广泛的理论综合,并在 1910 年出版了这一领域的杰作——《政治经济学常识》。

以如此简短的篇幅来概括这本书并非易事。书名本身的含义聊近于无。实际上,从来没有过一本此类著作会有如此不幸的命名①。这本书不是通常意义上的"常识",也并非政治经济学。相反,它是以非数学的语言对纯经济学中所谓的边际理论的技术和哲学难题所进行的最全面的阐述,它以多种语言出版。在这一领域,可以与之相提并论的主要著作是维塞尔(Wieser, F.)的《社会经济学》(*Theorie der Gesellschftlichen Wirtschaft*),但是,即便是维塞尔,也与马歇尔等其他构造"体系"的作家一样,尽管覆盖了一个相当宽广的领域,但在细节上从未达到《政治经济学常识》相同的深度②。

---

① 罗宾斯对《政治经济学常识》(*The Common Sense of Political Economy*)这一书名的遗憾,似乎是没有充分理解在威克斯蒂德心目中"常识"(Common Sense)一词所具有的深刻含义而导致的误解。英国博物学家、教育家托马斯·亨利·赫胥黎(Thomas Henry Huxley,1825—1895)在《自然科学史的教育价值》(*On the Educational Value of Natural History Sciences*)指出"Science is, I believe, nothing but trained and organrised common sense."(在我看来,科学的意义无他,不过就是有纪律、有组织的常识而已)。威克斯蒂德的《政治经济学常识》一书于 1910 年初版,取名(*The Common Sense of Political Economy*)显然是接受了赫胥黎的这一说法。这一书名看似谦抑,其实作者是很自负的:"在旧墙里盖起了新的神殿"。——译者注

② 在这部分可能被提及的另一著作是苏尔特泽(Sultzer)的《经济基本规律》(苏黎世,1895)。这本非凡的论著似乎完全没有引起注意,但是,在许多方面,它足以和威克斯蒂德的书一起作为近些年逐渐崛起的这一派思想的先驱。

本书的目的有两个。其一，尝试系统地阐述价值的效用理论，使即便之前没有任何经济分析知识的读者，也能够获得"对商业和产业领域的详尽理解"；其二，试图使政治经济学专业的学生"相信在这个理论体系中，任何特殊或非同寻常的特征不应被视为鲁莽的创新或是异端邪说，而是这些年最好的经济思想和经济教学已经完全包括了的并得到明确认可的"①。像往常一样，威克斯蒂德并未自称做出独创性研究。的确，他不承认自己所作的工作已经十分出色的说法，但是，他明确地希望他的研究可以使人们进一步理解经济学因最近40年来的讨论而带来的变化：

> 我相信，杰文斯深入思考后的理论重构比即使是那些自认为已经完成它的人的一般认识还要走得更远。由于附着于传统的术语、编排和分类方法，这掩盖了业已发生的理论革命。可以这么说，是在旧墙里盖起了新的神殿。人们如此虔诚地保留和尊重故有的框架，是因为这些建造者们经常以为自己仅仅需要对古代的建筑做些修葺和加固，因此，他们几乎没有意识到自己已经建立起一个独立的宫殿。我将在本书中试图说明，坦诚地承认这些事实的时代已经来临了。②

本书共分为三个部分。第一部分是对边际分析的系统阐述。从

---

① 见第12页。
② 见第12页。

家庭管理经济学的分析入手,全面系统地考察了被德国人称为自然经济(*Naturalwirtschaft*)的原则。随后对支出的边际和极限率进行了详细的解释,相对于现代经济理论的所有文献,这些解释显得无比清晰和精确。阿林·杨(Allyn Young)教授曾在《美国经济评论》上撰文评论此书:"从未有人对边际的含义做出如此明晰的(非数学化)解释,也从未有人对那些认为不可分商品为边际分析设置了难以克服的障碍的人,给出如此有效的驳斥。"①这些分析展现了包括货币和交易的各种现象,充分阐释了"交换经济"(*Verkehrswirtschaft*)中经济因果的含义。这本书系统地考察了市场、收益、利率以及在更高层面上的分配和生产成本之间的内在联系,并以此为基础,从最广泛的意义上展示经济均衡的概念。

本书的第二部分——被描述为"浏览性的和评论性的"——包括一系列对分析更为技术性问题的专门研究。在这一部分中,一开始先以精确和严谨的态度探索对边际效用和总效用概念的图表化描述,它与那些甚至是受人尊敬的教科书上的粗略处理形成了鲜明的对比。之后是对供给曲线和市场的专门研究,并对递增和递减的报酬及其与租金理论的关系进行了检验,在这其中充分阐释并发展了《论分配法则的协调性》一文中的一些附属性定理。

最后,在第三部分,利用先前章节已详述的基本分析体系来阐明特定的实际问题——如住房、失业、财富再分配、税收、土地国有化、社会主义等。与前文相比,这里的论述较为粗略而且零散。不过,为本书

---

① 《美国经济评论》,1881年。

这个部分作序的柳克里琴(Lucretian)完美地指出了这一部分的意图:

> 对于一个高度警觉的人而言,哪怕是模糊的痕迹对于他来说也是足够的了。所以,你自己需要一刻不停歇。这一特质也适用于其他一些事物。就拿猎狗来说,一旦发现猎物的痕迹,就会全力以赴地用鼻子搜索兽穴,哪怕兽穴被树叶遮盖着,掩藏在乱石当中。在类似的情形下,你可亲自探求并投身于一个又一个的神秘所在之处,并最终发现真理。

本书是威克斯蒂德在知识的这一分支领域毕生著作的顶峰,他对此倾注了自己所有的细致、耐心以及文学魅力。这是一部系统阐述的杰作,它是我们这个时代所出版的对经济分析中隐含哲理作出最完整论述的著作。尽管有批评认为它太冗长了,有些论据的细节令人疲倦,但是,事实上,这正是其全面性和彻底性的体现。它解释细小的问题,不回避困难。说实在的,它没有对那些深受现代"大纲"教育荼毒的读者做出让步。你无法用几个小时的阅读就能领悟威克斯蒂德的思想精髓。这是一本需要慢慢阅读并花工夫来细细品味的著作。简而言之,你必须以对待任何一本呕心沥血的著作所应有的尊敬态度来对待它——才能够受其启蒙,并产生审美满足。沃尔特·佩特(Walter Pater)曾指出,确实,所有伟大的著作中都有一些令庸人感到枯燥乏味的东西。如果你无法耐着性子看完《政治经济学常识》,那只能说明你缺乏必要的理智。

《政治经济学常识》是威克斯蒂德论述经济学的最后一本书。1913年他当选为英国科学促进会 F 节主席(President of Section F of the

British Association)时,他选择了"基于价值和分配的边际理论的政治经济学范围和方法"作为他就职演说的主题。这篇演说可能是把握威克斯蒂德对经济科学主要贡献的最好阐述①,尽管它的内容都已经在《常识》中讨论过,但是,它更为简明扼要,框架和纲要更为清晰,而且各种论点的对比表述更加生动。在对主观价值理论的方法论意义方面或是对传统经济学无保留的反驳方面,你无法从其他地方得到比这更好的解释。从威克斯蒂德向英国科学促进会证明供给曲线的实质算起,迄今已有20年了。今天,绝大多数经济学家都接受了他的推理,并视为不可辩驳的。虽然自从第一次世界大战以来,涌现出了大量讨论成本问题的论文,并揭示了这一领域的核心问题,但是,大家知道,如果缺少了威克斯蒂德之前的贡献,这其中的大部分可能都会是一模一样的②。直到威克斯蒂德在这篇论文中所强调的问题被纳入到成本分析主流中之前,有不少问题仍将难以确定,整个争论将持续呈现出一种两难和不确定的样子——一潭智力死水。人们无疑会看到奇怪的鱼和微生物,但是,缺少将其与一般均衡理论的主流联系起来可以赋予它真实意义的联系③。

---

① 在生命的最后时期,威克斯蒂德在《帕尔格雷夫大词典》(英文版第797—800页)第二版的一篇短论中,进一步阐述了他对最终价值的观点。他的推理是如此的严谨和一般化,因此,其表述的细微差别完全可以忽略不计,但是,对于已熟悉威克斯蒂德著作主要部分的读者来说,其中又充满了有趣的建议。

② 值得注意的例外是奈特(Knight)的论文——"社会成本解释中的某些谬误"《经济学季刊》1924年,第582页及其后。奈特教授之所以能马上穿过不确定性的迷雾直指所讨论问题的核心绝不是偶然的。

③ 也许要强调的是,这里说的不是局部均衡,而且局部均衡与一般均衡理论无关。固然,一般均衡理论由于过于抽象和一般化确实对实际应用没有多大用处。但是,同样值得注意的是,在近来的讨论中,一个事情往往被遗忘了:局部均衡分析如不伴随着对一般均衡分析理论的持续理解,很难不出现误导。可以断言:由于对其中存在的严重矛盾缺乏足够警醒,最近的成本争论中出现了严重混乱,大部分的混淆已经超越了构造局部均衡分析结构的企图,要求它承担超出正常所能的任务。试比较:奈特:"简化价格原理阐述的建议",《政治经济学杂志》,xxvi卷,第353—370页。

在经济思想史上,威克斯蒂德的地位可以与杰文斯和奥地利学派平起平坐。在过去的40余年里,这个国家经济理论的主流是由马歇尔从古典经济学中吸取而来的①。

但是,这并不是说,那些从马歇尔的经济思想中衍生出来的著作和李嘉图(Ricardo, D.)及其同时代的著作之间没有密切的联系。事实恰恰相反。有一个绝好的例子可以证实这一点:在所有不同中,现有的理论体系与过去的理论体系之间能够形成较为明晰的区别似乎是,前者在精神上与古典经济学的接近程度超过了它们在术语和结构上的传承。这个判断仅仅涉及渊源。从意图上看,无论如何,马歇尔的立场基本上是修正主义的。他所想的不是摧毁而是完善古典经济理论。另一方面,威克斯蒂德和那些与杰文斯、门格尔(Menger, C.)持有相同观点的人们一样,认为是"有才干但执迷不悟的大卫·李嘉图"将"经济科学这辆车驶入错误的轨道,沿着这条道路,与大卫·李嘉图一样具有才干而且同样执迷不悟的崇拜者约翰·斯图亚特·穆勒(John Stuart Mill)则极力把它推向思维混乱",因此,完全重构是必要的。威克斯蒂德不是修正主义者,而是革新主义者。在前面从《政治经济学常识》的序言中所引用的那一页中,威克斯蒂德说,已经到了承认现代经济学不是对旧体系的重构,而是要建一座独立的宏伟大厦的时候了。在对《悉尼·查普曼爵士的政治经济学》(Sir Sydney Chapman)的评论中,他充分强调了相同的观点。

在某种程度上,差别主要在于理论的重点和概念,而不是理论本身的实质。但是,相关学派的代表仍然在实质上修改了对理论的阐述。尽管在许多分析原理上是相当一致的,但是,马歇尔的《经济学原理》和威克斯

---

① 指英国。——译者注

蒂德的《政治经济学常识》或者维塞尔的《社会经济学》的确存在极大的差异。这种不同在构造边际效用这一基本概念上是非常清楚的。对于杰文斯、门格尔和他们的追随者来说，边际效用概念的发现意味着对经济分析主要术语的革命性变革。在他们的手中，边际效用概念变成了一种工具，凭借着它，他们改变了对整个经济均衡理论的阐述。创新从交换理论领域开始，但很快就发展并应用于生产和分配理论。从1871年至今，整个经济学的发展在这四分之一个世纪中就是稳定地对这一概念进行精炼和应用扩展的过程①。但是，对于马歇尔及其追随者而言，并不是这样的。马歇尔和马歇尔主义者们认为，边际效用在均衡理论的主体中所起的作用很小。他们认为，边际效用是对市场理论的修饰。如果想要理解需求曲线为什么向下倾斜，只要应用边际效用递减法则就会明白，如果你喜欢这样的话。这是真实的演出开始前需要例行重复的仪式。马歇尔的价值以及与成本相关的分配理论的实质首先是货币成本，但是，他对真实成本概念的最后分析直接来自亚当·斯密(Adam Smith)和李嘉图②。仅当马歇尔及其追随者考察的问题从均衡转向福利时，边际效用递减法则才开始变得重要。对他们来说，建立在边际效用假定概念基础上的结构的主要意义在于消费者剩余是一个朦胧的世界。边际效用法则本质上是福利

---

① 见罗森斯坦-罗丹(Rosenstein-Rodan)博士的论文——《边际效用》，《政治经济学词典》(*Handwörterbuch der Staatswissen-schaften*)，第4版。

② 在这方面，可以合理地认为马歇尔比李嘉图还要李嘉图主义。在他的后期研究中，李嘉图远离了一个真实的成本价值理论。颇为有趣的是，尽管马歇尔重申了时间因素的重要性，但他几乎没有尝试继续发展李嘉图在处理这一问题时已经开辟的道路。(例如，见给麦卡洛克(McCulloch)的书信，第71页)。对于这一领域的发展，应当关注的不是马歇尔而是杰文斯、庞巴维克和威克塞尔(Wicksell, K.)。

经济学而非均衡分析的工具①。

也许,在某种程度上,这些差别仅仅是关注点的不同,令人难以置疑在它们的背后是理论内核上的差异。在成本理论中,这些差异是异常明显的。众所周知,马歇尔和(直至最近)大部分的追随者在最近的分析中一直坚持成本是真正和绝对的,是一个独立于效用的概念。威克斯蒂德和奥地利学派则对此予以否认,认为这种观点只是已知的替代品。威克斯蒂德极其出色地证明了,维塞尔的成本法则成了主观价值理论整个大厦的基石②。毫无疑问,理论的差别部分地归因于关于经济均衡条件在最终假设上的本质区别③;但是,也部分归因于关于心理比较在均衡决定过程中的作用这一观点的最终差异。目前为止的情形证明是偏向于革新者的。现在,真实成本的概念被选择成本所替代已经被大多数的理论经济学家所接受,但是,正如我已经指出的那样,要使它成为日常思考那些最相关问题的主要方式,我们还有很长的路要走。

影响威克斯蒂德思想形成的因素不仅仅是杰文斯和早期的奥地利学派。他本身就是一位了不起的数学方法的拥护者,他深深地受到那些最大限度地应用数学方法的著作的影响——多为瓦尔拉斯(Walras, L.)和帕累托(Parato, V. F. D.)的著作。回顾他 1905 年对帕累托《经济学教程》的评论④,他尊其为"一本可能在与其读者数量十分不成比例的程度

---

① 颇为有趣的是,我们注意到福利经济学的基础——人际需求与愿望比较的假设早在 1888 年就遭到威克斯蒂德的坚决反对。"另一个事实不容忽略:存在着对我们的调查结果完全误解的危险,需求和愿望的人际可比是不可能的,即使是同一个事物,在不同的人那里,衡量的尺度也完全不同。"(《经济科学入门》,第 68 页)
② 见第 294 页及以下各页。也见迈耶:"纪念弗里德里希·维塞尔",《国民经济和社会政治》杂志(*Zeitschrif fur Volkswirtschaft und Sozialpolitik*)(合集),第 5 期,第 636 页。
③ 我曾在其他地方试图展现马歇尔和奥地利学派在这个假设上的区别。见我的论文:"关于静态均衡概念的一个歧义",《经济》杂志,1930 年,第 194—214 页。
④ 见第 674—677 页。

上修正和激发经济思想的著作。可能只有少数人能懂,但是,每一个读懂了它的人都将受其影响"。在这些评论之后写成的《政治经济学常识》,处处都可以证明威克斯蒂德自己在何种程度上深受其影响。从这个方面比较《政治经济学常识》的理论和《经济科学入门》的理论是颇为有趣的。表面上,两种理论是相同的,毋庸置疑,它们是一家。但是,更仔细地观察会揭示出一些重要的差异。《经济科学入门》是从整体效用正在增加时的比率开始的;而《政治经济学常识》是从所占有的不同商品量的边际单位的偏好相对水平这一点出发的。《经济科学入门》中尽管已经有了对效用概念相对性的早期认识,但是,效用仍然被当作某种绝对的和可测量的东西;而在《政治经济学常识》中,强调了相对效用的唯一关联,并且基数效用的观点让位于了序数效用的观点。在《经济科学入门》中,分析具有明确的"一时一事"特点;而在《政治经济学常识》中,重点在于阐述效用的互补性,同时,各种价值决定是连续的。因此,可以接着继续阐述,并不需要对他的表述予以重组和改进。

威克斯蒂德受帕累托的影响是清晰可辨的。但是,如果因此将他仅仅视为一个对他人理论的解释者,却是一个大错。他的贡献远不止于此。他是一位独立且具有原创性的思想家。他虽然采用了许多帕累托的构造,但是,如同其他影响了他的理论一样,他发展并将其整合成一个基本上属于他自己的体系。威克斯蒂德的方法和帕累托的绝不相同。他对均衡条件的分析远远没有结束,更多的是作为一种工具,以此用来解释任何给定情形下的趋势;他更多地把经济现象作为一段时间内的过程而非短暂的最终产品予以关注。从所有这些方面来看,他并不应该被视为帕累托的追随者,而应是另一条发展道路的先驱。与《政治经济学常识》的理论关系最密切的不是扎沃德斯基(Zawadski)、莫雷特(Moret)或皮催·托内利(Pietri Tonelli)的著作,而是迈耶(Mayer)、舍恩菲尔德(Schönfeld)和罗森斯坦-罗丹的论著。

然而,姑且不说他的工作被视为一般均衡理论的倡导者,威克斯蒂德还有一些独特的贡献足以被人们一直铭记。我已经讨论了他在分配领域的研究。就可以适当地视为生产力分析而言,无论他所推进特定命题的最终结论对错与否,经济学家们无疑都应该对他将关注焦点转移到这个问题上充满感激。对整个学科发展作出了巨大贡献的并不总是那些最终正确的人。

与他名字相联系的第二个贡献是他对著名的市场供给曲线的可逆性证明。在最后的分析中,决定卖者保留价格的一般条件是需求,这是他随着论述重点的改变而多次重申的。他于1913年在英国科学促进会上发表演说时提出了这样的问题:"供给价格的形状被视为是价格的决定因素,那么,它是如何与需求曲线协调的呢?"对此,我在之前已经提及:

> 我大胆并坦率地说:不存在这样的事。当我们谈及销路好的商品时,常说的供给曲线实际上是拥有这件商品的人的需求曲线。因为需求曲线显示了每一单位的连续商品在它们估计的相对偏好水平中确切的位置。因此,所谓的供给曲线,不过是总需求曲线的一部分……需求曲线被分离出的这一部分以及在图表中对其的反向是一个有其自身意义并且合情合理的函数的过

程……但与价格的决定是完全不相关的。①

可以放心地说,没有人能自始至终地追随着他,通过对这一命题优美的图表分析,从而认识到其广泛的含意,即所有的心理变量可以表现为作用在固定存货——或产品,或投入要素,或时间,或人力资本——上的需求现象,这将否认经济一般均衡的整个分析,由此得到一个变革性的阐释。

最后,在技术贡献的领域,我们必须注意他对分配的边际生产力理论和李嘉图租金理论之间关系的分析。正如埃奇沃思所指出的那样,古典经济学的租金分析与生产率分析正如一剂药和病情扭转之间的关系。当然,这一发现并不令威克斯蒂德感到奇怪。科学进步的特征之一是存在着众多奇奇怪怪的巧合,其中之一就是这个思想似乎在19世纪90年代初期由至少三个作者——威克斯蒂德、J·B·克拉克(J. B. Clark)和被严重忽视的《工资理论》一书的作者H·M·汤普森(H. M. Thompson)同时发现②,但是,相比较而言,威克斯蒂德对该命题的论证格外精确和令人信服。当今,如果一个教师希望执拗的学生相信这套理论的真实性,最好的办法就是让他去参考本书的第Ⅱ部分,即《政治经济学常识》第5章和第6章的系统阐述③。

然而,除了这些技术上的贡献和在总体上的远远超越,重要的是威克

---

① 关于劳动时间的问题最终可能性的一个简介的证明,见威克塞尔:《国民经济学讲义》,基本文件I,第159页。
② 见《论分配法则的协调性》,第18—20页;J·B·克拉克:"由租金法则决定的分配",《经济学季刊》,1891年,第289页及以下;汤普森:《工资理论》,第四章各处。
③ 见本书第437—475页。也见《帕尔格雷夫政治经济学词典》中"经济学和心理学"标题下的文章。(见本书第633—637页)

斯蒂德对主观价值论的方法论应用上的解释，尤其是那些他在《政治经济学常识》中"商业和经济联系"的那一章中对他所发现的、被他称之为"经济关系"的讨论①。如果我的理解是正确的话，这正是本书的特点，他本人对此尤其看重。这是他所有值得被人们铭记的贡献中最重要的。在威克斯蒂德动笔之前，经济学的整个结构依赖于经济人世界的假设——每个人都是受利己和享乐动机驱使的，智慧的学者们仍然可能赞同这一点。对每一个读过《政治经济学常识》的人来说，这个观点的表述与学术诚实不再一致。威克斯蒂德彻底粉碎了这一误解。然而，令人好奇的是，他思想的每一方面都没有被完全忽视。理由并不难找。在英国，那些对在实践已经证明其价值的分析传统感到安全的一般的经济学家，对沉浸于概念的含义和风格的探询是颇为不耐烦的。受到社会科学其他分支外行从业者怂恿的路人，也许会因其根深蒂固的唯物主义和对所要分析情形的复杂性所作的无法证明为正当的动机简化的假设而批评他。但是，他并不在意这样的批评。他深信他们是不公平的。威克斯蒂德明白，与他的诽谤者不同，他拥有一整套分析工具，真正解释了他对复杂社会关系的理解。并且，他对那些半形而上学的对终极假设喋喋不休的探询没有耐烦。毫无疑问，这个直觉是有益的，它将我们从有时已经完全威胁到经济分析的其他领域的词意争论的洪流中解脱出来。然而，并非所有的这类探询都是没有结果的。我认为以主观价值理论②为基础的那些研究，为经济科学的所有素材投下了全新的光——这道光使经济学不再被视为是一种

---

① 见本书第 139—182 页。
② 特别见米塞斯(Mises)："远离无用的主观主义"（《社会福利政策协会文集》，1831 年，第 76—93 页)和"社会学和历史"（《社会科学和社会福利政策存档》，基本文件 61，第 465—512 页。）以及斯特林格(Strigl)：《明确的和节俭的经济机构》。

武断地与所有其他行为分离开来的特定类型行为的讨论,而是对视为整体的行为的特定方面的研究。由于对这一领域的探索远未穷尽,因此,评价个人对这一思潮的贡献也许还为时太早。但是,当最终书写这一领域的历史的时候到来时,我想,威克斯蒂德对"经济关系"详尽的研究以及他对市场运行和其他理性行为之间不存在逻辑上分界线这一点上的坚定主张,将是相当重要的而且是原创性的思想①。

* * * * *

这一卷收录了《政治经济学常识》准确的重印本以及威克斯蒂德在纯经济学领域的一些值得保存的论文和评论。在过去,《政治经济学常识》作为一个整体,教师抱怨说因为篇幅过长以致该书无法为它撰写的目的——教学——服务。因此,我们将包括了所有初级分析内容的部分独立出来,单独印刷,与其余部分分开出售。众所周知,是威克斯蒂德本人对全书的出版做出了这样的安排。他自己曾一度考虑将它这样节略,并希望教授初级经济学的教师们因此能够将其推荐为一本篇幅适中的教科书,使他们的学生即使进入更高级领域的学习也不会忘却。

对于本书的顺利重印,我们致谢如下:麦克米伦(Macmillan)先生和亨利·希格斯(Henry Higgs)先生,收入《帕尔格雷夫政治经济学词典》的相关论文;乔治·萧伯纳先生,关于他"对威克斯蒂德对《资本论》的批评的回复";《经济学季刊》(*Quarterly Journal of Economics*)的编辑,关于杰文斯"政治经济学理论"中的某些章节;皇家经济学会,关于来自《经济杂志》的各种评论和文章。罗森斯坦-罗丹博士对许多重要问题的观点

---

① 在《经济科学的性质和意义》一文中,我尽力提出了威克斯蒂德所教授的这部分内容的含意。

令我受益匪浅。同时,许多威克斯蒂德的家人尽可能地为我提供了大量的手稿和很多有价值的信息。索引是由塔克(E. S. Tucker)先生完成的。

莱昂内尔·罗宾斯

伦敦经济学院

1932 年 10 月

前　言

本书的主要目的是通俗、系统地介绍经济学的"边际"理论。在导言中,作者清楚地表明对于本书所包含的内容并没有原创性或者优先权之类的要求。这不是历史,本书所关心的问题并不是谁第一次应用了经济学的"边际"理论,而是现实中这一不可或缺的理论的主要应用是什么。因此,参考书目和致谢的空白在任何情形下都不应被视为是作者对所论证或说明的相关问题有部分特殊所有权的暗示要求。

然而,我希望这个一般的解释能够洗清我所受到的对经济学大师和已出版经济学著作的忘恩负义甚或更糟的指责。但是,这无法解除我的一些个人责任,这些年来我为撰写此书而开展的直接和间接的准备使这一责任越来越加重了。

我要感激格雷厄姆·沃拉斯(Graham Wallas)先生、H·H·坎宁安(H. H. Cunynghame)先生以及我的几个家人的批评或建议,或许他们已经忘记了,但是,他们对我自身的思想发展确实起到了至关重要的作用。要感谢的朋友非常多,在这里,我仅仅提及牛津大学伍斯特学院（Worcester College）的 H·T·杰兰斯（H. T. Gerrans）先生、莱登大学的屈任（Kuenen）教授、皇家铸币厂的詹姆斯·里格（James Rigg）先生、英国证券交易所的 H·R·比顿（H. R. Beeton）先生以及约克郡的 S·H·戴维斯（S. H. Davies）先生，感谢他们慷慨地对一些论点提供帮助和资料。我很感激福克斯韦尔（Foxwell）教授从我一开始从事政治经济学研究时就给予的鼓励和支持。同时，我对哥德堡大学的斯特菲（Steffen）教授永远怀着一份感激之情。另外，利斯·史密斯（Lees Smith）教授仔细地阅读了本书第一稿的手稿，并给我提出了颇具价值的建议。在此，本人致以最特别的谢意。我无法一一列举出那些直接或间接地为本书中的讨论或结论做出贡献的学者们，并向他们一一致谢。

由于这样或那样的原因，我深深地感到，其他的责任现在已经因为这些特别的致谢而排除。

我们都在做，但是我们之中很少有人
知道我们到底在做什么。

——歌德

导言

在日常生活中，我们经常考虑如何安排时间、精力或金钱。也就是说，我们要在每一种资源的不同用途之间进行选择，并且最佳地管理、使用资源，以确保实现目标或者满足爱好。本书的目的正是试图通过仔细地研究和分析我们实际上用于指导日常资源管理的相关原则，从而逐步形成一致的政治经济学体系。

编写本书时，我假定，读者之前对政治经济学毫无了解，并且，除了日常生活中的经验和常识外，没有其他任何假定。但是，由于从这些经验和常识当中进化而来的理论体系与传统理论之间在一些重要内容方面存在着区别。因此，在一开始就对这一理论体系与现行或最近的经济理论的关系做些解释显然是必要的。

1860年6月1日，威廉·斯坦利·杰文斯（William Stanley Jevons）在给他的弟弟赫伯特（Herbert）的信中写到：

> 在过去的几个月里，我幸运地发现了经济学真理，对此我毫不怀疑。它通篇是如此的连贯和始终如一，以致于现在当我阅读关于这个问题的任何其他书籍时都不得不带上一点愤慨。

大约 8 周以后，杰文斯说他的理论注定是"在合理的基础上重构了这门科学"，并且最终成为他于 1871 年完成的《政治经济学理论》（*Theory of Political Economy*）的主体部分。现在看，正如大多数人一样，杰文斯的伟大发现不过是对显而易见事物的发现。因为这个发现是：鉴于人类欲望有时能够被完全满足，而有时则是逐步实现的，在任何情况下，人类为获得进一步满足的需求的相对紧迫性都受到已获得满足程度的影响。所以，如果一个人好几个小时没有吃任何东西，或者如果他刚刚享受了一顿心爱的大餐，此时，一片面包和黄油带给他的满足与其他活动——如吸烟所带来的愉悦或者是外出看日落——的重要性相比，就会显著不同。

这一原理虽然显而易见，但却不可思议地被忽略掉了，而瑞士的瓦尔拉斯、奥地利的门格尔和英格兰的杰文斯三个人都基于这一原理，在不知晓彼此工作的情况下，在这个显而易见但却奇怪地被忽视的原理基础上，各自建立了一个价值理论。这一理论将经济思想建立在日常生活的大量经验和非此即彼的选择的心理学基础之上。自此之后，政治经济学理论中几乎所有最引人注目的进展都是对这一独一无二的原理的必然拓展。

这一原理为揭示抽象的政治经济学理论中最复杂的那些问题提供了线索。我相信，杰文斯所完成的这个理论重构比那些通常认为自己已经完成了理论体系的那些人要走得更远。但是，由于附着于传统的术语、编排和分类方法，它掩盖了业已发生的理论革命。可以这么说，是在旧墙里盖起了新的神殿。人们是如此虔诚地保留和尊重故有的框架，是因为这些建造者们经常以为自己仅仅需要对古代的建筑做些修葺和加固，因而他们几乎没有意识到自己已经建立起了一个独立的宫殿。我将在本书中试图说明，坦诚地承认这些事实的时代已经来临了。

因此，我的这本书有两个截然不同但又相互联系的目的。本书尝试着从初学者开始，并给他一个直接地、不可避免地会引导他从日常经历的事实和观察中详尽理解商业和工业世界的机制。其次，本书尝试着（第一卷中暗含着这个尝试，第二卷则更明显）让政治经济学专业的学生相信由此建立的体系中，其所推导得出的任何特殊或者非同寻常的特征都不能被视为鲁莽的创新或是异端邪说,而是在近年的最好的经济思想和经济教学中已经被严密地纳入并得到明确认可。

为了方便起见,在这里提前指出本书所尝试构建的结构的主要特征。

我们可以容易地表明,杰文斯所提出的原理不仅仅适用于工商事务,而且是一种作用于我们所有资源管理的普遍的而且必不可少的力量。因而,可以断定,调节我们在商业领域中的行为的一般原理与调节我们生活中的所有其他方面的原理(如商议、可替代事项的选择、决策等)是一样的。这也是为什么不但应该而且必须以我们的日常生活经验作为分析经济学问题的出发点。工业和商业生活绝不能被视为单独的可分离的活动领域,而应当看作我们全部个人和社会生活的一个有机组成部分。研究人们在商业活动中的行为线索会发现,我们对工业物品的追求与对喜悦、学习的追求或者为了某种政治或社会理想所做的努力之间没有什么不同。潜藏在这些行为和选择之下的那些原理是彼此类似的。所以,我们只能把工业作为生活整体的一个有机部分。

在初步研究了选择心理学或者那些调节我们在可替代物之间进行选择的原理后,我们将转向该原理在工商业及其所显现的典型现象中的特别应用。并不奇怪,从这个视角出发,我们需要对工业、商业或者经济生活的定义做一些修订。如果说早期的研究者企图要把政治经济学苛刻地定义为一个单独的、自闭的领域,而我们现在的趋向是将其视为社会普遍生活的一个组成部分;如果之前的学者急于强调,甚至假想地夸大经济生活与所有它之外的生活的区别,而现在,从另一方面看,如果我们决心要从工商业生活的每一分支中重新发现与其他地方相同或是类似的并为我们所熟悉的动机和原理,那么,原有的关于经济生活的定义不能让我们满意也就不足为奇了。

因此,我将尝试表明,现在是坦诚地、决然地放弃所有试图排除来自经济学家考虑的这种或那种"动机",或者试图在人类商业活动与其余的家庭或公共生活中产生的动机之间确立任何区别的时候了。各种经济关系组成一部复杂的机器,通过这部机器,我们设法达到各种目的,无论这些目的是什么。在任何直接的或结论性的意义上,经济关系或者支配着我们的目的（purposes），或者为我们提供动机（motives），两者必居其一。因此，我们必须考虑经济关系而非经济动机的结构。这个考虑一下子废除了经济人心理的简单假设。这一假设广泛地出现在之前的政治经济学书籍里，给近期为了规避或者验证这一假设的作者带来诸多麻烦。我们不从设想一个仅受一些简单动机支配的行为人开始，而是把他看作我们刚刚遇见的人，考察他在自己复杂的冲动、渴望——自私或无私、物质的或精神的——的压力下所置身的那些关系的性质，在这些关系下，他可以达成的那些自己不能直接达成的、需要借助他人的行为来间接达成的目标。

我们将发现，各种经济关系构成了一部机器。通过这部机器，人们为了确保实现自己的最终目的——不论他们自己的目的是什么，也不论支配他们并激励其努力达成他人目的各种动机的本质是利己的还是利他的——会努力帮助达成其他人的目的。因此，那些经济研究所关心的事情和做法包括了每一件进入交换圈的事情——更确切地说，人们能够相互提供或者能够为彼此做一切事情，在这个意义上，我们称之为非个人的能力；或者，换句话说，一个人出于任何自身的和个别的同情心或者其他动机和原因，能够独立为他人所做的事情。

充分认识到这些关系的根本重要性和广泛性，将使我们确信，想要在实际生活中永久地将它们与时刻发挥作用的非经济关系隔离开来是不可能的。

当关于经济事实和关系的本质概念变得清晰时，我们将毫不费力地看到，市场——从最广泛的意义上讲——是他们行为的场所，而市场价格是他们最具特色的表现和结果。在管理自己的资源时，个人将市场价格视为一种现象。这种现象独立于自身的行动，并且成为强加于他且必须按此进行非此即彼的选择的条件。但是，当他完全、彻底地理解了自己的行为准则后并再去面对市场价格时，他将发现，这些市场价格本身又是由那些精确地遵循着与他一样的行为准则的其他人的行为构成的。因此，事实上，他所面对的是他自己本身，是他自己的行动导致了那些表现为那些在外部支配着他的市场价格的形成。因为，当其他人都在做与他一样的事情时，作为他们个体行动集合的结果，现象就会产生。这种现象将作为一种外部系统约束，回过头来分别作用于形成这种现象的每个人身上。

为了建立完整的市场理论，我们不得不再次去寻找与前面谈到的压力差异相似的地方。购买者和出售者通常是相互对立的，他们利益竞争的相互作用已被看作市场现象的源泉。但是，我们不应该仅仅满足于此。一个显而易见的、已经得到普遍认可的事实是，同一个人在某种条件下是购买者，而在另一种条件下则是出售者；甚至在相同的市场上，一个人可以价低则买，价高则售。这个事实促使我们在购买者和出售者是按照单一原理排列、分级的一个同质群体的基础上，对市场理论进行果断的简化。但是，对这一概念的解释和细节无法在这里详细阐述。

市场理论一旦建立，剩下的事情就简单了。需要再次强调的是，我们一定是通过专注于相似之处而不是区别之处来获得"分配"问题的答案的。我们将会看到工资、租金、利息、利润等会被分解成仅仅属于特定市场的问题。因此，严格地说，既然不存在关于靴子价格或者传统马车费用的单独的价格理论，同样，也不存在单独的租金理论或工资理论。如果我们以理论化为目标，形成了处理广义事实的一般真理，并且它明显区别于一些与确定的现象或群体相适应的被分割的要素或者影响，这就不会有租金理论、利息理论或工资理论，所能存在的唯一理论就是分配理论，也即市场理论。

我们试图进一步将这一思想深化。如果有人认为，一本特定的书和一件特定的衣服，对他而言，都只值一个几尼①，那么，如果他可以以一个几尼或者更低的价格得到其中之一，他就会购买；如果价格高于一个几尼，他就不会买。这个人已经在书和衣服之间建立了一种等式，进而基于这些等式或者不等式来管理自己的整个资源。等式暗示着等值的事物可以被简化为一种共同尺度。因此，可以将它们看成无差异的量值，彼此相互等价。在何种意义上，它们是等价的？我们又如何能得到这种共同尺

---

① 1663年英国发行的一种金币，等于21先令，1813年停止流通，后仅指等于21先令（即1.05英镑）的币值单位，常用于规定费用、价格等。——译者注

度呢？显然，我们不能寄希望于通过仔细研究一件衣服穿在身上所提供的满足特性，或者是另外一件衣服、饮食或者其他服务的特性而得到，而是应该通过详细研究这样一个事实：它们同样都能够满足特定的需要，或者是在特定的范围内满足购买者的重大需求和购买冲动。在这个意义上，它们是彼此的替代物。一个人不能（便利地或者充分地）用书本来装饰他的外表，或者用漂亮的外套来使他变得有学问。因此，从某种意义上说，外套和书相互之间不能被看作替代物。不过，书本或外套都可以使他感到愉悦。给定他的供给和需求状况，此时，一套给定质量的法兰绒衣服同一本具有特定内容的书会给他带来同等的偏好和欲望的满足。因此，从他的精神活动看，书和法兰绒衣服可以视为一般等价物，每一个都能使他感到同等的喜悦和生活的充实感。边际理论作为本书将要发展的资源管理理论，将表明我们正是通过研究充当一般等价物或替代物的各种物品和服务（即我们专注于它们所提供服务的相似性，而非它们之间的不同）来构建市场理论的。

同样地，在涉及生产要素和生产者的特定市场时，我们将逐步揭示"分配"过程的秘密。然而，我们不是通过考虑土地提供给生产的独特服务以及特殊条件来揭示它的（劳动力和资本也是如此），而是通过考虑这样一种状况——在这种状况下，所有这些以及任何其他的生产要素都可能彼此相似。在其他生产要素保持不变时，任何一种生产要素数量的微小增减都将对产出产生一个确定的影响；并且，给定供给和生产条件，这一影响还经常会与某个其他生产要素的少量增减所带来的影响相互作用，产生交互影响。于是，在给定条件下，土地的小量减少可以用劳动的微量增加来补偿，以确保产出不变。当认识到这点后，我们可以把土地、劳动以及其他生产要素简化成一般术语，并视它们可以相互替代。这正如前面提到的书与法兰绒衣服的关系那样。进而，如果将我们的注意力集中在各种生产要素所提供服务的一致之处而非不同之处，我们就可以把它们还原成共同尺度，从而解决分配问题。总体上，所有这些阐述都没有任何革命性的或者令人惊奇的内容，但是，对这些事实予以相互联系和系统的解释，却将对许多至今仍在政治经济学教科书中占有一席之地的观点提出质疑。在这里，我们无须详述或证明，就足以指出一些将被揭示的主要结论。

我们将不得不放弃最喜爱的图表方法，虽然无论是市场价格还是标准价格，都可以由供给曲线和需求曲线的交点或者由需求曲线和生产成本曲线的交点得出。我们需要对通常论述的报酬递增和递减的整个理论做一个修正，它将会涉及要么放弃、要么重新表述这个以工业遵循报酬递减规律而产生的现象为基础的设计精巧的理论。

我们不得不注意到，与上述提到的话题密切相关的、在与土地的相关活动中最先被观察到并形成、进而得到普遍应用的一般事实被错误地认为是特殊生产要素才具有的专门特征。这种认识导致了大量长期干扰经济思想的错误、误解以及误称。我已经试着完全准确地指出这些错误的具体根源。

最后，我们研究的一般原理包括了（不是直接的，但是不可避免的）对金融研究中所谓数量法则（Quantity Law）的放弃以及至少是对国际贸易的本质和证券经纪现象的一般表述的重新调整。

这部专著的第一卷已经尽可能地避免所有会引起争议的内容，它致力于简单、直接的结构以及力争尽量少地涉及当前容易引起争论的术语或理论。我希望，无论各位专家是否认可第二卷的内容，第一卷仍将被认为具有独立价值，即使是那些对它所论述的各种原理有争议的人也能够从它所阐明的理论中受益。

最后，在简单的第三卷中，我将竭力表明：前两卷所详述的那些原理将为政治和社会改革相关专业的学生提供精确的工具。利用这一工具，他们可以分析社会生活中熟悉的现象以及从社会改进的视角提出的各种动议和建议。最后一卷的内容仅仅致力于建议和实例，并不追求系统化的完整性，即使是在大纲上也是如此。

第 一 卷
系统化和建设性

卡里克利斯(Callicles)：苏格拉底(Socrates)，你是如此这样喋喋不休地重提关于食品、饮料、医生、凉鞋等老话题和类似的琐事！

第一章

导言：资源与替代物之间选择的管理、价格和相对程度

摘要：这篇文章是对工商业组织中有关的社会问题和人类生活的研究。"经济"、"政治经济学"、"经济学"这些术语的来源和当前应用要求我们应当探讨资源的工业化管理中的各类问题：从国家和个人事务管理到我们可能遇到的所有事情。每一次购买实质上都是选择，涉及在服从冲动和遵循同样适用于其他行为的挑选和选择原理之间的选择。为了理解它们，我们必须学习选择的心理学。某种物品的价格是开放给购买者的一系列可选择物品的指示，也是"提供给我们的所有选项"中的一种特殊情形。我们一直在有明显差异的需求物品之间进行权衡，并且依据我们可以获取它们的方式进行选择。所有这些我们用来权衡和相互比较的物品，不管是否可以用金钱购买，都可以依据它们在我们心目中的相对重要性程度得到理想的安排。

从词源上看，"经济"的含义是对家庭的调节或管理，也就是说，对家庭事务和资源的管理。它描述的只是管理活动的一个方面。在当前的语言里，"经济"是指对任何类型的资源（如时间、思想或金钱）的管理，以此确保实现预期目标的效率最

> 关于经济、耗费和价值的思想

13 大化。这是一个以最少耗费为目标的管理行为。它描述的是全部管理活动的特性而不仅仅是其中的某个方面。如果我们继续去分析"耗费"的概念，我们会认识到，考虑不周全或者疏忽大意将会使对事物的花费超过它们的价值，或者是造成对资源的损耗和破坏。最终，当我们认为一件物品并不值得我们对它的花费或者投入时，我们的意思是，我们所投入资源还有其他一些真实的或是潜在的可替代用途，它们或者是更有价值、更深刻、更重要，或者是在总体上更让人渴求的或更值得的，并且是可以通过付出而得到的。因此，所有成功的管理都包含了资源在可选择用途之间的选择，而其成功的最终价值或者重要性则取决于管理者所关注的目标的本质。

> 政治经济学

如果我们把"经济"的现代词义（避免浪费）嫁接到其词源的含义（家庭管理）上，我们将得到"以一种避免浪费和确保效率的方式来管理家庭的事务和资源"的"经济"的概念。以此类推，"政治经济学"可以指用相似的方式来管理国家的事务和资源，国家被视为一个家庭或者社团的延伸，中央政府对它进行管理。对政治经济学的研究，实际上是对如何管理一个社会资源以确保不浪费资源地实现公共目标的原理进行研究。

> 方法和结果，深思熟虑的和自发的组织

作为调节和决定的原则，"价值"这一概念渗透在管理的每一步过程中，并且，由于是我们的目的或者目标决定了那些所获得的结果的相对价值或价值，因此，任何个人、家庭或社区的最终理想——它所追求和渴望的目标的性质——肯定会给自身的"经济"赋予基调和特性，也一定是其管理体系的灵魂和灵感所在。因此，首先，我们期待政治

14 经济学要么假设、要么灌输一些适合国家追求的确定目标。

其次，我们也期待政治经济学能够考虑中央政权如何最好地管理国家资源以实现其目标。可是，当我们翻看政治经济学方面的书籍时，这两个期待都落空了。现代思想的倾向和现代生活的条件共同导致资源管理的考虑脱离了它原本最终目的的讨论。由此，把政治经济学视为增加公共财富而不是确保公共目标实现的学问就显得很正常了。尽管最近有人

第一章 导言：资源与替代物之间选择的管理、价格和相对程度

反对这一倾向，但它仍然居支配地位。在已有的政治经济学论文中，主张中央政府应当将公共资源谨慎地用于公共目标的研究仅仅占据了极小的比例。确切地讲，课税研究，包括国家或市政当局的所有财政措施——不论是从提高财政收入还是促进商业的角度看——仍然属于科学的内容。然而，当今时代，对于一个深思熟虑的人来说，社会的节奏和表达已经变得比早期思想家所设想的要更多地依赖于自发调整——这种调整是每个人几乎不考虑结果、先例和自身行动含义的调整——而更少地依赖于那些对整个社会产生影响的深思熟虑的调节。并且，甚至在前述讨论的需要深思熟虑和集中管理的公共资源方面，如税收、公共财政和财政措施等，我们显然都不能理解制度管理的直接结果或者间接反应。除非我们认真研究了个体努力的自发组织——这些规章制度正是通过个体的努力发挥作用并与之结合在一起——和在任何制度体系下都成立的自发关系。这些自发关系是以人类本性的永恒特征为基础的。因此，"政治经济学"，或者对社会资源的管理，无论在怎样的情况下，都必须包括或者暗含对社会成员如何自发管理自身资源和构建能够让人彼此相近的自发关系的研究。

在现代欧洲社会，人们也许会质疑宗教、家庭、封建资助人和受庇护者、市民、国家以及帝国主义的情感等之间的联系要到怎样的程度才能被个体或集体有效地看成是有组织的力量；但是，经济或商业关系相对于所有其他力量比在古代和中世纪时期占更大比例则几乎不曾受到质疑。人们逐渐认识到，人类在管理自身资源过程中形成的自发关系在本质上大部分甚至全部都是经济或商业关系。对这一认识的逐渐增强还被反映在这样一个事实中：政治经济学越来越多地——有时甚至是排他地——关注各类工商企业以及有助于它们自我调整的经济关系的原理。这种倾向如此明显，以致于严格地说，政治经济学被明确地认为是仅仅关注在不可避免的最低程度的外部控制情况下的商业关系。自发组织内部的各个个体的永久倾向及其对贸易联合体、雇主协会、市议会或者国家议会，或者任何类型团体等所订立的——有时可能是从外部强加的——慎重规章制度的

> 作为一个组织的力量：商业关系

反应，有时会被独立出来作为政治经济学的研究对象。因此，在经过一系列的通俗易懂和富于启发性的修改后，政治经济学自身逐渐被理解为主要是对——如果不是唯一的话——产业关系的研究。它研究在一个个体成员为了追求个人利益可以自由地进行自发组织的社会里，如何决定市场价格、利率、汇率等的动力和原理。

最近，更一般化的词语"经济学"（与"伦理学"、"政治学"或"物理学"相对应）越来越被人们接受。从词源看，"政治经济学"与目前描述的研究内容似乎相关性较小，并且其含义也有些狭隘，以致于无法匹配当前的研究范围。因此，一个更中立的词语更受欢迎。"经济学"包含对用于资源管理的一般原理的研究，无论这种资源是属于个人的、家庭的、企业的或是国家的；还包含对所有这些资源管理而产生的耗费的考察。

> 经济学：资源管理的一般科学

的确，本书的目的是从更狭窄的、现代的层面去阐述"政治经济学"问题。也就是说，让读者能够理解工商业生活的机理和自发组织；但是，作者同时坚信，通过读者在自身最广泛生活范围内对"经济学"的初步研究，他们能够最好地获得这种理解。换句话说，对资源管理的原理及方案选择研究，无须受到任何正式的或传统的限制。因此，在研究过程，我们不应当排除对最终目的以及那些决定我们精力流向的一般目的和推动力的考虑。如果一开始我们就完全不考虑动机，那是不明智的。激发人们对政治经济学进行研究的动机几乎总是社会的，但是，最接近我们每个人的观察领域必然是个人的。例如，对产业问题的研究，必须是在社会理想的激励下，以个人的经济学为基础的；即使在我们探索的某些部分中，排除了对社会理想的直接考虑，但是，这仍然是我们在评价我们研究结果时必须考虑的重要因素。

> 从社会理想的角度研究个人和产业经济的关系

因此，我们应当在最熟悉的领域内寻找研究的出发点，应当努力在那里寻找资源管理一般原理的线索。到这里为止，我们的研究都是个体的；但是，当我们有所发现时，这些被发现的原理是与社会和公共福利相关的，因此，我们需要根据社会反应的提示对它们予以修正。因此，个人和

第一章　导言：资源与替代物之间选择的管理、价格和相对程度

家庭经营将首先成为我们选中的观察领域,成为我们主要的案例收集来源。我们将继续阐述那些指引人们自发地管理自身资源和进行商业行动的一般原理。并且,把商业行为与社会的一般福利相联系,我们将找到我们渴望理解其最深层机制的最充分的理由。依据这些指示,让我们从他们建议的方向开始研究吧,并把对家庭事务的管理作为我们研究的出发点。

就像我们在考虑家庭事务管理时常常想到女性而非男性以及我们经常认为女性比男性"节俭"一样,我们可以自然地从家庭主妇所做的事情上得到我们的第一种解释。这将使我们的研究具有建立在广泛的、熟悉的基础上的巨大优势。在这个基础上,我们所有的人——男女老少——都密切相关。作为银行家、生产商、经销商、机械师,我们可能会有一些这类或那类产业事实的内部知识,但是,这些特殊领域的经验并不会给我们带来共同的基础。诚然,在家庭事务管理中,母系文化确实占据主导地位,但是,家庭中的每个成员或多或少地都是家庭事务紧密的参与者,都有很强的家庭事务管理兴趣。这就给我们的研究提供了一个共同的基础,不需要任何特殊的或者是技术性的信息,我们可以方便地开始进行一般研究。经过单独训练,我们当中的许多人都会更熟悉经济学世界的其他一些领域,我们大多数人都会共同地、自发地与这些领域的知识建立紧密的联系。因此,从研究家庭事务管理开始,我们将不经检验地认为货币购买力和当前价格或者市场的存在是理所当然的,如同家庭主妇一样不得不去面对这些存在。并且,以此为基础,我们将观察和分析家庭主妇管理家庭资源的原理。我将试图说明,在一部分涉及支配资金的管理中,这些原理是相同的,而另一部分却是不同的;而且,进一步地,无论针对何种资源的管理,通常在规定生活行为方面,这些原理是相同的。

从上述得到的有利位置出发,我们回到最初被我们视为理所当然的现象,我希望展示那些我们已经清楚而且确切地表达了的原理,它们将使我们能够解释货币的意义和功能以及那些之前被视为理所当然的市场价格构成。然后,我们才有能力去直接描述政治经济学的一般类型。

我们可能需要重申一下我们的立场。我们将从自身可以即刻控制的,或者是能够从内部就近观察,不断思考的——也即人人都关心的与个人和家庭资源相关的开支——经济世界开始。这是我们有理由希望能够被理解和分析的。但是,无论从哪个方面看,这些都是有条件成立的。因为,我们无法意识到我们不知道的控制,而且在一般情况下也不能够从内部(例如市场价格)得到事实,包括那些通常被视为是理所当然的工具(例如货币和汇率机制)。然而,我们希望,对我们自己或者是对那些与我们有密切联系的人们的自觉行为能够予以仔细检查。这项检查能够阐明那些伟大的运动、制度、联盟实际上是不自觉或半自觉行为的综合结果,对于这些结果,我们总是含含糊糊地将它归因为"社会"。

因此,在开始对家庭资源管理进行研究之前,我们注意到,在营销、购物以及给商人下订单等方面,家庭成员中的母亲负责管理货币资源,并且尽可能多地赚钱;当她将购买的东西带回家时,她还有类似的任务。有时候,这的确是一项精细而且复杂的工作,即在不同的请求人(这些请求也许很难充分满足)之间进行分配,以便物尽其用。在购物时,她经常会逼迫自己买得比她想要买的少一些,因为她没有足够的资源来满足每一种需求。因此,如果她轻率地、无限制地购买某种东西,就会造成其他物品不成比例地短缺。而在家里时,她又不得不逼迫自己给每一个孩子比她所愿意给予的要少一些,因为她所购买的物品不足以满足所有人的要求。因此,如果对一个孩子的需求过于放纵,将导致其他人的需求不成比例地短缺。她在市场上的做法和在家里的行为属于在同一基本原理指导下的连续资源管理的一部分;并且,在家里的行为支配了在市场上的行为,赋予在市场上的行为以最终意义。具体来看,她在家庭中所必须面对的短缺问题和她在市场上意识到的以更集中的形式出现的问题是相同的。

家庭管理的困难并不是始终如一的。家庭主妇们不会介意谁得到面包,尽管她会对浪费行为保持警觉,但是,当她开始为新的一年第一次购买土豆时,她将会非常小心,尽量保持菜量在自己的直接控制之下,而不让任何一个孩子以他自己的判断决定他想要的份额;如果她这样做,就会

> 货币和储存的管理

第一章 导言：资源与替代物之间选择的管理、价格和相对程度

出现不对称的满足和匮乏。她会轮流对每个孩子这样说："我就好比是圆的中心，这个圆由所有起到一样作用的部分组成。你不是特别的。"她可以让牛奶罐自由地转圈，仅仅注意杯子满不满，但是，她肯定会将奶油壶放在自己身边的位置，尽管在某些情况下她也许会相当慷慨，但是，在更多情况下她是要精打细算地进行分配的。在所有的情况下，她对是否花钱、要勺土豆、倒点儿奶油或者购买面包、牛奶等保持着一贯的警惕，因为她面临着与资源管理同样的问题，需要接受同样的原理指导。她试图使每一件东西都能够物尽其用，或者，换句话说，能够先实现它可以实现的最重要的目的。最后，经过仔细地判断，如果她认为没有比她的安排更能令人满意时，她才会觉得自己成功了。否则，在某些地方一定还存在着浪费，因为钱、牛奶、土豆或者是精力的使用可以有更好的去处。请注意，"精力"往往蕴含在那些必须加以管理但是又经常被浪费的事物中。生活的艺术包括有效地和经济地配置每一种重要资源。家庭经营是这门艺术的一个分支。这门艺术可能会涉及以下一些问题，例如，为节省时间而花费更多钱，或者为了省下钱来而付出更多时间，或者为了节约面包、土豆或者奶油而消耗更多的能量和思考。无论我们所面临的替代是什么，由此产生的问题总是相关的。如果我们明确了这一点，那么，为了得到它，我们必须承担多大代价？或者我们将付出什么？这是不是值得？或者我们将放弃其他什么替代品？以及它们对我们的价值又是什么呢？

在市场上，这个问题是以价格的形式显现出来的。让我们详细地加以说明，并且努力地获得对它们的考虑与"价格"现象相联系的更加准确的和深入的知识。十分明显的是，当一位女士来到市场上时，她并不确定自己会购买新的土豆或者鸡肉。这些东西的价格将决定她的行为；如果两种都买，则价格将决定她购买量的大小。如果她提出了购买设想，价格就成为她所放弃替代品的首要的同时也是最明显的选择指示器。不过，几乎同样明显的是，不仅这些商品的价格，而且大量的其他商品的价格也将影响到这个问题。如果质量较好的陈土豆以一个较低的价格出售，则购买者不大可能为新的一批土豆支付高价，因为，陈土豆对新土豆而言是一个很

> 价格作为选择指示器

好的替代品。同样,如果当前市场对布拉斯李子的价格有一个很好的预期——相比不存在这样的价格预期——马上购买青梅果酱就似乎是不够理性的。家庭主妇原先准备在小型家宴上用鸡肉款待邻居,如果觉得用鳕鱼来替代也没有明显的差别,在这种情况下,不仅鸡的价格,而且鳕鱼的价格也会影响到她的选择。当然,这样说,仅仅意味着,除非我们也知道其他特定商品的价格,否则,我们是无法用任意一件商品的价格来表示实际替代品的价格。我们假定,一对小鸡的价格为 6 先令,在这种情况下,每磅鳕鱼是 6 便士还是 10 便士,情形将完全不同。前者意味着,相对于广受欢迎的小鸡,买价格低廉的鳕鱼 6 磅可节省 3 个先令;而后者仅仅节省了 1 个先令。为了节省这 3 个先令,在招待中牺牲这微小的差别显然是值得的,如果是为了节省 1 个先令,则显然是不值得的。然而,这仅仅是数学家所说的第一近似值。但是,如果负责招待的主妇怀疑可能有一个或者多个客人,像她一样了解鳕鱼和小鸡的价格,则事情将趋于复杂化。因为,尽管比起 10 便士 1 磅的鳕鱼,6 便士 1 磅的鳕鱼也仍然不受欢迎,但是,节省 3 个先令比节省 1 个先令要减少了较多的支出。这种考虑也许会改变主妇的选择。

节省的意义(无论花费多少)取决于什么呢?可能是那些与鸡肉或鳕鱼都没有明显联系的商品价格。有些父母亲可能会对子女的教育或者成就抱有很大期待,并且愿意大幅度地削减其他开支以满足它们。为了让自己的孩子去上法语课或者小提琴课,这些父母愿意将招待客人的饭菜丰盛程度比习惯标准降低一点,并且承担起吝啬和傲慢无礼的双重责备。在这种情况下,购买新的或陈的土豆,用鸡还是鳕鱼招待客人,甚至两者都不用,可能会受到为取得质量令人满意的法语课或音乐课所需条件的影响。如果一堂课只值半个几尼,那么,关于更好的教育和更丰盛的餐桌之间的选择,决定了选择什么样的饭菜上桌;但是,如果环境改变,一小时 5 先令才可以得到足够质量的授课,价格(选择所依据的条件)改变了,父母亲偏好更精心的教育,就必须牺牲更多的其他东西。

此外,新的发明或者新的商业路线的开辟,会不断带来新的替代品,增加可供选择的商品范围。当商品可供选择的范围扩大后,人们本来应

第一章 导言：资源与替代物之间选择的管理、价格和相对程度

该愉快地为新的商品支付价格，但是，新的商品价格往往不能被心甘情愿地接受。有人说，女士自行车的发明直接影响到廉价钢琴的销售。在这项发明出现前，许多年轻的女士为了拥有一架钢琴而储蓄。这就是说，她们认为，比起沉溺于上千个她们本来应该忽视的小欲望或者拥有其他的财产以及达到其他目的而言，攒钱拥有一架钢琴是一项更为合适的选择。但是现在，她们多了一个新选择。这种商品比之前她们所见过的任何一件商品（包括钢琴）都更要受到青睐。钢琴自然也就失去了市场。当然，应该指出的是，在这种情况下，精确地比较钢琴和自行车之间的价格是没有必要的。它不会产生任何影响。这不仅仅是一架钢琴和一辆自行车之间的较量，而是一架钢琴同一辆自行车加上其他杂七杂八的东西的对比。因此，与钢琴相比，包含了自行车的选择集能够提供更多更合适的选择，尽管钢琴比选择集中自行车之外的任何其他物品都要有价值。所以，我们可以设想，影响了廉价钢琴销售的自行车可能会促进文学作品，甚至水果和蔬菜的销售；因为这些东西可能已经与自行车结合成胜利的联盟，共同打败了迄今为止获胜而现在被排除在外的钢琴。

通过假定一户家庭成员深受印度饥荒消息的影响，我们将进一步阐述本文的基本主题。尽管现在通常认为捐出物品以满足慈善同情的诉求本身就是慈善的——也就是说，为了满足特定要求而进行的捐赠已经在很大程度上不受现存的慈善机构支持——但是，事情并非总是如此的；家庭主妇购买的鸡肉可能不仅受到鳕鱼、法语课、音乐课、钢琴或自行车价格的影响，而且也会受到印度饥荒以及那些已经被带到她家门口的慈善团体的影响。通过这些慈善团体，她和她的家人能够捐献，并帮助缓解灾情。

很明显，进一步的选择经常以这样的形式呈现："我是应该放弃明天而拥有今天呢？还是为了拥有明天而放弃今天呢？"事实上，对那些要在较久远的未来方能实现的目标和马上就要实现的目标之间可能会发生的竞争关系，我们无须设定明确的限制。我们可能会每天或者每周都在否定自己的许多选择，为了一架钢琴，为了教育子女，为了年老退休，为了积累财富，为了防止那些可能存在的突发事件而准备的储蓄，或者是为了应

对那些必然存在但是不知其发生概率的不幸事件而购买的保险。想比较在市场里某个特定摊位上的一些明确的购买,我们最好在那些已知的众多选择中加上一些现在没有而未来可能的选择。为了应付将来不确定的突发事件,或是为实现一些必要的但是遥远(因此显得不确定)的希望,我们必须把部分家用储蓄起来。

更进一步地,如果一个家庭主妇自身是整个家庭的支柱,或者如通常所认为的那样,她可以有意识地对丈夫的一般生活资源配置施加影响的话,那么,对于一些特别的支出,她可能会想出许多更周全的选择;她会接受劝告,停止把钱花在她所习惯的方面,然后增加其他开支或是储蓄,即使储蓄也不赚钱。她会把大量的时间和精力投入到公共事业,投入到对个人品味的培养、邻里间的走动或者仅仅是寻求补偿,使自己从那些感到痛苦的压力中解脱出来。

因此,如果将范围放宽到考虑比较遥远和微弱的影响因素时,所有那些可能改变精力和资源的应用价值或者重要性,无论所提供的选择是什么,只要改变其条件,都会影响到你对商场上任何一件商品的购买。具体来看,首先,它会受自身价格的影响;其次,它会受那些被认为最容易成为其替代品的东西的价格影响;然后,稍远一点,它会受到个人或集体所面临的替代范围的影响,受到选择者群体的影响,受到为之选择的人们的影响。

但是,刚刚提到的"压力解脱"在警告我们:我们的考察还不够充分普遍。我们还必须提升认识,进一步扩大视野。迄今为止,我们还只说到我们习惯在不同的正的欲望目标之间进行选择。为了获得某种东西而放弃另一种其他东西的选择似乎还缺少了点什么。但是,在实际上,购买冲动的犹豫或是对欲望的饥渴,可能不仅会导致所欲望事物的失去,而且还会使购买者遭受到实际的痛楚。在这方面以及其他方面,我们还需要花更多的时间去思考。我们不是在两件乐事之间选择接受哪一个,而是在两个痛苦或者苦难之中选择逃避哪一个。或者,我们是否选择忍受这种疼痛,以确保所欲望目标的实现或是避免某种可能的损失。在这里,所有选择将

> 获得意欲的和逃避不欲的经历

第一章　导言：资源与替代物之间选择的管理、价格和相对程度

再次取决于"价值"或者所提供的选择条件。一双挤脚的或者不合适的鞋提供了一个熟悉的例子。我们是继续忍受痛苦地穿着它呢？还是把它扔掉呢？或是卖给适合它的人而后重新购买一双呢？如果我们决定继续穿，我们实际上是以承担一些痛苦——身体痛苦以及随之而来的所有伴生产品，如活动能力的下降、易怒的脾气等——为代价来赚取一笔钱（或者，如果你乐意，也可以用买新鞋的钱去买一些其他物品）。我们在大部分时间甚或每天里的大多数的谋生方式都无时无刻地包含着努力和那些带有确定的甚至是剧烈痛苦的忍耐。因此，在对一般的经营和生活过程中的选择研究中（无论是与我们的收入还是支出有关），我们不仅要比较不同的和异质的希望能够得到的物质，而且也要比较不同的和异质的痛苦或者产生恐怖或厌恶的对象，这些可以被视为满足上的负数。在我们的日常生活行为中，我们不仅要在各种希望满足的欲望中比较其不同的满足程度，考虑我们最想要的；在所不欲中比较不欲的不同程度，考虑我们最需要避免的；而且，也必须仔细考虑我们是否会在获得这样或者那样的一个所欲的同时，作为条件之一不得不承受一个所不想要的东西，或是在逃避一个这样的或者那样的不欲的同时失去一个所欲。稍作反思，就将使我们意识到：我们所能支配的资源在多大程度上不足以满足我们之所欲，与此同时，也不足以避免我们所拒绝的。事实上，道德家们之所以列出了如此长的一串需要禁止的快乐的单子，说明避免痛苦的动机常常（也足够合法地）被认为比实现快乐的动机更可信。通常认为，一个人遵守信用规则，并不是因为他喜欢它，而是因为他渴望避免虚弱、无效率以及那些如果他没有这样做就会确定降临到他身上的苦痛。凯托（Cato）受到卢肯（Lucan）的称赞，因为他将服装开支削减到能够与天气相适应的程度；我们当中的许多人是如此坚定的禁欲主义者，以致于我们乐意将给裁缝的账单削减到更接近于凯托认可的适度规模标准，并将多余的钱用在买书或度假上——如果我们觉得足够预防天气变化的衣服却让我们受到批评的话，要知道，天气和批评都会让我们受到伤害。在这种情况下，我们为了逃避痛苦而牺牲了正向的快乐，并且被告知，如果不这样做的话，将是不光彩的。但是，我们并不全部或者总是按照凯托的模式行事。因

为有些人把钱花在服装上是为了避免遭受和承受精神痛苦,而另一些人这样做则是为了确保正的满足,附带使自己的外表变美,激发他人的羡慕、赞同或者嫉妒。事实上,这两种激励集往往是结合在一起的,其中一个显露于外,另一个则较为隐蔽而有效地运行于内。

因此,为了得到我们持续进行的选择本质的适当概念,我们必须意识到:(a) 我们很大一部分的精力和资源在习惯上并不为我们想要的选项而是由我们试图避开的选项来指引的;(b) 我们在正向满足和负向满足之间保持平衡①,正如我们在正向满足之间和负向满足之间都保持平衡一样;(c) 有时候,正向和负向的满足可能会混合,甚至重合(对于同一个人的行为,我们会正面地赋予同情,相反,也会在厌恶时予以批评);(d) 从负向满足的整体范围中所得到的价格原理与从正向满足中所得到的一样。我们是否愿意通过承担某种痛苦来获得某种快乐,取决于它们提供的条件。多少的痛苦和快乐是我可以期待的呢?我也许乐意为了两周的享受时间而甘愿忍受晕船一天,但不会为了享受短短的一天而以长达一周的晕船为代价。

不知不觉地,我们的讨论已经从与货币相关的狭窄的价格概念延伸到对我们希望拥有的或者我们试图回避的任何事物所代表的一般化价格概念。当前的语法认可这一广泛应用在市场和金钱支出上的语言。"花费"、"负担"、"耗费"、"价值"、"价格"等术语普遍适用于各种物质的和非物质的资源以及渴望获得的或者厌恶的目标,无论是牛奶、金钱、时间、痛苦或者生命力。当我们的管家决定不买卷心菜时,她会说"这不值得这么多钱";当她解释为什么她没有给花圃除草时,她会解释道"我抽不出时间";当她对一个女佣没有像往常那样充分履行其职责不予计较时,她会说"不要为了这点小事情而大惊小怪"。需要注意的是,上述部分或者所有的例子都暗示着,所要实现的目标必须支出一定数量的金钱、时间或者精力,带来一定的不愉快,但是不能大到难以承受。这就是说,尽管它们都是值得拥有的或者值得去做的,

价格的一般概念

---

① 参看本书第347页及之后。

第一章 导言：资源与替代物之间选择的管理、价格和相对程度

但是，在某一价格下，它们就不值得去拥有或者去做。我们习惯地说一个人"以他可以接受的价格"实现了某项目标；或者对某个打算实施一项会疏远朋友关系行动的人说："噢！当然了，如果您愿意付出代价，您可以这么做。"因此，"价格"在狭义上是"获得某一物品、服务或者一种特权所需要支付的货币"，它仅仅是其广义定义（即提供给我们的选择条件）的一个特例；所以，考虑一件物品是否值它所要求的价格，实际上是考虑，比起其他替代品，我们是否更加渴望拥有这件物品以及它是否能补偿我们为之所付出的这一切。这样，无论是在市场上，家庭或者是其他地方，替代品之间的选择是我们所关注的资源管理日常行为的最一般形式；显然，替代品所提供的价格或条件（针对另一种物品，这种物品值多少）是我们在商品之间进行选择时的一个决定性考虑因素。

如果认为，提供给我们的关于选择的影响条件是把我们的选择限制在深思熟虑的情况之内，那将是一个极大的错误；而比这个更糟糕的错误是认为这限于理性选择的范围之内。我们很大一部分的行为是受情感驱使的，是不假思索的；当我们回顾自己的选择时，会发现我们的选择往往是非理性的。然而，在所有这些情况下，价格原理却是有效的。

> 影响冲动或非理性决策的价格

习惯或者冲动总是决定着我们在不会引起我们任何反应的替代品之间的取舍；并且，如果提供给我们选择的条件仅仅在十分有限的范围内变化，也不会对我们的选择产生什么影响。但是，如果它们的改变超出了某一点，习惯将被打破或者无意识的冲动将被检讨，我们将因此进入一个有意识的选择阶段。那些妨碍人们经过深思熟虑后做出选择的习惯和冲动的力量是可以量化界定的，并且在一定的条件下是可以被克服的。因此，在一定的界限内，营救溺水的人的冲动和对高空跳水的恐惧会自发平衡，无须任何思考。一旦越过这些极限，人们就可能做出深思熟虑的选择。尽管原则是在无意识的领域起作用的，但是，当界限被突破时，它也会在有意识的领域出现。为了帮助一个溺水的陌生人，一个容易兴奋、技艺高超的人从5英尺高处跳下时，不会有丝毫犹豫；从8英尺的高处跳下时，尽管他也几乎没有仔细考虑，但可能会意识到内心有两股相互冲突的力

量；从 10 英尺的高处跳下时，也许就会稍有紧张；而当高度上升为 12 英尺时，尽管会有一定程度的内疚，他也有可能选择不跳；如果高度进一步地增加到 20 英尺时，那就不存在任何形式的自我责备。但是，同样的人可能会毫不犹豫地从 12 英尺的高处跳下去营救他的朋友，只要还存留着一线希望，他会毫无恐惧或者义无反顾地从 20 英尺的高处跳下去营救他的妻子或子女；但是，即使是在这种情况下，他也不会贸然地从 40 英尺的高度跳下去。在一些比这一高度稍低的地方，他可能会快速估计一下不顾一切地跳下去的相对成功概率或者是其他救援手段，而在这个快速估计的过程中，本能恐惧可能会产生一些未知的影响，这将取决于他的性格。

再次，当我们在正向和负向满足之间的选择完全没有理性时，所要求的价格（即使按照我们自己的标准，排除任何理想的价值标准）会远远地低于它的实际价值，价格原理在这里依然在起作用。如果根据其他理性的标准来判断，被我们所否定的选择给出的条件已经是有利的了，然而，我们会坚持拒绝。但是，如果提出的条件更为有利的话，我们将会接受它。例如，半夜里（或者我们所说的第二天早上）被冻醒之后，如果我们没有办法不用起床就能够得到一床毛毯或小毯，从而在余下的夜晚舒舒服服地再入睡时，我们可能宁愿忍受寒冷带来的痛苦。但是，这并不能说是我们更偏爱忍受那些已经遭遇到的不幸，而是不喜欢那些已经躲开的不幸。也许心理分析是这样的：对于已经到来的寒冷，我们宁愿每一秒都在忍受它带来的不适，也不愿接受为了在余下的夜晚睡得舒服而需要在这一秒增加的不适（起床去拿毛毯）。无论我们的选择是如何的非理性，价格原理总是在起作用；因为人们所能忍受的寒冷存在着一定程度的限制，如果超过这一限度，就将打破这一怪咒，并驱使我们再去拿条毯子盖。我们可能会在数月甚至数年里，忍受着良心上受到的周期性谴责以及自身一般活力的明显下降，仅仅是因为我们本应该去打个电话、写一封信甚至一封明信片，或者将一本书还给我们的朋友，但却没有去做。而这些对于我们的朋友来说可能是重要的。为了得到它或者是了解发生的变化，他可能正在忍受着或多或少的焦虑。事实上，我们只要用一个小时甚或一分钟的时间来完成一些琐碎的事以及那些令我们感到不痛不痒的事，

第一章 导言：资源与替代物之间选择的管理、价格和相对程度

就可能减轻我们的负担。然而，在某种微弱的诅咒下，我们显然会继续忍受着这些痛苦。没有什么比这更不理性的了（更不用说道德），而在这里，"价格"的数量法则将发挥非常大的作用。我们知道，每个人对于沮丧、自我责备或者突然恐慌的忍受都有一定程度的限制，超过这一限度就将促使我们打破那些阻碍我们写明信片或者归还图书的怪癖。如果沉迷于懒惰或者厌世的相关条件变得越来越难，我们最终将抛弃它们。有一些人宁愿长期忍受牙疼折磨也不愿去面对拔牙的痛苦，尽管他们十分了解拔牙的过程，也知道拔牙带来的痛苦比起长期的疼痛相对更容易承受；或者，有一些人因为担心恐怖活动和晕船压抑了出国旅行的爱好，尽管他们知道这是一种理由不充分和愚蠢的退缩。并且，经过自己的深思熟虑后会发现，由此节省的那点金钱远远比不上没能享受旅行带来的损失大。显然，他们的行为都是非理性的。然而，尽管他们拒绝购买某一标价远远超过其价值的商品，但是，如果标价被提得更高，他们在最后一刻却可能同意购买了。如果牙痛带给现在以及未来的疼痛或者享受旅行所产生的令人期待的愉悦感到达某一临界点后，他们最终愿意在牙医的椅子上度过一个小时或是在海上度过一天一夜。当备择的条件不仅列出了深思熟虑的原因，而且还有对承受恐惧的本能和病态心理的克服，他们将面对他们害怕的事情，并且在更不利的条件下他们也会这样做。我们的非理性偏好和与理性偏好一样，都有其"自身的价格"。因为非理性的逃避或者畏惧不能取代价格原理，非理性的诱惑或者爱好同样也无法取代。生活中，沉迷现象并不特别；有时候，如果有比这个理由更好的指导的话，它一定并不总是合理的。例如，对一个迷恋于拥有房子、马、书籍以及商务或休闲计划梦想的男人而言，尽管他会厌恶以价格过高为由放弃它们的建议，不过，当价格上升超出了某一点时，他也会被吓住；而这个点就为他的"迷恋"程度提供了一个准确的度量①。

因此，那些决定了家庭主妇在市场上的购买行为的价格原理或者备择条件，可以从我们在备择系列中的全部非理性的和理性的、冲动的和深

---

① 参见第108页。

思熟虑的甚至无意识的和有意识的选择行为中获得。

最后，如果把价格原理延伸到一种开放的选择空间但却缺乏深思熟虑的估计的情形中，它可以从存在着详细的估计但却不存在开放的选择空间的情形中推导出来；因为即使在只有一种选择的情形中，我们仍然会在脑海中思考是什么左右了我们的选择方式。当一个人忘记兑现一个似乎兑现与否并无损于他的承诺时，他可能会说"我宁愿失去 20 英镑"；或者，当他被告知一些他本来应该愿意接受的事而在实际上却没有的时候，他会说"如果我相信它的话，我情愿放弃我一半的财产"。这样的言论也许不能给予十分严谨或准确的估量，但是，它们的特定形式却表明下述这些想法本质上并不荒谬，如在给定压力下造成朋友不好印象的代价是 20 英镑，而不是 25 英镑；或者，在我看来，某种限度的消遣可能值得我放弃一半，而非四分之三的财富；尽管实际上，我不会面临这些选择。

因此，我们得出结论，所有异常的冲动和引发任何个体渴望或者厌恶的目标，无论是物质的还是精神的、个人的或社会的、现在的或将来的、现实的或理想的，都被视为是可以相互比较的。事实上，我们一直在不断进行比较，彼此权衡，并决定哪个是最重要的。另外，我们还总是会碰到诸如"我必须放弃多少这种物品才能获得如此多的那种物品呢"这类的相关问题。例如，如果我们正在考虑是居住在乡村还是城镇时，我们可能会在友谊、新鲜的空气或新鲜鸡蛋等诸如此类的事物之间进行权衡和相互比较。我是应该"隐居在乡村"，这样可能难以与最亲爱的朋友见一面，但每天都能享受到新鲜的鸡蛋早餐和新鲜空气呢？还是我应该留在原地，继续享受与好友们的社交呢？我立刻开始思考："为此可能牺牲的朋友间的社交会有多少？他们会不会来看看我？或者，我能不能偶尔去看看这些朋友？"那些从乡村生活中预期能够得到的福利和满足可以部分补偿我失去朋友的损失，但却不是全部。这种代价有时可能过高。在这种情形下的备择条件或多或少是模糊、推测和猜想的，但数种选择之间所显现出来的差异并不妨碍我们将之进行比较，也不妨碍那些会影响到我们决策的数量因素。这样，借助价格术语的广义内涵，我们可以说，所有那些会分掉我的精力和资源的令人

> 偏好程度

厌恶的或者吸引人的目标,都会在理想的价格或者等价条件的作用下相互关联。我们可以设想出一个普遍的"偏好程度"或是"相对程度的估计",通过这些,所有我们想要的或是追求的东西(无论是正向的还是负向的)都能找到它们自己的位置;同时,它们将依照其条件被作为与其他物品对等的或偏好的物品。

然而,人的偏好程度不可能是完全一致的。也就是说,在 A 和 B 之间,我选择 A 而不选 B;在 B 和 C 之间,我选择 B 而不选 C,但是,这并不必然地(好像本应该是这样的)意味着在 A 和 C 之间,我会选择 A 而不是 C。一个人可能会愿意为一把小刀支付一先令,因为他认为小刀价格低廉;同时,他可能拒绝为某本小册子支付一先令,因为他认为小册子有些贵了,但是,如果直接让他在小册子和小刀之间挑选一个作为礼物的话,他可能会选择小册子。这就是说,比起一先令,他宁愿要小刀;比起小册子,他更宁愿留着一个先令,然而,比起小刀,他更喜欢小册子。或者,一个准备出国的男人也许会花费半天时间去寻找到哪里可以得到最优的货币兑换比例,其结果不过是为了他的 30 英镑,比起他原本可以毫不费事地在旅游部门的兑换多出半克朗(2 先令 6 便士)的外国硬币。而且,他可能还会为自己所取得的成就感到十分的高兴。然而,同样的一个人,他可能会轻蔑地拒绝为 2 先令 6 便士而付出半天的时间,并且如果他认为自己半天的工作就只能赚到 2 先令 6 便士的话,他将完全失去从优惠汇率中获得的自我满足感。这也就是说,他是否愿意接受 2 先令 6 便士来作为他半天工作的充分补偿,要根据他自身所发生的状况来决定。或者,当一个人抵达车站后,突然想到一本适合在旅行中阅读的书。假设他知道在哪里花 1 先令就可以买到这本书,并且他也还有时间去购买这本书,但是乘车去的话还得花费 2 先令 6 便士,他绝不会为了这样小的一笔交易而如此奢侈地去承担 250% 的费用。可是,如果此刻这本书在车站摊位上以 3 先令 6 便士的价格出售的话,他却会心满意足地购下它。

这些模糊的冲动和联想影响我们的选择,并介入到我们对现实的处理以及我们对这些现实的估计之间,会频频地以一种不稳定和不规则的方式影响着理智,此起彼伏,难以消失;由此,我们的衡量标准就会出现各种各样的前后不一致性。但是,只要我们思想中的衡量标准的范围越广,同时估价越精确的话,则前后不一致的情况将越少。一个拥有警觉头脑和良好判断力的人会将冲动减少到最低限度,并且,如果我们清楚了解的选择范围越宽广、越一致的话,对资源的管理将越加经济。

因此,一个人实际的偏好程度可能以任何理由、在任何程度上远离理智,充满了前后不一致和踌躇。但是,正因为如此,通过一个价格体系,它将他所渴望得到的各种目标和他后续的选择联系在一起,是否购买或是选择别的将不断地揭示他的部分偏好程度。例如,在这个价格水平上,他决定用这个替代那个;在某些条件下,他选择这一替代物,而拒绝其他物品,等等。

在这里,我们也许自然要问,为什么我们很少意识到这种无处不在的在替代品之间进行选择的事实,特别是在我们购买的时候呢?为什么即使是在最简单和最明显的情况下,自问是否应该购买这样或是那样的商品时,我们仍然较少做出确定的取舍呢?稍加观察,我们就会发现,在许多情况下我们确实如此。许多资源有限而且独自生活的年轻男女,经常会意识到文学、讲座、音乐会、剧院之间存在直接的竞争关系。如果购买了一本梦寐以求的书籍,他们就没法去听音乐会。同时,他们也知道,每天用于晚餐的一两个便士根本不足以让他们在这些有竞争关系的满足之间进行选择,也无法保证他们每隔一两个星期去享受其中的一种。在纽约,处于或低于最低生活水平线上的人们会毫不掩饰地告诉一个富于同情心的调查者,他们所买的每双鞋都是"从食物中节省出来的"。当一个收入所剩无几的人为一个慈善组织的呼吁所感动时,他会习惯性地开始思考,为了响应慈善活动,他无须什么东西也能生存下去;事实上,在大多数人的生命中,都会有这样一段时期,他们会慎重地修正支出,试图重新认识和挑选它所包含的主要选择。不过,挑选的结果是,在给出的确定的替代品中进行选择的大量清楚意识的具体例子上,大多数人都会碰到一些困难。一个女孩对她是在一家商店里的众多帽子之间进行选择是清楚的,但是,她可能很难意识到她同时也是在一顶帽子和其他东西之间进行选择。她

> 无意识的估量、比较和挑选

第一章　导言：资源与替代物之间选择的管理、价格和相对程度

会告诉你,自己从不买帽子,除非"她不得不"买。在这个问题上,她没有其他选择。事实上(就像诗里说的),"她得买一顶帽子,因为她必须这样做"。当她"不得不"买一顶帽子,她会把她最喜欢的东西搁置下来先不买,因为她"负担不起",但是,她买到了"她能够负担得起的东西里的最好的"。她没有考虑到,如果买了一顶较贵的帽子,她将不得不失去一些什么东西。而且,她也没有估算过,失去这些东西是否会比戴一顶便宜点的帽子还更糟。甚至当一个人被引诱支付了一笔明知自己"无法负担"的支出时,他通常也不会正确地认识到购买的后果,只是对由此给将来生活带来的不便、贫困及可能的后悔有一个模糊的认识。此后,他可能会时不时地说,"我已经无法负担一件新大衣,在度过这样一个昂贵的假期后",等等;但是,更为经常的是,他只是模糊地意识到支出变得更紧,并且会对他认为能够"负担"得起的物品概念做出一个暂时性的调整;此外,压力也会经常自觉或者不自觉地出现,许多过去可以选购的东西现在不得不放弃了。总之,上述这一切只不过是为了说明我们的偏好程度往往会自发地强化它自身的作用。如果我们的思绪总是像一个喜欢"每天早上醒来时,感到一切都有待解决"的女士的话,生活就将难以为继。我们没有责任必须不断地去考虑取舍,因为在一个调节得相当良好的头脑中,任何关于特定项目的支出建议都不能上升为一项规则,除非它的重要性上升到接近令人满意的恰当顺序和位置。广义上讲,那些克服和抑制冲动支出的意义含糊的约束,实际上是处于较高位置、尚未得到清晰分析的偏好程度的某些其他未具体说明的条件,它们会在预定的时间、地点逐一现身说明它们自己。这就是说,只要我们是中等明智的,我们就会不假思索地采取行动。但是,这些无意识和自发的过程,还远不是绝对可靠的。其中,这一过程的一个最有利于有效支出的特性是对条件变化保持相当的警惕。条件的改变将使那些受到重大影响的问题重新成为有待解决的问题,然而,也可能会由于没有依据或是由于依据不足以判定所必需的脑力和精力支出而无结果,或者在焦虑中被放弃。

因此,关于一个人的"偏好程度"或"相对程度",我们必须掌握所有登记的关于他愿意接受或者拒绝这个或那个替代品的条件(明智地或愚蠢

地;一致地或不一致地;故意地、冲动地或有规则地;满足他长远需求的或者是会令他将来后悔的)。如果说到基于他的偏好程度,一捆萝卜要优于一条红鲱鱼,或者一个荣誉学位要低于从男爵爵位,这只是意味着,如果他在那一时刻来做选择的话,他会挑选萝卜而不是鲱鱼,或者领取爵位而非学位。"偏好程度"这一概念将成为所有我们未来研究的基础。这是非常基本的,第一章的整个目的就是对它进行解释和说明。

第二章

物质报酬边际递减

摘要：当任意商品或者其他合意物品的供给增加时，它的重要性就下降了。我们称任意给定供给的重要性为边际重要性。随着商品供给本身的减少或增加，其边际重要性将随之上升或下降，边际点也会随之后撤或前进。如果任意商品都有一个市场价格，我们就将不断地购买该商品，直到其边际重要性下降到与它的价格相等为止。可以看到，虽然该商品均是以市场价格购买的，但相对位于边际点上的商品，早前的商品具有更高的价值。因此，可以说，我们获得的满足感要多于为它们支付的价格。只有在边际点上，我们从商品获得的满足感与所支付的价格才是相等的。在更为一般的情况下，如果我们能够按照一定的比例以物易物或者是在商品间做选择，我们就将会以某种物品为代价去换取更有价值的物品。此时，一种物品的重要性将降低，另一物品的重要性将获得提高，直到它们的重要性与它们作为备择物所依据的比例相一致为止。一旦达到这样的一个点，那就是均衡了，而成功的资源管理就在于建立和维持这样的均衡。在进行物物交换或选择商品时，我们是以预期或估计的价值与待交易的商品进行比较，并以此来指引我们的行为。如果我们做出了错误的估计，进而无法使交换物品与待交换物品之间的边际重要性相等,我们就对该物品错误地支付了价格,但这并不影响它的价值。人们思想中对所有合意物品进行排列、分级的标准必定是边际价值标准的思想,正如将在本卷最后一章所提到的那样。

本章主要致力于进一步检验"相对标准"的概念,并介绍一个与之相联系的次优原则,它与价格一起控制着我们所拥有的资源的分配。

我们已经看到,精明的市场参与者部分地清楚自身的偏好程度,并且当她进入市场时,这些偏好

> 概述

程度甚至会详细地呈现在她的脑海中。她会相当精确地衡量以某种费用购买这个或那个商品是否是合意的。并且,在她所能理解的范畴内,这个必须由她支付的金钱调配的大而复杂的联合系统是运行良好的。因此,在市场中她可以用金钱做出最好的选择。但是,为了使这一结果也可以促使她生活中的各个方面都达到资源的最有效管理,市场之外的其他机会也必须以适当的精确度呈现在她的脑海中。因此,她在市场当中的总花费并不是事先完全决定的。这和她在其他物品上的支出(如家具、衣物、教育、文学作品、休假等)是相关的,并且应当是紧密相连的。所以,正如她的食物支出会受到所有其他物品的价格影响一样,她在其他物品上的支出也会受到食物价格的影响。某种或某些商品的市场价格可能与她的预期相去甚远。如果她能花比预期更少的钱,购买到她所需的商品,她就能够自由地购买她原本无力购买的商品。但是,如果市场价格太高了,以致于食物计划支出使她窘迫,她就必须考虑节省其他开支,使自己在市场上能够多买点食物。所以,当她看到货摊上的价格后,她会发现她"总算能够为鲍勃(Bob)买条围巾了";或者相反,在该商品的这个价格水平下,她"必须推迟购买《格林童话》(Grimm's Fairy Tales)了"。理想的市场行为者一进入市场,必须对她自身的那部分紧密相关的偏好程度有清晰而且精确的认识,并且这部分相邻而且直接紧密相关的关系很容易就可以得到。所有这些偏好系列的关系,会下意识地呈现在心理学家所说的"边缘"(the fringe)上。以上这些就是概述。

现在,我们将提前对偏好程度或相对估计进行下一步重要分析。例如,我们不止一次地注意到,有时候问题不仅是是否要买新鲜的土豆,而且还有到底要买多少的问题。我们假定一个家庭每天消费 4 磅土豆(每周 28 磅),并且假定陈年土豆每磅

> 连续增加的物品的重要性递减——第二个永远不如第一个更有助

1/2 便士。如果新鲜土豆每磅是 2 便士的话,家庭主妇会在那一周购买 2 磅的新鲜土豆用于招待客人。考虑到他们周日可能出去拜访人家一次,与往常一样,第二份(扣除 2 磅的新鲜土豆后,每天还需要消费 2 磅的土豆)要用陈年土豆,否则,第二份新鲜土豆就很难处理掉。但是,如果新鲜土豆是 $1\frac{1}{2}$ 便士/磅,她可能买 4 磅,这样每周日都可以吃到新鲜土豆,或是一份在周日、一份在一周中的另外一天;或者她可以为某个孩子的生日晚餐买足够的土豆。而当新鲜土豆的价格降到每磅 1 便士时,她将不再购买陈年土豆了。不过,一般而言,她不会像买陈年土豆那样每天买 4 磅新鲜土豆,因为这样的消费模式仍然太昂贵。她或许会每天花 3 便士买 3 磅新鲜土豆(以前是花 2 便士买 4 磅陈年土豆)。这将使她调整在其他食物上的支出或是其他类型物品上的支出。抛开这些复杂的反应,我们可以立即抓住一个我们必须集中注意力观察的事实,即市场行为者对 1 磅新鲜土豆的偏好程度不是固定不变的。因为如果它的价格是每磅 2 便士,她就会买 2 磅而不是 3 磅。这意味着她在每一周里对第二磅土豆的偏好胜过了 2 便士,但对第三磅土豆的偏好却低于 2 便士。因此,在她的偏好程度中,第三磅土豆是低于第二磅土豆的。如果每磅价格为 $1\frac{1}{2}$ 便士,她每周会购买 4 磅而不是 5 磅,这意味着她偏好第四磅土豆胜于 $1\frac{1}{2}$ 便士,但偏好 $1\frac{1}{2}$ 便士胜于第五磅土豆;也就是说,在她的偏好程度中,第四磅土豆居于 $1\frac{1}{2}$ 便士之上,而第五磅土豆则居于 $1\frac{1}{2}$ 便士之下。比如说,如果每磅土豆的价格是 1 便士,她将购买 21 磅而不是 22 磅。这意味

着她偏好第 21 磅土豆胜过 1 便士,但是偏好 1 便士胜过第 22 磅土豆。当然,在这里并没有什么不一致、反常或者神秘的,因为在偏好程度中,后一磅土豆相比前一磅土豆总是处于更低的位置,这是因为前者对应的需求相比后者不是那么强烈。一个小孩在吃完第二盘果酱卷后深深地叹息到:"第二盘永远不如第一盘。"布丁也是如此,但小孩可能处于不同的状态,第二盘果酱卷对于已经吃过一盘果酱卷的孩子来说帮助较小,是因为他的身体不再处于与吃第一盘果酱卷相同的反应状态中了。为了说明与其他一单位商品比较时一单位任何商品的相对重要性,必须知道我们是在谈论第几个单位的商品(每天、每周或每年)。换句话说,我们要判断某商品每增加额外 1 单位时它会处在相对重要性的什么位置上,就必须知道当前我们拥有多少该商品。假设我们在下一周没有水,但是有 7 条面包可以用来维持生命,毫无疑问地,相比于面包,1 品脱的水在相对重要性上占据了更高的位置。但是,如果我们每周已经有 20 加仑的水,但却只有一条面包,那么第二条面包的相对重要性就要超过一品脱的水了。

因此,边际原则是极其重要的。我们将不断地发现自己在考虑边际服务、边际消费、边际重要性、边际支出、边际价值和边际增量等。边际的思考就是对我们拥有的或关注的物品存量的微小增加或减少的思考。任何商品提供给我们的边际服务是指由于该商品的微小减少而造成的我们所获得的服务量的减少。我们对某商品的边际欲望,是通过在当前我们拥有该物品存量的基础上,再增加微小增量给我们带来的重要性来衡量的。并且正如我们所见,该商品所提供服务的重要性或者对该商品欲望的迫切性取决于我们已经拥有的数量。如果我们拥有的这个商品的量或者对于它的消费已经如此之多,以致于我们对它显得不那么迫切需要了,这个商品边际增量的价值就很小。但是,如果我们拥有或消费这个商品是如此之少,以致于我们迫切需要消费得更多,这个商品的边际增量对我们就具有很高的价值。当我们说某物品"多到白送也不要"时,意味着该物品对我们的边际价值已经减少到零了。因此,某物品的供给一旦增加,我们就会降低它对我们的边际重要性,降低了每额外增加一单位的该物品在我们的偏好程度中的位

> 边际

置。所以，通过适当地增加某物品的供给，我们可以把它对你的价值降低到合意的水平。因此，在市场中的任一商品，无论家庭主妇看到它的价格是多少，只要对她来说其边际重要性超过价格，她就会购买它。但是，购买使得她对商品的拥有量增加，进而使它的边际重要性降低了。因此，购买得越多，边际重要性就下降得越多。她购买的数量会刚好处于边际重要性与市场价格相等的点上。

在我们的例子中，我们假定，当她知道每磅新鲜土豆的价格为 2 便士，对她而言，这一周的第一磅和第二磅土豆的相对偏好程度高于 2 便士，第三磅土豆低于 2 便士。所以，她会购买 2 磅新鲜土豆，而不是更多，这将使得边际价值与市场价格相等。两周以后，她发现新鲜土豆的价格变为每磅 $1\frac{1}{2}$ 便士。此时，如果她只买 2 磅，增加 1 磅的边际价值虽然低于 2 便士，但却高于此时她必须支付的市场价格——$1\frac{1}{2}$ 便士。因此，她是不会拒绝这样一笔好买卖的，此时，购买更多，显然更划算。对于第四磅的新鲜土豆也是如此。但是，当第五磅的边际价值低于 $1\frac{1}{2}$ 便士时，她会觉得不划算，便不会再购买了。总之，她会购买 4 磅新鲜土豆，使降低后的边际价值与当前的价格相等。而当新鲜土豆便宜到每磅 1 便士时，通过逐渐增加购买量直至 21 磅，她再次使新鲜土豆的边际价值与进一步降低的现时价格相等。当然，在她的大脑中并不是时时刻刻都对第 5—21 磅的土豆进行估价，从而意识到商品重要性逐渐降低，直至其边际价值与新的市场价格相等为止；而是仅仅在关键位置的邻近点，她才会有意识地考虑估价问题，边际价值与市场价格相等的原则并不是一直在运行着。她的购买行为使她自己不假思索地来到她所需要考虑的点上。

> 令边际重要性与市场价格相等

在成百上千的郊区家庭中，每天都会碰到这样的问题："我今天该喝多少牛奶，妈妈？"或者："该吃多少面包？"如果家庭主妇预订了一条面包和一品脱的牛奶，她肯定知道此时面包和牛奶的边际重要性要高于它们的价格；而如果她预订了6条面包和5夸特牛奶①，处于边际的那一条面包、那一夸特牛奶的重要性就会低于各自价格了。因此，这些订货她不会予以考虑。但是，也许她会仔细考虑：是需要3条还是4条面包，或者3条面包和1个辫子面包，或者3条白面包和半条黑面包；以及是否需要3夸特牛奶，或者多1品脱，或者少1品脱。因此，可以看出，无论替代物品赋予我们什么样的条件，我们有意识的行动都是基于边际价值原则的思量，而且该原则会无意识地体现在我们整个的资源分配过程中。当土豆的价格是2便士时，市场参与者可以完全意识到第1磅或第2磅的土豆都胜于2便士；当价格是$1\frac{1}{2}$便士时（如果所有其他条件保持不变），第1磅土豆和第2磅土豆仍然比2便士更有价值，不过，市场参与者此时很少意识到这一事实，她只是意识到第4磅土豆比$1\frac{1}{2}$便士更有价值，但是第5磅土豆却劣于$1\frac{1}{2}$便士；而当土豆价格只有1便士时，她更不会意识到第1磅和第2磅仍然都比2便士更有价值，第3磅和第4磅都比$1\frac{1}{2}$便士更有价值。对于第5磅和第21磅之间的每一磅土豆，她也不会去考虑它们是否胜于1便士，不过，她此时仍然意识到第21磅土豆刚好等于或稍微比1便士值当一些，而第22磅土豆就不值1便士了。

然而，那些她不再考虑或者从没意识到的事实却仍然是一个客观存在，并且这些事实严格遵循这样的规则，即无论何时，在给定价格下购买相当数量的商品，她愿意为其中的一部分（但不是全部）支付更高的价格。例如，购买者以每磅1便士的价格购得某种商品，若无其他替代物，他将会为其中的一部分支付每磅2便士的价格。如果他只能选择以每磅2便士的价格购买或者是不买，他会把该商品分成两部分：一部分采纳前一种选择——以每磅2便士的价格购买该商品；另一部分

> 所得超过所付的剩余价值

---

① 品脱（Pint）：液量或干量单位，用作液量单位时，等于0.125加仑，英制等于0.568升。夸特（Quart）：液量单位，等于0.25加仑或2品脱，英制等于1.36升。——译者注

采纳后一种选择——不购买。如果是这样,在该价格下,全部商品的最低重要性或者说其边际增量的重要性(如果价格上升一点点,他就不购买的部分)与价格相等。因此,所有的其他增量的价值将高于价格,他购买的全部商品的总的所得价值会多于她所支付的金钱。

然而,请注意,与商品自身相比,更准确的说法应该是商品所提供服务的边际重要性。如果家庭主妇经过深思熟虑后——认为第四磅恰好值 $1\frac{1}{2}$ 便士(第三磅胜于 $1\frac{1}{2}$ 便士)——决定购买第四磅的新鲜土豆,第四磅并没有预先被指定比其他三磅要廉价,也无法将它与其他三磅区分开来。不过,2磅土豆能达到的特定目的或提供相关的服务,3磅土豆同样也可以提供,并且它提供了多于两磅土豆所能提供服务的价值,而且要高于 $1\frac{1}{2}$ 便士,这仍然是事实。同样,4磅土豆可以在3磅土豆所能提供全部服务之外还多提供一部分,而它所提供的服务增量的价值刚好值 $1\frac{1}{2}$ 便士。虽然,我们无法预先区分并指明哪一磅是第四磅,也不能说明第四磅提供的服务比第三磅更少,但是,我们能区分3磅土豆提供的服务以及4磅土豆所能提供的额外部分的服务。我们称这些额外的服务,为这一磅土豆的边际服务;而且这些边际服务的大小在第4、第10和第50磅时是会发生变化的。

为了使读者熟悉商品连续增加带来边际重要性下降的这一思想以及由购买一定数量的商品而获得的超过所支付价格的剩余价值的这一概念,我们需要举一个详尽的人为设定的例子并仔细地剖析它。我们假定一个普通的家庭主妇会在每月以2先令的价格购买7磅茶叶。她每月购买7磅,意味着7磅茶叶提供的服务与6磅茶叶所提供的有所不同,并且多出的价值至少等于2先令,否则,她就不会购买第七磅茶叶了。而她购买数量不多于7磅,这意味着第八磅茶叶对她而言应该不值2先令。不过,如果我们要求她转而思考初始供应的茶叶应当具有更高的边际价值(她通常不会这样去考虑),并且要求她告诉我们不喝茶与每月消耗1磅茶叶的

> 以茶叶的供给来说明

区别,可以想象,经过仔细地考虑后,她会告诉我们这 1 磅茶叶值 23 先令(当然数字纯粹是假定的,在这点上有点武断)。每月 2 磅茶叶与 1 磅茶叶的差别,她估价为 17 先令;第三磅提供的额外服务,她认为是 12 先令;依此类推,第四磅是 8 先令,第五磅是 5 先令,第六磅是 3 先令。然而,如果不喝茶和每月消耗 1 磅茶叶的差别是 23 先令,2 磅茶叶和 1 磅茶叶的差别是 17 先令,不喝茶和每月 2 磅茶叶的差别就是 23 先令加上 17 先令,即 40 先令。所以,如果让家庭主妇在不喝茶与每月 2 磅茶叶之间选择,她宁愿立即支付 40 先令获得 2 磅茶叶而不是选择不喝茶。同样,我们看到她估计 2 磅茶叶与 3 磅茶叶的差别是 12 先令,此时,如果让她在不喝茶与 3 磅茶叶之间选择,她宁愿为 3 磅茶叶支付 52 先令,而不是选择不喝茶。按照同样的方式,我们看到,她估计不喝茶与 4 磅茶叶的差别是 60 先令;不喝茶与 6 磅茶叶的差别是 68 先令;另外,我们也知道每月 7 磅茶叶对她来说至少值 70 先令,即最后一磅至少值 2 先令(相对不喝茶来说)。现在,每磅茶叶 2 先令,她每月支付 14 先令来购买 7 磅茶叶。这是一个事实。因此,她以 14 先令的代价,获得她愿意为之立即支付 70 先令的服务,而不是不喝①。

这个结论虽然看起来有点惊人,但在现实中,其不外是对已经相当明了和熟悉的事实分析的重新表述而已——一个富裕的人,如果他现期消费物品的清单有了相当数量的供给,他可能察觉不到其中的微量减少。但是,如果他的供给被削减了 3/4,对于所剩下的物品的少量减少,他就会有明显的感觉。在当前的边际点上,少量的节约与调整并不会使边际重要性锐减。但是,当处在少于当前存量很多的边际点上,节约或调整会使边际重要性锐减。此时,他支付的金钱数量也仅仅是为了避免挨饿或者摆脱头昏脑涨般的虚弱状态,而不是为了使自己舒适或者极度满足。

以上思考极好地阐明了传统经济学家所说的"使用价值"与"交换价值"的区别,我们以"总和重要性"与"边际重要性"来表述这一区别。我们

---

① 对该主题的更精确讨论参见本书第二卷第二章。

消费的任意商品的总和重要性（使用价值）可以用放弃作为该商品等价物的货币数量来表征。而每单位的边际重要性（交换价值）则以减少我们所拥有的该商品存量1单位而获得的货币数量来表征。

> 剩余价值的货币分析——总和与边际重要性

例如，若我们的存量由10个单位构成，可以看到总和重要性（总的使用价值）会大于或甚至远远大于边际重要性的10倍（总的交换价值或市场价值）。茶叶的例子清晰地指出，总的看来，我们的"使用价值"增加了，但是，它的每个单位的"交换价值"（与其边际价值一致）却下降了。当我们的商品拥有量达到我们的需求时，其边际价值将下降到零。

到目前为止，由于一直在讨论边际价值，所以，在考虑问题时，我们的头脑总是致力于评估商品或服务的最低价值部分。对于"使用价值"与"交换价值"的区别，传统经济学著作最偏爱的一个例子就是空气。空气虽然在通常条件下没有交换价值，但是，它显然具有极高的使用价值。产生这种现象的原因是，对空气而言，我们能够按需获

> 为什么注意力集中在边际重要性上？

得，因此，尽管空气的总和重要性远非金钱能够衡量，但空气的边际重要性却下降到了零。然而，一旦空气的供给基于任何原因减少了，并且能够在适当的条件下可增可减，空气便获得了边际重要性，也就拥有了交换价值。如果一位矿主打算改进通风系统，并进行招标和评估，工程师可能提供几种不同系统方案供其选择。更昂贵的系统对矿井每分钟的供气量大，较便宜的供气量会比较少。在对这些系统进行比较时，矿主会评估每个方案所增加的供气量的额外好处，并且考虑其与成本的增加相比是否值当。因此，在几种可供选择的边际点，他会精确地考虑空气的边际价值。然而，深井的矿主是不会去考虑矿井是否该供气还是不供气。这也就是说，他不会考虑问题的最重要部分，而是将它作为给定。因此，他只会将心思花费在计算矿井供气的边际价值而非总和价值上。

再举一个例子，尽管我们无法正确无误地估计食品的总和价值或使用价值，但我们可以不断地考虑它的边际价值。前面已经谈到，年轻男

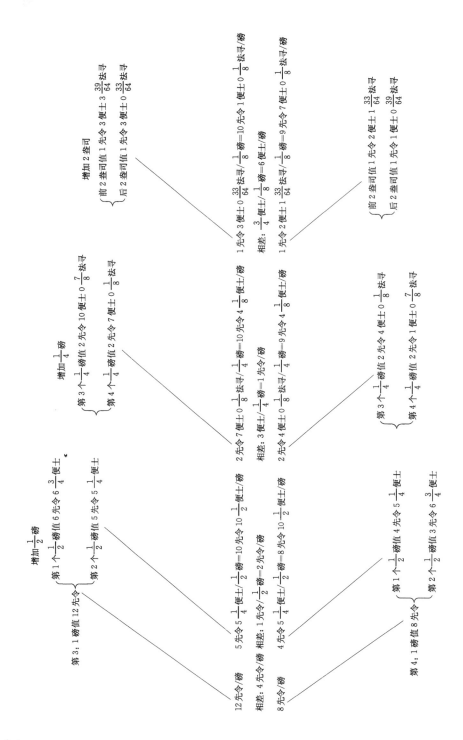

第二章 物质报酬边际递减

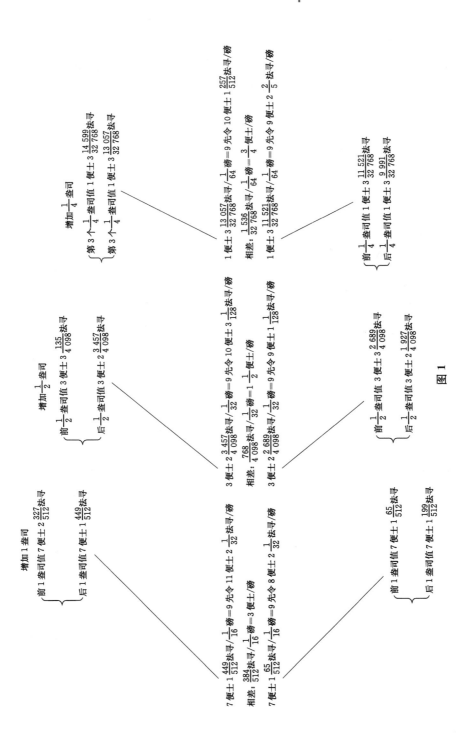

图 1

46 士或女士依靠菲薄的财富为生①。他们绝不会考虑要不要食品,甚至不考虑一顿饭是吃还是不吃。但是,他们几乎每天都在脑海里"辩论"是否应该为午饭(无论是还是不是)多花一便士去买一块奶酪。他们会时不时地考虑那些多花在食品上的 1 便士或 1/2 便士,但他们很少考虑那些远离边际点的食品价值。尽管那些远离边际点的食品具有更高的偏好程度,但却不在他们的考虑范围内。

显然,任意商品供给的各个连续单位在我们的偏好等级序列中占据不同的位置,并且只有实际或打算拥有的商品存量的边际单位才会引起我们的密切关注,我们特别关注的等价程度是得到供给的边际单位。因此,如果此后我们没有特意指明某商品的一个单位在我们的偏好等级序列中所占据的位置时,我们都是指边际单位的商品。并且我们必须牢记,某物品的边际重要性下降是由于供给增加引起的,而满足程度的总和上升也是如此②。

> 边际重要性的相对规模

现在,我们必须继续深入研究边际单位、边际增加以及边际重要性的性质。特别是人们会用存量的少量增加或减少所引起的价值变化去衡量某种商品的边际重要性,而判断这样的做法是否恰当是非常必须的。经济学教科书一直在遵循这样的做法,我们的整个理论也都是依照这样的事实:商品的连续增加将提供越来越少的服务;而商品的连续减少将会引起越来越严重的匮乏。看起来,对于一个单位连着一个单位的商品增加,指派一个精确的等价价值的做法似乎还缺乏足够的理由。因此,对于这样明显不合理的做法,我们现在必须给出解释和判

> 为什么边际增加或减少可当作不变?

47 断。读者将发现,我们可以很方便地从第 41 页的图 1 中看到这些解释。通常来说,初学者可能发现将要进行的研究(一直到第 71 页)是相当困难的一章。它在性质上是基本原理,完全掌握这些原理对于准确地进行学

---

① 第 28 页。
② 参看第 353 页及之后。

术研究显然是必要的。在学习一门新的学术语言的初始阶段,最好要尽最大努力去阅读,然后再去理解一些原理细节。所以,如果读者对接下来的论述失去兴趣或者无法理解它,他也许可以从第 71 页之后的内容中得到一些帮助。从中可以看到我们要得出的是什么结论、其立论基础是什么以及为进一步研究所需要的概念是如何定义的。

显然,令第二磅茶叶的价值低于第一磅以及令第三磅茶叶的价值低于第二磅的原因同样可以使第一个 1/2 磅的价值低于第二个 1/2 磅。以此类推,不管消费多少磅或是其他的具体数量,初始部分茶叶的重要性自然比后面部分要更大一些,而且这样的降低具有连续性。我们可以把具有更高价值的第一磅茶叶(23 先令)与具有较低价值的第二磅茶叶(17 先令)组合成为价值 40 先令的两磅茶叶。而这样的步骤也可以反过来进行,就是把第二磅茶叶分解为重要性更高的第一个 1/2 磅和重要性较低的第二个 1/2 磅。如果购买者可以自由地选择购买 1/2 磅的茶叶,她将乐于立即为第一个 1/2 磅茶叶支付高于 17 先令的一半的金钱,而不是选择不购买。如果是这样,她就会认定第二个 1/2 磅不值 17 先令的一半,以此类推。

> 边际重要性递减的连续性

我们已经进一步假定,额外增加的每磅茶叶都具有较低的重要性(以连续下降的数字来表示:从 23 先令到 17 先令,从 17 先令到 12 先令,从 12 先令到 8 先令,等等)。连续的价值下降以数字来标定,后者小于前者(各自下降的幅度是 6 先令,5 先令,4 先令,等等)。所以,如果我们打算以每次 1/2 磅来进行研究,我们应该预见到,每一个 1/2 磅茶叶的重要性会遵循类似的法则而有规律地递减。如果我们要求家庭主妇去估计连续的每个 1/2 磅(而不是连续的每一磅)的重要性,可以预见,她会给出一系列新的假定价格,而这些价格将会与前述连续的每一磅的重要性数字一致。如果我们要求她从每月拥有 2 磅茶叶为起点,做出比之先前她已经给出的第三磅 12 先令、第四磅 8 先令等更为细致、严格的估计,可以想象她将对四个 1/2 磅的重要性分别做出估计。如果她估计出第五个 1/2 磅值 6

> 我们选定例子中的递减特别法则

先令6便士,第六个1/2磅值5先令6便士,第七个1/2磅值4先令6便士,第八个1/2磅值3先令6便士;这些数字将与她原先的陈述一致。在这种情况下,每一连续的1/2磅相比它之前的1/2磅的重要性都减少,而递减的速率都是标准的1先令。然而,需要注意的是,这与原先估计所遵循的法则并不完全相同。之前从23先令下降到17先令,再从17先令下降到12先令,下降的速度不是标准的,而是遵循递减法则。这些不同可以从下面的表格中看出来,原先的估计如表1所述。

表 1

	价　值	自身价值的逐步下降	统一的下降率
第1个1/2磅	23先令		
第2个1/2磅	17先令	6先令	
第3个1/2磅	12先令	5先令	1先令
第4个1/2磅	8先令	4先令	1先令
第5个1/2磅	5先令	3先令	1先令
第6个1/2磅	3先令	2先令	1先令

按照假定连续四个1/2磅作估计时,有表2。

表 2

价　值	统一的下降率
6先令6便士	
5先令6便士	1先令
4先令6便士	1先令
3先令6便士	1先令

反之,如果她对第五个1/2磅的估计是6先令6$\frac{3}{4}$便士,而不是6先令6便士;第六个1/2磅是5先令5$\frac{1}{4}$便士,而不是5先令6便士;第七个1/2磅是4先令5$\frac{1}{4}$便士,第八个1/2磅是3先令6$\frac{3}{4}$便士,我们又有表3。

表 3

价　　值	自身价值的逐步下降	统一的下降率
6 先令 6 $\frac{3}{4}$ 便士	1 先令 1 $\frac{1}{2}$ 便士	
5 先令 5 $\frac{1}{4}$ 便士	1 先令	1 $\frac{1}{2}$ 便士
4 先令 5 $\frac{1}{4}$ 便士	10 $\frac{1}{2}$ 便士	1 $\frac{1}{2}$ 便士
3 先令 6 $\frac{3}{4}$		

这样的估计与原先对每一磅的估计所展示的法则是完美地一致的。

在这种情况下，要求读者做出如此精确的估计，可能会让他感到这将是对他的思维的虐待。这绝对是真实的。实际上，从 23 先令、17 先令等初始估计被接受的时候起，那些在当前才会显现出来的思维虐待就已经产生了。在这一系列数字的背后，隐藏着这样的一个法则：它暗示着或至少指出，这些数字不仅可以是近乎精确的，甚至可以是绝对精确。这明显是不可能的。但是，如果我们仔细研究一下如何不可能和为什么不可能，我们将会得到大量额外的启示；而且我们也能够不冒风险地在这不可能的假定上进行研究。

> 估计精确性的含义与局限

为什么这样的精确度是难以企及的？首先，设想我们最初获得的任何价值估计并不是完全基于对该商品若干增量带来的重要性的真实感觉，而是部分地取决于货币总额。原因在于，人们容易以货币为基础进行计算，而且也习惯于用货币来做交易。例如，你可以设想这样一种情况：在特定环境下，一个家庭主妇愿意支付 8 先令去购买一磅茶叶，但绝不会再多付 1 便士。实际上她也真的不愿意支付 8 先令 1 便士的价格。不过，下面这种情况就不那么容易理解：她愿意支付的价格若是固定在 7 先令 9 $\frac{1}{2}$ 便士，一旦价格超过了这一价格，她就不会购买了。例如，拒绝支付 7 先令 10 $\frac{1}{2}$ 便士。另外，不论该家庭主妇愿意支付 8 先令还是 7 先令

$9\frac{1}{2}$ 便士,并且言明她不会多支付 1 便士或 1 法寻①,就说明这是她的最终决定,也表明了她的立场。在我们看来,她知道 7 先令每磅是一个不错的交易,9 先令每磅则超过了商品的价值。但是,她也知道,她可以从 7 先令开始,以每次 1 法寻的速度慢慢移动到 9 先令,她需要不停地考量每增加 1 法寻是否值当,直到她意识到自己前进得太远了,她就会停在这么一个点上。这就好比一个人抱怨他喝酒的时候不知道什么时候喝够了,但他却知道什么时候喝得还不够和什么时候喝太多了。因此,无须假定她确实知道 1 法寻的确切价值,她可以(比酒徒更谨慎地)停留在某个位置上,并且不用再劳心费神。所以,她会说:"我愿意支付 7 先令 $9\frac{1}{2}$ 便士,如果是这个价格就成交,不行就拉倒。"

当她提出一个临界价格时,首先,她可能受到习惯或某种联想的影响,所以,该价格不是完全基于茶叶重要性而做出的详细估计;其次,由于她无法划定一条精确的线,她也无法给出完全精确而且不可动摇的估计。对于这些价格,尽管她相当有把握地知道是值当还是不值当的,但是,从值当到不值当是渐进地转变的。这两类价格的分隔是一段带状区域,而不是一条线;甚至连这段带状区域也是模糊的,所以,人们无法确定它的极限,犹如不清楚的半影与本影之间的界限。

因此,如果说我们原先的估计准确度达到 1 先令,家庭主妇将很肯定地为第一磅支付 22 先令,并且不去考虑支付 24 先令;这也意味着,她也不会为 15 盎司茶叶支付 23 先令,因为 15 盎司与 16 盎司之间的差别大于 23 先令与 24 先令的差别。设想能够达到这样一种精确度并不是那么荒谬的事情。然而,如果说估计的精确度达到 1 法寻,就等于说,她会为 1 磅茶叶支付 23 先令,而不会为 1 磅少 1/69 盎司的茶叶支付这个价格,这些确实让我们感到荒谬。然而,问题是:"在 1 先令和 1 法寻之间的什么点上,会使得假定出来的精确度变得荒谬呢?"对于这样的问题,我们无法精确地回答。人们可以清楚地意识到某一种近似比另一种更接近,进而我们在理论上可以

---

① 法寻:英国旧时的硬币,值 1/4 便士。也意指不值钱的东西。——译者注

设定任意我们喜欢的精确度。甚至我们可以大胆地假定精确度是1法寻或者是比之更小的,如1便士的多少分之一。基于理论上的目的,我们将赋予购买者具有提升敏锐性到超常水平的正常能力。如果我们更开放地看待这个问题,当所要探讨的是人们内心深处的准则时,纵使极端地假定精确度到1法寻或1盎司的很多分之一,它也不至于误导我们。

假定我们所使用数据的准确性是在我们的研究所需的任意精确度范围之内,而且它所揭示的法则在我们进行特定研究的领域内将呈现一致性与统一性[①]。

> 理想精确数据的假定

现在,我们可以尽可能深入地阐述第40页图1的细节之处。我们已经把12先令(即第3磅的边际重要性)拆分成6先令6$\frac{3}{4}$便士和5先令5$\frac{1}{4}$便士,分别对应第一个1/2磅的边际重要性和第二个1/2磅的边际重要性。同时,对第4磅的边际重要性8先令也以同样的方式进行分解。第3磅的后1/2磅的边际重要性5先令5$\frac{1}{4}$便士也可以进一步分解,即第一个1/4磅为2先令10便士7/8法寻,第二个1/4磅为2先令7便士7/8法寻。以此类推,接下来的1/2磅值4先令5$\frac{1}{4}$便士,可以分解为2先令4便士1/8法寻与2先令1便士7/8法寻。读者可以检验这些数据以及数据间连续差值的一致性。我们对整个系列数据做了这样的假定:这些差值满足有规则和等量的递减法则,正如最初的估计所表明的那样。图1中,最顶行和最底行(忽略前面和中间行)标明在第3磅两边的四个连续的1/2磅、1/4磅……直至四个连续的1/4盎司的价值估计,一边两个。读者如果愿意,可以自行检验在各种情况下这些数列所遵循的法则。其中,第3磅两边,每边两个,一共四个1/2盎司的增量的价值估计结果如表4所示。

---

① 关于这个规则的而且易于辨别的法则的假定,其性质可以参见本书第386页第二卷。这些在教材中所列出的价值,全部可以从方程 $\frac{x^2}{2} - 7x + \frac{79}{3} = 0$ 中解出。

表 4

价　　值	相　　差	相差的差值
3 便士 3$\frac{135}{4096}$法寻	$\frac{774}{4096}$法寻	
3 便士 2$\frac{3457}{4096}$法寻	$\frac{768}{4096}$法寻	$\frac{6}{4096}$法寻
3 便士 2$\frac{2689}{4096}$法寻	$\frac{762}{4096}$法寻	$\frac{6}{4096}$法寻
3 便士 2$\frac{1927}{4096}$法寻		

在整个过程中，我们假定了一个不可能达到的精确度和准确性，但我们必须区分不同种类之间的不同特点。即使我们以 1/4 盎司为单位，也无须充分发挥想象力，设想这些数据是可以接受的。1/4 盎司茶叶并非小到可以让人忽略不计，因为只要冲上热水，这些茶叶就可以泡成两杯茶了。纵使茶叶每磅 2 先令，细心的家庭主妇在泡茶时也或多或少地会小心考虑茶叶的价值，并有意识地估计是否应该有所增减。假定把这 1/4 盎司添加到第三磅的邻近位置时，对家庭主妇来说，它的价值便超过了 1$\frac{3}{4}$便士。至此，我们都是在处理容易感知的事物。但是，当我们考虑的不是价值本身，而是例如 1/4 盎司茶叶与其后 1/4 盎司的连续增量之间的价值差值时，我们就处于完全不同的基础之上。通过第 58 页的近似值表格，读者应该能够明白这一点。如果我们估计的精确性接近于 1/8 便士而不能更小，就可以看出第三磅前后的两个 1/4 盎司的每 1/4 盎司之间的差别并不大。并且第三磅之前的两个 1/4 盎司与之后的两个 1/4 盎司（即第三磅的前后两个 1/2 盎司增量）之间的价值差别也不大。而第二个 1/2 盎司和第三个 1/2 盎司之间差别的含义又是什么呢？整个表格和数据序列的一般性法则表明，第二个 1/2 盎司和第三个 1/2 盎司之间的差别要小于第一个和第二个之间的差别。但是，从所有估计值组成的图 2 中可知，那些更小的差别可以评估，而那些更大的差别反而不容易评估，这又意味着什么呢？

> 连续增加的商品重要性之间的差值比增加值自身递减的更快

第二章 物质报酬边际递减

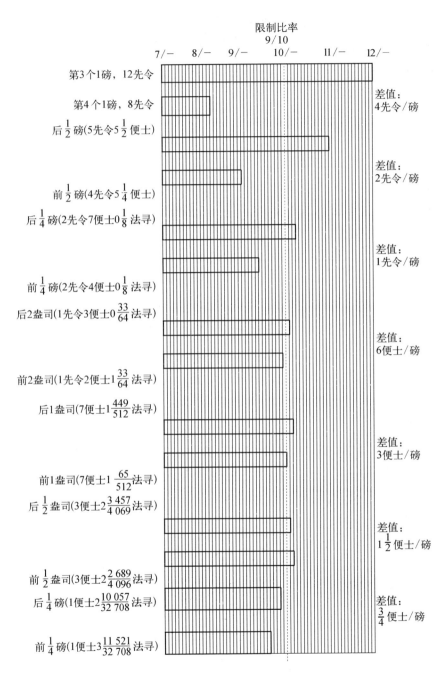

图 2

如果要回答上述问题，我们必须运用一个法则——存在多种我们熟悉的阐述方式——微小的变动差别不会使我们感到明显的影响，而当变动逐渐累积并达到特定点之后，我们就会明显地感觉到。这就好像一个人看他手表的针，第一感觉是以为手表停止走动了。在他感觉到时间在走而表针却没有动的这段时期，通常需要耗时数秒钟，直到那些连续的微小的效应累积使他明显感觉到时间在流逝。因此，价值递减的感觉在只有两个单位之间的差值时，可能是意识不到的，而在向第三个单位移动的过程中，其累积效应才会使人感觉到。在感知能力的精确度没有超过1/8便士的情况下，连续的1/2或1/4盎司之间的价值差别，在人们看来是那么的微不足道，以至于感觉不出来。可能仅当我们把单位设定为1盎司这么大时，每一单位的差值才会至少包含一个显著的感知点，其变动的效应也能够被感觉出来。

我们已经对茶叶增加或减少1/4盎司所产生的重要性敏感度与连续变动所产生的重要性差值敏感度做了辨别，并从中观察到，必须在更精确的感知能力下，才能规则地而且连续地感觉到变动前与变动后的区别。例如，第3磅前后的两个1/4盎司之间重要性的差值还不到它们本身重要性的1/156。但是，我们要记住这一点：原始数据所揭示出的法则不仅意味

> 在初始阶段的不可观察性

着连续单位的重要性是递减的，而且递减数值本身并不是统一的。为了使那些仅仅能感知到1/8便士的人们认同这一特点，即数据自身所反映出的有规律现象，我们应该为累积效应留出更大的空间。通过查看估计值表格（见表5），我们可以看出，在单位小于1/4磅时，该法则是不可辨别的。每1/4磅见表5数据。

表5

2 先令 10 $\frac{1}{4}$ 便士	3 $\frac{1}{4}$ 便士	
2 先令 7 便士	3 便士	$\frac{1}{4}$ 便士
2 先令 4 便士	2 $\frac{3}{4}$ 便士	$\frac{1}{4}$ 便士
2 先令 1 $\frac{1}{4}$ 便士		

每 2 盎司增量见表 6 数据。

表 6

1 先令 3 $\frac{7}{8}$ 便士	$\frac{6}{8}$ 便士
1 先令 3 $\frac{1}{8}$ 便士	$\frac{6}{8}$ 便士
1 先令 2 $\frac{3}{8}$ 便士	$\frac{6}{8}$ 便士
1 先令 1 $\frac{5}{8}$ 便士	

如果现在返回本书第 42 页,回忆那个引导我们当前研究的问题,读者就会意识到,关于细微精确性是不可能的假定是在加强而不是削弱了我们的案例的说服力。我们注意到,一般原理要求我们相信,在任意给定的边际点上,前一单位的重要性高于后一单位的地方;习惯上,我们却忽略了这两者之间价值上的差别,并称在给定点的两边,每个单位商品都具有完全相同的重要性。我们可以看到,不管赋予观察者何种程度的精确性和敏感度,如果所采用的单位足够小,这样的过程就一定是绝对正确的。我们总是可以选择足够大的增量,以使增加量或减少量的重要性可以被显著地感知和估计;同时,也可以选择足够小的量,以使两个连续部分之间的重要性之差不能被分别估计,所以,它不仅是可能的,而且是必须被忽略掉的。

> 对第 42 页提出的问题的回答(即为什么边际增加或减少可以当作是不变?)

总结一下,人的感知所能区分的精确度差别是有极限的。就算是训练有素的天文学家,也无法区分精确度超过 1/10 秒的时间流逝。但是,天文学家一般会用标准而且连续的方式来衡量时间流逝;而在茶叶这个例子中,客观的衡量方式无法假定是如此统一而且连续的。同为一勺分量的茶叶,质量都不是统一的,更不用说每一片茶叶了。神经感受或许是对累积的非连续的外在刺激微小变动而做出的反应,但是,外在环境条件不单单是一个月一个月地改变,而是一秒钟一秒钟地改变,所以,即使是具有最强记忆能力的脑子,也无法记住一系列标准而且连续的现象。

这样,我们不能以不确切的精确度进行估计,但是,也无法达到它们实际所具有的精确度;我们可以采用增量的办法,每一部分都有其确切的重要性,每两个连续的部分可以被认为有着同样的重要性。

在单位充分小的假定下,我们完成了将某点上的边际增量和边际减量看作具有相同价值的判断。如果读者绞尽脑汁也无法理解这样的研究,可以暂时先跳到第71页。但是,整个理论中最完美和令人满意的部分仍然需要详加阐述,只有读者掌握了这些,才算真正领悟到了这个主题的含义。

现在来解释"价格(rate)"这一概念。对于其基本应用,我们是相当熟悉的。3先令9便士一码与 $1\frac{1}{4}$ 便士一英寸的价格是相同的;3先令一码与1便士一英寸也是相同的;2先令3便士一码与3/4便士一英寸也是一样的。所以,如果我为一码支付3先令,相对于 $1\frac{1}{4}$ 便士一英寸,我支付了更高的总额,但在价格上却是更低的;相对于3/4便士一英寸来说,我支付的总额和价格都更高。如果拿3先令9便士一码与3先令一码之间的差别,相比 $1\frac{1}{4}$ 便士一英寸与3/4便士一英寸的差别来说,总额上的差别是更大的,但在价格上的差别却变小了。换句话说,在价格上,后者表现出更小的差别。现在,让我们仔细查看图1中间一列的三行。第3磅的最后1/2磅值5先令 $5\frac{1}{4}$ 便士,不管是从总额或者价格上来看,都比12先令一磅更小;同时,以4先令 $5\frac{1}{4}$ 便士购买第4磅的前1/2磅,总额上比8先令一磅低,但在价格上却比8先令一磅要高一些,它的价格是每磅8先令 $10\frac{1}{2}$ 便士。因此,比较12先令与8先令,将会发现比之于5先令 $5\frac{1}{4}$ 便士和4先令 $5\frac{1}{4}$ 便士,不仅是总额上有更大的差别,而且在价格上的差别也更大。接下来,我们进行一下比较:

> "价格"概念以及它在茶叶例子中的应用

第一种情况,价格差别为 4 先令(占价格较低者的 1/2,占价格较高者的 1/3);第二种情况,价格差别为 2 先令(占价格较高者的比例不到 1/5,占价格较低者的比例不到 1/4)。可以发现,每 1/2 磅之间的差别不仅比每磅之间的差别小,而且要小于每磅之间差别的 1/2;因为与每 1 磅之间的差别相比,每 1/2 磅之间的差别要更接近一些。类似地,如果取第 3 磅的前 1/2 磅和第 4 磅的后 1/2 磅,我们有如下价格:

第一个 $\frac{1}{2}$ 磅	每 $\frac{1}{2}$ 磅 6 先令 6 $\frac{3}{4}$ 便士	=	每磅 13 先令 1 $\frac{1}{2}$ 便士
差别	每 $\frac{1}{2}$ 磅 3 先令	=	每磅 6 先令
第四个 $\frac{1}{2}$ 磅	每 $\frac{1}{2}$ 磅 3 先令 6 $\frac{3}{4}$ 便士	=	每磅 7 先令 1 $\frac{1}{2}$ 便士

每 1/2 磅之间的差别(3 先令)的确比每磅之间的差别(4 先令)要小,但却超过了每磅之间的差别的 1/2;这是因为这两个 1/2 磅之间的相近程度要小于第 3 磅与第 4 磅之间的相近程度。

所以,在第 3 磅和第 4 磅之间总数为 4 先令的价值差别,可以按我们的意愿分解为两端的两个 1/2 磅之间的 3 先令的差别以及中间相邻的两个 1/2 磅之间的 1 先令的差别。现在,回到第 3 磅两边的两个 1/2 磅,同样地,我们可以把它们分解为两端或最不接近的两个 1/4 磅以及中间相邻的或者最接近的两个 1/4 磅。取里面的两个 1/4 磅,我们发现它们分别值 2 先令 7 便士 1/8 法寻和 2 先令 4 便士 1/8 法寻,它们之间的差别为 3 便士,或者说不到较高者的 1/10 和较低者的 1/9。它们在价格上的差别(10 先令 4 $\frac{1}{8}$ 便士和 9 先令 4 $\frac{1}{8}$ 便士)仅仅是 1 先令。将前述表格延长,不断地把被考察的数量进行对半分,直到分成 1/4 盎司为止,并且每进行一次对半分,总是把两端的一半去掉,留下中间接近的那一半。这样,随着增量的不断缩小,它们之间的差别将变小——不仅仅是其本身价值变小,而且随着它们之间越来越接近(不接近的一半被排除掉),它们差别的价格也越来越小。我们可以看到,两个连续的 1/2 盎司的增量分别值 1 先令 3 便士 33/64 法寻和 1 先令 2 便士 1 $\frac{33}{64}$ 法寻,它们之间的差别仅仅为 3/4 便士，不到比较双方中较低者的 1/19 和较高者的 1/20。在图 1 的末尾，我们看到在第 3 磅两边的两个 1/4 盎司之间的差别仅仅为 3/64 法寻，不到较低者的 1/156 和较高者的 1/157。当我们比较第 3 磅两边的越来越小的增量时，会发现较高者的边际重要性不仅绝对值而且相对价格也在下降，这是由于它越来越接近第 3 磅末端——最不重要的部分[①]；而较低者的边际重要性的绝对值在下降，但其相对价格却在上升，这是由于它越来越接近第 4 磅的更为重要的那一端。因此，上升部分和下降部分的价格在不断地接近对方，它们之间的差别也不断地变成各自价值中越来越小的一部分。如果我们从 1 磅移动到 1/2 磅、1/4 磅等，这一下降的序列（为了阅读方便，从图 3 中间列的最上面一行取最接近的 1/8 便士）为 12 先令、10 先令 $10\frac{1}{2}$ 便士、10 先令 $4\frac{1}{8}$ 便士、10 先令 1 便士、9 先令 $11\frac{1}{2}$ 便士、9 先令 $10\frac{3}{4}$ 便士、9 先令 $10\frac{3}{8}$ 便士……同时，相对应的上升序列（见最低的一行）为 8 先令、8 先令 $10\frac{1}{2}$ 便士、9 先令 $4\frac{1}{8}$ 便士、9 先令 7 便士、9 先令 $8\frac{1}{2}$ 便士、9 先令 $9\frac{1}{4}$ 便士、9 先令 $9\frac{5}{8}$ 便士……每对连续的两个增量之间的差值（从表 1 或表 2 中间一行读出）以一个有规律的法则递减：后一差值是前一差值的一半。因此，只要我们愿意继续这个过程，虽然差值无法为零，但会越来越小。只要我们愿意，虽然永远无法令它们相等，但我们可以使较高和较低的价格越来越接近。通过审视派生的图表，我们将使所有这些和下面的进一步研究中的建议变得更加清晰。

读者大概不难理解这样的一般事实，即如果两个数值相互靠近，并且我们能够让它们有多接近就多接近，直到几乎相等但却又不相等的时候，如果其中一个数值不断下降，另一个不断上升，它们必须都往位于它们之间的某一个固定点下降或

极限的概念

---

① 许多读者或许会发现这一点将有助于理解第二卷第二章中对茶叶曲线的研究。

上升。例如，下降序列 3、$2\frac{1}{2}$……与上升序列 1、$1\frac{1}{2}$……，它们分别指向 2 下降和上升，但是，没有一个序列会最终达到 2，而序列中的数会越来越接近 2，并能如我们所愿的那样，要多接近就有多接近。如果我们任意设定一个不是 2 但却又那么稍微地大于或小于 2，上述上升或下降序列数字中的某一项总会比它更接近于 2。正如我们可以任意地接近 2 一样，我们也可以任意地接近其他数值。

而且，上升序列和下降序列分别接近这个固定点所遵循的法则或价格不必相同。例如，下降序列 7、$7\times\frac{2}{3}$、$7\times\frac{4}{7}$、$7\times\frac{8}{15}$ 和上升序列 3、$3\frac{1}{4}$、$3\frac{3}{8}$、$3\frac{7}{16}$ 遵循了不同的法则，但是，都将接近极限值 $3\frac{1}{2}$。如果把它们两两地放在一起，例如，7 和 3、$7\times\frac{2}{3}$ 和 $3\frac{1}{4}$，数字 $3\frac{1}{2}$ 将总是位于这样的数对之间。数对中的每个数都会如我们所愿地接近 $3\frac{1}{2}$，不过，即使遵循着这样的法则不断地进行下去，最后仍然是无法达到 $3\frac{1}{2}$ 的。

读者现在不难理解，在稳定下降的价格序列 12 先令、10 先令 $10\frac{1}{2}$ 便士……和稳定上升的价格序列 8 先令、8 先令 $10\frac{1}{2}$ 便士……之间，一定存在着一个能如我们所愿地让这两个价格序列相互接近但却永远不会相等的不变价格，而这个价格正是这两个价格序列的极限。如果他不是数学家的话，他将肯定会相信这个费率就是 9 先令 10 便士。

> 极限价格的思想

从第 51 页可以看出，不管假定大脑能够记录的最小数值是多少，我们总是能够设定两个连续的增量，使它们大到恰好能够使大脑辨别其各自的重要性，同时，它们之间的差值又小到大脑无法辨别其重要性。但是现在，假定存在一个现象序列，遵循我们正在研究的规律；并且由于它是如此有规律，以致于无论多么小的单位也无法使它不连续，即它不会跳跃。时间的流逝可以看作这样的一种连续现象。让我们进一步假定有这么一个大脑，无论时间流逝上的多么小的部分，也无法逃脱被记录下来的可能——这也就是假定我们正在研究的法则是绝对精确的。在做出这些假定后，图1将按我们选定的距离一直延续下去，并且连续单位之间的差值或连续差值的递减法则永远不会小到我们无法辨别。那么，我们会得到什么呢？当我们一直把单位对半分时，将会得到这样一个下降的价值序列：从12先令开始，减少到10先令10$\frac{1}{2}$便士，然后一直接近9先令10便士；同时，还将得到一个上升的价值序列：8先令、8先令10$\frac{1}{2}$便士，然后也会一直接近9先令10便士，但永远不会达到9先令10便士。如果我们取一个稍微高于9先令10便士的数值，下降序列中就必定存在某一数字比它小；或者取一个稍微低于9先令10便士的数值，上升序列中就必定存在着某一数字比它大。9先令10便士这个数字是绝对固定的，它代表了这样一种价格的极限：就是序列一直下降到第3磅末端最低重要性部分，或者序列一直上升到第4磅起点最高重要性部分。你可以把这一固定点等同认为是第三磅的末端或是第四磅的起点。然后，如果我说9先令10便士1磅是茶叶在第3磅的边际点上的理论上的边际价值，也就是说，第3磅末端的微小减量或第4磅起点的微小增量的边际价值绝不就是9先令10便士。理论上，9先令10便士这个费率会一直处在这两部分的中间。从价格上看，当减量或增量越小时，我们定义这两部分与9先令10便士价值相同所可能犯的理论错误也将越小。

现在，我们可以对上述结论进行归纳了。当谈及物品边际单位（在任意给定的边际点）的价值时，我们通常是指最后一磅或其他任何最后一个单位的物品，在总体上对拥有者的价值是多少，并且不会说下一磅也具有同样的价值。有时候，我们会考量即将获得的下一磅的价值，并认为边际磅并不包含这样的意思，认为所拥有的上一磅不具有可辨别的更大价值。我们所指的这两磅（它们分别接近比它们或低或高的实际边际）取决于当前我们所拥有的物品状

> 边际重要性定义

况,此外,它的来龙去脉也有助于避免混淆。然而,有时候,人们理解的"一单位物品的边际价值"同时被使用在最后一个单位的和下一个单位的物品上。在这种情况下,其具体含义就是各个单位恰好大到可以被显著感知和评价,而小到它们之间的价值差别感觉不出来,这是一个合理的假定。最后,我们不应该说单位商品的边际价值,而应该说每个特定单位商品的边际价值。这样的表述既是运用在所说的每个单位商品增量重要性的实际价格上,也应用在理论上的极限价格上——这是我们一直在研究的本质问题。在最后一种情况下,其含义就是:不论我们取多么小的单位,在边际点之前的单位会拥有略大的价值价格,而在边际点之后的单位会拥有略小的价值价格。然而,尽管可以无限地接近,边际价值还是位于这前后两单位的价值之间。边际本身总是代表着这样的一点,即之前单位的价值总是接近它的下沿,向上延伸;之后单位的价值总是接近它的上沿,向下延伸。

如果取其他的边际点,比如说 5 磅或者其他的任意点作为评估的初始设定,我们总会得到不同但是相似的结论,也应该是得到同样的结论:边际价值的合理性以及在任意给定的边际点上赋予任意的商品以这样或那样的边际价值的准确含义。

在我们的原始数据中,对于特定购买者来说,茶叶的边际价值第一磅是 19 先令 10 便士,第二磅是 14 先令 4 便士,第三磅是 9 先令 10 便士,第四磅是 6 先令 4 便士,第五磅是 3 先令 10 便士以及第六磅是 2 先令 4 便士。当然,这些边际价值的中间值对应的是相应重量的中间值:17 先令的边际价值近似对应 1.49 磅,7 先令 6 便士对应着 3.63 磅,5 先令对应 4.48 磅。如果读者不是数学家的话,但是假定他相信这些暗含在原始数据中的特定价值,他就能够理解我们的研究结果——这些原始数据或其他类似数组暗含着明确的边际价值和连续递减理论,尽管它们没有提供确切的边际价值的决定方法[①]。价值估计可以正如我们所期望的那样,采取不同的方式进行;但是,依据我们的假定,在所有情况下,连续增量都将带来价值上的边际重要性递减(尽管不必有规律地递减)。

---

① 参见第二卷第二章,特别是第 386 页及之后。

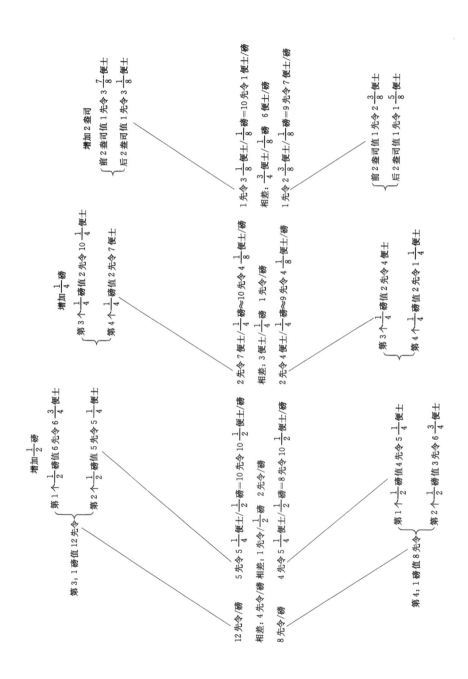

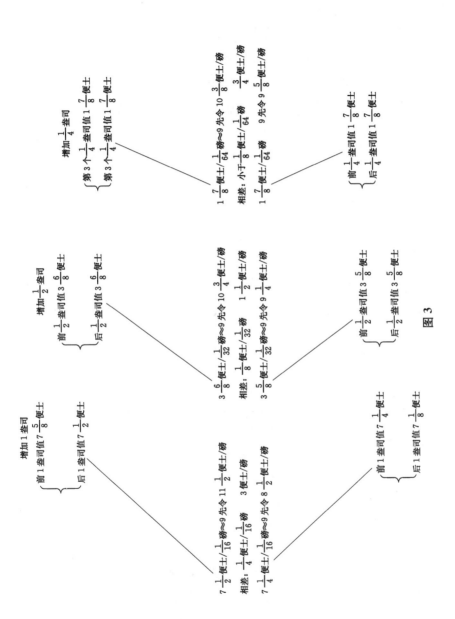

图 3

我们应当精确地理解边际价值概念的重要性，了解随着供给边际的移动，边际价值的重要性在递减。

在接下来的例子中，我们将直接比较两种不同商品的边际重要性，不以货币为比较媒介。考虑到之前做了充分的准备，我们转向这种研究方法，将是更加清晰并且安全的。假定有一种不同于茶叶的商品，对于茶叶消费者而言，他愿为这种商品的第一单位支付17先令9便士，为第二单位支付12先令3便士，为第三单位支付7先令9便士，为第四单位支付4先令3便士，为第五单位支付1先令9便士，为第六单位支付3便士。表7列出了以上这些评价。

> 两种商品边际重要性之间的比较

表7

第1个单位	第2个单位	第3个单位	第4个单位	第5个单位	第6个单位
17先令9便士	12先令3便士	7先令9便士	4先令3便士	1先令9便士	3便士

表8派生出遵循我们此前假定的、决定着茶叶重要性的类似法则的序列①：

表8

递减的连续价值	自身价值的逐步下降	统一的下降率
17先令9便士 12先令3便士 7先令9便士 4先令3便士 1先令9便士 3便士	5先令6便士 4先令6便士 3先令6便士 2先令6便士 1先令6便士	1先令 1先令 1先令 1先令

只是，茶叶的重要性不会起点如此之高，然后迅速减少到零——下一单位将毫无用处。例如，对某人来说，一个月去一次14英里以外的邻近

---

① 相应的公式是 $\dfrac{x^2}{2} - \dfrac{13}{2}x + \dfrac{125}{6}$。

地方是重要的,所以必要的话,他会去那里。第二次和第三次去,或许对他来说也重要,但是,比起第一次就不那么重要了。第四次去,或许就只值得他花费的头等火车票的费用了;而第五次甚至不值得他为此支付三等票的旅费了;第六次则已经去不去无所谓了;第七次去就是负担了。在这种情况下我们可以打个比方,一半或1/4单位可以理解为两个月去一次。或者,为一个家庭的某个成员提供一些精选的药用水果,可以作为前述假设数值的一个近似。一些需要频繁使用它的家庭成员会更加需要它,但过多就会被视为对儿童健康以及家庭饮食规范是有害的。但是,最好不要依赖任何想象中的现实,那样将起到反作用而不是帮助。我们并不需要说明这些商品是茶叶和去克兰克斯特德(Crankstead)旅行或者是茶叶和苹果,只要简单说是商品 A 或商品 B 就可以了。

现在将确定茶叶(作为商品 A)边际价值的方法(要求读者相信)应用于商品 B,这会使每单位商品 B 的边际价值形成以下序列:第一单位的边际价值 14 先令 10 便士、第二单位的边际价值 9 先令 10 便士、第三单位的边际价值 5 先令 10 便士、第四单位的边际价值 2 先令 10 便士。我们很容易将这些连续单位的商品 A 和商品 B 的价值估计以及它们的边际价值制作成表 9 和表 10。

表 9 单位价值

	第 1 个单位	第 2 个单位	第 3 个单位	第 4 个单位	第 5 个单位	第 6 个单位
A	23 先令	17 先令	12 先令	8 先令	5 先令	3 先令
B	17 先令 9 便士	12 先令 3 便士	7 先令 9 便士	4 先令 3 便士	1 先令 9 便士	3 便士

表 10 边际重要性

	边 际 点			
	第 1 个单位	第 2 个单位	第 3 个单位	第 4 个单位
A	19 先令 10 便士	14 先令 4 便士	9 先令 10 便士	6 先令 4 便士
B	14 先令 10 便士	9 先令 10 便士	5 先令 10 便士	2 先令 10 便士

我们注意到，如果某人的价值评估与表 10 相同，而且每个月（或者其他时间单位）拥有 3 单位商品 A 和 2 单位商品 B，每种商品的边际重要性将是 9 先令 10 便士。从严格的理论意义上讲，这意味着如果任意增加这两种商品，无论是多么小的数量，对他来说，商品的边际重要性将比 9 先令 10 便士要下降一些；反之，若任意减少无论多么小的数量，他将感到商品的边际重要性将大于 9 先令 10 便士。所以，他如果减少其中一种商品的很小一点的消费量，同时作为交换，增加另一种商品相同比例的消费量，其增加的量即使与前一种商品减少的量相等，他还是会受到损失。如果我们并非在讨论一种绝对的理论边际价值而是实际地评价，我们将规定任一商品的微小增量或者减量会以同样的方式评价。在一单位的商品价格为 9 先令 10 便士的范围内，商品拥有者保持他的拥有量，或者是从他的拥有量中拿走某种商品一单位，同时在另一种商品上增加一单位，他都将是无差异的。在上述任一情况下，如果供其选择的两种商品是处在同一价值水平的状态下，即如果他能以任意单位的一种商品减少量换取同样单位的另一种商品的增加量，他就没有兴趣做出任何改变，因而他的供给是处于均衡状态的。因此，如果某人的供给处于均衡状态（在当前价格下），他做出任何改变都会遭受损失；当然，有时候给他提供的条件是，用一种商品的微小改变换取等量的另一种商品，对他来说是无差异的。这取决于我们考虑的商品数量是否足够大以及能否在一定的范围内造成重要性明显上升或下降。如果在所提供的条件下，商品拥有者以一种商品换取相应比例的另一商品而获得了境况改善，那么均衡是不存在的。

> 均衡的含义、备择物间选择的原则以及获取资源的分配原则

因此，如果有人拥有 5 单位的 A 和 2 单位的 B，我们有表 11。

表 11

	所拥有的最后一单位的价值	将获取的下一单位的价值
A	5 先令	3 先令
B	12 先令 3 便士	7 先令 9 便士

第二章　物质报酬边际递减

A.

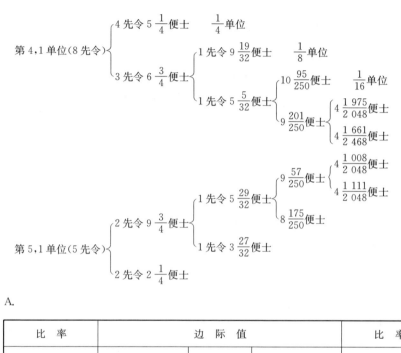

A.

比率	边	际	值	比率
8 先令 0 便士	8 先令 0 便士	1	5 先令 0 便士	5 先令 0 便士
7 先令 1$\frac{1}{2}$便士	3 先令 6$\frac{3}{4}$便士	$\frac{1}{2}$	2 先令 9$\frac{3}{4}$便士	5 先令 7$\frac{1}{2}$便士
6 先令 8$\frac{5}{8}$便士	1 先令 8$\frac{5}{32}$便士	$\frac{1}{4}$	1 先令 5$\frac{29}{32}$便士	5 先令 11$\frac{5}{8}$便士
6 先令 6$\frac{9}{32}$便士	9$\frac{201}{256}$便士	$\frac{1}{8}$	9$\frac{57}{256}$便士	6 先令 1$\frac{25}{32}$便士
6 先令 5$\frac{17}{128}$便士	4$\frac{1\,681}{2\,048}$便士	$\frac{1}{16}$	4$\frac{1\,393}{2\,048}$便士	6 先令 2$\frac{113}{128}$便士

6 先令 4 便士
限制比率

B.

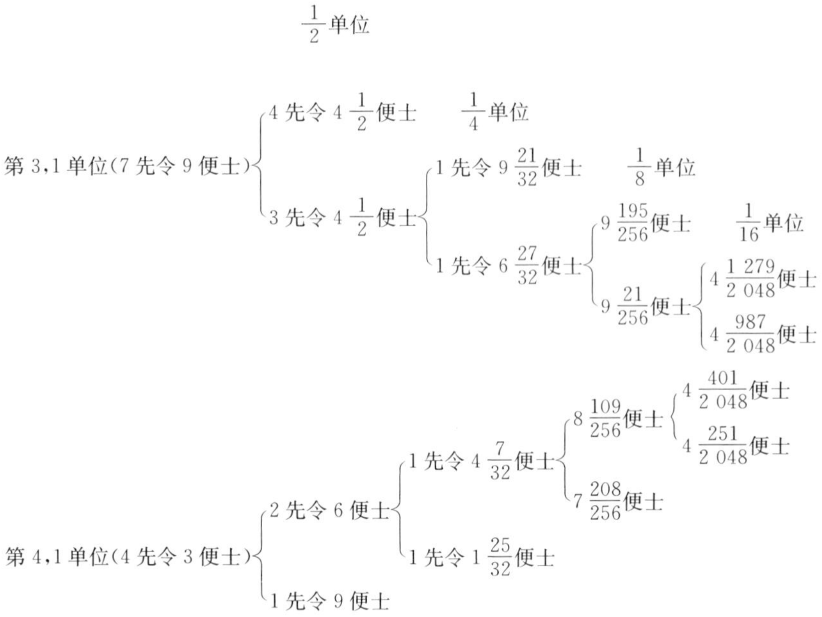

$$\text{第 3,1 单位 (7 先令 9 便士)} \begin{cases} 4 \text{ 先令 } 4\frac{1}{2} \text{ 便士} \quad \frac{1}{4} \text{ 单位} \\ 3 \text{ 先令 } 4\frac{1}{2} \text{ 便士} \begin{cases} 1 \text{ 先令 } 9\frac{21}{32} \text{ 便士} \quad \frac{1}{8} \text{ 单位} \\ 1 \text{ 先令 } 6\frac{27}{32} \text{ 便士} \begin{cases} 9\frac{195}{256} \text{ 便士} \quad \frac{1}{16} \text{ 单位} \\ 9\frac{21}{256} \text{ 便士} \begin{cases} 4\frac{1\,279}{2\,048} \text{ 便士} \\ 4\frac{987}{2\,048} \text{ 便士} \end{cases} \end{cases} \end{cases} \end{cases}$$

$\frac{1}{2}$ 单位

$$\text{第 4,1 单位 (4 先令 3 便士)} \begin{cases} 2 \text{ 先令 } 6 \text{ 便士} \begin{cases} 1 \text{ 先令 } 4\frac{7}{32} \text{ 便士} \begin{cases} 8\frac{109}{256} \text{ 便士} \begin{cases} 4\frac{401}{2\,048} \text{ 便士} \\ 4\frac{251}{2\,048} \text{ 便士} \end{cases} \\ 7\frac{208}{256} \text{ 便士} \end{cases} \\ 1 \text{ 先令 } 1\frac{25}{32} \text{ 便士} \end{cases} \\ 1 \text{ 先令 } 9 \text{ 便士} \end{cases}$$

B.

比 率	边 际 值		比 率
7 先令 9 便士	7 先令 9 便士	1	4 先令 3 便士	4 先令 3 便士
6 先令 9 便士	3 先令 $4\frac{1}{2}$ 便士	$\frac{1}{2}$	2 先令 6 便士	5 先令 0 便士
6 先令 $3\frac{3}{8}$ 便士	1 先令 $6\frac{27}{32}$ 便士	$\frac{1}{4}$	1 先令 $4\frac{7}{32}$ 便士	5 先令 $4\frac{7}{8}$ 便士
6 先令 $0\frac{21}{32}$ 便士	$9\frac{21}{256}$ 便士	$\frac{1}{8}$	$3\frac{109}{256}$ 便士	5 先令 $7\frac{15}{16}$ 便士
6 先令 $11\frac{41}{128}$ 便士	$4\frac{937}{2\,048}$ 便士	$\frac{1}{16}$	$4\frac{601}{2\,048}$ 便士	5 先令 $8\frac{89}{128}$ 便士

5 先令 10 便士
限制比率

图 4

显然，以一单位 A(5 先令)换取一单位 B(7 先令 9 便士)是有利可图的。这样，这个人就有 4 单位的 A 和 3 单位的 B，我们有表 12。

表 12

	所拥有的最后一单位的价值	将获取的下一单位的价值
A	8 先令	5 先令
B	7 先令 9 便士	4 先令 3 便士

此时，不论是以一单位的 A(8 先令)换取一单位的 B(4 先令 3 便士)，还是以一单位的 B(7 先令 9 便士)换取一单位的 A(5 先令)，他都不再有所改善。在第一种情况下，他将损失 3 先令 9 便士的价值；在第二种情况下，他将损失 2 先令 9 便士。如果商品拥有者没有机会进行小于 1 磅数量单位的商品交换，宽松一点讲，均衡已经达成。但是，我们也看到均衡是不完善和非对称的。因为在第一种情况下，以 A 换取 B 比以 B 换取 A 的处境更差；在第二种情况下，如果我们看一下边际价值表格，我们会看到，对拥有者来说，第 4 单位的 A 的边际价值是 6 先令 4 便士，而如果 B 的供给是 3 单位的话，它仅仅值 5 先令 10 便士。这说明以价值稍微高于 5 先令 10 便士的一小部分商品 B 换取价值稍微低于 6 先令 4 便士的等量商品 A，他将是有利可图的。让我们进一步审视这个问题。一个两列的表格(见第 70 页，采用图 1 的原理做出的)指出了 A 商品在第 4 个单位边际处的局部价值以及 B 商品在第 3 单位边际处的局部价值。读者可以验证这些数据的一致性，或者与之前一样，相信这些数据的正确性。A 商品第 4 个单位值 8 先令的评价是由前 1/2 单位值 4 先令 5$\frac{1}{4}$便士和后 1/2 单位值 3 先令 6$\frac{3}{4}$便士构成的；并且第 5 单位值 5 先令是由前 1/2 单位的 2 先令 9$\frac{3}{4}$便士和后 1/2 单位的 2 先令 2$\frac{1}{4}$便士构成的。如果某人拥有 4 个单位的 A，因而他拥有的最后 1/2 单位商品的重要性的价值为 3 先令 6$\frac{3}{4}$便士，而且他将获得的下一个 1/2 单位商品的重要性的价

值为 2 先令 9 $\frac{3}{4}$ 便士。类似地,第 3 个单位的商品 B 的价值评价为 7 先令 9 便士是由前 1/2 单位 4 先令 4 $\frac{1}{2}$ 便士和后 1/2 单位 3 先令 4 $\frac{1}{2}$ 便士构成的;第 4 个单位的价值评价为 4 先令 3 便士是由前 1/2 单位 2 先令 6 便士和后 1/2 单位 1 先令 9 便士构成的。因此,在第 3 个单位的边际处,最后一个 1/2 单位的价值为 3 先令 4 $\frac{1}{2}$ 便士,下一个即将获得的 1/2 单位的价值为 2 先令 6 便士。从而我们有表 13。

表 13

	拥有最后半个单位的价值	将获得的下半个单位的价值
A	3 先令 6 $\frac{3}{4}$ 便士	2 先令 9 $\frac{3}{4}$ 便士
B	3 先令 4 $\frac{1}{2}$ 便士	2 先令 6 便士

若以 1/2 单位的 A(3 先令 6 $\frac{3}{4}$ 便士)换取 1/2 单位的 B(2 先令 6 便士)或以 1/2 单位的 B(3 先令 4 $\frac{1}{2}$ 便士)换取 1/2 单位的 A(2 先令 9 $\frac{3}{4}$ 便士),都仍将是无利可图的。在第一种情形下,将损失 1 先令 3/4 便士,在第二种情况下,将损失 6 $\frac{3}{4}$ 便士。在这两种情形下,损失都远小于交换一单位所带来的损失的一半。

如果以 1/4 为单位,我们有表 14。

表 14

	拥有最后四分之一个单位的价值	将获得的下四分之一个单位的价值
A	1 先令 8 $\frac{5}{32}$ 便士	1 先令 5 $\frac{29}{32}$ 便士
B	1 先令 6 $\frac{27}{32}$ 便士	1 先令 4 $\frac{7}{32}$ 便士

可以看出,相互交换仍然是无利可图的。但是,如果试以 1/8 的单位

进行交换,我们有表 15。

表 15

	拥有最后八分之一个单位的价值	将获得的下八分之一个单位的价值
A	$9\frac{201}{256}$便士	$9\frac{57}{256}$便士
B	$9\frac{21}{256}$便士	$8\frac{109}{256}$便士

可以看出,以八分之一单位的 B 换取相同单位的 A 会得到 36/256 便士,即 9/64 便士的好处。

如果以 1/16 为单位,我们会有表 16。

表 16

	拥有最后十六分之一个单位的价值	将获得的下十六分之一个单位的价值
A	$4\frac{1\,681}{2\,048}$便士	$4\frac{1\,303}{2\,048}$便士
B	$4\frac{937}{2\,048}$便士	$4\frac{601}{2\,048}$便士

可得的交换的好处是 456/2 048 便士,即 57/256 便士,比 1/5 便士多,而 9/64 便士(以 1/8 个单位进行交换所获得的好处)少于 1/7 便士。因此,我们看到,尽管以 $4\frac{1}{8}$ 单位的 A 和 $2\frac{7}{8}$ 单位的 B 代替 4 单位的 A 和 3 单位的 B 是有利可图的,不过,代之以 $4\frac{1}{16}$ 单位的 A 和 $2\frac{15}{16}$ 单位的 B,改善会更大一些。这并不奇怪,我们经常会看到交换比不交换要好,而仅仅进行一半份额的交换会带来更大的好处。因此,如果某人有 4 单位的 A 和 3 单位的 B,以 1/8 个单位的 B 换取 1/8 个单位的 A 比不交换有利可图,但是,如果能仅仅交换 1/8 个单位的一半而不是 1/8 个单位,则会带来更大的好处。

部分我们已经进行的研究可以用相应的图表来说明,即列出某人拥有 4 个单位的 A,其边际重要性为 6 先令 4 便士;拥有 3 个单位的 B,其边际重要性为 5 先令 10 便士。我们将看到以下情形(由于第 5 个单位的 A

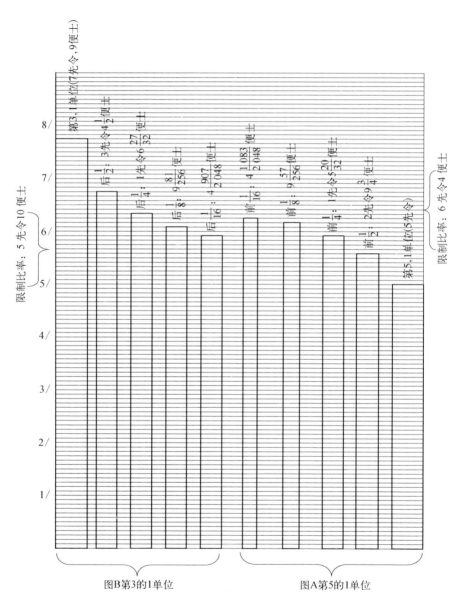

图 5

初始边际重要性与第 4 个单位的末端是相同的,并且比 B 实际供给量的边际重要性要高);交换 1 个单位或 1/2 个单位的 A、B 不是有利可图的,但是,一旦交换以更小的单位进行,它们的价值就会接近其边际重要性;因此,一个小单位的商品 A 价值必然会在某一时刻高于等量的商品 B。

但是,实际上,我们并没有达到均衡状态。迄今为止,在我们进行研究的点上都是一种商品的边际重要性高于另一种商品。我们看到,在 4 个单位的 A 和 3 个单位的 B 的边际处,分别对应着 6 先令 4 便士和 5 先令 10 便士的边际重要性;可见,以一小部分的 B 换取等量的 A 是有好处的。如果取 $4\frac{1}{16}$ 单位的 A 和 $2\frac{15}{16}$ 单位的 B,A 的边际重要性为 6 先令 $1\frac{99}{128}$ 便士、B 的边际重要性为 6 先令 $\frac{83}{128}$ 便士,可见,更小单位的 B 换取等量的 A 仍然有好处。但是,如果取 $4\frac{1}{8}$ 单位的 A 和 $2\frac{7}{8}$ 单位的 B,我们看到 A 的边际价值为 5 先令 $11\frac{9}{32}$ 便士,B 的边际价值为 6 先令 $3\frac{11}{32}$ 便士,用 A 来换取 B 才是有好处的。因此,均衡点的实际值会处在 $4\frac{1}{16}$ 单位的 A、$2\frac{15}{16}$ 单位的 B 与 $4\frac{1}{8}$ 单位的 A、$2\frac{7}{8}$ 单位的 B 之间。换言之,为了获取最大好处,某人如果拥有 4 个单位的 A 和 3 个单位的 B,他应该以高于 1/16 单位且又小于 1/8 单位的 B 换取等量的 A。在我们的数据中,1/13 个单位是精确的交换量。商品 A 在 $4\frac{1}{13}$ 单位处的理论或绝对边际价值为 6 先令 $1\frac{45}{169}$ 便士,商品 B 在 $2\frac{12}{13}$ 单位处也具有完全一样的边际价值。因此,如果某人以不同于 $4\frac{1}{13}$ 单位的 A 和 $2\frac{12}{13}$ 单位的 B 的方式来配置 7 个单位的商品,他可以通过相互交换 A 和 B 而获得好处。如果某人的配置就是 $4\frac{1}{13}$ 单位 A 和 $2\frac{12}{13}$ 单位 B,无论多么小的改变,都会导致以每个单位略高于 6 先令 $1\frac{45}{169}$ 便士的代价换取略小于 6 先令 $1\frac{45}{169}$ 便士的边际价值。

所以，如果某人两种商品的供给是 7 个单位，并且他可以自由地以 1 个单位或小于 1 个单位进行交换，无论他是从拥有 7 个单位的 A 还是从拥有 7 个单位的 B，或是拥有任意比例的 A 和 B 开始——无论是哪一种，或者是他可以以任意方式获得 7 个单位的商品，最终他都将尽可能地接近 $4\frac{1}{13}$ 单位 A 和 $2\frac{12}{13}$ 单位 B。所能达到的精确度则要依赖于他的辨别能力以及分配商品的可分割性。在另一种情况下，如果总量控制在 5 个单位，他将拿走 3 单位的 A 和 2 单位的 B，此时，两种商品的边际重要性将同为 9 先令 10 便士。

> 任意给定资源总量的边际价值等式

理论上，任意给定的两种商品拥有量都存在着一个理想的完美配置，它将实现均衡。如果某人的资源配置不是均衡配置，即他持有的某种商品比另一种可用来替换它的商品具有更小的边际重要性，他进行修正的每一步都会提高边际重要性较低的商品的边际重要性，同时降低边际重要性较高的商品的边际重要性，直到达到均衡点。

为了简便，我们之前假定能够以 1 比 1 的比率进行商品交换或可以在两种商品之间随意选择。但是，如果认为这样的设定有点武断的话，我们可以取商品 A 习惯上的单位并且固定商品 B 的单位在某一数值处（无论是多少），这样就给我们提供了另一种可供选择的方式。如果两种商品都采用习惯上的单位，两种商品间的交换比率就会呈现出各种不同的形式，但是，其原理却是完全一致的。如果我们选择的交换条件是两个单位的 A 换一个单位的 B，而不是一个单位的 A 换一个单位的 B；那么，当 A 的边际重要性以和 B 相同的单位计价时，均衡是无法实现的，只有当 A 以每单位计算且 B 以 1/2 单位计算两者的边际重要性时，均衡才会实现。

遵循这样的研究思路，只要对这点有一些程度的理解，读者很快就会发现我们接下来要列举的例子并无新颖之处。但是，如果在他的观念中还存在着模糊、混乱或混淆的状况,这些新例子可能会使他更为确切地理解我们此前所阐述的观点,并因此追溯到已经研究过的那些基本观点上去。

我们继续研究边际调整的概念以及边际价值与总价值之间的关系。正像我们已经看到的那样①,在日常生活中,除了在我们供给的实际或预期的边际附近,我们很少或者从不考虑与总价值相联系的确切的或边际的价值,这样的思考需要读者大量的想象。假定身处于一个封闭的城市中,或处在想象当中的一个被囚禁的环境里,或是在其他环境下,我可以在一周里的每天在拥有一夸特水或一条(半夸特)面包之间作出选择。如果我足够理智,我会选择水,因为我必须确保拥有更大的生存机会,并且在任何情况下,仅仅拥有水比仅仅拥有面包会死得比较舒服一点。但是,如果在水与面包之间选择的交换比率被设定(都算作是 1 单位),并且每周可获得 7 个这样的单位,也可以任意选择水或者面包,此时进行调整就是合意的选择。我可以选择每天 1 品脱水(1/2 单位)和半条面包(另一个 1/2 单位)。这相当于每周 $3\frac{1}{2}$ 夸特水和 $3\frac{1}{2}$ 条面包。这意味着什么呢?与之前不同,这并不意味着在抽象环境下或所有条件下,1 品脱水和 1/2 条面包对我来说具有相同价值。因为如果其中任何一种我都没有,我应该偏好 1 品脱水。在另一种情况下,如果我每周拥有 7 品脱水和 3 条面包,这样我就会偏好另一 1/2 条面包胜过 1 品脱水,因此,1 品脱水和 1/2 条面包的相对价值取决于我已经拥有的水和面包的数量。并且,如果可以自由地细分我所选择的物品,我就会实现我们所期望的平衡点,这意味着如果我每周拥有 7 品脱水和 7 个 1/2 条面包,我将不会以 1 品脱水对 1/2 条面包的比率用面包换水或是用水换面包。也就是说,面包和水在实际的边际点上的价值之比与提供我选择的条件相等。不过,尽管此时它们的边际价值相等,但是,当离开边际点时,水的边际重要性要比面包上升得更快。尽管在现

> 面包和水的例子

---

① 见第 38 页及之后。

实中，在 1 品脱水对 1 条面包的比率上失去极其微小数量的水或是在一品脱水对 1/2 条面包的比率上失去极其微小数量的面包，我都不会在意。但是，如果以上述的任意比例失去一大部分的水或是一大部分的面包，我可能就不会不在意了。因此，尽管 1 个单位的水和 1 个单位的面包的边际价值是相同的；但是，水的总价值比相应数量面包的总价值高，水的任何部分的价值总是比相应部分面包的价值高。因此，如果我的配置被迫削减，我应当更多地节减面包而不是水；如果配置削减到极少的情况下，我应当全部持有水。我们也注意到，如果配置大幅度提高，我应当把其中大部分的增量用在水上。因为，相比于面包，一旦我们从初始增量朝后移动，水的重要性上升得更快；反之，一旦我们朝前移动，水的重要性也下降得更慢。一天 1 条面包是我想吃的分量，但是我乐于拥有更多的水，直到我有足够多的水来洗澡，甚至用来泡澡。因此，1 品脱的水比 1 条面包的重要性起点更高。水的重要性起初下降得很快，但之后就非常缓慢地下降。与此同时，1 条面包的价值比 1 品脱水的起点更低，起初下降得比水慢得多，之后就急剧下降，几乎骤转直下。

现在，如果水与面包是以 1 品脱对 1/2 条的比例提供给我，不论我的配置是多少，都应当按面包与水的边际重要性与上述比例相等的方式进行分配。但是，如果比例改变了，将会是什么状况？例如，如果 1 品脱水对应的不是 1/2 条面包而是一整条，均衡将是什么状况？也就是说，假定我拥有法定的权力可以每周获得 7 品脱水和 $3\frac{1}{2}$ 条面包，但是，如果我愿意，可以用 1 品脱水换取 1 条面包或是以 1 条面包换取 1 品脱水，如果都拿面包，我每周可以拥有 $10\frac{1}{2}$ 条面包；如果都拿水，就是 $10\frac{1}{2}$ 品脱水（$5\frac{1}{4}$ 夸特）。这时，7 品脱水和 $3\frac{1}{2}$ 条面包就不再是均衡点了。正如我们所见，在这个边际上，以 1 品脱水换取 1/2 条面包是不值得的。显而易见，此时以 1 品脱水换取 1 条面包刚好值得。然而，这之后若再进行一个微小的交换，如果增加我所拥有的面包的数量，对于我来说，面包将变得（可能急剧地）不那么重要；而减少水的供给，那么，将使水变得对我更为重要了。所以,我不应当再进一步用1品脱水换1条面包,平衡出现在6品脱水和 $4\frac{1}{2}$ 条面包这个点上。

在另一种情况下,如果交换比例发生了改变,变为1品脱水可换取1/4条面包,此时,我的全部收入将能购买21品脱的水或 $5\frac{1}{4}$ 条面包。而我将再次改变7品脱水和 $3\frac{1}{2}$ 条面包的配置,只不过是以相反的方式进行。由于1/4条面包能换取1品脱水,可以看到,相比1/2条面包换1品脱水时,处在边际点上的水变得较为低廉,因此,我将乐于以1/4条面包换取1品脱的水。不过,随着水的供给增加,它的边际重要性下降;并且随着面包供给减少,它的边际重要性上升了。在这改变后的比例上,经过一系列微小量的交换后,我将达到一个不再愿意以面包换取水的均衡点上,即使是以这种改变了的条件。也许当我不愿以1/2条面包去换取2品脱的水时,每周9品脱水和3条面包恰好就是我的均衡。

因此,在偏好保持不变的条件下,我在两种备择商品上投入资源的比例取决于两种商品的交换比率以及所拥有的资源数量。这两者任意一个改变都会影响到最终的配置。

接下来,让我们设想一个自己生产粮食同时也销售其中一部分的农夫。他能以7先令获得一英担土豆,以14先令获得一英担粮食(假定粮食就是他销售的或自己吃的谷物),这就是设定的价格。最终,他决定持有12英担土豆和10英担粮食供自己使用。他可以通过卖出少一点的土豆和多一点的谷物或者相反来得到同样多的货币——多卖出其中的一种就会多持有另外的一种。因此,在他所做的选择中,他发现12英担的土豆和10英担的粮食比13英担的土豆和 $9\frac{1}{2}$ 英担的粮食更有价值,也比11英担的土豆和 $10\frac{1}{2}$ 英担的粮食更有价值。他可以在这两种备择方案中自由选择,但他却不会选择其中的任意一种。我们将会看到,他不会以1/2英

农夫的土豆和粮食的例子

担的粮食去交换 1 英担的土豆,也不会以 1 英担的土豆去交换 1/2 英担的粮食。现在,我们假定粮食和谷物的价格保持不变,但在农夫达到均衡并贮存他一年的自用粮食之后,土豆价格从 7 先令涨到 7 先令 3 便士。假定买入价和卖出价之间的差别可以忽略,并且他能以他贮存粮食和土豆时的相同比率买回 1 英担的粮食。我们将看到在 12 英担土豆和 10 英担粮食的边际处,他既不会以 1 英担粮食换取 1/2 英担粮食,也不会以 1/2 英担粮食换取 1 英担土豆。但不能因此得出结论说他仍不愿意用 1 英担土豆去换取 1/2 英担粮食加 3 便士,比率的改变或许刚好诱使他做出这一交换。让我们假定情况恰好如此:当其他商品不减价时,土豆价格上涨 3 便士将会诱使他卖掉 1 英担土豆。因此,我们倾向于指出:在这种情况下,3 便士代表 1 英担土豆和 1/2 英担粮食之间的价值差别;如果土豆价格跌到 6 先令 9 便士,而不是涨到 7 先令 3 便士,他会卖掉1/2 英担粮食以得到 7 先令,然后支付 6 先令 9 便士购买 1/2 英担土豆,这样便净收益 3 便士。这 3 便士就代表了他对这两种商品评估价值的差别。不过,这只是轻率的推断,因为从拥有 12 英担土豆和 10 英担谷物开始,他便发现以 1 英担土豆换取 1/2 英担谷物多少是有点不值得的。他需要 3 便士的补贴才会以土豆换谷物;不过,如果只补贴 $2\frac{1}{2}$ 便士的话,他可能只会以谷物换土豆,或者是补贴不低于 $3\frac{1}{4}$ 便士时,他才会交换。正如在面包和水的例子中,一种商品的数量从边际重要性相等处下降时,边际重要性会比另一种商品上升得快得多;而在上升时,边际重要性下降得又慢得多。因此,如果补贴 3 便士(刚好仅仅需要 3 便士)可以诱使他卖出 1 英担土豆的话,要使他卖出 2 英担的土豆,则需要更高的补贴。从 12 英担土豆和 10 英担粮食变成 10 英担土豆和 11 英担粮食所造成的损失,是变成 11 英担土豆和 $10\frac{1}{2}$ 英担粮食所造成损失的两倍以上。

从上述这些例子,我们看到了拥有备择物的初始状态是如何影响我们的选择的;也看到了在均衡之后,交换比率的改变是如何改变我们的选择的。但是，如果可以自由选择的话，无论在何种状态下，我们总是可以去分配或再分配资源，使几种商品的边际重要性相等，从而达到一个真正的均衡。以此最大化理想的结果。

成功管理的艺术在于这样配置资源，即让所有商品的边际重要性与我们得到它们时的价格相等。这些价格可以看作衡量我们因放弃一种商品同时得到另外一种商品分别带来的牺牲和满足感的价格记录。它们通过相互交换与外在的均衡系统联结在一起。我们可以将它们称为彼此衡量的"价格"系统(在广义上)。它们也通过彼此在边际上的所值在一个内在的均衡系统中联结在一起。我们称之为彼此衡量的"价值"系统。成功的资源管理是使两个系统相一致。这总是可以实现的，因为管理的每一个变化将修正价值系统，它也总是可以在与价格系统相同的方向上进行修正，直到它们一致。所有这些修正都提高了理想结果的数值，直到价格与价值相一致从而达到最大值。

我们必须做进一步的研究，并把已有的结论一般化。不仅是诸如面包、水、李子和土豆会根据各自的供给量改变它们的边际价值。我对一天中额外 1 小时或者每周额外 1/2 或 1/4 天的休闲时间的价值估计大小，建立在每天休闲时间或已有周末长度的基础上。如果我正在考虑是否更多地去工作以换取每小时 10 先令的收入，此时我有大量的闲暇并且严重地缺乏货币(假定我们忽略考虑任何工作带来的烦恼或愉快，仅仅把它看作是从其他用途中抽出的 1 小时)，容易看出，我将乐于接受工作。如果这种机会不断降临，我会继续接受它们。不过，随着拥有货币的增加，每一个后续的每周 1/2 英镑会变得越来越不重要；随着我所拥有的闲暇不断缩小，每个连续的从其他用途中抽出来用于工作的 1 小时，给我带来的牺牲也会越来越大。最后，我会达到这样一个点上，那就是额外的用在其他用途上的 1 小时具有的不断上升的边际重要性，恰好补偿额外 1/2 英镑带来的不断下降的边际重要性。

假定每小时工资为 10 先令，我可以工作的时间由我决定：我会选择每年工作 250 天，每天 6 小

> 原理的一般化和扩展以及进一步阐述

> 闲暇与货币

时,每年的收入是750英镑。我不愿意为增加125英镑的收入而每天多工作1个小时;但是,如果增加的收入是250英镑,也许我会乐于每天多工作1小时。然而,假定工资为每小时1英镑,我的工作时间仍由我决定:如果我仍然每年工作250天,每天6小时,我的收入将是每年1 500英镑,很可能我会觉得每天多工作1小时非挣1 750英镑不可。我可能偏好于更短的工作时间和更长的闲暇。我可能选择挣1 000英镑,但是每天只工作4小时,每年工作250天;或者每天工作5小时,每年工作200天。或者可能是巧合,仅仅是偶然,我会继续在同样的价格下每天工作6小时,每年工作250天。也就是说,在750英镑的收入边际上的10先令对我来说比在1 500英镑的收入边际上的1英镑更重要,或者更不重要,或者由于某种巧合而同样重要。在第一种情况下,我将因为有较高的工资而缩短工作时间;在第二种情况下,我将延长工作时间;在第三种情况下,我的工作时间将不变。但是,不管是10先令还是1英镑,在750英镑收入的边际点上都比在1 500英镑收入的边际点上具有更高的重要性。

类似的问题不仅产生在货币或交换的情形下。有限空间资源在不同用途之间的分配是所有伦敦中产阶级都相当熟悉的一个问题。"我能为之腾出空间吗?"或"它值得占这么大空间吗?"这经常是他们在选择不同物品时考虑的关键因素。当一个人移居乡村时,他可能碰到一种仍然相同但却令人愉快的空间管理问题。例如,他能否同时拥有网球场和菜地?如果不行的话,他更偏爱哪一种?或者,如果他肯定没有建网球场的空间了,他会在他的草地上种多少的卷心菜和莴苣?或者,他应该如何对醋栗树和玫瑰树之间的冲突性需求做出安排?他脑海中会如此细致地考虑这些问题中所涉及的边际调整,以致于到了寸土必争的程度。

> 空间管理

或者,一个年轻人对自己做出了这样的安排:在指定的时间起床,用30分钟梳洗,用30分钟吃早饭和读报,再用30分钟去办公室或上课。不过,当他被叫醒之后,时间的一种新用途将被如此小心地分配出来:以一种躺在床上不动的惬意方

> 时间

式消耗掉。他突然记起有人说过,突然起床是不利于健康的,所以,他就迷迷糊糊地躺在床上,让时间一分一分地流逝。时间本该用于三种用途,但是直到 2/3 的时间消耗掉了,他才从床上鱼跃而起,梳洗用掉 10 分钟,吃早饭用掉 5 分钟,再用 15 分钟跑着去上班或上课。赖床时间的重要性侵占了所有其他用途的时间。因为赖床所产生的压力揭示了这样的事实:当你在给梳洗、早饭、交通等各个用途上分配时间时,其重要性的上升是不相等的。当每件事情分配 30 分钟时,此时是处于边际均衡状态的。但是,随着时间的流逝,去上班或上课的重要性就上升得比去洗手间更快,也比去吃早饭更加重要;这些用途的边际重要性上升,而赖床产生了负疚和不安使躺在床上的边际重要性下降,最后彼此相等。我们看到,在这三种用途上,各自的边际重要性分别为 5、10、15 分钟。在安排 30 分钟的早饭时间和 30 分钟的步行上班或上课时间时,你对两者有相同的重要性评价,但是,一旦你缩减步行上班或上课的时间,其边际价值上升如此之快,以致于你在吃早饭上花的第 5 分钟的边际价值才能与你在步行上班或上课上花的第 15 分钟的边际价值相等。

  时间自然与工作联系在一起,而工作包含的努力成分超出了时间范畴。工业企业在整体上可以看作对于人力资源的经济分配。在现阶段,一个"寓言"可能就有足够的说服力。我们可以想到鲁宾逊·克鲁索(Robinson Crusoe)在某件事情上节省出一点时间,并将之用于另外一件事情上,从而使他的产品边际重要性与他在不同事情上付出的努力程度相等。或者,我们可以想象懒散的年轻人,当他的一天开始时,他颇为仔细地考虑如何支配他的劳动以便在他正在准备的考试中获得最好成绩;或是出于对自己邋遢的外形而产生的懊悔而去修饰自己;或是真正地被求知所吸引(对某些专题的痴迷);或是在另一种心境下,自欺欺人地说服自己,或仅仅是基于功利主义的考虑,认为现实世界的知识比大学的学位要好用得多;或是认为熟悉现代歌剧或掌握狗、马的要领比掌握一种死去的语言及领略其句法美感要紧急迫切得多。他或是明智或是愚蠢地管理着他的资源,根据所提供给他的资源不同使用方向的条件,努力地使资源使用的边际价值实现适当

78

努力

的均衡。

这些法则在知识、伦理或精神上与在物质事务上是同样成立的。恺撒（Caesar）说，在遭受内尔维人（the Nervii）的袭击时，他仅用很少的时间去激励士兵们（明显比平常激励士兵们所用的时间要短）。但是，即使在危急时刻，他仍然觉得有必要更好地利用这短暂的时间去琢磨激励自己军队的言辞。不过，随着激励时间的延长，其边际价值递减，推迟进攻的代价也将急剧上升。所以，时间很快就有更必要的用途，不能消耗在动员演说上。战后，我们得知一个发生在南美洲的故事。有一个种植园主的妻子在他祈祷时，警告他说："敌人已经在门口了。"所以，他很快就用一些简短而真诚的祈祷结束了宗教敬礼，然后马上准备自家防御。若是一个形式主义者的话，这最后的祈祷可能还远远没有结束；根据祈祷的人在那样的情形所受到的压力来看，随着时间的流逝，相对于紧急采取防卫措施而言，虔诚和坚持就不那么重要了。阿尔弗雷德大帝（Alfred the Great）的最虔诚传记作家赞颂他在阿斯顿战役（the Battle of Ashdown）中"象公猪一般地战斗"，而此时他的兄弟却仍在祈祷。然而，一个完全虔诚和忠诚的人可能会发现他自身处于两难之中：是该缩短（或者省去）家庭祷告呢，还是该敦促客人快点吃完早餐并尽快地去赶火车？如果是缩短祈祷时间而非取消祈祷，祈祷的人会发现，随着祈祷时间的增加，虔诚对他的重要性随之递减。由此我们可以理解，只要放弃关于绝对的说教——世界上的所有事情都是相对的，就没有什么事情是荒唐可笑的。

> 演说的吸引力，进攻与防守，礼节与忠诚：一个例子

到目前为止，我们已经不厌其烦地构造并阐明这样一个事实，即我们对所有资源的管理，包括货币、空间、时间、精力或其他的什么事物，都是基于同一法则①：我们在两种甚或更多种备择物之间的偏好与选择，在所有情形下都受提供给我们的备选物品的条件和我们想要的物品的供给以及我们的经验所约束。

---

① 正如第 3、15、29—30 页约定的或表示的那样。

我们现在已经准确地知道市场行为者在干什么，也看到她在市场中的所有行为都受到同样一个普遍的法则约束，该法则统治着她生活的所有选择。她发现，一定的价格统治着市场，而她的任务就是去管理好她的购买活动，使她支出的最后一便士，不论是花在牛肉、苹果、土豆还是其他什么上面，都必须带来相同价值。在这种情况下，再从一种用途上省下一便士而花在另一种用途上，其带来的收益总是会减少。如果价格改变了，她应该在此价格下，多买某一种，少买另一种，根本不买第三种——在现在价格下她会买一点按照原来的价格是不买的第四种商品，并且这么做之后，她仍然需要重新实现在所有用途上支出的最后一便士的边际效率是相等的均衡。所有不同物品购买数量的改变都是与价格的改变相联系的，但却不是单纯的成比例变动。有时，价格上的一个小小的下降可能会诱发大量的购买，但在另一种情形下，可能仅仅多买一点，甚至不变。

随机地考虑一个初始单位的商品（这也就是说，第一次引入"一些"以区别"更多些"或"更少些"之类对商品的修饰用语），整个边际调整过程可以由这样一个作为缩影的例子予以阐明：一个住在乡村的家庭主妇与一家在伦敦的大商店进行交易。她正在考虑制定商品进货清单，在看价格目录之前，她对商品的系列和如何配置她的采购已经有了相当准确的想法。在下订单时，她审视不同的价格。由于价格修正并定义了她先前已有的备择对象的选择条件，潜意识当中她会做些微小的调整，对本打算购买的商品，有些多买点，有些少买点。当她做好她的商品目录并统计总额时，她可能发现总额太高了，即每月或每季度花费在这些商品上的钱太多了，与在其他用途上的花费不成比例。所以，她将着手修订她的商品进货清单，考虑什么是能减少或剔除掉的。起初的商品清单就是数学家所说的第一次近似，而现在她正在考虑应该削减的数量必须对边际价值予以进一步检查。一些商品可能全部被剔除了，也许之前它们被列入清单，仅仅是作为一种希望而不是确信要保留在一个有效的商品清单中；它们被"列入"不过是给它们一个微小的"暂列"机会。例如，将"冰糖"加入清单只是因为要用来装饰生日蛋糕，所以被完全剔除掉了。同时，对蜜饯的需求也减少了;肉豆蔻(尽管被宣称是一种不受价格影响的消费品)可以看作是在当前情形下需要严加审查的商品。随着削减的进行,总额的一个微小削减会导致最终决定时肉豆蔻完全被剔除。在整个削减过程中,通过更仔细地检查边际偏好的规模,家庭主妇将意识到,在其他支出必须节约的背景下,选择或远或近都与边际偏好的等级相联系。更进一步的问题是,花多少精力和时间才是值得的? 如果花更多的时间来进行削减工作,就意味着同时将它置身于与其他职责和闲暇的竞争之中。例如,对枯燥的不满与愤怒;或突然意识到自身处于以生命换取仅值 1/2 便士的米饭和糖的险境之中。

这个例子解释了为什么我有时偶然用到"我们拥有的或打算拥有的数量"这样的短语。显然,我们考虑的边际增减常常不是我们实际拥有量的边际,它在我们事先决定要获得的或由于其他原因我们打算要拥有的数量的边际处,我们把它作为估算的基础。

已经拥有的和已经获得的物品以及各类偏好的连续增量会导致边际重要性呈递减变化趋势,这个重要原则已经得到了充分阐述。不过,在我们能够心安理得地对下一个主旨进行研究之前,需要对一些经常用来反驳以上原则的例子进行确切地解释。无论是实际中的还是思考中的,使用"初始的"以及与之相对的"边际的"这样专业词汇比较便于说明问题。无论是实际上的还是预想中,"初始的"都是表示任意物品供给的起点,"边际的"则是供给所到达的末端。当只有少量物品供给时,边际点与初始点就很接近,当有大量的供给时,边际点与初始点就隔得很远。因此,宣称只要连续地增加,任何商品的边际重要性将递减就有可能不正确,除非我们加上"在一定点之后"这一限制词。因为在初始点附近,边际重要性可能不是下降的,而是上升的。对于这样的情形,我们是很熟悉的。在实际生活中,人们往往更易于完全不用某种物品,而不是用了一点点后又不用了;对于那些被认为是有价值的东西,许多人宁可完全没有,也不愿意只给非常少一点儿尝尝鲜。

> 在给定点之后才能宣称边际重要性递减

关于"第二个永远不如第一个更有价值"这个原则。例如,如果把两块

第二章 物质报酬边际递减

布丁给两个小孩所产生的两份第一个单位的助益与都给一个小孩产生第一个和第二个单位的助益相比，前者会在家庭内部产生更重要的功能。不过，如果总共只有非常小的一块，却被分成两份，就只能勾起两个人的馋虫，没人会感到过瘾。这里就涉及"在一定点之后"的原则。分成两份后，每一份对一个小孩来说都太少了；两份都给一个小孩，这时也许是更有效的，在这种情况下，第二块比第一块更有价值。如果每个小孩各得到一块，就其直接目的范围而言，是一种资源管理上的浪费行为，它如果要被证明是正当的，只能是基于某种道义或感情的反应，从而认为"分享"本身可能是值得肯定的，然而，由于对此的过分强调，它可能最终鼓励了某种遮遮掩掩的物质主义。一种粗略的轮流制度也许在道德与物质上都是更好的管理方法。以上用来解释"在一定点之后"原则的例子，顺便指出了物质和道德问题之间的相互反应和考虑。一般而言，有益于身心健康的伦理是以物质资源管理为坚实基础的①，但是，我们的主要目的是为了说明在物品数量较少的情况下，第二个单位的助益往往比第一个单位的助益更大一些，至少不少于它；两个单位的助益要超过两份第一个单位的助益。所以，在任何边际重要性递减原则的一般性描述中，都是在默认了"在一定点之后"原则的前提下，这点我们必须深刻领会。

> 第一单位和第二单位的助益的例子

但即使加上"在一定点之后"这一条件，递减原则还是会遭到一些反例的攻击。很多反例已经在我们的预期之内，有些已经被考虑得很清楚了。例如，尽管总体而言，递减原则对于物质产品是成立的，每种物品都会立刻令人产生满足感，但是，对与知识或美学上的满足感，该原则就不成立了。甚至对于以货币为代表的一些商品和服务来说，该原则也不成立。据说，某个人懂得越多，他希望自己懂得更多；某人阅读得越多，他希望自己读得更多；某人音乐听得越多，他想听的音乐就更多；而且常常是某人越有钱，他就越想拥有更多的钱。让我们从此前讲过的货币例子开始吧。可

> 法则的反例——以货币为例

---

① 参看第二卷第 353—362 页。

能许多人——尽管不是全部——都是如此：赚的钱越多，他继续赚钱的热情就越高；不过，基于我们的研究，应该反对这种形式模糊和不确切的说法。比之之前每周仅能赚30先令的人，有着巨额收入的人可能有着更强烈的赚钱热情，但他肯定不会有更多的热情去赚每周额外的1个先令。因为这时他的大脑没有敏感到对年收入之外的这个增量——2英镑10先令——有感觉。如果你叫他此时仅仅是为了这么微不足道的收获而每周多工作1小时或者遭受其他可观的损失，或叫他以某种方式动用脑筋，他肯定会轻蔑地嘲笑你。如果你要他为了赚更多的钱而做点什么，你必须改变既有的条件。除了所说的边际和单位，"货币"的边际重要性并不比"小麦"或"闲暇"更大；对于收入从每周30先令上升到每年100 000英镑的人来说，任何特定的货币单位——无论是1便士、1先令、1英镑或100英镑——的边际重要性都会显著地递减。

　　至于其他反驳递减原则的例子，涉及知识、美学或其他非物质的满足。我们也许需要指出，如果为了比较，将任意两组条件相互隔绝时，一个经常被悄悄忽略的原则必须得到强调：它们必须真正被隔绝。也就是说，在两种情况下，所有现有的和改变的条件必须假定为相同。现在，如果所有的条件（包括一个人自身的品位和欣赏能力）都保持不变，递减原则对音乐会与对土豆一样发生作用。在一定点之后，他得到的供给越多，对额外增量的相对评价就越低。如果他每月仅有一次机会去听音乐会，而当天晚上又有个朋友邀请他见面，纵使他们已经很久不见而且以后也会很久才能见面，他也可能会拒绝这样的邀请。而一旦决定放弃去听音乐会，他将强烈地意识到他为友谊做出了巨大的牺牲。但是，如果同一个人，他可以每周去听一次音乐会，我想他会不那么犹豫地放弃一次音乐会，去见一个关系并不是那么亲密的朋友；而如果他每周可以听四次音乐会，他可能考虑的就不是是否应该放弃一次音乐会而去见朋友，而是他应该花多少时间去听音乐会，因为音乐会已经变得不那么重要了，而去见朋友的重要性上升到很高的地位，这两者最终达到了一个均衡。

　　当人们说某个人音乐听得越多越想听时，其实是这样的意思，即他本

> 非物质满足的例子

第二章 物质报酬边际递减

身培养出新的欣赏能力和品位。通过每月去一次音乐会,他可以不断地增加自己对音乐作品的知识,进而提高他欣赏与批评的能力,他会由起先的每月想听一次变成想听两次。这是因为他已经变成了一个不同的人。也就是说,诸如个人品位、能力、机会等影响他相对评价的等级已经发生了变化;不过,此时他的偏好等级,即他对每月第三场音乐会的边际重要性评价仍然要低于第二场并无改变。

> 机体的反应

美术作品的鉴赏能力提供了另外一个很好的例证。某个初次旅行意大利的人可能会发现:参观那些湿壁画(fresco)时,会很快就达到报酬递减点,一般过了 1/2—3/4 小时,边际价值就为零了;但是,时间长了,他对湿壁画的鉴赏能力会随之提高。不过,这需要时间,经过较长时间的参观,现在他疲倦了,需要休息和恢复。经验和选择是对性情和品位的反应,这点非常重要。仔细研究这点,对彻底理解整个主题是很必要的,我请读者参阅本书的另外一部分——在更广阔和更精确的意义上研究这个问题①。不过,已经阐述的这些理论,大概足以使读者无须担忧地进入相关的应用研究,这些研究是我们主要观点进一步扩展所必需的。

因此,可以认为,"物质报酬递减"法则是存在的。它与超过一定点之后的任何商品连续增量将给其消费者或拥有者所带来的重要性逐渐递减的

> 一般性原则的重述

原则是一致的。现在,让我们总结一下到目前为止本章所得到的结论。事实上,不过是以另一种方式重述第 78—79 页的内容。给定现行的价格体系或者各种选择之间的比例条件,买卖或其他货币支出的艺术就在于管理购买的数量,从而使无论把钱(1 便士、1 先令或其他可识别的最小单位的现金)花在哪一个方面都能够保证得到等值的服务。一旦由商品提供的边际重要性与其价格不相符,把支出从具有更低边际重要性的商品转移到具有更高边际重要性的商品上,就可以增加总的满足感。对选择空间进行扩展——这在某种意义上是比喻而非对事实的直白——我们可

---

① 参见第二卷第 351 页及之后。

以设想任意的个人,当他进入自然或社会的大市场时,他总是在不同的选择对象之间进行选择,以保证他可以将自己的资源——不论是外来的还是个人的、物质的还是精神的,货币、能力以及影响力等——运用在不同的选择对象上,他确信是"价格"在统治着人生的市场。他将相应地做出这样的决定:总是采纳更合适的选择,进而降低它的边际重要性;否决不太合格的选择,从而提高它的边际重要性,直到它们相对重要性一致以至可以相互替代。

如果追踪家庭主妇从市场到家庭管理的全过程,我们就可以更清楚地看出,这个法则在所有资源管理中具有一致性。当她给家里买回每天或每周的食物和饮料时,她始终是按照物质报酬递减法则来处理边际重要性和调整这一问题的。对 市场与家庭 于不同的家庭成员来说,有各种各样的理由可以证明他们并不一定拥有相同的待遇。某个家庭成员在某些方面有不同的待遇,而另一个成员在另一些方面有不同的待遇;某个成员可以得到相当多的某种物品,而另一个可能一点也没分到,这点在家庭管理中是很重要的。不过,当优先给某成员分配了一定数量的物品后,继续增加的话,物品的边际重要性将出现下降。这样一直到某一点,其他人(尽管没有参与初始分配的竞争)提出在新的增量中他也应当分得一份。可以把这个例子与第72页的例子相比较,水的初始增量比面包具有更高的重要性,然而在一定点之后,面包将变成更有竞争力的需求。

当我们以一种在许多场合具有不同用途的物品为例时,家庭管理和买卖的相似性可能会体现得 以牛奶为例 更加明显。牛奶是一个很好的例子。它是婴儿、小孩的必需品,可以加到布丁、茶或咖啡中,也可以给小猫喝。当供给不足时,人们倾向于在完全满足婴儿需求之前不考虑其他的需求。但是,这也不是无条件地正确的。在婴儿的奶瓶装满之时,可能会有人说:"应该留一些给某人加到茶中",正如在一定范围内牛奶与水的比例是一个有争议的问题一样,营养质量问题在哺育的经济思维中也具有特定的重要性。在这种情况下,最初的那种认为婴儿的需求应当绝对满足,并且是毫无争议地优先于任何其他需求的看法,就不一定完全正确了。因此,如果在婴儿需求上都不是绝对成立的,对于小孩而言,可能就更不是了。人们喜欢的东西常常总是觉得不够,如果牛奶是无可替代的话,他们可能就会一筹莫展。需要或多或少地仔细考虑为其他用途准备的牛奶数量,以判断留多少数量是正确的,而依据不同用途,又要或多或少地细心分配它们,甚至连小猫也不能仅以剩饭过活,它的食碟也经常需要部分或全部地添上牛奶,它的价值有时是与孩子杯中的牛奶相当的。当然,如果在牛奶的供给比较紧张而其他需求具有相对高的边际重要性的情况下,小猫的需求有时会被忽略掉,有时只能勉强地给予少量,尽管有时基于友善和同情会多给一点,但仍然只能极少量地满足。在家庭中这样管理牛奶,就好像在市场上对货币的管理一样。两种情形下的处理原则都是:不论在何种用途上,各单位牛奶(或货币)都应当具有相同的边际重要性。牛奶使用在任一用途上,不论多么少的一点,如果在其他用途上具有更高的边际重要性,对资源的管理就是失败的。管理者会意识到这一点,她会说:"我本应该考虑更周全一点的,应该多留一点在其他用途上的。"

  这将使我们的研究转入另一个点。管理上发生了既定的而且不可挽回的错误。错误本不该犯,但是这一事实也无法挽回它的损失。例如,餐桌上的土豆不够吃,卷心菜却吃不完,这就是计算不当,无法实现预定目标的结果。但是,如果形成正确的预见,多买一些土豆和少买一点卷心菜就很容易了。这样,在边际价值与价格相对应的前提下,土豆与卷心菜就都能吃完了。事实上,我们应该吃更多的土豆,因为它的价值更高,而不是吃更多的卷心菜。这个事实本身意味着,供给不应该维持在当前的状态,这是显而易见的。如果刚开始时,我们就意识到这一点,我们将从根本上冲击所有那些有关"生产成本"的价值理论。该理论在经济学思想中甚是顽固,引发了无休止的争论。总之,你获得的物品的价值不受你已经为它而放弃或者牺牲的物品的价值影响,但是,你为获得该物品而愿意放弃的好处却可以由你预期得到该物品所获得的好处来衡量。一旦你做出了错误的决定,你就必须承担损失:你得到了想买的

> 管理中的错误与不可预见的偶然事件

物品，但却不值得你付出的那么多；虽然该物品仍然有其价值，但你其实可以选择其他有更高价值的物品来代替它。

让我们继续检验这一法则。我们已经看到，在一个普通的中产阶级家庭里，牛奶不同的用途如果被理想地管理实施，最后微小增量的牛奶在所有通常的用途上都将具有等量的边际重要性。第一滴牛奶给婴儿比给小孩或留着加到下午茶里具有更加重要的意义。而如果最后一滴给小猫还不如给小孩能体现出更多的重要意义，给小猫少点，给小孩多点是有收益的，那也就是说管理上是失败的。给一方多点的代价就是给另一方少点，成功的管理在于避免在任一用途上成本大于收益。就像平衡牛奶的所有用途一样，在边际点上不同用途之间是相互竞争的。因此，家庭主妇必须在金钱的各个用途支出之间进行平衡，使所有花在其他可选择的用途上的与花在牛奶上的货币支出实现相应的平衡。当然，这也可能开启另一个错误源头。当考虑一天或半天的牛奶消费时，在适当的平衡点上，主妇可能会有意识或无意识地考虑牛奶的各种不同用途的边际重要性分别是多少，而对于"妈妈，我们今天应该喝多少牛奶？"这样的问题的回答则依赖于对当天计划的一个快速回顾。如果牛奶每夸特 4 便士，目标就是把牛奶定在这样的一个数量上：即最后的 1/2 品脱值 1 便士。此时的牛奶数量就是所需的。换句话说，最后一滴无论用在何种用途上，各自的边际重要性都要达到均衡，即要与这 1 便士花在任意一种其他物品上所能达到的价值一样多。不过，不可预见的意外仍然可能发生。例如，墨水洒了，新鲜的牛奶就要用来去除墨水污迹了；或者一棵被长途转运并种在花园或庭院里的小树苗，某人可能读到这样的文献，知道牛奶可以舒缓或者挽救它饱受旅途之苦的树根；或者小狗可能吃了含磷的毒药，某人也许知道恰当的施救方式是将大量的牛奶灌到小狗的肚子里去，等等。这些突发的需求无法预期，事先完全没有准备。但是现实中可能真的会碰到，尤其是当你住在乡下时，除非想尽办法，不然，在几个小时之内根本就弄不到牛奶；或者你住在城镇里，除了一直等待到第二天牛奶工人送来预定好的那一份，你可能一时之间也无法想到（由于思维惯性）有什么办法弄到更

> 价格与边际重要性不相等的后果

多牛奶。因此，尽管之前准备牛奶时并没有考虑到这些情况，不过这一系列的不时之需还是会出现。在小狗中毒的情况下，或许暂时从婴儿那里匀出点牛奶是一个好的决定，或者让婴儿喝点其他替代品将就一下，以期挽救这个家庭亲密伙伴的一条生命。如果小狗死了，主人会真心实意地难过好一阵子。这样，我们可以很好地理解，类似风险总是会存在的。但是，将它视为常态而未雨绸缪则又很不经济。因此，一旦偶然事件发生，先前没有准备的紧急需求就出现了。这样的话，只能调动手边的库存应急，将所有其他的需求暂放一边。不过，即使这样，仍然要求最后一滴牛奶要在边际价值上达到均衡。只是相比平常，每一滴牛奶都要满足更高的价值需求，那些相对较低的价值或不那么紧迫的需求则根本不会被满足。例如，如果小狗中毒了，小猫的牛奶就被取消了，即便是小猫初始的、最紧迫的需求，现在也无法予以满足。

在这种情况下，最后 1/2 品脱牛奶的边际重要性将要高于原先购买时的评价。此时，它与其他边际价值为 1 便士的商品将无法达成均衡。另外购买用来降低其边际重要性的 1 品脱或 1 夸特牛奶的价格将会达到 2 便士，而这正是购买来预防所预见事件发生的牛奶价值。我们注意到这样一条原则（自身成立，在无数的应用中也成立，但常常被隐藏起来），即在实际消费中，商品的边际重要性取决于需求的紧迫性、满足和调整的范围以及所需求的数量，与为得到它而支付的价格无关。放弃一点某种商品所造成的牺牲与获得一点某种商品所带来的好处，取决于我们现有的存量以及要把它用在何种用途上，而不是取决于我们本来可以获得而没有获得的用以替代它的其他商品的重要性或价值。

> 支付的价格不影响商品重要性

由于一些常见的计算失误或环境的不可预见的改变，与我们上述假定相反的情形也有可能发生。例如，一些家庭成员的非预期出行或是即将到来的暴风雨天气，可能会使牛奶变质。所以，接下来数小时的牛奶供应比先前的需求量大了许多，在消费时牛奶的边际重要性比购买时的边际价值低了许多。小猫因此分到了很多牛奶，就爱喝不喝的；某个家庭成员在闷热的天气中步行回来，口渴难忍，可能会含蓄地要一杯牛奶解渴。

这时，比在牛奶相对匮乏的情形下的同样请求，他的待遇将完全不同。最后，剩下的牛奶在变质之前，就用来做蛋糕。虽然这么做也是一个很妙的决定，但是，家庭主妇在购买牛奶时，她的经济头脑中从未想到这样的用途。牛奶之前并不会被用在这些用途上，因为相比于每夸特 4 便士的价格，这样做的边际重要性太低了。也就是说，与其这样花在牛奶上的钱还不如花在其他一些更紧迫的需求上。尽管并没有那么做。因此，再次重申，这里实际支付的牛奶价格并不影响或决定其边际重要性。在适当的条件下，家庭主妇做出了对牛奶需求的估计，购买了一定量的牛奶，以确保牛奶的边际重要性与货币用在其他选择上所产生的价值相等。不过一旦预计不准确，上述的相等就无法实现。在管理供给时，边际重要性必须与价格相等；但是，在错误的供给管理下支付的商品价格并不影响该商品的边际价值。

显然，在时间与工作上，同样可以应用类似的思考。我们也许更经常抱怨浪费时间而不是抱怨浪费金钱。我们常常痛心疾首地意识到，在这样或那样的琐事上耗费了"本不应该花费的那么多时间"；并且，我们也相当清楚地认识到所谓的琐事不值得花费宝贵的时间，但是我们却把时间浪费在这上面。在大学时，某人在考场上将时间花费在一个他无法解答的题目上，他可怜巴巴地着急，以为自己做得出来（或许连他的主考官也是这样深信不疑的）。考场中，信息的预期价值决定了他花在相关题目上的时间和精力，不过，他花在相关题目上的时间和精力数量却并不决定考场上该信息的价值。错误的努力，无论多大，也取不得任何成就。

重申一下，读者可能会感到惊讶，我为什么在如此清楚的事实上会不厌其烦地再三论述。不过，让我再次提醒，这个事实尽管在这里是如此显而易见。在经济学研究的各个领域里，你会一次又一次地碰到，但它却带着深深的、狡诈的伪装。现在读者仔细审视它，只是为了有助于在今后碰到它时予以辨认。如果我们支付的价格与该商品的边际价值相等，也就是说，如果存在着使价格与边际价值相等的因果关系，资源管理就没有什么难度。因为每种商品都是所值等于所付，无论其他商品的供给是多少。尽管在现实中，明智支出的全部艺术是审慎地使"价格"与"边际重要性"

的相等；而且这一点完全取决于所购买的商品本身，如果购买得太多或太少，都无法实现上述相等的状态。

我们已经看到，支付的价格代表了放弃掉的其他选择；所以，为该商品支付的最终价格是由放弃想要或不想要的其他商品构成的。我们正在研究的原则，从最广泛的形式来说，就是我们拥有的商品价值，并不依赖于为得到该商品而不得不放弃的其他商品的价值或必须忍受的痛苦。如果正如理想生活方式所体现的那样，存在上述的相等状态，一定是因为我们预期某物品所具有的价值决定了为得到它而即将放弃的价值；而不是因为我们为了得到它而放弃的价值影响了该物品的价值。如果我们的判断不正确，预期就会扭曲，上述的相等状态就不会实现。我们总是不愿意面对这样的事实，面对事实是为了认识到我们已经犯了错误。由于支付了高价或者费了不少周折才得到某种物品，因此，我们有时试着相信它是有用的或有装饰作用的。家庭主妇相信，她坚持要买无人问津的卷心菜并没有错，因为卷心菜所带来的享受是土豆所没有的。她试着以强迫自己消费的方式令自己遭受痛苦，以掩盖她在追求满足过程中所带来的不幸失败。不过，所有这些掩盖事实的计划都无法阻碍事实成为事实。付出的代价是由预期价值决定，但是，价值却不是由先前的付出决定的。

> 被放弃的其他选择不影响其所包含的重要性

我们注意到，估计错误并非总是不可补救的。在易于腐烂的商品情形中，比如说鱼，过量供给将无法利用；因此，鱼的消费不会比最初考虑的没有腐烂的情形下维持更长时间。而对于那些购买机会相对较少的商品而言，供给不足就比较难以补救。不过，在某些物品的消费期限随人们的意愿可长可短以及存货在任意时间都易于补充的情形中，我们就没有理由使为得到它所支付的价格与消费它所获得的边际重要性不相等。换句话说，在这些情形下某物品真正值1便士，我们就会获得1便士的价值；今天不必用1便士去买值1/2便士的物品，害怕保存这1便士到明天就一文不值了。通过仔细思

> 如果商品不会迅速腐烂或库存易于更新，价格与重要性相等最易于维持

量,我们注意到,纵使在上述情形下,明智地使用该物品并非受到实际支付总额的支配,而是受到为得到更多该物品而需要支付的支配。

毫无疑问,在许多人的头脑中存在着一种强烈的倾向,那就是节约需要高价购买的商品的存货,甚至用低价物品来代替;而且或许还有一种更强的倾向,那就是本该高价买进的物品用低价物品的大量购买来代替。不过,仔细考虑,这种以次代优的反应是不理性的。我们相当清楚,真正的经济学是在现有条件下的最优利用,而不去考虑我们置身其中的是好运气还是坏运气以及是愚蠢还是明智的行为。目前,所有这些原则在商品或工业应用中都可见到,当然,这些原则也被应用在人们的家庭管理当中。

第三章

经济管理及其困难

摘要：保持各方面消费相互联系的困难性以及人们总是无法如愿地按照所需的精确数量获得产品的事实，阻碍了边际重要性和市场价格的完美一致。我们需要保持两种支出之间的平衡：一种是购买后及时消费的商品，如食物；另一种是需要一次性支出但可以长期使用的商品，如家具。如果所有类似的支出全部被满足会造成入不敷出，我们就必须节衣缩食，尽量储蓄，尽管这还不能保证长期需求的实现。在这种情况下，所谓的储蓄期不过是一个接着一个的贫困期，我们一直在毫无享受可言地付出。不过，多样的租赁机制会将支付期延至整个消费期，这样就可以用后期的相对富足来缓解前期的相对匮乏。租赁的另一好处就是我们能够享受到不可分割商品的一部分。我们对此种好处需支付一定溢价，这种溢价是利息的一种来源。对资源的管理因为这些现象而变得复杂。同时，习俗、环境和未经训练的心理习惯导致的错误推理设想也将加大资源管理的复杂性。但是，无论我们如何完美地克服这些困难以及主观或客观上的管理错误，所使用方法的最终重要性仍然依赖于我们的目的性质。

在对边际重要性以及所期望获得的物品的边际重要性与自然或人提供这些物品时的条件相联系的原则有了一个清晰概念之后，我们接下来将着重介绍在实际中运用这些原则时所遇到的困难。

一个最主要的困难是使不同种类和规模的支出相对而言是有效率的。相对而言，平衡不同服装或不同食品的支出会比较容易。换句话说，管理家计开支或是服装开支是一件相对容易的事情。如果所有我们掌握的钱都是以这种具有特定支出方向的形式发放给我们，经济管理就成为一个十分容易解决的问题。然而，即使没有这种外部力量促成分配，我们的大脑也会逐渐形成一种特定的模式，即大概多少钱会花在书刊上，多少会花在旅游和节假日上，多少花在家计开支上，等等。在这种情况下，花费在两类支出上的每一先令的边际重要性差距将会不知不觉地变大。当一个人仔细考虑乘坐出租车会不会太过奢侈时，如果他想到乘车的费用恰好等于一卷罗斯金（J. Ruskin）的书或者宗教经典①，这个问题就会清晰和明了许多。支出最终会相互分割成为一个个不透水的隔间，只有当不同隔间的支出密度差别过高时，才会发生内渗或者外渗。

> 不同支出之间联系的困难

再者，相对于不同大小的物品数量比较，同等大小的物品数量比较要更为精确。例如，比较 2 便士的效用是否一样相对容易；同样地，比较 2 先令或 2 英镑也是如此。但是，如果一件物品值 1 英镑，而另一件物品值 1 便士，我们实际上是默认前者的效用是后者的 240 倍，这一点非常令人惊讶。我们从不以数量的方式来衡量满足，再说，把某种满足乘以 240 倍的做法也十分荒唐。但是，乘法只是加法的另一种形式，我们经常把种种较小的效用以一种不大精确的方式加总起来，以便和较大的效用做比较。除非认识到将一定数量的细微渗漏加总起来相当可观，富有的人是不会有什么理性的动机去挂怀几便士或几先令的。他察觉不到一个先令的丢失，也并不清楚这会在哪种程度上影响了他的生活或某个特定行为。但是，他知道如果不看

> 大小支出的比较

---

① 约翰·罗斯金（John Ruskin，1819—1900），英国作家和美术评论家。——译者注

管好这些便士或先令，他收入的一大部分就会在不知不觉中逐渐消失。这种想法会导致形成一种心理习惯，以致对分厘金钱的疏忽或大意都会变得非常令人不愉快，虽然一先令对于他没有什么直接意义，但与丢失了它的感受联系在一起就有了意义。对经常账户的资金管理很自然地建立在前面这种心理习惯的基础之上，这样就可以把大额支出和小额支出相互联系起来。

除了在确认大额支出和小额支出的相对重要性上的主观困难之外，我们还会遇到一种外部的、客观的困难，即精确平衡支出的困难。我们无法经常将商品量控制在一个边际价值和价格相等的那个必要的数量上。

有一种很容易想到的情况，即在紧急状况下我们也许会需要一个灌满墨水的钢笔，其容纳的墨水不值1个便士，大于半个便士。人们或许会恼恨由于买不到更少容量的墨水就必须花一便士去买一瓶装墨水的事实。或许可以说服卖文具的人，让他把一整瓶价值1便士的墨水拆零卖给我们半便士，然而，一则这不一定被允许，二则由此节省出来的半便士也无法足够补偿我们为了这样做所需花费的成本。所以，除非节省半便士所带来的麻烦、尴尬与羞辱感小于半便士对我们的价值，否则，我们是不会要这半便士的墨水的。我们要么花1便士买一瓶装的墨水，要么就不买墨水。这样我们发现：如果满足需求并不需要1个便士，我们就很难给出一个恰当的支出。这个事实说明了，给定商品的最小单位并不是整齐划一的。在贫困地区的商店，顾客会注重商品细分的单位，会以半便士或者1/4便士来度量商品价值，而这种情况在城里的富人区是看不到的。然而，这种情况下的商品必须是在物质层面上，而不是商业层面甚至心理层面可以细分的。相对地，有些商品从自然属性上看是不可细分的，像钢琴、表、自行车、套裙等。虽然它们可以被租用，但是，它们不能以小单位购买或租借使我们获得"额外一便士"的表或上等的钢琴。我们如何能够使商品的边际服务与我们支付的金钱精确吻合呢？如果一个次等的商品被认为很好地履行了高级商品的一部分功能，说明所有商品都按产品质量或多或少地进行了分级，从而在一定程度上满足了人们根据边际需要不同而进行的调整。举个例子来说，我有一块表，如果每天早晨我按城里的钟校对调整，它差不多可以指示我一整天的时间，保证赴约的时点误差在五分钟之内，这样，它就给我提供了很有价值的服务。更精确地说，我拥有这样一块表与没有表之间的效用差别要大于我拥有这样一块表与拥有一块走得更准的表之间的效用差别。如果我的表的误差一天不会增加一分钟，这会是一种很可观的额外便利。为此，我会愿意按比例付款，如果我的表可以分秒不差地指示我每天的火车到达时刻，这对我将是更大的便利。类似的表述可能适用于比第一印象更广的范围；但是，事实上是，没有人能够将购买表的第一个半便士的边际价值和购买奶酪的第一个半便士的边际价值相比较。例如，最开始我要么没有表，要么花至少 2 先令 6 便士买一块表，或要么没有钢琴，要么必须花费至少 10 英镑去买一架钢琴。一个人如果负担不起整架钢琴的价格，但可以通过支付 5 英镑来获得这个价值 10 英镑钢琴的使用权，他也会非常高兴。换句话说，这额外的 5 英镑花费对他来说是不值得的。在第 44 页的那个茶叶案例中，我们已经熟悉了这种想法。如果可以选择花 6 先令 6 便士买第五个半磅（以半磅为计价单位）的茶叶和不买茶叶，我们可能会选择买茶叶，但是，如果选择变为再花 13 先令买第三磅茶叶和不买茶叶（1 先令＝12 便士），我们很可能就选择不买茶叶。正如茶叶的边际重要性随着消费量递减，一周弹 14 小时钢琴的边际重要性会高于一周弹 21 小时。因此，比起花整整 10 英镑、一天使用 3 小时钢琴（可能这个数量刚好是我们所需求的），花 2/3 个 10 英镑要更有价值，但是，买方却没有一天使用 2 小时钢琴的选择，买方只能买整台钢琴，一天使用 3 小时（如他所需要的）。只有当这要花在钢琴上的 10 英镑被分配到各种不同支出所产生的边际价值的总和小于从这台钢琴上获得的边际价值时，买方才会最终支付这 10 英镑买这台钢琴。但在满足这一条件后，如果买方在心里又区分钢琴带给他的初始效用和边际效用，他会发现边际效用远远小于用以获得此钢琴而牺牲其他支出的边际效用总和。不过，当这一点被意识到之前，买钢琴的初始效用占总效用的比要大于初始价格在整个价格中的比。就像第 3 磅茶叶的最初几盎司的价值高于每盎司 9 便士的均价，而最后的几个盎司则低于均价，这样使这 16 盎司茶叶的总价值等于 12 先令。所以,钢琴的买主情愿牺牲 1/10 的钢琴使用时间换取 1 个英镑,即为保留 9/10 的钢琴使用时间而支付 9 英镑,但他不会牺牲整个使用时间来换 10 英镑,也不会牺牲 9/10 的钢琴使用时间来换 9 英镑,或牺牲 8/10 的钢琴使用时间来换 8 英镑。因为前几个 1/10 使用时间的价值都大于 1 英镑,而最后几个 1/10(可能是最后两个 1/10)使用时间的价值都要小于 1 英镑。当然,钢琴买主是无法 1/10、1/10 地来选择购买钢琴的使用时间,他只能一个也不买或当十个 1/10 加总时的总价值等于 10 英镑时将它们全部买下。

所以,当计量单位较大的商品之间相互竞争或者与计量单位较小的商品竞争时,我们总会模糊地认为,购买大额商品不是被延期支付就是被超前支付。如果我没有钢琴,我会感到购买它的欲望在不断膨胀,压力越来越沉重,直到这种购买欲望在整个支出中得到充分地衡量和评价,在此期间,它一直没有得到绝对的满足,而与之相对的较小的需求则部分地被满足了,但是,我觉得,如果可以通过按比例付款而偶然得到一个小时的钢琴使用权,其带来的满足感会大于这些小额购买加总起来可以带给我的满足感。可是,当我买了感兴趣的钢琴,弹奏这架劣质钢琴的欲望一时得到满足以后,如果我能够用较少的时间满足其他一些尚未满足的欲望,我会因此乐于缩减弹钢琴的时间。将这两类支出形式(大额支出和小额支出)

> 保持边际平衡的不可能性

和谐地结合在一起是极其困难的,这也与另一句格言所包含的经验暗合,"能力总是永远不足的"。我们能感到,支出(尤其是大额的商品支出)存在一个粗糙的边缘。我们总是对其怀有需求,并设想只要拥有它们,我们就会获得满足。实际上,我们之所以被吸引仅仅只是因为没有获得满足。一旦得到这些商品,我们就会发现有更多的需求,新的空虚感开始啃噬我们,尽管我们可能感到整体福利水平提高了,但是,由支出的不平整边缘引起的隐隐不安却仍在那里。

另一个问题随即出现。我们的某些需求总是反复地出现,供给满足了这些需求,但是,供给本身在满足的过程中被消耗。例如,我今天吃了饭,明

> 反复需要和连续支出

天还要吃饭，除非给定时间界限，否则，讨论我到底需要多少面包的问题就是毫无意义的。因此，考虑这种供给的适当形式是供应的流量而不是存量。衡量我吃没吃饱的标准不是我吃了多少面包，而是根据我每天、每周或其他时间单位里所消耗的面包量来判断的。但是，当面对的是钢琴或表时，我们不会谈论每天或每年消耗多少这些商品的问题。为此，比较花在面包上的5英镑和花在表上的5英镑应采用什么样的原则呢？毕竟，对面包的需求无论在年初或年末都是一样的强烈，而后者可能永远不需要补充或更新。

  这个问题实际上并不难。之所以看起来难是因为我们弄错了方法。买一把刀、一件衣服、一架钢琴等商品的意义很直接，人们在心里已经对它们有了固定的概念，即普通商品，但是反复购买不断消费的商品（如衣服或煤）却有些捉摸不透的地方。因为购买之后，我们总会回到没买它们时的状态。我们通常会用对前面那种商品的支出来表示对后一种商品的支出，或者用前者比较后者。但是，这在方法上是错误的。事实上，连续型支出适用于所有其他类型的支出，因为不管钢琴寿命有多长，其使用与时间的关系和土豆的消费与时间的关系是一样紧密的。虽然钢琴的购买可以在一分钟之内完成，但是，它的使用可以延至一生。总之，过去的经济学家用"消费"来指代所有的租用、使用和享用商品的直觉是正确的。毕竟，这些具有我们确实在"消费"的东西的典型特征。不幸的是，"消费"这一术语在现在流行语言中被曲解了，把所有的"使用"都称之为"消费"，这就大大阻碍了它的有效性。

  我们会发现，使用期很长的商品支出只不过是所有支出中值得我们予以特别研究和解释的一个分支，其在解释时所遇到的困难在与普通消费品（也即一次性消费）进行比较时，就能迎刃而解。在此之前，后一种消费品（也即一次性消费品）是我们主要的研究对象。现在，我们也可以用同样的方法分析前一种消费品（即使用期很长的消费品）。首先，这两类商品的区别只是程度上的区别。我们考虑食品、家具和衣服三种不同的消费门类，分别代表一次性使用后即消耗掉的商品、可以永久使用的商品以及

> 连续支出的非连续减少条件

介于两者之间的商品，它可以多次使用，但是不能永久地使用。严格说来，没有什么东西是可以永久存在的。而且即使是在广义上，除了炸药以外，也没有什么东西是可以在瞬间被消耗殆尽的。吃东西也需要时间，以泡茶来说，我们可能会重复冲泡茶叶，尽管味道一次比一次淡，穿衣也是如此。一个细心的主妇会用桂皮先给蛋奶沙司调味，然后再用来调制其他甜点。当然，她也不会认为只用来调制过一次大黄酱的姜就不能再用来调味了，所以，就商品的耐久性和重复使用性来说，食物和衣服有相似之处。我们会多次地用牛蹄做胶冻，一双小孩的白手套只能用几次，而一条白领带几乎用不到两次。从只能用几次的白手套到能穿半年到一年的外套或连衣裙，再到对于退休的人或节俭的人来说能穿 20 年或更长时间的女式长袍或丝绒袍，这些物品的耐久度越来越高。而说到家具，同一类的照明用品可能有不同的耐久度。日本灯笼可能只可以用几次，一个好的落地灯则从来不需要更换。同样，一把椅子的估计寿命可以从几个月到 50 年甚至更多。上述商品的区分都是相对的，并且一旦开始审查实际预算，我们就会发现，即使这种相对区分也与管理方法论中提到的实际区分不一致。煤炭是一种易消耗的商品，只用一块，很快就会耗尽（虽然其耗尽也需要一定时间）；而一套衣服则可以穿很多次。但是，如果合适的话，我们会一次买下能用 6 个月的煤炭。假定前面所说的那一套衣服可以穿 6 个月，这样我们实际上就买了 6 个月用的衣服和煤，尽管煤是一点一点地用光（这与我们买一天用的牛奶很像）的，而每件衣服却是完整地被持续使用。这个发现会解决整个问题。假设一个人 6 个月所需的煤炭存量是 6 吨，每吨 1 英镑；一套衣服是 5 英镑 5 先令；牛奶每夸特 4 便士，一个家庭每天需要 1.5 夸特的牛奶。虽然我们一次性地买下了 6 个月用的煤和衣服，但在消费时，我们却是每天都要消费一定比例的煤并使用衣服。因此，可以说，我们每天要消费 6 便士的牛奶、7 便士的衣服和 8 便士的煤。这显然是从科学的资源管理分析角度得到的正确判断，即每件商品都可以用供给率来表示。在牛奶的例子中，家庭主妇除了天天购买别无选择。因为常识告诉我们，鲜奶不能在常温下长期储存。

人们可以根据需要买一筐、一百斤、一吨或一车的煤，但是人不可能根据需要每天买 7 便士价值的衣服。购买的形式部分取决于商品的本质属性,部分取决于交易惯例,还有部分取决于购买上的方便。但是,在考虑年度的预算时,一次性消耗品与较长时期使用的商品之间的供给比较和均衡就不再有困难了。当我们意识到"购买"并不等于"支付"时,这个问题就更加清楚。一个主妇每天订购牛奶,但她很可能每星期支付一次或每个月支付一次,甚至这个周期会长过她支付煤或裙子的周期。在所有这些情况中,科学的分析基础是"供给率",其他都是次要的。

这个原则也适用于更长久使用的商品。比如更加坚固的家具——有些可能是我们从父辈甚至先辈那里继承的,又如昂贵的图书,等等。这些商品会逐渐不能使用或完全损坏。尽管在它们的一生中也许只更新一次,甚至根本不用更换,但是,只要我们有一个大致的时间表,仍然能够大体计算出维护和更新这些昂贵而且相对持久的商品每年所需的费用。同理,如果我们不仅想维护而且还想提高商品存量,从而不仅足够我们一生享用而且还可以惠及后代,我们就可以有规律地进行周期性购买。因为可以从一年的消费量计算出一天的消费量,所以我们可得出一天消费 6 便士的牛奶和 1 先令的耐用品。不管是对牛奶的欲求还是想增添持久性财产的欲求,都可以被暂时地缓解或满足,但是无论哪个都不可能被永久地消灭或满足。所以,对于这两种欲求的管理应当使我们对商品的边际需求与市场供给的价格一致。

单个商品的单位越大,该种商品的需求和更新需求就越不常被计算,而且越难以计算,从而对这种需求所做出的判断就越需要更为精细及宽广,而且应尽早对所有可以利用的资源进行安排以便做出合适的管理决策。这一点十分重要,它解释了经济学中许多晦涩的地方,我们必须对其详加叙述。但是,这种研究并没有偏离主题,我们正是出

> 购买耐用品的时间短于其使用的期限将会导致牺牲

于管理上便于比较和平衡支出的目的,使它成为支出中的一个分支,尽管它看起来很难用同种支出范围去表达。

让我们举个例子。假设有一个年轻女子,她一个星期有 14 先令,也就是每天有 2 先令,或者说一年有 3 英镑 10 先令。她在通常情况下是买

不起钢琴的,但她在音乐上颇有修养,认为花 18 英镑买一架钢琴能带给她 12—14 年的快乐。如果允许她在 12—14 年支付完这笔费用,她每天只需花 1 个便士,而且这种方式是她每天花费 1 便士所能达到的最高效用。假如她手上现在就有她原本要经过 10—15 年才能积攒到的钱,并且对增加这钱的总数不做任何期望。她可能会用这些钱来满足其需求,即买一架钢琴,这样做是很明智的。这样,她每天就只剩下 1 先令 11 便士花在其他消费上(包括偶尔的钢琴调音),而且她会认为每天花费在钢琴上的 1 个便士价值与花费在其他东西上的 1 便士价值是一样的。但是,如果她是一周或一天发一次工资,为了能在一年之内买到这架钢琴,她需要节省一半的收入,也就是 1 天 1 先令。这样,在这一年中,节省给她带来的痛苦感会比一天节省 1 便士的 12 倍还要多。此时,在一年之内买一台钢琴所需要的牺牲要比在 12 年或更长时间内买一台钢琴大得多。如果一年的期限改为两年,每天的牺牲和总牺牲都会被减轻,但总的来说还是很大的。在存钱的过程中,她是没有钢琴的,因此,在这个时期里她是纯损失的。

现在,让我们总结一下观点。某类商品能够提供持久的服务,如房子、一套餐室家具、艺术品等,另一类商品需要经常购买,但只能提供较短期的服务,如食品、衣服、流行小说等。为了做到能够合理地支出,我们必须有足够的钱在手头,以便可以选择合适的时间购买那些昂贵的耐用消费品,以便把因此不能购买其他商品所导致的牺牲均匀地分散在拥有该消费品的整个时段内。对低收入人群而言,这意味着双重不利。首先,他们掌握的财富相对较少,一旦发生大项支出时,一般而言,他们无法一次性支付商品,需要在一段时间内完成支付(这段时间当然小于商品的使用期)。这样,由此支出带来的无法购买其他商品的牺牲将不成比例地被放大,本来就相对较小的物质购买力进一步缩减。其次,为了避免这种心理效用上的浪费,即使在 1 月 1 日就拿到了全年的收入,他们通常也不会购买本来可以完全支付得起的消费品。其实,如果他选择买的话,到年末,他的总花费将不变,而且其心理损失会较小,从消费品中得到的效用相应会更多。

> 预付的经济性

在后一阶段的研究中，这个方法为解开"利息"之谜提供了一个线索。即使富有的人也会发现，有时候超前支出会比正常情况下的支出更有利，他们因此愿意给那些帮助他们获取这一有利地位的人们一定的额外红利。至于说到穷人，他们的生活往往处于低于他们自己视为舒适的水平。有远见的一些机构可能也愿意帮助他们小幅度地提前消费，也可能通过信贷方式使穷人能够承受高昂的超前消费。

这也许会导致穷人生活的舒适度变低。不管怎样，一个贫困的家庭即使是为了购买一双靴子这样的商品，所付出的代价也要远高于小康家庭。前者可能会因此一个星期都没有钱买食物而处于饥饿状态。如果这个代价可以分散到使用靴子的整个阶段，这种食物的被剥夺感可能会相对减轻，不仅是每天减轻一点，而且在总量上都会有所减轻。另外，诸多显而易见的原因说明，如果少批量地购买东西，价格一般会比较贵，而且价格便宜的东西往往价值低于其价格。对穷人来说，一次不能花太多钱的重要性使他们只能连续购买一堆劣质商品而不是一件高品质的东西。一年内花2英镑比2年内每年花1英镑的负担要明显重得多，所以，人们更愿意三年中平均每年花1英镑而不是一年花2英镑而另外两年什么也不花。所以，在这一意义上，穷人不得不浪费，"节俭是富人的奢侈品"。

从原理上说，租赁以及分期购买制度确实减缓了低收入人群的不利状况。但是，这种方式仅仅是减缓而不是根除，因为它的产生本质上还是为了卖东西，并且也没有相应地赋予穷人选择经济合算的支付期特权。另外，如果这种延期支付给了聪明人更多的好的支出选择，它同时也给蠢人提供了更多的差的支出选择。一个愚蠢的主意可能会让你入迷一段时间，但是，如果它以严格而且长期的自我约束为前提，它很快就会被更正。如果这种购买以将来的收入作为抵押的话，风险也会因此而生。在短期内实现必要的节俭和适应必要的匮乏需要一定的努力。体验源自没有抵押未来收入所带来的安全感，这种努力可以很好地唤醒沉睡而且正在浪费着的能量和精神反馈。这种令人欢欣鼓舞的力量只需要以损失一定的舒适感和自我满足感为代价就可以轻松实

> 租赁、租赁购买与租金的原理，留待大量买进及合适时机购买的额外费用

现。不过,有一点是确定的,即审慎的租赁或购买是最好的节俭方法。

现在,我们可以很容易地理解租赁在众多生活中所起的重要作用,它使我们能够快速地比较在易耗商品上的支出以及租用相对耐用的商品上的支出。尤其是对于相对贫困的人而言,如果想把10年甚至终生的支出转化为一年、一个季度或一个星期甚至一天的支出,租赁确实是最普遍的方法。租赁把他对商品的购买和他对商品的使用紧密而且方便地联系起来,这样便于他对不同类型的支出进行比较。一个人所居住的房子可能是他使用的最持久的商品,在他是租赁房子的情况下,他可以很容易地把租赁房子的支出与花费在肉、煤或衣服上的支出进行比较。如果一个人不是租赁而是直接花钱购买了一架钢琴,此人这一年的预算可能就会因此陷入两难。

需要指出的是,这里讨论的租赁所处理的并不一定与大件商品完全一致,虽然两者总是紧密地联系在一起。弄清这两者的区别才能完全理解租赁理论。如果只需要在12年中每天从其他支出中抽出1便士,一个女子可能乐于支付18英镑购买一架钢琴。根据边际效用递减的原则,她可能更乐于支付9英镑来买半架钢琴(这样每天就只需抽出1/2便士)。然而,即使一次性付款的困难被解决了,这位女子仍然可能会被购买大单位商品所导致的其他问题所困扰。为了解决这些困难,她可能会和朋友合买这架钢琴,由于她本身并不愿意这样做,她也可以用租赁的方法予以解决。例如,一辆小马车,租赁一次付一次租金。从长远来看,这辆马车是被无限多的个人分享使用的。所以,租赁对于购买的优势可以分解为两个方面——每次交易可能包含这两个方面的一个或全部:一方面,租赁可以解决购买大件商品的问题,使我们摆脱两难选择,即要么买一单位这样的商品,要么就不买,尽管当时我们会更愿意以一半或四分之一或百分之一的价格买一半或四分之一或百分之一的这种商品;另一方面,租赁(或者说分期付款)可以解决低收入带来的种种困难。当一个穷人想买一个比较昂贵的东西但又不愿意与他人合着购买时,他可以通过每周按一定比例付款来解决这个问题。当然,针对上面一个或者两个优势,租赁值得人们为其带来的这种改善而多支付相应的钱。因此,我们每天花6便士在牛奶上,花8便士在煤上,同时,每天花费3先令享受房屋、电车、火车制造商等服务。在这3先令中,随着一天天过去,或者一个季度一个季度的过去,可能有超过一半的钱并没有用来支付我们所使用的东西本身,而是用来支付一种特权,即通过分期付款的形式以及通过与其他人分享所有权的形式来获得部分使用这些东西的权利。尽管我们很少研究这种调整,但我们可能每天都在精确地执行它,就像调整其他支出一样。当一个人讨论他是要买一套房子还是要租房子时,或者决定是买一辆马车或汽车还是雇出租车或乘火车或电车来旅行时,这种调整就变得很清晰并且能够被觉察到。

假设我要以一定的价格建造或购买一套房子,预计这套房子大约可以住20年,当然这个数字可大可小,但是我认为20年这个数字比较便于分析问题。我把这一套房子的价格除以80,得到每个季度的房子的费用,再加上每个季度的维修费用,即为房子的季度使用费用。假设我死后这套房子的价值对我来说是有意义的,我希望把它留给我的子孙,并且我会根据这个意义给房子一个估价。同样,把这个数字除以80,用前面算出的季度使用费用减去上面得出的结果,得到这20年里享受这个房子的季度净费用。如果说房东负责这套房子的维修,每个季度我愿意支付超过这个季度净费用多高的价格来租赁该房子呢?为了讨论问题的方便,我们假设有房子的安全感与要对房子进行分期付款的压力相平衡。

为什么我会愿意以租房子的形式来支付比房子本身估价更高的价钱呢?如果买一套房子不会影响其他类的支出,我们这样做是没有理由的,因为我可以一次性付款,然后在20年内均匀地开支因购买房子而放弃的其他支出,就像我按季度付款的方法一样。但是,如果我只能预期10年内的收入,一次性付款后,我必须在这10年里放弃其他类的支出。在这段时间里,我每季度放弃的支出要比20年期限的情况多出一倍,而前者累计带来的重要性损失程度会是后者的两倍还要多。在前10年中,我顺利地放弃了所有应该放弃的支出,以致于在接下来的10年中没有支出需要放弃,所以,相比按20年期分期付款时我的状况来说,我的前10年会比较穷而后10年会比较富。前期这种更集中的节衣缩食给我生活带来的不利影响会大过后期因不用负担房贷而带来的好处,因为将分期付款每笔的钱扩大为一倍后带给我的厌恶感会比原来的厌恶感大过不止一倍。因此,我愿意为能在 20 年而不是 10 年内平摊房费支出这种权利多支付一部分的费用。

如果我只能预知 5 年内的收入,这一期间需要节约的钱就会成比例地放大,我会愿意支付更高的额外费用去获得 20 年分期付款的权利。如果我不能预计未来收入,但我把钱存了起来,比方说存了 5 年,买了一套房子。在这 5 年中,我不仅减少了其他支出,而且因为需要租用别套房子付出了租金。随着我预知自己未来收入的能力减弱,我愿意为延长支付期限而付出的额外费用也会越来越高。

这个原理决定了我愿意付多少钱去买上述的权利,但在市场中我实际支付了多少钱却是另外一回事。茶叶的例子很好地说明这两个问题,我愿意支付多少钱和我需要支付多少钱是有很大区别的,而且决定后者的条件我们至今还没有做过讨论。但是,不管条件是什么,也不管这些条件有多么固定,在具体情况中我会考虑它们对我是否足够有利。如果是有利的,我会通过在使用期内对它分期付款来保证这种权利,或者买下这个东西的一部分而非整个。例如,我会租个房子而不是购买或建造房子,我会乘坐出租车或汽车而不是去造一辆马车,我会乘火车而不是开着汽车去旅行等。

我们现在讨论的问题使我们开始考虑当前的贫困与未来免于贫困之间的平衡。我们已经看到,以将来的贫困为代价来避免眼前的贫困是有意义的。如果出现这样一个问题:是每季度 10 英镑地支付 20 年,还是每季度 20 英镑地支付 10 年,然后在接下来的 10 年中不用支付呢?我们这样考虑:将每季度 10 英镑地支付 10 年视为既定的。这样的话,我们可以有两个选择:在第一个 10 年中或是在接下来的 10 年中每个季度支付 10 英镑。也就是说,我可以通过在近期付款来避免远期付款,反之亦然。在这些条件下,假如我选择远期付款,并不是因为近期近和远期远,而是因为近期付款会比远期付款造成更多的不愉快,由于

> 在条件的多样性及一致性情况下平衡未来与现在

它带给人们相对较令人不舒服的边际效用，人们会本能地排斥它。如果两个选择变为 20 年内每个季度支付 10 英镑和前 10 年不必支付而在后 10 年每季度要支付 20 英镑，尽管好点的境况（不用付款）比差点的境况（付款）离人们比较近，但人们仍然会选择在 20 年内每个季度支付 10 英镑以获得一个较好的边际效用，安全地避免一种可能会带来较差边际效用的支付方式，尽管在这种情况下眼前是有利的，但从长远看却是不利的。这样，出于深谋远虑的原则，人们会在婚后早早地就开始存钱，以保证未来更大的支出，比如小孩的教育；另一个人（或同样的一个人）则会租房而不是买房，因为如果他延期支付大部分支出的话，他可以在未来一段时期慢慢地支付剩余的部分，而且那时他的支付条件可能会比现在要好。

在上述情况中，提前控制自己收入的优势并不在于近期优于远期，而是在于较高的满足感优于较少的满足感。我们必须小心翼翼地将这些情况与那些与满足的远近或贫困期的远近相关的情况区分开来。

这不像有些商品，我们大量买进但是每次用量很少，我们通常认为这样的一个单位商品的未来边际重要性与现在的相同。我们不会因为地下室刚刚装满了煤就随便烧煤，也不会因为得到一袋新鲜的土豆就多吃土豆。即使这样做了，也是出于一种微小的甚至难以觉察的心理错觉。假如我们在每个季度刚刚领到工资时容易浪费，而在季末时捉襟见肘，这可以看作错误的管理和预算。总之，在一定程度内，远期和近期并不会影响我们对那些有着持续而且平均重要性的商品的效用估计。由于远期总是包含着不确定性，所以，我们并不会像估计现时或近期的需求那样精确地估计远期（未来）的需求。事实上，我是否会为了 5 分钟后多买几个李子而现在少买几个土豆，又或者我是否会为了 6 个月后的假期有更多钱花而今天在菜市场上少花点钱，又或者我是否会为了给孩子提供学费，或者为了给我养老——如果我能活那么多岁的话，而一整年省吃俭用呢？我们在估计未来或远或近的需求时，总是考虑到不确定因素（例如，我买了土豆之后，可能几小时都不吃，也可能是某件事情的发生阻止我食用它们）。如何平衡这些不确定因素？在什么价格下自己会愿意为了将来不确定的舒适感而放弃一定量的此刻舒适呢？根据情况的难易和时间的紧急,我需要做出或多或少的储备。尽管这种不确定性在将来也许是可以忽略的,但是在大部分情况下它是非常重要的。

最后,在结束我们前面对平衡现在和将来的舒适感与不舒适感所做出的研究时,我们必须注意到,除了一些之前我们提及的将各种支出排序的理性因素外,还有一些非理性的因素在起作用,如难以预测未来、难以抵抗当前消费冲动等。人们还可能对未来的贫困抱有一种病态的恐惧感,或者对未来的幸福感抱有一种病态的贪婪。面对上述两种可能,人们都会相对过高地估计未来。但是,在做出所有关于选择当前还是将来的决定时,有两个原则影响着我们:一是边际重要性递减;二是依托这种原则的调节作用,我们会相应地给出其他选择。理性的思考是权衡这些选择并且在它们有价值的时候才采用,而随着采用限度的不同,它们的价值也会发生相应的变化。即使最无远见和有着病态预期的人也会拒绝太过高昂的条件,而且他的热情也会因为连续的满足或者储备而消减。所以,无论我是聪明还是愚蠢,当对现今的储备相对于未来的储备发生增减时,两种情况的边际重要性以及使两者的边际重要性重新相等的条件都会发生改变。

> 这样的未来与现在的平衡

边际调整的原理贯穿于整个资源管理的始终。大额商品和小额商品、易耗品的消费和耐用品的使用、购买和租赁、对现在和未来的欲望和计划、物质上和精神上的需要等都受这个原理的左右。选择的条件——随着供给的增加,边际重要性递减是调节我们选择的普遍原理。

本章的剩余部分将讨论一种特定的心理习惯,这种心理习惯会导致资源的浪费,阻止我们实现已有可支配资源能带给我们的最大满足感。

首先,我们要知道我们需要什么;其次,我们要把事物本身的存在与仅仅是一种想象或传统上认为它们存在区别开来。

总是有些人几乎不把自己的直接经验和感觉当回事。他们根据一些符号甚至指标而非事实来

> 在阴影中行进

规范自己的生活，甚至心情。他们就像那些拿出自己的地图与海岸线的轮廓进行比对，然后声称非常满意自己的地图与海岸线"完全吻合"的教授。这些人不会告诉你，他们是否感觉很好或是否精神状态很好，除非他们了解与这些问题有关的房子是建在泥土上还是碎石上，或者了解这个房子高于海平面多少米。他们甚至不吃自己喜欢或者适合自己的东西，而是根据情况去吃那些象征着欢乐、抑郁或活力的食品。这种极端的而且无所不包的病态力量，往往会困扰着这样一些人，即那些认为自己有着实际的生活观、稳健的常识、偏好仅仅建立在稳固的事实而非虚无之上的人。我们发现①，金钱只不过是通往幸福的手段（虽然是必不可少的手段），人们如果习惯以金钱衡量事物，他们就会成为金钱这个符号的奴隶，而且常常牺牲那些金钱所象征着的东西。

当我们用地位在我们之上的人而非自己的品位和欲望来指导和规范自己的行为时，表明我们将开始倾向于追求符号而不是符号所代表的东西。这倾向并不是出于与别人协同一致的考虑（而是出于能使自己与其他人具有相同的相对等级，使自己更有分量的愿望），也不是出于我们对成双成对的价值的考虑，而只是由于我们不能够区分自己喜欢的东西与别人喜欢的东西。几乎所有人的支出都会或多或少地背离自己的需求，因为有些东西已经跟个人所处的社会环境的价值观相联系了。我们买一些无用的东西，因为它是"如此便宜"，或者拒绝去买那些出人意料的昂贵的东西，尽管它们可能对我们确实物有所值。我们买"便宜货"是出于一种值得同情的错觉。这种错觉源自这东西对于其他人来说可能是物超所值的。我们拒绝购买我们所需要的东西，有时纯粹是因为觉得"要价太高"而产生的愤怒，或者是觉得，若是换成他人，这种购买会被认为是一种奢侈和愚蠢，所以，自己也不能买。在过去和现在，通常都将浪费面包视为罪恶，这也是上述社会意识的一种反映。我们知道，对一些人来说，面包具有很高的价值，但是，尽管我们自身不浪费面包，也无法有助于他们。我们知道如果我们希望将节省

> 反映估计的幻觉

---

① 见第135页。

下来的面包送给他们，我们在其他任何方面的节省都能达到这一目的，那么，由于高估面包的价值而产生的那种在面包上我们的富足以及他人的短缺的强烈震撼将因此得以减轻。很久以前，在英格兰，北方人用煤比南方人要相对便宜，所以，虽然北方人比南方人在待客时更节俭，但在相同的温度下，在卧室里燃火来招待客人的现象，北方比南方多。这种行为习惯逐渐成为一种社会传统，人们是否燃火招待客人的最终决定因素并非他自己对煤的价值的看法，而是他的邻居对煤的价值的看法。

不仅别人对东西的价值判断会迷惑我们，而且我们自己也弄不清楚这些东西在其他条件下的潜在价值。在给定情况下，我们会毫不犹豫地用价值1便士的木头或者助燃物来点燃一堆火，而我们会认为一次用六盒火柴来点燃同样一堆火是 | 相关的反应 |
十分浪费的事，尽管这两者的价格一样，并且火柴被用光的可能性更小。但是，在完全不同的情况下，火柴可能会提供给我们更有价值的服务。在这种情况下，火柴所发挥的作用会让我们大为吃惊。在应当采取有针对性的行动的特殊情况下，依赖于一般经验而形成的相似习惯却干扰了成功管理所应当具有的流动性和适应性。对有些人来说，北极的天气也不会让他们想到六月里要在客厅燃火取暖，而对另外一些人来说，他们依据年历（而且有时甚至是老旧不堪的年历！）而非温度计给孩子添减衣物。

上述类比和联系的方法，可能会产生一种与真正事实不相对应的价值范畴。它自然而然地使我 | 传统估计 |
们警觉，希望得知从既有的传统出发，何以产生与事实的持续偏离。我们的购买行为和其他类似行为大部分是由惯性和传统决定的。影响我们行为的往往不是对未来的预测或直接的冲动，而是来自过去的估计和冲动所形成的习惯。而且，即使我们是在深思熟虑之后做出估计，我们的判断依据也并非依据现在的事实，而是建立在对过去的事实的习惯感觉上。我们都知道，老年人习惯于大费心思地表扬某个朋友的好品质，无非让他们帮忙自己大费周折地送一封信，因为在老年人的记忆里，通过邮局寄信是十分麻烦而且所费不赀的，然而，老人们不知道，今天的情况已经完全不是这样了。与他们同时代的人，还会不胜其烦以至所费不赀地保存火种以免使用火柴点火。这是因为从前生火是一种很困难从而稀少的行为。因此,保存火种是一种正常的防范措施。传递火种是日常生活常事。所以,转移火种所需的引燃物自然也就得以发展,但是,专用于点火的火柴一开始是非常难保存的！再举一个例子,直到最近糖价开始下跌,中产阶级的家庭主妇们才不再认为果酱是奢侈品而黄油是必需品。修补穿坏的外套而不是更换它是许多老人们都拥有的一种美德。对于物品的损耗,他们深感担忧,这种观念源于从前,那时物品比时间的边际重要性高,之所以如此,最根本的原因是以往制造物品所需的时间比现在要久,因此,用时间表示的物品价格比现在要高出很多。

有时,一件东西会被附上一个错误的象征价值。这既不是因为社会环境,也不是因为假设条件,更不是因为传统和习惯,它仅仅是由于我们不能自制和不负责任的空想。当在逛街或欣赏商店的橱窗时,特别是当我们在外国旅游时,我们或多或少地会对某些物品陷入一种非理性的迷恋。它们适合我们的品味,甚至会让我们产生一种情感。对这些物品的幻想占据了我们的头脑,使我们排除一切的顾虑,拒绝受理智的驱使。想念已久的威尼斯台灯的光芒让我们未来的生活有了色彩。可惜,很快它就会变成旅途中难以忍受的麻烦和旅途结束后家里不和谐的音符。这样的迷恋自然也就打破了预期与那些我们成功地进行资源管理的基础——经验之间的联系。而且,为了掩盖在资源管理中犯的错误,我们经常会试图去证明所买的东西是物有所值的,而这样常常引发了更大的浪费。我们经常会继续珍惜,并强迫自己去使用这些东西,尽管它对我们来说极其不方便,甚至简直是一种折磨。如果不是因为当时花了那么多钱,我们可能早就像处理垃圾一样把它给扔了。例如,我可能保留着一本书,仅仅是因为它花了我一个几尼,即使这本书一无是处,只适合撕掉用来生火。但是,只是因为我当初为了得到它而所费不赀,所以无法下定决心毁掉它。结果,资源的浪费反而增加了：因为这本书留在那儿,会一直让我不快,与此同时,却牺牲了(用来引火而产生的)虽然小但却是真实的效用。

> 迷恋

细心的读者会发现,所有这些对个人资源错误而且浪费的管理,都可以在商业经营中找到类似的例子,尤其在追求慈善事业和社会理想时,这样的管理更是屡见不鲜。而且,大多数这种扭曲的思维习惯是与其初衷相反的错误相伴而生的。就像"迷恋"导致管理不善一样,"厌恶"对我们真实生活造成严重的影响并不亚于前者。一些特定环境,或者附属的小玩意,或者其他东西,如果我们觉得厌恶,我们会认为它们的存在确定无疑地会毒害我们的整个生命。例如,我们不去一座美丽的城市是因为曾经在那里见过一座丑陋的房子或是某个难看的风景。我们每天或者每周不选择最近的路到某个目的地,仅仅是因为我们对某一特定的街道或者广场怀有偏见。虽然一年只需要到城里一次或两次,我们还是不想在乡下买一间房子,因为如果这样,每天都会让我们想起那个最让人讨厌的都市车站就是我们进城线路的终点站。从一个角度看,风俗习惯和传统的力量经常会阻碍我们理智地生活;从另一个角度看,它也可以被当作是一种助力器,能够带我们离开一些死角。我们可能会因为太过遵从习惯而犯错,也可能因为对习俗的不当存疑而犯错。这世界上的许多工作都是在已经形成的习惯作用下完成的,这符合相关各方的最大利益,而且也为综合各种动机和努力的意愿而省下众多烦恼。这种思维惯性与为了未来能合意地生活思考一起推动着生活的继续前行。并且,尽管这种思维停止了,它也仍然会有很大的影响。我们的精力已经很好地被导向在这些亟待纠正的问题上,但是,如果我们在一个问题上投入太多的精力的话,就会使其他问题的研究缺乏精力。同时,由于边际成本递增很快,反而会造成这个问题越来越不值得讨论,使投入的精力到达一个浪费的点。一个处处留意、思考问题的人,会在有意或者无意地估计思考一个问题的潜在收益之后,才开始真正思考这个问题。

> 失误的不同来源

估计事件发生的可能性是本章的最后一点内容。它涉及源于我们理解能力的错误。因此,相对于已经被注意到的其他原因导致的管理不善错误,它较难被认识到(虽然认识了之后就不那么难被克服)。我们根据预期计划自己的行为,合乎情理的预期与不合乎情理的预期随着事态的发展都可能得到证实。一件事

> 机会的学说

119

情发生了,并不能说明预防这件事情是明智的①,正如一个人在平原上被闪电击中了,并不能说明他站在那里是一件很愚蠢的事情。我们不仅会为了设想中某些遥远的不大可能发生的事情花费不成比例的精力,而且也不会因为那些没有预料到但却发生了的事情而责怪自己没有采取相应的预防措施。爱丽丝的白衣骑士走到哪里都拿着一个蜂箱,因为如果碰到蜂群的话,这东西就能派上用场。如果这种不大可能的事发生了,白衣骑士碰到了蜂群,并把它们安顿在随身携带的蜂箱里,然后安然地带回家,我们往往就会倾向于认为他这么做是合情合理的。但是,事实并非如此。如果1 000个骑士在1 000天内每天都带着一个蜂箱,而只有一个人在某一天碰到了蜂群,并用上了蜂箱,这一个事件对整个事件来说,不过是一个极其微不足道的回报,它不能证明其他999 999次随身带着蜂箱的行为的合理性。所以,如果一个人轻装出发,而后不得不在旅途中花些法郎购买书和衣服,而这些都是家中已有的。当然,如果行装是原来的4—5倍的话,他也许就会带上些东西。无论如何,他都无须为没有带上更多衣物和书籍而感到内疚。但是,普通人往往难以意识到,无论居家还是到国外旅行,储存或携带大量以后或许能用得上的东西是一个很糟糕的做法。虽然它们偶尔可能派上用场,但是,这并不构成他们把整个家堆满得像旧货商店一般杂乱无章的充分理由。一个人从书架上清掉1 000本书,可能其中有一两本如果留下的话将来会有用,但是,扔掉也无妨。这时,我们不能说这种举动一定是个错误;这人不会认为他清理掉这些书是欠考虑的。我们必定是根据对未来的预计而行动的,无论是明智的预计还是愚蠢的预计,都有错误的可能。预测与未来的事实往往不能达成一致,但是,这并不表明预测是不明智的。如果仅仅比较事后智慧的话,和普罗米修斯(Prometheus)相比,爱佩米修斯(Epimetheus)就是一个愚蠢的人。我们必须再次强调:就个人经济与商业活动而言,原则是统一的。各种保险都是一种在平均概率基础上应对未来各种不确定事件发生的方案,它不考虑事件发生的极端概率。它们开启了管理的巨大节约之路,为

---

① 见第7章,第252—253页。

未来的损失买保险，比用其他方法防范未来的损失要高明得多。我们不能因为一个人的房子被烧毁了，就说他之前为这次灾难做好了准备，存了足够的钱就是明智之举，也不能因为一个人房子没有被烧毁而推论他买保险是很愚蠢的。

毋庸赘述，我们可以得出结论：理想的智者不但能够聪明地思考，而且知道为此必须在何种程度上思考以至在什么时候压根儿不费脑筋。有时，为冲动所支使要优于三思而行。即使因三思而行而决定正确，如果这不过是件无关紧要的小事，为之劳神费力显然是得不偿失的。有时，为了一个正确的决定而花费过多精力，真还不如做出一个错误的选择。聪明人通常会培养和约束自己的想象力。不受制约的想象力会扩大、缩小、凭空创造和消灭事实，从而扭曲事实的原貌。而能够自我约束的想象力则会清晰地反映和准确估计真实情况，不被当时的感情所左右，从而阻止其主人做出不明智、不合适、欠考虑的行为。智者不会为了分钟而牺牲小时。像华兹华斯（Wordsworth）笔下的快乐勇士（Happy Warrior），"看见他所预见的东西"。智者的偏好不但有意义而且坚定持久，不管会有多少事情使他失望，也不会扭转他对事物的判断。他愿意在将来就像过去一样继续经历痛苦。如果他过去不愿意为某个东西支付一个价格，他现在也不会背叛自己的意愿去支付它。他对事物的把握很有分寸，他不会对那些不值得认真的事情去认真，所以，他既不会是书呆子也不会是道学家。有些时候，他会很像韦克菲尔德（Wakefield）的教区牧师（Vicar）那样"厌倦了聪慧"①。当他宁愿选择不负责任地处事时，他也能够从智慧的枷锁中自我解放。

> 管理中的智慧

讨论完造成那些不明智选择的原因之后，现在我们回顾一下偏好等级，或者说是相对估计的排序。在给定时间和条件下，每种东西的边际价值排序实际上取决于特定的个人认为能够与之等价的其他商品及其数量，或者取决于面临众多选择时他的选择。这种排序并不

> 偏好等级反映个人的特征及其至高无上的重要性

---

① 韦克菲尔德（Wakefield）是西约克郡的首府，位于英格兰北部。——译者注

会一定带来明智的或者一致的结果。一个人的想象可能会存在很多某些很难融合起来的东西,当它们单独出现或者同时出现时,他可能会有不同的、前后不一致的选择。但是,不管偏好等级有多么复杂和变化不定,它是客观存在的。任何选择,无论如何构成,可以想象到的是,选择者或是对其中一个选择的偏好明显超过另一个,或是无法决定谁更好。被确定了价值的事物构成了一个人偏好的相对等级,成为此人的生活基础。偏好等级是一个人信念的汇总表,包含了此人在不同情况下对各种选择的价值或权重的估计。他相信这个选择是根据他的信念做出的(也就是说,他认为这是他在所有情况下可能做出的选择所组成的体系)。这实际上体现了他的性格特征(也就是说,这是在所有情况下他实际上可能做出的选择所组成的体系)。它综合了所有此人的需要,包含一时冲动之下想要的东西和仔细思考过、潜意识里想要的东西以及此人需要这些东西的相对强度或程度。换句话说,这张汇总单记录了所有他希望得到的、寻觅的、喜爱的物品以及他希望得到、寻觅、喜爱这些物品的程度。

> 我们依靠仰慕、希望和爱生活着,
> 在它们良好而明智地固定下来之时,
> 作为一种有尊严的存在,我们冉冉升华。

如果我们潜意识的渴望和无意识的漂泊是卑微的,那么,没有任何睿智、精明、力量、谨慎、勇气或者坚定能够使我们的生活有价值。如果一个人可供选择的范围包含上述提到的仰慕、热爱和希望,这就是他调节生活实现它们的最终原则。所以,无论是支配自己的物质财富,还是在面临的各种选择中做出决定,个人形成的有关生活的最高社会重要性非正式地形成了一种价值体系。这种价值体系比一些传统的正统思想更加有价值。因此,我们的关键论点在于,没有人可以脱离自己的偏好体系而纯粹地处理管理问题,而这点在上述的说明中得到了充分的论证。因此,让一个人更理智地遵从对他来说更有价值的愿望要比让他随心所欲要难得多。先知和诗人无须经济学家的参与,就可以重建整个世界,经济学家没

第三章 经济管理及其困难

有了他们却不能够达到这一目标。但是,经济学家也有自己的用处。他虽不能激励,但却可以引导人们;他虽无法给予力量,但却可以使之省力,不浪费它们。经济学家不能因为履行自己的职责获得荣耀,他为此感到痛苦;但是,他可以因为成功地履行职责而感到荣耀。经济学家对自己的工作怀有信仰,因为他明白,除非有比他更伟大的人也在工作,否则他的工作就是毫无意义的,但是他坚信,不管他在哪里,他都可以为他们服务。例如,如果他能为参孙(Samson)①的盲目改革提供一些指导,那将对参孙的改革大有帮助。

社会和个人都需要灵感,否则我们的理想会降低。我们需要个性和活力,它们很可能仅仅是对别人偏好的反应,因此,它们的实现并不能带来实际的满足,仅仅是它虚幻的影像而已。我们需要稳定性,因为总有一些可怜的人总是在后悔。在做完不可撤销的选择后,他们后悔自己的选择,后悔自己当初对其可选择事物的相对价值估计,如两盘菜、两种事业、市场上的两种物品、对某些道德判断的两种看法等。如果我们要对未来形成明确的预测,如果我们的选择基础是充分的估计而非随机的猜测,我们需要想象力。我们特别需要勇气来战胜苦痛和难以忍受的现实,我们需要坚定的意志来抵制诱惑和压力,特别是当我们的判断警告我们如果屈从将做出不好的选择时。我们需要能量以防我们在追求我们认定的善的过程中懈怠。我们同样也需要反应上的审慎,正是它教会了我们"经济"。

至此,我们已经完成对个人和家庭经济原理的初步探索。虽然一些重要的思想还需要进一步研究和解释,但是我们已经打下了一个很好的有关市场、交易和工商产业理论的基础。我们将经常回到迄今为止我们在这里所探讨过的问题和解决的方法,我们会通过举例来说明这些原理在各个资源管理分支中的根本统一性。现在,我们将对个人和家庭经济的专门研究画上句号,之后我们的目标是解决我们视为根本的重大的社会问题。

---

① 参孙:圣经士师记中的一位犹太士师,生于公元前11世纪的以色列,玛挪亚的儿子。参孙借助上帝所赐极大的力气徒手击杀雄狮,并只身与以色列的外敌非利士人争战周旋而著名。——译者注

第四章

货币和交易：共同相关范围

摘要：在一个共同体内，任意两个人对任意两种可交易物的评价上只要存在着相对重要性上的边际差异，有利的交易就可能发生；而且，交易本身趋向于减少这种差异。因此，均衡产生于交易物在每个人的效用等级序列上的相对位置相同之时。体现这些位置的效用等级被看作公共效用等级。交易可以附带地纠正个人管理能力上的错误；但是，复杂的工业体系——这种利用劳动分工的经济，自始至终都将交易视为采用机器生产方法的重要组成部分之一。一个社会中，有组织的交易方式和自发产生的价值标准都受到法律的管制。黄金作为交易的媒介和标准，依赖于黄金被当作一种商品来使用。商品的黄金价格是商品在公共效用等级中相对于黄金而言其所处的位置，也可以用来表示这些商品和其他商品之间的相对位置，它同时指出了这些商品在拥有它们的个人效用序列中的相对位置。但是，这个身份不能延伸到不可交易物中去。在不同的个人效用序列里，可交易物与不可交易物各自的位置不同。因此，许多可交易物个人可以拥有，但不必储存。由于意愿的最终目标从来不包括在列入交易范围的物品（尽管没有它们不能实现）中，因此效用等级序列本身总是客观的、外在的，但却不是最重要的。实际

第四章 货币和交易：共同相关范围

的或实质上的占有对人生的确是必要的，但是，随着占有的增加，对于人生而言，它们的边际重要性将下降，占有它们成为人生的牺牲而非以此为生的危险将会上升。

迄今为止，我们关于资源管理的讨论一直都单纯地依据个人或个体的观点来处理。也就是说，尽管控制和管理资源的个人一直被视为家庭、朋友、社区中的一员，他们的行为也始终受到那些支配常人行为的动机和冲动的影响，但是，我们仅仅考查他选择的原则，而不是影响他选择的工具和决定他的选择空间的力量。具体来说，我们假设货币作为一种工具和市场机制的存在是有效率的。货币的这两种属性显然具有社会性和公共性。也就是说，尽管它们的存在和意义应归因于人类的选择及行动，但它们似乎远远超出了任何个人的控制能力范围。因此，我们现在必须从个人经济转向公共经济（communal economics）。

首先看货币。很明显，当我们付出钱并获得表、钢琴或一英担土豆时①，这笔交易就形成了交换行为。尽管到目前为止，我们一直将它视为单边行为，但实际上它确实是一种可以从任意一方观察的双边交易行为。由于大多数我们所熟悉的交易绝不是最简单的，因此我们将从相对不太熟悉但是更简单的事例中研究这一问题。如果你浏览一下任意一周出版的"交易与记录"（*Exchange and Mark*），你将发现很多类似事例。一个人有一台质量不错的显微镜，但他更希望拥有一台同样质量不错的打字机。他所拥有的这件东西对他来说可能没有价值，但关键是他希望得到的东西对他来说具有更高价值，很可能某地有人拥有一台打字机，但是却更希望能够得到一台他所没有的显微镜。如果如此，而且这两人能够相互发现对方，交易将发生，并且对两个人都产生有利的影响，即每个人用对他价值较小的物品换取对他价值较大的物品。

> 买卖是一种交换形式，不是单边行为

---

① 一英担：在英国等于112磅或50.80公斤，在美国或加拿大等于100磅或45.359 2公斤。——译者注

双边互惠交易的具体条件是两人各自拥有对方喜欢的物品，但却更喜爱另一个人的物品，同时两人又有机会相互认识。如果在罗宾逊的效用等级序列中，显微镜要高于打字机，而在琼斯的效用等级序列中，打字机要高于显微镜，同时琼斯拥有显微镜，罗宾逊拥有打字机，那么，一个对双方都有利的交换就有可能产生。如此简单的事例，只会在"交易和记录"中占非常小的篇幅。显然，如果琼斯和罗宾逊都喜欢显微镜而不是打字机，他们之间就不可能产生有利的交易。罗宾逊拥有打字机并希望获得显微镜，但考虑到他拥有的打字机和他希望拥有的显微镜的质量差异，他将意识到，他几乎不可能找到愿意和他交换的人。然而，他希望发现这么一个人，此人认为打字机所提供的服务和显微镜所提供的服务的等价程度略微超过了他所认同的范围。因此，宣告他希望获得显微镜，交换条件是打字机之外另有添头。琼斯得知后，予以回应跟进。最后，罗宾逊将把"一对大号军用乌木梳子"作为添头，从而完成交易，使双方获益。在这一交易过程中，尽管琼斯和罗宾逊都认为显微镜的价值高于打字机，只不过对琼斯来说，梳子的价值超过了上述两者的差值，而罗宾逊认为梳子价值低于两者的差值。

> 有利交易的条件

如果其中的一种或者两种商品都能够划分成更小的单位，就无须用第三种商品来弥补差价。例如，我们发现，在某期"交易和记录"中，一个想得到一双新"童靴"的绅士愿意提供好的老式雪茄烟作为交易物。那么，对于琼斯这个拥有老式雪茄烟并且想得到新童靴的人，就我们现在对他的所知而言，不能抽象地说他喜欢童靴而不喜欢雪茄，但是，相比一定数量（他心中有数，但是没有说出来）的老式雪茄烟，他更喜欢一双给定尺码和质量的新童靴，而且他认为，有其他人可能更喜欢一定数量的雪茄烟而不是一双童靴。也就是说，琼斯设想有一个叫罗宾逊的人，在他的商品价值等级列表中，老式雪茄烟的价值要比新童靴的价值高。这样，交易的条件就出现了。如果琼斯拥有商品 x，而罗宾逊拥有商品 y，假定 y（相对于 x 而言）对琼斯的边际效用高于罗宾逊。这里我们不考虑商品的单位，因为除非我们标明单位（或者说 x 和 y 是一单位具体的商品），否则，仅仅说对琼斯而言 y 所代表的价值高于 x 是毫无意义的，但是，我们可以说，

第四章　货币和交易：共同相关范围

相对于罗宾逊的商品等级列表而言，在琼斯的商品等级列表中，任意地选择一个较小数量的 y，它的边际价值要比同量的 x 要更高一些，这种说法是有意义的，因此我们不必标明这个较小的数量到底是多少。我无法告诉你，在我的商品等级列表中，黄油和果酱哪个代表的价值更高，除非你问我，我是否愿意用一盎司或一磅黄油作为交换物去交换一壶果酱。但是，我可以告诉你，黄油（不管一盎司还是一磅）对我来说要比对我邻居来说值得更多的果酱。请注意，如果在我的商品等级列表中，y 相对于 x 的位置要比在你的商品等级列表中更高一些，我们可以有另外三种说法来表达相同的意思：y 相对于 x 的位置在你的商品等级列表中要比在我的商品等级列表中稍微低一些；或者，在你的商品等级列表中，x 相对于 y 的位置要比在我的商品等级列表中高一些；抑或是，在我的商品等级列表中，这种商品的位置要比在你的商品等级列表中要低一些。

现在，我们可以进一步地提出一个一般表述，即当任何我所能够提供的东西（老式雪茄）的边际重要性，与你所能提供的物品（童靴）相比，它对我而言，比对你而言低，那么，我可以提出一些交换条件——基于这些条件，我们能达成互利互惠的交易。当然，我们假定商品在本质上是能够进行交易的。正如我们先前的研究所阐明的思想：如果一个人拥有大量的某种商品，一个单位该商品的边际重要性相对他只拥有较小的数量这种商品的边际重要性来说要更低一些，那将得出如下结论：当我在增加新童靴的同时减少所拥有的雪茄，对我而言，新童靴的边际效用相对于雪茄而言降低了；但是，如果你因此减少你所拥有的童靴的数量，增加你所拥有的雪茄的数量，由此将导致相对于童靴而言，雪茄对你的边际效用降低了。因此，对我们每个人来说，一开始估值相对较高的商品的重要性下降了，而一开始估价相对较低的商品的重要性上升了，于是，相对边际效用趋向于达到均衡。然而，只要这种差异一直存在，互利互惠的交易条件也就会一直存在。直到我放弃了所有的雪茄，你放弃了所有的童靴。即使在那种情况下，我对雪茄的渴望程度相对童靴来说还是没有你强烈。但是，如果我没有雪茄或者你没有童靴，我们就不可能进行任何交易。对我所没有的东西的价值低估并不会引发商业行为。如果燕麦对我的价值，相对你来说，没有大麦来得高，但是，如果我没有燕麦可以提供给你，即便我对燕麦的相对价值低估，也不会导致任何交易。一个人曾经吹牛说他曾经遇到过一桩交易，别人以整座芝加哥城和他换一双老靴子，当被问及为何他不接受这桩交易时，他说："我没有靴子呀！"因此，达成互利互惠交易的条件是：相互联系的双方对某两种商品边际重要性的评价不同，而且每个人拥有对他来说价值相对较低的商品。

我们必须非常小心地注意到，我们还没有发现什么可以决定交换条件的原则，上述所谈到的交易将受到这些交易条件的影响。当考查一个人管理他的货币资源的原则时，我们假定市场价格或交易价格存在；但是，在一个真实的关于交易自身现象的调查中，我们可以假定没有这样的东西存在。它是我们的目标，不是我们的起点。注意，两个人对两种商品价值的相对重要性估计的差异大小，会决定两者之间进行互惠交易的范围。我们没有考虑在此范围内，什么会决定那些达成交易的条件。我们仅仅表明，只有在双方都有或多或少的好处时，交易才有可能发生；这同样可以立即表述为，这里只涉及双方有可能发生交易，但是，具体的交易情况是不确定的。问题的解决将依赖于两个交易者的个人品行和具体情况下的偶然特征或环境。如果确实有"交换比率"的话（比如说在拥有雪茄和童靴的人们当中），它可能仅仅是对其他的或相似交易的一个反映。显然，对于交易双方来说，他们与其说要去达到靴子和雪茄的交换比率，不如说是在考虑在这种比率下交易多少；例如，拥有雪茄的人会考虑为了获得一双靴子他愿意付出多少雪茄。而对方则是使自己用同量的靴子换更多的雪茄，或者使对方用同量的雪茄换更少双的靴子。他们所争论的不是交换比率，而是交易的量。

正如我们将看到的，交易比率（或者说价格）是高度组织的市场的一种现象；甚至在应用货币的正规市场，交易比率也不会以不同的方式出现。外国人在卑尔根（Bergen）鱼市就能观察到：一个家庭主妇询问她所挑选的一批鱼的价格，当被告知价格后，她会给出一个更低的价格。渔夫要么在主妇挑选的鱼中拿走一条，要么给出较高的价格。如果渔夫用其

第四章 货币和交易：共同相关范围

他较小的鱼替代他收回的那条鱼,那她将按自己原有的出价支付,如果他用一条较好的鱼替代原来那堆鱼中的一条,她将接受渔夫原先的出价。在交易中,也许没有人宁愿不交易也不愿意接受讨价还价,每个人都希望能更合算地交易。

事实上,我们这部分研究的最终目的是想找到决定市场价格或交易比率的力量的明确概念,我们远未达到目标。但是,我们已经系统地阐述了在什么条件下互利互惠的交易是可能的。

从现在起,我们所考虑的对象是在一个人的价值等级列表中能够交易的东西。但是,这样的关注可能会不知不觉地、有效地导致一个心照不宣的假设,除此之外别无他物或者其他并不值得关注。所以,我们必须牢记的重要一点是：我们的偏好中有些是不可交易的。有人可能希望为了避免他的神经性头痛而放弃一项头衔,而另一个人可能为了得到这项头衔而宁愿患上这种头痛。尽管这两个人的品味不同,并且各自拥有他相对评价较低的东西,但是交易不可能发生。一个人愿意以其所知道的汉语换取数学知识,而且其他人也欢迎这种安排；但是,交易不能发生。或许在第一个假设的例子中不常见,但在第二个例子中则极有可能存在这种情况,即某人曾投入了大量的时间、精力、意志力在汉语研究上,而另一个人则投在数学研究上,而这些投入本来可以投在他们现在感兴趣的方向上以获得这些相应知识。对每个人来说,这种替代性的方向曾经也是他们可以选择的,只不过是他们当时都做出了现在看来是错误的决定,即选择了与对方不同的方向,而这一事实并不能使他们通过交换彼此曾经研究的知识从而纠正或抵消这种错误。另一方面,通过种植农作物而自给自足的两个人,发现他们的边际偏好等级不同,土豆在一个人的等级列表中代表相对较高的价值,而谷物在另一个人的等级列表中代表相对较高的价值,他们会为了使双方都获益通过交易来进行调整。在某些情况下,我们可以想象,如果每个人都可以预见到整个局势,那么,他会为了实现最终无须交易就可达到的平衡而做出某种抉择。在这种情况下,这两个人就像前面提到的学习汉语和数学的两个学生一样,刚开始犯了类似的错

> 不能被交易的东西

误，但不同的是，通过交易，他们可以部分地或整个地挽回他们的初始选择错误。

其实，我们没有必要假设这种错误一定存在。交易无须以事后更正的形式出现，交易很可能从一开始就被视为是将一系列的选择串联起来的重要方式，即生产时不仅考虑自己的需求，还考虑别人的需求，这样一来，相比只考虑自己个人的需求，他可以更好地改善自己的生活。人们有不同的才能或不同机会，根据劳动分工的原则，两个人如果按自己的优势选择拿手的活各自干上一天，那么，两人所能生产的产品总和，会比每个人都上午干一种活和下午又干另一种活所能生产的产品总和要多。因此，两个人都会有意地投入与某种商品的个人边际重要性不匹配的资源去生产；但是，通过交换各自都获得了更好的结果，好过他们严格地根据产品对自己的边际重要性投入资源进行生产的结果。事实上，这些确实发生于任何工业体系当中，而这些体系，从社会的角度来看，是组织得非常成功的。因此，弄明白这种组织成为可能的条件是非常重要的。我的天赋和才能可能决定了，在数学和汉语这两种学科方面，我擅长数学学习，其他人则在汉语学习上更有优势。或许，出于某种目的考虑，在汉语学习上取得的进步对我而言价值更高，而对他来说则是数学上的；但是，即使如此，我只学习数学，他只学习汉语，是毫无意义的。即便那样我们俩一起能够各自获取更多的知识，但是，由于知识的不可交换性，我们这样做的结果是每个人拥有的都不是自己而是对方想要的东西。显然，想要掌握的技能即便掌握得少一点，也比掌握一大堆自己不需要的技能要强得多。因此，与其掌握很多但却是我们不需要的知识，不如掌握较少但却是自己需要的知识。我们各自都将分别面临选择，每个人都应当根据自己的条件把握好自己的选择；因为不存在这样的系统，交易的介入将会增加我们各自想掌握的知识。

> 从交换的角度看待生产

但是，如果琼斯有一处特别适宜保存陈土豆的房屋，而且他的品味和直觉使他毫无难处地将这些适宜的条件综合在一起。尽管琼斯缺乏当园丁的特殊素质，但他却对新鲜土豆有着特殊的嗜好；与此同时，如果他的邻居罗宾逊没有琼斯那种特别的嗜好,也没有房屋可以储存陈土豆,但却具有一个成功的园丁所必须具有的一切天赋,而且他更偏好于陈土豆。或者至少不像琼斯那么喜欢新鲜土豆,很显然,在这种情形下两个人可以达成互惠的交易。琼斯为罗宾逊储存陈土豆,罗宾逊为琼斯生产新鲜的土豆。能力和机会被交易;从此我们彼此不必强迫自己,而是努力地实现与自己品味的和谐一致。因为通过运用我有而你没有的才能,我可以保证你有而我没有的某种能力为我的目的服务。并且,通过这种间接的方式,我在我渴望的事物之间合理地分配被我改造了的资源,我所得到的结果比直接地利用它们要好。相比直接追求自己的目的,我们每个人都可以通过为了他人的目标付出部分努力这种间接的方式来更圆满地实现我们自己的目标。当然,和其他地方一样,在这里,边际重要性下降的原理在起作用。当我通过帮助别人获得更多他们想要的东西这种间接的方式来获得更多我想要的东西的时候,那些别人不能帮助我获得的东西(即我自己擅长做的东西)的供给在不断减少,获取它们的边际重要性在上升,直到我找到了它们之间的平衡点为止。

> 交易可以修复市场能力和愿望的不一致

134

在一个庞大的复杂的工业社会中,服务的直接互惠将不遵循这一规则。我,罗宾逊,希望能像前面提过的一样,把我的陈土豆储存起来,但是我此时没有便利的条件和能力可以胜任这项工作。而你,琼斯,可能有我想要的东西,但是我没有相对有利机会可以为你提供相应的服务作为交换。然而,我认识布朗,他很会种植你喜欢的新鲜土豆,但是他对新鲜土豆没有特别的嗜好。可是,他想修个网罩或者做一个新的罩在他的果树上。我可以凭借我健壮的体格,学会这项技能,或者凭借其他的条件,使我自己相对于种新土豆或者保存陈土豆来说,在制网或者修网方面更加有优势,所以,我可以通过为布朗干活来获得新鲜土豆,这不是因为我自己想要它们,而是因为我了解到你想要它们。于是,我把它们和你进行易货交易以获得你储存的陈土豆。这里,我结网不是为了自己的需要,我把网卖给布朗以获得(相对而言)我也不太想要的新鲜土豆。因为我知道,你会

> 交易媒介、两个阶段上的变化

把你的新鲜土豆和我的陈土豆交换,而我得到的这些陈土豆足以弥补织网所带来的损失。或者,如果你了解布朗及其爱好,你可以给我陈土豆以交换我的网。同样不是因为你想得到网,而是因为你想得到新鲜土豆,而且你知道布朗(他有新鲜土豆)愿意用新鲜土豆和你交换以获得网。因此,每个人生产其他人想要的东西,目的是为了获得他自己想要的东西。

进一步地,如果在一个有水果种植和园艺市场的乡村,你不知道是否有这么一个叫作布朗的人种植新鲜土豆并且需要网,甚至在这里可能确实没有这样的一个人的情况下,你也愿意把你的陈土豆和我的网交换,因为你非常确定在某个地方有一个叫史密斯的人,他有新鲜土豆而且愿意依据适当的条件用新鲜土豆交换你的网。他这么做也不是因为他想要网,而是因为他想通过把这个网和威廉姆斯交换以得到他不能种植但是又想要的樱桃。我们无须进一步举例就知道,任何商品只要它在一大群可以联系到的人的眼中是有价值的,它就会被习惯地用来与其他的有价值的东西进行交换。尽管收下它的人并不是出于对它自身的喜爱而收下它,并且甚至这东西在收下它的人的商品价值等级列表中也没有一席之地。所有的这些交易之所以是必要的,是因为广泛地存在着一种预期:总是有某些人的价值等级列表中含有与这商品价值相对应的位置。这种商品在那些并不需要它的人的脑海中的衍生价值,依赖于该商品被某个非特定的能联系到的个人所赋予的直接价值。如果某一商品对大多数人来说确实有价值,那么,它也能被剩下的那部分人不加考虑地爽快接受,因为他知道有很多人会为了该商品而交换他所想要的东西。一旦这个习惯很好地建立起来,我们讨论的商品将成为"通货"或"交易的媒介"。交易媒介特殊的性质就是:它能够被这样一种人所接受。这种人并不喜欢该商品,或者说对它的喜爱不如对它可以交换得到的商品的喜爱那么强烈。如果我拥有一些土豆,但是偏爱樱桃,就用土豆交换我不太想要的网,因为我知道某个其他人有樱桃但是更偏爱网。虽然我不能发现某个人有樱桃并愿意用它们和我交换土豆,但是,网却能够成为"媒介",通过它的介入,只需要两个步骤,我就能用土豆交换到樱桃。邮票经常被当作交易的媒介,因为一大群我们能够接触到的人们经常需要邮票所提供的服务。

第四章　货币和交易：共同相关范围

电车票当以支票的形式发行时，也可以在一定限度内以同样的方式作为交易的媒介。在欧洲大陆，库克斯（Cook's）联票很容易在游客中作为交易媒介通行；如果铁路公司发行用来乘坐该公司火车的英里里程数的联票充当股东红利，不想乘坐火车旅行的股东如果相信自己能找到愿意用有价值的东西交换这种里程数联票的人时，就会接受这种联票作为红利。众所周知，在南非，牛具有交易媒介的功能。书本告诉我们，在哈德逊海湾（Hudson Bay），毛皮长期被商人用作通货；在弗吉尼亚，烟叶被种植园主当作通货。

在上述提到的这些事情发展起来的同时，或者在这之前，以一种普遍被人接受的物品来度量商品边际重要性的习惯已经慢慢壮大起来，即使这种物品并没有真正流通起来。在荷马史诗中，关于用奶牛的头数来度量女性奴隶、鼎、金或铜盔甲的价值记录多过奶牛直接用于支付的记录。将价值标准化度量的便利性是显而易见的。如果所有的东西都以规定的某种商品作为价值单位交易，相对于其他的做法，肯定会方便多了；如果一个人根据标准的商品来度量他所拥有东西的边际价值，社区中其他成员将立刻知道，相对于该商品在对方的商品价值等级列表中的位置，自己的是否更高，因而知道是否存在互利互惠的交易的条件。

作为价值标准的交易媒介

在英格兰，这种用来标准化的商品和交易媒介的功能都是由黄金来担当的。在艺术和科学中，黄金被大量应用。如果黄金的数量更充足的话，它会在更多领域取代其他金属。其结果是，大多数人鉴于黄金对其的直接重要性，都将黄金放在自己偏好列表中的较高位置。依照习惯（到目前为止可能也是依照法律），黄金现在成为被普遍接受的商品。同时，鉴于黄金可用来估算所有可置换物品的价值，它又被当作通用的衡量标准。所以，当我们说某个商贩发现新鲜土豆每磅2便士而陈土豆每磅1/2便士时，我们也就是在说，她发现每磅新土豆可以换1.027 3格令标准黄金①，一磅陈

作为商品、中介物、标准的黄金

---

① 格令（grain）：英美制最小重量单位，等于0.064 8克，也是珍珠重量单位，等于1/4克拉。——译者注

土豆可换 0.256 8 格令黄金。现在,她很可能就拥有对她有直接价值的黄金。她也许用黄金镶牙,也许戴一枚黄金婚戒或胸针,也许拥有带有镀金画框的画、镀金边的书、黄金烫印的包装等,可以拥有更多类似的物品。因此,在她的头脑中就会存在黄金和土豆的边际价值进行比较的基础。毋庸置疑,她未必有足够的黄金可以实现她的所有目的;可是,一旦她在黄金和其他东西之间进行选择的时候,例如,把黄金胸针和雨伞进行比较时,黄金就会与珠宝商、牙医或者其他行家所提供的服务联系起来。一般说来,这些行家不会为了黄金制作一张独立的会计账户,买家不太可能知道第三个 1/10 格令的黄金代表她镶的牙里或者所买的胸针里有多少黄金,或者对于她来说,它的边际价值是多少。同样,她也不会分开估算雨伞伞柄中铁的含量或者收到对此的单独说明。当她考虑一磅土豆值多少价值并确定它多于 1.5 便士但少于 2 便士时——也就是说,多于 0.770 5 格令但少于 1.027 3 格令的标准黄金时,她思考的并不是黄金在她的商品价值等级列表中的直接重要性。当小摊贩宣称他的土豆每磅卖 1.027 3 格令黄金而不卖 0.770 5 格令时,同样也是如此。

但是,正如我们前面所提到的事例,由于对很多种植水果的人来说,网罩是有价值的,所以这一事实也使其他的人赋予网罩至少是次要的价值。同样,我们也可以推知,在工业社会中有很多人赋予并且精确地估计黄金能带来的直接服务价值,所以这也奠定了黄金在其他人的商品价值等级列表中的次要位置。社会普通成员在快速精确估计黄金和新鲜土豆的价值时,不会有意识地受到黄金对其直接重要性的影响,也不会受到黄金对其正打交道的人的直接重要性的影响,而是受他对下述事实的了解情况的影响:在其他人当中,黄金相对于他们想要的东西,如土豆、领带、初版的雪莱的书等其他事物的重要性。虽然如此,家庭主妇的个人需求同时也决定了黄金的主要价值。书籍装订商、裱画商、珠宝商、牙医和其他用金子来做她所需东西的人,都很清楚地知道什么能代替金子,并且知道,为了保持黄金和其他商品的重要性彼此相当,她应该在她的产品中加入多少黄金。所以,当公众一直用黄金作为度量手段平衡上述商品和其他商品的相对重要性时,这些商品的制作者也一直在观察究竟在商品中加入或者减少一定数量的黄金会在多大程度上影响购买者对该商品的偏好。即使消费者不这么干,他们也知道该用多少土豆换回几格令的黄金,直接用于人们的需求。为什么呢?因为即使消费者不这么干,制作者也知道究竟应当加入多少黄金在商品中(比如说在烫金字里),会保证消费者偏好该商品胜于一英石(stone)的土豆而不是6磅的土豆①。有时,他们还会这么做广告,即根据商品是镶金还是镀金边,或是其他以对同一商品进行不同的定价。通过各种方式,他们直接引起消费者注意黄金的边际重要性;这样,消费者在决定是否为镀金边支付额外的6便士、为镶金多付5先令或为假牙上镶的金多付1英镑1先令时,实际上就是在平衡黄金所附加的直接服务价值增量与其他商品价值之间的差异。因此,黄金仅仅是每个人所特有的商品价值等级列表中的一种物品,这等级列表常被用来度量进入交易领域的东西价值。在通常情况下,没有一个买方或卖方会考虑黄金对于他自身或是其他人的直接价值,他只是像其他人一样,考虑到的仅仅是黄金的间接价值或者衍生价值,而非直接价值。但是,这种黄金的附属价值非常紧密地受到黄金本身价值的影响,并且绝对依赖于它。因此,黄金对于所有人在所有的方面具有一定的间接价值,仅仅是因为它对于许多人来说,在许多方面具有一定的原始价值。

在英格兰,黄金的实际功能显然就是我们所定义并描述为交易媒介的功能。它允许我们在不能直接进行物物交换时,可以通过两个步骤交换到我们想要的东西。我可以将我的财产或者我所能提供的服务在某一个点上引入交易圈,在另一个点上获得我所需要的服务和商品。尽管买我的商品或者服务的人并不能给我想要的东西,提供给我商品和服务的人也不需要我提供给他东西或者服务。我从一方获得资金,再将其付给另一方。这样一来,尽管拥有我想要的东西的人并不是非常想要我的东西,以致于交易不太可能发生,但是在货币的帮助下,我可以实现这项交

---

① 英石(Stone):英制重量单位,相当于14磅或6.35千克。但是因物而异,如肉类为8磅,干酪为16磅,玻璃为5磅。——译者注

易。这样，通过传授那些既不会做鞋也不会开车的人希腊语，我可以给自己买一双鞋，让不想学希腊语的司机载上我一程。对于一个正在谋生的人来说，让他花上个几个小时或者哪怕是几分钟的时间，去思考他全部的生活必备的可交易物品以及他所涉及的合作体系是有意义的。这是因为这个体系覆盖整个世界。通过这个体系，他所穿的衣服、吃的食物、所看的诗集或者教科书，他写信、诗、倡议所用的纸、笔、墨水等都可以用他自己提供的服务而获得，这一过程可以通过他不费多大气力地帮助别人实现目的而得以完成①。以上这种思考是有意义的，因为这样会帮助我们意识到：一个巨大的有组织的合作体系正存在于世人当中，而世人相互之间可能并不知道对方的存在，也不关心对方的事务，也不直接地对其生活有任何影响，但是这个合作体系却保证了我们中每一个人最频繁的日常活动的顺利进行。通过工业社会组织，我能够确保无数我们素不相识的个人之间的合作，指引世界资源投向他们并不感兴趣的目标。将我们联结和组织在一起的这个联系体就是商业联系体，也就是说，是一个由媒介完成大部分工作的交易系统使我们通过两个步骤就可以把我们拥有的东西变成我们想要的东西。②

现在，我们要扩展某些已经得到结论的寓意。我已经看到③（除了由于摩擦），在交易社会里就交易双方所拥有的任何两种物品而言，除非这两种物品对彼此来说具有相同的地位，否则两者之间是不存在平衡的。既然这对于任何两种物品和任何双方同样适用，那么，对于所有可用来交易的物品和服务以及所涉及的该领域内所有成员来说也是适用的。我们提及的"交易社会"指的是一系列能够相互沟通的人组成的社会。他们通过沟通，知道各自对商品的相对重要性估计不同，从而他们中的任意两个人可以直接或者间接地同对方进行交换。现在我们理解了货币的某些本质和它促

> 在均衡的状态下，可交易的物品必须在所有人的商品价值等级列表中占据相同的位置

---

① 请参阅第 291 页及之后。
② 有关货币问题的更深入的讨论，请看第二卷第七章。
③ 第 117—118 页。

成共同交易的方式。我所赋予的所有商品的货币价值都是它在我的商品价值等级列表中相对于其他可交易物品的相对位置,因为一切商品都是按照同样标准标识的。这意味着我可以将商品、服务、食品或者它们的组合与一笔我可以支配的金钱等同起来,并且它的价值一定要比我花费相对少量的钱所获得的东西价值高,要比花费更多钱获得的东西价值低。在我的偏好列表中,任何商品的边际单位价值的相对位置和我赋予它的货币价值是一致的。如果我拥有估价1先令的任一物品,而其他人给它估价1先令6便士,则在我所处的交易圈里,交易条件就出现了。如果他有一件自己估价1先令、我估价1先令6便士的物品,交易条件同样存在。如果我们对该物品的估价都是1先令或1先令6便士,则均衡存在。但如果我估价1先令,而你估价6便士,并且我们都不拥有该物品,但有个持有该物品的第三者估价1先令6便士,此时不存在交易条件。因为这个人的估价超过我们很多,而且他持有该物品,因此不可能按我们愿意出的价格与我们进行交易。在整个命题中,某个人对某件物品估价1先令或1先令6便士的陈述,必须理解为他确实准备花这些钱去购买这个物品,并且他有这么多钱。因为,如果估价所涉及的仅仅是虚拟的情况,我们将无从得到其真实想法。当我们说"我对其估价100美元",我们可能仅仅认为"我想它对某些人而言能值100美元",或者是"如果我有100美元可花的话,我将用这100美元去买它",或者(更有可能的)是"我有100美元,但我不会把这些钱花在这件物品上,但是,如果我有多于100美元的钱,我想我会花100美元去买这件物品",或者是"如果我有其他的1 000美元,我想我将花100美元去买这件物品"。在这个案例里,如果我们故意这么说,我们的话可能会有些意义,它表明了一点我们的偏好,但是它们不会影响实际的交易,也不会干扰或者建立均衡。因此,我们认为,对一件物品,当我估价1先令、你估价6便士时,我必须拥有1先令,你必须拥有6便士,但持有这件物品的人不会以少于1先令6便士的价格出售这件商品。

让我们确认一下已经讨论过的观点。有些人吃猪肚却不吃牛肉,有些人吃牛肉却不吃猪肚。他们这伙人可能都偶尔吃咸肉。从我们整个讨论的内容看，可以得到一个结论：当处于均衡状态时，猪肚和咸肉对消费者来说具有相同的边际价值。否则，由于交易条件的存在，它们就不会处于均衡状态。猪肚和咸肉的市场价格或均衡价格代表着它们在消费者商品价值等级列表中的相对位置，这种状况对于所有消费者来说是完全一样的。再者，如果任何一个人基本不消费猪肚和咸肉，是因为对他而言，猪肚和咸肉都不值这种市场价格。也就是说，猪肚和咸肉对购买它们的人来说，边际价值要高于对不买它们的人来说的边际价格。同样，对于消费咸肉和牛肉的人来说，两者也有一个统一的相对地位。并且，这种地位也为市场价格所代表。如此这般，猪肚和牛肉的市场价格以及咸肉和牛肉的市场价格分别都代表了他们在消费者心目中的相对重要性。尽管没有消费者同时消费牛肉和猪肚，但它们在公众心中的边际价值的相对位置也因此固定下来了。总的来说，商品的市场均衡价值代表它在消费者心中边际价值的位置。

> 共同的范围

因此，在一个交易的社会里，存在着形成持续均衡的趋势。当均衡建立起来之后，对所有个体来说，一个统一的、有关他们所拥有的商品的相对边际价值估计也就形成了。而且，任何不拥有该商品的人对该商品的估价相对要低于拥有该商品的任何人的估价。

这个命题实际上是众所周知的。然而，当我们意识到它的存在之后，它是如此惊人而且具有如此重大的应用重要性，以致于我需要再次重复和说明它。我们知道，尽管不同人的品味和需求各种各样，满足它们的办法也有无限多种，但是，在均衡状态下，对它们来说，一定存在着一个共同、普遍的且相对于任何"可自由进入交易圈的商品"的相对边际重要性。并且，"只要它们目前看来是相关的"，它对于所有人来说都将是相同的。

以下让我们来解释这个命题需要注意的一些限制性话语。我们提到，共同的相对边际重要性列表必须是关于一切"可自由进入交易圈的商品"，并且对每个人来说，他的这个列表和公众的一致只是针对"它们目前看来是相关的"而言。我们首先考

> 可交易商品和每个人的商品价值等级列表之间的相互联系

虑第二点,即关于限制语"目前来看它是相关的"。我的意思是说,任何人只要看看处在均衡状态的一般或者共同的商品价值等级列表,就会发现它包含了许多虽然别人喜欢但他自己不喜欢也不在乎的东西,但是,他能提供的商品却在他自己和公众的商品价值等级列表中占有相同的位置。在我们之前的例子中,永远不会去买猪肚的人会发现牛肉和咸肉在公众的商品价值列表中的位置和他的一致。同样,永远不会购买牛肉的人也会发现猪肚和咸肉在公众的以及自己的商品价值等级列表中的位置相同。

当然,这种真正的均衡状态是不存在的。不过,一种为了共同利益目标而进行的努力,通过使任何两个商品价值等级列表不相同的人直接或间接地达成交易,并且进一步调整,会使我们无限接近这个均衡。这种交易发生和达到均衡的机制会在后面的章节引起我们的关注,但是从一开始就弄清楚均衡本身的性质是非常重要的。

如果我们返回到市场价格现象,我们将发现,虽然没有对市场价格做完全的检查或解释,但是仅仅是市场价格的存在就足以充分说明和强调我们现在所研究的论点。无论何时,任何一种物品在公开市场上都有一个价格,每个人都将以这个价格购买该物品,直到价格提升到他们认为划不来为止——也就是说,直到它的边际重要性与其他可以用同样价格购买的商品的边际重要性相同为止。因此,对于所有购买者,富人和穷人,不论购买多与少,市场会使所有可交易或者可市场化的物品或者服务的边际重要性保持在同一水平上。因此,在这个层面上,我们可以针对整个社会而不是个人来提及一种商品的边际重要性。当达到均衡状态时,也就是说,当交易和调整的条件不再存在时——在一个社会中存在一个统一的商品边际价值等级列表。如果不存在这种统一的商品边际价值等级列表,交易和调整会进一步发生,直到它产生为止。

现在,我们必须转到其他限定条件。我们已经了解,在每个人的价值列表中,不能"自由进入交易圈的物品"也是存在的。然而,这些物品是不存在统一的公众价值列表的。从理论上说,食物和写作材料必须在任意两个自给自足而且能相互联系的人那里具有相同的相对地位。否则,他们将进行彼此互利的交易。但是,这并不意味着,他们中的任意一个,关于逃避一小时额外工作带来的疲倦的愿望,或者从一种饥饿感中逃脱出来的愿望,对每个人来说,都具有相同的相对位置。为了获得同样数量的食物或写作材料,某人可能会在每一寸神经和肌肉都需要休息时仍然坚持工作,而其他人却不愿意步行穿过街道或者哪怕是翻一铲泥土。为了增加自己的书写用纸,某个人在胃口仍然十分强烈时就停止吃东西,而其他人却根本不能忍受这种有意的剥夺感。在面对疲倦和饥饿时,由于这些东西没有直接交易的市场,我们所处理的对象不能在人际之间转移,因此也就不可能达到一个统一的价值等级列表。猪肚相对于咸肉的重要性,无论对私人来说还是消费它们的所有公众来说,都是相同的。但是,相对于健康、幸福和家庭亲情,猪肚的重要性在同一社会的不同成员的价值列表中的差别可能是无限大的。对于那些消费一定量值会有更多快乐的人来说,他无法交换他的快乐。当威廉姆·科贝特(William Cobbet)①还是列兵时,他曾经从工资里拿出半便士存起来,打算上午用它购买红鲱鱼,"但是",他告诉我们:"在我晚上脱衣服,感到如此之饥饿以致于差点不能忍受时,突然发现自己把半便士钱弄丢了,我把脑袋埋进破床单和破毛毯里,哭得像个小孩似的!"他不是一个软弱的人,遗失期盼已久的红鲱鱼是他伤心流泪的根本原因。如果刚好在这时候,他正精心计划自学,用积攒下来的四分之一便士或半便士钱买书本、钢笔、墨水和纸张。书本、钢笔、墨水和纸张就与红鲱鱼进行竞争。从我们对市场所做的观察来看,有理由相信红鲱鱼、书本、钢笔、墨水和纸张在科贝特的商品价值等级列表中,就像其他公众的列表一样,具有相同的相对位置。而且,相对于交易圈中的其他物品,一条红鲱鱼或者半刀纸的损失对你我的严重性要大于对他的严重性。但是,这相对那些不在交易圈之

> 在个人的等级列表中,那些不可以交易的东西在公共列表中不会存在,更不可能具有与在私人列表中相同的位置

---

① 威廉姆·科贝特(1762—1835),英国散文作家、记者、政治活动家和政论家。——译者注。

内的东西来说重要吗？

没有一种理论方法能够比较两种独立思维的感受和经历。但是，这不能妨碍我们认为，被科贝特花费的半便士比被其他人花费的半便士来得更重要，以致于当这种半便士所能带来的对食物的享受被阻止时，会让他伤心落泪。这里我们所说的其他人，不单是指百万富翁，也指任何没有遇到如此强烈的、未得到满足的食物欲望的人。然而，某个人愿意出 1 先令购买一件物品，别人宁愿没有也不愿出半便士购买这件物品。这一事实表明，和用 1 先令购买其他替代物品相比，某人更喜欢这件物品，但和花半便士购买其他替代物品相比，别人更不喜欢这件物品。消费某商品能带来的快意、该商品被剥夺时带来的精神折磨以及为该商品而进行努力的意志力，都使我们猜测如下事实：愿意以 1 先令购买一个东西的人比只愿意以半便士购买它的人更想得到它，因为前者更愿意以 1 先令买这个东西而非其他，后者更愿意花半便士买到其他东西而不是该商品。当人们愿意出 1 先令买下该商品的时候，它在公众商品价值等级列表中的位置要比人们只愿意花半便士买下它时高，它们的价值比为 24∶1。

我们把个人的整个价值等级列表称为重要性的等级列表或心理等级列表。在这个列表上，他对所有东西进行全面估计和通盘考虑，然后做出选择决定。我们也可以把集体价值等级列表称为客观等级列表。在这个列表上，只有那些可以进入交易圈的物品才进入到该列表中。在社会的每个成员都能获得供应的重要性的等级列表上，所有物品都占据着相同的地位，但是它与其他条件无关。我们应该将其表示为"客观的相对重要性"，由此我们明确地排除有关"相对的重要性"的假设。

> 相对重要性，重要的和客观的

运用以上观点来考虑正在变化的价格是非常重要的。我们还没有探讨这种变化是如何发生的，但这丝毫不妨碍我们讨论这种变化发生的结果。第二章告诉我们，如果供应的物品增加，并且价格降低，有些已经购买过此物品的人现在将多买一些，有些以前从来没有买过的人现在开始去买。后者中间有些人可能买的数量极多，有些人也许只

> 争论客观重要性及主观重要性相对下降的谬误

买商业上允许购买的最小单位。在前者(即曾经大量购买的人)看来,新增加的这个商品的边际单位可能也是第一个单位的供给;但是,对于所有新的购买者来说,初始需求的边际效用会和他们的偏好列表重合,这一单位的商品给他们带来的效用,相对曾经以高价购买商品的老消费者来说,要高得多;它给新消费者带来的效用与商品对他们的客观的相对重要性重合。但是,对比那些因为商品降价才购买东西的消费者而言,老消费者通过再次大量购买这种商品来获得满足感,我们能针对这种个人的重要边际需求给出些什么论断呢?显然,对此我们很难找到适当的话语。相对而言,这些商品都发挥着同样强烈的客观重要性,并且也都同样发挥着对单独个体来说的主观重要性。严格地说,前面的表述在任何情况下都不可能是精确的;因为没有办法比较来自两种完全不同的思想的需求程度,所以我们也不能宣称某人因为饥饿而忍受的痛苦程度和其他某个人的痛苦程度一样。然而,我们却总是习惯去顾及不同的人经历的欲求的强烈程度、享受程度或痛苦程度。理性地讲,我们必须承认,我们没有办法证明活生生地被烧伤给人带来的痛苦与被小虫子咬一下的痛苦程度是一样的,但是,应用每一个可能想象到的测试方法对各种可能的选择的接受和拒绝进行衡量,我们可以说事情应该是这样的。但是,我们在实践上将会受困于对这一问题的理性的质疑精神的缺失。如果我们现在面对的不是一个人而是一大群人,我们就不必怀疑 100 个人集体受折磨与被虫咬的痛苦程度哪个会更大些。或许,在某个奇怪的情况下,人会格外敏感,或者在被麻醉的情况下,又十分迟钝,但是这些都不是典型的。我们甚至可以假定选择样本的过程不是随机的,有可能某一个总体的所有样本个体对痛苦的忍受力要高于另外一个总体里的所有样本,但是我们永远不能用超自然力量或者模糊的、大体的推断去反对这样一个事实,即人天性对痛苦的感受都是没有明确差别的。

一般而言,在上述例子里我们有理由假定,相比那些以高价开始购买物品的人,那些开始不买、直到价格很低时才买的人不是更少的需要,而是更加需要这种物品。那些愿意以高价卖出任何东西的人被假设已经衣食无忧,或者说,在某种意义上他自己是这么认为的。并且,我们也已经

第四章 货币和交易：共同相关范围

清楚,一个人会不会花某个价钱去多购买某一单位商品,取决于这个价钱对应的其他商品对该消费者的重要性。因此,如果某人愿意出比别人更高的价格购买某个商品时,我们无疑可以认为他更想要这个商品,因此付出的代价越大;但是,我们也可以这样说,即他不太想要其他——作为替代品——商品,因而愿意为之做出的牺牲更小一点。他对其他替代物的需求变少的原因,可能不是因为他的特别或是喜好,而是因为他已经得到该种商品充分的供给,以致于这些物品对他而言几乎不值得再持有。

我们有必要为了某个非常特殊的原因来坚持这个观点。假设任意一个商品的供给从 x 增加到 y,价格从 u 降低到 v,正如我们将要看到的,这些额外供应的一部分被之前已经买了的人再次购买,另一部分则被之前一点都没有买而现在来买的人买走。有一个奇怪而又令人不安的事实是,当人们明确地关注此事时,他们考虑的和谈起的都是后面的一种情况。实际上,当他们真正考虑自己的生活时,他们强调的总是前面一种情况;也就是说,他们所作出的判断以及由此在他们脑子构成的关于社会问题的一般态度,只有与他们从未考虑过的那部分有关时才是真的,事实就是如此。几乎所有的人,如果你问他商品供给增加了会怎样,他们都会说价格下降。因为你必须"获得新顾客"或使"过去没有买这个东西的人现在占有一定份额",你会发现,增加了的供给被老顾客买走了的事实几乎总是被忽略了。并且,同样的这些人在笼统地谈起生活条件或者谈及改进生产力增加某种商品的供给的促进作用时,他们往往都会提及,降价之后,他们对该商品的需求往往不再是那么急迫了。此时,除非增加了的供给部分扩大了在较高价格阶段的顾客的购买份额,否则我们都无权作出任何断言。对一个只有在商品降价到 1 先令才去或者才能去购买它的顾客来说,其拥有它的欲望也许比一个在它需要花费 1 英镑时就能买下的人更强烈。这种说法固然明白无误,但却包含了各种含义。因此,说降价引发的购买是满足了"递减的紧迫需求"这一说法只有对如下这部分的购买是有道理的:这是不在我们所考虑的增量供给所要满足的需求之内的那部分购买。毫无疑问,在这种情况下,很容易产生想法上的混淆。因此，我一直坚持考虑综合的商品价值等级列表的构成特点，强调要清楚地区分商品降价之后所产生的供给分别流向两个消费者集团（老消费者和新的消费者）的必要性。我并不因为自己的啰嗦而感到抱歉。我们不能忽略这些基本的区分。在下一章，我们还将继续讨论这个问题。

我们已经仔细说明，一般或共同的商品价值等级列表仅包含那些进入交易的物品。而个人的价值等级列表则包含一切有意义的东西、权利以及经验，无论它们能否进入交易。然而，这自然会引导我们探寻什么东西会进入交易。这个问题吸引了政治经济学家们的注意，而我们也已经在各种例子中了解这些能或不能进入交易的东西。但在这里，像在其他地方一样，其实很难划出一个明确界线。最明显的可交易物是事实上可交换的有形物体，如西红柿、钻石、木板、书、铲子等。也有其他东西，它们本身是不可以交易的，但与它相关联的独一无二的法律权利却是可以交易的，比如说土地，它包含的权利在某些条件下是将来自屋外的阳光隔开；在另外一些情况下则防止在相邻地方建房舍，以免阳光被遮挡，以上这些权利都是可以交易的。更进一步讲，许多东西的暂时使用权和享受权也是可以交易的。如长途列车中的一张椅子或者剧院里的一张椅子，它们包含了对某种服务的享受权。前者包含了由机车动力提供的远距离旅行服务，后者包括了表演者提供的服务。所以，服务的支配权同样可以进入交易。同样地，一个铁路公司或者酿酒厂的股份或者政府债券利息（一年 1 英镑 10 先令）也是可以交易的。任何东西、服务或者权利都可以在交易中得到，只要它可以在不同个体间进行传递、无差异转让和分配。以这种方式，任何一种负有法律责任的义务都可以从一个人交换给另一人，也就是说，如果琼斯可以代替罗宾逊为某个服务负责的话，免责的权利也可以进行交换的。因此，当我们谈到交易的东西时，我们总是指在相关的社会中，人们可以提供服务，或者承担义务，或者传递权利和某项服务，或者出让某项资产，并且这些都是建立在大家都精确地或者大致地明白交易条件或者在确定的价格基础之上的。

大量的我渴望的并且相信其会影响我的福利的东西进入了交易；所

> 哪些物品进入交易？

第四章 货币和交易：共同相关范围

有这些交易物品的符号和象征都是货币。如果一个商品或一项服务可以直接进行交易,情形就与有黄金参与的交易情形在本质上是一致的,只不过前者一步就可以完成交易,后者需要两步。如果黄金不是作为媒介,它仍然可以在意念中用以度量商品以便利交易。货币以极其简便的方式来估价进入交易的各种物品。在回答"它们是什么"时,所产生难处在于,货币使我们有权支配物品,但是,严格地说,它从来就不是我们想要的最终物品。然而,另一方面,我们在追求和占有最终物品时,它们又总是基本的保障。在货币所支配的交易中,从广义上讲,"货币"并不能保证我们得到我们所想要得到的东西。然而,如果没有货币,我们将不会得到任何我们想要的东西。也就是说,没有任何一个我们最终想要的东西会自己进入交易,并在那儿被获取。而且,没有交易中的物品支持,我们将永远不可能获得这些最终物品。纯粹的冲动,或许可以引导方向,或许不会引起任何反应,但是,一旦我们渴望拥有某个外部目标,它往往是由经验、心理状态或习惯所产生或回避而引起的。哪怕是食物,我们想得到它也是因为消费它们可以产生我们所期待的感觉或满足冲动,或与之相关联的愉快感,或是因为它能维持活力,或是因为它能避免饥饿带来的苦痛。我们不能确定,到时候我们是否真的会这么去烹饪食物,一旦我们真的这么做,所得到的愉悦感是否会像预期中的一样剧增。事实上,它最后带给你的,可能压根儿就不是活力感或者愉悦感,而是没劲和折磨。我们可能很沮丧地发现,尽管不能得到想要的那么多食物,但是,之前想象的那些可怕结果也并没发生。相反,我们却处于很有效率或很有精力的状态。说实在的,任何物品,从一条项链到一栋房子或花园,我们要么习惯性地表示失望,要么获得令人惊喜的快乐或者自我满足感,这充分说明了我们想要的不是交易中的物品本身,而是它们能给我们带来某种感受的期望。也许我们比较容易认识到这个事实,虽然在有些时候它不完全正确。比如说,在没有什么东西可以抵消我们对某个东西的失望时,一次旅行或是一场音乐会是大家想去的或想要的,这不仅仅是因为大家可以去那里,更多是因为到那里会有我们所期望的意外经验、机会以及可能得到一些我们从来没有想

> 永远不能进入交易的最终欲求

152

到的东西。用货币不可能买到可以直接、确定地满足我们欲望的东西,因为我们想要的东西并不能直接从交易中获得。

但是,没有货币或者货币所代表的对可交易物的支配权,我们不可能获得我们想要的东西。那些我们常挂在嘴边说的"钱买不到的东西",实际上是没有钱我们才得不到或者享受不到。友谊不能用钱买到,但是,有许多可以用钱买到的东西可以用来增强朋友之间的友谊。家庭的和平和幸福不可能用钱买到,但是,狄更斯小说中的玛丽戈尔德博士(Dr. Marigold)却认为,很多夫妇住在住宅里会很平静和幸福,但如果让他们换住在大篷车里,他们可能会马上去法院离婚。"生气的人坐破车会更生气,恼怒的人坐破车会更恼怒。"我们从未说过彼此挚爱的男女会因为他们"承担不起结婚的费用"而失去他们如花般的青春。在他们看来,某种程度上任何不能用金钱买到的家庭幸福的要素都是暂时的,尽管这些用钱才能支配的东西的短缺会在一定程度上影响幸福美满,但仅仅有钱也未必能保证幸福美满的实现。尽管不像结婚花那么多钱,但是"等待"本身也未必不花钱。如果不能填饱肚子,一个人是不可能做一个圣人、爱人或者诗人的。金钱能买到的东西是一切计划得以实施的必要条件。用金钱可以买到的东西,可能无法保证我们所渴望的各种经历和事物的实现,但是,任何我们最终想要得到的东西都不可能在没有金钱的基础上实现。所以,尽管可交易物未必能确保我们获得真正想要的东西,但是没有钱,这些东西我们也得不到。

> 没有货币的帮助就无法获取任何物品

最后,我们发现,除了那些不认识的、也不在乎彼此的人所提供的东西之外,没有其他东西可以进入交易。但是,这并不意味着这些东西是由那些我们不在意的人做的,尽管没有任何东西可以阻止这种可能性。这些商品从来都不是我们的最终目标,它们最多也就是可以让我们抱有期望去获得我们想获得的满足感。我们最终目标的实现一定是要和自己或者和自己在乎的人一起实现的。可交易物只不过是一种帮助我们获得不可交易的最终目标物的不太可靠的辅助物而已。

显然,尽管我们在交易的时候不会去考虑交易对象之外的东西,但所考虑的各种因素和购买的动机却远远超出了交易的对象本身。如果对某个东西的支配权与和它带给人们的满足感非常紧密的话，我们倾向于忽视这两者的差别。以食物为例，我们会把得到食物当成感官获得满足或者受到抑制的一个决定性因素；而其他条件进入我们的潜意识之中，只有当我们需要它的时候它才会出现。另一方面，当我们回想起和朋友或爱人在一起时的快乐时，金钱这个要素就不起作用了，并且对我们没有约束。那些我们认为能够决定我们想要的情形的特定因素是无法交换的——这其中可交易的东西不是具体的，而是一般的和不确定有效的。它们可以很好地去支持其他结果或组合。因此，很自然地，当我们考虑所追求的东西的必要组成时，我们想象不到它。但是，有时候这些被忽略的要素也会强势地突出自身的存在。伦理学家确实做得非常好，他们使我们去习惯这样一个想法：拥有大量可交易物的人会徒劳地去追求一种安宁和强烈的喜好，而没有什么可交易物的人却可以享受高层次的非交易产生的幸福。对大多数非物质的幸福感和满足感来说，对可交易物的支配也发挥了必要的作用。在实践中我们对此已有充分认识，但是尚未得到很好的分析，因为我们总是把保证有饭吃当成头等大事——尽管我们自己未必如此，但至少有些人是这样的。

> 交易物品之间的或近或远的联系和获得所期望的物品的经历

　　边际重要性递减原则在这里也是适用的，而且在实现我们需要所需的东西和那些本身就是我们所需要的东西之间也起作用。这些可交易物随着我们的拥有量增加，其必要程度逐渐递减。我们必须拥有那些维持生计所需的可进入交易循环的商品和服务，因此确保它们的确定供给是非常紧迫的。虽然这种紧迫性与它们的本质不一致，但是我们倾向于把获得金钱或控制可交易物视为一种本质的紧迫性。当我们获得这些东西的供给时，其递减的边际重要性会使我们与形成和获得满足感的直接来源发生疏离，进一步地增加这些东西的供给其实是极不得法的。正如人们所说的，房子太多没有家。一般

> "一个人拥有的大量东西"的持续增加就其生活而言重要性不断递减

而言，存在着一个拥有可交易物的适度点。在这个点到达之前，进一步增加可交易物所获得的价值尽管较小，将大于我们为获得到它所付出的成本。因此，我们的研究表明，无限地增加某种可交易物的供给，其结果是无效的。亚里士多德（Aristotle）说，很久以前，只有具有无限寿命的人才有无限积累这些东西的欲望。他还说，工具最好是要有尺度限制的。

对货币和交换机制的研究拓展了我们思考问题的视野，它将我们的注意力引向这样的现实——在这个现实中，我们通常运用间接的方式或者为了其他人的目的去购买更多的可交易物。并且，它还会进一步促使我们去关注这样的情形——在这种情形下，可交易物会提示人们的最终目的。本书余下的部分将会简要地提到之前所考虑问题的进展情况。并且，我们将会考查通过交换网络达到自己目的的方法。在这个交换网络中，我们都是在做一些别人想做的事情，以便使他人为我们做我们自己想做的事。但是，如果我们没有联系更多的问题来考虑这种方法，坚持这种方法的重要性将会产生误导。我们需要将掌握可交易物与实现人生的最终目标联系起来考虑，事实上许多问题都是由这种联系体现出来的。

第五章
商业与经济关系

摘要：我们从假设货币购买力和市场价格的存在开始，分析面对这些现象时，管理我们金钱资源的原则。分析显示，管理我们的金钱资源的原则与管理我们生计的一般原则相同。本章还解释了先前视为理所当然的货币现象，也预先给出了市场价格的一个解释。在研究过程中，我们发现经济生活中没有特殊的法则，但我们获得了对那种生活是什么的一个更为清晰的概念。经济生活由各种各样复杂的关系组成，我们与他人一起，成为这种关系的一部分，提供我们自己的劳动或资源来促进他们的目标，并以此作为间接地促进我们自己目标的手段。这种生活不是孤立的，但它可以被孤立开来研究，无论相联系的压力是什么，经济压力显示其价值所在，而且，如果能更好地理解这些孤立的经济压力，我们就能够更好地预知这些经济压力作用于相互约束的关系中的其他力量的效果。对社会改革者来说，经济力量的持久存在与无须照料是一个决定性的推论。如果我们能够驾驭这些经济力量，无须更多的麻烦，它们就将带领我们到达我们的目标，如果我们试图反对或控制它们，我们就必须权衡一下得失了。

我们的研究从考察"经济""政治经济"与"经济学"等词的使用历史开始。我们现在到达了这样一点，在这一点上，我们来考察当前使用的一系列相互联系的术语，并尝试详细说明我们与它们的关系。但是，在此之前，让我们先留意一下迄今为止我们已经取得的进展。我们从研究资源管理的一般法则入手，得出了一个清晰而令人满意的法则概念，在此法则下，每个人或深思熟虑地，或盲目

> 回顾与估量政治经济学的特殊领域是否存在特殊的规律

地，或冲动地使他的行为适应于那些由自然或人类赋予他的可供选择的条件。我们认为那些原则是一致的，无论我们处理的是交易问题（如在市场上以货币为代价），还是分配可更换的东西以发挥它们最大的效用的问题（如在家庭中将新马铃薯或牛奶分配给不同的提出要求者），还是改变个人不可剥夺的性质与权利，按照冲动或深思的目的，依照它们各自不同的选择渠道得以表现的问题（如脾气或倾向的表达；告诫、鼓励或控制别人；或者是为了将来的权力或享受的观点自我施加的任务；或者单纯只为了抒情地表达信仰的热情；或者是为了审美的欲望的满足）。无论我们的家庭主妇是在餐桌上分派烤鹅的填料，还是在市场上用她的家用钱购买各种商品，或者是将自己的时间与精力在诸如与寄宿者建立或保持联系、直接增加自己的修养以提高她生活的品位与兴趣等方案之间进行权衡；并且无论她的丈夫是指导着家庭的祈祷仪式，还是把时间花在办公室里，或者权衡从生意上部分退休的利弊；一句话，无论他们中的谁都以直接或间接的方式遵循着他们的最根本的欲望，在生活中追求着他们最终的目标。他们和所有与他们相关的人一样忙于资源管理，忙于开发机会和在不同选择对象之间进行选择。而这一切行为都是在贯穿我们的考察已经不断阐明的两个法则的最强大的控制指导下进行的。随着总满足的数量的逐渐增加，边际重要性递减法则在生活中从头至尾都发挥着无可置疑的作用，并且当边际价值被调整到与不同的选择方案的价格相等时，总满足的数量将达到最大。① 现在，经济生活最宽泛的定义，或者经济研究应

---

① 请参阅本书第二卷第一章。

该覆盖的范围,不应该包括所有受这个法则支配的领域,因为它不应该被扩展至管理,或者在不同要求者之间分配的问题,或者那些直接指向最终的目标的个人不可剥夺的权力与权利。经济学最广泛的定义应该将其范围限制在某种意义上可交换的,并且根据规则或协议能够被转换的或被应用的领域之内。没有人会认为,我平衡信仰、友谊或是审美嗜好之间关系的原则能够进入经济科学的范围。所以,我们可以确立的第一点是,无论我们关于经济学和经济生活的定义是什么,他们所展现与遵循的法则对他们自己来说都不是特殊的,而是在最宽泛范围上的生活的法则。

如果将观点局限于只考虑可交易物,我们就可以区分两种行为:一种是直接包含在交易中的管理行为,一种是虽然处理的对象是可交易物,但却不是交易的行为。例如,家庭主妇在面对家中不同要求者管理她的储备时就不是一系列的交易行为,而只是一系列与可交易物有关的行为。让这种行为进入经济学研究一般范围的要求显然难以被拒绝。因为如果不包括"管理家政或家务",那么,"经济"是什么呢?但是,"政治"的定义就是"公众的"或"共有的",如此就将家务排除在了"政治经济学"的领域之外,所以,就我们研究范围来说,应当承认家务有一部分是在这门科学领域内,这个部分就是与交易有关的那部分——在家庭主妇的案例中,只包括她在市场上的购买。这里仍然需要明确的是:在如此定义的领域之内和之外,管理的原则都是同一的。就我们对它们的考察而论,"政治经济学"的法则在比较宽泛与包容的意义上与"经济学"是统一的。如果政治经济学有什么我们还没有发展的特有法则,在我们开始探索时,存在着这样法则的预期未必是不合理的,因为我们发现,尽管我们提出的"边际递减"和"给定的选择条件"等一般原则,给予了家务管理以充分的解释,并使我们将它们与基本的事实直接联系起来,然而,一旦进入市场,我们就会遇到两个不能充分理解与分析的现象——货币的作用与功效、市场价格的存在——这些显然不是基本的事实,需要更多的分析与解释。这些现象看上去属于政治或公共的范围,不同于个人或家政经济。在商业和交易中首先表现出来的特殊的法则难道不是它们自己的法则吗?如果是这样,这些法则将是政治经济学的特殊法则。但是,这种设想逐渐消失了。我们已经对货币的意义和作用做了短暂的考察,已经足够显示出它绝非孤立的现象,而是自然地进入了由边际重要性递减法则及相关给定的供选择的条件绝对支配的交易体系,而这也阐明了它的最深秘密。但是,我们还没有对"给定的供选择的条件"的性质或决定它们的因素做明确的考察。在分配给政治经济学的比较特殊的领域里,它们通过塑造市场或通行的价格——一种需要解释,而我们尚未解释,而且显然不能被认为是基本的现象——来表现自己。无论在哪里,我们都必须寻找政治经济学专用的与独特的法则。但是,在我们的心目中,我们找不到它们的怀疑肯定已经比较强烈了,因为在存在集体的或公共的偏好水平的条件下,我们似乎已经发现解释市场价格的线索,或者说,已经站在发现点上了。尽管还有许多工作要做,但是,我们已经发现,在考虑到社会中其他成员的选择的条件下,每个个体的偏好有助于确定条件或限制。如果你从社会中选取两个人,而且这两个人清楚:在他们每一个人的边际偏好决定的范围内,两个人的直接交易能够被接受,到此,我们一定至少已经有了一个预见,集体偏好等级是所有这些相互决定的条件和力量合成的最终的与精确的记录。

紧紧抓住并沿着这个线索前进是第一卷之后章节的任务;但是,我们还必须继续对诸如"经济条件""经济动机""经济联系或关系""经济力量"等短语所蕴涵的意义进行考察。通过这个考察,我们应该强调某些事实而且明确远离某些可能使我们注意力分散或者使我们考察陷入混乱的误解。首先,我们已经知道经济学最宽泛的概念包括所有处置可交易物的行为,但不能将其扩展超越它们。这样,当我们谈及任何社会所实现的经济条件时,我们考虑对他们所喜欢的可交易物的一般控制条件,根据这种控制的范围或性质,我们称这些条件是好的或坏的、合意的或不合意的。由于物质的东西是我们首先想起的,因此,当我们考虑交易的时候,有一种明显地将"经济的"等同于"物质的"条件的倾向(有时候是有意识和深思熟虑的,有时候是无意识或者甚至是没有什么特意的目标与判断的)。泛泛地说,当我们听说在任何一个社会里的"经济条件"是令人满意的时,我们都会想到人们享有诸如好的食品、好的衣服、好的住房，还有比较模糊的诸如得体的与合理的舒适享受等。需要注意的是，尽管所有这些依赖于所控制的可交易物，但不能因此将这些物品理解为在实际中全部是被交易的。如果一个人主要以他在自己的一小块土地上种植的马铃薯为生，在他所影响和形成的他赖以为生的经济条件下，他的生活与马铃薯是他购来的是一样的。因此，在使用"经济条件"这个短语的时候，我们一开始就有一个相当清晰的基础，尽管考虑到在这种联系下这个词显然缺乏科学的精确性。例如，从物质的舒适转换到审美的享受是持续与微妙的。衣服、器皿、床单、家具等从它们所提供的舒适、视觉愉悦与附着在它们之上的社会差别来说都是有价值的。所以，当一个人生活在从审美到类似的所有要素之中，我们不能完全摆脱经济条件的概念；因为这种相互渗透过于紧密与密切了。而且，如果我们采取一个更宽泛的观点，把所有可交易物都包括在我们的范围内，我们将不得不把文学、艺术、教育、精神享受和熏陶以及书籍、图画、音乐会、宗教的教义与服务都纳入到交易中，而且因此可以为金钱所支配。在这样的联系中使用"经济"这个词，尽管相当容易理解、非常方便，不会引起严重的或一般的误解，但却完全缺乏精确性，尽管描述时比较有效，但在争论时却应该避免使用。

当我们越过"经济条件"这个短语来看"经济动机"这个短语的时候，情况变得颇为不同。这里我们面对的是阻碍经济学进步的最危险、事实上也是最糟糕的困惑之一。许多作者认为经济学家不仅仅必须将其思考限制在有关可交易的、主要是物质产品的某些行为与条件之上，而且还必须排斥考虑所有的非"经济"动机。经济动机一般被定义为"拥有财富的欲望"。在这种关系中，最宽泛定义的财富将包括所有可交易物，而不是任何其他东西。现在，我们既然知道作为最终目标的欲望根本不可能作为交易的直接对象，我们立即认识到，把"经济人"（如他通常被称作的）仅仅看作被拥有财富的欲望所驱动的人与把他视为仅仅具有收集手段的欲望而从不希望做什么或者利用它们做什么的人是一样的。不仅限于此，我们已经了解到，调节和平衡人与人之间选择可交易物的那个法则也一样调节与平衡着他在财富与闲暇之间的选择,例如,是获得更多的对可交易物的支配权还是去更好地享受那些他已占有的物品之间的选择,或者是在控制可交易物与免除痛苦的劳作之间的选择。因此,在考察"对财富的欲望"的行为的同时不将其与安逸或享受的欲望联系起来是不可能的。而且常常发现,在一定的经济动机之下,必然要将"对安逸的爱好"与"对财富的欲望"联系起来。然而,这对我们没有什么帮助。一个人可能就像追求财富一样对知识或名望孜孜以求,或者顺从于他的审美冲动。"对虚荣的需求可能与饥饿一样迫切",所以,所有驱使人类奋勇向前的动机与热情可能也会激励或抑制拥有财富的欲望。那么,我们如何才能隔离作为"动机"的欲望?

然而,从经济研究领域中排除所有利他的动机并非特别异常,而且这意味着或暗示了,在他的经济关系中,一个人是只关心自身利益的。于是,要求我们首先承认正是"拥有财富的欲望",并且通过额外防范的方法,明确地排除了利他的动机。但是,这种额外的要求不仅是武断的,非但不能增强其他,还特别地自相矛盾,因为某个人可能很清楚地因利他动机而需要财富,所以,如果我一定要排除利他的动机,我必须坚持对"拥有财富的欲望"进行探究,并且要了解为什么那个人需要财富,以便可能排除所有(经济上)不合适的动机。这根本不是把"拥有财富的欲望"当作"动机"本身来处理。

事实上,我们还必须考虑其他人占有任何可交易物的原因以及欲望的相对强度,考虑到这一点,无疑有助于确定那些物品中的哪些所有权归属于我的条件。如果我认为所有的动机考虑都是不相关的,我在考虑问题时,就会将它作为一个不影响他人的动机来对待。另一方面,如果我从他人的角度看待问题,而且对他人如何达到他的欲望很感兴趣,我就不得不准备承认所有的动机事实上都在起作用。更广泛地,从集体或社会的层面来看——在这个层面上,可交易物仅仅是被登记在册的——我们仅仅关心"什么"和"如何",而根本不必考虑"为什么",或者我们也可以探究背后的根源,在那种情况下,我们必须无偏见地承认,确实所有的动机都在起作用。根据我们当时所关心的事情的方面,我们既可以完全忽视动机,也可以承认所有的动机都发挥了作用,但是,绝不能在我们想要的与不想要的动机中进行挑选,并认为它们影响了经济条件。这样看来,使用"经济动机"这个术语就毫无意义了;因为整个概念看上去像是个伪范畴;但是,企图让人对系统感到困惑的真实要素不久就将变得清晰了。

"经济关系"这个短语则把我们放置在了更为坚实的基础上,因为它可以完美、精确、恰当地应用于我们探索过的更大的一个关系类别。在这里,我们将重述和扩展我们已经得到的关于它们的结论。每个人都有一定的目的、冲动与欲望。它们也许仅仅是本能和本性,它们也可能是深思熟虑和有很深影响的,他们也可能只关注自身利益,或者也关注社会利益。它们可能是精神的或者是物质的,但是,无论它们是什么,个人绝不可能凭借个人之力去有力地、实质性地影响它们。地球上没有一个人可以仅靠一己之力满足自己的衣食住行之需,或者满足自己的精神需求;单凭个人之力,他也不可能(假设他有利他的冲动)满足其他人的需要或发展的可能性。他也不可能靠他所拥有的、所能支配的物质与手段完成个人能力不能完成的事情,除了非常特殊的情况,他也不可能仅仅凭借他人的同情获得合作。但是,通过直接的与间接的交易过程,通过货币作为象征的社会炼金术,我所拥有的物品和我能够做的事情可以转变为我想要的物品和我希望的事情。利用这些过程,我可以把我关于不同木料性质的认识、操作某种工具的技巧、更高级的数学知识或者唤起别人想象力的能力、抑制或刺激他们的宗教情感的能力转变为食品和衣服,转变为书籍和图画,转变为能够把我带到遥远的地方去的更快速的交通方式,转变为给饥饿的儿童的晚餐,转变为情绪低落的村民们的五月节庆活动,转变为叙利亚手稿的整理,或者转变为其他千万件我想拥有的、想体验的或者想做的事情;而从那些帮助我完成这些事情的许多人的角度来看,所有这些都与我所欲求的利益无关,与他们的知识无关。即使存在着一定的利益,也不足以(如果没有其他的考虑支持话)促成他们与我产生共鸣并且为我工作,更不用说仅仅是因为喜爱了。那么,他们为什么与我合作呢? 他们对我的目的感兴趣不是根本的也不是唯一的原因,而是因为他们也自有目的;就像我发现我只能通过与他们的合作才能实现我的目的一样，他们也发现他们只有通过与别人合作才能达到他们的目的，并且他们发现我正直接或间接地处在他们要与之合作的位置上。

因此，从更广泛的范围来看，我们与他人之间的关系进入了一个相互调整的系统，通过这个系统，我们促成彼此的目标仅仅是促成我们自己的目标的一种间接方法。所有这样的关系都可以合适地被称为"经济的"。它们所覆盖的行为范围是"交易"，在上一章里，我们已经顺便展开了对导致它的原因的考察。它经常发生在个人的能力或拥有物不足以完成他自己的目标时，他人也是如此，劳动分工的主要原则及其概念的充分广泛地传播，使对此的基础性解释也就没有必要了——强化了能力的自然差异性，增加了经济间接地——相对于直接而言——促进我们目标的可能性。如同亚当·斯密以来的作者已经充分阐述的，即使所有人类的能力和机会都是同样的，劳动分工的原则依然适用。事实上它们是如此多样，因此它们还赢得了额外的应用范围和重要性。而且，劳动分工这个屡试不爽、卓有成效的原则再度作用于有意识安排的训练将使人们进一步服从劳动分工原则，通过特定的培训某一个人这方面的能力、另一个人另一方面的能力，也进一步增强了我们对所欲求之物的集体控制。每一个现代社会的所有的活动都是以此为基础的，我们的行为是由外部决定的。如果一个人有一定数量的小麦；他将发现用其中的一些交换些马铃薯是有利的，另一个人由于相似的原因，也乐于用马铃薯换小麦，这一般是可以做得到的，不必从一开始就是不可避免的机会或能力差异的结果。它从一开始就是慎重考虑与计划的结果，因为一个人相信，对他来说增加马铃薯储备的最经济的方法就是种小麦；反之亦然。通过"经济关系"的机制，我理解了那个机制使我能够将我直接控制的能力和所有物插进交易循环的某一点，并且能够在无论是同一点或其他的哪一点上提取别人的所有物和其所控制的其他能力。当我为了这个目标，以一次、两次或者更多次地移动进入交换，以我的所有与所能交换我所想与所愿的，我就把这种与其他人之间的关系定义为"经济的"。

最后，"经济力量"或者"经济的力量"可以合适地被用来表明促使人们建立与他人的经济关系的所有条件——包括物质的和心理的——所形成的最终压力。"动机"一词仅仅在词源学上的意义上可以作为各种动力的同义词,因此,我们没有必要拒绝使用"经济动机"这个术语。但是,既然它无疑暗示着一个故意选择的目标或目的,而且已经明白地应用于在利己主义与利他主义的伦理区别中,在与经济学的关系中,完全避免使用它将更为保险。因此,我将说"经济关系"与"经济力量"而非"经济动机"。而"经济力量"这个词,我的意思是每一件有助于将人们带入经济关系的事物。如此,机器的发明有助于强化分工,推动产业人口的集中,改善交通与通讯的手段、信用系统,增加对基础与技术教育的一般需求,总之,社会的整个结构、组织与运行对具有不同能力、机会和欲望的个人的目标结合与相互促进是永远打开抑或是永久关闭的机会之门。它决定了每个人的一般欲望以及实现它的程度和方式。无论这些欲望与目标是什么,它们都将成为一种经济力量,带着更有效实现他的目标的想法,推动他与别人建立经济关系。无论是直接通过运用自己的资源与能力来追求和达成我的目标,还是间接地建立与他人的经济关系,运用我的资源直接达成他们的目标来间接地达成我自己的目标,在哪一种情况下,我的动机都是一样的。但是,吸引我向着达成自己目标的吸引力成为一种经济力量,无论何时,知识与社会活动组织的状态都促使我考虑与其他一些人建立经济关系,作为实现我的目标的最好的手段。

在这里,注意到术语"经济条件"经常被使用的第二种意义可能就合适了。人类欲望与理想的任何变化,他们知识的任何改变,他们为了控制和指导公共资源的有效联合能力的任何变化——事实上,社会系统或人类目标的任何变化——都将打开与发展一些渠道,也将关闭另外一些渠道,通过这些渠道,个人可以间接地寻求他的目标的达成。这样的变化改变了所讨论的社会及特定个人或职业的"经济条件"。从这个意义上说,经济条件的改变并不意味着所控制的可交易物品一般的上升或下降,但是,它意味着某个人所拥有的某种才能或资源将使其位于更好地间接实现他的目标的地位或者位于比先前更差的地位。这个术语的双重使用不会带来什么混乱,但是,如果没有清楚地表明,在本章此前所使用的这个术语的意思与我们随后考察过程中所使用的术语的意思之间,读者可能会观察到一些矛盾。①

现在,正如所希望的,我们获得了有关"经济关系""经济力量"与"经济条件"含意充分清晰而且精确的概念,后者意义上的考虑决定了经济活动流的一个改变。但是,围绕着这个主题的误解与混乱是如此的顽固,而且坚持不懈地重复错误的主张,我们应当对此小心防范;因此,在本章,我将努力提出一些好的命题,它们中的一些已经明确确立,现在所需的仅仅是进一步地详细阐述和加强;也许除了最后一个之外,所有的命题都隐含在我们已经得出的结论之中;但是,它们中的任一个在目前的政治经济学讨论中似乎都没有得到统一的或充分的认识。这些命题是:

(a) 经济关系建立在所有促进人类目标与欲望的领域,一般而言,它以利己主义或者说以自我利益为基础;

(b) 经济力量与经济关系缺乏纠正社会不公正的内在倾向,或者缺少与任何分配正义的理想体制结盟的内在倾向;

(c) 即使仅仅作为最初的近似,经济关系可以被孤立的假设与可以接受的事实也相距甚远,在任何情况下都是无效与多余的;经济关系自身具有产生其他关系的倾向,而且它天然地通过与其他关系结盟进一步不断密切之间的关系;

(d) 对经济关系和经济力量做一个孤立的研究仍然是合理的与合意的,尽管不是在假设它们确实孤立地存在与行动的基础上。

(a) 例如,常常认为促使家庭主妇在市场上的经济交易与在家中的非经济交易的动机不一样;但是,显然并非如此。在市场上买马铃薯和卷心菜与将它们做成食物端上餐桌是同一过程中不可分割的部分。主妇在购买时考虑她家人的需要,就像在分配时一样地考虑。作为家庭的一员,她个人

> 经济交易包含了什么?

---

① 请参阅第142—143页。

特殊的口味与欲望或多或少有意识地被参考,并且购买多少取决于她的安排、她的想象力与她当时的精神状态,但是,影响她购买与分配的是同一个系列的欲望。说她在市场上只想着她自己,而在家里主要想着别人;或者说在买马铃薯时她的动机完全是自私自利的,而在(家里)提供它们时是绝对的利他主义或利他主义占优的说法显然是荒谬的。如果就像一般认为的那样,她在管理买卖时主要是按照商业原则行事的,这导致了商业交易与其他行为之间的差异,后者的精神动机将不是由自私或不自私、利己主义或利他主义所决定的。以此论之,当塔尔苏斯(Tarsus)的保罗(Paul)和科林斯的阿奎拉(Aquila)、普里斯西拉(Priscilla)在为自己做帐篷时,我们很难说他们是出于利己主义的动机。当然,极有可能,他们不像其他正在做帐篷的人那样,是被任何有意识的欲望激励着去实现他们的某个目标(田园的、军事的或者什么也不是),而是他们不想成为教会的负担,正是由于确定地为这一想法所激励,他们才去操持他的手艺的。在他脑海里,他们的经济生活与他们宣讲福音的使命是连为一体的。

事实上,在任何复杂的工业文明中,每个人(除非他享受津贴,那只不过是把过程向后抛了一步)显然都必须靠为他人做某些事或者给予某物促进他人目标来间接地实现自己的目标,依赖从他人那里获得服务和商品来直接满足他自己的目标。经济关系或商业关系,无论对于农夫还是王子、圣徒还是罪人、传道士还是牧羊人、最利他的人还是最自利的人来说,都是维持生活的必需品。

> 相互依赖,超越共同目标局限的合作延伸

如果它对任何单独的个人不成立的话,就别指望它对任何小团体或一群个人是可以成立的,无论是家庭内部还是其他,集体所支配的能力和资源都不能够直接地供应他们的集体需要或完成集体的目标。一群人联合起来传播一套宗教教条,或者提醒(人们)注意社会或国家的不公正,或者想取得某项卫生上或饮食上的改革,或者宣扬福音或任何时尚广告,在他们的协会里,可能会有这样的人,他有能力阐述他们信奉的真理,他们拥有自我研究与写作的手段和意愿,但是,他们却想去"定购"。就是说,他们将从协会之外获得特定的服务的手段。他们希望找人来印刷、发行

著作,或者允许他们一周使用某个房间数小时或者在那里存放他们的道具;他们为实现自己的目的,要求那些人或是提供服务,或是临时借用其所有物,那些人可能是自私的,也可能并不自私,他们提供服务的目的或许是好的,或许是坏的,但是,传播本身并不会导致这些人提供服务或者遭受损失仅仅是由于服务提供者对传播本身价值的喜爱。即使出于喜爱的缘故,X 先生出借了一间房,Y 小姐做了所有的文书工作,然而文具是由获得了工资的人制造的,他们与对传播的喜爱与否无关,一视同仁地邮递函件的邮差同时也传递敌对方的呼吁,他自己不关心这些是毒药还是解毒剂,他的目标不过是保持家庭的完整,或者在闲暇之时传播一些他自己的政治、社会或宗教的信仰。即使函件是由热情的信徒为了爱而自己无偿印刷的,但是,活字却可能是由一个异教徒发明的。在这个事业中,他们的合作是必需的,并且由此获得一份报酬。这些异教的人们有他们自己的目标,协会中与之打交道的人对待他们不像对待协会里的成员那样,对他们的目标可能关心也可能不关心,两者无论如何是不同的,他们只有获得促进自身目标的服务时,才情愿提供促进协会目标所需要的特别服务。注意,协会也只有在促进它自身目标的情况下才促进他们的目标。这里无须指责双方自私,相反,双方更应对此感到满意,为之庆贺。说协会的积极分子给印刷工人一万份使人印象最深刻的小册子纯粹出于自利的动机显然是荒谬的,如果我们站在印刷工人这边考虑,我们会发现,尽管对其职业已经厌倦,但他会继续从事它以赚取收入,以此来资助他自己所感兴趣的;说他的动机是自私自利的,同样也是荒谬的。然而,双方的关系可能纯粹是经济的。每一方都是从促进他自己的目标出发,根本不是从同情他人的角度考虑问题的。

  经济关系的复杂机制要求我们控制必要的合作来完成我们的目标,不受我们的目标与我们自己的能力之间是否完全一致的限制,而且也不受我们支配拥有我们所缺乏的能力的他人从而获得他的有效支持的限制。因此,对商业或经济关系的正确理解,应该消除对政治经济学的敌视,它经常被攻击,被视为是不体面的研究。由于常常受到这种指控,政治经济学的代表人物不得不常常奋起捍卫其科学性。原则上说,研究经济关系是研究使人从一个广大的生活领域中获得解放的机制。在这个生活领域里，人们的能力与其目标之间不匹配，导致了生活强加给人们的种种局限。他们所有与所能不是他们的所需与所想的，但是，通过交换机制，它们能够实现转化。于是，经济关系使他们从自然强加给他们的直接资源有限性中解放出来。而且这种解放通过真实的行为，给那些他们正与之打交道的人带来了相应的解放。"这是两次祝福，既祝福赐予者，也祝福接受者。"当然，研究如此一种关系不需要辩解，而且看上去也没有必要去反驳所谓内在的肮脏与不体面的指控。事实上，导致商业活动的条件（就像我们生活中的其他条件）可能远不理想，但是，商业或经济关系，即使是从最崇高的审美或伦理的立场来看，同样也不能怀疑它将导致腐败。

然而，产生这种顽固偏见的基础是显而易见的，正如那个制造帐篷的使徒的例子所指出的。我们知道，尽管保罗在科林斯湾做帐篷并非从自我或是自利出发的，但是，他不必也不可能以无私或热情的态度，想着那些他正在为其工作或希望他立即满足其需求的人的利益。在很大程度上，他对待自己与"其他人"的态度，

> 每个团体为了实现自己的目的而非他人的目的进入经济关系

一个人自私与否并不影响任何给定关系的经济性质，就像保罗对他的顾客一样；但是，一旦他为某种直接的、无私的欲望所感动，去促进某些目标或者考虑到那些他正为其工作的那些特殊的"他人"的利益，这个欲望就部分地成为他的最终目的（在满足这些需要时他直接实现他的某个目标），对他来说，单纯出于经济目的的交易就停止了。毫无疑问，保罗对制作帐篷的工作努力尽责。以商业的观点来看，如此做是顺从了一种经济力量。如果认为这是他的个性表现或他对雇主独立的支持，则不是。如果你我正进行着一项对我而言是纯粹的经济交易，我是在促进着你的目标的实现，但是，这部分或全部也许是为了我自己，或者完全是为了其他人，但肯定不是为了你。使这成为一项经济交易的，除了把你作为交易链条的一个环节之外，我并没有考虑到你，或者说，除了作为我可能满足其他人的——不一定是我自己的——欲望的手段，我并没有考虑你的欲望。

经济关系从我的头脑里除我之外并没有排除任何人,它潜在地包括了除你之外的任何人。你确实被排除了,因此,它强调——尽管它并不压缩或强化它——某些人所讨论的利他主义的局限性;它唤起我们注意的事实是,不管他的同情心可能有多广阔,它们都不能促使他为其交易对象做出任何特殊的努力或牺牲。经济关系可以同等地建立在利己主义或利他主义的动机之上;但是,只要保持纯经济的性质,它就必然提醒我们,没有一个人的利他主义能够一视同仁地、慷慨地给予任何人或者任何时候的任何目标。简而言之,最利他的人无疑可以与他人建立某种关系,目标是促进其他人而非他自己的利益,并且也不是和他做交易的那个人的利益。在这种情况下,他的行为是利他的,因为他是为别人而非自利的欲望所激励,并且这种关系是经济的,因为它的建立是为了某些与他没有商业关系的人。

这里,不妨预测一下我们这一节的内容,反映一下经济动机是多么难以保持自己的孤立状态;我可能不知不觉地从认为你只不过是实现我的目标的一个手段,逐渐地,由于你的缘故,在我为你做的事情中,把你变成衡量利益的尺度;但是,现在我们关注的不是显示经济关系如何与其他关系发生联系,而是企图形成一个关于经济关系本身性质的定义清晰的概念,这是我们必须回答的。

> 利己主义与非利他主义之间的区别

自私的动机——仅仅考虑自己和经济动机——考虑了除你之外的任何人——的区别可以以代理人为例予说明。没有个人利益的代理人在管理财产时,往往是充分发挥其作为代理人而非作为所有者的才能,费尽心力地促使契约得到更严格地执行——就是说,将更为严格地排除交易对象的利益。我们因此懂得,一个人绝对不考虑其交易对象的利益,其确切原因可能完全不是自私。在这个例子中,为什么我完全没有考虑到你,正是因为"我"自己已经被排除在自己的考虑之外了。如果我想到了自己,我将考虑到你,如同你在我的位置上会考虑到我的利益一样,但是,如果我不考虑到我自己,我就不可能将你的利益作为我自己的方案的一部分。那些我为之代理的人是他人而非你,尽管我也许可以把你的一些目标纳入我的目标里,但是,我不可能把你的那些目标加入到我的委托人的目标中去,因为委托人希望我比自己所能做到的更完美而且不可改变。这项交易变得更加严格的、"经济的"原因,就是因为在形成它时,我的动机是利他的。

财务主管们(在更宽泛的意义上,他们是一群共同利益者的代表)在业务处理中也有类似的严格要求的声誉,尽管在他们所管理的业务中,他们自己仅有一些分散的、次要的利益。当慈善基金的管理者在分配善款或者管理基金的财产时,可能比在其他条件下——比方说他们自己就是委托人时——更倾向于规定更容易的或者要求更为苛刻的条件。当他们讨论某一特殊问题时,他们头脑中的问题通常是,他们的交易对象在何种程度上可以被认为是履行他们所管理的那个慈善组织的任务的合适对象。他们中的一些人可能接受了慈善就是慈善的一般观点,本着先到先服务的原则,并且为习惯性的思维——通过一定程度的改变视角,将更容易理解所讨论的特殊案例——所推动,结果可能使一个慈善机构所提出的合同变得如此严苛。然而,其他对慈善的范围有着更为严格的观念的人,对不完善的方式——所控制的基金可以使他们完成慈善组织的目标——有着敏锐的判断力的人,认为他们与那些欺诈的代理人有所不同,如果他们从良好愿望出发,将易于与谈判对手相处,从而影响之间的谈判。如果再考虑到利己主义或自私的问题,或许将要求从非经济的角度进行安排;但是,主要的疑问不是考虑"自我"还是"他人",而是要考虑的是哪些"他人"。

同样的原则适用于分析我们一开始谈到的家庭主妇的交易。她在市场上与她在家里使用和分配她的购买物时一样,她主动而谨慎地考虑的是相同的人与相同的愿望。当她坐在餐桌旁时,她所面对的正是那些她所考虑、处理其需求的人。当她在厨房或储藏间向仆人发号施令时,她所处位置决定了,对于她的决定而言,她的需求只是或多或少地成为她的个人的直接利益对象,相反,即使不是为了他们而是为了她自己的缘故,家庭成员的喜好和感受也是她必须明智地加以考虑的。然而,当她在市场上时,对于她正与之打交道的那些人的利益,她是不必有任何直接关注的，在他们的买卖中，涉及她的喜好和感受的部分则是被加以持续不断考虑的。尽管不是强加的，但是交易的经济性质却因此强化了她的利他主义的限度。商业交易中的管理行为与非商业活动中的管理行为之间的区别，不是她所考虑的是不同的人或者在不同情况下她为不同的动机所驱动，而是在一种情况下她正与一些人打交道时考虑的是另一些人的愿望，在另一种情况下她所考虑的则正是当时她在打交道的这些人的愿望。她自己是她正为之准备的人中一员，然而，在市场上进行交易时，她大体上或许是相当"不自私"的——即她主要考虑的是"别人而非自己"——但是，除了她自己，她不是同等地考虑每一个人。最起码的事实是，一个不是她自己的人无法立刻提醒她关注他的利益，一种完全可能发生的情况是，她当时正与之打交道的那个人正是她很少或者根本没有考虑到的人。

于是，在市场上与在家里一样，她考虑的主要对象是包括她自己在内的一群人，但市场上的货摊主并不在其中。她在某种情况下是自私的，但在另一种情况下是不自私的。尽管她的家庭成员包括在她在市场上所考虑的那一群人中，却不能说此外不包括他人。你不能划出这样的界线。我们可以观察到，她在市场上的购买行为不免受到其他一些因素——它们的范围或宽或窄，与家庭的关系或近或远——的影响，她可能不仅受制于其他家庭叫价的压力，而且受到为慈善或宗教机构做出某些贡献的决定的影响，或者受到任何其他她所感兴趣对象的影响。它是由激励她生命的一般动机、对其资源的一般调整、她管理她丈夫的部分收入的一般原则以及她影响家庭其余部分的支出及她丈夫赚取全部收入方式的一般趋向的性质所决定的；它也受到她的性格与活力的指引与督促，通过演讲，通过榜样，或者通过文字，受到引导与激励的不仅是她的欲望，还有那些她和她的熟人以及她直接或间接接触到的公共部分；尤其是受到她看待与感受事物的态度、她对待生活的心理态度与她的一般价值判断——这决定了她自私或不自私的程度、她是利己主义的还是利他主义的——的影响；她是受到了自私或不自私，受到了公共精神或私人精神动机，受到了一种宽泛的或狭窄的自私，受到了一种殉道的愚蠢的欲望或者是受到了她自己与他人的生活更大的意义的激励,是由于她的性格而不是她正采取的特殊行为决定的。她为什么不在市场上花费更多?可能是因为她还考虑了家庭之外的其他人。她为什么吃新鲜的马铃薯?可能是因为她只考虑到自己。她为什么不多吃点?可能是因为她既考虑到了自己也考虑到他人;她也可能根本什么也没想,仅仅是感觉到,就集体或共同体本身而言,无论是她还是其他个别成员都无法做到因为她或他的退出而不损害集体,以致于自我牺牲的想法都将对集体产生致命的破坏。自我牺牲与自以为是都是一样有害的,在她是其中的一员的组织的公共意识中,利他主义与利己主义都不应存在。如果她对周围不太文明的人谴责利己主义,呼吁利他主义,她应当了解,他们如此行为是因为他们的公共意识没有得到发展;她应当清楚,公共意识需要得到发展,但是,如果她通过发展利他主义却将这些不太文明的人变成一本正经的人,那是很危险的。她的正常做法是通过自己悄悄的公共意识行为,不露行迹地培养他们的公共意识。

公共意识的边界既不是稳定的,也不是严格固定的。个人或部分成员往往(部分或全部地,或多或少的生活关系)从父母亲的大家庭里分出来,与此同时,与父母做出共享天伦之乐的安排。在任何共同体无限多样化的关系中,公共意识的压力不断地起伏,而且,家庭的正式范围既无法强加障碍,阻止利他主义欲望向外传递,也不能形成利己主义不入侵的保护;无论在什么情况下,都可以正常地谈论利他主义与利己主义——也就是说,无论在什么情况下,都存在着一个清楚的为自己做的与为别人做的理由区别——我们清楚地注意到,在 A 与 B 的商业交易中,A 不仅清醒地意识到自我的存在,而且清醒地意识到不论存在着多少个另一个自我,B 都不是它们中的一个;类似地,对 B 来说,无论他仅仅考虑的是他自己还是无数个另一个自我,他都不会考虑到 A。

因此,提议在经济学的研究中对"慈善的"或"利他的"动机完全不予考虑是完全不相关和离题的。当然,一个人的目标可能是自私的,它们也可能是不自私的,因为为了能完成它们,他需要那些对它们不感兴趣的或不太感兴趣的人的合作。我们与他人建立交易关系,不是因为我们的目标是自私的,而是因为那些我们打交道的人与它们是相对无关的,他们(像我们一样)更关注他们自己的目标,而对于它们(他们的目标)来说,我们则是相对无关的了。"交易"从根本上说是一个巨大的组织网络,通过它,任何人或个人组合都能够引导他们的资源与能力去完成自己的目标,而不必在寻求的目标与所控制的才能与物资之间有什么直接的关系。获得那种关系是困难的,常常是不可能的。

我们相互促进彼此的目标,是因为我们只对我们自己的目标感兴趣,对此我们无须感到不体面或令人厌恶。在自私这个问题上,根本无须在道德上有负疚或冒昧之感。一系列经济联系无限地扩展了我们联合与行动的自由;因为它使我们既可以通过才能和资源的结合形成某种类型的团体,也可以通过共同的目标联系形成另一种类型的团体,不必一定要寻找到"双重的一致",否则,就将是必须的。这种经济与自由对利他与利己的团体或个人都具有同等的价值,它可以是真的,它也可以是假的,也就是说,交易动机既忽视利己欲望也忽视利他欲望。经济关系的特殊性质不是利己主义,而是"非利他主义(non-tuism)"。

作为一个规则,它可能强调"自我"与"利他"充斥了整个背景,不仅对观众,而且对参与者也一样;就是说,作为一个人,当他从事交易时,一般仅仅考虑他自己的交易条件以及如何与他的交易对象打交道,而非什么其他的,排除了"利他"等于就是"自我"。所以,"利他主义"终究在交易中没有位置,"非利他"就等于"利己主义"。作为一个规则,交易中的普通人在讨价还价时根本不太可能考虑其他人,但是,即使如此,"利己主义"这个术语也是误用了,因为他也没有考虑他自己!他考虑的是手头正在处理的讨价还价或是交易,就像一个人在下象棋时考虑下一步行动或者如何弄清他正在读的希腊语课本中的句子构成。他直接考虑的不是其他,而是有效的讨价还价或令人满意的交易。忠诚、仁慈、声誉等各种各样的考虑,作为抑制性影响因素,在解决问题时无疑都呈现在他的脑海之中;在踌躇或反思的任何时刻,它们可能很容易地突然陷入并融入意识中;但是,商人在讨价还价过程中通常不考虑这些事情,当他考虑到它们时,主要体现为一种限制。他考虑的也不是利用他所获得的资源来达到最终目

第五章　商业与经济关系

标。他考虑的不是对异教徒的使命、饥荒基金、他的教堂包厢租金或者他的政治性协会。他考虑的既不是他的妻子和家庭，也不是他与他的单身朋友们可能享受的香槟晚餐，也不是音乐季的门票，也不是增加他汉语或数学知识的机会，也不是下一个假期的免费欧洲大陆旅游，也不是在蒙特卡罗的一周，除了他的交易，不是其他任何东西。他确实就像一个正在玩象棋游戏或打板球的人。除了游戏，他什么也不考虑。说一个在象棋游戏中保卫他的国王的人是自私的，或者说他如此做纯粹是受利己主义动机驱使也是荒谬的。说一个保卫他的球门的板球手是自私的，或者说他在球赛中奔跑以使他的球队进入预赛这个次要的考虑是为利己主义动机所驱使的，同样是荒谬的。事实是他没有任何有意识的动机，只是完全集中注意力在带球的复杂技艺上了。如果你想知道他是自私的还是不自私的，你必须考虑他生活的整个组织状态，象棋或板球比赛是在什么地方举行的，是公开的还是封闭的。此时，利己主义与利他主义之类的范畴是不相干的。

此类游戏将进一步解释那个术语的顽固性和自我加强的思想，即就交易而论，一个人仅仅只为"自己的利益"所驱使。其所以如此，是因为在我们看来，两个正在进行艰难的讨价还价的人（顺便一说，这只是一个人一生中各种交易中的非常小的一部分）与两个在游戏中对局的人是一样的。每一方都专注于胜利，专注于对付对手和提高自己的比分。在这种意义上，那个已经开始了一个势均力敌的或艰难讨价还价的人当然意图获得优势，而我们称其为"他的"优势，因为那是他正在努力赢得的，尽管最后结局是顾客或被保护人获得了利益，他在其中只能获得间接的一份利益，或者什么也没有。再说一遍，如果说自我与利他卷入了交易，无论是利己主义还是利他主义为我提供了激励，无论当时我的思想是否完全不受个人感情影响，我的行为的经济性质都不因此受到干扰。除非利他主义到了这种程度，它促使我使整个经济关系停止。否则，认为利己主义是经济生活的典型标志是没有根据的。

很难明确而且令人信服地说经济关系（或者经济动机）是不道德的或道德淡漠的。当然，在某种意义上，这是真实的；我们将在以下的段落（b）

中充分说明这一点。为了实现我的目标而参与的任何关系，在某种意义上都可以被称为不道德，因为它只是手段而非目的。但是，就不道德而言，如果意味着我们不受道德考虑的影响，或者不受道德限制，那么，一般而言，经济关系并不比朋友关系、性关系、父子关系或家庭关系更不道德。在现实中，并不存在而且也难以想象经济关系不是习惯地受到道德原则控制的团体。当然，存在着忽视某些或全部道德限制或一般公认的原则的不道德的人；也就是说，在生活的任意关系中，不道德的行为都是可能的，包括经济关系；但是，法律、个人荣誉与公认的伦理原则对此予以限制，它或多或少地影响了我们在经济关系中的行为，强制规定了我们将参与其中的条件。

> 经济关系是不道德的吗？

既然每一个人都可能成为我们直接利益或善行的潜在对象，从抽象意义上说，可以明确地定义：不存在着这样的直接利益的关系，就其性质而言，一定是不道德甚至邪恶的。但是，这种立场很难保持。我们的能力有限，将阻止我们对所有人的事情都同样积极地关注，即使它们都同样有价值，我们所要关注的最后一个人，可能是那个我们必须要与之建立经济关系的人。当我们倾向于认为经济关系就其性质而言是不道德或邪恶的时候，我们通常会想起这样的例子：某人靠付给他的雇员以不够维持基本生活的工资而致富。他完全忽视有如此紧密关系的人们的人权，他们没有激起他主动的同情，我们认为他残酷无情。那样的一个人与那些可怜的人保持着关系，然而并不同情他们，我们可能恰当地认为这显示了他的心是冷酷无情的。但是，我们忘了，雇佣关系对雇员来说与对雇主来说是一样的，他们之间的关系是彻底的经济关系。雇员也正是靠着一个他们并无任何直接考虑其利益或者促进其目标的人谋生，而我们却没有谴责他们。我们也许认为他是这个世界上他们必须考虑的最后的一个人。我们谴责那个人不是因为经济关系，而是因为在那种关系中他的冷酷无情的行为使我们受到打击。因此，我们谴责那个雇主而非雇员的真正理由是他的经济动机，例如，动物的欲望，就其本身而言，不会使我们感到道德也不会使我们感到不道德。换句话说，说经济关系是不道德的与说家庭影响是不道德是一样的。家庭影响可能而且确实经常促使人们做出各种不公正、自私、甚至欺诈与残忍的事,因为就其本身而言,它无法确保那些应该遵守的道德约束得以实行。说经济关系甚至经济力量是不道德的,从某种角度上说是完全真实的,但从另一角度看则完全是错误,就它是真实的角度而言,它并没有什么特殊的特点。

(b) 现在,我们已经看到有很多人对经济关系的看法存在着许多内在的误解,甚至从一种对其性质误解的立场出发对它进行研究。但是,在另一方面,那种轻松的乐观主义期望如果我们让经济力量自由竞争,它们将自发地获得可能最好的生活条件的看法,同样是靠不住的,甚至是更为有害的。事实上,呈现完全有益的经济力量的作用是容易的。难道我们还没有意识到它们自发地形成了一个巨大的合作机制,通过它,从来没见过、从来没有听说过的人,那些彼此不知道其存在或者其欲望的人,仍然处处支持着彼此,并且扩大实现了每一个人的目标?难道它们没有把整个世界包含在一个巨大的互利社会中?虽然无人关注,伦敦一天天地成长起来了,对于本身如此惊人的事实的解释,尽管也许并不完全恰当,但是,我们还是应当对社会组织的自由放任(laissez-faire laissez-passer)理论表示最大的敬意。对经济关系效率的证明产生于如此事实:我们并不认为一个人应当为自己想要各种各样他自己既不能制造也不能做的产品而遭到天谴。当我们发现这个世界借助于千百万次的相互调整,一天天地自我延续下去时,不禁会问:"谁认识它的全部?"但却没有答案,我们可以很好地理解早一代的经济学家思考那些"经济和谐"时宗教般的敬畏与狂热,借助于每一个个体,为自己服务,为邻居提供必要的服务,仅仅顺从于他周围的压力,沿着他面前的道路行进,就将他自己迂回地带进了"他无法计算的目标"的模式之中了。

> 经济关系不存在内在的道德力量

但是,我们必须更仔细地观察。明智地探求我的目标的过程是否促进了他人的目标?确实如此。但是,什么是我的目标?直接的还是最终的?作为我达到自己目标的手段,我所服务的那些人的目标又是什么?

还有,作为达成那些目标的合适手段,我和他们的见解是怎样的? 这些是社会赖以维持健康与活力的问题,此外,还有尚未考虑在内的经济力量。劳动分工与交换——社会经济组织的基础——扩大了实现我们目标的手段,但是,它们对自己的目标没有直接的影响,而且在使用这些手段时没有什么顾忌。假设伦理中立的手段必将导致伦理合意的结果是没有根据的,把经济关系弄成像偶像一样和把它弄成像妖怪一样都是愚蠢的。

世界拥有许多我和他人想要的东西,我只能通过某种形式的交换来获得。我有什么? 或者我能够做或制造什么是这世界所需要的? 或者我能够为它所想的做什么,或者说服它那是它所想的,或者让它相信我能够比其他人提供更好的服务? 如果应用理想的标准衡量,我所想的东西对于我或者对于提供它的人来说可能是好的,也可能是坏的;反之,我提供给他们的东西,我刺激他们的欲望与我应用来满足他们的手段也是一样的。当我们描绘"经济和谐"的诱人画面时,在其中,每个人"帮助"其他人以便使自己对他人来说是"有用的",我们无意识地将"帮助"这个概念走私进去了,这个概念带来的伦理上的或情感上的联想是严格的违禁品。我们忘记了"帮助"可以无偏见地被引申到破坏性与有害的目标或者建设性与有益的目标,而且它可以使用任何手段。为了了解个人或团体的直接目的常常就是为了阻挠或者约束、控制他人的目标,哄骗他人,破坏他们的趣味,当他们堕落时又给予援助,我们只要想想那巨大的战争工业、浮动的公司泡沫、一个公司或企业扼杀其他刚刚诞生的企业的努力、中国与印度的鸦片文化、家里的酿酒设施就够了。

> 欺诈性合作和邪恶的合作

此外,我所控制的手段中,可能有些是他人的关键性能力,对于它们,我已经获得了合法的或不合法的权力。随便举几个例子。例如,19 世纪早期,父母与厂商签订的童工协议,奴隶贸易与奴隶制的历史,闻名的"白色奴隶"贸易制度,通过这些手段,那些先进的文明国家终于实现了对刚果橡胶工业的控制和剥削,与此同时,在欧洲的每一个大城市中,始终存在着那些支付令人可耻、不公正的工资的工业,这些骇人听闻的事实打破了我们想象中的田园诗般的景象。这些都是我们在经济关系的有效压力之下互相"帮助"的手段或方式之一。经济关系在任何方向上普遍扩展以至包含了天堂和地狱,并且告知每个人,其自身的目标将通过对他人的过渡性(ad interim)的投入而得到最好地实现。奇怪的是,有许多经济作者,当他们试图将他们的科学正式建立在一个排除伦理动机的基础上时,却不合逻辑地把一些短语连接起来,诸如"有用的工作""相互的利益"与"公共产品"等,系统地借用伦理同情。毫无疑问,我们所提及的这些令人深感遗憾的事实容易被夸张,也容易被忽视,我们必须坚持的要点是:如果一个社会中建设性的动机支配了破坏性的动机,或者,如果在文明的共同体中存在着朝向一个更有价值的或更值得向往的生活的任何进步,一定是因为个体或集体占优势的目标是和谐与有价值的;因为社会中的经济组织本身不以任何方式区别对待有价值的与无价值的目标,并且向任何有其目标和有能力完成其目标的人提供相应的机制。

即使假定人类目标在总体上是有益的与值得促进的,社会的经济组织也仅仅被视为是达到目标的手段,其利弊可能相抵,其所具有的不利之处将把我们带入文明问题的核心。我们已经看到,经济组织作用的本质倾向于将手段与目标之间的直接联系分隔开来;既然使我们感兴趣的是目标,这种倾向将我们的日常行为从属于他人利益的直接联系中分隔出来。某人如果间接地追求他的直接目标,也许会对更大范围的经济努力产生影响,并且获得他确实想要的对事物的更大的支配权,但是,他也可能因此失去能力的广泛性和多样性。他如果更为直接地追求他的目标,他接触现实生活的面可能会更窄一些,对事物的重要性有更少清晰的感受,在与人的交往中所享受到的乐趣要更少一些。由此不能最快地实现目的,或者达到最令人期望的目标的道路不是最令人愉快的或最有利的那条。在急于"达到他们的目的地"的旅行者与那些仔细品味旅途风光从而使整个旅途充满生机和色彩的旅行者之间,存在着方式上与精神上的各种差别。可以这么说,后者是"永远在那儿",而前者是永远急于"到那儿"。这种差别将被一个在灌木丛生甚至到处都是裸露的小块岩石的荒野上,用自己的双手以及他的物质资源开垦出一块田园从而学会了各种园艺的人感受

> 间接追求我们目的的不利之处

到。再就是，一批有着共同目标的人聚集在一起，用其才能直接地促进他们的目标，从中体验一种热切的满足感。北部制造业地区的技工清晰地认识到他们共同所拥有的精神财富的重要性，他们寻求给他们的信念一个地名和栖息地，他们要求其他人也表示支持，他们热爱自己用积蓄修建的行会会所，如果这个会所的石匠活和木工活是由他们自己亲手完成的，他们将体会到一种更强烈的享受，他们将更加深沉地热爱它。美国的一个基本上是自给自足的宗教团体，可能会失去许多我们所看重的东西，但是，通过深化共同意识——这个共同意识的深化来自每一个心灵都热爱的目标的每一个努力的直接承担——它确实赢得了一些东西；在每一个慈善的或传教的事业中，那些付出时间和努力的人总是比那些通过捐钱"支持"的人让人感觉到更接近活动的核心。如果一个人出于喜爱，用自己的手艺直接工作或者是免费地提供专业服务，他总是觉得自己与那项活儿的关系要比仅仅是"订货"更为密切，甚至比他用有利于他的特殊方式来订货还更为密切。

整个社会的通盘考虑建立在一个较广范围内的准确的劳动分工以及对这些反应的基础上。伴随着劳动分工，使劳动者在技巧、智力上的专业能力和利益变得日益狭窄的说法已有许多，所说的弊病可能真实存在，但是，在一些反例中，在一些激起如此考虑的遗憾中，这类弊病无疑被夸大了。就工作本身而言，除了获得薪水，它还扩大了工作之外的享受、文化与扩展的机会，然而，它们都被忽视了。但是，如果我们无法对那些宣称未开化的状态优于文明状态的人表示赞同，任何一个观察过一个初步开化的共同体——其劳动分工还没有发展到高度复杂的程度——转变成一个更为先进的工业社会的人，必然都深究过这一问题的实质：获得对物质的舒适与外表精致的支配相对于失去人和他周围环境的直接联系来说，是否是一个足够的补偿。而在我们自己的国家里，我们遗憾地注意到，"勤勉的"家庭主妇正在逐渐消失，她们能够制作大量极好的物品。即使我们承认那种辩解，认为她们现在可以获得更多样的物品，许多可能比她们自己曾经做得要好，但是，我们并不因此得到完全的安慰。

如果制作者不是使用者，坏的制作必然招致复仇女神（the Nemesis

虽非迅即但却是确定的打击。好的工作的回报则可能被伪饰所攫取。伪饰的承诺很可能取代了对制作情况的说明，随之而来的是对我们的能力和技巧富有成效的宣传，唤起我们潜在服务对象的想象力，劝说他们：他们需要的是我们，而且除了我们没有人能够提供这些服务。在有益而且促进发展的工作竞争的周围，出现了声称是工作但却导致完全相反结果的竞争。最后，只有专家才能区分那些向过往船只收少量费用的导航灯光与那些希望拣拾海难船只漂浮财货的失事现场清理人所悬挂的灯光的不同。然而，真实的麻烦甚至比此更为隐蔽，因为我们甚为遗憾的工业社会的主要弊病似乎与虚伪与欺骗不相关，而与这样的事实——每个人满足自己的能力在缩小——相关联，几乎他的所有需要都要依赖他人，这恰恰是精巧复杂的经济组织的特征。既然他需要他人来为他做一切事，他就应该考虑到他也应当为他人做一些事情，由此可以推断，如果他人的需求方式发生了变化，这将影响到他对他们的重要性，他的某种促进他人目标的能力可能因此失去作用，从而使他完全失去为自己服务的能力。这深刻地表明了，即使在经济思想上有所混乱，我们也必须在处理市场服务之前就清楚地理解经济问题的复杂性。①

然而，我们在集体层面上的研究已经再次面对这一事实——集体层面上的客观一致包含了主观的无穷多样性和意义的重大差异。但是，如果我对促进某个人的目标感兴趣，不是为了目标本身而是作为促进我自己目标的手段，对我来说，要紧的不

> 市场同等对待人需求的客观性，而非人需求的重要性

是为那个我为之做事的人做多少事情，而是作为回报，他将为我做多少事情，或者为了我所想要的那些东西做了多少才是要紧的。经济力量并不会产生这样的趋势，无论是引导我的努力朝着最关键重要的目标还是个人最急需的供应。对我来说，一个先令在交易中代表着相同的力量，它在保障合作以实现我的目标上力量是相同的，无论这一先令是来自百万富翁的钱包还是来自某个叫花子的口袋，它以相同的力度迫使我为其服务。

---

① 参阅第 296 页。

当科贝特带着他的半便士去文具店或者去找鲱鱼贩子,他带钱给那些并不特别关心他的胃口或他的教育的人,对那些与许多其他人打交道的人,从一条鲱鱼或一张纸中是无从了解其生活的富裕或贫穷状况的。对于 A 与 B 这两个顾客来说,这些事情的重要意义可能是不同的,它的差别可能是一件考虑欠周的琐事与某件让人落泪或者严酷的令人绝望的事情之间的差别。但是,让他们出价给文具商或者鲱鱼贩子以使他来促进他们的目标的诱因是相同的。他们每人出价半便士,代表着某个确定的力量来促进零售商的目标——无论它们可能是什么。因此,科贝特的欲望与高金斯·迈达斯爵士(Sir Gorgins Midas)的欲望,在每种情况下通过半便士的出价对零售商传递与施加了完全相同的压力。对他来说,这一个与另一个一样重要。但是,从任何社会或人性的观点来看,提供给科贝特的服务的重要性是无限的。对任何人来说,鲱鱼确实只值半个便士。但是,对他们每一个人来说,半便士的价值是什么?他们中有人可能根本感觉不到它的意义,如果他曾注意到它,仅仅是出于一般本能,因为他知道它是许许多多半便士的代表,如果不小心照看,将出现的漏洞终将使数以千计的英镑溜走。但是,对另一个人来说,半便士的直接重要性是值得他为之祈祷和泪下的。它使他为之"欢欣、苦恼"。它是知识深层热情的表达,与他的最深层的动物本能的冲动相抗衡,他将这半个便士转变成纸和墨水而非鲱鱼就证明了"人类不可征服的精神"的力量。

难以置信,所有这些是多么容易被遗忘,记住它极其困难。现在,我们将会看到,工业的经济组织是如何以许诺最好报酬的方式来免费汲取资源,毫无承诺地使用人们的努力——也就是说,将我们置身于交易圈中无法定义支配权的最大量的事物中;从而弄明白报酬是通过提供他人所需获得的,以一种明显(虽然是自然而且看来是不可避免的)混乱来满足这些需求,我们可以获得最好的报酬,因为这些需求往往被认为或者被说成是最紧迫的欲望。这是我们现在所能觉察到的隐蔽分歧。当然,如果我们现在正与之打交道的那个人,为了某物他所愿意支付的真是他所想要的,但是,从这个不证自明的事实到那个不证自明的谬

> 乐观主义的谬误建立在忽视这种差别的基础上

第五章 商业与经济关系

误——如果 A 愿意为一件商品付出的边际增量比 B 为另一件商品所愿意付出的更多,相对于 B 对另一件商品,A 对这件商品具有更强的"欲望的紧迫性"——则是一个绝望的跳跃。总的看来,如果一个百万富翁的代理商认为额外的红宝石将改善一部手稿的封面设计,他因此所付出的 50 镑,认为为此得到的服务与提供给 24 000 位科贝特 24 000 条红鲱鱼或者 24 000 件值半便士的文具一样紧迫而重要,你可以认同吗?一位父亲为了拯救他孩子的生命愿意花费 10 000 英镑。难道由此就能得出他的爱是另一位明知道只要有一英镑改善一下食物和空气就可以拯救儿子生命却不得不看着自己的儿子死去的父亲的爱的一万倍的结论吗?

这个差异应当包括在那些在经济学争论中经常提出的问题中,对这些问题的答复是肯定的。从"努力将被引导到它们将获得最好报酬的那一点"这个陈述过渡到"努力前往对它们最紧急需要的那一点"的陈述,从这再到"它们将前往它们被最需要的地方"的陈述是非常容易与自然的。整个学派令人愉快的乐观主义建立在这个信条的基础之上。这个信条认为,如果每个人都以一种开明的态度追求他自己的利益,我们将得到最好可能的结果,因为为了他的利益,他将提供他的能力给"对他人最有用"的地方。这固然不错,但是,他人是什么?答案是"那些已经拥有了他们所需要的大部分东西的人"。经济力量无意识的行为恰恰是按照每个人紧急需要的反比提供服务。事实恰恰是:他什么都要,使他在任何事物上都无法付出太多,导致他所控制的经济力量变小了;如果他拥有丰富的物品,这将使他有能力用大量有价值的物品来满足他最微小的冲动,因为他只要抑制一下同样微小的冲动。他用于偶尔兴致的资源分量甚至可能比他邻居可以用于拯救生命的资源分量还重。一言蔽之,经济乐观主义的信条是这样的信条——"给他以他所应得的"。但是,我们还听到这样的话,"如果人们不愿意为一件物品付钱说明他们不想要它,"或者"在自由交易的条件下,努力将被引导到对社会最有用的那一点上"。那些隐含在杂乱而松散的思想与语言背后的令人震惊的深度现在展现在我们面前。政治经济学与社会学的开明的学生将注意这样的假设:经济力量将持续的压力施加于人们的行为,导致了他们绝对的道德与社会淡漠。他会明白,在任何情况下去努力控制这些力量,在任何我们力所能及的地方,通过社会工作去限制它们,防止社会破坏是我们的职责;永远不要忽视它们,没有检验永远不要相信它们;不要把它们将为社会利益工作视为不言自明。即便不干预,我们也不要将它视为理所当然:闪电将总是击打那些"更合适被打倒"的事物。

尽管经济力量就自身来说是严格不受道德观影响的,然而,当我们对它们的影响必须是有益的这个论点进行检验时,它崩溃了。但是,它仍然包

> 真理的珍珠散落在谬误的污浊里

含了某些残余的真实,我们最好还是加以考虑。给定所有的现有条件,无疑有一个假设:任何自愿进入任何经济关系的人都了解他这么做的利益所在,在其他情况一样的条件下,他的境况将比如果他被排除在外要好。在饥饿工资条件下最悲惨的劳工的情况也好过如果他根本无法获得任何工作与工资的情况。由于最悲惨的工人的条件取决于雇佣他们的那个人的道德责任,因此,这种考虑将检验这种过于简单的说法。如果他停止雇佣他们仅仅是因为目前的雇佣关系使他的道德与社会感受太痛苦以致不能接受,可以推测他们以后的状况要劣于他们此前的状况,我们将观察到他和他们已经建立的经济关系对于他们的影响是有益的,仅有的烦恼是他们还不够成功。在这个论点中有一点是真的,即,给定这些可怜人的情况,经济关系有可能自发地减轻痛苦;但是,当我们进一步追问,他们是如何到达这样的经济关系能够为他们所接受的这一位置上的?我们就可以理解经济力量从现有的自发所能到解决社会问题可以走多远。

(c)尝试精确地去确定经济力量的性质和行为一定已经在我们读者的心理上留下了经济关系

> 经济关系很少是孤立的

是孤立存在的印象,但是,它绝不必然如此,甚至不能说是正常的。其他关系与之相联系,甚至强行进入通常被视为它的特殊领地里;它将侵入我们一开始没有想到它会进入的活动领域。这是十分真实的。例如,从根本上说,我们的家庭主妇进入市场,在市场中她与这个人而不是那个人打交道,可能并非考虑到了她的行为将影响到她正

打交道的那个杂货商;然而,如此考虑可能确实存在,而且在一定的限制下可能是有效的。她在不同程度上喜欢或不喜欢、同情、嫉妒,或不赞成她与之打交道或者没有交道的那个人。因为与她打交道的那个男人跟她进同一个教堂,或者因为她为他满头卷发或者他的甜蜜微笑的孩子所吸引,或者因为他的妻子刚刚分娩,或者因为她知道他最近的运气不好,或者因为他善待他的老母亲,或者因为在他未正式显示身份的时候他对她表示了尊重,或者因为她相信在上一次选举中他正直地投了票,她对他感兴趣,而这促使她在一定限度内友善地对待他,并且与他建立交易,否则,她不会认为有相当的利益促使她这样做。如果她能够从他那里得到近似她想要的,而以同样的价格从另一个人那里获得就是她所想要的,但是,那个人的信仰是令她厌恶的,他的态度冒犯了她,他卖弄财富的想法使她不高兴,她可能与她感兴趣的、与她所同情的人打交道,都为了给予她自己一个与她喜欢的人打交道的乐趣,免除与她不喜欢的人打交道的不快,也可能是有一种去促进某个自己喜欢的人的利益的真实想法,一种(连自己都不自觉的)不喜欢有助于另一个令人厌恶的人发迹的想法。另一方面,当她在家的时候,她绝不会总是考虑到她想满足的那些欲望本身的相对重要性。有些房客的要求可能确实让她感到非常琐碎,但是,对于那些人她必须小心照料,因为如果他被忽视,他就将变得难以相处,如果能使他心情愉快,他将做些她希望他做的事,或者是不做她所反对的一些事。在满足他的需要的时候,她仅仅是把他的感受当作达到其他目标中的一步而已,对他们自己来说,影响可能是正面的或者负面的,或者根本没有任何影响。因此,她与他的关系与他们之间的关系都是经济的。此外,在大多数家庭中,各种各样的人都在某种程度上直接包括在伙伴式的共同感受和直接的利益与仁爱中,它在某种程度上也被认为是使家庭在某一规模上以某种形式维持运转秩序的一种方式。这些也许是自制那些不够工本的老式家用织物,或许是成年孩子共同承担的家用,或许是接受朋友或亲戚的寄膳宿。总之,我们对这些事情思考得越多,我们将更加确信,促使我们处理与我们伙伴的关系的动机,即使不总是也经常是远非纯粹的,经济的与非经济的关系总是交织在一起。

而且，即使我们一开始建立的是纯粹的以经济为基础的某种关系，人性的或非经济的关系可能非常容易地嫁接于其中；因为尽管木匠或医生为进一步服务制定了标准的价格，那个不相干与不认识的人的生活目标以某种方式成为他促进自己目标的一个手段，然而，一旦他与任何一个人建立了这种服务关系，他必然发现他自己在研究他的愿望，努力去达成他的目标，如此，他逐渐在他的福利中获得了独立的利益，尽管他们之间的关系仍然是以经济为基础的，但非经济的东西将或多或少地在上层建筑中形成。

我们应当注意到，部分经济关系的自然倾向是它们自己在某个方向上极易与人类行为直接相联系。那个为了货币报酬而提供商品或服务的人与那个怀有某种特殊目的因而支付报酬给他的人建立了直接的合作关系，但是，从另一方面来说，那个支付货币作为报酬的人对提供给他的商品或服务的那个人所付出的仅仅是对商品的一般或无差别控制权，因此他没有在生活中以任何确定的或特殊的方式建立伙伴关系。那个付出货币的人已经以特殊的方式为促进他的目标做出了选择，他请别人与他直接建立伙伴关系来帮他执行；但是，那个从他那里得到货币的人所要实现的特殊目标仍然是不明确的；因为那个得到货币的人在他购买别人的商品或服务之前，并没有告知别人他想用挣来的钱购买什么服务或商品，他直接而且

> 我们的经济关系中的人性在特定行为中要比一般地促进一个人的目的更容易得到体现

有意地叫人促进他自己特殊的目标，也就轮到他们进入从不知名者那里获得不明确的合作的处境了。当然，人类关系确实是两面的，但是，人性更自然与更直接地是朝着被支付报酬的人的一方而非支付报酬的那一方发展的。这与双方的相对贫富无关。从表面上看，裁缝自然能从他的顾客那里获得直接的利益，这首先是因为他的信誉，其次是因为他被邀请去参与促进他的顾客某个特殊的目标；但是，这并不要求那个顾客给予裁缝直接的和特殊的服务，至多是要求他作为个人，对与之打交道的人表示出一般的仁慈或人性。同样，医生、律师，特别是宗教团的牧师，被那些付钱给他们的人叫来与他们生命的某一方面建立直接而特殊的关系。他能够

确切地看到他的行为对他们的影响,能够确定他个人对他们福利的贡献。这必然几乎不可避免地掩盖了他对他所服务的那些人的福利无私关注的关系中的商业方面。但是,对付给他薪金或者提供给他工资的那些人来说,在授权他去做什么以取得他所想的东西的时候,也明确了限制,(他)没有被叫来行使判断,表现机智,直接地促进他的生活的特殊目标。他们并不与他分享他的特殊事业与成就。他们不能确定,在某一个特别点上,他们是否会亲自而且个别地帮助他,所以,他们感觉在他们与他的关系中,对他而言比对他们来说显得更加人性化。这就解释了为什么充足的货币已经被支付,在这种情况下,仍然会留下一种感激与责任感觉的动人情景。已经接受了个人的与明确的东西而没有回报以任何个人的或明确的东西的这种感觉仍然被保留着;如果提供那些东西是可以明确界定为赠予者个人对接受者福利的直接改进,或者是促进了某些众所周知的他的目标,往往会让人感觉到是在寻求安慰。

当然,还有一些其他的条件可以有助于决定个人之间与人类中以商业为基础的关系是自由的还是受阻的增长。在工场中,相对于雇员而言,雇主可能更为重视社会责任,对于他所给予雇员的重要意义有着更为直接的理解,尽管雇主这一方给予的是货币,雇员作为另一方提供的是明确的服务。然而,这在很大程度上是个性问题。对被雇佣的人来说,关系本身仍然是一个直接的挑战,他所要做的就是明确地忠人之事;反之,对那些雇主来说,所要做的就是使他所雇佣的人从他人而非他本人那里获得非特定的合作,来完成他的目标。

如果双方都具有高度的道德特征,被雇佣者,无论是医生还是工厂里的工人,为了某项明确的服务被召集来,也可能对他的工作与他服务的对象培养起忠诚;但是,如果雇主不能如期支付工资,即使他对雇员非常尊敬、感激或友爱,那也是毫无意义的。挣钱的人所能提供的,只要他还基本保留着这是完成他自己目标的手段的想法,自然就会受到与他人目标一致的利益影响。他所得到的更多是完全依靠他的纯粹的经济重要性,也就是说,是依靠别人对他的服务的重要性评价,而这一评价取决于他的服务对实现他们的目标的重要性。他也许使人感觉他的利益存在于他正在为别人所做的事中；他只获得他所应得的。他希望的也就是如此。如果工人对工作、对工厂的信任感到由衷的自豪，雇主将很高兴。如果我们的鱼贩或者鞋匠考虑了我们的感受，不仅仅是因为他想留住顾客，而且是因为他乐于为我们服务，那么，我们都会很高兴。但是，那个被付钱的人并不想从那些出于他的福利考虑或想让他生活得更美的人那里得到货币。他想得到那些钱，是因为那是他应得的——他们对自己的目标感兴趣，需要他来促进它们。

甚至在那些更不具有个人特征的商业交易中，例如，在批发市场或股票交易所以及那些不存在像雇主与雇员那样持久的个人联系的地方，那些专注于推动个人利益最大化、根本不考虑他人的利益、渴望付出尽可能少而得到尽可能多的商人的画像，在很大程度上是想象中的肖像。与通常成功的商人是谨慎的还是不谨慎的观点有所不同，大多数人赞同这样的观点：成功的商人并非仅仅是贪婪的。他与其顾客、竞争对手有类似的共同利益，他有宽宏大量的理性，并不总是渴望每次都将优势利用到极致。

我们一定不要失去对事实的洞察力，不可忽视人类关系显然不只是有一种。他们的考虑不仅是正面的也可能是负面的。雇主与雇员的关系常常不能获得产生于雇佣关系的人际关系的支持而被软化，但也因此被扭曲和恶化。如果可能的话，我为了促进我自己目标而为别人所做的工作可能获得我的直接利益与同情的支持。然而，由于环境的压力，迫使我为了达成自己的目标，同意参与某些我认为有严重道德缺陷的行为，被卷入某些欺诈或弄虚作假，使他人因此受损，导致我深深的社会良知自责；至少那些蓄意削弱正直、浪费能量而非增进合理的人性的行为，对我来说是无意义、不值得的。因此，对于像我们一样生活于这样的一个社会中的每个人来说，当面对自己所关心并寻求实现的事情与他正在为别人所做的并确实能够使它们实现的事情之间的不协调时；当面对他作为一个目标预期的生活与他只是作为促进别人的目标的工具的生活的不协调时，可能都会趋于情绪低落。没有人会以一种甚至近似满意的态度认为他自己已经解决了他的个人问

> 吸引与排斥

第五章　商业与经济关系

题,直到他已将他的职业和私人生活带入了如此和谐的地步,即在他所期望的生活品质与一般意义之间,或者至少是那种(更为宽广与多变的)他能够兴奋地设想别人正在过的生活与那种他正在帮助别人确实在过的生活之间,不再有持久的紧张与冲突。因此,一个人在选择他的职业或专业的时候,显然未必仅仅为经济力量所推动。他在考虑职业时可能不仅仅将其作为赚取收入的一种手段而且是作为一种工作,不仅仅是作为一种谋生的手段而且是作为生活的一部分;如果他的职业能够为他所接受,或者将带给他一些附带的机遇,可以满足他的爱好,并且实现他生活的一般目标,他可能并不在意收入少一些。

　　要穷尽经常影响我们行为的各种考虑的组合是不可能的,但是,下面这些粗略的分析可能是有益的。如果我们开始工作时,作为职业,它都有其辛苦与快乐;工作的时候(这将自然地作用于工作的乐趣或辛苦)将增加所做事情本身的重要性或价值的感受;对商品或服务的控制使我们有拥有的感受。于是,一个人可能正投身于设计与制造复杂的战争武器,比如说鱼雷,在他所进行的实验与测试中,逐渐克服困难,使程序完美。在这一过程中,他可能热心地关注于他所面对的问题。与此同时,他赞成削减军备,认为他的技术所促成的政策是极其愚蠢的。或者他可能是大军备政策的真诚信徒,但是,此时他也许正在履行某个外国政府的订单,因此,他无法说服自己放弃这一笔订单的价值。在这些事例中,对于他的愿望而言——他在做的是他应该做的——是一个消极的因素,但是,他在做事时获得的乐趣却是积极的。另一方面,他的任务可能是艰巨的,并不适合他的爱好,而且需要他付出额外的使人精疲力竭的努力,或者它可能是如此单调而愚蠢,使他生命中的大部分时间仅仅是在做苦工;但是他可能认为这个任务是极端重要的、应该做的。在一些慈善机构供职的有着强烈的同情心的办事员的事例可以作为例证。或许对他来说,他的工作是一种乐趣,同时他还认为工作是重要的、应该做的,不管是由他还是由别人来做。一位热爱他的专业并且享受为阐明它而付出智力与努力的讲师,在他自己和听众之间会有和谐的感受,与此同时,他相信

> 工作,工作结果以及它所保障的对他物的支配权

198

他所传播的学问在本质上是给予生命与提升生命的，所以，无论是谁从事这一工作，都将因此感到喜悦。他的工作是这种情况的一个例证。

所以，这些人都应当从工作中获得收入，也就是说，他们将获得工作报酬放在促进生活一般目标的位置，无论这一目标可能是什么，结婚，旅行，购买一张昂贵的桌子，光顾赛马场，买画，买书，搜集资料，促进慈善或宗教运动，捐助研究，或者资助艺术，也许是每周15先令，也许是一年1 500镑，这都要依靠他们的收入。在所有这些情况中，关系是复杂的，动机是并存的。经济力量被其他力量所加强或者抵消，如果其中的任何一个被修正了，结果就将不同。如果一个人的工作是令人愉快的，工作的直接结果是有价值的，并且间接有益于他自己的一般目标的，他就处于最幸福的状态；或者用更常见的话来说，一个为他认为应该做的、高兴做的事而被支付报酬的人是最幸福的。在这样的事例中，在直接实现的目标与间接实现的其他目标之间存在着幸运的一致。如果必须，我们情愿为了那件事情放弃一些满足或者承受一些辛苦，我们确信对于我们来说，做某些事或在这些事情之外我们会获得另外的满足。

许多从事写作的人与各种艺术家的大部分工作是或者可能是这种类型的；某些有才智的手工艺术可能也接近于此类。对于这一事实的观察产生

> 所有工作都是享受的乌托邦

了一种乌托邦式的想法，认为所有令人厌恶的事都可以理想地从生活中排除出去；某些有天赋的个体似乎如此接近达到了这种理想，为此提供了某些真实可能性的保证。但是，只要稍一反思就会发现，这是根本不可能的；因为如果我们真正关心我们工作的目标，也就是说，做事并无乐趣（如果工作全无效果，这就马上可以看出来了），我们仍将关注工作效果本身，这就必然得出只要工作效果不完美，我们将情愿做出牺牲或忍受疲劳以便于更好地完成它。就是说，除非根本就不关心确实应该做的事，没有人会只要他不再喜欢某个工作了，就永远不再干了。这也就解释了为什么甚至那些拥有普通稳定生活的人，看上去已经在他的兴趣与目标之间获得了几乎完美的一致，并且充分地享受着他正常生活的每一部分，仍然（除非他能够将其心灵用封条密封起来以抗拒一切诱惑）会中止他所热爱

的生活,去满足他人或公共的需要,去完成并非他感兴趣的任务;因为他们倾向于完成更紧急的需要,而非那些他生活中日常从事的劳动。他可能一直以为所有这些是由于一系列伤脑筋的意外事件,现在他重新归于平静;反思向他展示,这是人类生活的内在条件,关心某个重要事情的人为了做成这件事,经常将不得不放弃某些其他他所关心的事,虽然他自己是非常幸运的,能够发现他的生活中的主要支点与点缀,本能地使他朴素地做他喜欢做的事情,但是,仍然存在着未被满足的需要,或者无法实现的目标,或者被忽视的要求,或者未获得发展的机会的余地,为了这些耗费精力势必侵害他所热爱的职业,或者必然因为超额的工作使工作变为令人疲倦与厌倦的苦工。没有人能够逃脱做他不喜欢的事,或者逃脱超额工作,除非他对所有未被满足的目标——不论是他自己的还是他人的可能的消遣、喜悦漠不关心。

(d) 现在,我们已经从事实的各个方面充分地阐明了经济力量不能被假定为是孤立地起作用的。但是,这也不能得出对它们做单独的研究是不可能的或者不合逻辑的结论。对于那些我们从未设想是孤立地起作用的经济力量做孤立的研究,可能既是合理的,也是合意的。尽管它们总是与其他力量联合起作用的,我们孤立的研究将揭示出经济力量是如何真正开始作用,并告诉我们这种研究的全部价值。为了证明这样的孤立研究是正当的,就需要充分地证明研究所揭示的是真实的。这种孤立性通常的例子是假设地心引力的方向和力量是恒定的,没有阻力介质,抛射物本身是"物质粒子",在没有广延性的基础上,追踪一个抛射物的理想过程。这些假设中没有一个曾经符合事实,并且它们之中的最后一个是自相矛盾的;因为作为一个抛射物,就必须有广延性。其次,被忽略的考虑总是成为每个实际应用的理论的一部分;首先假定重力总是起作用的条件在细微程度上是不成立的;所以,那个从不单独发生作用的重力即使单独起作用了,在它从不能够作用的那一点上起作用了,它也不能使那一点沿着抛射物理论产生的严格的抛物线运动。然而,通过这种假设的地心引力作用

> 经济力量可以被孤立地研究吗?

于不可能存在的物体,在不考虑总是存在介质的情况下——它是始终存在的——的运动,对抛射物的实际研究已经获得了无数的帮助。进一步检验这个例子是有启发意义的,而且在如此做的时候,我们必须做一个仔细的区分。地心引力作用的方向和大小是恒定的假设是肯定性假说,其结果难以验证;但是,它与事实的偏离是如此小,以致于所产生的误差小到即使最好的观察都难以察觉或矫正;所以,在实际中得到的结果与纯粹的结果是难以区分的。另外的两个假设,即抛射物没有广延性与没有介质是否定性假说,因为它们假定真实存在的不存在;但是,通过孤立地检验问题的那些与抛射物的体积和介质的作用无关的方面,它们把我们带到了一个真实的结果,尽管其中之一从来无法单独展示它自己,因为它总是要与其他要素所导致的其他结果联合出现。

在进行下一步之前,我们可以利用这个机会,尤其是通过与"实践"和"实践上的"这两个词的对照,尽可能地消除某些附着于"理论"与"理论上的"这两个词汇上的混乱与晦涩。广义上说,当我们谈及对一个主题的理论上的处理,是指无论什么时候,研究的结果主要是通过推论而非直接的观察获

> 何谓理论上的处理与理论上的解决?合理的理论的假设从来不能是实际的

得的。这一般是在我们处理一般化的论据并得到的一般的结论,或者是我们的数据或结果不对直接观察开放的情况下。后者的情况是可能出现的,因为我们的数据实际上从来不是真实发生的。例如,我们的资料可能是地球在太空中围绕太阳旋转而没有受到其他任何物体的影响。这是一个假设,而非事实,因此,地球沿着完美的椭圆形轨道旋转的结论在理论上也是不真实的,因为数据是不真实的。结论是理论上的,确实是由数据推导得来的。作为事实,它在理论上不是真实的。通俗见解中的许多混乱来自不正确地把"理论上"等同于"根据假设推导出的"。或者可能是因为数据虽然确实发生了,但是绝非孤立的,而我们却把它们视为孤立的。我们的结论在理论上与实践上都是真实的,但它们的孤立却是假定的。如果我们宣称某些孤立的结果将在"理论上"而非"实际上"发生,我们的用语是不精确的;对于理论来说,把数据和结果孤立起来,并不表明它们

是孤立地"发生"的,而是恰恰相反。从理论上说,孤立的数据与孤立的结果直接有关是可以成立的,但是,因此认为结果将孤立地发生,在理论上却是不成立的。理论和实际之间是有差别的,但未必对立。事实上,并非任何事情在理论上是真实的,而在实际上都是不成立的;如果忽略了大量微小的、不易观察的但其存在可以推知的因素,一个陈述可能实际上是真实的而在理论上却是不成立的。

我们此刻正在考虑中的理论上的方法是其假设上的孤立。这可以用有时被称为动力学中的叠加原理来解释。根据这个原理,任何作用于某一物体上的力量将产生某种后果,如果那个物体是静止的且没有其他的力量作用于其上,将有效地产生其全部的影响(即将精确地表明相同方向和达到相同的程度),而无论这物体当时的状态是怎样的,在这同一时刻有多少其他的力量作用于其上或者其后会被引起作用于其上。如此,如果一个曲棍球遭到的一次击打将使其在一秒内向北移动 100 英尺,如果在击打时,它是静止的,它将按其遭到击打的任何方向移动,或者其后无论它遭到什么击打,它将在上一秒结束后继续向北移动 100 英尺,如果没有遭到这次击打,将不会如此移动。如果当它遭到击打时,它已经在以每秒 50 英尺的速度向西移动,那么,在上一秒结束时,它将同时以 50 英尺/秒向西和 100 英尺/秒向北前进,而不是像开始时那样。或者,如果一个以 100 英尺/秒的速度向北移动的球经受了一个打击,如果这个球开始时是静止的,这个打击将使其以 50 英尺/秒的速度向南移动,在上一秒结束时它将以 100 英尺/秒的速度继续向北移动,比较如果当遭到打击的时候它不是已经在运动了,它将是怎样,如果没有遭到打击,它则以 50 英尺/秒的速度继续向南移动。在第一个例子的情况下,它将到达其初始位置的南向 50 英尺处,在第二个例子中,则是其初始位置的北向 100 英尺处。事实上,它将在那个位置上北向 50 英尺处。这样,在每个例子中,无论那个力量是作用于运动的同一方向还是相反的方向,或者以直角或者以任何其他的角度,它都将产生完全的效果。同样,如果两个或更多的力量同时起作用,通过让每一个力量像在单独的情况

> 叠加原理及其在经济关系上的应用

下作用所产生的完全效果，将它们叠加起来，就可以获得它们的联合效果。

　　因此，没有什么不协调的，也没有什么不实际的，理论上孤立的一个力量的效果经常或者总是与其他力量共同作用的。因此（这是一个虽然似乎难以捉摸但却是很重要的论点），应当注意到，假设或推测一个力量确实单独起作用与理论上孤立的研究的确是非常不同的事情。"理论上"研究的绝对必要性可能是由于孤立是从来难以达到的事实，并且我们对它的兴趣可能完全是由于它与其他力量联合的实际效果。说"理论上"它是单独作用的将是错误的；但说为了理论上的处理，我们必须孤立它却是正确的。因此，我们的结论是，我们可以坦率地考虑孤立地研究经济力量是否有利，虽然假设它们总是或一般是孤立地起作用将是荒谬的。但是，必须注意到，从物理科学中得出的类似的引证不能被推得更远，不能超过认为孤立的处理可能是正当的那一点。相形之下，动力学处理较为朴素、一致，而且相互独立的力量使我们在心理学的领域里颇感失望。

　　让我们设想一下，由于某些原因，一个人渴望金钱，就是说，渴望增加对交易中的服务和商品的控制权。那么，如果他正在计议的行动将带给他金钱，这个事实将形成一个考虑，而且如果这个考虑相当可观的话，将影响他的行为，无论被讨论的行动就其本身价值而言是吸引人的、排斥人的还是无关紧要的。我们已经承认，决定人的行为的动机之间的相互关系与相互联系太过错综复杂，以致于使我们无法依照精确的力学规则来模仿实际生活；但是，可以有把握地说，如果一个人想要金钱，那么，某种程度的开放选择将保障他获得金钱的事实将使他考虑赞同这一选择（虽然可能是一个微不足道的考虑）。这确实仅仅是表示一个人宁愿要他所想要的而非其他。因此，如果任何人们之间的关系的新秩序成为可能，借助于此，那些建立它的人能够获得交易过程中给定的商品控制权，就有了进入这些关系的理由。这些关系将告知它的价值所在，无论那些关系本身对于人的爱好、道德、习惯或者影响共同体全部或某些成员的冲动是吸引还是排斥。对这些或其他的既存关系的任何调整都将修正那些决定共同体行为的力量，无论其他的力量是存在的还是不存在的。如果通过孤

第五章　商业与经济关系

立地考虑那些经济力量，我们可以获得一些会影响人的行为的一般原则的深入了解，我们不必通过那个事实——假定孤立作为事实从来是不可靠的——来阻止追求这样的一个过程。

在考虑上的严密定位恰恰促进了另一个这里必须解释的原则。这就是"连续性"原则。如果你要带领1 000个刚好在附近的人在给定的时间内到达地球表面上的某一点，然后按高度来安排他们的次序，一般来说，你要靠在一个人的右边与左边的那个人没有太大差别。可能有这样的情况，一个小孩子在一头而一个巨人在另一头，与他们的邻人相比，高矮悬殊；但是，当你从队伍的这头走到那头，在过去最初的几个人之后，无论在哪头，你将发现差别都是非常小的。也就是说，当你在处理任何大量的人的问题时，可以设想你无论确定什么样合理的高度标准，那些人中的某些人低于它的将仅仅稍低一点，而那些人中的某些高于它的也仅仅稍高一点，所以，如果你把标准稍调高一点或低一点，一些原来低于它的人现在将高于它，或者一些原来高于它的人现在将低于它。

> 连续原理及其在经济关系上的应用

现在，我们已经对经济力量做了如此细致的考察，以致不难了解它们，如果有许多人从事同一种职业，基于平衡的考虑，他们中一些人仍将从事那个职业，而其他人将置身其外。所以，如果影响这种职业的条件改变了；如果职业的尊严或者荣誉有所改变；如果从业的条件改变了，使它更容易、更有趣、更令人鼓舞、更合适于普通人或者更令人愉快等，对一些人如此而其他人则少些；或者如果它的间接优势（也即职业工资，这意味着做这份工作使他追求并实现他的其他目标的能力）改变了；那么，一些现在从事它的人将退出，或者一些现在在外的人将进入，或者一些已经做好进入准备的人现在不准备进入了，或者一些本来不准备进入的人要进入了。在两个可能的流向上，都将以各种方式开始行动。注意，这不是经济力量的特性，所有的力量都是如此。因此，即使经济力量从未孤立地起作用，然而叠加法则在心理学上的类似作用，与连续性原则一起，使我们对生活中经济条件的任何调整都将产生其全部的效果感到极大的信心。如果我们在孤立的条件下研究这些效果，我们所研究的确实是实际生活——尽管它不是孤立地存在的——的部分真实现象。

如果回到我们先前的一个例子,可能有助于使这些思想的表述更加准确一些。在一个给定的市场上,现有的与潜在的新土豆的购买者可能被各种各样的偏好、偏见与传统所驱使,如果某人的售价是每磅 $1\frac{1}{4}$ 便士,而其他人的是 $1\frac{1}{2}$ 便士,这个价格差别将会引起商人们的注意,把它作为一个理由——即使未必是充分的理由——到更便宜的货摊上进行交易。如果他们中的某人已经先于其他人与这个人有非常密切的交易,这 $\frac{1}{4}$ 便士的差别就将促使他们下决心与这个人进行交易。如果整个市场的价格从 $1\frac{1}{2}$ 便士降至 $1\frac{1}{4}$ 便士,尽管有许多人仍将购买相同的数量,然而一定会有一些人的购买量恰好在平衡点上,当价格下降时将增加购买。因此,在关系到大的数目的地方,我们可以假定存在着敏感性,但是,在个体的情况下,我们不能如此假定。我们可以确定的是,最微小的可感知的原因将产生值得重视的效果。个体水平上的不规则在集体水平上将被相互补偿;并且我们可以设想经济条件中的任何改变所产生的效果,通过研究,我们期望可以了解这个效果的某些性质,尽管它总是与其他因素结合在一起。如果我们说,某某效果确实将出现——例如,因为某某变化,某某商品的价格将上升——我们假定,在第一种处境下,开始起作用的力量足够强大到产生一个值得重视的效果,而在第二种处境下,其他的力量将保持不变。但是,作为事实,在任何延长的时期中,其他力量从来不可能保持不变。因此,具体的预测是极端危险而愚蠢的。

我们现在既然已经为孤立地研究经济力量的正确性做了辩护,并且提出了一个强假定:这样的方法将有助于了解经济力量的作用。我们需要回到这个问题:"为什么我们需要有关经济力量作用的特殊知识?"这个问题的答案是简单而明确的。我们已经有所触及,尽管我们还没有研究经济力量作用的各种方式。在这些方式中,商业关系可能对社会组织的福与

> 我们为什么需要研究经济力量?

祸产生作用。因为我们既不能破坏经济力量,也不能寄希望于它们的仁慈,我们当然希望能够控制、指挥、刺激或者阻止它们的作用,开放渠道使它们可以带着促进发展的效果川流不息,或者筑堤阻止它们进入可能导致荒芜的地区。工厂法的全部范围,济贫法(the Poor Law)的整个设计,所有反对自由买卖毒品或军火的法律,对酒精饮料的贸易管制,科学的关税设计,为共同的目标强制征收税收,全部是他们试图规制或者指挥,控制或者补充,或者在这个方向上刺激,或者在另一个方向上阻止经济力量的作用;无数的行动,比如生产者在利益基础上的合作,或者消费者在利益基础上的合作,或者利润分享的设计,都尝试培养与启发这些力量。住房问题、土地问题以及其他所有的问题永远与经济力量有关。罗斯金(Ruskin)①的讨伐利息的活动预示了经济力量最显著的表现中的一个极端的变化。没有人能够否认这些与无数其他的运动与行为所预示的实际目标的重要性。没有人能够否认这些问题所包含的困难。没有人能够否认结果不同于,或者甚至与那些预期上升相反,或者被宣称将上升却没有产生作用的情况不断地频繁发生。显然,经济力量的作用可以通过多种方式被集体行动有意识地加以控制和修正。为了这种目标而采取的行动常常是在暗中摸索前进,我们需要明确地了解那些深深根植于那些事实与力量之中的性质与不可改变的确定界限,在与它们打交道的过程中,我们不知道浪费了多少社会努力与热情。因此,显然无须进一步论证可否对我们在每个转折点上都力图指挥、抑制、控制的经济力量的真实性质和自发作用予以基本的阐明,相对于阐述它而言,人类的智力似乎还没有更令人敬畏或紧急的任务。

如果我们理解了经济力量自发地影响工资高低的确切性质,这无疑有助于我们对饥饿工资问题的思考;因为这将使我们更好地了解:我们计划提高工资的一些措施是否将适得其反,还是有助于它的实现。如果我们考虑收取利息是道德的还是不道德的,以及没有利息,工业社会能否

---

① 约翰·罗斯金(John Ruskin,1819—1900),英国艺术评论家和社会改革家,推崇哥特复兴式建筑和中世纪艺术,捍卫拉斐尔前派的艺术主张,反对经济放任主义,著有《近代画家》《建筑的七盏灯》和《时与潮》等。——译者注

正常运转,最好我们一开始就有一个清楚而准确的有关利息的概念:它是什么,它是如何产生的,它的作用是什么,经济力量是如何产生与管制它的?在我们真正地理解有关的商业力量是如何运作,为什么参与运作,它带来了什么,事情的现状如何;为什么商业力量的运作并没有自发地、无意识地破坏它之前,我们也弄不清楚什么是住房供给问题和那些解决它的提议的真实意图是什么。

赋予经济力量巨大的社会意义与重要性的是它们总能自我实现。你不必对一个人宣传或者求助于他的想象,你不必不断地提醒自己那些你总是易于忘记的事情。为了使他与你为他人做那些事,最快捷、最现成的方法是做你自己最想做的,实现你自己的目标。你的目标总是和你在一起。在你对其他任何事情有一个直接而准确的概念范围内,你对它们有一个直接而准确的概念。当你认为另一个人需要食物时你就给他食物,当你认为他不需要时就使他远离它,从来不要忽略他的需要,而且包括根据你的推测来确定是不准确的真实还是严重的虚假来处理无数的事,这需要或多或少持续的努力。可是当你自己饥饿且需要食物时,这不需要想象的努力,不需要持续的自我约束,没有可能错误的推测,来使你了解事实。

> 经济力量对社会马车的重要作用

如果我们能将任何符合社会期望的工作置于这些非常重要的力量的直接监护之下,我们可以确信它们将获得照顾。圣人与罪犯一样希望能做一些促进他们目标的事。我们因此就有了一个驱动力量,火炉总是炉火熊熊,不需要我们添煤鼓风。有实际经验的慈善家非常了解这一点,所以,他们经常惊讶甚至反感他们的支持者坚持他们的计划应该被"放置在一个可靠的商业基础上"和"有回报"。人们的住房供应问题应该得到改善,如果我使其成为某个人目标的一部分,为了它,他情愿牺牲其他的目标,我自然会进展得很好;但是,如果我能够通过建设更好的房屋,使他可以促进他所有的其他目标而不必牺牲其中的任何一个,我就为所希望的事情获得了普遍而自动的支持。即使它可能产生破坏,但是,无论如何,我们承受不起经济力量的浪费。它具有惊人的能量,是协调着人们的努力并使世界一天天运转下去的决定性力量。有时阻止与控制它们是必须

第五章　商业与经济关系

的；如果我们能够驾驭它们，对社会这辆马车来说将是多么巨大的收获！

尽管它们是活泼的、坚持不懈的，经济力量确实是不可信赖的，因为它们总是要为自己寻找那些偶然有利的出路。无论如何无拘无束，活活泼泼，它们随时都在为它们自己寻找渠道，它们从来不引导那些在我们认为会为了它们的缘故导致任何风险的社会结果中没有直接利益的人。因此，面对着许多激励与暗示，用不同的方法向它们揭示，完成它们自己目标的路就是我们要它们走的路，它们可能是无反应的、胆怯的，也可能是被冷漠的愚昧蒙蔽了而缺乏同情心。

> 公正实验的范围

有一个巨大的不确定的领域对那些重视社会效果、拥有见识和勇气、敢于冒风险进行实验的人们开放。那些关注的人已经获得了那些不关注的人的合作，将改善了的事物秩序扩展并维持下去。它进入经济力量的范围之内，能够享受那些经济力量所给予的不断的、警觉的支持。私人个体、联合与组织起来的团体——例如，那些由工联主义者（Trades Unionists）或英格兰合作者组成的，或者是那些或多或少地控制着人们生活与行为的治理机构，从乡村理事会到帝国议会——的数量在不断增长，他们可能是为了他们自己的缘故，诚挚地关心着社会问题；而且无论他们有没有经济力量作用的可靠的知识是无关紧要的，如果他们是明智的，能够利用这些知识，他们将不断地在他们所有的改革中寻求同盟，在合适的机会与合适的范围内，如果他们有勇气，他们将不会由于抑制或控制而退缩。

我们将对经济力量展开明确的研究，不是因为它是一个邪恶的东西，我们必须寻求消除它，也不是因为它是一个有益的东西，使我们能够在平静的信任中把我们的生命交给它，而是因为它是一种永远活跃的力量，在一个善与恶交织的世界上，产生着、强化着善与恶的效果；它是一个我们无法破坏或使其安静下来，但我们可以以某种方式控制与指挥的力量；因此，它又是一种我们必须理解的、对社会福利极其重要的力量。

接着我们将在很大的程度上孤立地研究它，因为我们已经在更广泛的心理学领域里阐明了主要的概念,并且确立了主要的管制其行为的法则。现在,我们将发现它有可能因此可以清晰地阐明和研究这些专门应用于经济问题的概念和法则。

第六章
市　场

摘要：市场是经济生活中的典型现象，它还提出了经济学的主要问题。它是一种机制，通过它，在一个抵价交换（catallactic）①社会中，在可交易物品的边际重要性相等点，客观均衡可以获得并得到维持。当商品在所有拥有它的人的边际水平上占有相同的位置，并且在他们的边际水平上高于任何不拥有它的人的水平时，均衡存在。任何商品的均衡价格是这样的一个价格，当其确立并实现均衡时并不带来波动；并且它是由集体水平上控制的商品的数量和构成所决定的。知道这个价格是每一个商人的利益，他可能形成关于它的任何试错性估计，当他受到惩罚的时候，将会自我纠错，它将对均衡价格本身产生一个次级反应。市场法则隐含于均衡的定义之中；因为市场价格是在公共水平上通过对一个单位的商品的最低需要的满足的位置来决定的，它们全体将高于任何没有被满足的需求。因此，如果有 X 单位的商品位于集体的水平上第 X 单位的位置上，将决定

---

① Catallactic 是一个希腊语词汇，在经济学中的意思相当于"to exchange"。但是，Catallactic 所指的市场交易特指一种较之东方的"巴扎"集市层次略高一点的市场，在这一市场中，以本身就可以成为交换对象的金属货币为交换媒介的市场交易，因此，为了区别于其他类型的市场交换，我们将 Catallactic 试译为"抵价交换"。——译者注

均衡价格。在保留价格方面,集体水平提示的估价不仅是针对买者的,也是针对卖者的,他们与买者在那些价格方面是相当的。替代的或投机的估价应该把其余的考虑在内,只要它们倾向于协调商品的消费,它们就执行了一项有价值的社会服务;但是,它们时常超越了这个限度而有害于社会。有许多种类型的市场和多种形式的销售,但它们都遵从同样的法则,只要自由沟通的基本条件和每个人行为的知识被有关人员所了解;在并非不是如此的情况下,人类的行为仍然被同样的基本法则和力量所控制,这些基本法则与力量创造了或多或少完美的条件有利的市场。原材料市场与成品市场都遵循同样的法则。

言归正传,回到经济力量与经济关系的特征和重要性上来,我们进行被长期延迟了的关于市场构成和市场价格的分析,这个分析提出了我们的中心问题。我们的意思是,通过市场价格,一个人可以从他的交易对象那里——独立于他的任何利益或目标——获得商品,或者不得不向他的交易对象提供商品,同样也是独立于他的任何利益或目标。这是一个纯粹的经济概念,也就是为什么在进一步研究它之前,我们非常仔细地分析了经济关系导致的其他需要考虑的事项。一个市场是一种机制,通过它,可交易物的边际重要性的均衡得以产生、维持或重建。我们已经知道,在两个社会成员都拥有有关可交易商品的存货范围内,均衡仅仅当这两个社会成员对这一商品的相对评价一致时才存在。当这样的一个均衡已经达成,而且所有的个体水平的边际偏好一致时,我们可以说这是一个客观意义上的"偏好的共同水平"。每种商品占据了一个确定的位置,在这个水平上成为其他商品的参照,而且这个位置可以很方便地通过一个小单位的黄金的价值规定来显示。那个黄金价值等同于黄金,我们可以称之为那种商品的边际均衡价值;就是说,在均衡状态中,在每一个人拥有它的一个供应量的水平上,它是商品的小小边际增量的相对重要性的黄金指数。

在本章中我将试图说明,在均衡不存在但存在着交易条件的情况下,人们实行交易,以便确切地估计实现均衡的价格,尝试的结果确定了在开放市场上进行交易时的真实条件。当(在这样一个开放的市场中)交易是在试错性估计过程中进行时,它会自我纠正。理想的均衡价值决定了理想的市场价格;形成的估价在交易时形成了真实的市场价格;后者不断地趋近于前者。在详细阐明这点时,我首先将忽略次级的作用,然而,它们最终将显示自己的威力,并将在适当的地方和时间被加以考虑。

> 理想的均衡价格

一个组织起来的市场是一种机制,它使人们相互联系起来,并且揭示与消除对均衡状态的偏离。它的常态存在意味着,当它存在时,扰乱均衡的行为或力量在起作用,它们或者不断地制造可以消除非均衡的状态与条件。我们至少在某种程度上已经知道这些行为与力量是什么。我们生而具有不同的能力或不同的机遇;它们此后的发展也不同;我们有意识地或偶然地进入不同的领域;首先,要慎重地预测他人的需要与欲望,因为我们生产的商品或培养的才干与我们自己需要的东西没有直接关系。所以,一般水平的财富、成就和满足感被维持或提高,不是通过均匀地扩散过程使东西自然积累到它们相对最为需要的那一点,而是通过使各种所需的物品川流不息地进入到交易循环的某一个确定点,在该点通过社会网络和组织——尽管作为规则,这些社会网络和组织从不因此获得它们——通过趋向均衡的力量进行分配。我们可以说,社会组织有无数的胃来消化它的食物,并将其源源不断地送入循环流中,选择好的位置,从那里再被带往全身。如果不用隐喻的说法,可以这么说:每一个商界中的人都有意识地控制一定程度超出自己需求的某些物品,并设法获得对这种超出的永久维持或重现;但是,交易过程正持续地降低拉平它,所以他的超出迅速地流出如同其增加;拿走他的产品去实现他人目标或满足他人需要的机制,同时也间接地帮助他不断实现自己的需要,不断增进他自己的目标的实现程度,这就是市场机制。

从一个实例开始是容易的。在这个例子中,自然周期与劳动分工的基本形式结合在一起,生产一种地方化的供给,起点是一个非均衡状态。每种农作物都满足我们的

> 农作物及其分配

某种需要。西洋李、马铃薯、小麦和棉花周期性地生长、收获，满足人类的需要与目标；并且成为财富——这是由历史、社会、个人与自然条件的综合决定的——然而，它们最初的所有者保有它们并不是一种均衡状态。对于它们的所有者个人而言，在许多情况下被收获的庄稼的边际价值为负；也就是说，他们的主人拥有如此多的收获，大大超过了直接的利用需要，如果不处理掉，将成为主人很大的拖累和不方便，在掩埋、浸泡、焚毁或其他破坏或减少它们的过程中将遇到麻烦。但是，有许多其他人对这些农产品的需要则远未被满足，他们可以直接或间接地满足所有者其他未被满足的需要，促进所有者其他未实现的目标。市场是那些拥有产品相对（甚至是绝对的）过剩的人与那些拥有产品相对不足的人的聚会之地。但是，再次提醒注意，如果说，对于某产品，A的拥有相对过剩，而B是相对不足的，这并不意味着相对B来说，A有更多的东西，所以A对它就有较小的渴望。情况未必如此。这里的"相对"意思是：对A来说，相对于他所拥有的其他可交易的东西，这件东西的边际重要性相对低于在B的情况下。"相对"意味着是在同一个人的估价中相对于其他的所有物或选择，而不是相对于另一个人估价中的相同的所有物和选择。例如，让我们设想一下科贝特没有丢失他的半便士而是买了鲱鱼，并且在他煮熟它之前，遇上了一位营养相当充足的同伴，对于同伴来说，鲱鱼不过是可以接受的；再设想他发现这个人有一本小书，而他情愿为了鲱鱼而放弃它。交易可能实现，可是，那条鲱鱼可能对科贝特比对他的同伴具有更重要的意义，因为他可能是两个人中更为饥饿的一个；但是，在科贝特的水平上来说，相对于那本书，鲱鱼所处的位置低于其在另一个人的水平上，否则，交易就不会发生。类似地，一个农夫可能种植了一些马铃薯作物，在那一年中，他可以很舒服地消费整个的收获，他也可以从中分出一部分给一个营养良好的、不费什么力就能充分利用它们的人，来交换衣服或工具，如果他的供应略微减少，将不会遇到什么明显的麻烦。在这种情况下，农夫对马铃薯的边际需求相对于他的顾客来说可能是高的，但是，相对于他自己对衣服或者其他那些他卖了马铃薯要买的物品来说，它们的地位对于他来说，一定比对他的顾客来说要低。带着这种谨慎，我们可以

第六章 市　场

回到我们的陈述,农作物交易发生在赋予某个人相对过剩的所有物的条件下。而市场就是这样一种机制,通过它,这个地方的过剩将被削平。

当讨论中的商品在所有已经获得供给的人的相对水平上边际地位相同,并且他们的水平高于那些没有获得供应的人的水平时,均衡建立。均衡的位置取决于待分配的商品的数量。就如同我们已经知道的,我所拥有的某种商品越多,相对而言,它所处的边际地位就越低;所以,如果在他们水平上的任何一点,消费者之间的均衡已经建立,而种植者仍然还有相对过剩的储备,我们会发现,他们为了自身的利益将去影响进一步的交易,这种持续的分配更进一步增加了对消费者的供给,将降低那种商品在他们所有人的水平上的边际重要性。被分配的商品越多,它在个别人的水平上的地位就越低,在集体的水平上也将如此,均衡最终将在集体水平的这一点上达到。因此,农作物的数量和共同体的偏好水平是两个最终需要考虑的因素,由它们决定集体水平上的均衡将在哪一点达到,这一点我们称之为商品的均衡价格或价值。用这样的均衡状态观念作为所有交易活动的目标,让我们回到我们开始进行研究的形式简单的市场,并且再一次陪同我们的家庭主妇去那里。

> 均衡的定义

到目前为止,我们已经讨论过商人在市场上的供给价格,或者换句话说,在这种条件上提供给她的各种可能的选择,就像它们被某些外力所确定,所有她所能做的就是调整对它们的购买。事实上,对任何一个商人来说,首先,这是表现问题自身的一种方式。我们确实常常可以以比一开始的要价更低的价格得到商品,并且许多家庭主妇对她们讨价还价的技巧很自豪;但是,这并不影响这个事实:在不同的季节和不同的时期中将有不同价格占支配地位,而且家庭主妇自己也清楚地知道,如果低于某一价格,她将得不到她的商品。大体上,她的讨价还价是一种发现价格是什么的尝试而非去改变它的尝试。出现在市场上的这个价格被卖者以某种方式确定了,所有她希望做的就是了解卖者的真实想法并找出他将出卖的最低价格与他所要的截然不同的价格。通常,她认为那个卖者确定了价

> 卖者反映了消费者的集体想法

格。可能在某些情况下，那个卖者也这样认为，一般来说，他完全知道市场条件已经决定了某一价格，他可能努力地隐藏或逃避它，或者一开始他甚至可能忽视它，但是，那个价格是他不能真正改变的。他可能以各种方式考虑这个价格，所有的这些考虑都可以归结为事实上他能够得到什么这个问题。他知道这是以某种方式被确定的，并且不是由他自己确定的。如果他真的坚持某一价格，将无法把任何东西卖给顾客，就他来说，这意味着确信他能够从一些其他的顾客那里得到那个价格，或者他的货物相当于他自己使用时的价值。如果他向一位顾客保证他不可能低于某某价格出售，并且货物"好得值这个价"，通过分析我们会发现，他正努力劝说那个顾客：他能够从其他顾客那里得到这个价格，而且其他商人也会这样做，并且他们知道他们可以这样做，不会以较低的价格出售；如果最后他确实以一个较低的价格出售了，这是因为他确信或怀疑他不可能真正做得更好了。因此，买者竭力想发现卖者脑袋里的价格是什么；但是，卖者通过试图发现这些或那些顾客将出的价格，已经使价格进入他的头脑里了，他所宣称的价格（这是个别买者所面对的外部给定条件）事实上只不过是他尝试去理解的全体买者的意见罢了。每一个个别买者可能比卖者更知道他自己的意见。但是，如果卖者是懂得他的生意的，他会比任何一个个别的买者更清楚买者的集体想法；因为他与全体买者有更广泛的接触，更广泛地体验了他们的需要。

我们因此得到了一个重要的结论：尽管我们仍然还没有确切地发现个别消费者在市场上发现的价格是如何被确定的，然而我们已经认识到了谁最终确定了它——其他的消费者，而且正是这个消费者，以她自己一个无穷小的量级确定了它。大体上是其他人将付出价格决定了卖者向她的要价，而她将付出的价格也以一个无穷小的量级决定了卖者向其他人的要价。因此，买者在市场上所遭遇的，仅仅是她自己与她的同伴的意见从卖者的头脑中反射来的反映。仅仅由于真实的反映的顽固错觉，她认为她正在盘算的对象事实上正在鱼贩的案板或者柜台的后面，像其表面上那样，而不是在它们的前面，像其真实的那样。

买者的集体意见被卖者所估计，决定了被后者宣示的价格。就他们的能力所及,卖者观察买者的集体水平并且宣称他们对个别买者的了解。如果我能够完全了解你的意见,我将知道你想在什么价格上购买多少的茶叶或水果,在我的头脑里我选择确定它,如果我希望你正好购买25个单位,我将知道要以什么价格让你去这么做。同样,如果我能够完全了解所有其他买者的意见,我将确切地知道他们中的每一个人在某个特定的价格上将购买多少,我必须确定一个特定的价格,使他们购买的总量恰好达到给定的数量。当他们结束了他们的购买,他们中的每一个人所拥有的数量正是在那个价格上他所想得到的那个数量,存货的边际单位在他们所有人的水平上将占据同样的位置;并且那个位置将与给定价格相等。于是,将出现均衡,也就是说,既然商品的边际增量在每一个相对水平上将占据相同的位置,这种商品的交易条件将不复存在。

让我们假设,卖者对市场上所有可能的买者的意见与那种商品的全部数量都有完全的知识,而且让我们假设他们宣称这样一个价格,将促使集合购买量等于提供销售的那种商品的确切数量。显然,在这些情况下,当所有的存货被售尽时,将出现均衡。因此,我们称这个价格是均衡价格是正当的,因为它,而且只有它,通过在每一个买者与卖者之间的单一交易,立刻产生一个均衡状态。显然,在任何情况下都会有一些存货是以均衡价格销售的,至于全体存货则未必,在这样的假设下存货中的每一单位将有一个相比这个价格更高的重要性。但是,是否有理由期望市场上全部的这种商品都将以这个价格卖出?例如,水果一年的总供应量可能在几周、几天甚至几个小时之内进入市场,当市场开放时物品的状态将是这样的,即一个非常广大的转移将不得不发生,在一般水平达到和均衡建立之前,宽阔的水流沿着一个渠道流动,而且小溪流之间彼此渗透。为什么卖者不使急切的买者比他人付出更多,或者使每一个在起初供应时需要相对更急切的人比最后的需要相对更无力的人付出更多?事实上,为什么在集体水平上,某种商品的边际重要性不应该被逐渐地降低,并且在每一步上都索取最大价格?为什么从一开始起就要预期最终的价格,还要像它已经达到了的那样处理?换句话说,为什么价格应该在最不重要的那一点,

> 发现均衡价格的市场机制

商品的增量将不得不在那一点上被出售，所有剩余的商品也以此价格被销售？尽管开始时宣称的均衡价格显而易见地将同时导致均衡，显然，它不是唯一可能到达那个目标的道路。为什么它会是实际上被接受的那个？这些问题的答案包括对市场机制的一个分析，还有对同一个市场上的同样商品不可能有两个价格的警句的一个解释。

首先，我们无法想象，在一个自由竞争的市场上，任何人能够从那些为了一个单位商品宁愿支付最高的价格而非走掉的买者那里获得理想的最高价格。如果任何一个卖者成功地得到了这个价格，他将占有其中全部的利益，但是，他邻近的货摊主可能愿意获得比他的竞争对手期望所得到的较小一些的利益。所以，他可能以低于最高价格的某一价格销售那一单位的商品。于是，通过卖者之间的相互竞争，买者可以期望以没有其他人愿意出售这个商品从而他不得不接受的价格购买，也即按照均衡价格购买。此外，在他们需求的相对顺序中，买者没有表现出他们自己的连续性，一些人可能在一个较高的价位购买，而另一些人将在较低价位上才购买，他们以一种混合的方式进入市场。所以，如果根据他们对商品的相对重要性的估价，向不同的顾客索取不同的价格，那些被索取高价的人可以以支付小笔佣金的方式使那些被索取低价的人为他们购买。卖者联合起来要挫败这样的行动也是极其困难的。于是，这两种可能性——卖者之间的竞争与买者中的佣金交易——将对不同的顾客以不同的条件销售，或者对相同的顾客在其水平的不同位置供应不同的单位，产生不利的影响；显然，既然一些单位必须以与均衡价格同样低的价格销售，想以任何较高的价格销售将是困难的。所以，那些货摊主将形成一个普遍的估价，部分建立在对市场的调查，部分建立在他们进入前所掌握的多种信息来源和推测的基础上，比方说，那一天市场中的某些特定水果与其最显而易见的替代品的数量。进一步，建立在先前某些天或年的经验基础之上，他们将形成一个对应于那些数量的均衡价格的估计。他们情愿尽快地接受这个价格而不是失去顾客，一般来说，他们不期望他们的存货中的哪一部分会卖出更高价格。

卖者就这样地被引导着通过一系列的推理与投机来决定价格是一个

有趣的迹象，至于必须决定价格的根本事实，在卖者常常不能回答价格是什么的情况下被发现。这种情形在农村的小集市上经常发生。早晨刚刚开始营业时，顾客问到某物的价格，摊主回答说她不知道。她感觉她自己没有能力对市场上的存货的数量、买者可能的偏好水平以及最终将支配市场的价格形成一个明智的估计。可能下意识里，她甚至不知道价格的形成要依靠这些。但她确实非常清楚价格不是她所能确定的。如果她能够那么做，她只不过是宣示了它；如果她不知道它是什么，她甚至无法宣示它。在那一天的晚些时候，价格将被决定、为大家所知。目前，即使从根本上说，价格是已知的，但是，对她来说却不是已知的，而她拒绝投机。她和她的顾客之间的交易可能就是在这个基础上进行的。顾客可能买走了许多磅的西洋李，同意支付那个价格——无论被宣布时它可能是多少；但是，在这种情况下，她无法准确地按照需要调整她的购买量。对应于万一情况下可能起支配作用的最高价格，她所能做的就是订最小的货；而在稍后，当价格为大家所知时，根据情况，她或多或少地增加她的订货，根据环境条件，保障任何情况下——甚至是存货短缺的情况下——获得一个确定的供给。然而，非常可能的是，可能错误的局限不大可能会对她的交易产生任何可感知的影响。她对 0.5 便士/磅将使她购买得多些还是少些不太敏感，因此，她不需要一直等到知道价格是半便士时才购买。相反，她的邻居对半便士看得更大，所以她将等到她了解了确切的条件后才给出订单，如果结果是最终公告的价格恰好相当大幅度地低于她所预期的最低限度，她可能会后悔没有多买些；而在相反的情况下，她可能会后悔买得太多了，可能吝惜已经支付的，甚至还可能努力处理掉她的一些存货。

但是，在价格不确定——尽管不是不为人知的——基础上的交易却是例外的。给出价格是卖者的职责，尽管这里或那里的个别卖者可能感觉到无法胜任这个工作。让我们考虑一下，如果卖者在他们的判断中共同犯了一个错误，给出了低于或高于真实均衡价格的某个价格，那么将会发生什么？如果他们的定价太低，显然他们将因此受损。早些进入市场的消费者在这个较低的价格上将比在较高价格上购买得更多，而在这一

221

天的晚些时候，将在较高的价格上自由购买的顾客会发现存货已经卖光了。商人们可能在几个小时后才会注意到存货消耗得太快；如果是这样，他们将提高价格。另一方面，如果他们确定的价格太高，那些早期以较低的价格愿意购买或者愿意多买一点的顾客，将失望地离开，什么也不买，或者只买较少的量，在那一天的晚些时候，他们不会再次出现在市场上更新他们的报价，因为他们已经找到一些替代品满足了他们自己的需求。在正常的价格上将购买大量的西洋李回家去做供一年所需的果酱的主妇将改变她的行动计划，将带回家去较少的数量，并决定用苹果—黑刺莓酱与动物骨髓酱来补充她那一年的供应。因此，她的需求很大程度上不是被延期了，而是被破坏了，就有关的西洋李市场而言，任何顾客将发现，在任何情况下，商人最终将不得不以一个更低的价格销售他们的存货。这种结果是我在第184—185页谈及的一个反作用。

我们已经谈及了集体的"卖者"，但是，我们还没有真正地调查卖者联合一致行动的市场条件。这样的一个市场，就像我们在这一章后面将了解到的，有它自己的特征。我们曾经认为，市场中的卖者是独立行动的，然而，他们彼此之间可能有重要的影响，而我仅仅想要指出的是，集体的"卖者"独立行动的合成力。那么，让我们注意，通过什么样的过程将达成这种合成力，或者换句话说，多样性的个体是如何拉平并达成一个一般的市场价格的。假设在开放的市场上，一些卖者以比其他人更低的价格提供西洋李。市场毫无疑问是不完美的（它没有在所有相关的人中建立完全的信息沟通），因此，一些买者将在他们经常光顾的货摊上交易，而不知道他们可以在另一个货摊上较便宜地买到水果；如果在那一天，他们随后发现，他们已经支付了高出真实市场价格的价格，尽管他们可能规劝，或许甚至要求退回他们的一些钱。但是，精明的购买者会巡视市场并充分了解所有对她开放的选择可能，从中进行选择，她将去那些更便宜的货摊，当存货迅速出脱的时候，那个卖者可能开始怀疑他把价格定得太低了，使他在那天很早的时候就卖尽了存货。将价格定得太高的那个商人将发现他被人所弃，害怕如果他不降价，存货将滞留在他手上。如此一来，那天在市场上很快就会出现统一的价格，非常直接地与现实情况相一致。在那天结束前,将不会有大量的存货没有售出或者轻率地降价销售,而少量的消费者将失望地发现市场上不再有西洋李,尽管它们在那一天的早前曾以他们乐意支付的价格销售。

但是,我们必须将这个分析向前延伸一点。假设有一些卖者,考虑所有已知的和推测的事实,确定 5 便士/磅作为价格,在此价格上,市场中的西洋李存货能够被销售掉,而其他人将价格定在 4 便士/磅上。首先,让我们假设,后者正确地估计了真实的情况。这意味着在边际价值等于 4 便士/磅的那一点上,市场上西洋李的数量充足到可以满足所有潜在的购买者。当顾客进入市场时,他们优先选择在 4 便士/磅的摊上购买而避开了 5 便士/磅的卖者,卖 4 便士/磅的商人获得了多于正常的顾客份额,看到他们的存货正快速地耗尽,于是将价格提高到 $4\frac{1}{2}$ 便士/磅,但是仍然小心地保持他们的售价低于他们的竞争对手索取的 5 便士/磅,如此将赢得所有的顾客。如今,尽管整个市场上的存货无法以高出 4 便士/磅的任何价格销售,但是,如果其余的卖家被抑制了,则他们的一部分存货或许能以 $4\frac{1}{2}$ 便士/磅的价格销售,目前它们已经被售出了。现在,才到达市场的顾客没有其他选择,只能去 5 便士/磅的货摊了;不久,商人们就认识到,尽管他们没有低价倾销的竞争者,但他们处理他们存货的速度不够快;而且既然一部分想购买 4 便士/磅的可能的顾客已经被打破了希望(因为在 $4\frac{1}{2}$ 便士/磅的价格上,那些顾客不得不缩减他们的购买并利用替代品),随之而来的是为了处理所有的存货,剩余的卖者将不得不降低他们起初的价格,使其低于 4 便士/磅;而且,一旦他们开始意识到这个问题,因为恐惧将被完全地留在困境之中,在他们之中将出现使价格朝着目前的真实均衡价格降低的赛跑。于是,那些对均衡价格形成过高估计的人使他们的竞争对手得利,损害了他们自己。

现在,让我们来设想,在开放的市场上 5 便士是正常的均衡价格的情况。起初,那些定价 4 便士的卖者将得到那天早些时候的所有顾客。但是,超过这一点,他们将诱导那些原本根本不会进行的购买,因为他们从一开始就过分冲击了真实的均衡价格；一些在价格为 5 便士时不会购买的顾客在价格是 4 便士时会购买，而一些在价格 5 便士时会购买的顾客在价格 4 便士时将会购买得更多。既然假设西洋李的存货仅够满足边际价值为 5 便士的每一个人，随之而来的是，如果它已经满足了一些超出这一点的人，它将仅能满足未达到这一点的其他一点。因此，在这一天随后的时间里，如果所有的商人坚持他们的估价，定价 4 便士的商人将售尽所有存货，即使价格是在 5 便士，也仍会留下较多的潜在买者，超过了剩余存货所能够满足的，因为早期的买者已经买走了多于价格是 5 便士时他们所能买走的份额。因此，当顾客的出价被抬高到 5 便士时，卖者发现他们的存货在迅速售出，尽管不如那天早些时候定价 4 便士的商人卖得那么快，但它们是如此快地被售出，将在一天还没结束时就会耗尽全部存货；所以，他们将提高他们的价格，例如，提高到 $5\frac{1}{2}$ 便士，以那个价格在这一天中出清他们的存货。那些在那一天开始时低估了真实的均衡价格的人所犯的错误，再次损害了他们自己而便宜了他们的竞争对手。如此，如果任何商人能正确地推测出：他的竞争对手的定价引人注目地高于市场的合理价格，他也可以提高他的价格，适当超过合理价格，只要他小心地保持他的价格，使之略低于他的竞争对手，并且知道在他得到更多的时候，他们合起来最终将不得不比按照真实的均衡价格出售时获得的要少一些。如果任何卖者正确地推测出他的竞争对手比市场所需要的合理价格卖得更便宜，他将发现，不仅事实证明他在起初时所坚持的价格是正常合理的，而且正常价格本身会逐渐提高，使他因此获利，所以，在那天的晚些时候他将能够得到比他要的价格更高的价格，但是，由于他的对手的行为，在那天开始的时候他是无法得到这个价格的。

于是，每个卖者都被经济上的考虑驱动着，尽力去形成最准确的关于均衡价格的可能估价，并不索取任何高于它的价格，除非他的对手所犯的某些错误使他能非常安全地高于均衡价格定价。如果卖者不犯错误，他们将在最初的均衡价格上提供和销售他们全部的存货。

在这个讨论中，我们完全是从纯粹的经济力量方面进行考虑的。但是,其他的因素并不能被排除在外。彼此事务中的善意和相互利益可能影响着买者与卖者之间的交易,友好的沟通和协调可能在不同的卖者之间发生。或者我们所追踪的市场价格的形成除经济因素之外,还可能有非经济的传统因素在起辅助作用;因为某个卖者经常会以低于卖给其他顾客的价格将商品卖给某人,这或许是因为他想与之长久交易,这也可能来自一种真实的情感,他觉得如果不这么做,他会被认为是不公平或不友好的,尽管没有什么不法的利益。

为了理论上的精确性,我们必须注意,如果由于错误的印象,某些买者在过高的价格而其他的买者在过低的价格下进交易,在未达成一个完美的均衡之前,市场就将关闭;那些商品对其而言具有较高边际重要性的买者将因此受制,而那些当商品处于低价位时能够降低商品的边际重要性的买者,如果他们了解彼此的存在和需求,也就是说,如果他们构成了一个市场,他们能够处于在相互有利基础上影响交易的位置上。而且,即使他们马上相遇(在他们已经配备了替代品或者在他们其他的购买或计划中做了某些重要的修正之前),并且他们之间的交易一直进行到完全均衡建立,最终的均衡将不一定与最初根据真实的市场条件所实现的均衡一致。对那些在高价位上购买的买者,因为他们的资源不成比例地受损,将感到变穷了些,而那些已经获得了不成比例数量商品的买者将感到变富了些;所以,不同价格所代表的条件对每一个群体各有不同的相对重要性。高价位的买者将趋近于我们前面的例子中所说的科贝特的位置,而那些低价位的买者将趋向于克鲁索的位置,这些修正将作用于整个情况,因为集体的偏好是个体偏好的总和,所以,如果你改变了某项,你也就改变了全部。看似单纯的财富分配,从一个人的一般资源中拿走一些,添加给另外的一些人,从本质上调整了个体水平。科贝特不再会是价格高昂的狮子狗或红宝石的竞拍者,克鲁索不再可能是粗斜纹布或牛肚的竞拍者。如果这个国家的全部收入按照人头平均分配,钻石的地位将相对下降,因为以目前的价格购买一颗大钻石,对买者将意味着饥饿,而且,即使一个人现在买了一颗他始终钟爱的大钻石,他将不会为此而去挨饿。因此,任何

> 对均衡价格本身错误估计的反应

事物都会增加社会中某些成员的全部资源，而减少另外一些人的全部资源，将在某种程度上影响他们对不同商品相对重要性的评价。这将改变共同偏好的基础，即使社会的偏好与商品的总量保持不变，但是个别商品的均衡价格将因此受到影响。

因此，即使把驱动顾客购买替代品的主要影响排除在外，在任何给定的时刻由于错误地估计了均衡价格所做的任何实际交易，在理论上将改变均衡价格本身①。虽然错误的结果会改变均衡价格，但是，在任何给定的时刻总是存在这样一个价格，如果它能够被发现；就是说，总是存在这样一个价格，如果在那时它能被认识、被公布，在那个价格上的一系列交易将产生均衡。因此，关于在任何给定时刻的真实的或正常的市场价格，我们已经得到了一个非常明确的概念。如果竞争的商人全部正确地看懂了买者的意见，它就是对应于集体偏好等级那一点上的价格，在那一时刻，它确实存在；也就是说，它是由市场上的商品数量与构成市场的那些人的意向决定的。任何时刻在市场中通用的那个价格，确实是根据对那些基本要素的推测所决定的。

现在，我们可以这样明确地阐述市场法则。既然对于单位商品，被满足的需求水平客观上高于未被满足的需求水平，由此可以得出的结论是：如果市场上有 X 个单位的商品，它们将满足对单位商品具有最高偏好等级的 X 需求。既然所有单位的商品被售出的价格将是相同的，并且价格是由被满足的对单位商品最低需求的重要性决定的，由此得出的结论是：集体偏好等级上的第 X 个单位商品的位置将决定市场价格。这是容易理解的，然而，集体偏好等级上的单位被逐一地拿走，却无法用货币单位明确地表达出每一次下降。如果英国小麦市场的供应量是 125 000 000 英担，每两个连续的英担将无法显示一个甚至极小的下降。因此，在任何两个价格之间，市场上的顾客认为有许多单位，我们把它们都看作边际的。它们代表被许多个体购买的最后一个单位，而且就这些个体的买者来说，它们是被满足的对一个单

> 市场法则

---

① 请参阅第二卷的第三章。

位的最低需要,在一种情况下将更接近于真实价格而在另一种情况下则少些。一个人所要做的就是下定决心接受它,而另一个的临界点是接受不超出一个单位的,但是,在价格能够表达的最小数量上,边际单位在所有个体的偏好等级上将占据同样的位置。我们以几种可供选择的形式来重复这种陈述:如果市场上有 X 个单位的商品,它们将出售给单位商品的估价在买者中相对偏好等级最高的,而后价格将下降到某一点,以满足相对偏好等级强度等比例地下降一个等级的购买者的需求,在这一点上,供给量及相应的价格将与相应的偏好等级强度相当。或者:应该被满足的单位商品的任何需要一定是集体偏好等级上处于最高的 X 个需要中的一个,而且是那些恰好被认可的需要,也就是说,占据了这些 X 的最高位置中的最低的一个与均衡价格一致决定了将被全部支付的价格。或者再一次改变表述:在我的偏好等级序列上,单位商品的全部需要中,相对高于均衡价格的那一点将被满足,而那些在相对偏好等级序列中处于较低水平的将不被满足;因此,均衡价格恰好与在相对偏好等级序列中处在最低的但被满足的需要相对应,在这个偏好等级序列中,所有其他被满足的需要的位置都高于它,而所有位置低于它的需要将无法被满足。

现在,我们将继续进行某些更进一步的考虑,虽然这存在着使我们的市场概念变得更为复杂的危险,然而,在现实中它将被简化。迄今为止,我们已经设想了被带进市场的所有商品在任何价格上被销售,卖者的意见被排外地专用于确定他们的货物在各种边际上对顾客的价值是什么;除了在某种情况下,对于卖者而言,商品的价值是被附带提及的①。对于这种情况,我们必须继续做一个明确的研究。如果低于某个特定价格,某些或全部的商人宁可不卖;就是说,他们为货物设置了一个保留价格。这么做可能有许多原因,最显而易见的是,卖者自己可以直接地、立刻地利用这些货物。一个妇女带着她的西洋李去市场,如果价格合适,她愿意出售它们,如果价格太低,她就宁愿保留它们供家庭消

> 保留价格上的卖者等于在此价格上的买者

---

① 见第 188 页。

费。比方说，除非1磅能卖5便士，否则，她将不会出售。另一个人则可能愿意在4便士时出售，但不能比那再低了；诸如此类。还可能发生（理论上这将是一个正常的情况）这样的情况，典型的买者可能在李子的价格为6便士时就肯购买，在5便士时将多买，在4便士时会买得更多，所以，如果支配市场的价格是5便士，那个带着她的李子到市场上去的妇女将留一部分给自己消费，如果价格是4便士，将留得更多，如果价格是6便士，她将卖掉所有的存货。那仅仅意味着，相对于1磅西洋李，她更喜欢6便士，但是，如果选择不是在1磅西洋李与6便士之间进行，而是在1磅西洋李与5便士之间，她将发现从第一磅到第二磅，一直到第二十一磅西洋李，都比5便士更为可取，但是，在5便士与第二十二磅西洋李之间，她可能更中意前者；然而，如果选择是在1磅西洋李与4便士之间进行，她可能觉得还是宁可要第二十八磅的西洋李，但是她会觉得货币的价格比第二十九磅西洋李更为可取。在那种情况下，如果4便士是市场上的支配价格，她将保留28磅供家用，如果5便士是支配价格，她将保留21磅，如果价格是6便士，则根本不保留。

现在，读者将注意到，在做这些设想时，我们仅仅是在摊主的相对水平上逼近了连续数量的西洋李的位置，就像她是一位顾客。如果相对于第一磅李子，她更喜欢6便士，相对于第二十二磅，是5便士，而第二十九磅是4便士，对市场的影响恰好就像她的所有李子都归另一个没有保留价格的卖者所有，而她自己是一位潜在的买者，4便士时购买28磅，5便士时购买21磅，而6便士时则根本不买；当市场结束时，如果支配价格是6便士，她将不带李子回家，如果是5便士，则带21磅，如果是4便士，就是28磅，恰好就像她以同样的相对水平进入市场，其中，有相同的李子供应，但是没有一个是她的。作为一个买者来谈论卖者的保留价格，有些离题太远，但是她对市场的影响显然恰好相似；而且，当我们陈述决定市场价格的条件时，以它们最终的形式——市场上商品的数量与构成市场的人的相对水平，在后者中我们已经不仅包括了全体买者还包括了有保留价格的全体卖者。

在我们最初有关市场的粗略分析中，我们区分了那些知道他们自己个别的需要的买者与那些形成关于买者集体需要的估价的卖者,还有满足买者的商品的数量。但是,我们现在必须用功能和地位之间的区分取代这种人与人之间的区分,以便进行更精细的分析。我们将看到,卖者的基本功能是在与每个个别消费者交易时,代表全体消费者,而他自己也可能是一个消费者,在那个地位上,其他的消费者有可能取代他的位置。这可以很方便地用前面的那个已经收获了他的小麦并且已经打好并选择出售的农夫的例子来阐明。让我们跟随他带着他的小麦样品来到谷物市场上。如果支配的价格较低,而他认为它们稍后将提高,他可能将卖掉他存货的一定部分,因为他迫切需要一点现金。但是,因为那个价格不是他认为满意的价格,而且因为他预期它们将改善,而且因为他对现金的需要截然不同于他最大化他的全部数量正在迅速减少的资源的要求,他将拒绝卖出他的存货中的绝大部分。因此,他的保留价格可能有一个非常完全而且敏感的水平,如果价格很低,他将保留他的全部存货,或者其中的六分之五、六分之四、六分之三等,这将根据价格上升的水平而定。在李子的那个例子中,可以如此想象,在谷物的那个例子中,看上去也是正常的,可能在家畜的例子中也非常一般。或许没有几个带着他们的马、猪、绵羊到集市或市场上去的人准备把它们以任何他们可能得到的价格卖掉。有意识的或无意识的,几乎在每一个例子中,无论它是多么低,但都会有一个保留价格;而且,如果那个农夫的存货很大,他可能会卖掉一部分存货,这个条件如果是对于他的全部存货而言,却是他绝不会接受的。

因此,在考虑市场时,即使在货物的性质没有得到明确说明的情况下,更多地考虑了易腐败的货物——如西洋李或者黄油与鸡蛋——的市场,我们也必须将根据支配价格的不同,存货的不同部分将被保留这一事实加以考虑。市场价格依靠:(1)市场上存货的数量;(2)构成市场的所有人的偏好水平。而且,这个惯用语包括那些我们认为是卖者的人与那些我们认为是买者的人。如果某个农夫去市场,希望以 28 先令的价格卖掉 1 500 夸特的小麦而一点都不保留,27 先令时保留 100 夸特,26 先令时保留 300 夸特,25 先令时保留 700 夸特,而在 24 先令时保留他的全部存货 1 500 夸特,那时他停止了销售。他对整个市场的影响恰好就像他是两个人，其中的一个把他的全部1 500夸特没有保留地抛到市场上，而另一个仅仅作为买者来到市场上，并且愿意在27先令时购买100夸特，在26先令时买300夸特，在25先令时买700夸特，在24先令时买1 500夸特。他的全部1 500夸特必须被看作是投放市场的小麦总量的一部分，他的偏好则必须与那些买者一起被包括在内，与市场上的商品数量一起，在逼近偏好的一般水平中决定均衡价格。

请注意，就像价格低的时候，买者将从市场上买回相对大量的谷物，而价格高的时候，数量则会相对小些一样，所以，以正好同样的方式，如果价格低，有保留价格的卖者将带回相对大量的谷物，而在价格高时，数量则相对小些。有保留价格的卖者在与买者的竞争中，主张他的偏好就像那些买者在彼此的竞争中主张他们的偏好一样多。买者决定不卖最后的100夸特，除非他得到28便士，这构成了对100夸特的需求条件，而它恰好与那个买者如果无法以更低的价格买到它们，希望以28便士价格购买100夸特具有同样的性质。一个人希望价格低一些，于是他可以从市场上带回大量的谷物代之以货币，而另一个人则希望价格高一些，于是他可以从市场上带回大量的货币代之以谷物，这个事实仅仅意味着每个人都希望发现他所有的东西在客观水平上相对高于那些他所没有的东西。在许多环境中这是一个重要的事实，但与理论上价格的确定并不直接相关。因为这个理论上的价格是在其他事情中通过忽视那些构成市场的人，根据他们的特殊利益，利用各种各样的手段竭力掩盖或修正最终的事实而得到的；最终的事实是存货的数量与他们自己和他人的偏好状态。

买者与有保留价格的卖者在理论上的同一性，或者说真实的分析必须在功能而非器官之间进行区分将更为正确的事实，在通过拍卖进行的销售中可以观察得非常清楚。在那里，财产的所有者情愿出售许多东西，如果他能得到满意的价格，但是，如果连保留价格都没有，则将不出售它们。商品全部拿出来出售，而且所有者本人，如果他愿意，也可以出现在拥挤的投标人中，并且像其他人那样，通过出价表示他的偏好水平，尽管他实际

> 阐释通过拍卖进行的销售

正在做的不是购买,而是拒绝出售。做这种事的形式通常是给拍卖人指示:低于某一价格时不卖,但是,这种通俗地被称为"买回(拍卖物)"的事实显示了所有物和购买物所具有的同一的特质,已经被一般地领会了,至少在这个例子中。

回到乡村市场,可能使读者的想象力过度疲劳地来想象一个摊主带着西洋李来到市场上,摊主想卖,却发现支配价格是如此之低,代替卖掉全部、甚至部分她的存货的是她成为一个买者。然而,这一假设仅仅意味着在某些情况下,一个卖者有可能买回他自己所有的存货,而且还进一步地成为其他人存货的购买者。这种假设绝不过分。一个农夫种植了少量上等的水果,然而从未想过要吃它们;他将告诉你,他吃不起它们。许多挪威的农夫为市场制造黄油,但是买人造黄油吃。所以,一个相当富裕的农夫的妻子可能卖掉她认为将售出最好价格的李子,而做她的冬天储备的果酱的则是更普通的一种,从她自己的树上采集的或在市场上买的;如果因为某些原因,在对有关价格的预期中,她犯了非常大的错误,以为在这个价格上她可以卖掉任何特别的水果,但是,她可能发现最好还是保留和使用,甚至是增加她最初想要卖掉的,而卖掉那些她曾经想要保留和使用的。相反的例子,阐明了同样的理论,更容易被了解。一个刚采摘了她自己的西洋李的家庭主妇,想在相当气派的规模上烹煮果酱,带着想买更多西洋李的意图,去了一个紧密相邻的市场,发现市场上的西洋李的价格出乎意料的高,以致于引诱她慌忙地回家拿来她的存货并全部卖掉,她认识到,在这样一个价格上,对西洋李来说有许多可获得的替代品,可以使她自己冬天使用的果酱会更为便宜。

但是,我们已经看到,摊主在某一价格上可能因为其他的原因而拒绝出售,并非所说的商品对他们自己来说更值适合于他们自己的用途和目的的那个保留价格。在上午的早市,他们拒绝出售的价格将在几个小时或几分钟后就处理完了他们所有的存货,因为他们预期潜在的顾客整天将有一个持续的流动。在那一时刻,他们有一个保留价格,不是因为他们自己的缘故去满足他们个人的需要,而是预期到了其他

> 投机性储存对于市场的组成而言必不可少

人的需要。在那一时刻,这些预期决定了商品在他们自己的相对偏好水平上所处的地位,就像他们为了他们自己使用需要它们一样多。如果这种投机性持有存货停止,价格将暴跌。在易腐败商品——如新鲜的水果——的情况中,由于频繁的运输导致的腐败,我们可能想要让那些货物在几个小时之内就到达最终消费者的手中。在这样的情况中,我们几乎无法了解卖者寻找均衡价格的尝试,因为那一整天中,在商品背后确实存在着一种投机性持有,并且维持了市场价格。然而,这正好是与我们从这个角度立刻想象到的行为有相同的性质。这里和别处一样,区别仅仅是个程度问题。以小麦为例。当农夫已经收获了他的谷物,他不必考虑在几个小时内处理掉它们,甚至在几天或几周内都无须考虑,他试图估计的买者意见所需要包括的范围可能是此后十一个月之内的。与那些存有李子且仅仅只考虑此后六个小时之内入市的摊主的交易一样,投机同样也不再真正进入他的交易,但是,后者的投机进入将显得更为明显、更容易被认为是投机性的,因为它包括一个更长的时期。卖李子的摊主没有意识到她的行为是投机性的,但小麦的卖者很可能知道;在小麦而非李子的情况下,那种投机性的购买很可能成为专业化的,种植者和卖者更可能是不同的人。我们确实难以想象在进行李子交易中的投机。如果一个打算卖李子的人因为李子价格大跌而成为买者,我们理所当然地认为,她是为了自己使用而需要它们。我们难以想象(她自己也是一样的难以想象),如果她相信合适的价格是 6 便士,而邻近的摊主是以 4 便士在卖,对她来说,把邻居的存货全部买来再卖掉是个好生意;然而,如果她的估价是正确的话,显然应当这样做。另一方面,在谷物市场上,那里的投机已经达到了有意识的阶段,我们能够很容易地想象一个农夫开始从事某些商人的职能。在那种情况下,如果他来到市场上销售,但发现谷物的价格比他所预料的而且最终将被证明是有道理的价格要低得多,他可能要买进谷物而不是要卖出它们了。当然,任何既不拥有小麦存货也不指望需要任何大量的谷物供自己可能之需的人,会以相同的方式在低价位上买进,仅仅是因为他预期到了即将到来的消费者在这个季节的晚期将愿意支付一个较高的价格。

第六章 市　　场

于是，我们在第一个事例中认为是买者，也即需要使用商品的人，而卖者是反映了当时还不存在的买者的意见的人，在反思时显然可能是颠倒的。任何商品存货的所有者，他自己可能就是潜在的消费者，在那种情况下，他的需要被记在偏好的集体等级水平上；另一方面，公共意见读者的功能是将来需要的预言者，或是作为部分公共需要而非个人需要表现的投机者，可能就像被视为拥有商品的卖者一样，被视为不拥有商品的买者。

随着对市场所包含的某些概念一个更全面的洞察，现在我们能够重新陈述市场的功能。一个市场是这样的机制，通过它，那些对任何商品的偏好

> 市场功能的重新陈述

水平相对较高的人开始与那些相对水平较低的人交流，为了实现相互满足，交易持续进行到均衡建立。但是，这种过程将总是占用时间的。那些潜在的构成市场的人不会同时全部出现，因此，集体偏好等级水平的构成（在此之上，与现存的全部商品数量一起，是理想的均衡点所依赖的）必然具有估计与推测的性质。在任何时刻，确实实施的交易将取决于在其他时间实现交易的预期可能性。根据市场的性质和调整可能延伸的时间跨度，关于将来可能性的投机将或多或少是精巧而有意识的。但是，当某一商品的所有者拒绝以他最终将愿意接受的某一价格（无论是此后的 1 个小时还是 11 个月）出售时，投机总是存在的，如果确信他不会做得更好；或者如果买者那时拒绝支付他最终也许愿意提高的支付价格，卖主的选择是，或者卖掉所有的商品；或者保留存货以供自己使用——如果购买的价格低于他最终将尽快卖掉的价格。相比一下不存在投机的情况，在对相关事实的整个范围予以一个更为恰当的估计，可以从更为宽泛的观点上说，这样的投机的合理功能是对商业交易的保护。如果在一开始没有人对那些事实有一个正确的概念以及一系列试错性的估价，对发生在他们的影响之下的交易的观察等，只能逐渐揭示它们；如果我们能够从投机性估价中消除所有的误差，减少派生偏好，做到准确地与它们所代表的基本偏好相对应，那么，建立在这样基础上的真实价格总是反映了理想的价格。

投机的性质决定了误差对于投机来说总是难免的,因为它在某些市场中扮演了一个非常重要的角色,某些人显然是专业地在冒这个风险,当然应该为此获得一定报酬。事实上,这就是所有保险的原则。小麦与棉花的期货交易提供了一个适当的例子。我们以棉花为例。对一个制造商来说,通常重要的是能够了解在此后的几个月里,他在什么价格下能够获得原料棉布,为此,他会立刻接受一个在某某时间供应一定量棉布的合同,以便更好地了解他的费用。但是,事先购买与储存原料棉布对他来说确实是不方便的。因此,他与一个能够供应他指定品质与特定数量的棉布的商人进行谈判,比方说,三个月后以某一价格供应。这是订购"将来的"棉布。那个商人没有货物,但是,当到了履行他的契约的时候,他想能够以一个将酬劳他的风险与工作的价格得到它们。如果他的经营规模很大,并且了解他的生意,他的风险将是小规模的,因为他对价格的高估与低估,最后在这个价格上他不得不进行的购买将彼此抵消;但是,他的个别委托人的风险,因为进入的是比较小的领域与拥有较少的专业化的知识,则相当大。因此,他们通过支付一小笔佣金来转移风险,这笔佣金隐蔽地以略微超过真实市场价格平均水平的价格予以体现。

> "未来"的投机市场

在这种简单的与商业上有益的投机之外,在小麦和棉花的"期货"中存在着无数这样的赌博。既然所有的预期最终是建立在小麦或棉花的重要性的真实水平上的,建立在谷物的数量之上,以及我们已经知道的,一个商人的可能优势是,他了解真相而其他人不了解。比方说,在棉花作物上,投机者常常有强烈的利益动机去传播一个预期短缺的虚假谣言。但是,关于投机市场的一般问题,我们将留待处理有关股票市场时进行,现在我们可以继续进行下去。

股票与债券市场,除了为我们所有须说明的纯粹投机市场的主题提供了场合之外,还为我们已经涉及的一些要点提供了极好的范例。这里只想进行一个非常宽泛与一般的论述。实践中,有无数错综复杂与微妙的因素,考虑它们的结果反而使人混乱。我们从贷款的发放开始。如果一个政府

> 股票市场,新的发行

第六章 市　　场

试图以6%、4%或2.5%的利率来筹集一个贷款,这是它明确地承诺一年后将支付这么多。把这个承诺算作100英镑的6%,或者不管它可能是什么。这里的真实情况是,它是一个承诺:每年支付6英镑并且享有(在无论什么条件都可以被命名为的)特权;通过支付100英镑来取消这个承诺。以这个条件,这个承诺以某一价格提供销售,如99英镑或86英镑或者其他无论什么价格,这个价格是对它承诺(当发行到预期的程度时)每年支付的英镑总和的边际价值的估价。如果它的预期是正确的或是低估的,贷款将被顺利地让渡。如果它高估了它的承诺的边际重要性,贷款将无法发行。

但是,在那些购买政府承诺的人中,有些人的购买与商人为了存货而购买是一样的,仅仅是为了以一定的利润再次出售它们。他们是在对那个承诺最终在公众的集体偏好水平上将具有的位置进行投机性估计的基础上进行购买的。他们的算计可能是正确的,也可能是过低的估价。他们的第一次销售也许让购买的那些人获得了相当的利润,在债券落入那些真的想领取他们的每年6镑或2镑10先令回报而付出的货币的那些人手中之前。或者,在另一种情况下,可能发生的是投机性买者过高地估计了公众的兴趣,尽管贷款"让渡"得很顺利,然而,当最初的债券买者试图在公众中销售他们的份额时,发现他们只能以一个比预期还低的价格卖出,因此遭受绝对的损失。

一个有趣的案例发生在几年前。1902年4月,就在布尔战争(Boer War)要结束的时候,英国政府想要发行32 000 000英镑的债券。他们出价100英镑2.5%的名义利率(即每年2镑10先令的索取权),以93镑10先令的价格让渡,尽管他们只想贷款32 000 000英镑,却收到了不少于35 000 000英镑的订单;也就是说,有35 000 000英镑的名义总需求想以93镑10先令的价格购买一个每年2镑10先令的索取权。乍一看,这似乎意味着,与政府相信发行32 000 000的新承诺将使政府承诺每年支付2镑10先令的边际重要性下降到93镑10先令;相反,那些买者或者是希望持有那些承诺的,或者是期望获利卖掉它们的,估计需要有35 000 000英镑这样的承诺,才能使边际价值下降到那个数字。但是,这不是真实的情况；因为那些申请某一数量债券的人中，有许多人既不期望也不希望全部得到它们。事实上，他们相信整个 32 000 000 英镑的承诺（或者更多）最终可能以高于 93 镑 10 先令的价格被销售，所以，他们能够通过任何被分配给他们的债券得到一个合理的利润，他们相信，如果每个个别的买者申请的债券数量如其希望持有的或期望能够以一定利润卖出的那个数量将多于发行量。在那种情况下，某些人得到的显然将比他们所要求的少。所以，对一个人来说，想要如数得到他所需要的，最好的办法是申请得更多一些。确实，在任何情况下每一个人都不可能得到他想要的全部，因为没有充足的债券，但是，某个为他所需要的数量只提出适度要求的人可能仅仅得到其中的一小部分，然而，如果他要求的是两倍、三倍甚至十倍、二十倍于他所需要的，他可能就能更接近于他的真实目标了，而且，如果他是那些最胆大、最精明的人当中的一员，他可能得到的正是他所需要的。但这是要冒风险的。它完全依赖于其他的人要求的是什么。一个人可能发现他已经超越了目标，他要求了他所需要的二十倍，可能实际将会得到所需的两倍多。这限制了他的申请的风险报酬。于是，35 000 000 英镑不是一个真实的表达，那些投机性买者与其他的买者集体地想要持有或者期望在 93 镑 10 先令这个价格上获利地卖掉的承诺是多少，是每个人对他自己能够获利地持有或处置和他预期其他人将要求的购买——超出他们能够获利地持有或卖掉——的复杂的估计结果。把这些放在一边，我们回到那个事实：投机性的买者设想的整个债券能够以高出 93 镑 10 先令的价格被销售掉。发行的那一天，债券的市场价格是 93 镑 15 先令。

不久以后，战争结束了，正常的预期是债券持有者将比以前处境更好；因为政府现在确定不会再借更多的钱了，那就是说，不会投放更多的国家公债到市场上了，鉴于一个附加的供应将降低任何债券的边际价值，这就转移了一个危险。但是，令每一个人惊讶的是，国家公债跌了，而且最终，在同年的 12 月 9 日，跌到了它们的最低点 92 镑 2 先令 6 便士。这显示了那些买者过高估计了这个债券对于那些真正想要购买政府担保的一年 2 镑 10 先令的权利的人的边际重要性。然而，政府已经按他们自己的条件让渡了他们的贷款,所以,是那些投机者(不一定是最初的投机者,在这之前他们中的一些或全部已经处理掉了他们的政府公债)承担这个损失。

当政府公债上升或下降时,一定要仔细观察,在任何时候都不能对那个被购买的承诺的严格性或者它将被遵守的确定性有最微小的怀疑。一个持有者从他的政府公债的存货中获得的收益从未被它们价格的改变所影响过,说政府的信誉比以前更好了或更差了,这不意味着存在政府无法按时履行其承诺的最微小的、可估计的风险。这仅仅意味着被公众附加在债权上的从政府那里获得每年2镑10先令的确定性的边际重要性已经上升或下降了。

如果不是让渡一个贷款而是发行一个公司债券,这个过程可以采取许多形式。它可能部分类似于我们刚刚已经研究过的那个。在其产权或财产的信用基础上,公司可以发行"公司债券",或者明确承诺一年支付多少作为获得如此数量当场支付的货币的回报。因为公众总是喜欢政府担保胜过任何其他,在这种情况下,公司将不得不承诺比政府公债更高的利息率,以便诱使人们来投资它。也就是说,它可能无法卖掉它一年支付1英镑的债券,而政府却能够做到。但是,从原则上说,它卖的是同样的东西,一个对每年(或者半年或者一季度)收益的索取权。公司也可以发行"优先股票",它依赖于公司实现成就的程度,许诺支付给持有者的金额。也就是说,公司可以许诺,在支付了公司债券的金额、为储备基金保留了适当的余地、补充了存货等之后,将所有剩余都以红利的形式支付给持有优先股票的人,一直到,比方说,4.5%或5%。还有"普通股票",这些股票的持有者根本没有被赋予任何权利,除非在优先股票的持有者已经收到了他们全部的份额之后还有些剩余,但是,可能也因此被赋予了剩余的全部,无论它有多么大,都不必与公司债券或优先股票的持有者分享它。

在这种情况下,公司债券的持有者确切地了解他被邀请买什么:它每年可以收益多少英镑与先令;而且它就像公司能够成功的信誉一样安全。优先股票的持有者不很了解他们在买的是什么;因为公司可能有偿付能力,但是,也可能无法支付达到这些优先股的持有者所有的第一要求权的全部比例。他们知道他们的收益将无法超过某一点,但他们却不能确定会获得到这么多。再者,普通股票的持有者对于他们正在购买的是什么就知道得更少了;因为那家公司在有偿付能力时可能根本不支付给他们股息;另一方面,如果成功了,他们获得的股息则可能是没有限制的。

所有这些不同的股票可能被提供给公众,而且,就像在贷款的例子中,部分被想持有的人申请,部分被那些认为能够以某一利润卖掉它们的人申请。不同的股票——公司债券、优先股与普通股——可能在同一天发行,在市场中处于不同的价格;但是,存在着反对公司以折扣价发行它们的股票的管制。也就是说,一个公司说它的资本是 100 000 英镑,就必须确实已经收到至少那个金额,而后减去合法用于发行的费用,并在发行公告中予以说明;然而,无论政府或地方当局是否发行每 100 镑每年支付 3 镑 10 先令或 6 镑的公债,却可以以 99 镑或 93 镑或其他价格销售。

一旦股票被发行了,尽管它继续被认为是 100 英镑,但实际上它是对每年某一确定金额的索取权,或者是对未确定的数量总和中的一个固定比例份额的索取权,这个份额取决于公司的成功与董事们的判断力;它将在市场上以它所值的价格被销售。

现在,从新股发行转向现有的股票交易,我们询问:"均衡一旦确立,为什么不断地被扰乱?"新股发行类似于一年生的谷物。大量的商品在某一点或某些点进入商业组织,必须在整体进行分配。当一个股票已被如此分配而且处于均衡状态时,相对于交易中的其他东西,它在那些人手中处于最高的偏好相对水平,所以,不存在不拥有它的人视它如拥有它的任何人一样高的偏好相对水平,那么,为什么仍然存在着市场?

> 股票为什么易手?如何易手?

假设目前股票的数量是固定的。在 1909 年春天的这个时刻,例如,英国政府公债总计 577 342 017 英镑,5% 利率的大西部铁路的优先股 11 925 808 英镑,还有斐济债券 70 900 英镑。这些数量将满足持有者在某一点上的需求,如果一旦达到那个均衡点,如果交易意外地发生了,那只是因为股票的边际相对偏好位置在某些水平(无论是持有者还是非持

第六章 市　　场

有者)上发生了改变。这里可能有许多原因。政府的信誉或有关的前景可能发生改变,不同的人对那些改变可能会有不同的估计,于是产生了对均衡的干扰。或者持有者自己的地位与情况发生改变了。牧师说:"买卖不同时。"某个获得了可观收入的人现在想从生意中退休(或者害怕生意可能"从他那儿退休"),想要开始储蓄。某个结婚后就已经开始储蓄的人认为他的孩子的教育与成家立业将是沉重的负担,都需要花费他的积蓄。人类不断地从这些状态中的一个走向另一个。某些人死了,他们的投资并不处于执行他们意愿所需要的最方便形式,或者他们的继承人对各种股票的重要性有他们自己的看法。或者因为其他的一千个理由,好的、坏的,或无关紧要的,但所有的它们都与实际的环境、需要与估计相联系,股票在某个个别人的偏好水平上变换它的位置。它的边际重要性在某些人的偏好水平上上升,而在另一些人的偏好水平上则降低,在不同人的偏好水平上的上升或下降是不相等的。因此,它将改变方向,尽管绝大多数的股票仍然掌握在那些重视它们、其边际重要性高于其他人的人手中,所以,在绝大多数人的偏好水平上它们仍然是均衡的,不过将有少量在它们的所有者的偏好水平上的边际重要性低于它们在某个其他人的偏好水平上,那些或者根本没有股票或者有一些的人,可能预备多购买些。如果是这样,交换的条件就存在着;但是,因为有关的人个别地发现彼此是困难的,那里有空间适合于代理商和经销商的服务,他们从那些准备卖的人(或者有一个保留价格或者是无条件的)那里买,再卖给那些在合适的价格上准备买的人。因此,某个人有理由相信或了解有的人或许有些人,他的某个股票的边际重要性在他们的偏好水平上高于或低于他自己的偏好水平,这要看具体情况而定,他可能指示一个经纪人为他卖或买,或者是无条件的或者在某些时刻他提出的某某条件。而那个经纪人,在一个由他的命令的性质决定的时刻去找生意,也就是处理这样股票的股票经纪人。无论他的指示是买还是卖,他并不告诉股票经纪人,而仅仅告诉他,他有多少股票想要处理,并且要求他为(for)(技术上是"对于"in)那个数量"出个价"。假设股票经纪人出的价是 98 3/8—5/8。那意味着他或是以 98 镑 12 先令 6 便士的价格卖出或是以 98 镑 7 先令 6 便士的价格买进票面价值为100英镑的某种股票的指定数量,并许诺在结算日拿出货币或股票,(在伦敦与一般的市场上)一个月有两个结算日。如果股票经纪人出价遵从了经纪人指示的条件,后者认为他不能从其他地方得到更好的条件,契约就达成了,于是,经纪人就按照股票经纪人的价格为他的客户卖或买,并因此获得一笔佣金。

显然,最终的买者和卖者不会相遇,除非在他们的偏好水平上,股票的边际位置之间的差别足够大,大到每一方支付了双倍的佣金给经纪人,减去买价与卖价之间的差之后,股票经纪人还有剩余的利益;因为卖者所得到的将少于买者通过这些金额所支付的。可以推测这将对均衡有所扰乱,市场在一定限度范围内将不会矫正这些扰乱,但是市场不会允许扰乱超越这些限度。

既然股票经纪人作为经销商,他的买只是为了卖,在出价时,他可能理想地认为他估计的买价(技术上称为"卖价",因为它是公众能够卖的价格)诱导的公众方面的销售的人与在他的卖价(技术上称"买价")上诱导的买者一样多。也就是说,他估计持有者手中的许多股票在持有者的偏好水平上低于它的买价减去经纪人的佣金,因此足以使这个股票的边际价值在所有其他人的偏好水平上降低到它的卖价加上经纪人的佣金。

但是这个估计,因仅仅是个估计,在某种程度上是投机性的和易于出错的;股票经纪人可能发现,为了卖出他已经买进的,或者为了使他自己进入能够交付他已经售卖的股票的那个位置,他可能不得不降低他的卖价或者提高他的买价,于是,因为股票经纪人对公众的偏好倾向的判断错误,价格可能改变。而且,公众的偏好倾向在订立契约的那天到结算的那天可能确实发生了变化;或许因为确实发生了某些事情影响了某公司的信誉或者前景,或许因为新的投资可能性已经出现了,或许因为广泛增长的自信心与进取心的感觉,或许因为某些普通打击,或许是灾难,或许是已经影响了公众的智谋或勇气的谣言,或许因为其他各种可能的原因。因此,在结算日到来之前,已经以某一价格购买了股票的人们可能发现他们甚至在支付了另一笔佣金之后仍然能够再一次卖掉它们并且获得一定的利润。然而,使价格产生这个变化的原因没有影响到它们也是可能的,所以，虽然在卖出的价格上倾向于持有股票，他们宁愿在目前的支配价格上卖掉它们。自然地，一个喜欢一年4镑10先令对100英镑的人可能喜欢101英镑对一年4镑10先令。所以，一个已经以100英镑（包括所有佣金）买了并且满心想持有并抽取他的股息的人，可能很高兴在结算日到来之前以101英镑的净价再卖掉。在那种情况下，当他购买时，他的经纪人将把他与股票的价格记入借方，而把他与他卖它们时的价格记入贷方，索取他的佣金，然后支付额外的收支差额；但是，作为股票的交易与货币的支付从来没有什么"结算"形式。通过这样相互注销交易的"清算"管理着我们不必进入的机制①。

市场上股票价格的这个变化，在影响一些真正的买者或卖者对最符合条件的选择的估计上是一**股票投机**个修正性的影响，可能在本质上被考虑，也可能成为一个关于纯粹投机性交易的主题。也就是说，一个人买股票可能不是因为他想持有它并抽取股息，而是因为他期望它涨价，想在结算日——也即当他不得不支付时——之前再卖掉它；以类似的方式，一个人卖掉股票可能不是因为他需要货币而不是股息，而是因为他预期股票的价格将下降，想在结算日——即当他需要支付它的时候——之前买回那些股票。在这种情况下，买者不需要拥有现款，卖者不需要拥有股票。他们仅仅需要在结算日收到或支付在他们买入价和卖出价之间的价格差额，再减去或加上两笔佣金。这个交易，如果是有意识地从事的，就具有了对股票的上涨与下跌进行投机或赌博的性质。绝大多数人给经纪人的佣金是在结算日之前如此结账的，大概都具有有意识的投机的性质。值得注意的是，无论是经纪人还是股票经纪人，同样都是有着适当判断力的投机者。经纪人工作是为了佣金，股票经纪人尽管必须形成投机性的估计，因为他的利润依赖于他的买与卖之间的价差，如果价格水平没有什么变化，他将获得他的利润；那些为卖出而买进或者为买进而卖出的人，则只是被价格的上涨或下跌足以包括佣金而且还能够剩下一个边际利润的预期所促进。作为一类，他们

---

① 参阅第二卷第七章。

必然损失，因为得利者得到的并不是失利者所失的全部，而是减去佣金后的金额。当我们听说一个私营的个体因为他"在股票交易中做了不合宜的投机"而破产了，很可能是他的交易程度而非性质使他破产。这是佣金使他破了产。他的运气不是普遍的坏或好，但他已经如此频繁地试验过他的运气了，总是在偿还特权，他已经没有什么剩下来可以再次去试一试了。

为了我们目前的目标，无须获得更多的有关股票交易的机制或程序的认识；但是，非常少的几个词可能是有用的。如果一个交易没有被另一个相反判断的交易在结算日前抵消了，它就必须被结算。"交易延期"日是在"结算日"前的一天，那些按照契约应该支付货币的，或者那些应该交付他们所不拥有的股票的人，将不得不为即将到来的结算日做出安排，他们可能通过或者借钱或者借股票来对付他们的义务，与证券交易所结算他们的账，兑现对那些市场之外的人的义务；或者通过安排"转期交割"，将他们的义务转到下一个结算日，等同于在市场内借贷。借股票（在大多数市场中，是一种相对罕见的操作）包括接受股票，存入货币作为归还虽然不是同一证书，但是相同股票中的其他部分的保证，同时承诺保证出借者所拥有的股票仍保留以他的名义所发生的所有金钱上的特权。我们不需要了解"转期交割"的技术性细节，我们也不需要讨论购买或销售的"买卖的特权"，这只不过是另一种对股票上涨或下跌的赌博形式罢了。

读者将认识到投机要素以不易觉察的程度参与到这样的小麦或棉花"期货"交易中，或者在股票交易中，就像我们已经研究过的。一端是真正的买者与卖者，他们的需求不同，交易的商品的边际重要性对这个人比其他人更高；另一端是纯粹的投机者，他们没有买或卖的概念，只是赌在哪一点上那些真正买与卖的人到哪一天将发现他们的均衡。在这些人之间的是经销商，他们需要对投机的程度、买者与卖者形成估计：谁在敏锐地注意着市场的变化，谁或多或少地受到影响他们对它的活动的预期。但是，只要存在着任何真正的市场，也就是说，只要实际上有商品或特权被买与卖，现存商品的数量与偏好的集体偏好水平就决定了它在特定时刻的边际重要性和价格。投机性的购买与持有就像他们确实在购买与持有一样计算,但是,因为他们的最终的目的是卖,他们是在他们将能够抛售的价格上做投机。也就是说,当他们从市场撤出时,他们是在对市场条件做投机;而且,这些条件当然最终依赖于真正的想要持有股票的买者附加在股票上的价值。那些根本不买的投机者仅仅只是赌,他们只能够以一种间接的与短期的方式影响市场。

市场的伟大法则保持着它的方向,大体上仅仅受到来自围绕着它的投机性与冒险性交易的次要的扰乱。但是,当投机包含着建立"囤积"或垄断时①,可能发生灾难性的混乱,而冒险总是破坏性地共同地针对那些参与其中的人,有利可图的仅仅是代理商。

如今,我们已经完善了关于各种开放的与竞争的市场的分析,我们不难理解其他形式的销售,在其中,我们曾经假设的某些条件被修正了。要记住的是,市场的功能是使拥有某种或某些商品的相对偏好水平不同的人们相互进入交换;此后,我们将讨论市场的制度、机制以及实现功能的联结体系。交换的区域越广泛,它的性质越基本,我们就越接近理想的市场。但是,无论怎样收缩区域,无论交易是怎样的不完美,只要存在着联系与交换,市场的本质特征显然是存在的。因此,在一个东方的集市上,确定零售价格的原则甚至在名义上也是不存在的,卖者不让现存的与缺席的潜在买者彼此之间形成开放的关系。他尽力孤立每一个顾客,如果他成功了,更可能的是,即使他的顾客与他做完生意之后,他们中的半打相遇了,他们发现彼此被带进的均衡有好几个,而且相差很大的水平,他们都能在相互满意的条件下进行交易。在这样的情况下,在任何意义上都不能说集市建立了一个市场价格,它只是提供了一个观察有时间和技巧的人通过它来获利的场所。我们所能说的是,在每一个交易中,卖者的底价仍然由他能够从其他的顾客那里得到的推测或者最终由那个商品对他的价值决定;反之,买者的高价是由商品对他的相对地位或他所认为的其他卖者

> 销售的其他形式,东方的集市

---

① 参阅第 219—220 页。

的卖价所决定。其他顾客的支付问题取决于他们的偏好水平，其他卖者获得的问题取决于他们对销售商品数量的估计与关于可能的买者的偏好水平的推测。因此，即使在这里，同样的事实最终仍然统治着局面，只不过卖者并不假装着将自己展现给买者。

与这种每一个交易都是个别的交易相反的极端出现在印度乡村，商品与服务的确定价格据说是由严格的传统所决定。在这里，经济压力无力打破在心理上由物品的适用性所产生的观念上的阻力；但是，它们在如此规定的限制内是有效的。一个人将不会购买，除非那商品或服务对他来说值那个价格；如果有任何更好的选择对他开放，他将不会继续制造那个商品，或继续提供服务。我曾认识一位斯堪的纳维亚的农夫拒绝了做一个圆勺的订货，因为在传统的价格上做它还不值得他的时间，他将不收费，甚至不同意接受任何超过它的东西。在邻近地区，没有其他的能手能够取代他，所以，他可以非常安全地提高他的价格。但是，如果传统的力量不但阻止他提高价格，甚至还迫使他接受了要求，他仍然还有办法拖延到他空闲时才执行那个要求，同时转向更符合条件的选择来应用他的时间。

> 传统的价格

在任何城市或地区的零售市场，就像在乡村集市一样，有一个松散的有组织的同类商品市场，但是，对个别的买者来说，了解不同商店的商品的不同价格可能比比较不同货摊的不同价格更困难；因为距离较远的一个商店可能安全地向顾客索取比相邻地区更高的价格，即使他们知道价格的不同，否则，他们就不得不付出再走半英里或一英里的代价。这里有一个个别消费者对多支出的少量金钱的边际重要性估计，即多走的额外距离的代价。再就是，在乡镇市场上，很大比例的买者或多或少是内行，能够准确地判断货品的质量并且根据某些品质将它们分级，然而，商店中的大部分消费者却不得不接受店主的话，在多数情况下是一分价钱一分货。普遍感觉是，店主一定会如实地向顾客传递目前的价格和货物的真实质量等专门的信息。作为一位专门的顾问，在他索取的价格里包括一小笔报酬是被充分理解的，如果他不能诚实地回报相应的服务，某些抱怨就是正当的。所有这些考虑构成

> 零售贸易

了这个市场的特色与局限,但是,它们保留了基本的原则未受影响。

然而,零售价格甚至在高度组织化的工业社会中有时也会对经济压力予以顽强抵抗。某些商品的零售价格似乎获得了惯例的固定性,一种几乎是制度性的特征。一代人之前,当伦敦一家著名的制帽厂提高他们的大礼帽的价格时,人们如此震惊,他们开始怀疑:在皇家学会的十字转门,他们是否应该被索要1先令1便士。在零售市场上,各种矛盾与惯例阻碍着变革经济条件的行动。这些变革的影响不得不通过对零售与批发的价格比较来开辟它的道路。众所周知,批发市场比零售市场更敏感。毫无疑问,这部分是因为许多零售价格只能通过相对较大的单位才能修正。甚至一个八分之一品脱面包的四分之一便士的波动也构成了价格上值得注意的比例,这种最小的变化能够在零售贸易中显示它自己;反之,更小比例的差异就可能在小麦或面粉市场上显示它们。但是,这无法解释每件事。有时候,在零售商中有一个保持价格和限制销售的结合。一个香蕉进口商发现他无法在利物浦销售他的进口货,因为零售商不愿降低零售价格,消费者不愿在当前的价格上购买增加的供给量。他被迫引入了六个伦敦水果小贩以便宜的价格沿街叫卖以便于打破那种结合。有时则正相反,有一种风俗阻止价格的提高。乡村牛奶的供应经常是不确定的,如果农夫无法满足他的顾客的所有需求,他不提高价格,他通常是切断相对偏好水平最低的需求。他告诉每一个顾客那天"他能够让他得到"多少,同时要价不变。他这么做,除了说是习惯使然,很难给出其他理由。在伦敦,牛奶的零售价格同样是不变的,但是,由于下大雪使牛奶严重缺乏,这将打破惯例,严重的缺乏将造成高价。我们饶有趣味地注意到,在这样的危机之中,牛奶商在一定限度内可能采取一种非营利性的态度,可能要求他的某些顾客减少一点他们甚至因短缺而涨价的情况下也已经预订的供应量,以便使他能够给予邻近有婴儿的某家多些。在这种情况下,价格不是严格竞争性的。也许应当进一步注意到,零售价格经常与单位的微小变化保持着一种顽固的联系。经常可以观察到,较小的费用在那些法郎是货币单位的国家比在那些弗罗林(florin)是货币单位的国家更

> 零售价格对变化的抵制

易于忍受①。有时候，早已废除了的铸币体制的影响仍然可以在零售价格的水平中被找到。但是，我们不必研究更多的细节。指出市场是如何表明它自己在零售贸易中的法则和与其相关的有多少种力量反作用于它并阻碍它，这就足够了。

拍卖销售为另一种类型的市场提供了样本。这里就像在东方的集市上一样，卖者拒绝指定价格，并竭力从每一个购买者那里获得最高价格。然而，他的顾客群体是有限的，而且必须按顺序与每一个购买者进行交易，在对目前尚不存在的但很可能在市场关闭前出现的可能买者的需要的估计的基础上，他无法隐瞒他的货物；反之，买者可能利用他们在其他开放市场上获得的购买可能性的知识来调整他们的报价。那里连续提供了许多近似相同的特征和估价，买者对每个其他人的偏好水平进行着投机的估价，而且，一个愿意立刻为任意一个八份额付 10 英镑而不是不要它们而走开的人，可能拒绝为最初的份额报超过 5 英镑的价，因为他认为当七个相对最高的需求已经被满足，剩下的份额将被留下来用于满足某个偏好水平在 5 英镑之上的需求。他可能失望。其他人可能也玩着同样的游戏，当最后的份额被提供时，一个愿意让他以 5 英镑 5 先令获得最初的份额的对手可能把价格提高到 10 英镑以限制最后的份额，或可能从他那里以 10 英镑 5 先令拿走它。

> 拍卖销售

利用拍卖进行真正的销售的结果是众所周知的不确定，如果买者不内行，在一个不完美市场中的偶然的环境扮演了重要角色，拍卖的操作可能被缩短到几分钟。在公司解散之前，不断进行的讨价还价与转售对市场的影响说明了这样的市场是无法实现最终均衡的。但是，基本的决定条件和普通市场完全一样。在那一点上的商品数量，或者在别处可以方便地获得的商品数量，还有在场者的相对偏好水平，以及对他们自己的需要，或者那些他们能够随后处理的其他人的需要的估计，是决定价格的基

---

① 弗罗林（florin）：金币名，1252 年首先在佛罗伦萨铸造，后来被若干欧洲国家仿造。——译者注

本事实。

接着进行进一步的研究几乎是不必要的。例如,对于荷兰式拍卖和商店的减价销售都很容易地给出同样的分析。

商品的卖者经常成功地建立两个甚至更多的市场并使它们保持分离状态。也就是说,他们设法处理几个不知道彼此行为的买者群体,使他们从来不能够构成一个单一的市场。他们的目标是从那些情愿或有能力支付的那些人那里榨取较高的价格,同时用较低的价格吸引那些较贫穷的买者。

> 相同商品的市场有意区隔

伦敦的同一个牛奶商通常令人可信地宣称将以不同的价格在不同的街道提供相同质量的牛奶。一位女士,碰巧由于某种机会居住在一座房子里,她的衣着款式和房子暗示了较高收入,她可能很容易地发现,只要她在某一商店进行购买而不留下她的住址,她就能够以她认为合理的价格得到商品,如果她接受了店主的殷切请求,让其送货上门,一旦她的地址被知道了,价格就上升了。据说某些时髦街道上的店主,上午与下午有不同的价格,在有关富有女士的经济行为的报道中说到,她们会派地位低下一些的朋友或侍从在上午去确认并记录一些商品的价格,而她们则自己下午坐着自己的马车来挑选商品,坚持支付不超过上午那个步行来的证人(她们已经带来了)所提及的价格,以反对下午用来对付她们的那个非常不同的价格。

在此类以及类似的情况下,差别被成功地执行,那些被索要较高价格的人毫无疑问因此在境况上不及不被索取较高价格时他们将有的境况;零售

> "降价的条件"和"倾销"的理论

商人必须或者情愿做较小数量的生意以获得较大的利润,或者必须以他卖给境况较好的顾客的更低价格为他的剩余商品发现一个市场。然而,如果将所有的商品放在同一个市场里,将使他的全部交易价格不断降低;而且其中部分的价格将更加降低,其损失超过了他在其余的交易中维持一个高水平价格所能补偿的。但是,无法因此得出这个零售商人获得了超额利润的结论。可以相信,他无法用其他方法成功地继续贸易;因为他的一般费用可能是这样的,如果他只有一个价格,无论是高还是低,他都

无法使经营的生意获利；如果是高价，是因为他无法获得足够数量的顾客，如果是低价，是因为并不是十分有利可图。但是，如果昂贵的场地和所有其他必需的装备是有保障的，他就有把握让商品中有相当部分获得高价，由于无须在他最初的与一般的费用的基础上增加费用，通过增加低价部分，他就能增加他的贸易数量，那么，后者销售的增加就能使他继续他的生意；因为对某些特殊的存货的现款支付可以提供给他一些预付款，尽管不是足够多，但却始终如一地补偿了整个费用，并为他产生一个适宜的收入。

　　阐明这个过程的特别清楚而常见的例子是私立学校中的学生被慷慨地降低费用接受。学校建立的地方非常好，如果他愿意的话，校长能够在名义费用下总是保持满员，或者仅有相对小风险地有空缺运行，当然，降低费用收取学生是真正的商业牺牲；除非是为了获得一个有价值的关系，或者是某些其他类似的目的的缘故，对于那个被准许付较低的费用的人来说，这都是一个善行。在这种情况下，校长更多的是从非经济的角度进行考虑的。有充分的理由可以预期，以名义上的费用招收学生来填满房间的可能性是极小的，或者充其量是靠不住的；看到所有这些费用，像租金、工资等，不论房间是满的，或者仅有三分之二是满的，都必须开支，让那些支付的费用不足以补偿他们生活开支的男孩子们入学总比让房间完全空着要好。是的，那些开支在一般情况下是难以被这些收费所弥补。但是，总会有一定数量全额支付的学生，而且，运转良好时，学校的房间就是满的或者接近于满的。降低费用的学生减少了当空缺没有被全额费用的学生填满时所造成的严重损失。但是，偶尔也会犯错。一个将以降低费用被接收的男孩子，后来发现他确实排挤了一个随后申请的全额支付的学生，尽管事先并没有预料到会如此。在这样的情况下，如果那个较穷但是有天赋的男孩被完全真诚的方式对待，他将为老师争光，在其他情况下，那校门对他可能是关闭的。或者有可能发生的是由于他的亲戚，或者是他似乎可能具有为学校争光的能力，或者是因为其他的任何原因能够激起校长的真正的兴趣、善心或怜悯的一个符合条件的男孩，但却不能支付得起全部的费用，却因为一个被期望到来但没有真正来的全额支付的学生的缘故而被拒绝了。在这样的情况下,校长可能留下一些遗憾(根据情况,或者更可能地根据他的心理习性),或者他的精明出了错,或者在那个不幸的时刻,他的仁慈心暂时丧失了。

这个私立学校的例子进一步证明了实行两个水平收费的困难;既然大家都知道学生可以被相当慷慨地降低费用收取,总是会有一类父母将认为学校章程中所提及的费用只不过是讨价还价的基础罢了;校长将经常会发现,从那些尽管富有但却总是很敏锐地在合同条款里寻找"最惠国待遇"的客户们那里榨取他的全额费用是困难的。或许,唯一为所有相关的人广泛接受的公然的差别收费的情况是医疗护理。据说,差别被医疗人员精巧地系统化了,他们的客户对相关细节是非常不了解,但是,更明白地说,他们知道他们支付的或多或少是根据他们的方法,或许他们之中没有几个人会抱怨,无论他们是否知道在对他们与他们的较穷些的邻居所索取的费用的差别有没有道理。然而,甚至在这里,医生,尤其是牙医都能讲述许多客户以各种借口试图压低他们的收费的故事,这些借口最终建立在他们知道医生对比他们更穷的人收费较少的知识的基础之上。

在转向另一个特殊类型的市场前,注意到在所有这些高价与低价市场的例子中,保持彼此的分离,低价市场的买者总会得到一些利益,是有启发的。那些被收取了高价的人自然因此要抱怨。其他人为低价市场中的买者偿付了部分价格。如果不是其他人支付了较高的价格,他们不可能以这样的条件获得服务。但是,当交易不是从买者的观点来看,而是从一个想要成为卖者且由于任何原委被排除在高价市场之外的人的观点来看,抱怨是一种错误和伤害,被描述为一种"倾吐"。

现在,让我们继续研究垄断者的市场。在开放的竞争市场中,卖者各自独立地追求他们个别的利益,买者通过彼此沟通,每个人都知道其他人订立的契约是什么。我们刚才已经研究了买者之间沟通不完全的情况,或者因为费率或其他的障碍阻止了他们互通信息。现在,让我们研究垄断或卖者之间联合的影响。由那个原则——给定集体的偏好水平状态,价格由市场上的商品数量决定——开始,我们立刻可以发现,如果有人能够控制商品的数量,他就能

垄断者的市场

够(在某个限度内)决定价格。或者,如果市场上所有的卖者同意一个确定的价格,消费者将要购买的数量也就自动地决定了。所以,如果有人控制了全部的供给,他可能用确定某个较高的价格取代为全部存货找到均衡价格,在那个价格上尽可能地卖出存货。或许他认为他能够以高出他的全部存货两倍的价格卖出三分之二的存货。如果是这样的,通过消灭或者保留存货的三分之一不销售,他可以实现全部存货销售金额的三分之四。我们已经了解,为什么在开放的竞争市场中,这是无法实现的。每一个卖者都担心未销售的三分之一中包括他的存货,换句话说,很可能是由于他从销售中抽回了他的存货,而他的竞争对手因此才获得了高价。但是,如果有一个垄断或者卖者之间的联合,垄断者或辛迪加就有了确定价格,让销售量自我决定,或者确定他们将出售的数量而让价格自我决定的选择权。在一种情况下,他们对那个价格上他们将销售的数量形成了一个投机性的估计,而在另一种情况下,则是对他们放到市场上想销售的数量的价格的投机性估计。当然,垄断者市场的理论像那些竞争性市场的理论一样建立在相同的主要原则之上。价格由消费者(或他们的投机性的代表)的相对偏好水平与进入市场的商品的数量决定。但是,卖者(或者卖者辛迪加)并不限于确定均衡价格。他自己能够决定是否调整提供销售的商品数量来调整价格,或者直接决定价格再随之调整销售的数量。但是,无论他确定哪一个,另一个将自己确定。他无法同时确定他的销售的数量与销售的价格。于是,垄断者与开放市场之间明确的差异是,在开放市场上的卖者,仅仅或多或少地不完全地反映了买者的意见,而且他们知道,在集体偏好水平上下降到买者的需要将被满足的那一点所确定的商品数量超出了他们的控制能力,反之,在垄断者市场上,卖者不仅试图确定买者的需要,而且还决定为了服务卖者自己的目标将满足买者的需求到哪一点;可以观察到的是,在任何给定的时刻,开放竞争的市场与垄断者市场一致的是卖者投机性地确定一个价格并随之决定将流入消费者手中的商品的比率。区别仅仅在于,开放竞争市场的试错性的估计是建立在全部可获得的商品的数量在市场延续期间将被卖掉的假设之上;这样的基础假设,对由垄断者或辛迪加决定价格来说,是不必要的。

第六章 市　　场

由于行业最近采取的措施,使得与垄断者或辛迪加市场相连的特殊问题日益显得突出,值得对它们进行比本书论述所及更为详细的讨论;但是,对于一般理论目标而言,本书对垄断的主要特征的描述已经很充分了。

迄今为止(除了股票市场),我们的举例主要来自具体的商品类别,我们通常认为它们生产出来的形式相当接近于它们被消费的形式;此外,它们中的大部分最终将被应用于一个各种紧密相关的目标。马铃薯在被吃前必须煮熟,或者用火来烧熟;仅有少量西洋李在它们被带到市场前被吃掉;但是,无论马铃薯与西洋李以什么形式或什么样的结合方式被最终消费,它们的大部分仍然是可以辨识的。也就是说,像它们在市场上被销售一样无须努力想象去感觉我们在吃的块茎或水果的身份。尽管我们全都知道某些椅子、餐桌与床架是用木头做的,小船也是用木头做的,扫帚把、铲子与耙子杆、橡子、门、窗框、煤矿中支撑顶部的柱子与铁轨下躺着的枕木全都是木头做的,但我们通常并不确实地了解在所有这些物品中的那棵树;这需要像金·阿尔佛雷德(King Alfred)这样的艺术家或像沃尔特·惠特曼(Walt Whitman)这样的诗人来逆转那个过程,看所有这些东西以树的形式存在的样子。一棵树,可以被改造与伪装,并被应用于巨大数量的多种用途。当它被锯成厚木版,风干了,并被认可为"木材",那棵树的某些可选择的用途就已经被不可挽回地被放弃了,但是无数多种的用途仍然是可能的。如果一件商品以某种形式存在,如木料,在它呈现出能够直接供人类所需的形态之前有许多有技巧的与多样的转变,这是否引进了对市场机制某些根本的修正?或者与它以前完全一样,像一个马铃薯或一个西洋李,以一种仅仅是在被消费前等待家里的操作的形式存在?用专业的术语说,是否原材料市场也为同样的心理法则所统治?是否它的运行机制也像那些支配制成品或预备好给消费者的产品的市场的一样?

> 原材料市场

宽泛地说,这些问题的答案已经提前给出了。例如,我们已经了解了牛奶的各种用途,经济地管理所有用途彼此都必须处于边际均衡状态,它们全都形成了对一般存货的需求。如果我们从个体偏好水平转到集体偏好水平,我们看到,尽管一个买者有一只猫和一个婴儿需要供养,另一个人有一个婴儿而没有猫,而第三个人有一只猫而没有婴儿,猫和婴儿相同地将被正常地供给达到某一点,在这一点上他们的边际需要被他们的几个供给者估计并以相同的黄金价值被表达,在几个相对偏好水平上占据了同样的位置。各种各样的用途对市场法则来说没有什么不同,而且在消费之前进一步操作的必要性也一样没有。西洋李是被原样吃掉,是被烘烤成馅饼,还是被制成果酱,在一个完美管理的家庭里,它们全部必须进入边际重要性的均衡之中;在一个组织完善的市场中,它们将全部处于价格的均衡之中,尽管一个人为一种目的而买,另一个人为另一个目的而买,再另外一个同时为第三个或第四个目的而买。对于形成市场价格来说,要紧的是那东西在个体偏好水平上所占的位置,而不是为什么它在那里。如果给定质量的木头在某个人的偏好水平上占据了某个位置,无论他是想在他的业余作坊里摆弄它,或者用它为自己做个书架,或者建造个凉亭,还是不为自己而是为他人做桌子、椅子和脸盆架,都是无关紧要的。他需要它,只要在他的偏好水平上给它某个位置就足够了。那些站在或靠近使用目标的与那些位置或多或少离它较远的但与它是在一条直线上的,在同样的条件下进入彼此的竞争。除非提供某些特别的便利与安全,卖李子的商贩不会问买者买李子是为了私人使用还是为了供应大型果酱厂;木材商将以同样的方式与给他一个合适的订单的任何人交易,无论木材离开他的手之后,原料的加工时期是长还是短,无论它在到达真正的使用者手中之前将被交易多次还是很少的次数甚或根本不交易。木头的全部不同用途构成了需求。借助它可能适用于这个目标,它在这个人的偏好水平上占据了某一位置,借助于它可能适用于那个目标,它在那个人的偏好水平上占据了某一位置,借助于其他可能的用途,它在第三个人的偏好水平上保持着彼此间的边际平衡;无论是为了他们自己的利益,他们希望应用它于这些多样的目的,还是为了另一个他们已经与之签约的人的利益,还是对他们想与之交易的其他人的需要的投机性估计,所有他们的需求都将进入彼此的竞争,并在他们的边际评价一致点上发现他们的均衡。

如果一个工匠为了制作脸盆架和桌子出卖而想要木材,木材对他就有一个派生的价值,因为用它制作出来的东西对其他人有一个直接的价值,所以,发现或估计脸盆架和桌子在其他人的偏好水平上的位置,在他的偏好水平上给木材某个位置,这样有助于形成对木头的需求,并决定它们在集体偏好水平上的位置;自然地,发现或估计犁、手推车、书架、柱子、平台、屋脊大梁与一千种其他的东西的位置,恰恰是同样的行为,依靠用它所能制作的所有东西的直接价值,给了木头一个派生的价值。而所有的派生价值依靠相互平衡,决定了给定质量的木材在集体偏好水平上所占据的位置。

现在,我们可以回答一个必定经常浮现在读者脑海中的问题。迄今为止,我们已经谈及,在特定时刻,现存任意商品的数量为构成市场的人所拥有或控制,就像它们被确定了;当然,在那一时刻确实

> 由市场上一种需求所产生的另一需求的供给

如此。但是,是什么决定了这些数量?在什么程度上它们能够被更改?西洋李的产量被树的数量与季节所影响。一旦成熟了,它就无法被任何我今天或明天能做的事增加,在树刚种下时,没有人能够告诉你,那棵树在给定的年份里将能生产的水果的确切数量。类似地,播种小麦或燕麦时,是无法确定我将获得的收成的确切数量。但是,我们充分地习惯于存在于所有管理问题中的这种投机性与不确定的因素;我可以在对平均收益的边际重要性的估价的基础上,年年地调整产品品种,使用相同的土地轮流地种植谷物和其他农作物,或者放牧,或者种水果,或者作农场种蔬菜。因此,西洋李或小麦的供给的确定是通过考虑土地的可选择用途来实现的,就像桌子与脸盆架的供给是由对木材的多种用途的考虑所决定的。对这些家具的直接欲望就构成了对木材的派生欲望,表达了对市场上的木材的需要,所以,对小麦和西洋李的直接欲望构成了对拥有或控制土地的派生欲望,表达了对市场上土地的需要,正好与任何其他市场上的需要的本质特征一样。

于是,市场的供给,就其能够被人类的行动所调节而论,构成了对其他某些市场的需求。当我们越来越高地向上追溯满足人类所有需要的根本源泉并以差别越来越小的形式来研究它们时,我们将发现,在它们所包

含的市场与直接或间接的平衡中,一个范围不断扩大的社会的爱好与欲望。但是,市场法则从来没有改变。价格也总是由对可获得的商品数量的估计与对社会需求相对水平的估计决定。任何事情无法影响这些因素中任意的一个,也就无法影响市场价格。

现在,我们可以很清楚地看到,交易与市场法则是如何与家庭内部的管理结合在一起的。像我们拿来举例的这些物品,如西洋李、马铃薯、小麦等的消费是持续的。

> 家用与商用的存货与储存

家庭主妇为了一年所需购买一批或两批西洋李,她把大部分做成了果酱,它们就可以吃整整一年。她保持着对储藏间钥匙的适当控制,只在满足某一紧急所需时才配给果酱。因此,她可以被认为是投机性地持有她的储备以预备未来的不时之需。她尽力估计未来一整年将发生的需求,并且要对突然提出的需求的紧急程度用一个可以实现均衡的标准进行衡量,以证明对这一个需求配给一罐果酱的合理性。如果开始时她太容易就给了,她会发现储备消耗得太快,她就会像在市场中一样"提高价格"。如果开始时她太严格了,她会发现消耗的速度是不必要的慢,她会降低紧急的标准。所有这些,甚至可以在招待一个布丁时的缩影中看到。某一个穷困的女士,在给她的孩子们果酱面包圈时,习惯于大方地招待年长的孩子;过了一会儿,她发现按照这个标准,它将不够周转一圈的了,她将收紧并节省给中间的孩子们的,到后来,她发现她的节约措施已经足够了,又会放松给年幼的孩子的。(注意:做观察的与保存记录的是一个来自接近中间的孩子。)因此,家庭主妇控制或配给她的储备与那些店主或经销商保存或出售他的商品的原则,就他们的目标都是均衡边际价值来说是一致的,只不过家庭主妇是在与她有亲情关系的个体偏好水平上估计维持生命的最终所需的与社会重要性的增量,而店主仅仅考虑集体偏好水平的位置,它们是等价的,对彼此都是完全客观的。

任何收获的实际分配在其不得不包括的一定时间里,可能按消费者和经销商的某一比例进行分享。就像我们已经看到的,李子可能被消费者一次购买以供全年所需;对小麦来说,则可能不是这样的。作为惯例,最终消费者是以面包的形式获得他的小麦,储存不超过几个小时,至多几天。很少有人仍然在家烤面包；也有人为了其他烹饪的目的需要面粉的，所以，那一年的小麦的一小部分将以面粉的形式被主妇提前几周或几个月储存起来。但大部分将保留在面粉厂主和经销商的手中，所以，对覆盖一年的要求的分配工作，在果酱的情况下（至少在老式家庭）仍然是家庭内部管理的一部分，而在小麦的情况下则是商业的一部分了。

此外，可以在新马铃薯的情形中发现一个不同的类型。这里没有任何积累的存货需要在商业及家庭内部进行较长时期的分配。马铃薯一天天成熟了；一周一周地被带进市场销售，在一天结束前，看上去没有任何投机性的或替代性的保留价格。在那些每周一次的市场上，实际消费量的持续流动被购买者成功地维持着。所以，在最终偏好的水平与供给流之间，是非常直接而持续的关系，无论是家庭内部的还是商业上的，看上去没有什么对将来的需要进行投机性估计的空间。然而，为过冬而储备马铃薯却是另一回事。

当我们考虑它们可能发生的错误和误算时，一个同样严格的类比与同样根本的差异可以在家庭内部与商业管理之间被追踪到。如果那个家庭主妇不明智地分配她的西洋李储备，并把最好是拿来当水果吃的也用来做果酱了，或者她一次性购买了不成比例数量的水果，有许多浪费了。而恰好以同样的方式，如果一个男子把木材做成了脸盆架，而如果这些木材被做成餐桌的话，将满足处于集体偏好水平更高位置上的需要，他将努力避免重复犯错，但是他无法使木材复原。对他来说，作为一个生意人，已经有了许多的浪费。那些木材确实被应用在商业利益较小的地方了。脸盆架一旦成为制成品就不可能再被转化成餐桌，相反，餐桌可能被做成脸盆架，与之相比，如果用与今天上午购买牛奶等量的货币可以转化成今天下午四点的茶点或松饼，或者比较一下已经被猫舔过的牛奶可能经过再次考虑被放进茶里。然而，已经关闭的选择不会再开放。牛奶消费的相对重要性太低，以致无须证明其购买的合理性。如果事情的状态已经精确地预计到，或者如果已经知道下午茶将需要多少牛奶，就可以给予猫一个比较低的重要性，证明牛奶用于下午茶是合理

263

> 家庭及商业上资源分配失误的影响

的。已经做成的脸盆架只好以比我们做它时预计的价格更低的价格卖掉,尽管我们知道,如果做的是餐桌,我们的替代选择将是更有价值的;或者,与事实相比,木材可能是在餐桌和椅子将满足集体偏好水平较高位置的需要的印象下被购买的。正像牛奶的全部订单可能是超额的或不足的,所以,即使内部的平衡被保持了,与好的家政管理所能证明的正常水平相比,牛奶却是以较高或较低的边际重要性被消费掉的。从商业的观点可以证明,木材的全部存货以生产出来的产品能满足边际需要为宜,如果边际需要在集体偏好水平上的确切位置能被正确地预见到,多买些木材将会是一桩好买卖,而购买同样多的则将是一桩坏买卖。

这样看来,市场法则控制着所有的商品,无论它与最终用来满足人类需要的条件是近还是远。差别仅仅是,当它与满足人类的需要相对遥远时,则处于相对无差异状态,无数的选择仍然是可能的。宽泛的需要必须进行平衡,通过估计与实验,进入相互关系,而在之后的阶段,则只有精致的差异。

因此,一定时间里,在存货中购买一件物品的条件与通过订购得到它的条件之间经常存在差异。一个厂商可能已经大量生产并储备,认为时间到来时他可以按照他认为合理的条件出售。但这是一种投机,如果在数月或数年之内,情况如同所预期的,这种物品在集体偏好水平上的位置没有上升到预期的高度,他最后可能乐于以他能够得到的价格出售,因为他别无选择,无法将它们转化成任何别的更有价值的东西。但是,如果是订购,他将不会发生这种事,他现在就可以以订购的价格出售它;因为在他生产前,他有许多选择。他可以生产其他的东西,那些他现在知道将会更适当地利用他的资源的,或者他可以根本什么也不生产,因此节约原材料的费用,或者,如果他精简了他的组织,或许还节约了工资。这样看来,如果你向 A 订购产品,A 只有在可以得到一个较高的价格——这个价格会使 B 愿意从他的存货中提供这一产品——时,他才愿意接受。

第七章

市场(续)：利息、工具和土地

摘要：预支市场和其他市场的运作规律是一致的。在一个给定的时期内，人们可以通过以减少后期的消费为代价来增加初期的消费(或者与之相反)，从而更经济地安排他的资源。或者，由于有些人的预支优势大于另外的人，上述的两种行为就会同时出现。如果这两种人之间可以进行交换，当均衡达到时，这里将存在着一个对预支的贴水，即所谓的利息。某个人储蓄的易腐败的物品可以支付给另一个正在以更加耐久形式积累财富的人，并且在不久的以后得到补偿。因此，每个人都可以将现在易损坏的物品转换为将来的更加耐久的财产，或者将现在的永久性财富变成将来的可能更加容易腐败的财产；当然，也可以有相反的行为，即将更易腐败的物品变成较为不易腐败的商品。人们也可以将生产从当前需要的东西转向工具或者技能，因为这样可以使将来生产的效率更高；由于生产能力可以通过这种方式提高，升级工具设备的人将相应地得到补偿。土地可以被视为一种可以产生商品收入的来源，或者可以直接给人们提供服务，在这当中，可以认为部分是自然的，部分是人为造成的。一个人出于合理地分配自己的资源从而使自己能够获得更大收益的考虑，可以去租用土地(即只有控制权但没有所有权)，也可以去租用房子或者工具。这两种预支的优势遵循随着边际增加而重要性递减的一般规律,再加上提前使用将来资源的挥霍欲望,它们一起构成了一种关于现有可以使用的全部资源的契约,这个契约和其他种类的契约形成了市场均衡。由于预支产生的贴水构成了利息。一些人总是习惯于储蓄,但是,为了遥远的未来而储蓄并不总是明智的。超过一定程度的储蓄根本就不是明智的。利息作为一种通常现象的存在,将随着个人资源分布而变化,并且在非交换经济中也有类似情况。一个社会积累可交换物品的速度取决于它的财富及分配、成员的远见和那些指导工业发展的人的明智和廉洁。动产租金(hire)和不动产租金(rent)同样含有利息的因素,而且不动产租金还存在类似于有关保险问题的部分购买行为。

还有一类比较特殊的交易有待解释,虽然它们也是按照市场的一般规律运行,但非常复杂,并且导致了很多奇怪的投机行为,我把它们留到后面做特别的分析。

利息现象不仅引起了经济学家的关注,而且也引起了神学家和道德家的关注。卡尔文(Calvin)是第一个论证收取利息合法性的伟大神学家。罗斯金可能是第一个(有记载的)对利息现象进行谴责从而成功地吸引了广大公众关注的伟大的道德家和社会改革者。尽管关于利息这个题目方面的论述已经很多,但是,利息的真实属性、其与其他经济现象之间的关系以及其所表现出来的力量看来依然不能被我们完全理解,所以,我们需要通过进一步的努力来阐明清楚。

> 利息

我们已经看见了,一个人的支出必须在可以称之为短期服务的商品和长期服务的商品之间分配;即在已经被使用的商品、易朽的商品、必须被更新的商品以及可以持续或长时期或者短时期连续性或者间歇性使用的商品之间进行分配。例如,如果一个人必须在未来的六到十二个月里给自己提供一套衣服,那么,在开

> 提供短期服务和长期服务的商品,以及不规则时间的资源需求

第七章 市场（续）：利息、工具和土地

始的时候，他需要供给这六个月的穿着；与此同时，如果是面包的话，他会发现，如果一开始就供给可以食用几天的面包会相当不方便，从而他在初期仅仅需要供给自己只能维持几个小时的面包。从这个例子中，我们可以发现，如果一个人一旦在开始的时候没有或者只有很少的东西在手上，即没有任何他所需要的可以维持他超过几个小时的物质上的供给，并且在接下来的六个月里，预计在交易中将拥有某种确定数量的东西，无论这个拥有的东西是以每天、每周或者以变化的频率形式，比如起初很多，之后变少，对他而言，这不是没有差别的。可以说，使他所拥有的商品以某种比率增值，以不规则的方式适应他的生活需要，这对于他来说是非常重要的。如果一个人持续26周可以每周收入1英镑，假设在这段时期内，他的收入总量保持不变，但变为第一周收入为5英镑1先令3便士，其他的25周每周收入16先令9便士，由于他此时能够保证在整个时期内对于短期服务商品的支出，同时在初期可以提供给自己更多可能的长期服务商品，他的状况将得到改善。因此，他将非常乐意（如果这是唯一的可替代选项的话）去接受一个在一定时间内更符合他的需要的方式的少于26英镑的收入，而不是平均分布于整个六个月之间的26英镑。

进一步地，如果我们考虑在一个较长的时间段里，对于比衣服还更具有永久性的商品类别，如家具、流行读物或者房屋，显然，上述原则同样也是适用的。这些原则存在于大量的可以被连续使用或者间断地使用的事物当中。除非一个人有某些资源在自己手上——那就是说，除非他有所储蓄，或者能够支配他人的储蓄或他人占有的资源——他只要有可能，将非常乐意凭借着他在初始阶段所支配的资源，通过讨价还价支付价格，以获得对他人的资源使用权，同时，在这一过程中，逐渐积累自己的资源。这也意味着，给定一系列商品的价格，如果他知道不用其中的某些商品也可以过，他将非常乐意减少他所有的可能选择，从而在未来减少对于商品的占有，这其中，部分是由于允许进行预支，部分是由于他对这种可以预支的特权所支付的价格。

但是，与之相反的情况也同样是有可能的。我们假设继续使用上面

的例子，一个人期望所拥有的资源以每周1英镑的速度积累，因此，20年后，这个人将有大概1 040英镑。假设另一个人现在拥有1 000英镑，但是，在接下来的10年或者15年里没有任何可以从市场交易中获取收入的期望。如果他现在必须作出选择，通过交易来获取他在未来10年的实际需要的物品，他将怎么做呢？他可能会需要房子、家具、书、衣物和其他东西。但是，这些东西随着时间的流逝将会发生折旧（将会发生虫蛀和锈蚀等），他将需要相对更多的钱去得到他可能想要的物品，并且从其他方面的支出中转移出一个固定的支出来抵消掉它们的损害。当人们必须提供很多年的粮食储备时，由于人们必须选择能够长期保存的粮食种类，这将造成另一个糟糕的局面；总之，人们不可能不付出而享受到直接的"服务"，人们需要通过努力工作才能满足生活中经常的需要。

从上面的分析可知，一个按照固定的频率获得收入资源的人可能会发现，难以给自己提供某些东西，而且有些甚至是不可能的。但是，如果他可以根据自己在时间上的偏好来分配自己的全部资源，现在多一些，以后少一些，则他将比较容易支配自己的全部资源。此外，那些在未来才有收入但需要现在立刻进行交换的人，也将严重受到约束，如果不和那些拥有他现在所需要资源的人交换，他不可能将未来的一些收入分配到现在立刻使用。另外，如果他期望在某一特定的时期有一个固定的收入，在此之后，收入减少或者增加，在这种情况下，也会出现同样的困难，即他无法在某些时间段里逐渐储蓄他在以后所需要的所有的东西。我们应该可以很快地澄清一个更为清晰的关于储蓄和积累的实际过程的概念，并且理解为什么作为一种事实，没有人可以在繁荣的时候占有并储蓄他在未来实际需要的具体东西。尽管如此，我在这里想强调的是：如果他这样做的话，这将会使他处于很不利的情况中。

> 提前或延迟支出的好处

我们可以发现，如果我们假设有这样的两种人，他们都需要重新安排他们的资源在时间上的分配，但是，两者可能会以一种截然不同的方式进行。一种人可能会更偏好于现在消费掉他在一个给定的时期内积累的财富，而不是在将来消费；而另一种人更喜欢将来的而不是现在的消费。现

第七章　市场（续）：利息、工具和土地

在考虑这些人中的每一种都会有一种相对于别人更多的物品，从而使这里可以存在一个有利可图的交易机会。在交易中，那些拥有对资源的现在支配权的人将乐意把自己部分的现有资源支配权放弃掉，以换取对将来的资源支配权，来满足这些有着未来资源流量预期，同时乐意订立契约，以某种方式用未来的资源支配权来换取对资源的现在支配权的人的需要。每个人都可以在市场中卖出他觉得价值低的，买进价值高的。此时，所有的这一切类似的事物也符合边际重要性递减的规律。由于每个人都可以通过减少相对富裕的物品来得到更多的相对缺乏的物品，这里就有一个通向逐渐均衡的路径。

就像我们之前所假设的那样，对于交易的一方而言，在一段时期里的期初收入 1 英镑，在实际中可能比在一段时期内均匀地收入 1 英镑更加有价值的情况；而对另一方而言，这个偏好恰好相反。或者，即使是在双方都认为在一段时期里的期初收入 1 英镑在实际中可能比在一段时期内均匀收入 1 英镑更加有价值的情况下，如果存在着对于一方而言，较近地拥有 1 英镑的偏好大于另一方，交易仍然是会发生的。在这个例子中，一方对于当前消费相对于未来消费的好处的估计会变得相对高于另一方，一个足够高的溢价将使一方可以接受足够低的对方的购买价格，从而达成交易。这实际是市场一般规律的基础。为了使交易成为可能，尽管双方可能都觉得交易的商品有价值，但是，对某些人而言，交易对象显得比对另一些人而言相对更有价值，从而估价较低的一方将会供给此种商品。在这个例子中，商品最终得到了交易。在这一交易过程中，交易双方对于所交易的商品的现在及未来支配权赋予不同的相对价格，或者换句话说，在这个过程中，出售的商品是一个预支未来资源的特权（对于双方而言，这个商品都是有价值的，但彼此的赋值是不同的）。

接着，我们可以开始修正开始探讨时所利用的极端的假设。我们没有必要假设这里有些人现在手头上的东西很少甚至一无所有，但未来有预期收入；其他人在未来（或者在未来之后的一段时间里）没有预期收入，但现在有东西在手上。我们需要假设的是：这里有些特定的人，他们有

> 不均匀的发生

财富在手上，并且有着按比例的财富预期，从而使他们对于现在的偏好要远远大于其他的人。

与任何的其他市场一样，在这个市场上个体的偏好等级水平可以集合成一个集体的偏好等级水平。那些拥有较多积累的人可以把眼下相对过剩的财富与那些预期在未来会拥有较多财富流量的人进行交换。后者可能对未来拥有的相对偏好较低，如果前者可以出让的现有财富足够多，均衡将会形成。如果均衡实现，则存在着一个对现有累积财富的支配权的贴水，这意味着什么？这意味着这些人将交出他们当前收入的一部分，但仍然会保留一部分；意即在现有的边际水平上，对现在的估值高于对未来的估值，这个高出的部分表现为某个比例（或者高于它）的贴水。这和摊贩有一个保留价格，因此拒绝在当前的市场价格水平上出售任何更多的货物相类似。在很多例子中，确切的类似事情是，一个摊贩起初有如此多的商品，以致于对他而言，这些商品是无用之物（这也就是说，他如果有非常多的货物，如果必要，处理这些货物，对他而言，将会是非常痛苦的事情），同时他还是想要拥有一些，尽管不想象现在拥有的这么多。如果他一点都没有，他将会支付市场价格去购买一些；如果他有这些商品的库存，他会保留一部分，并且拒绝将这部分库存商品以市场价格出售。在某些他认为满意的价格，他将向其他人购买，也可能乐于在这个价格上把它们卖掉，这个价格是由人们的集体偏好水平上的均衡估值所决定的。因此，同样在我们目前想象的市场当中，以下的行为是很自然的：在交换中，那些用对现有商品的支配权交换未来的商品支配权的将是这样一些人，他们在一开始拥有相对过剩的对现有商品的支配权，如果可能，他们愿意把它们让渡给他人，使他们自己可能延迟消费到未来的某一天；或者是这样一些人，他们对现有商品的支配权的估值是如此之高，如果他们存货的一定部分已经被转变，他们将减少转移的部分。他们的存货中有多少会变为消费取决于它们能够实现的市场价格。当一个人把财富存量的现有支配权转换为对未来财富流量的支配权时，他导致了一个对应的转化；因此，他所支付的价格将是商品的市场价格，在集体偏好水平上，是一

"预支"财富的市场

个可以使财富流量转换成财富存量积累的均衡价格。卖者所获得的转化部分的价格,不会少于可以吸引他这么做的贴水;如同当市场价格高于摊贩商品的实际价格时,摊贩将接受市场价格,反之,她宁愿拿回家自己用,也不会在市场上出售。

类似地,就像茶叶或者其他商品的消费者,无论商品增量给他带来的满足是多还是少,他都只是支付同样的价格。因此,购买将未来财富流量转换成为当前财富存量的特许权的行为,对于有些人来说,只是使文明生活成为可能,而对于另一些人,则仅仅是提供一些相对的方便,在这两种情况下,他们的价格都是一样的。这个价格和行使这个特许权的最小估值的重要性将保持一致。

这里马上值得引起注意的是(由于没有人可以在实际当中在今天占有明天才能积累的商品),对于眼下实际收到的行使当前支配权的回报只可能是一个承诺;并且,这个承诺的价值会发生不确定的变化(即使肯定它可以实现的),这个关于现在消费和未来消费财富的价格的问题将会被不确定的因素(如对冲风险的保险)而复杂化;但是,我们可以看见,如果我们一起去消除这个不确定性的基本因素,唯一的事实就是,一些人可以做出可信的承诺来保证将来的财富占有,而其他人在当前就占有了现在的财富,这样就足以构成一个市场。给定所积累的财富数量,社会成员按照短期支出和长期支出划分的相对需求,一个人可能将他目前所拥有的价值 100 英镑的物品在交易中卖给另一个人,换取在随后的一整年里每周收入 2 英镑的权利。在这个例子中,一年以后这个人可以得到价值 104 英镑的商品和服务;这多余的 4 英镑就是他将一个财富存量交易成财富流量的贴水。

假设上面这个人储蓄上述收入中的 100 英镑而仅仅花掉 4 英镑。他可能继续以上的交易过程并且在下一年里花掉额外的 4 英镑商品,继续拥有他的 100 英镑;并且在无限长的时间里面继续这样下去。此外,每周的时间安排显然是可以改变的。这个交易安排可能是分期付款,按照隔一周、每月一次或者每季度一次支付。这个获得价值 100 英镑商品的人可能不

> 利息现象的一个来源

会非常确定这是支付他的分期付款最方便的方式。他有可能在某一周赚的比另一周多，他可能发现每周支付 2 英镑是困难的，虽然他可以肯定有能力在每个季度末了的第十三周支付 26 英镑。根据他的情况或者考虑到他甚至可能花一年的时间来收入这个数量。他可以在每季度支付等于贴水的较小数额，然后在年底支付总额。所有这些变化，在交易中将关系到方便和安排，对每个人而言，条款可能发生变化。但是，一般的原则是显然的。根据假设，首先，在集体偏好水平上，当前拥有 1 英镑的承诺在边际上将比在将来分期支付的 1 英镑要大；其次，在一个给定的时期内，一个使用分期付款的方式来支付一个总数的承诺在边际上将比在期末一次性支付的同样总数要来得大。然而，根据假设，每种分期付款按照它的支付方式会比如果它在期末支付更有价值。总而言之，无论所涉及的时期是多么短，分期付款都将比在期末一次性支付更有价值。如果一个人延迟分期付款，并在某些时点集中支付它们，他将为了这种行为不得不支付更高的贴水。因此，我们可以想象，这个可以借到 100 英镑的人，答应以每周支付 2 英镑并支付一年（总共支付 104 英镑，4 英镑的贴水和 100 英镑的本金），可能会发现，如果他希望按照季度支付他的贴水，并在年底返回总数，他将被要求支付每季度 30 先令而不是 1 英镑的贴水，或者，他必须在年底一次性付清全年 6 英镑的贴水和 100 英镑的本金。而作为借贷者，可能会花掉他所收到的每季度 30 先令的贴水，同时在年底得到他的 100 英镑，并继续重复这个协议。在这种情况下，他一旦收回他的那 100 英镑，就会把它换取那个 106 英镑，也即每季度 30 先令的分期付款和在年底返还 100 英镑的协议。他为什么不立刻接受这个承诺以取代那个 100 英镑呢？为什么还坚持必须起初拥有 100 英镑，然后交换它换取承诺，而不是立刻接受这个承诺？如果这个安排是无限期地进行的，这个人总是易于在每年的年底找到另外一个人出 100 英镑，并且总能够提供给他每季度 30 先令的贴水让他接受在一年之后支付本金而不是现在支付的承诺。或者，条款可以是，只要借贷方愿意支付总额为 101 英镑 10 先令或者出借方所要求的数量，整个交易就可以在任何一个季度末结束。

可以从两个角度考虑上述交易,即从租用的角度或者购买的角度。如果我以6%按季支付的利息借给你100英镑,你也可以看成你为了价值100英镑商品的控制权而不是所有权(总之,你从我这里租用价值100英镑的商品)而支付给我每季度30先令,或者,我们可以说,在每个季度开始时,你购买了价值100英镑的现值商品,并承诺在三个月之后支付价值101英镑10先令的商品,当承诺到期时,你支付了1英镑10先令,但是,并不支付剩余的100英镑,而是答应在三个月之后再支付101英镑10先令;这也是说,这个以6%的按季支付利息租用100英镑的行为,可以看成是租用商品的使用权,或者是承诺以将来的商品购买现在的商品。一些作者关注不同解释在理论上的优越性,但是,对此,我们大可不必自找麻烦。可以把它们视为特殊的交易类型,从不同的角度来考虑它们,可能各有其方便之处;但是,概括地说,以利息来借贷可以等价于一般的租用的一种类型,或者,是一个现有财富与对未来财富的承诺之间的持续的交易。在本质上,我们应该认识到,在这些例子中,背后的原理是等价的,并且理解租用和购买是租用者或者购买者对尚未拥有的资源的预支。我们现在能够完整地理解任何人想以任何形式接受现有资源的占有,作为交换,承诺在未来一次性付款,通过进入公开市场,并且相信经济的力量会供给他所需要的,同时他将发现他必须以某种形式支付贴水。他将不得不承诺在将来支付比他现在所得到的更多的财富;至于借贷方是否答应按照分期付款的形式偿还,或者还是在借贷方选择的或者他自己选择的某个时点一次性付清,这些具体的条款细节将由讨价还价的过程来决定。

在实际生活中,有人实际占有现在的财富并且想增加他们所能占有的将来的财富,也有人期望能够占有将来的财富并且同时希望增加他们所占有的现在的财富;在一定条件下,上述两类人将进行交换,直到所有人对于现在的和未来的财富的相对估计达到一致。在那一点上,以每个人的偏好水平来衡量,今天的单位物品支配权的边际价值和任意一个未来的单位物品的支配权的边际价值之间存在着主观上或者说至关重要的均衡,同时,在集体的偏好水平上,在这些单位支配权之间也同样存在着观的均衡。在这个人们购买和出售预支商品支配权的市场上,其交易过程和其他市场是完全一致的。

> 积累,及其如何成为可能

要完成对这个市场的讨论,我们还有更多的事情要做。首先,我们必须扩展我们已经讨论过的名词的概念。我们所讨论的在人们手中的财富是作为一种已经存在的储蓄。"增值"显然是从这个已经存在的储蓄当中产生出来。我们必须先考虑这个储蓄是如何积累的。仅仅储藏稀有金属和类似之物显然只构成了积累当中很少的一部分。任何人连续地工作以制造设备、房屋、服装或者任何可以提供长期服务的商品,就是在积累,尽管积累可能并不是为了自身的缘故。他可以被雇来提供每天或者每周的短期服务商品,在这种情况下,那个支付他的人却是在积累;在任何情况下,积累都在进行。除长期服务的商品之外,还存在着需要经过长期生产才能慢慢成熟的商品。一个去钓鲑鱼的人可以立刻得到他努力工作的回报;但是,他可能不得不在一年当中工作数月之久,方能确保在收获季节获得庄稼丰收。我们可以恰当地认为,他所收获的庄稼最终是一种提供短期而不是长期服务的商品,它只能够通过一个等价于积累的过程才能生产出来,尽管我们可以称之为积累或者不是。很多种类的商品需要通过工作努力和资源的积累才能生产,它们当中的一部分生产出来之后可以比其他商品使用的期限更为长久。我们首先把注意力集中在积累这个概念是考虑所生产的商品是提供长期服务还是短期服务上,我们现在看到,积累过程对于生产缓慢成熟的商品是必要的,就像它也保证了提供长期服务商品的生产,在我们进一步地对积累方式进行探讨时,我们必须牢记这一点。

在积累过程中,就像别处一样,交易机制和劳动力分工的原则同样起作用。如果我为了拥有一栋房屋已经积累了10年,由于我可以将自己的努力用于其他一些目标,我既不可能自己花上10年的努力去直接建筑它,也不可能雇另外的人来帮助我建筑它。所发生的事情可能在原则上类似如此——通过类似于储蓄银行或者类似于很多人组织在一起的俱乐部,从最小的点点滴滴形成了细流,储蓄通常无意识地集中到了一起(这

第七章 市场（续）：利息、工具和土地

是将交易当中的物品重新整合的结果），并且持续不断地形成了长期服务商品，其中有些就是房屋。因此，当我储蓄了几个月之后，从日常生活开支中省下比如二十分之一的必要资源来建筑房屋，我无意中联合了其他19个人给房屋建筑者提供了他们所需要东西，而这些东西是我们节省下来的；他们帮我们——而非为了他们自己——建筑房屋作为回报，这座房屋代表了我们的共同积累。现在我们可以理解，在现有条件下，一个人想要房屋，就必须为此进行储蓄；他将乐意为了预期未来将属于他的资源的特许权而付出一些东西。这就是说，当我们保留了集体占有这个代表了我们的积累的房屋的权利，我们可以指望通过让他人使用这座房子而获得分期收入。我可以拥有这些收入中属于我的份额，如果我愿意，我可以将它进一步投入到我的积累中去。如果我们都在做同样的事情，我们可以在少于六个月的时间里拥有第二栋房屋，那时我们同样可以收到因此增加的贴水，不断地重复这个过程，如果我以初始的比例连续储蓄，再加上我所收到的贴水中的份额，在短于10年的时间里将会等于这个房屋的价格。或者可以这样说，我放弃了每周提供给我的短期服务商品，将它让渡给了别人，将因此获得的收入用于购买形成长期服务商品或者缓慢成熟商品的努力。在这个过程中，是我而不是他们在节欲。他们的努力享受了立刻的回报，而我通过节欲实现了积累，并且随时通过一连串的支付增加我的积累，同时利用市场的贴水预期，最终确保了一个大于我的储蓄总量的增值。

在这里，我们并不想讨论这个例子里所内含的无比复杂和实际所包含关系的多变。这只是作为一个具体的例子，即人们可以通过连续地贡献其努力，用于形成长期服务商品或者缓慢成熟的商品，直到形成他对这一商品的支配权，他通过市场交易获得了作为他储蓄目的的商品；此外，这个例子也表示了，无论谁这么做，只要市场给出了一个预期的贴水，总是可以期望得到比他投入更多的总量。

现在，假设一个人期望在一定时间内可以拥有一栋房屋或者给定价值的其他长期服务商品或者缓慢成熟的商品，同时他希望，并不是在那时拥有它，而是在这段时间里消费一系列的短期服务商品。即使没有银行机构的帮助和撮合使之成为可能，他也能找到一个想通过储蓄拥有一栋房屋的人，他可以在一定年份里从这个人那里持续不断地得到一系列短期服务商品，然后在到期时交给那个他所需要的长期服务商品。在这个例子中（至于市场的状况，通常是在同样的假设下），在房子交付之前的这些年里，他以分期付款的方式所得到的款项将小于房屋的价值，他将无法得到房子的增值部分。因为对方是在储蓄，而他是在消费。在这个例子中，"增值"是由这个最终让渡缓慢成熟，长期服务和大型单位商品的人，而不是那个支付贴水的人产生的。后者必须支付贴水。因为他并没有拥有这个体现了积累的商品。他只是期望拥有它。如果它已经存在，那个现在拥有它的人可以支配它所产生的贴水。

现在，我们可以对现有财富和将来财富之间的市场的概念做一个扩展；因为我们已经发现，交易不仅仅受到一个现在的总量和一系列将来较小的总量，或者一个单独的现在的总量和一个将来的总量的影响，而且还会受到在一段时期里的一系列小的支付和一个在期末的一次性总量支付，或者一系列在比较近的将来的小的总量和另外一系列在比较远的将来小的总量的影响。如果在这些交易之中，一个在现在的市场或者是比较近的将来市场中进行的交易，相比在比较远的将来市场中进行的交易，会有一个贴水存在，类似的贴水将存在它们所有的类型之中。这里就像在其他市场一样，在某个点上，人们实施储蓄或者预先支出在这个点上给他个人带来的边际重要性将与市场价格相对称，人们所获得的价值与他所放弃的价值在边际上是一样多，而在边际之内的所有的点上，他所获得的价值要比他所给出的更多。这意味着，在许多的人们延迟支出的例子中，他们将得到比他们最初的储蓄更多的回报，从而足够吸引他们进行储蓄。只有在边际点上他所给出的才会等于他所得到的。类似的事情也发生在那些预先支出的人身上。

在至今为止所讨论的例子当中，我们假设一个人所占有的资源总量在一个给定的时期内是保持不变的，并且我们也表明了，在相关时期内形成资源收入的具体方式对人们有着不同的重要性。对一些人来说，在整个相关时期里,他们是自然而均衡地进行积累,但是,如果他们可以接受随后较小的收入流,他们就会得到保证,在一开始会有较大的收入流,他们将因此而获益。对另一些人来说,他们可以在初期进行积累,如果他们能够在减少起初的收入同时确保之后一个更大的收入,他们的状况也将变好。通过交易,两方都将是得利者,只是通过增加初始收入减少之后的收入,一方的获利将比另一方更多。尽管如此,在每一个例子中,我们假设每个人在整个时期的资源总量收入是一定的,唯一的问题在于,对他而言,他们的收入的分布和频率将会最大化他们极其重要的边际重要性。我们已经看见这个问题将在市场的一般规律下面自行解决,同时,在现有的条件下,这里会有一个当前对于将来财富的贴水。因此,任何已经储蓄或者确保了积累或者占有的人将处于一个有利位置,他在将来拥有或者享受的总量会比初期更大——说实在的,这不是因为他已经通过积累达到了对资源的现有控制,而是因为他拥有资源。在这里,就像在别处一样,他必须忍受痛苦地进行积累,而积累会产生一个贴水;但是,积累拥有贴水本身不是因为资源积累(因此忍受痛苦或者其他),而是因为它们在那里存在着。

现在,我们必须转向另外一个"市场"(更广的外延)。在这个市场中,人们可以用近期的资源来换取遥远的将来的资源,同时,在这个市场中,自然和艺术提供给他一个这样做的直接贴水。这个"市场"独立于社会不同成员之间任何不同的需求,并且对于鲁宾逊·克鲁索在孤岛上也是适用的,就像我们在英格兰一样。

自然和艺术——这是说,这个复杂的环境产生于人类和自然力量的互动,并贯穿于整个时代——永恒地提供开放的机会,以实事求是的和客观的方式应用积累的资源创造收入。在这些已经探讨过的例子当中,我们已经假设不管你是否占有当前的积累,未来的收入都会自然地产生。你让渡给我一些你的积累,而我在获得未来的收入时,我将还给你更多,因此,在总财富份额中,你得到较大的一份,与此同时,我得到较小的一份,但是,财富总量本身在我们的交易之中是不会发生变化的。虽然你的份额增加

利息的工业化来源

了，我的份额减少了，但在时间分布上，对我来说，则更加方便了。资源总量在此过程中没有变化，但是，它的心理重要性加强了。在我们已经讨论过的例子中，从另一个角度来看，我通过利用掌握在我手上的你的资源将会产生收入，因此，你得到"更多"并不意味着将"更少"留给了我；由于我们的交易，这里也将会有"更多"的留给我。这是（或者应该是）关于商业利息的一般例子。我们从讨论工具的重要性开始，来考虑这个问题可能会比较容易。

在采集蘑菇、坚果、野生草莓、鸟蛋、贝壳和类似物之外，很难看见一个人能够在没有工具的帮助下供给自己的需要。甚至夸口可以奢华地在另一个人将会挨饿的地方生活的植物学家，可能也需要某种工具从土地里挖掘多汁的根，即使那些工具可能极其简单。他可以找到一块石头或者折断一截树枝，从而把那些多汁的根挖出来；但是，即使这样，最终他也要通过将他瞬时的努力从直接完成他的目的转移到确保一些更加恰当的手段上，来提高自己的效率。当一个野蛮人使用一块燧石打磨另一块燧石来制造他自己的弓，将草（或者丈母娘的头发）拧成弓弦，将一块燧石头安装在箭杆上，再或者，当他建造一只独木舟用于打鱼时，他显然是在积累资源，同时将他的精力从对目标的直接追求上转移走。菜农如果没有铲子的话，将会非常无助，如果没有推车，则将处于更为严峻的劣势。人类所拥有的网造成了鸟所能得到的水果和人类所能得到的水果之间的巨大差距；同时，干草叉、洗具和其他的许多代表了一般性质的工具和设备有着巨大的效率，它们使同样的劳动力和同样的土地能够生产更多的收入，墙壁和玻璃导致了生产的进一步增加。同时，在这些东西中，没有一样能够一直保存，除非人们通过从最直接的目标上转移人类的精力，以一种形式进行积累，使它能够有助于效率的提高，从而带来收入的增加。这些巨大的工厂、铁路网、机器、机车和车站，支撑起一个先进的工业社会的大工业，所有这一切都代表了积累，是一种精明地利用自然和人与人之间复杂的产业关系的回报，给人类提供了以增加人们努力和资源效率而提高的收入。

在这里，需要指出我们对储蓄过程含义的一个概念扩展。我们已经

> 工具

考虑了储蓄是一种从增加短期服务商品的努力到增加长期服务产品的努力的转变——也是说，从捕更多的鱼到盖房子；进一步地，努力从满足迅速回报的方向到生产缓慢成熟的商品转移——例如，从收集野果到播种和照顾谷物作物；现在，我们进一步地认为，储蓄是从直接地获得想要的东西转向间接地获得想要的东西——从"满足"于更多的鱼到建造船和制作渔网；从织布到制造织布机；从打印更多的书到制造打印机器；从在田园里挖更多的地到去制造网；从把消费品从一个地方运送到另外一个地方到建设铁路网，等等。或者，再说一遍，储蓄似乎在于：(1) 通过应用原本可以被用于增加我们相对容易坏的或者快速成熟的东西储备的资源和努力转向增加我们相对持久或者缓慢成熟产品的储备；(2) 将精力和资源转移到相对间接的方式上，以相对直接的方法来确保（直接使用已经拥有的工具和设备）我们的最终需求（将在工具和设备当中体现它们）。

> 自然和储蓄（或者积累）过程的再考察

我们现在将关注储蓄的第二点内涵。它没有必要包含交易，例如，种植自己的土地来满足自己的用途的人可能会自己制作网，同时，在那个例子中，储蓄将会通过同样的人产生影响，使将来的努力会变得更加具有生产能力。之所以储蓄能够发生，而且肯定经常发生的原因在于，一个人处于储蓄的相对有利的位置，而同时另一个人可能处于利用前者储蓄的有利位置。转移某一总量资源从我目前的直接的供给来制造我所需要的工具，相对而言，会对我造成相对较小的痛苦；同时，你的情况恰好相反，你可能应用这些工具来使它们增加你的努力的效率，同时可能比我更能增加我的效率。在那种情况下，可以如此有把握地增加产出，与此同时，就相对严酷的储蓄过程而言，对你的补偿要少一些，对我的补偿要多一些。如果我转移了这些包含我的储蓄在内的工具给你，你给我你因此而增加的收入的一部分，我可能对此感到满意，而你也能够有一个明确的收益。

在这里，边际重要性递减规律也明显地起了作用。让我们从较为简单的情况开始，比如工匠手上的工具。有一个有着超常技巧和智慧的木匠做了一天美妙的雕刻工作,除了使用一个平尾锤和一把又破又旧的凿子,没有使用其他的任何工具。他使用这些工具和什么工具都没有用的效率差别一定远远大于他使用所有的工具和只使用部分工具之间的差别:如果绝对没有工具,没有人能够完成他一天的工作,在同样时间和努力程度下,即使所有的工具都用上了,他所能增加的产出也不超过 10%—20%。如果他需要制造一辆马车,虽然这个任务是很简单的,但他只使用锤子和凿子显然是远远不够的。尽管他能够使用斧子完美地制造轮毂,同时,非常简陋的工具可能使他作为一个木匠和车匠可以相当迅速和有效率地完成日常工作。如果他关心占有更多精巧的工具,这将导致边际重要性的迅速递减。这些工具将使他的劳动更加有效率,但是,并不能像最初的最有用的工具那么快地提高工作效率。这个原理是毋庸置疑的,几乎不用仔细阐述。不断地增加工具和设备,在过了某一个特定的点之后,虽然它们仍然会增加工作努力和资源的效率,产生节约,但速度将是递减的。

> 边际重要性递减规律在工业利息上的应用

　　这个例子对于制造商而言几乎是一样的。一个人可以花费 10 000 英镑来改造机器和设备,从而增加他的员工和原材料的效率,每年将因此获得 1 000 英镑的纯收益。他可以再花 10 000 英镑进一步地提高效率,但是,进一步的收益可能不是 1 000 英镑而仅仅是 500 英镑了。因此,如果他去公开市场上借钱,假设他不得不支付 6% 的贴水或者利息,他将认为借第一个 10 000 英镑时是有利的,但是,第二个就不是了。然而,边际重要性的递减是逐渐的,只要他不限于只增加 10 000 英镑。第二个 10 000 英镑中,起初的一部分将有能力以低于 10% 但高于 6% 的比率增加产出,因此,他可以借贷其中的一部分。总之,无论制造商能够提高产出的利率水平是多少(立刻集中的使用或者累计的资源),一个平衡将会在增加设备的工业效率和这个设备的市场价格之间形成。在均衡的时候,如果利率仅仅是 5%,这个人将添置一台机器,因为在这个条件下,他有着足够的利润来对冲风险,将会进行机器的替换,但是,如果利率是 6%,他将不会添置这台机器。

第七章 市场（续）：利息、工具和土地

因此，在这里，有着大量新的对现存积累的要求。它们同样不得不服从市场的规律并且能够确保收益。它们将全面竞争，不仅仅在相互之间，而且在和其他类型的要求之间，这些所有的需求将会在一个相同的相关的边际重要性的点上得到满足。这是最适合我的负担方式，可能我只想支付我所使用的那栋房子的某些或者某个房间（而不是在我开始使用它之前支付一整栋房屋）。如果你想在你开始储蓄之前拥有一台机器，因为拥有它将使你处于赚到较大收入的位置，我们将在市场上和其他人一起出价，这个有东西在手中的人将不会问我们，为什么我们需要预支他所积累的资源，他只会问我们为了它肯出价多少，或者，我们为了满足自己的愿望，愿意支付给他多少钱。只要我们当中的某人或者我们一起可以提供给他比他自己利用他的积累产出更好的收益，在我们当中，那个出价能够最有效率地增进他的目的的人，将会发现对方此时也最乐意增进我们的目标。

> 存货积累的竞争者

最后，仅仅是为了形式上的原因，我们将介绍我们的朋友"挥霍者"，这个概念在政治经济学的书中经常提到。可能出于我们不知道的原因，他更愿意享受当前的 100 英镑，而不是在遥远的将来他可能拥有的 200 英镑或者甚至是 2 000 英镑。他可能认为，部分由于他到时将有更多的年收入，因此，如果能够减少一些，客观上将回到一个更有利的边际点上，部分是因为他认为，自己在现在比在将来拥有更高的享受能力，因此，即使他的收入流平均地分布于他的整个生命周期，他认为，在年轻时自由花费而年纪大时节俭，能够获得更大的主观价值。再或者，他并没有如此好的理由，诸如对于将来占有资源的估值比较低之类，而只是简单地没有考虑到以后。但是，在任何例子当中，他以将来作为价格对于现在的估计是基本上服从边际重要性递减规律的。由于他将来的资源减少，节约的预期或者需求更近地来临了，他可能会停止因自己的一时兴起而对将来的抵押，这么做也是为了逃避严重的困难或者保证热切渴望的目的。如果不是这样，他承诺将来支付而不是现在支付的时间将会迅速地到来，他将退出市

> 挥霍者作为市场中竞争者

场，我们"不再看见他"。因为他在同样的市场，只要他划定了最后期限，在未来手上依然有收入，他将和剩余的人竞争，从而使在同样的相对点他的要求也能够得到满足。

我们已经考察了大量的例子，为了拥有现在的财富，一个人可能乐意去承担将来的一个贴水。这里有两点显而易见。第一点，无论一个人为了这个愿望的原因是什么，他将和所有的有着同样的或者其他原因并且愿意做出同样的承诺的其他人一起进入竞争。这意味着他将和所有的对将来财富的（他们可以使人们确信他们将占有）相对偏好水平比对现值财富的相对偏好水平要低的人竞争，但却不管产生这样结果的原因。一个人想要木材，他为什么想要木材并不要紧，关键是，相对于交易中的其他商品，他肯出多少钱来购买木材。同样，一个人是否为了合理地安排资源在时间上的分布，使自己变得更加有利，或者是想通过提供给自己更好的工具或员工，以增加自己的资源总量，或者是出于其他的什么原因而进行预支财富，这并不重要。重要的是他到底准备支付多少贴水。第二点，在这个过程中，他为了实现增值必须支付的贴水，不是他为了实现较早的消费而主观决定的，而是由用将来财富表示的当前财富的均衡价值决定的，这个均衡是市场上各种力量作用的集体结果。它意味着，从公众的角度看，一个在将来给定时间的单位相对于一个现时的单位到底价值多少。这个贴水对于任何私人的边际重要性和集体的结果是一致的人都是可行的。在均衡状态下，每个人都会按照这个贴水进行交易，但是，在趋于均衡的过程中，并不是每个人都能（如他自己所估计的那样）从中获得某种收益。这些只是市场的一般规律。至此，我们已经成功地将利息现象纳入了我们的一般规律之下。

现在，让我们开始考虑以下的例子。如果一个人希望以某种方式储存他自己的能量，他希望在未来的某个时点，能够在市场上拥有一定数量的积累资源（而不是在整个时期里对资源流量的支配权），以取代他的能量的持续产出。假定他能够获得某种适当的支持，以下的选择以及其他的选择对他而言是开放的，这些选择中，无论他采取哪一个，他都期望最终可以

> 储蓄工作努力的替代方式

支配的资源总量都要比他按照他现在采取的通常方式所能获得的资源总量要多。他可以耕耘并且在土地上播种,而这些土地上的庄稼需要经过几个月的连续投入才可能收获,提供给市场交易,并且满足人们的立刻需求而且同时被消耗掉;或者,他可以投身于建设一些可以提供长期服务的物品中,例如房子,这些物品虽然可以直接满足人们的需求,但是这种满足将是一个长期消费的过程;再或者,他可以投入资源去制造机器,虽然这并不能立刻满足人们的需求,但是,将来能够提高人们的生产效率。在这些选择可能中进行选择的人们将他们的工作努力以一定的比例分配于不同的用途,无论其分配的方向如何,同样数量的资源在现在和较近的将来的产品中的分配,在产品成熟的那一点上,都应当具有相同的边际重要性。提出这样一个边际平衡的概念是没有困难的。我们已经在一般市场中发现了一个事实,即相对于延迟消费,预支存在一个贴水。由此得到的结论是,如果在市场中,一定量的麦子和一栋房屋达到了均衡,那么,由于房屋能够比麦子在一个更长的时间内提供服务,为了使两者能够在市场中得到一致的评价,也就是说,获得相同的价格,房子所提供的服务总量要更高一些。此外,如果一台机器可以增加人们工作努力和资源的生产效率,使在机器存在的时期内可以产生某些增加的资源收入,为了达到平衡或者在市场中价格相同,由于机器的作用将持续一段时期,机器产生剩余的总量必须高于麦子所产生的。

因此,如果我安排自己的资源给需要等待一些时间才能产生结果的项目,相对于分配资源给一个能够立刻或者较快产生回报的项目,我应该能够得到更高的回报。如果这个等待需要一个较长的时间,相对于可以立刻实现回报的项目,它必须能够提供一个更大的回报总量,否则,这两种选择就不会有同样的价格,我选择长期的等待也不会是明智的。对我而言,如果现在的贴水较低,意味着超额部分也很少,如果它比较高,则相应的超额部分也应该比较高。

在估计房屋逐年提供的服务的时候,我们必须牢记,只要它们对我们是有利的,我们就将会一直在这方面进行支出,但是,也有可能房屋将会逐渐变得不能适合我们的需要。机器也一样会有类似的情况,有可能在它物理损坏之前我们就要将对它进行置换,也是基于类似的考虑。因此,在机器和房屋这两种情况下,我们在一种情况下,要针对令人满意的总收入,在另一种情况下或者是额外提高的努力,设立两个储备资金,一个用于维修,一个用于赎回或更新,如果处理得当,我们认为这个机器或者房屋是可以永续存在下去的。如果所带来的享受或者效率带来的超额收益长期存在,可以用粮食表示现时满意进行评价,它就像是一个无限长时期的收入流,因此,它是一个无穷的总量。但是,我们知道,这样一个无限大的总量,在一个无限延伸的时间里,以一个有限比率进行积累,通常被估计为有限的总量①。另外,房子在这段时期内所产生的满意流量的估计值(购买者在赎回的时候认为按照这样的方法算出的扣除是适当的)与机器为他及其继承者所产生的效率增量的流量估计值之间要达到平衡状态,在理论上并不困难。

工具通常会有价格,但是,这并不是因为它自身代表了积累(这是在过去时期,从直接提供给当前需求的资源和工作努力中转移过来的),而是因为在现在和将来作为一种效率的来源,从而有价值。无论过去为了得到它付出了多大的牺牲,它仅仅只能卖出它现在所值的价钱。如果它碰巧卖出很高的价钱,这说明它的价格与其历史是没有什么关系的。如果一个工具突然从天堂掉落下来或者是从地底下蹦出来,社会将赋予人们法律上的权力去摧毁它,去使用它,或者允许或者制止别人去使用它。根据人们的选择,工具的价格将决定于人们通过占有、使用它而产生的资源增量。自然提供的物品,只要它们是可得的并且数量是不足的,都符合上述的情况。同样,只要"土地"被认为仅仅是地球表面的空间,它肯定也能够被以同样的方式看待。然而,在日常生活中,我们所说的"土地"是一个非常大的产品,储存在土地中的人类工作努力与人类花在犁头上的一样多。同时,从商业或者工业的观点来看,土地和犁头之间没有区别。两者都是自然给予我们的事物,并且经过我们的操作或修改,可以间接提供服务,满足我们的需求。围

> 作为工具的土地

---

① 参见第 253—254 页。

第七章　市场（续）：利息、工具和土地

墙、门、路、垃圾回收、改良土壤或者其他全部都含有人们的工作努力，它们都含有一些本质上是自然产生的、不经过储蓄或者积累的东西。同时，这个初始的东西有着令人渴望的质量和位置，但是，数量比需求要少，减少它们将降低人们工作努力的效率，增加它们将提高人们的工作效率。因此，不管"土地"是被认为是一个自然的礼物或者部分人造的产品，就像工具一样，有着它自身的边际价值。就像一台机器或者一栋房屋一样，因为它有着每年的边际产出，它将被租用；又或者它的这些产出有着无限的、连续的、可以被估量的边际重要性，它将被购买。同时，它将以同样的原则与小麦或者其他能够直接满足人们需要的商品达到平衡。

应该同样注意到，当被作为花园、公园或者猎场使用时，土地自身可以产生出一个直接的享受。这些对土地所带来快乐的追求将使人们进入市场购买土地，并且就像希望得到工具或者可以增加工作努力的工业效率的物品一样，人们将在市场上相互竞争。

在工业社会生活中，在任何一个给定的时期，其一部分资源是不能直接用于满足人类任何的需求的。这些资源是工具或者机器，无论是用于工业、农业、纺织和编织或者其他的用途。另外一部分资源是可以直接使用的物品，例如，提供短期服务的食物或者长期服务的房子。所有的这些都是由物质组成的，占据了空间，最初是大自然赋予我们的礼物。同时，任何物品都可以通过加工，使它能够产生直接的或者间接的服务，并且转移到这些它能够产生服务的地方。现在，存在着需要满足的需求、需求产生的冲动以及引导自然物质的能力。这些需求、冲动和能力将不断以连续的流量方式上下涨落，同时，我们在今天和不远的未来的努力的方向也会影响我们在较远的将来的需求、冲动、能力和资源的均衡状态。在较远的将来，不论何时，对于这些需求、冲动都将以一个适当的比例供给成熟中的庄稼和商品、机器，不可毁灭的或者立刻可以耗尽的来源于自然的力量和预期的精力投入。此外，在现在和不远的未来，还需要以一种不知不觉的储蓄来专门保证分配给他们在一年内所需的非耐久商品，如已经点火的火箭、新鲜的鱼和黄油以及其他。但是，除了已经脱离了我们控制的物

> 在"增值"的市场上的供给

品,尽管我们依然享受它们(例如火箭已经被点火,退热药已经喝下去),我们不是被强迫去立刻使用这些物品。不管新鲜的鱼将保存多短的时间,在这段时间中,不远的未来和较远的未来是竞争者。同时,未来会从可以立刻消费的物品中竞争资源,因此,不远的未来会和较远的未来为了可以在一段较长的时期内使用的物品展开竞争。一栋房子可以在几年内因使用不当而损耗殆尽,也可以被细心照顾,用上一个世纪;一个农场可以在一到两年内破产,也可以持续维持或者改善;一台机器可以由于仅仅误了一天时间,没有及时修理,结果坏成碎片。永恒的新生的能量和机会是相对不受约束的,可以使我们得到在更近或者更远的未来所选择的必需品;在任何阶段,苦心经营和运输一些替代品依然是可能的,虽然许多已经没有可能;同时,最初的想法可能会随着或近或远的未来兴趣的改变而发生修改。

因此,现在和未来(或者更为正确的是,不远的未来和较远的未来,看你选择什么时点来区分它们)将在一个更大的区域内互相竞争,相对于较远的未来占有,现在占有以及不远的未来占有总是需要支付贴水。

我们已经看见预付(也即提前)的"需求"就像其他需求一样,遵循着递减的边际重要性递减规律,同时,造成预付的原因并不影响其市场价格。这个价格取决于现在和未来在集体偏好水平衡量中的地位和它们的有效供给。我们也知道,一个市场的供给总是另一个市场的需求,在更大规模的市场内,更广范围的需求将达到均衡。现在,我们可以认为,供给"预支"的市场就是相应的需求的市场,包括了在市场交易中所有可实现的效用或者需求物品。只要物品能够立刻使用,在这个市场中,所有的现在或将来的满足之间就会相互竞争,从而产生一个由于放弃现在消费而形成的贴水。

无论出于什么原因,预付通常是由那些更喜欢未来(以及市场贴水)而且依靠别人的信用予以保障的人给出的,现在欲望的立即满足和利用他们的资源保障他们自己的未来都是根据他们自己对风险的估计以及他们自己的努力。而接受预付的,无论出于何种原因,都是那些乐意并且能够确保他们的对应支付,而且以将来的市场贴水作为对现在的补偿。在

第七章 市场（续）：利息、工具和土地

两种情况下，双方的偏好或者意愿将取决于未来的预期以及已经达成的关于现在和未来之间的协议。同时，每个人可以在现在和未来分配自己的资源，从而使自己的边际重要性和市场上的贴水保持一致。

这使我们回到开始时关于个人资源管理的问题。我们现在理解了储蓄的确切性质与含义；我们也理解了由于一个人可以为了另一个人制作椅子，同时从对方那里得到比给自己制作椅子更多的收益。因此，一个人可以为了另一个人储蓄（即为了对方预先制作东西），同时从对方那里得到比他为了自己预先制作而带来的更多的未来的收益。这种事实在我们的日常生活中随处可见，并密切地影响着我们所有资源的分配。如果一个人只限于为自己储蓄，也就是说，如果他仅仅将他现有的资源投入到以后只有他自己可以利用的物品上面，他将完全不可能为他的将来提供储备。因为我们已经知道①，许多他那时想要的东西，即使他现在已经有相应的储备，也不可能储存十年之久。他也不可能无限地投入资源在保持他的边际重要性的项目上，或者投入资源在使他的劳动更加有效率的工具或设备上。因此，没有人能够通过直接储蓄相应的产品来充分地供给将来，也不能无限地投入今天的资源到任何一种将来的必需品上面。另一方面，如果没有人可以享受或者利用任何积累，只能依靠他自己之前的产出或者利用他现在的收入所进行的储备，或者由于别人出于非经济因素所提供的供给，我们当中的大多数人就根本不可能过上一个文明的生活。只在自己的储蓄能力限度之内，除非是有人馈赠，一个人要想拥有房屋或者安居之处是不可能的。因此，为了能够过上文明的生活，大多数人需要相互依赖，需要依靠对方的积累，同时依靠市场，在交易中占有现在积累的各种资源。

储蓄和远见

总之，没有人能够单独地制造或者储蓄自己在将来想要的所有东西，也没有人能够在不占有某种形式的他不曾制造或储蓄而积累的财富下生活。因此，A 想要在遥远的将来得到一些东西，这些东西他既不能制造而且在任何情况下也无法储存，但是，他非常乐意以他现在或者不远的未来

---

① 参见第 229—230 页。

所拥有的一些物品进行等价交换。他自己不能将这些东西变化成为他未来所需要的,所以,他所能做的就是找到 B,B 能够制作(或者能使 A 联系上可以制作的 C)A 想要的物品,并且按时将相应的物品提供给 A;在一定的条件下,这样的 B 总是可以找到的。B 在考虑了可以在现在或者不远的未来收到 A 所拥有的等价物,他可能愿意帮助 A,制造 A 所需要的物品。因此,任何个人,无论他的资源有多少,总是能够找到方法,将资源转换为工具和设备,以利于别人的使用。在这种情况下,他总是能够得到一个贴水来鼓励他这么做。另一方面,任何可以给出保证(那是任何人能够使人们相信,他能够而且将信守承诺,使对方在未来可以占有将来的财富)的人是可以确保在不依靠自己的储蓄情况下,得到他所需要的工具和设备;或者,如果他喜欢的话,他可以先得到所需要的物品,然后再进行储蓄,而不是通常的先储蓄后得到,但是,在这种情况下,他将不得不支付一个贴水来使自己的行为变成可能。

一个百万富翁不仅仅可能去储蓄,而且他不可能不去储蓄,这是因为他不可能立刻花费掉他所有的积累,同时,他总是可能将现在拥有的财富转变为未来拥有的财富。

> 何时储蓄是明智的

在目前条件下,期望提前使用财富的人将会互相竞争,从而给百万富翁提供一个贴水,这将使他不仅可以保持而且能够增加他的财富,这将刺激他不得不进行储蓄。一方面,一个非常富有的人无法不储蓄,另一方面,一个穷人无法进行足够的储蓄以提供给自己一间温馨的小屋。这些似乎别无选择。对一个人来说,节俭可能是聪明、良好的行为,虽然并不强迫他这么做,对另外一个人来说,储蓄却是一件愚蠢和浪费的行为,虽然如果喜欢,他可以这么做。由于对后者的评价可能会遇到不加思考的挑战,我们需要对此予以特别阐述,说清楚这个问题。其实这个论述甚至并不必要,因为上述的推论是从我们的基本原理——即边际重要性随着供给的增加而递减——直接演绎出来的。每周 15 先令和 20 先令的收入差别在人们心理上往往大于 20 先令和 25 先令之间的收入差别。因此,除非特殊情况,一个人不会以目前这 20 年内每周收入 15 先令而不是原本的 1 英镑为代价,使自己可以在下一个 20 年能够每周收入 25

先令而不是本来的 1 英镑。我们在这里使用一个极端的例子,假设在三年里,一个每周收入 1 英镑的家庭只消费其中的 7 先令 1 便士,储蓄 12 先令 11 便士,以便三年以后他们可以购买一个价值 100 英镑的小屋,而不是花费每周 3 先令去租用它。假设如果他们拥有了这个小屋后,在那 3 先令中有 5 个便士是小屋必要的维护费用。那么,自从他们购买了小屋之后,可以每周节省 2 先令 7 便士,如果他们在随后的日子里没有别的储蓄的话,在比 15 年稍短的时间内,他们在客观上将恢复他们在之前三年的储蓄中所牺牲的好处。他们将在以后的生活中一直享受这个额外的每周 2 先令 7 便士的收益,这是一个纯利。但是,如果从心理上考虑呢?我们知道,13 先令 11 便士和 1 英镑之间的差距,在心理上的重要性比 2 先令 7 便士和 1 英镑之间的差距多了五倍。因此,他们三年的贫困状态将会比 15 年的好处所能补偿的要少,即使这里我们没有考虑到由于损失收入而造成生活活力的永久降低。如果我们延长储蓄的时期,比如使它处于一个更容易的范围内,上述原则依然成立。随着房子租用条款的变化,市场达到的均衡点也将不断变化。对一个穷人而言,平均分布的较小的收入显然会比一个不平均分布的较大收入更有价值。对一个刚毕业的本科生而言,在开始的几年里节俭地过日子,以便在结婚时能够拥有自己的房子,毫无疑问是非常明智的。对一个人来说,控制不仅是妥善分配自己的资源,而且也包括对自身的合同和负债的控制,这是管理上的非常重要分支。实际的情况是:即使在谨慎精明的人当中,也只有少部分人拥有房屋,这显然充分证明了租房而不是买房是更为节俭的选择,也就是说,借贷比储蓄更有利。

即使对于一个富有的人来说,储蓄也可能是一个坏的经济决定;或者说,先借贷然后储蓄而不是先储蓄然后从不借钱是一个好的经济决定。假设一个人每年有 700 英镑的收入,同时,他相信通过在他的生意中增加 10 000 英镑能够使他获得 1 000 英镑的收益。假设他能够以 6% 的利息借到这笔钱,他的纯收益将是 400 英镑,从而使他的收入上升为每年 1 100 英镑。如果他为了 20 年以后能有 1 700 英镑的收入,愿意以较低的收入连续生活 20 年,他可以直接借入 10 000 英镑,每年从自己 1 100

英镑的收入中再储蓄500英镑；或者他也可以不借钱，从自己现有的700英镑收入中储蓄500英镑。显然，第一个方案更为理性。但是注意，这里需要考虑风险以及由此产生的焦虑的因素。在这里，原理依然是不变的，在第一个例子中，通过逐渐偿还总的借款来提供收入水平，在第二个例子中，则是通过自己逐渐的储蓄进行投资来达到上述目的。

因此，无论对于穷人还是富人，任何储蓄行为是否明智，依赖于在其一生的估计可获得的总资源中计划积累的数量。我们已经看见，通过自身的储蓄来得到一栋房屋也许是不可能的，或者是灾难性的，也许租用是一种更好的选择。即便没有这种选择可能，储蓄也可能是非常昂贵的。例如，一个非常穷的人不可能采取适当的措施来应对年老或者长期的病痛，只能指望他现在所遭遇的痛苦与他未来需要寻求救济的风险是一样大的。因此，老年的退休金更容易刺激人消费而不是提供保障。在很多例子中，这种情况发生的可能性很大。很多人尽管未能为年老时做好保障，也不因此减轻年轻时的贫困状态。但是，谁可以指望，在年轻时不承担无法忍受的重担，在年老时可以改善生活条件，确保在任何情况下远离极度的贫穷。通过足够的储蓄来保证七十岁以后能拥有每周1先令的收入通常是无用的，因为每周1先令的收入不足以保证人们无须工作。仅够生活的每周5先令的收入和相对富裕的每周6先令的收入的区别是值得大家进行思考和自我反省的。前者在老年时有着上升的边际重要性，在很多例子中，为了获得后者，值得人们比为了获得前者做出更大的努力和牺牲。

然而，这里有点跑题了。我们现在的观点是，如果一个非常穷的人面临以下两种选择，即为了能够赚到足够的年老时的必需品，将现在的必需品进行储蓄或者消费，对于他而言，采取后者可能更为明智。如果他稍微富裕一些的话，他将能够确保自己在老年的时候远离极度的贫困又用不着压榨年轻时候的生活。因此，虽然通过节约一周或者一个月的支出来满足重要的和很少的周期性花费通常是明智的，但是，贫困不只使储蓄本身变得困难，也使为了遥远的目标而储蓄变得不明智。对于特别穷的人，冒着饿死的危险而储蓄显然是不明智的。人只能活一次，为了延长寿命而消灭偶尔的放松和娱乐,这种加深痛苦的行为也是不明智的。除非有理由预期为了使老年时生活在可以承受的限度内,使青年和成年时的生活不可忍受是合理的,否则,穷人为了老年而储蓄也是不恰当的。就像我们所看见的,只是一小部分的富人才考虑为了购买一栋房子而储蓄。然而,无论一个人多么富有,这里存在着一个有关储蓄的智慧的自然限制。

确实,富人的问题通常是他如何才能避免储蓄得过多。生意的紧急情况可能会耗尽他的收入。但是,储蓄的需求总是在不断增长,直到他不能控制它,而是它控制他。储蓄变成了一种弗兰肯斯泰因(Frankestein)式①的魔鬼主宰了他的生活。它要么增长,要么死亡。但是,他不能让它死亡,部分是因为他依赖于它,部分是因为它开始变成了一种实体存在,同时独立于交易中的其他东西,获得了一种对于他的情感和想象的独立要求,受到了他所有的私人关系和义务的限制。因此,他勒紧裤腰带进行储蓄,活在一个相对贫穷的状态中,仅仅是为了在死去的时候,他能够相对富裕。仅仅是为了给将来提供保障,他的储蓄是愚蠢的、浪费的、不应该的、漫无目的的。如果他是明智的,他应当想方设法从这里逃脱,甚至花许多时间来做这件事。最富有的人和最贫穷的人一样,过度的储蓄对于他们来说都是一种愚蠢行为。

储蓄可能产生持续无限长的时间收入的事实并不真正影响储蓄;虽然诡辩家极力主张,无论一个人认为未来是多么的渺小,一个无穷序列的未来收益肯定会超过任何有限的牺牲。这个答案意味着,即使一个人的想法超越了他自己的和他的孩子还有他的孙子的生命,但是,所有的人类事务还是面临着不确定性,也是无法预测或者控制的,即便保证在遥远的未来,我们目的能够被接近,因此,即使我们能够肯定,一个确定的储蓄能够产生一个无穷的收入(那是一系列不断累积直到"永远"的钱的总和),但是,这个序列的总和,在任何一个人心中,都只代表了一个确定的和有限权重的重要性。它与某些确定总量的目的是可比的,可以在一定时期

---

① Frankestein:弗兰肯斯泰因是英国女作家玛丽·W·雪莉(Mary W. Shelley)于1818年所著同名小说中的主角,他是一个创造了怪物而自己被它毁灭的医学研究者,意指作法自毙者。——译者注

内实现,可以对它予以一定准确程度的判断。可能会有人想确立或者控制某些东西的概念,比如储蓄时间和地球上有人的时间一样长,但是,它自身是一个确定的值。即使是守财奴的病态估计,也无法逃脱一般的规律,随着他的财富增加,他对于储蓄的热情将会不明显地减轻,而且他储蓄的程度将决定他目前的贫穷和节欲的程度,随着他的贫穷和节欲加强,他对于储蓄的热情或早或晚会发生变化,那时,他将较少地增加自己的储蓄。作为市场交易中起决定性作用的价格机制将会自我实现。如果守财奴不这么做——不像我们有时说的,他在几年的时间里"实际上"是这么做的,——实际上,只要在几天的时间里,他就会由于饥寒交迫而死亡。

总而言之,任何人只要不是过着绝对的衣来伸手饭来张口的生活,将会付出一些努力,在时间上分配他的资源,以利用它们达到最大的精神回报。即使他认为将来比现在更值钱,只要他给现在附加上任意价值,就一定会存在一个点,在该点上,对于现在满意程度的边际减少会等于计划满意程度在将来的边际增加。至于这个在现在和未来之间的均衡,将会部分地由于这个人的相对贫困或者富有程度,部分地由于他个人的倾向和环境,部分地由市场提供的储蓄贴水所决定;但是,那个平衡总会在某处达到。同时,它将同样地根据此前我们所说的原则,非常精确地达到。那些原则决定了我们在马铃薯和胡萝卜之间、在衣服和慈善之间、在财产的增加和享受休闲之间或者在任何其他可供我们选择的产品之间的平衡状态。

现在,让我们回到个人对于资源的管理,同时,让我们考虑我们全部所学的是如何应用的。我们可以假设,一个人收到了一个 100 英镑的遗产,从而需要管理他每年的资源安排。他可能把这笔钱用于投资,一旦他这么做,他将不得不考虑他所承受的风险。他可能会对超过 2.5% 的收益率感到高兴,但是,考虑到在投资中存在的额外风险,他也许将会要求一个更高价格的回报。假定他认为 4% 是一个合适的利率。他希望,只要他还活着(假定他总是遇到他故意认定的风险),将有望每年获得额外的 4 个英镑,并且留给他的继承者一个选择权,要么在他们活着的时候继续享用每年额外的 4 英镑,要么行使任何其他对他开放的

> 对个人资源管理的利益现象所做出的反应

替代条件。它们是什么条件呢？也许是马上提款 100 英镑。他也许会做出安排,将会在未来的 40 年内每年获得 4 英镑 10 先令(总共 180 英镑,额外的 80 英镑是他等待的贴水)。或者,他可以在未来 20 年内每年获得 7 英镑(总共 140 英镑,20 英镑是较短等待时间的较低贴水)。或者,他选择在未来 10 年内每年获得 12 英镑(总共 120 英镑)。如果他考虑到,在未来十年里,1 英镑对于他的边际重要性将大大高于随后的第二十年或三十年,他也许会明智地采用最后的安排。或者,如果他进行永久的投资并且每年获得 4 英镑,他也许会把这笔钱用来以防自己被解雇,或者,他也许把这笔钱现在存起来,为了在将来使用它,连同他将来会获得的额外保费。或者,另一方面,他也许会把这 100 英镑全部用来购买烟火,在他的人生历程中展示一个盛大的烟花表演,享受因此带来的乐趣,而且在以后的生活里都能引起对它的愉快回忆,他将会权衡所有他想要放弃的选择的优势。或者,他也许把钱用来度假,要么是因为他希望这能够恢复他的活力,使他的工作更有效率,要么是因为他认为这将是一个极度的喜悦的时候,并且将给他今后的快乐记忆带来一份永久的收入,或者,在这两个考虑之间,还有一个在价值上相当它们的他可以用这一个终生的每年 4 英镑购买的某个东西,连同其资产总和传给他的继承人的想法。或者,他可以把资产献给研究或教育,无论这个研究和教育是用于他自己还是他的孩子,是用于技术(为了使他自己在创造商品时或是提供服务时更有效,这些商品与服务将投入交易)、文科教育(使他对原来未能进入的领域能够更有接受能力并获得满意)还是兼具两者的特征。或者,他可以在他的房子上实现一些改进,或者,他可以买一幅画,期待从中得到一种或者另一种享受的收益。或者,他可以组合任意数量的这些东西。他也许花费 10 先令在烟火上来庆祝喜庆的事情。他原来打算花 10 个英镑,但是,他对此感到不高兴,他可以通过在一件结婚礼物上花费 2 英镑来缓解他的脑海里不舒服的感觉。他也许花费 10 英镑在家具上,花 10 英镑在歌唱课上,因为他一直向他的女儿许诺"只要他能负担得起",他就开支这笔钱。他也许在一个急需的假日上投入 20 英镑,以及在其他一些"奢侈品"的花销之后,他也许储蓄 50 英镑以备不时之需;他每年如果从收入中开支 2 英镑对办公室进行火灾保险，他就仍然可以放纵自己享受烟草的美味，或是比目前为止更多地乘坐有轨电车。在各种各样的应用上的某种分布在理论上确实是正常的。如果一个人的支出已经达到了均衡，如果这个均衡必须保持，许多边际必须按照相同的比例得以提升。然而，通常就没有真正试图按照理性原则来分配金额。很多人有一种在这种情况下怎么做最合适的成见。我们已经注意到，传统的力量以及在这种情况下，传统通常采取一些取代思想的格言或者"一般原则"的形式。在任意情况下，取代思想的很可能是愚蠢或冲动，而体现在谚语中的集体经验则可能优于它。但是，由于一般原则没有考虑到特殊情况（然而一切事情确实都依赖于此），思想可能是一个比传统更好的指导。即使像这样的有益的格言，例如"不要侵蚀你的资产"或者"一些储蓄应出自最少的收入"之类，虽然它们无疑从愚蠢中拯救了许多人，但是，也有人成为它们的受害者，甚至死于它们之手。

我们将增加一两个有关利率在资源管理和替代选择中的影响的例子，不是因为它们会引入什么新的原则，而是作为练习。在利率为 4% 的情况下，一个正在建房子人考虑建房中的某些改进，这些改进将要花费 100 英镑，这样会省下一些服务及一些不必要的维修。他会询问，这样做是否每年因此能省下 4 英镑。如果可以，花上 100 英镑还是值得的。如果利率为 2%，这就值得不仅如此，而且可以做进一步的和不太重要的节省劳动力的改进。或者，可能提出的是住在这样的房子里将增加乐趣但并不减少开支的改进，以及接下来的问题是，它因此将产生的满意度相当于每年花费 4 英镑（或 2 英镑）在马和出租马车、书籍、热情款待或者任何其他方式上吗？因此，利率越低，我越倾向于盖更好的房子。在荷兰，许多城市的房子质量坚实归因于这样的事实，在 18 世纪末期，利率，特别是有可靠的抵押的利率曾经低至 2%。

因此，一个人拒绝以 2 000 英镑的价格出售他家的一幅出自一位大师之手的古老的家族肖像，也就意味着，为了保留这幅画悬挂在他家墙上的特权，一年要实际付出 80 英镑。它能否确保因此产生的愉悦相当于他

第七章 市场(续):利息、工具和土地

每年用这笔钱能够买到的其他任何东西吗?也许他从来没有问过自己这个问题,并且几乎没有意识到,保留它的决策是节约还是奢侈取决于利息率。类似地,一个人也许花费了1 000英镑购买一座房子,然后,明智地购买了一些周边的地产,进行了适当的整修,总共多花费了200英镑或300英镑,他可能使这栋房子的价值翻了一番。但是,他未必就能认识到,他现在实际上也使租金翻了一倍。他现在可能会出租或者出售他的房子,他因此在其他替代品上花的钱可以是他以前曾经支出的两倍。因此,他现在为了他的房子牺牲了价值是他过去花费两倍的其他东西,由于缺乏充分的反思,他决定把他成功的业务运作的全部收益支出在一个项目上。这些人没有确切地意识到他在做什么,我们也没有,作为规则,它赞赏显然知道这些事情的人。但是,为什么赞赏?仅仅因为我们怀疑这是一个使他了解他们的卑鄙的思维习惯。一个不重视个人关系和团体的人——习惯于离群索居地照看他的所有财产的人,他们的个性,几乎可以说是他们的性格,仅仅把它们认为是可以用来与其他的"东西"交换的"东西"——可能是一个卑鄙的人。他一向认为,他要给别人的东西比别人给他的东西更有价值,他只能在相对粗略的级别上接受有特色的生活。在他的意识里,墙上的这幅画一年花费了他80英镑,为了在周末的下午能够坐在他的花园里欣赏悦目的风景,一年花了他50英镑,他的这些意识似乎表明,他有着这样的习惯,总是从最物质化的角度分别地考虑这些东西,把它们作为可分割的财产,而不是作为对不可剥夺的体验的服务。总是不断地考虑东西的交换价值的习惯表明了对手段和设备的过分关注,对结果和经验的低估,对可交易物的高估和对不可交易物的低估。但是,无须如此。在这些事情上,习惯于一般想法的人需要了解这些刚刚提到的事实,并在适当的场合将付诸行动;但是,他也可能意识到体验更好经历的价值,这些能够给他独一无二的感受,他将明白,保留它是一种明智的选择,如果它的根已经烙进了他的生活及其回忆,围绕着它的联系产生了某种气氛,对于这些东西,仅仅将它视为单纯的物质对象或机会来获取,显然是非常愚蠢的,总有一天,仅仅是出于偶然的机会,它们会给自己披上"生活的外表"。

因此，现在与未来，长期满意与短期满意之间的平衡，希望确保今后收入增加，从而将部分收入储蓄，用于投资，并不仅仅限于那些进入交易的过程。一个为其生意积累资本，希望通过交易而产生收入，从而限制他的嗜好和假期的人，一个偏离了他所喜欢的文学和艺术追求，为了获得一种新语言或者一门新学科的要素，不惜从事剧烈的和令人精疲力竭的脑力劳动，不是因为他喜欢这一过程，而是因为他期待在未来可以从其结果中享受收入、获得权力的人，两者比较了短期服务与长期服务的开支，指望着选择后者会产生贴水；为了能够明智地支出，他们都必须占有某些资源。但是，在后者的情况下，不存在着公开市场，不存在着对结果的客观衡量。我不能像说100英镑将确保我十年内每年有12英镑，或者像每年节约10英镑将确保我在十年后会有一笔总值为118英镑的款项那样，如此这般地资本化精神努力，将会给我产生如此这般的一系列确定大小的精神体验；尽管并非自觉，但是，我必须对牺牲的价值和形成的结果做一些粗略的估计。尽管不存在着我能够用这些结果与商品和服务进行交易的市场，但是，我总是要尽最大努力调整它们在我生命中的关系，使两组考虑永远密不可分地相互进入彼此。在确定我的业务或专业时，在我生命中的每一个转折点，我可能会考虑职业本身或者我正思考的行动过程是否具有与我相适应的特性，它的道德意义、它的社会关系、它的个人关系，它所允许的休闲和放松，以及朝着我所期望的方向影响其他人生活的可能机会。所有这些，将在我的思考范围，相对于我期待从这个或那个过程中获得的或多或少的收入，它们中的某些——当然并非全部——将获得某个权重。

对不进入交易的东西的类似兴趣

同样，我们已经知道，与不投入交易的东西有关的目的，如果不能得到那些需要进行交易的物品的支持，就不能实现。如果我是一名学生，能够以某种工作挣很多钱，通过其他方式获得更大程度的快乐或者想象中的实用性，而用于后者研究所需的书籍需要通过购买获得。我将从我所拥有的资源中转移出多少用于对它目前的追求，为了用于对在未来的它的追求，我应当增加多少资源？这是一个严格意义上的为了获得收入并投资资本，以便在今后将为我产生收入的储蓄问题。为了在未来获得超过补偿地扩大享受和效用，我侵占了现在的享受和效用，我所牺牲的和我追求的都是个人和精神的，都不能进入交易；然而，将现在的牺牲转为对未来的它们更大的占有，仅仅受到进入交易的工具性物品的影响。因此，我们再次看到了管理市场的基本规律的应用超出了商业范围。事实上，经济科学的基本规律是生命的规律，我们的经济生活不仅仅从它自己领域之外的事物中获得它的意义，而且也服从并且说明了那些不能被完全公式化的规律，这些规律与它的现象具有独特的关系。

现在，回到较窄的经济领域，有关在形成或是延缓形成积累时趋于消除积累的力量，我们可能会在已经说过的基础上再增加几句话。我们曾偶然

> 节约及其对积累的影响

提到过挥霍者。他的性情趋向于低估未来的重要性，显然不利于储蓄，在人类中，有很大比例的人都具有这种性情。我们读到，野蛮人部落很少意识到未来，无论他们多么频繁地遭遇短缺，都不能使他们形成任何储存。当食物可以获得时，他们是自由自在地能吃多少就吃多少。他们不认为一个星期里每天都有一顿好饭要比一个星期里有一天是绝对地吃饱而剩下的日子什么都没有是一个更理想的选择。一个那不勒斯人在街道的拐角处揉着他的肩膀，当有人出一个里拉请他搬运一个旅行皮箱时，他回答说："我已经吃过晚餐了。"①事实上是，他没有想到，明天晚上他还需要一顿晚餐。尽管现在有人向他提出了工作邀请，可是他现在却没有工作意愿，因为他现在没有什么需求需要被满足，他明天将会有这样的需求，可是到那时，他却无法以现在如此简单的条件去满足它们了。处于反应的低级阶段的大脑还无法了解收入的价值。一个野蛮人的部落也许会储存食物，然而不可能去喂养一群牛。他们也许知道会有一个月的饥荒，因此需要采取一些防范措施，或者现在实行某种限制，避免它们的发生，然而，他们还是不能把握这一微妙的想法：通过放弃吃光他们曾经捕获到的一群牛，他们可以持久地获得牛奶和牛犊。同样，澳大利亚的黑人佣人为了

---

① 原文是意大利语。——译者注

能够得到一小瓶只够那只他负责照看的小猫喝的牛奶,不辞辛劳地奔波了一百多英里,可是却宣称白人一般都是"大块头傻瓜",因为他没有为了招待他的朋友而烹羊宰牛。

各种工具、设备以及所有植物和动物的繁殖种群的存在归功于这一事实的实现:同样的能量输出将会生产更高的回报,如果它得到了合适的手段和所有权的支持——那就是说,对未来的富有活力的实现,将得到更为充分的回报。很清楚,越是精打细算的群体(也就是实现未来需求的一般水平越高的群体),积累的条件越是有利。

我们也已经看到,即使穷人像富人一样地精明,他所能储蓄的也只能是他的收入的一小部分;因此,社会财富总量的大小及其分配的方式将影响积累率。关于工人阶级没有远见的说法有不少是真的,但也有不少是假的。没有远见是无疑的,因此,往往损失惨重。但是,我们应该想到:(1)对于极其贫穷的人,节俭是没有远见的行为,这种说法不是悖论;(2)相对富有的工人比我们通常所了解的要更节俭,有更多的积累。说到这里,我不仅想起了储蓄银行里的存款总额、合作社的财产,病人俱乐部等,而且想起了如此多的技工出于贸易和政治上的目的,每周都向他们的工会缴纳会费。工会控制产业和影响当今立法机构的权力,应当完全归因于工人阶级的远见,无论它是不是有远见地行使那种权利。它象征着持久的忘我和一个遥远的不确定的未来的有效实现。其全部意义尚未被充分了解。它可能是明智的,也可能是不明智的。但是,它肯定是一种节俭的显著表现。就在这些页面送到出版社之时,我们正在等待最高上诉法院判决现在行使的这种节俭形式是合法还是违法;对于依赖这一判决的这个问题迄今为止的讨论表明,一些痛恨工人阶级浪费的人现在更担心他们节俭了。无论如何,它已经足够强大,以致于被那些担心有组织的劳工在政治方面的影响的人认为是一个危险,被那些欢迎它的人认为是我们这个时代最好的承诺之一。事实上,除了问题的这些影响深远的方面,许多人都知道,工人阶级更容易接受劝他们更明智地花费的建议,而不是敦促他们少花费和多储蓄的建议。但是,这是一个题外话。我们的主要调查不是社会任何阶级节俭的实际水平,而是其上升、下降对积累

第七章 市场（续）：利息、工具和土地

和利率的影响；一般的建议是可靠的，即社会成员的节俭或浪费以及它的资源的总量和分配比例是它的积累率的决定性原因。当条件变得更有利时，一个较低的贴水将引起积累，相应的积累将会增加，并且降低积累的边际重要性。如果其他条件不变，随着社会的财富和知识的增加以及对于将来需要和享受的有活力、有效率的实现的自我控制的需要的增加，利息率将会下降。

考查完了决定积累形成的条件，让我们看一些消耗它们的力量。如果穷人是浪费的，没有形成积累，他无论如何是没有机会去消耗它们的。他的浪费至多仅能阻碍它们的形成，但是，浪费的富人却是在挥霍积累。如果他的财富打算用于累积，用于未来，他将进入市场，对现在的财富提出需

> 积累的挥霍和浪费

要，承诺用将来的财富替代它；因为他的出价或承诺对经济力量的吸引力与另一个使他控制的积累得以保存和结出果实的人一样有力，通过使资源流量进入贫瘠的渠道，挥霍者削减了产业的供应并且使社会贫穷。但是，在这方面，挥霍者并非孤身一人。未来的一切是不确定的，建造设备的人和开掘矿井的人在未来财富的预期下也许会因这件事而失望。所以，绝不是保障给他一个贴水就可以了，未来可能血本无归。在这种情况下，可能存在着浪费和误导。浪费和误导的程度将取决于工商企业负责人的睿智和诚信以及这些企业自身的性质。风险在那里，并且必须承担；但是，如果是聪明并且大胆地承担风险，可以确切地说，这里没有浪费，因为失败对于成功来说是一种偶然，行为越是谨慎，承担的风险越小，越能确保较低的平均或综合的结果。风险，作为价格的一部分，不能被认为是浪费。但是，我们必须不断提醒自己，一个成功的企业提供的服务本身甚至可能是有害的。这是他的权利：给予人们他们想要的，即一个人赖以成功的东西；他们想要的，也许对他们自己和社会的积累却是毁灭性的，尽管对提供它的人来说，是偶然有利的。再者，一个人可以从其他人那里得到他想要的东西，不是以盲目和狭隘的方式提供给他们任意一种被认为是服务的东西，而是无知或愚昧地让他们相信他正在这样做。惊人的大笔的钱永远被转移到企业，他们将吞噬它们而且从来不归还，并且没有

人认真期待有足够的回报,即使这些人知道关于它们的一切。那些知道它们的人说服那些不知道的人去思考他们将得到的回报,并且以一种或另一种形式从他们中获得佣金,为他们的"服务"在诱导他们去误导和破坏他们的资源,然而,给人的印象却是他们正在提高它们。

因此,一个社会累积其资源的速度,或者,换句话说,转向长期服务支出和间接生产性努力的流量的相对宽度,将部分取决于品味的性质、欲望及社 决定一个社会积累率的原因 会的冲动,部分取决于其资源的振幅,部分取决于它们的分配,部分取决于未来的希望和乐趣会生动地实现,以及部分取决于所有它的成员的正确判断和正直,尤其是那些在指导其产业事务时最积极的人。

由于目前对未来的贴水在下跌,显然,在增产的过程中,有些工具必须被舍弃,以证明为了生产既定数量的玉米,在每年的净收入的资源中所要支出的比例将会变得越来越小。由于估计到 1 英镑在一年、二年或二十年之后的边际重要性将越来越近似地等于今天的 1 英镑的边际重要性,很明显,从工具上得到的收入在其衰减以及它的不断衰减所导致的边际重要性逐渐缩小,以至不再影响我们的估计之前,会达到越来越远的未来;因此,它将有一个较长的运行期,去补偿我们用以比较的给定数量的边际重要性。对于递减的利息,从理论上说,并不存在着大于等于零的限界。

在同样的条件下,任何不能累积或增加的价值(如果在最后的分析里,发现存在任何这样的事),比方说,地球表面的空间,将会获得无限的价值,因为它将会由于劳动力的无限增长而获得一个边际重要性,然而,事实是劳动力数量仅能在一段时间里增殖,延伸至无限延长的未来则是不可能的,在我们假设的条件下,它将缩小成为一个有限的估计。对读者而言,这些假定显而易见是极其偏离实际条件的,在他看来,有充分的理由因此拒绝有关可能出现负利率的推断——也就是说,产业生活的条件应当存在着对未来的贴水,人们认为这个贴水值得他们投入目前的努力以确保未来的财富,尽管如果致力于目前的满意度,它将肯定生产更大的数量,实际上,如果他们希望"储蓄"得更多,人们应当发现,有必要在现存

第七章 市场（续）：利息、工具和土地

的边际点上去这样做。虽然我们谢绝进行这样的纯学术讨论，但是，可以清楚地看出，随着智慧、诚实和深谋远虑的增加，我们没有办法将利息的下降明确地限定在零以上。零也许是可信的极限，即利率有可能会尽可能地接近它，但是，这一点却是永远达不到的，也就是说，可以肯定的是，利率将不可能是零以下的任何一点。利息下降是否会减少积累的数量，这个问题总是被不断讨论。通常情况下，利息下降必然会使积累增加；积累增加是因为人们愿意按照他们觉得值得的条件进行积累。那些条件变得越来越不利，毫无疑问，这将阻止一些人储蓄，或者阻止他们在那些条件仍然像过去那么有利的情况下，储蓄得那么多，那么急切。但是，贴水下降本身归因于这样的事实，即一个较低的报酬不仅足以维持，而且足以增加积累的数量，因此，去问贴水下降是否会减少积累的数量，也就是去问你对一辆正在下山的马车施加拉力是否会使它再次地回到山上。

我将通过试图确定"动产租金"（hire）、"不动产租金"（rent）和"利息"（interent）这些词在通常使用时的含义对本章得出结论。这将包含一些有用的分析，它有助于使我们的概念更为一致而且稳定；它将引导我们附带地稍微思考一下保险的原则，到目前为止的研究中，我们尚未阐述过它。

> 动产租金、不动产租金和利息

我们已经谈过，大单位商品的存在导致难以引入个人预算。本章的大部分已经讨论了这个问题的一些方面，但是，还有一些其他方面尚未涉及。我们看到，如果不是做好了充分准备，一个大单位商品在出售时要求购买者一次性集中支付，则很可能会干扰较小收入的管理，从而使其支付受到威胁；而且，即使大单位商品的付款能够在其整个服务期限延伸，它仍然可能会发生，因为服务的三分之二、或者二分之一、或者十分之一要比全部的三分之二、或者二分之一、或者十分之一更有价值，很多买不起一整个东西的人会因此离开它，可是，如果他们可以选择用十分之一的价格购买整个商品的十分之一，他们将倾向于这样的选择。当一个人拥有任何一只股票、租用马和出租车、自行车、钢琴或其他任何东西时，卖者实际上是让人们按一定比例购买它们。这个业务显然是必要的。在每一个片段的购买者都只是支付他确实使用的那个片段（在所租用的是动物的

情况下,还包括了相应的饲养费用)。在这种情况下,每一个购买者应该对股票经纪人的积累支付一笔贴水,这笔贴水应当与他(股票经纪人)能从其他人那里得到的处置其他人的财产所得到的收入一样高,同时,对于这些商品由于不能被充分租用(以及在此期间可能会变质腐化或者被浪费掉以及需要进行维护,从而其中的一部分会被损耗而没有被卖出)而产生的风险,应该支付给他一笔保险,最后,还应当为他所提供的服务支付酬劳,使他在从事所有这些必要的业务时所提供的服务的规模足够大,使他去推进这种贸易,而不是把精力用在别的东西上。我们通常谈到的"动产租金"时所涉及的东西是可以移动的,并且我们承诺将完璧归赵地归还它;现在列举的所有元素通常进入为租用它们所需的支付价格。希望租用它们的人只有在这样的一点上才能够得到获得它们:在这一点上的出价,正如我们已经指出的,是在所有的资本、能力、企业等市场上(客观上)足够高的有效竞价。

　　出租房子的人也被认为在零碎地出售。尽管租户连续不断地使用房子(或至少购买了使用权),然而,他也许只能租用几年,在这种情况下,他仅仅购买了它的一小部分。在两个租赁期之间的间隙,有着我们前面所说的相同的责任——也就是说,在房子租赁期之间的空隙里,这个房子仍然需要照顾和维修,但是,却没有人为此买单。因此,同样的要素就像一辆出租车的租金一样可以区分一座房子的租金。房东可以因其对房屋的照料得到酬劳,此外,这里还有维修费用,房子被实际投入使用的那个部分时间的支付,没有租金时段的保险,市场提供给进行了积累的人和那些提供了他人没有提供的服务的收入。在动产租金和不动产租金之间,除了一座房子的租户他自己频繁地承担它的维修外——也就是说,他实际上是在更新(或部分地更新)他的房子已被消耗掉的部分——在理论上看,似乎没有什么区别;然而,租用马和马车的人并非如此。在出租(letting)和租入(rent)土地时经常做出类似的安排。动产租金和不动产租金之间的区别似乎主要是用法。我们通常谈到"不动产租金"是在东西(房子和土地)不能移动的情况下,这些东西同样必须完全地还给它们的主人。

第七章 市场（续）：利息、工具和土地

> 保险

与大单位商品的部分（片段）消费非常紧密相连的是对最好予以保险的不确定的未来事件的整个条款范围。如果对于不确定性所提供的就好像它为确定性所提供的，这显然是一个糟糕的经济。任何一个人的房子都可能被烧毁，但是，没有人知道是在什么时候，在哪里，他自己的房子会遭此不幸。为它做即时的准备是不可能的，如果人人都为这件事做专门的和充足的准备，但是，它在每一千个人当中只发生一例，其他的每一个人都按照在此时他需要花费巨大的假设来分配他的资源，然而，这种假设最终却被证明是错误的。类似于如此的困难对于大单位商品而言，是一个加重的两难困境。在条款对此作出规定之前，一笔不堪负担的开支的需求也许会出现，也许根本不会出现。也许根本不可能为这件事做好准备；如果可能或者已经做了准备，它却很可能是不需要的。如果对此做出准备的人每年只有千分之一的机会用到他的准备，而他能够通过贡献这千分之一的准备获得安全，这样做，对他来说，是非常明智的。保险体系使他能够做这些。对应于他被计算出来的风险，他会被分派一个相应的比例，此外别无更多，他将因此获得安全。一千个人为一座理想的房子的一部分进行支付，他们可能被视为共同持有，他们要达成一个协议：房子将由他们中一个现在房子被烧毁了的人实际占有。他们每个人支付给某保险公司的保险费就可以用我们已经阐明的原则进行分析。每一个投保人必须支付总额的一部分，他将可能获得的总额对应于他获得它的机会，所以，所有的投保人一起为所有他们得到的进行支付。他们还必须对保险公司在开办时投入的资本及积累资金支付一笔贴水；他们必须支付员工的报酬。他们享有的特权是通过对他们的风险支付不超过这两笔保险费之后将获得保障。同样的分析适用于对疾病或事故的保险；它还部分应用于老年人的赡养。

所谓的"人寿保险"站在一个稍微不同的立足点。在许多——也许在大多数——情形下，首先，它如果被称为"应对一些早期死亡的后果的保险"，可能要更为准确一些。一个挣了一定收入的人不可能立即为他的家庭做出适当的准备，来应对他在几年之内死亡这种不大可能会发生的事；但是，他可以做出部分适当的准备来应对相应的小概率需要。他可以通

过保险做到这些。很可能出现这样的情况：最初打算做好准备应对的风险在事隔多年之后安全通过，对保险费的支付就变成了一个人为他的继承人所进行的储蓄。这种方式可能要比其他投资方式更好，尽管为他们进行储蓄的紧迫感已经不再存在。对此进行进一步的分析则与手头的问题没有特殊关系，因此，不进一步展开。

当借方没有收到和返还某些他希望享用的东西时，"利息"一词通常就可以适用了。正常情况下是指货币，实际含义是一种对这类媒介的权利，因为借方希望从与一定量的黄金价值的交易中获得收益。在这种情况下，借方就不得不留心，对于他已经得到的全部价值，要么他始终维护它，要么能够在结束时复原它；因此，对于维护，他无须支付。在这种情况下，整个支付是对为他所做的积累的贴水。然而，包含在"利息"里的这个支付通常是用以补偿在得到一个承诺——这个承诺不在做出承诺的对方的能力范围之内——时发生的风险。

可以看出，租金和利息之间的区别有一点理论价值。如果一个人承担了对租赁房屋的维修，他是在为它支付"租金"；但是，如果他借钱、买房、进行维修，并且对借钱给他的人进行支付，他是在支付"利息"，而不是"租金"。享有积累的贴水，而没有积累作为一个要素进入，除了在风险是可以忽略不计的情况下，这个贴水从来没有构成整个付款，在这些方面，"酬金"、"租金"和"利息"是一样的。

第八章

市场（续）：收入

摘要：服务市场遵循市场的一般法则。每种服务的流动决定了在哪一点上对服务的需要得到了满足，在集体偏好水平上的高低则依据流量的大小。劳动力市场的特征在于人的努力不能存储，除非在次要的意义或者是有限的程度上被包含在某种有生命或无生命的物体之中；因此，这种能力在形成时如果没有被利用，就浪费掉了。而且，对拥有者来说，在许多情形下保持有效的保留价格是不可能的。把它和它的源头分离，也是不可能的（除非是被物化了）。在这些限制条件下，市场法则支配着劳动力的交换及其与商品之间的交换。但是，市场常常是不完美的。每个分离的劳动力市场的供给构成了总体市场上的一个需求，尽管它向几个市场的流动在很大程度上由经济力量支配，但人力原材料的初始供给和生产被认为几乎完全是资源支出和冲动表达的一种副产品，而很少作为对需求的一种回应而被生产。经济力量倾向于确保市场中每个人的努力的价值在边际上与任何其他人相等。这并不能得出他不能得到超过这个的得益，也不能得出他的边际价值不能提高的结论；但是，一个社会由他生产的物品供给得越好，集体偏好水平上的空间就越低，由此可以得出的结论是：每个工人群体都能从社会获得的物品越丰裕，自给物品就越贫乏中获益。因此，劳动总量的经济学和许多错误的同情心是具有反社会性质的。对产业波动和不平稳增长所涉及困难的充分考虑，是成功地打击各种企图反社会方式并改变它们的一个必要条件。

我们已经在各个方面分析了商品市场，看到那些同样潜在的规则是如何在整个领域都能追踪得到。没有任何经济考虑能使某人为任何商品付出超过其边际价值，每种经济考虑都促使他付出的恰好等于物品的边际价值，这优于他什么都不付出。只要有自由的通讯和行动的独立性，经济上的考虑将会产生一个对任何商品来说在任何时间上的一个统一市场价格，这个价格将在总体偏好水平上与商品的边际点是一致的。而且，我们看到了每种商品都有自己的市场，无论在哪里，只要商品的属性允许它能被预先储藏或保全一个时期，一种分类考虑将会影响它在消费者偏好水平上的位置（同样的还有投机持有者），这不会影响到那些会迅速腐烂的商品。这种最后的考虑引领我们从考虑投机性"持有"到考察雇佣、贷款、"发展"的整个体系，或者是特定的物品或者是对流通领域物品的一般性支配。而且，我们已经看到我们是如何可以把任何市场供给看作它自身对其他市场创造的一种需求，直至最后追溯到我们财富的最小的微分物质来源。

> 要点重述

我们现在必须明白地指出，在流通领域不仅有商品还有服务。这个事实已经隐含地进入了我们对商品市场所进行的所有调查。桌子和书架的供给不仅是木材市场上的一种需求，而且是劳务市场上的一种需求，因为木匠的技艺和努力对这些商品的生产来说，是和木材的供给一样必不可少的；我们现在就转向对劳动力或者服务市场的考察。

> 交易环节中的服务

首先，显然可以证明，服务确实和商品一样进入流通环节。一个人可以通过演讲、写作、唱歌、表演他人观赏的滑稽动作、指挥一些被认为有利于影响我们和精神世界关系的仪式或者发布一些有助于我们内心平和的劝诫词而获取收入。所有这些服务都进入交易。而且物质商品都是由于人力施加其上,才成为那种形式并且被运送到可以满足人们需要的地点的。许多作家指出,在制造业和农业中,在"制造"或"生产"物质产品的所有过程中,人力作用仅仅存在于转换物品的地理位置上。人的直接活动看起来确实是局限于此;但是,有时候,他把一些物品放在一起的目标是启动有自然影响而且他必须等待的转化过程。他在已经开垦的土地播下种子,然后必须等待自然实验室里发生的变化,通过这种转化,土壤的成分和大气转变成他想食用的东西或者他能通过它加工成其他他所需要的东西。在这些情况下,人的行动就被伪装起来而且转入了幕后。它几乎没有在最终的拥有物上留下一点踪迹,因此,我们认为这几乎都是自然的行动。在其他情形下,就像在整个制造过程中一样,人们关心物品在自己放置后不应该自然变形,而要尽可能长时间地保持原来的形状以及他的直接行动赋予它们的关系;在这些情况下,人工在物品身上打上了更加清晰和持久的印记。或者,再提一下,可见的活动可以仅仅是他自身的器官运动,就像是演说的情形,导致大气的震动,而这引发了一些有价值的感觉、概念以及精神状态。在这些情况下,可追踪的人类活动的物理学上的纪录是转瞬即逝的。一个人拨动小提琴的琴弓,此时,尽管是在乐器帮助之下产生的声音,但它在物理意义上的可追踪到的影响同样是短暂的。或者,他可以把画笔放进颜料中,然后再把颜料涂在油画布上。在这种情况下,产生的实体修正是高度持久的,但是,机械能量的消耗和指导它的更加稀有的品质相比是微不足道的。这些例子足以说明,存在着各种性质的精神、肌肉、眼睛和耳朵的无穷组合,从而指导和催生出各种有效的人类能量的产出;在所涉及的影响中,存在着相似的种类,无论是在有形结构上直接产生的永久性调整,还是存在于他们所加入的自然过程产生的直接结果的联系中。很明显,如果不包含一定程度的智力或物质运动,任何努力或能量的支出都不能进入流通,也不能使物质产品产生持久改变。歌唱家和音乐家不可能保存改变的物质——空气的震动(当然,留声机的发明修正了这一论断),因此,如果我希望享受音乐家能力产出的结果,我就必须直接要求他的服务;如果在他演唱或者表演时没有人聆听,他除了自娱之外别无所得。然而,如果一个木匠造了一个桌子,他努力的结果会被更加持久地保存，即使所包含的努力在今天对任何人都没有任何用处，可是在明天或是一年后的今天，某人或许就能用到它们。

服务和服务的交换或者服务和商品的交换显然存在着一些基本的前提条件。可以被供给的服务在个人和集体偏好水平上有其位置，在可以供给的那些商品的周围。而且，可以在某个位置上提供服务的个人通常可以通过提供服务而非为生产归自己所有的产品在偏好的集体水平上处于相对更高的位置上。再提一下，能够用一首歌取悦我的能力具有一种本源的价值；而把鱼儿钓出海面的技巧的价值则是由鱼安全着陆后的价值衍生出来的；也就是说，用于满足人类需求或者口味的技巧，一种是直接的，另一种只能是间接的，但是，我们发现，不管在哪一种情况下，服务都和商品一样拥有递减的边际价值。举个例子来说，我究竟是否偏好更多的音乐甚于更多的食物，取决于每一种我已经享用的供给流量。对一个拥有大量原料供给和书籍订单的制造商来说，与他拥有足够的人手，一旦接到订单就能迅速完成，但是原材料短缺的情况相比，他愿意为恰当的服务支付更高的价格，为更多的原材料支付更低的价格。

> 服务交易和服务与商品交易

因此，存在着形成人的劳动能力市场的条件；正如每种商品都有自己的市场和自己的市场价格一样，我们可以预期每一种人的劳动能力都可以形成自己的市场，其中，收入将作为市场价格出现。从或多或少永久地改变物质中获得重要性的人的劳动能力，一旦被发挥，就和商品结合在一起了，它有形的物质结果在商品市场上交易，因此，当我们谈到服务市场的时候，我们一定要懂得考虑这些交易的基本观点，即在这些交易之中，一个价格支付给一个人是基于他付出了一定的劳动，而不是基于结果。这包括像这样的投机性交易：为医生的咨询和护理支付价格，不为他使我的身体机能和组织所产生的任何实际变化付费；为律师代理我的案子支付费用，不为他为我打赢官司而支付；支付给画家一定的佣金，请他以某种方式、特定的材料画出某人的肖像，不为实际的物质安排付费；对一个园丁或木匠付费，为他付出努力实现的特定的物质转移、并置、合并和隔绝。

> 人类努力的市场

第八章 市场（续）：收入

这里，和其他地方一样，实际上不可能划出一条精确的界限，而且试图这样做也是不合算的。例如，时间工资是对服务的技术性的支付；如果工作是很容易检验的，雇主能够准确地知道他所支付的，但是，由于他必须每天或者每周都得重新订立契约，坚持他只能为精力的产出进行投机性的支付，不能对它体现在商品中的特定的结果支付，只是一种迂腐而已。人的精力能直接服务于人的欲望和需求，它能够使产品发生相对持久的改变；在后一种情形下，无论是根据它的产出还是产品所体现的改变，契约都是可以达成的。在这个例子的最后一种情形下，我们停止为服务议价，转向对商品进行议价。因此，服务的一般概念以及对服务的支付显然不同于商品，但是，它们两者却很容易相互过渡到对方。我们将一般地谈论与人类努力的输出相关的"收入"，如同我们谈论与商品转让相关的"价格"，应该指出的是，就我们现在理解的而言，收入一词并不能恰好地涵盖"服务支付"的概念；如果一个人把他的努力施加于一个物品并把它作为商品卖出去，我们谈起他所获得的商品价格"收入"就如同谈起他为出售服务而讨价还价一样。另一方面，工资这个词在一定程度上具有不确定性，就我们的目的而言，它的范围过于狭窄，因为它没有包括对艺术家和专业人员的支付。

流行的直观语言还没有把对服务的投机性支付确认为与包含服务结果的支付不同的类别。也没有为我们提供一个方便的词汇，但是，对其给予特别的关注是很重要的。因为提供服务的能力除非即刻被应用或者被包含在一种物质商品中，否则，将会像它产生一样迅速地被浪费掉，由此可以得出服务市场在最易 它们的特征 迅速而且无法避免腐烂的商品市场上有着它最为接近的类似物。但是，任何商品，要想被交易，都必须有一定程度的耐久性，尽管产生有效努力的能力会像它的产生一样消失；而且，如果产生的能力不能随着时间的流逝而被利用，它也不能被储存或者在稍后的时候被利用。因此，我们必须把可以获得的任何种类的劳动努力的供给理解为，如果不能在它产生时被利用就会被永远地浪费掉了。另一方面，许多商品的供给是间歇地得到补充的，这或许是因为每年的季节轮回，或许是因为机会决定了矿石或者沉淀物的发现；然而，人类努力的能力（就现有的限制条件下考虑）则是持续更新的。现在，我们看到，考虑到个人的支出，库存转化为供给的比率必须精确地计算，因为与之必然相关的需求或者是连续的或者是周期性的。我们现在考虑的供给本身是能够以流量的形式不断提供的。我们不难理解，在一个开放的竞争性市场中，服务的理论价格，如同商品的价格，将由供给的流量（也即在这个价格下，服务的提供成为可能）和偏好的整体水平的组成决定。在这种情形下，供给率仅能在很小的范围内调整以适应需求的不规则性。它不能被存储，因此，发生了某种特定服务能够满足的需求，如果出现了一种间歇的或者不规则的情况，供给可能就无法满足需求；因为这个流量不能一下子缩小到涓滴，然后又从水库中放出庞大的流量。从商业上说，承包商可以通过增加雇佣或者解聘工人来扩大或缩小他控制的服务流量。但是，我们所说的不是这种流量。我们说的是在充分就业情况下持续更新的工作能力的流量。承包商或许会谈论利用未被雇佣的工人的储备，但是，到此刻为止，未被利用的工作能力并不存在于蓄水池中。它已经消失了。

这种状况受制于特定的条件是真实的。没有人能够在长时间里持续地付出努力；睡觉或休息时，他在积蓄能量，在觉醒状态下再被释放。这种事实——在 24 小时交替的应用中是很明显的，在较弱的程度上，就更长的时期而言，也是正确的。一个人通过假期的休整，能够在一段给定的时间里发挥出比他没有休假时所能发挥的更大的特殊的努力。他甚至能够在一些年里保持他前期储存能量的一定强度。此外，一段时间的培训和技术学习是在较晚时期实现的能量储备。但是，考虑了所有的条件以后，我们所坚持的易腐性仍然是人力发挥的显著特征，和商品的转让明显不同。相对而言，一种是永久的不可避免的经过我们的流量；另一种则是在或短或长的时期伴随着我们的储备，以供我们在方便的时候使用。

和这种人力形成后持续易失性紧密联系的是它们及其源泉的不可分割性。牛奶可以被运到伦敦，而产奶的牛却仍然留在波克夏，不过，人的工作能力（对马而言也是如此）却不能和产生它的生命体分离。因此，人的能力不能在一地集中,除非在有限的程度上。作为规则,任何时刻,社会可以获得的任何种类的努力通常不能像这个地区收获的李子和土豆那样,集中于特定的某地。它必须通过或多或少的间接方式来确定。

这种易失性的特点进一步阻止了投机性地保留努力以便在将来某个更有利的时机加以应用的可能性。就一个人可以把自己的努力用于自身的目的而言,他在和别人讨价还价时有一个保留价格;除非他们为他的努力给予的回报优于他自身利用这些努力所得到的好处,否则,他没有和他们交易的经济动机。如果他既有一些木料也有工匠的技巧,他可以选择卖掉自己的木料,同时向他人出售自己的技巧,也可以选择把自己的技巧应用于自己的木料,然后将产品拿到市场上去卖。或者更加一般地,无论什么人拥有什么机会、财产和才能,他都可以在他自己的才能(或者直接服务于他自己的目的或者是满足其他人的需要),在他自己的机会中的所有可能的分配中,以及他自己的才能和别人掌握的机会的联系中,还有他掌握的机会和别人拥有的才能的联系之中进行选择。只要这些各式各样的来源对他而言是开放的,其中一个的优点就决定了一个保留价格——在其之下,他不会同意把他的资源提供给别人。但是,如果他的才能和机会没有任何有效的组合,它们就会在没有保留价格的情况下被投入市场,将在对别人而言的边际价值上被销售。举个例子,有一个人,他有一小块土地以及耕作它的工具,另外手头有足够的钱可以来购买种子,可以等到作物成熟再来满足自己的消费需要。对这样一个人来说,他对于自己技能的应用有一个保留价格。如果他对任何其他人都没有用处,但对他自己有用,他就没有必要出售它,除非是为了某种对他来说更有价值的东西。再说一下,一个拥有某种技能和生产他不直接赖以生存(例如那个拥有一堆木料及木匠技巧的人)的物品的必要材料的个人,同样对应用自己的技能向别人提供的材料也有一个保留价格,尽管它不是基于直接满足自身需要的能力,而是基于进入另一个不仅仅是服务的市场的能力。如果小块土地的耕作者为市场生产优质的水果而不为满足自己的需要生产小麦和土豆,情况也是一样的。在所有相似的例子中,我们将会发现,在一个开放竞争的市场中,服

> 保留价格

务的价格正如商品的价格,将由可以获得的供给的费率和偏好的整体水平所决定。

各种不同的能力自然有它自身的市场,但是,一个具有多种才能的人大可不必地以较低的价格出售他所拥有的诸种能力中的某种;他也没有必要把同种能力投入某种较低回报的用途上。他的能力处于无差异状况,正如同样的木材能无差异地制成洗脸架和桌子,因此,同样的技巧也能被无差异地用于不同产品的生产。未经训练的本领或许被认为更加类似于原材料在一个更早和较少差异化的阶段,因为它能被训练成许多不同的才能,而且总是存在着把它应用于预期能够在集体水平上最大限度地满足偏好的趋势。

还有另一方面的问题必须考虑。如果所考虑的努力是令人厌烦的,劳动者可能会有一个保留价格。除非有充分的回报,他不会忍住痛苦,付出努力;而且什么样的回报是充足的,要依赖于他对提供给他的物品的满意程度。那些完全没有资源的人的唯一的保留价格是能使他维持生存并且有足够的能量使他完成工作。他或许不会拒绝接受更少的工资,但他不会持续地提供努力,除非他能得到足够的报酬。他的储备越充裕,他就越愿意忍受更少痛苦去提高任何给定单位的努力,要他付出努力的保留价格就会越高。现在,我们已看到劳动的细分带来了这样一种状态,几乎所有人都不会把他的能力用于他最直接和最重要的需求的直接满足上,由此可以得出结论:没有独立的储备,仅仅依赖于自己的努力的人,必须把他的努力的大部分没有任何保留价格地投入市场。他的能量周而复始地产生和消亡。如果他不能为了自己的需要而直接使用它,他就必须在它现在对别人所具有的边际价值上处理掉它。他不可能保留它直到更紧迫的需求出现。

他所能做的和常常所做的是浪费掉他的一些能量,就其即刻和直接的结果来说,是为了转换他的处境。使他在新的境况中,让未来发生的新能量在运用中获得更多优势;或是为了它能带来某种压力以应对对方施加的压力(如罢工),提高未来讨价还价的能力。把我们引向劳务市场的另一个特征复杂化而且修正了我们已经提出的各点。它源自这种情况,即人的努力总是经常地并直接地处于人的意愿支配之下。当然,李子和土豆也是那样,因为所有的讨价还价和交易都是人的选择;无论如何,李子和土豆没有自身的意志,对于一旦占有它们的那个人,尽管他或许会为它们而有所困扰(比如下垂了或者发芽了——一些他认为是随意的举动),但是,无论如何,他却不必考虑任何有关它们的理论,如市场价格以及它们行为的反应等。这些关于劳务市场的一般特征组成了一个足够强大和复杂的经济投机的主题。但是,我们必须回到这个基本事实上来,即所有劳动能力的交易同样受制于那些支配商品市场的基本力量。在物品的价值低于估计的情况下,每个人都会得到它,然而,人人都拒绝购买他认为不值当的东西。而且,它的价值受到他的供给量的影响。

我们现在可以扫视一下一些自身证明劳动力市场的一般特征的方式的例子和一些处理它们以及消除某些不便的尝试。让我们从单个个人开始。

> 劳务市场所说明的市场法则

他可以是一个歌唱家、一个演说家、一个物理学家、一个大学教师或者一个小说家。他可能会也可能不受传统习俗的约束,这种习俗会阻止他依照他的经济条件处理问题。例如,习俗会规定他不能收取低于一定酬金的报酬,而这也许会阻止他在较低酬金条件下从事他愿意从事的工作;结果使他的部分时间未能得到利用,白白流失。或者习俗会阻止他把酬金提高到一个特定点之上;结果他会工作得更加辛苦,赚的却比通过提高酬劳限制顾客数量时更少。在这些情况下,他的市场部分是由非经济力量支配的,也就是说,他能满足的需求是由在偏好的集体水平上的点之外的考虑决定的,而在他自己偏好水平上的点则是由流通所决定的。另一方面,如果他的市场是由纯经济力量支配的,构成他的市场的要素又是什么?是什么对应着"市场中的商品数量"?显然,是他每天可以运用的新生流量。在一定程度上,他所供给的物品也能由别人供给;但在一定程度上,这又是他所特有的。因此,市场中的任何商品供给都可以在其他商品中发现部分但非完全的替代品。商品的对等物是每天自然产生的劳务能力。而且,在集体偏好水平上它所占据的位置是由它能满足需求的供给流量所决定的。正如我们所看到的,这种流量或许会非常不规则。季节、期限或者期间可能会带来一些要求,这会定期提高这种特殊需求在集体偏好水平上的位置。个人的需求,或者一些特定人群对某些特殊服务的重要性的意外评估,会突然地提高需求,或者,某人在某个领域的一项才华出众的成就,如果或多或少地具有瞬时的性质,也会产生相似的效果。现在,在一个人可以储藏能量的有限范围内,也就是说,通过提前或者稍后的放松,来为一个特定时期的额外紧张提供补偿,他可以在那些不规则的需求出现时使自己适应它们。不过,这种可能性是很有限的。它能够应付细小的波动,但却无法应付根本性的变化。许多才艺出众的工匠死于贫困,他们或许会在走红几年中做出一生最丰富的产出,他们往往被迫将一生的工作时间集中在这一短短的时期里,而其他时间则没有什么事做,世人对此却漠不关心。

除了这些波动,单个的工人把他能做的事情视为他提供给市场的特殊商品,如果他的行为不受习俗的阻碍,将会沿着下述的路线经济地继续下去:在某个有限的程度内,他将成为一个垄断者;如果他发现在一定条件下他有权选择做多少工作,他或许会考虑以下两个问题的其中之一。首先,他可能会考虑在那些条件下他要做多少工作。在这里,保留价格的原则开始发挥作用。在给定的价格下,他将不会出售任何能使他更有效地用于确保某些基本物品的那些努力,这些基本物品一旦失去,即使运用他的这些努力也未必能在有利的条件上确保重新获得,这些物品即使对他在任何方向上没有经济重要性,他也可以享受它本身;显然,在一个特定的点上,努力会变得如此痛苦,以致于不值得为了进一步支配交易中的物品而与它再度遭遇①。广义地说,对休息和回避令人厌烦的劳动的共同需要,对所拥有的能力和资源的自由支配,以及运用它们确保获得那些并不进入交易的物品——我们把它们包括在"闲暇"这个词汇里——将赋予他的工资一个保留价格。例如,他会说:"在每小时7先令6便士或者每次300几尼的水平上,我就做这么多,不会再为公众多做一点了。"但是,在另一个场合,他或许会提高条件并且告诉自己:"我认为担任王室法

---

① 参见第二卷第 432—434 页。

律顾问或者提高我的酬金是值得冒险的。那将会把我的服务限制在公共偏好水平上较高的一些需求上。它将使我在这一期间容易遭遇风险,在此期间,需求的流量在这个高偏好水平上要比我愿意致力于满足它的能力供给流量要小。我或许会发现手头上有时间,不是因为我自己在时间上的精神保留价格,而是因为我宣布的货币保留价格决定了一个比我的预期更接近原点的边际。"习俗、便利、快速形成通信线路的困难以及对于未来复杂性的恐惧会阻止他在这样的时期把更大的能量提供到市场中,也阻止他接受他原来会接受的较低价格。

　　努力市场的另一个困难可能来自经常存在的不确定性,如服务价格谈判的真实影响。努力市场经常是高度投机性的。例如,估计砌砖和排版工作的质量可能是足够容易的。在很多情况下,当一个人雇用了另一个人以后,他可以严密界定他所规定的服务特征,并且用来确认实际提供的数量和质量是什么。但是,如果所要求的服务是在商业行为上的一般灵敏、避免浪费、保持雇员的好情绪与和谐、关注科学和工业的发展在经济上的应用可能、赢得新的顾客、调节具体的机制等,要事先准确地知道一个人在所有这些情况下能做什么或者事后准确地确认他已经完成了什么,无疑是十分困难的。因此,拥有很高的商业管理能力的人在为他的服务要求理想的市场价值方面,也就是说,在获得他所能提供给一个大企业的服务的边际重要性相应的报酬方面将面临极大的困难;因为他无法使人确信他拥有这些才能,即使他为了单个企业的利益而运用它们,它们的价值在那里得到了充分理解,其他的企业仍无法准确地估计他所能提供给他们的服务状态。再者,如果他不能发现任何单独运用的机会,他将没有个人的保留价格;他就只好被迫接受他所知道的以及支付者所知道的酬金,这将远远低于他的服务在集体偏好水平上的边际重要性。这是由于这类服务没有有效组织的市场,因此相关的人们并不了解其才能。同样的情形更为真实地存在于作家的例子中。公众口味极其难以估计,文学史上充满了这样的例子,那些以判断哪些书是否畅销为业的人,他们的估计总是相去甚远。一个作家可能长期无法使一个出版商相信,如果他的才能为

> 某些种类才能市场的不完美性

人所知，他的服务能在集体偏好水平上占据高位。相反的例子可能更加频繁，尽管它们可能更不为人所知。企业经理和作家服务的货币价值常常被高估，从而获得超过他们产出能力的市场边际重要性的报酬。因此，我们看到，某些人类能力市场尽管比其他市场更为系统和精细地组织，但是，其潜在原则与商品市场是同样的。

到目前为止，我们已经处理了一些个人才能的特殊质量具有重要意义的努力的例子。如果我们现在转向一些同样的服务可以由大量的个人几无差异地提供的例子，我们将会发现同样的一般原则仍然在起作用。在一个具有通常通信条件的区域，一个估计某种特定种类的努力的产出具有超过由其他人的现行收入所代表的更高边际价值的人，他将会有经济动机通过提供更高的回报把它分散化地用于自己的目的。随着这种服务流向他，它的边际重要性对他而言降低了，它的边际重要性对于那个提供服务的人来说，将因此提高并减少供给。这将带来均衡；达到均衡的点将随着特定种类能力的供给、拥有它们的人的最终保留价格以及在公共偏好水平上它所满足的需求的上升和下降而不同。最后一项可能是非常不稳定的一项。供需可能按周、按天波动，在农业中紧迫的农业劳动技术供需甚至是按小时波动的。如果市场的自然波动紧随其后，农业劳动者的工资就将处在持续波动的状态中。但是，即使不考虑习俗和传统，在任何时候弄清楚市场真实状况的内在困难、明显的浪费以及常常试图这样做的不便，都会导致一定程度的"聚集"，可以推测，在跨期合同期间劳动者每天的边际努力有时会超过工资，有时会少于工资。但是，当工资已经被一般公式和习俗固定下来之后，会有一个临时劳动扩张和收缩的边沿。当永久性职员实际挣得的要超过付给他们的报酬时，农场主会急于在同样的条件下拥有更多的劳动，如果他能，他一定会雇佣更多的劳动，以便拥有更多的商品，直至它的边际重要性降至固定价格的水平。而在他们所挣得的要比应当付给他们的报酬多的时候，农场主变得特别会对工人的劳动吹毛求疵，让他们知道他即使没有他们，也会做得很好。

> 其他种类才能的更完美的市场。但是，即使在这些市场中，价格也不能与边际重要性的波动紧密相随

相反的态度会在各个季节或多或少地显现出来。

当收获季节来临时,波动过于显著以致于很难用提高工资来解决。尽管形式不一,但是,收获季节的工资要高于其他季节是被普遍认可的。在这一时期里,农业劳动的边际重要性要显著高于它在一年中的其他时期,这样使很多有其他替代选择的人觉得去参加收割是值得的。自然市场条件的这一显著变化一定要找到它的表现方式。固定的、统一的工资的便利性不足以抑制它。但是,在不同的季节,同一季节的不同星期、不同日期,甚至在每天的不同时刻,农业劳动的边际重要性可能会有显著的波动。确认这一点的一个非常有益的方法仍然存在于威尔士的很多地方以及其他的地方。这就是"商议的工资"(Cross-wages)的制度。在城镇的市场,早晨很早的时候,那些没有被正规雇用的工人在那里聚集起来,需要额外人手的农场主也在那里聚集起来;在那里,考虑到天气、作物的状况、可获得的劳动的数量等,进行当天的工资价格谈判。某一天的工资可能会被定在同一周另一天2—3倍的水平上。这就是该地区"商议的工资",它们常常调节着由农场主支付给那些没有参与协商、没有在确定"商议的工资"中直接发挥作用的劳动者的工资。因为整个地区的条件大致来说是相同的,农场主和劳动者可能会在不知道它们将是多少的情况下事先同意在一个特定的时期应当接受的"商议的工资",并对它们大致代表了每天的市场价值感到满意;但是,当然它必然是这种情况,即如果在特定的某一天,农场主已经确切知道了他许诺支付的"商议的工资"是多少,他必须雇用一个他拒绝接受其服务的额外的劳工,或者他必须拒绝一个他愿意接受其服务的额外的劳工。另一方面,那些离开他的小块土地并为相邻的农场主工作的人,猜测着当天的"商议的工资"可能是6先令,当他发现工资只有5先令或者4先令6便士时,他将待在家里。在这一周内,"商议的工资"或许一直只有3先令,在这种情况下,那些决定"商议的工资"的农场主和劳动者是以同样的方式来判断一般条件的,没有人预期它们会高到6先令,或者愿意在这样一个推测下进行讨价还价。

在本书的另一部分我们将涉及一些适应自然市场实际情况的其他方

> 特殊时期的例外

法，或者回避市场波动的不便，或者通过自愿的结合、法律的压力来抵制它们①。我们已为这些观点的一般阐明作了足够多的陈述，已经看到影响努力获得报酬条件的基础考虑是如何与决定商品价格的因素一致的。

> 几个市场中的才能供给

我们将转向一些关于努力供给的考虑。在商品市场中，我们看到一个市场的供给构成了对另一个市场的需求。在努力市场中也存在类似的情况么？无论在哪里，只要同一个人有着发挥能力的多个方向，市场中不同的要求就会对他的能力展开竞争。他的能力类似木料，木料可以被做成桌子，也可以被制成脸盆架，但是，被做成一种后就不能变成另一种。一个人可以从事某种工作，但此时如果让他从事另一项工作可能会做得更好；他付出努力之后，是努力的结果因为其价值而留存着，而非努力本身。我们早已看到，农业活动的紧迫性在收获季节可以把某人从其他就业中吸引过来。这随处可见，在远古社会里就更加明显；不仅木匠和鞋匠，还有校长（Schoolmaster）和教义传授者（Catechist），都将在这一季节致力于收获工作②。然而，这些职能变化的可能性是有限制的，高度专业化的技能无法在一天或一周之内被掌握。是的，除非习俗或者偏见禁止如此，收获劳动的一些简单形式在必要时可以由一些建筑业工人来承担；但是，建筑业却几乎不能较大程度地从农业劳动者的队伍中招募新的成员，砖匠不会做茅草屋顶也不会犁地。在艺术或者智力工作中，像迈克尔·安杰罗（Michael Angelo）或者达·芬奇（Leonardo da Vinci）一样的多才多艺是少见的。人类能力流动性的不足把多数人限制在非常有限的市场里。偏见和错误的习俗倾向于强化而不是缓解这一困难，在本章的末尾，我们遇到的重大经济问题将因此变得更加难解决；但是，这一点总是正确的：在一个专业化和劳动分工的时代，发展体力的和智力上的任何特定能力的需求构成了对无差异人类人力的一般储备的需求，它以鲜活的人类生命的形式永久地注入这个世界，限制了在其他方向上可以得到的数量。

---

① 参见第三卷第 526—570 页。
② Schoolmaster：（中小学的）男校长、男教师、教导者。Catechist：（给新入教者）传授基本教义的人，（在本教区）传授教义的本地人。——译者注

第八章 市场(续):收入

不断地实现各种各样的专业化能力是人类能力集体资源的管理行动过程。控制这种管理的力量是什么呢？显然,现在并不存在着全面的、深思熟虑的计划。以个人能量和能力的形式存在的个人或国内的资源是由或多或少的智力引向个人或者国内的目的,他们的管理构成了个人或国内"经济"的一个分支;但是,以个人能量或者能力的形式存在的个人或国内的资源并没有被集体地导向任何公共的目的,或者说"政治"上的或者说在公共资源意义上的管理是不存在的。这样的公共理想要能够存在,在很大程度上必须依靠个人兴趣和志向的作用来实现。毫无疑问,社会成员对服务的任何需要在相对水平上的位置显然会对该社会中其他成员才能的专业化和培训产生影响;因为管理自己能力的任何人将会考虑怎样才能把它们直接用于实现自己的目的,他在多大程度上可以通过协助他人实现其目标,获得支付,从而间接地但却是更有效率地实现自己的目的。于是,对经济优势的预期决定了供给流向在集体偏好水平上处于更高而非更低位置上的需要。但是,我们不得不经常提醒自己,这种倾向绝不能等同于一般商品方向上的自发运动。即使在个人偏好水平上,一种需要所处的位置较高并不是因为它的相对价值,而是因为它的相对紧迫性;我们不能对罪恶或者空虚激发的紧迫需要加以任何先行限制。但是,一种需要在集体偏好水平上所占据的位置在重要性上与其迫切性未必一致;一个富翁完全可以把他不值一提的需要排在赤贫者最迫切的需要之上。只有当我们完全默许"凡是多的,还要给他,叫他多多益善"的法则,只有当我们乐于进一步接受每个人的目的,把它作为值得按照他的热心的比例去完成它们,我们才能对这一自发倾向的社会重要性抱以乐观的看法。

即使我们仅仅把它当作它所值得的东西,个人选择的这种明显的社会倾向也很容易受到一些显著的限制。或许大多数人对其能力的特殊培训很少有发言权,直至它们在很大程度上已被不可避免地决定。做决定的父母和其他人考虑的或许是他们自己的经济利益,而不是他们所指导的未成年生命的经济利益。只有在他们把自己与他们孩

> 才能向不同市场流动能使其边际回报趋同吗？

子的爱好和兴趣完全视为一体的假定下,我们才能认为经济力量在决定最能满足集体偏好水平最高点的需要方向上的无差别人类才能的流动上充分显示了它们的力量。在现存的条件下,一种需要可能在效用的偏好水平上保持高位,因为现在能指导他们自己学业的大多数人已使他们的训练在其他方向上专业化了,从而无可挽回地失去了获得最高程度所需技术的机会,然而,尽管其他人已经忍受了相关的牺牲,那些由父母和监护人的意志指导其发展的人仅仅在少数情况下能够得到使他们自己获利的培训。在一种昂贵的特殊培训的情形中,其牺牲是许多父母不愿付出的,而且不是大多数父母所能够付出的,因为它们实际上超出他们所能支配的资源总量。因此,那些要求精心和昂贵准备的职业,只要现存条件不变,总是只能从少数社会成员中招募;而存在于大量人群中的人才或是未被察觉或是未经训练的。

到底存在着多少这样未被承认或未经训练的高级人才是很难猜测的。为了测定和利用他们,一些与国民教育体系相联系的初步尝试已经开始,允许社会投机,在范围上没有限制。构思一个教育体系是可能的,这个教育体系不应该是一个专业人员技术教育的模仿,而是发展和检测每一种可以想象得到的人类能力的工具,是一个在全部人口中调节能力机会的大类机器。这样一个体系如果达到了某种程度的成功,将自然而然地决定从较不快乐和较低报酬的职业向较快乐和较高报酬的职业的流动,其结果是降低了每个后者的边际重要性和报酬,提高了每个前者的边际重要性和报酬。抽象地说,似乎结果应该接近乌托邦式的理想状态,对于体力劳动者提供给社会的更加垄断性的服务给予更高的支付,超过对运用艺术和智力能力提供给社会的更加多样和快乐的服务的支付。说仆役长应该得到比牧师更高的报酬有时被认为是令人愤慨的。但是,锡耶纳(Siena)①的文献显示,杜乔·迪·博尼塞尼亚(Duccio di Buoninsegna)②在创作其伟大

---

① 锡耶纳(Siena):意大利中部城市。——译者注
② 杜乔·迪·博尼塞尼亚(Duccio di Buoninsegna)(1255—1318):意大利画家,锡耶纳画派的创始人,改进传统的拜占庭艺术,形成自己明快的抒情风格,代表作为锡耶纳主教坐堂的主祭坛画。——译者注

画作《圣母》时给他的每日支付和为烧死炼金术士卡波克基奥（Capocchio）的服务而支付给刽子手的酬劳之间没有太大差别。假定有一大群人，其才能和机会使他们能在仆役长和牧师或者刽子手与艺术家的职业之间进行选择，两者的工资相等将表明，这两种职业被大量合乎资格的人认为是同等可选的。如果刽子手的工资高于有才能的艺术家的工资，这从实质上说明，所有那些胜任另一种职业而从事艺术家职业的人更加喜欢艺术家这一职业，因此，在交易中其他职业的额外拥有不足以吸引他们中的任何一人，引诱他选择新的职业。但是，当这种情况发生时，人们由于不能理解发生这种状态的原因，因而认为这是令人愤慨的。

不同职业实际上对同一阶层的候选人开放，就手段和才能而论，意味着作为一个我们已经指出的法则实际上决定了工资。例如，如果军队中或者教堂中的职业被某个具有更高回报前景的产业和专业领域都向他开放的人所接受，他一定是出于非经济上的考虑。一个未经开发的才能在多大程度上能导致若干职业相对报酬的令人惊讶的充分变化，现在还仅仅是一个投机的问题。至于说到进入一个职业的人数，则是有所限制的，它不是由于对其他职业的偏好或者缺乏为这种职业准备的机会，而是缺乏它所要求的特殊才能，它所要求的回报将保持在它的合格性所决定的偏好水平上。

在分配无差别人类能力于不同职业的所有问题的后面，是这种无差别人类能力自身的供给问题。这种天然的人类原料的供给在很大程度上——有些人认为几乎是完全地——是由非经济考虑决定的。孩子在很大程度上甚至完全是偶然地降生在世上来实现父母的目的或者表达他们的冲动，并不考虑对他们自己或者别人的经济重要性。只有在非常例外的条件下，我们才能假定自由出生的孩子的抚养是基于一种市场的眼光，那就是说，被抚养是为了能给他们的制造者产生经济利益。对孩子们最终将会进入的市场的状态的预测，无疑对社会中某些阶层的婚姻和出生率产生了影响；但是，广义地说，这种无差别人类能力的生产必须被视为直接支出的一个分支，通过审慎的或者轻率的，通

> 人类物质材料的总供给并不根据经济需求生产

过全部资源的或大或小的部分,通过习俗和传统,通过肉体和精神的全部冲动,通过信念,通过深思熟虑的决定和计算,总而言之,通过决定我们资源的一般管理的所有的考虑,调整与其他支出的关系;但是,大体而言,它在技术上必须被认为是消费,而不是生产,也就是说,作为一种人们选择或允许自己花费他们资源的方式,不是作为他们为了别人的直接便利,为了获得他人的回报而做的事情。尽管总的来说,并没有超越调节资源管理的那些一般法则的范围——因为这些正是选择的心理学法则,但是,人类努力的最终供给的整个问题带着我们远远超越了经济探究的范围。给定人类原料在任何时刻的供给,市场的经济法则决定着各个阶层努力的报酬,并且创造出时而朝向这种时而朝向那种努力的特殊训练或者特殊应用的意向;我们完全有把握把人类努力的报酬简单地视为一种"价格",当市场条件实现时,这一价格与市场价格是相称的。

读者可能已经注意到,在所有的这种讨论中,我避免使用"劳动市场"(Labour Market)这个词①,谈论报酬、收入而非工资。原因是显然的。政治经济学的作者们总是倾向于延伸"工资"这个词,直到它涵盖人类能力输出的所有报酬;但是,既然这个词总是带有它特定的限制,与它的限制性相联系,在它的技术性应用中存在明显的危险,因此最好还是远离现在的用法。因为如此似是而非的简化尝试,最终总是使它们受到报复。例如,如果我们把所有的收入都称为工资,我们将得出这样的结论:特定的措施、活动、机构将倾向于以持有财产(不管是以积蓄的形式还是以拥有自然资源财富的形式)为保障的收入为代价"提高工资",我们预期这样的结果会受到工资收入阶层和他们的同情者欢迎;但是,这在决定是否提高技工、律师、医生、股票经纪人或者产业公司的经理和董事的"工资"的争论时是没有意义的。对于用"劳动市场"来包括更广的"人类努力的市场"也应当引起相应的反思。到目前为止,我们所得出的结论是非常一般的。它们不过是:(1)人类努力的报酬,只要

> 检查"劳动市场"和"劳动运动"及其联系与含义

---

① Labour一词在英语中通常特指体力劳动。——译者注

是由经济力量决定的,就遵循市场法则,如同商品价格那样;因此,明确区分它们在理论上没有意义;(2)就像每一种商品的市场不同一样,每一种人类努力的市场也不相同;(3)就像经济力量倾向于确保每一种商品有一个对应于其边际价值的价格,它们也倾向于确保任何一个社会成员的每一种人类努力有一个对应于其边际价值的报酬;(4)供给的连续性和极端易腐性刻画了人类努力市场的特征。

所有这些都无例外地适用于"劳动"以及所有其他人类能力的直接产出。然而,极大的社会重要性和社会利益直接地影响了有关劳动市场的考虑;我们将停留片刻来考察唤起这种兴趣的感觉和情绪。"劳动"、"劳动市场"、"劳动运动"这些词在某些方面所激发的联系是奇怪、虚幻的。首先,它们马上表明了勤奋与某种寄生性懒惰的对立,然而,正如我们所看到的,很多因获得高报酬而被"劳动"妒忌的人,无疑是勤奋的,他们只是因其才能而获得报酬的;其次,"劳动"意味着它是确立生活的坚实基础,是维持世界正常运转的严肃工作的能力;"劳动"无疑是所有的这些;所有的奢华和轻浮,所有物质的优雅,所有的艺术和文学享受都建立这种能力的基础上;排字工人、技术熟练的细木工人、杜松子酒的蒸馏者、织布工人、卷烟者,在劳动市场中,和农民、木匠、建筑工一样多;"劳动"妆点宫殿就如它建筑农舍一样真实。当疑惑和错误的联系被澄清,如果"劳动运动"的要求合理,获得了同情,那一定是因为它被用来作为针对较多受惠和较多特权的社会成员,使之有利于较少受惠、弱势的社会成员的调整财富分配的一种尝试。

现在,我们已经得到了一个关于每个工人经济地位的非常清晰的观点,他或者属于特权阶层或者属于非特权阶层。不管他报酬有多高,经济力量都不能把它固定在比他的服务估计边际价值更高的任何地方;不论他的报酬多低,它也不能被那些经济力量置于低于其边际价值的任何地方。因此,如果我们说任何种类的服务在开放市场上被过高或者过低地支付,我们的说法一定得与某种理想的概念一致;例如,一个人的思想等,而非他所拥

> 经济力量趋于保障每个工人所获与他对别人的价值在边际上一样多

有的道德对于他能为他人做点什么要重要得多。如果我们说在饥饿工资水平上工作的男人和女人得到了"他们所值的一切",这种说法十分刺耳和不人道,立即令人憎恶。但是,那是因为"值"是一个有很多含义的词,带有市场以外的其他很多联系。例如,我们说"人的灵魂是无价的",我们有时又会轻蔑地说这样的人或者他的命运"不值得思考"。但是,如果我们说经济力量趋向于把每个人的报酬精确地固定在他的边际价值水平上,这里的"价值"一词中,我们并没有意指某人自身内在品质的意思,不管是技术意义上的人还是广义的人;我们也不认为他要乞求他的富裕的同事同情、关心他。问题是:什么是一个人能量的产出在边际上的经济价值?而那意味着别人为回报他的努力应当支付的,作为强化他自身目的的间接方式,它的价值是什么?最终我们或许不得不涉及一些特殊的词汇,摆脱误导的联系,来简洁和清晰地表达这种观念;但与此同时,我们必须尽可能地利用好现存的词汇。当我们说一个人的土豆"每磅 2 便士",我们是指它们"对别人来说,所有替代选择的牺牲在边际上值 2 个便士"。当我们谈论一个人的努力在市场上价值几何时,我们是在同样的意义上使用这个词。

在考虑产业问题时,极为重要的是我们应该抓住这个事实,即如果某人或者某个阶层一贯地被过低支付,也就是说,相对其他人而言,其所得的边际价值偏低,一定不是因为经济力量,而是因为其他的一些障碍。毫无疑问,或许是经济力量的作用使一个人所值像他一样少。例如,他曾营养不良,并被他的处于欲望和贪婪的压力之下的父母早早投入令人疲累和没有技巧的工作;因此,他只有微弱的能力和贫乏的训练。而且,某个社会的经济条件或许就像是这样的父母,以致于趋于产生这样的结果。但是,经济力量却不能使一个人所获得报酬低于他的这个工作对他人的价值;因为经济力量总是激励其他人以低于其所值的价格购买,因此,如果有人所获得的服务高于其现在的支付,经济力量将会促使他们提供更高的条件从而确保他的服务。因此,在谈及"过低支付"时,我们必须小心地区分那些低于收款人在经济上所值的支付,为校正这种过低支付,我们要依赖经济力量的支持;以及那些支付,尽管在经济上与其所值是相当的,但是,却没有他认为的"应得"的那么多,或者并没有他所"需要"的那么多,他因此不能依靠它过一种体面的生活。对于后一种意义上的"过低支付",去责备雇主是不公平的;而且在这种意义上任何旨在改善过低支付状况的一般运动必须或者致力于给予他们比所赚得的更多,也就是超过他们工作的价值,或者要使他们的工作价值更多。对于后一种意义上的"过低支付",去责备雇主是不公平的;而且,在这种意义上,任何旨在改善过低支付状况的一般运动,或者致力于给予他们比他们所能赚得的更多,也就是超过他们工作的价值,或者使他们的工作具有更多价值。

不幸的、脆弱的和经济不成功的人一般应该收到比他们所能付出的任何努力的更多价值的要求并不令人惊异。孩子、老人、病人、残疾人都必须获得这种额外的收入,否则就会死亡;现在的社会情绪趋势是缓解产业斗争中失败的恐惧,例如,通过老龄救济金和更人性化的济贫法;此外,等级制的收入税原则应用于收入,确认了成功者承受按比例递增的公共负担的义务。但是,事情并不仅此而已。我们已经看到,一个人的经济地位不仅依赖于他的能力,而且依赖于他的财产。那些财产可能包含着当前努力的新产出,它们也可能是积蓄,或者存在于法律确保的对物质财富的主要来源的控制中。对于赚得和非赚得的收入的税收区别提醒我们,某人可能收入巨大,但却不是赚来的。因此,如果没有人的所得比他当前努力的价值少,显然就会有很多人的所得更多。在探索这个问题的想法中,看起来没有什么内在的怪异的东西。如果存在某些来源,从这些来源中有人或者每个人明显地可以收到比他所能赚得或者对别人而言更多的价值,这没有什么应受谴责的,因为它考虑到了特定的阶层收到的比他们努力产出的价值更多,就如特定的其他阶层目前所做的那样明显。土地国有化或者生产工具的集体控制的建议就是由于这样的信念而产生的,即我们所占有公共遗产并没有按照公共利益来管理。但是,我们应该在观念中清晰地区分这两种说法,即,说一个人"工作被过低地支付"和说他要求得到比"其工作价值"更多支付的权利。

收入超过总所得没有什么神秘。我们将在本书的后面部分深入地探

> 一个人应该拥有超过他在边际上的经济价值吗?

讨这个问题，现在，我们用一个例子消除或许已在读者大脑中升起的疑云。假定两个人发现了一个矿井或者继承了一个工厂的财产。他们发现，他们中的每个人，如果单独工作每年能赚 1 000 英镑，如果他们一起工作，两人每年能赚 1 500 英镑。于是，如果他们中的一个人退出将会使 1 年的总所得减少 500 英镑。那么，1 000 英镑就代表了工厂或者矿井归两人所有的情况下，两人分别努力的价值总和。但是，他们的总收入是 1 500 英镑，超过了仅仅由其中一人工作时的价值总和 500 英镑。如果矿井或者工厂由根本就不工作的第三方支配，两个工人并不联合起来，所有者就会支付每个人工作的边际价值（500 英镑）而拥有一个他收到却没有人"赚到"的 500 英镑的结余。赚取收入的人，或者它们的群体，能否通过联合，控制这种没有赚到的收入，或者他们所拥有的边际价值之外的其他部分？①

我们不要忽略，如果说仅有自然的机会和累积的设备而没有工作就不能生产任何东西，同样，没有它们，仅有工作也不能生产任何东西；如果说，工作对工具和机会的拥有者具有一个边际价值，同样，工具和机会对于工人也有一个边际价值。增加或者减少一点工作，你会提高或者降低商品的产出；但是，少量的增加或减少工人支配的设备，你同样地增加或减少了产出。因此，资本积累使工作更加多产，使工人创造更多的价值，仅仅因为这个事实，它们的所有者能坚持在产品中获得一个份额的权利。正如工人自身，由于设备的所有者只能根据它的边际重要性交换或出租它，由此可以得出这样的结论：工人，像任何连续性商品的购买者，将从中得到一个超过为它所支付的利益。在下一章里，这将变得更加清晰。我们已经看到，尽管工人十分渴望并试图以更好的条件获得设备和自然资源，但

> 赚到的与未赚到的收入的关系

---

① 必须注意，我们所做出的假定并不必然意味着两个人生产的产品少于一个人生产的两倍。一个人在一个小时里可能只能从矿井里抽出 10 加仑水，而两人合作却可能抽出 30 加仑。但是，每小时 30 加仑从矿井里抽出来的水的边际价值只是每小时 10 加仑抽出来的水的边际价值的一半，也即 30 加仑只相当于 15 加仑。因此，尽管两人合作抽出的水是一个人抽出水的 3 倍，但两个人所挣到的钱却只增加了一半。进一步的比较，请看第二卷第五章，第451—452 页。

是，如果他认为他不是在有利的条件上得到它们，他就认为这是搞错了。他对它们的支付不会超过它们对他的价值，而且只有在没有它们他将变得更糟而不是更好的情况下，他才愿意为此做出支付。他从积累中获益，他合乎理性地想从它们那儿获得更多的利益；既然我们已经看到，在一定条件下积累将成为自动的，而在其他条件下积累只能通过严格的自我控制才能被完成，显然，把部分现有产品份额转为积累的计划一定要充分地警惕，不要去检查积累过程本身。积累本身将被证明是一个相当困难和微妙的问题①。

再说一次，在公开市场上，如果一个人不可能以其努力获得这一努力对他人的边际价值相当的回报，我们必须考虑，在这里是否存在着某种的资助，或者存在着对某个选择性职位的固定工资体系，这就像在所有的公共和官方职位中，在这些职位中将极大可能地使一个人的工作收入超过它对其他人的价值，如果那些决定一个人要被支付多少的人并不是最终支付他的人，我们就会在某种不确定程度上逃避了经济力量的控制。如果我要基于我的目的决定某人对我的价值是多少，而且支付他，那么，在决定他的价值时，要比我决定他对他人的价值，因此他人要支付多少，拥有更加直接的利益。在理论上，只要有任何的公开市场，没有人有必要接受低于其价值的支付；但是，在存在资助或者选举体制下，他会很容易地获得更多。

> 对服务的支付超过其边际价值

毫无疑问，有很多人从各种各样的公共组织中获得收入，其工资名下的收入超过了他们的努力的价值。最低工资的建议要和国家雇用的条款联系起来，当工资不能在公开市场中获得时，将创造出一种确保使他们获得超过其工作对大多数他人所值的收入的方法；尽管我们刚刚从抽象的角度证明为什么每个工人（和非工人）不应该所得超过其工作的价值，显然，他要求更多收入的基础要获得认可，需要进行非常严格的检查，说他不是作为一个公民或者一个人，而是作为一个工人有权从国家得到最

---

① 参阅第 262 页和第 544 页。

低"工资"(当市场不能给他这种保障时),这显然包含着观念上的混淆。

我们已经简要地提及确保处于不利地位的社会成员获得超过他们努力的经济价值的问题的一些方面。这不是一种固有的妄想企图,也绝不是简单的表演或者已经摆脱的危险。使这些同样是没有特权的人比他们现在更有价值,仍然是值得思考的问题。在这里,我们希望使我们自己站在更坚固的基础上。如果最悲惨的饥饿工资收入者事实上得到了他们工作的所有价值,那么,不幸的事实是,存在着价值如此之小的大量人口,一旦这一事实被确认,我们必然面对如何使他们具有更高价值的问题。当我们懂得不是要寻觅并谴责那个支付给他们可耻的低工资的邪恶的人,而是充分理解只有商业本能和动机的敏锐才能保证目标的实现,他们悲惨状况激起的愤慨将变得更加明确,我们假定他们已经得到与其工作价值相当的报酬,我们的问题可能部分地变为理解他们应当得到(不是从他们的雇主和顾客那里,而是从公共基金)比他们价值更多的东西,但是十分肯定的是需要确定他们能否具有更多价值。

> 使人们边际价值更多的两种主要方式:改变人和改变其位置

要使人更有价值,有两种主要的方式。一种方式是,从一开始就抚育、培养、训练并教育他们,他们因此将拥有可能使他们极有价值的能量、习惯和特定的技巧。所有的这些可能会涉及国民教育——道德的、智力的和技术的——在这个词最扩展的意义上。而且,正如我们已经知道的,那或许意味着接近现有范围广泛、收入差距不同的在职工人中的某个价值等量以及报酬。

另一种方式是,把他们转移到比现在具有更大价值的地方和条件中去。如果你给予"低报酬"产业中的工人转到一个较高报酬的产业的机会,你或许会把他们置于价值更大的地方;而且,因为他们的离开,原有产业的边际会下降,因此会提升该产业的边际重要性,从而提升对他们后来的同事的报酬。但是,因此也会降低他们新加入的产业的工人的边际重要性;这种观察把我们带到困扰工业社会的麻烦的真正根源,而且几乎被认为(用今天的时髦语言)能

> 文明病的细菌

使我们确认文明病的细菌。客观地说（我们没有其他的检验方法），社会因这种变化而变得富足。价值比较低的工作降低了，被所从事的价值比较高的工作替代了。于是，社会的总收入提高了。此外，那些处于最凄惨条件中的人的条件获得了改善；一些人因此获得了财富再分配，这从社会角度看是有理由的。但是，那些边际重要性被降低的人对此却并不认同。

我们已简略论及了那个伟大的劳动分工原则——所有的物质进步和许多的知识进步似乎是依靠它而产生的①——随之带来的一些更加明显的罪恶。与人类努力的市场相联系，我们再次和文明与进步的这个基本的原动力发生冲突，查出它对社会结构的最基本的作用。劳动分工的原则以这样一种方式区分了人们的职位、职能、机会和能力，以致于每个人都要依赖于分散在全世界的无数个人的合作来实现他所有欲望的满足。即使是过着相对简单生活的工资收入者，也拥有一定数量和各种各样的强烈吸引和迷惑想象的服务。亨利·乔治（Henry George）形象地描述道："矿产蕴藏丰富的矿区地下两千英尺正在挖掘银矿的矿工，借助于上千次的交易，实际上正在收获靠近地球中心五千英尺的峡谷中的谷物；在北冰洋的冰原中追逐的鲸鱼；在弗吉尼亚州采摘的烟叶；在洪都拉斯摘取的咖啡的浆果；在夏威夷岛上砍伐的甘蔗；在佐治亚州采集的棉花或者在曼彻斯特或洛厄尔织的布；在哈茨山脉为他的孩子制作的奇怪而有趣的木制玩具；或者在洛杉矶翠绿而金色的果园里采摘的橘子，当他换班时，他将把它带回家给他生病的妻子。"但是，伴随着对不断增长的多种多样的资源的支配而来的是个人再也不能用直接的方式来满足自己最简单的需求。在黑区（Black Country）②的矿工或者在伦敦中心的工匠，能够拥有上述列举的多种多样的方便和文明的舒适。但是，如果把他们置之经济关系之外，让他依靠自己的努力，应用他能直接得到的物质，无须挑战就可以得到的机会，来和自然直接交易，此时他甚至不能保证他在原始的

> 个人对社会的依赖

---

① 参见第 161—162 页。
② 黑区（Black Country）：英格兰中部的一个工业区，过去以烟雾弥漫、肮脏不堪著称。——译者注

346 最贫困状态所能拥有的生活条件。因此,他没有保留价格。他只能作为一个巨大有机体的一部分而生存,如果他和整体的有机关系被严重扰乱,他根本就不能生存。细胞是我身体的一部分,在我的血液里作为一种构成性有机体过着一种明显独立生活的白细胞,不能独立地开启一个变形虫的生活。它必须作为一个高级有机体的部分而存活,否则就会死亡。现在,我对社会(也就是集体的其他细胞或白细胞)施加的经济牵引力存在于我去做或者给予别人他们想要的东西的能力之中。也就是说,我能够为之服务的其他人的依然未被满足的欲望的存在,提供了我满足欲望的唯一经济手段。如果其他人对我所能够提供的东西完全满足了,我将或者死亡,或者靠他人出于其自身动机为我所做的而活着;因为我应该是他们的领取养老金者,而不是他们尊重的同事。

社会的所有欲望应该被彻底满足的想法是足够虚幻的;然而,日常情况是,相对于其他我满足之后只能得到很少甚至得不到回报的需求,存在着许

> 因此不为社会完全满足的欲望

多我的才能和机会能够容易而且生动地实现的他人的特定需要。如果不是这样,"失业"将是一个没有意义的短语。仅仅给予他们所需的东西是不够的。如果我失业了,除非是我可以给予他们某种东西,对于这种东西,他们的需要比他们已经拥有的更多,但是现在我却不能继续保障对他们供应。维持生命最紧迫必需的东西,甚至就几分钟而言,是呼吸的空气;如果我能提供的,用于交换我所需要的东西是地球表面的大气,那么,我或者将饿死,或者要依靠非经济力量来维持我的生存;因为在地球表面有那么多的空气,足够满足任何人的需要。如果我确实能把新鲜空气源

347 源不断地送入煤矿的巷井里或送入潜水钟里,在自然过程不能提供充足的空气以满足全部要求的地点供给空气,那么,我可以为此获得一个回报。如果有人能够发明一种简单的过程,通过它能在报告厅、音乐厅、剧院和公共会堂等受到限制的地方保障新鲜空气供给,他将为众多市民提供有价值的服务。在那些每个人拥有足够的新鲜空气的地方和时候,经济力量将使人们不会为增加供给而支付任何报酬。

另一方面,如果我们把想象延伸到一个能获得对大气层空气的总容

量有效的合法控制的辛迪加的概念,并且有能力按照人们的意愿调节它在地球表面的流量和分布,以致使每个人都依赖他们与空气辛迪加达成的条款来获得至为关键的呼吸,经济力量将激励空气的主人把空气的供给安排在这样的一个点上,在这一点上,能使它在集体偏好水平上位于这样的相对位置,为发放的总供给确保最高的垄断价值。于是,这个世界上的其他居民将不得不把他们能量的很大一部分,不是用于增进他们自己的和彼此生活的一般目的,而是去增进空气领主这个大辛迪加的目的,而不管它们会是什么。在那些目的中,最好予以突出强调的也许是在控制空气的控制之外,对水和土地的有效控制。但是,姑且不考虑那一点。假定情况改变,使空气再度自由,那么,总体上说,将会对全世界的物质福利有一个巨大的增进,这将伴随着空气领主经济地位的摧毁,他们将会把这视为一个毁灭性的灾难。他们的力量和他们所要求的所有生产性物品供给的丰裕性依赖于他人的一种巨大的和必不可少的需要只有他们能够供给的基础上。如果让那种需要的供给摆脱他们的控制,这个世界增长的财富将致命地损害他们的经济地位。

这个极端的和异想天开的例子通过想象强调了每个地方事情的真实状况。如果条件能使任何的人类需要完全满足,这种普遍的获益将伴随着一群人经济地位或者"谋生手段"的损害;因为某些人确实在某些地方受到训练并被专业化地用来满足那种需要,通过满足它来维持生计,并依赖于它没被完全满足来谋生。每一种发明和发现都永久地和持续地使文明的人类能越来越有效地控制自然力量和物质;也就是说,它们使人类作为一个集体能够以更容易的条件和更充分的方式来满足他们的物质欲望。但是,这些进步自始至终都是不规则地发生的,当任何人的欲望先于他人得到满足时,那些通过提供它来谋生的人的产业地位会发生一种扰乱。普遍的获益是他们的损失,而且他们的才能和机会越是被无可挽回地专业化,对他们的打击就越重。

> 不规则的进步和转换的压力不断干扰均衡并压制个人或阶级的经济状况

不仅满足欲望的手段通过发明和发现经常变化,欲望本身也经常转换。在某一个时期,很多国家要通过铁路系统来开发,挖土工和钢轨制造者能够满足这种高度强烈的需要。在另一个时期，像德意志帝国这样的大国决定用黄金代替白银作为她的货币，由于这种新的需求，在国家的集体偏好水平上，黄金的边际重要性改变和提高了。在另一个时期，有一场大的战争，那些能够制造军火或者能使用它们毁灭生命和财产的人，能够满足一种感受强烈但并不完美的需要。一些需要的相对提升包含着对其他需要的相对抑制；当这种压力在别处下降时，现在轮到提升的需要将受到相对抑制。在任何情况下，只要是我所能供给的物品在集体偏好水平上的位置下降，我的服务的重要性和他人对我的供给丰裕性的保障程度将随之下降。

349　　迄今为止，我们主要注意有助于形成长期均衡趋势的力量，有助于在消费期对自然力量的不均匀产出进行均匀分配的力量，尽管它或许是缓慢的并通过模糊而错综复杂的渠道；但是，我们已经遇到了内在的并且常常是无法计算的扰动的来源，我们看到，每一种这样的扰动都意味着或多或少的尖锐而广泛的困苦，这缘于这个事实：某人有责任供给并赖以为生的需要，得到了比其他物品更好的供给。普遍的丰裕性导致了他的特殊需要。

　　如果所有的压力和拉力保持不变，如果发现影响所有人类需要和欲望的供给是均匀的，或者变化如此之慢以致于才能和能力应用的专业化自身能连续地调整以适应它们，那么，对自然力增强的控制和人类努力更加丰富的回报将赋予我们对渴望的物品（聪明或者愚蠢的）的一种永远增长的控制能力；满足的手段，无论好的还是坏的，都将稳步地增长，而且无论何地都不伴随着困苦的卷入。实际上，自然界不规则和无法计算的因素是我们必须面对处理的全部问题。不规则性其实是由我们刚提及的其他原因引发的，由它们所强化的。让我们再一次考虑它。如果苹果的供应充裕而土豆的储存量是正常的，对苹果的需要将会因此降到集体偏好水平上比通常更低的一点，而以土豆计算的苹果的价格将会下降。土豆的种植者和每一个其他人将为他们提供的产品得到更多的苹果并因此会变得更加富裕；但是，苹果种植者的每磅苹果将得到更少的其他物品，如果价值的下降超过了量的提高的抵偿，他们将变得比过去更贫穷，而那仅

第八章 市场（续）：收入

仅是因为作物当年的收成是如此的良好。但是，如果土豆也获得了罕见的丰收，公众将会使他们对土豆和苹果的需要都比通常得到更加充足的满足，以土豆计算的苹果的价格可以保持不变。土豆种植者和苹果种植者可能都会变得更穷，但是，每一方都可以把另一方产品的低价格作为他自己产品的低价格的部分抵偿；而其他的所有公众则从两种同样的低价中获益，而且并不因此产生抵偿这种得益的损失。因此，每个人都从他并不种植的东西的丰收中获益，但却可能因为他所种植的作物的丰收而受到确实的伤害，如果由于某种原因，他个人的产量只达到平均水平，他的损失将是必然的。

一般说来，如果我要满足的需要被更充分地供给，与此同时，所有的其他需要也以一个合适的比率被更加充分地供给，使这一需要在边际上变得不那么强烈，尽管我能做的事情不再那么紧迫地被需要，然而，作为回报，我需要的东西也变得不那么紧迫地被需要，而社会可能为我同样数量的较低价值的服务给予我一样多的较低价值的物品，就如同他们为估价更高的服务而给予我估价更高的物品。真正的麻烦不在于我的产品太充裕，而在于其他物品不够充裕，解决的办法是使它们也同样充裕。它将给予我们所有人一个更大量的满足。如果我所供给的物品变得相对更充裕并服务于一种相对不那么紧迫的需要，我所拥有的所需的物品减少了，仅仅是因为你拥有我提供的物品增加了。在这种矛盾的情形下，提升特定部门的生产率是在该部门工作的人的责任，但是我们所有人都渴望和追求的福利进步却成为我们每个人都害怕的目标。也即，尽我所能，以一种特定物品来供给世界是我的社会职能，但我害怕世界被过好地供给，以致于使我尽管提供得更多，却因此获得更少甚至一无所得。

夸大这种考虑的重要性或者这种考虑的本质以及对社会问题的每个方面的渗透，是不可能的。就人类而言，任何欲望的消亡——不管这些欲望多么邪恶或者具有破坏性，已有惯例的废除——不管这些惯例多么令人厌恶，都会使一些人"失业"；也就是说，将使他们赖以取得所需的物品供给的才能在经济上无效。类似地，任何所需物品的供给越是充裕，不论它满足的需要是多么有益，不管它所保障的社会福利增进有多大，都将使社会有机体的一些成员陷入贫困。如果全世界的锡被很好地供给,这将使数百万人的生活变得更加容易和快乐,但是这损害了康沃尔郡矿工的产业处境。如果全世界的人都变得节制饮酒,这无疑将提升世界福利,但是,无数的酒馆老板、酿酒者、啤酒花与葡萄种植者将会失业。如果全世界能够确保和平并将军备降低到消失,那将有很多奥赛罗(Othello)哀悼他们工作的丢失①。如果一个真正成功的刺不破的轮胎投入市场,集体幸福将会有一个大的上升,牧师和其他神职职位将会显著地稳定提高,至少在有教养的社会里,亵渎行为将被更严格地限制在高尔夫球场上的自然保护区里,但是,将会有一长列失业的自行车修理工的助手,而且"全套设备"的生产将成为一个"覆灭的行业"。如果公众的卫生习惯突然提高,殡仪员的业务将会暴跌,如果没有人谋杀,刽子手就会失业。

因此,依靠供给某种需要谋生的每个人,都惧怕这种需要被扼杀或者能更容易和更充裕地供给。基于他的利益,稀缺性应该在他的职能使其丰富的物品中盛行,而充裕性应该在此外的其他地方盛行。如果这个世界上,他能提供的物品极度缺乏而

> 我的社会职能完全成功意味着我在经济上毁灭的悖论

他所渴望的物品十分充裕,他只要做一点就能影响众多。现在,能够使我们的努力在实现我们的目的中更加有效就是我们的目标所在。而且,随着我们能给予的物品在世界上变得缺乏,我们每个人都能按比例地实现我们的目标。于是,世界的灾难就成为我们的财宝。总体情形被演说家从某种角度予以令人赞赏的评判,他以所有的虔诚喊道:"英国工人想得到的是更多的工作——和更少量的它。""更多的工作",他意味着相对于其所需,英国工人有更大和更迫切的供给需要,即供给稀缺的物品是他的社会职能,充裕的物品是他个人(未必是自私的)渴望拥有的。而"更少的它",他意味着,在这样的条件下他的工作的价格将更高,因此能确保劳动者以较低的成本过上温饱生活。在每天工作结束时他将更加富有和更少

---

① 奥赛罗(Othello):莎士比亚剧作《奥赛罗》的主角,威尼斯公国的一员勇将。——译者注

疲倦。因此,对任何人来说,渴望自己的技术或商品相对稀缺是太自然和容易理解的了。这是确保他获得渴望得到的东西的条件。这些条件在本质上说是排他的,把其他人从自己享有的特权中排除出去。

因此,每个欲望没有被社会考虑所控制的人将会欢迎任何能提高他所拥有或者他能从事的事情的相对重要性的灾难。在开放竞争的市场中,这种对稀缺性的欲望可能会成为一种虔诚(不虔诚)的愿望,它对那些怀有这种欲望的人只有很小的影响,甚至没有影响。据说在19世纪早期,在农场主的礼拜仪式大典上,最受喜爱的祝酒词是,"为潮湿的收获季节和流血的战争干杯";当然,这个想法是,一场战争将阻止国外小麦的进口,而一个糟糕的收获季节将使英国小麦的涨价所得大于产量下降的损失。可能没有比我试图阐明这一原则更糟糕的例子了。这表明,不论是出于纯粹无情的自私,还是单纯的欠考虑,可怕的战争和饥馑可能受到可以给其带来物质利益的阶层的欢迎。这表明人们可能会对给世界带来的利益——不管它是多大——心怀不满,如果它损害了他的经济地位——不管它是多小。但是,与此同时,每个农场主都试图使他自己尽可能丰收,因此,他自己的利益将使他社会化地行动,尽管他非社会化地祈祷。

但是,当我们从开放竞争性市场的个人主义转到有组织的商业或者立法团体的审慎的和一致的行动,或者转向支撑和推动他们的社会理想和抱负的一般氛围,我们立刻看到,这种看待事情的整个方式是致命错误的。稀缺性的福音对于社会并不必然是"令人高兴的消息",不论人们多么高兴地听到它,当它在私下流传时,它不过是个人的许诺。平均的智力水平也会发现,在考虑问题时,从局部考虑比从整体考虑要容易得多,这种奇怪和自相矛盾的依靠(你的)饥饿获得(我的)财富的信念或许会被公开地鼓吹,而且会被一群与会者公开地鼓掌,对其中的每一个成员,百分之一的它意味着生活,百分之九十九的它意味着死亡。每个人看到了浓缩的真理,如果仅仅应用于他维持生活所赖以提供的物品的稀缺性,而忽略了全部应用后它的扩散的错误。

> 避免它的反社会尝试,"劳动总量"理论

因此,考察事情的"劳动总量"的方式遍布于工人阶级的经济理论。

"英国工人想要的是更多的工作";那就是说,"我希望人们应该是,应该保持对我和我的同事所提供供给的相对强烈的欲望中。如果任何别的人供给他们,他就是一个叛徒或小偷。他偷走了或窃取了我的东西。他带走了我的'工作',也就是,他使我保持稀缺从而获利的物品变得多余"。任何使这种需求变得不强烈或者更易于满足的事情发生,都将是一个灾难。

这种观点,尽管我已经说过它遍布工人阶级经济学,却并不局限于它们。据说,当税收改革的争论开始时,作为一个阶层的商务旅行推销商们是支持它的,但是,现在他们改变了,因为他们认为这将破坏他们自己的产业。也就是说,他们已经从对税收改革的忠诚转变了立场,这不是因为他们相信它的对手的主张,即这将导致政治腐败,这是一个"通过使每件东西更昂贵来使每个人富有"的尝试,这是一个为了他的利益对每个其他人征收罚金的人在每个人耳边私语的承诺,这将毁灭国家的对外贸易,因为他们相信它的倡导者的主张,即它将对社会性的无利润的和破坏竞争的浪费予以检查。

任何受到威胁的"利益"的公开的和肆无忌惮的自私自利是足够令人敬畏的,而它集中的能量可以给予它巨大的社会和政治力量。但是,我们现在

> 错位的同情不能遭遇冷漠

处理的是一些更加微妙和普遍的东西。"劳动总量"理论和它的相似理论指导着无数无私的真正相信其指出了通向社会拯救的道路的工人的行动,并渲染了他们的抱负。如果没有伴随对他们目标的明显的热情以及对他们感情上的同情,对他们方式的盲目性和共有的破坏性的单纯论证并不足以使他们转换立场。"它只摧毁它所想取代的。"我们已经看到,普遍的进步几乎通常都伴随着局部的抑制,而且常常是局部的破坏;这种局部的破坏应该引起注意并激起同情心是正确和自然的。实际上,在这样的条件下的获益在量上必须比损失大,使得它从社会角度看是值得的。当一种分散的利益伴随着一种集中的损失,这种利益把大量人的满足以一种递减的重要性扩展到稍低的边际上,但是,在递增的边际上削减了少数人所集中承受的痛苦。100个家庭每周每个家庭少收入5先令,对他们而言,这意味着他们的财力减少25%,这总共减少了500先令,但是,

对意味着财力增加5％的500个家庭每周1先令的获益而言,不会产生相同的补偿,尽管那是相同的500先令的获益。25％的损失超过5％的获益的重要性的5倍。因此,如果任何产业受到一种新的发现或发明的威胁——因为这一发现或发明,世界将因之而变得富裕,而某个特定阶级将会变得贫困,那么,不仅产业处境受到攻击的人们会害怕它,希望缓和、阻碍带来它的产业进步的步伐,而且他们还对因遭受打击导致集中的损失超过其所分享的分散的获益的投机者抱有强烈的同情心,尽管他并不分担损失。

这巩固了从那些对限制感兴趣而非对扩大"安慰、治疗与祝福"物品供给感兴趣的人的视角观察每个问题的人的精神态度。我曾听到廉价重印经典作品是对活着的作家不公平的谴责,人们如果能以每卷几个便士的价格得到这样高贵的文学作品,作家就不能指望人们会支付给他一个可以维持生计的工资。一个愿意分文不取地翻译伟大的经典作品以便使它可以廉价发行的人,将不会被赞扬为他的国家的恩人,而会被斥责为他的阶级的一个叛徒。一个生计独立的女孩给侄女授课或者不计报酬地护理母亲,会从一些比她还不幸的人的"口中夺走面包"。这些都是劳动总量理论的一部分,它使仁慈和慷慨感到困惑和不知所措。它通过保持稀缺性的信仰来寻求拯救。其危害是这种信条总是认为私人是正确的而公众是错误的。并且,坚持公众的错误在于毫无温情,而私人的真实之处在于它的温情考虑。不论社会的一般资源提高多少,也不管一个人在这种增长中可以拥有的份额有多大,这一点一定总是正确的:如果所有其他的需要被更好地供给,他所服务的那种特殊需要却要永远保持着那么强烈和难以满足,他个人的状况将会变得更好。也就是说,一般而言,要想通过某种行为、发明和发现,但却不使他人因此处境更糟,而使自己所拥有的交易物品增加是内在地不可能的。因此,"劳动总量"理论和"从他的口中夺走面包"的责难,作为基本的原则将绝对地终止所有的物质的和许多智力的、艺术的、精神的进步;而且,这里有一个社会热情的悲哀的浪费,在这里,无私的努力和抱负被引入这些理论和同情心所挖掘的渠道。社会热情寻求抵制和控制所有的自私和压迫的行为,但是,为了它能够成

356 功,极其重要的是必须进行认真严肃的教育。当我们更准确地理解了我们必须做些什么,我们必须在何种无法避免的条件下从事它,我们会希望更好地协调真正进步的力量。然而,仅仅论证"劳动总量"和"从他的口中夺走面包"在理论上的混乱和自杀性质是没有用处的。当我们懂得局部的困苦伴随着普遍的进步的时候,我们当然不会为了逃避局部的困苦而试图停止普遍进步,但是我们会试图通过把普遍进步所伴随的财富增长部分地转向减轻来缓和这种局部的痛苦。为了减轻失败的惩罚,却没有唤醒通向成功的刺激,为了对灾难事件进行预先的保险,没有预先唤醒自身的力量,是文明至今没有解决的问题。这不足为奇,因为现在仅仅是理
357 解问题,也是认识并解决它的"深层次的内在界限"的开始。

第九章
分配、生产的成本

摘要：分配问题和个人对资源的花销类似，产品生产中包含了生产要素的平衡和边际替代，而这些生产要素本来是不能相互替代的。同样的物质产品可以用不同的生产要素组合来生产，如工具、土地、肌肉或智力努力的产出等；一种要素的边际减少可能是由于另一种要素的贡献增加了，它们可以用一个统一的尺度来衡量，用一方来表示另一方，因而可以用一个统一的单位加总起来。在产品的分配中，产品被分割成各生产要素的贡献份额的加总。我们所要讨论的最后一个问题是生产成本与交换价值之间的关系。一件物品的成本不能决定它的价值，但是一件物品的成本可能决定它是否会被制造。如果一件物品的生产成本高于其边际价值，它的生产数量就会减少；如果一件物品的边际价值高于它的生产成本，就会生产更大的数量。因此，一件物品的价值和生产成本相等是一个固有的倾向，但并不是因为后者决定前者。生产成本常常对生产者的行为发挥着反作用，这是一种有效的但不是经济的力量；低价格常常可以通过促进创新和节约来降低生产成本，因为一个人会努力地增加自己的财富来避免破产。

我们已经暗示解决了引起经济学家争论的问题中的两个，现在，我们已经为我们所讨论的最后一个分支问题收集了所有的材料；问题是"分配"和"生产成本"与交换价值之间的关系问题。

对于作为政治经济学的一个分支的"分配"问题，我们理解为是复杂生产过程的产品在那些对其生产有贡献的要素之间进行分配的一些规律的研究。制造的商品被销售掉，在流行的观点中，价格必须支付各项生产过程中用到的要素的租金，作为在生产产品中付出了体力和脑力劳动的所有人的报酬；作为生产产品所耗费的各项原材料的成本；作为生产中使用的各种工具和设备的磨损的价值的转移；作为在生产过程中消耗的各种商品，如煤、油等；作为生产的各个过程中间接或直接使用到的资金的贴水等。当生产出来的产品卖出去之后，是什么决定了各项要素之间的分配呢？我们的第一个回答必定是这个问题从来没有以这种形式在任何场合被正式提出来；作为厂商，更确切地说，对此负责的人或人们在收到产品价格的货款之前，必然已经以这种或那种形式与生产产品的各项要素订立了契约。他们已经至少支付了大部分的人的工资和薪水。他们已经购买了机器和原材料。他们已经租用了厂房（或许是一年的租期）。此外，他们很可能已经开始筹划资金的使用，这些资金并非全部是他们的积蓄，而是部分来自他人，他们允诺为这些资金现在的使用负担一个将来的贴水。换句话说，他们已经在市场中购买了各项用于生产的要素，如服务、特许权等，现在又把自己的产品投入市场中。但是，到底是什么决定了他们愿意为购买这些东西而支付价格呢？很明显，这是由于他们预期人们会为他们的产品支付相应的价值；正像家庭主妇们乐意为她们的储备支付的价格是由她所预期的家庭所需生活资料的重要性所决定的一样。区别仅在于在生产者的情形下，他们购买进入交易循环中的商品，然后把它们组合成另外一种商品再投入交易循环中，对他的估计的精确性进行客观检测是很容易的，然而，在家庭主妇的情形中，她们在交易循环中购买产品，但是，不再把产品投入交易循环中，这就没有一个容易而且客观的评价方法去评估她们为购买一组商品的支付是否超出其所值。无论如何，在两个情形中显然会有某种程度的成功或者失败。

第九章 分配、生产的成本

我们可以进一步依此类推，把它放在一个更广阔的基础上。我需要的可以在交易循环中购买到的每一种东西都有它的市场价格；换句话说，它是作为我所需要的其他东西的一种替代的条件。假定给定我一些资源，我需要决定的问题是，我在每一种商品上要花费多少，从而使各种商品的边际重要性与它们各自的价格之间达到平衡。尽管我们不能将水的供给和文学作品的供给放在一起讨论，但是，当它们处于边际状态时，是完全可以作为替代物来讨论的。自来水公司可能会提供一个额外的浇灌花园的水管，我就会考虑我是使用这种额外的服务并支付额外的费用，还是不使用这一服务而花 1 英镑或 1 英镑 6 便士去购买一部文学经典著作。因此，我所购买的所有这些商品，不管是较大量的还是较小量的，在它们的边际上是清晰的，而且直接可替代的。也就是说，它们中的每一个都主宰着一种满足和对生活的享受感，或者痛苦的减轻，或者焦虑的缓和，或者一种权力感，或者其他最终的渴望的体验，或者提供一个给自己发泄本性的渠道，或者自己精神上这种或那种方式之间的平衡，因此我可以说："这个东西的这个数量值那个东西的那个数量。"它们都有一个共同的衡量标准，通过这个标准，我可以用一个一般的判断来衡量它们对我的重要程度或价值。对我的货币资金的管理就成为一种对商品和服务的购买，它们在边际上相互替代，在总量上却不是相互替代的。对资源的成功管理就是使购买的所有东西达到这样的数量，它们的边际重要性是相等的，任意两种商品带来的满足程度在边际上是可以相互替代的。

> 家庭或个人与产业中的资源管理类比

相应地，厂商（或者作为企业的所有人的代表和所有人以及企业所需要的各种必要物品打交道的"企业家"或者"承办者"）将需要各种在总量上不能相互替代的原料。厂商必须拥有一个进行生产的场所，一些源自人力、物力和智力的产出、生产的原料、用于生产的工具和设备以及一些辅助性的物质，如在生产过程中将被消耗或被转化的煤、油或水等。这些物品不可能被完全分配或被其他

> 生产要素的市场价格与边际效率的平衡，以及要素在边际上的相互替代

物品完全替代。在某种限度内,这些物质都被分成许多组,每一组都是必不可少的,任何一组都不可能被其他组所替代。智力的投入不可能完全取代体力的投入。建筑物也不可能完全替代机器,机器也不可能完全替代建筑物,一种机器或工具不可能完全取代另外一种机器或工具。在这些限度内,这些生产要素显然不存在边际可替代性,因此,它成为一种生产中边际有用性(Marginal Serviceableness-in-production)的共同的衡量标准。尽管智力与勤奋不能无米之炊,但是,智力可以提高效率,一个有较多智力但却较少原料的人可以和一个有较少智力但却拥有较多原料的人获得同样的产出。当然,这里有一个限制。如果原料的投入缩小到某一个点,假定智力投入不变,也无法生产既有数量的产出,因此,一旦超出了这一限制,一个更少投入智力而更多投入原料的人可能生产更好的产品。因此,在一般条件下,智力、照料和精确度在边际上能够替代原材料;原材料也可以在边际上替代智力、照料和责任心。一个投入的细微增加可以获得另一个投入的细微减少,这一过程可以逆过来。但是,当边际改变之后,例如,人的智力的投入增加,原材料的投入减少后,增加投入的要素的边际重要性下降,减少投入的要素的边际重要性提高,因此,要想继续减少同一数量的原材料,则需要投入更多的智力。两种要素都可接受的条件是两者的边际替代率相等。无论它们的市场价格是多少,每个厂商都会使各个投入要素的重要性与其价格相对称。

　　厂商然后会按照比例为自己准备所有的生产要素,而这个比例是由该行业的市场状态和边际效率决定的。有充分的理由可以认为,虽然额外的信息可以给他节省某些损耗,但是,相同的智力在某些其他应用中将会有更高的相对显著性。如果那样的话,其他人对智力的出价将会超过他,因为为了节省原料,他在智力上的花费不会超过在原料支出上所能节省的价值;如果它在边际上能向其他人提供更有价值的服务,市场价格会上升,超过他的价格。我们在实际中对此是非常熟悉的。当人们真正意识到可以用更高的工资雇到更优秀的工人时,他们会经常抱怨他们所雇用的人工作不够细心。但是,当他们这样去做的时候,他们就会知道这样划不来。在这种情形中,一种辛酸的感觉是很自然的,因为我们并不知道为什么所有的人都会粗心;尽管很容易理解,但是,一个与通常的苦衷相反的是,任何等级或阶级的人性特征和智力,无论是否容易理解,都不会影响我们所考虑的问题。这里存在一个智力甚至人性特征的市场。作为一个市场,除了市场规律遵循得好或不好,市场没有更好的供给也是非常不幸的;每个厂商都不得不根据市场中能得到的其他东西的相对特征进行平衡,而且必须使它们的边际重要性与市场提供给他的选择条件相协调。事实上,并不总是知道你在特定市场是否真的物有所值,并不会影响这个理论。在购买中总是存在投机因素。总而言之,正像我们所看见的,在私人支出中鲜蛋和友谊带来的快乐在边际上会达到平衡——这么多的一种要素正好等于这么多的另一种要素——因此,我们现在发现,原料、智力和道德品质可能在边际上具有精确的数量关系,这么多的一种要素相当于而不是多于这么多的另一种要素。

再说一遍,缺乏才智或责任心,不仅浪费其加工的原料和使用的工具,而且对他自己也是浪费。是否用心会导致相同的体力将产生显著不同的结果。一定的智力对有效率地完成甚至是最简单的任务也是需要的,其他工作则需要高度的技能训练。在某些情形中,一个人的体力在某种程度上受另一个人智力的指挥。在其他情形中,指挥才能在某种程度上一定是个人自己拥有的。这里再一次地指出,尽管智力和体力以及我自己的智力以及其他人指挥我的智力在整体上是不可以完全相互替代的,但是各自在边际上确实是可以相互替代的。"我无所不能"显然是不着边际的吹嘘;但是,管理人员可以比其他人让同一个人做得更好,或者让一个更差的人完成同样好的工作;所以,管理能力在边际上可以对所掌握的技能和智力进行替代,反之亦然。适当调整关系重大。

现在,我们在理论上将智力、道德品质、体力、管理技能和原材料都化简为一个相同的衡量尺度,使它们在边际上可以相互比较和等量处理。当企业家考虑是否要因为一个工人不够敏捷而解雇他,是否由于其可信的品质而留住他,是否额外地花一百镑改善仓库的照明条件以便节省巡查的时间并调整支出,是否减少额外的人手以节省他的工资成本,是否某起草人或管理人员值他的薪水时,他们总是会进行这种实际的计算。在每种情况下,他的检验都要考虑哪种行动会使他的最终产品产生最高的价值。

在农业中,土地、劳动、工具等很早就被认为是生产农作物所必需的投入,这当中没有一个可以用其他完全替代,然而它们可以在边际上相互替代。如果必需的额外劳动力被明智地应用,那么,在同一块地上用稍微差一点的工具或者效力小一些的肥料或者使用较少劳动但较好工具,都可以收获同样多的农作物。或者在一块较小的土地上雇用更多劳动可以生产相等的农作物;或者等量的劳动力用在一块较大的土地上会比用在较小的土地上可以收获得更多。

不只是在农业中劳动和技能可以在边际上替代土地;反之亦然。任何伦敦的工匠或厂商都可能遇到增加面积与增加经营场址高度的边际重要性平衡的棘手问题。他应该在一个相对大的面积上建一个相对低的建筑还是在一个相对狭小的面积上建一个相对高的建筑呢?假定每种都会带给他相同的建筑容积,但是,建高楼会花费更多,而且建筑时需要更多的劳动力和支出。给定土地的一个增量使他要分配一定量的劳动力在建筑和地基上。因此,较多的土地和较少的劳动力或较少的土地和较多的劳动力可以引起相同的结果,平衡则必须依照市场条件来实现。我对土地所需的额外支付能否通过工资的节省获得补偿?

我们无须更多阐述。很明显,主要的生产要素组和各种主要要素组内每个可区别的从属的努力、工具、技能、原料等,都可以在边际上找到另一个替代品。所有的要素都必须在边际上互相相等,而且每种要素的市场价格决定了在那一点上个人优先把哪个要素提供给自己有赖于作为替代品的其他要素。

在这里,我们将指出,从理论上说,流行的对生产要素如土地、劳动和资本的划分或分类是非常不能令人满意的。土地和资本的区别显然是武断的。我们所说的土地,在实际生活中在很大程度上包含了累积的人的努力,因而在政治经济学书中通常被当作资本,土地这个术语只保留了土壤"原始的和不可分割"的性质。它在实际上被认为不可能

> 反对将生产要素分为土地、劳动和资本的流行分类法

第九章 分配、生产的成本

这样地定义和区分。从物质上说,我们在地球表面所拥有的一块区域,如果我们对它所付出的努力很少甚至没有,它的价值将很小。例如,大城市中心的一块空地,我们认为它的价值更多依赖在此投入的资本,更确切地说是依赖人类努力的积累。唯有在这一地点以及周边地区投入的资本。因此,即使是从经济学上定义,土地也不能离开资本来考虑。因此,正如我们所看到的那样,市场上的东西相互平衡的法则与他们是否被积累是相互独立的[①]。土地和资本的区别似乎难以给出,甚至无法给出,而且即使给出了,在理论上也是没有价值的。

此外,作为第三个要素的资本的概念与土地和劳动是不同的,这一概念在语言用法上的矛盾是不能容忍和不可调和的。例如,在评估公司资本的时候,我们把它的土地算在内,并给它一个适当的估价。在奴隶制度下,我们还应该包括它的活的存货——人和动物;在像我们自己这样的国家里,我们不仅应该包括投入用于生产工具或设备的劳动的货币,如在采矿作业中的钻轴,还应包括应付给在产品成熟可以上市前做准备工作的人的工资。所以,奴隶制和自由国家是相同的,资本包括土地、工具、原材料、在每个阶段的产品,一直到最后等待投放市场的成品,对工人努力的拥有,无论对他们人身的拥有在法律上是否是有保障的。任何精确的概念或明白的推测都不可能基于战争中的分类和术语学语言用法中的那么恶劣。

并且,即使我们能够对定义三个或更多确切和详尽的生产要素分组表示满意,如果我们可以科学地、彻底地把个人支出分成不同的部分,如原料、智力和艺术类,我们也不能从中得到更大的利益。这个尝试在本质上就是失败的,即使成功了,它也不会给市场规律带来好处,因为我们不同的满意平衡建立在至关重要的重要性强度基础上,在这个方面,它们有共同的衡量标准,可以在边际上互相替代,而不是由于一开始他们所给予的不同服务。事实上,似乎不存在将生产要素划分成大组的科学分划,而且似乎也不可能彻底地列举它们。例如,一个公司可能以任何适当的比

[①] 参阅第 245—247 页。

例把资源投入工厂进行生产,做广告告诉人们,东西生产出来了,或者说服他们,那是好的产品,强化他们在长期获得的信任的习惯或传统,一种理想的诚实交易名声和智力,将使广告效果更好和更节省,保护信心,这本身就是一种收益。好名声或任何种类的恶名,在商业意义上,和工具、地点、原料、人力、智力或责任心差不多,都是生产的一个要素。所以,在对分配规律和企业家职能进行的进一步讨论中,我们将完全不理睬对生产要素进行列举和分类的尝试。我们已经知道,相同的原理决定了对它们的所有需要,因此我们可以得出划分在理论上并不重要的结论。

那么,企业家的问题是什么呢?通过假设他只处理有限资源,在应用这些资源时,他必须在交易循环之外平衡商品、服务和特许权,结合和管理它们,以生产一个成果,使它以比要素或材料更高的价值返回到交易循环中去。他期望最大化这个成果,就好像家庭主妇或任何其他管理人员期望最大化她支出的成果一样。如同家庭主妇把最初的增加当作是理所当然①,把注意力固定在边际考虑上时一样,在靠近原点时,企业家最初增加生产的所有要素——土地、劳动、工具等是理所当然的;因为它们的某些供给对任何生产都是必需品;但是,在边际上,它们的表现不再突出和不可取代,而是能够部分地被替代。他小心地平衡它们,它们市场价格的最小的变化都会使他用一种要素细微地替代另一种要素。因此,可以找到一种共同的衡量标准;正像家庭主妇支付的消费品的价格,不是依据它们对生活非常重要甚至是生命的基本品的事实,而是依据与别的东西重要性大小相比较,它的相对重要性是大一点还是小一点,所以,在这里企业家为不同要素支付的价格不是由原点附近所提供的特殊服务决定的,而是由各自每单位在边际上以同样的方式分别提供的共同服务程度来决定的。在前面的例子中,我们不是通过考虑面包和水维持人体组织的特定函数性质来决定多少的面包和多少的水是等价的,而是对它们满足人类欲望的共同基础进行比较。在这个基础上,每个的价值都可以用其他的价值来表示。这不是因为它

> 企业家的问题

---
① 参阅第 39 页。

第九章 分配、生产的成本

们不相似,而是因为它们是相似的。所以,如果把土地和劳动进行相互比较并相等,并各自提出他们对共同产品的要求,那一定是因为它们处于一个共同的标准,各自的重要性可以根据另一个的重要性来表示。这必须通过找到它们的某个方面,在这个方面它们的重要性是同一的,而不是通过各自之间的特点来实现的。最后,这里如同在所有市场,每个人愿意对一个物品的支付是由它自己在偏好等级序列上的相对等级地位决定的。他事实上不得不支付(否则就得不到它)的数额是根据它对其他物品相对偏好等级地位决定的。当这些等级地位一致时,则存在着一个均衡。

显然,如果我们抛开企业家,考虑不同群体的人,控制生产的不同行动者或者要素,互相自由地联合并达成协议,那么,相同的原则是完全有效的。我们可以假设某些人拥有土地、一些工具或工厂、原料、手工技能以及出售产品的市场的有关知识;

> 根据一个共同的衡量标准减少生产要素。产品的总和和分配

而且所有的人都愿意等到产品制成或售出之后获得其份额,因此获得他们企业风险投机的分配。某些人贡献几种要素,但是所有人都在等待,进行投机。这个假定对于我们的假设是必要的,如果有人要求立即的报酬,其贡献的价值就得打折扣,剩下的部分成为其他人的投机所得,后者作为一个整体,代替了企业家。在没有企业家的情况下,合作者必须自己决定他们如何分享这一收益;在边际上,他们分别控制的物品可以被相互替代,他们因此可以找到共同的衡量标准并达成一致。任何一种要素的边际增加或减少而其他保持不变可能会对产品有某种影响,因此,并且正是因为如此,他们才能进行比较。抽回所有劳动供给或土地将毁灭这个产业。抽回任何一种工具、智力或经验都将会严重削弱它;但是,抽回一种要素的一个有限小的数量,在边际上只会产生有限的后果。抽回多少其他要素会产生同样的结果?当我们回答那个问题时,我们已经决定了两个要素单位相对边际效率,并且得到了在收益中它们必须分享的原则;因为我们现在可以表示所有不同要素相同的一个单位对结果的贡献,如果我们把收益按单位总量划分,我们可以决定每个要素各自应得的

份额。

现在，如果任何数量的组（不论自发组织或由企业家组合）处在彼此均衡状态中，所有要素的相对边际重要性将会是一样的。否则，比方说在一组内增加或抽回一个单位的土地对结果的影响是增加或抽回其他要素单位——比如劳动、设备或智力——影响的两倍；反之，在另一个组内，同样单位的土地只会产生和给定数量另一种要素同样的影响。显然重组对双方都是有利的。第二组应该放弃某一数量的土地给第一组，而第一组应当放弃一些另一种要素给第二组。

每一要素可以给其他要素提供有利的交换条件，直到达到均衡。这两个单位要素在两组中就会占据相同的相对位置。因此，各种要素在不同组别中用于产品生产的比例由它们在这一组别中增加或减少的相对边际重要性决定。而且在开放市场中，不同的独立组别中的要素比例有趋同的趋势。不论这两组是从事相同的产业还是不同的产业，只要它们都使用某些共同的生产要素，这种趋势都是存在的。

再说一次，如果一个产业中的要素总量成比例地大于另一个产业，虽然它们使用的要素在本质上是相同的，显然报酬较低的组会转移所有或一部分精力到报酬更高的产业，因此将分别缩小和扩张它们投放市场的产品流量，从而提高被放弃产业的边际重要性，降低进入产业的边际重要性。或者，如果任何一组的不同要素可以各自把自己分配到其他组，或按照产品要求的由相对边际效率决定的比例形成新的结合，代表了一个比它们现在更大的值，该组将会被分解，而它的要素将分配给其他组，直到达到均衡。这给我们提供了一个不存在企业家的情况下，对分配问题理论上的完备解决方案。

回到更加熟悉的企业家的情形，并扩展这个术语而包括创办人、董事和经理的作用，我们发现他与控制几种生产要素的人进行谈判。他们中有些人得到固定支付或承诺，不会进一步要求利益。通过这种方法，他可以保证原料、劳动、机器和土地，并支付等待的（公司债券）必要补贴。其他人将承担或分担风险，并给他们的合作者一个作为结果的预期，适当的定义

> 企业家能力的边际价值

第九章　分配、生产的成本

他们各自的要求。其余的人是截然不同的和分立的个人,他们拥有财富,或直接享受,或愿意等待(股东)。或者,企业家自己会承担部分或全部风险,因为他也许是他自己的资本家。或者,他以固定薪水被雇用那些人承担风险。无论如何,为了他自己或他的雇主,他将达成需要达成的各种初始协议;然后管理和组合这几种要素,并决定他们各自的数量。这些职能可能会被分解或细分。一个辛迪加的形成起初是为了筹集资本,即和愿意等待的所有者达成投机协定,然后将其他交易权和指挥权都移交给管理人员。最初的辛迪加可能保留一些生意上的控制权,这就是说他们自己可以履行一部分管理者的职能。但是,在任何情况下,无论企业家掌握的资源是哪些,他都必须对它们权衡应用,使在工资、租金、利息或任何其他用途上的每一镑支出的边际重要性相同。因此,他将按我们已经验证过的原则固定不同要素结合的比例。在有些情形中,他必须做出一定的支付或承诺,在其他情形中,他或多或少地提高弹性期望;而且在每种情况中,他都需要给出公开市场出价一样多的支付,或者承诺,或形成预期,以拥有他所需要的生产要素。之后他会安排他的要素的比例并将它们结合,以便使它们在边际上值其他人所期望的那个价值。因为他必须给予它们相当于其他人的出价,而他也将得到所期望的相应价值。如果他成功的话,产品将补偿他所有的支付,使他能够兑现他所有的承诺,并充分满足他提出的所有期望,维持他认为满意的报酬与他所运用的聪慧之间的平衡;就是说不会少于他认为在其他应用中应该获得的。这是基于他没有固定工资,但是已经和所有其他相关方达成协议,成为剩余要求者的假定。如果他的工资包含在支付中,辛迪加或任何其他的承担最终风险者则必须把工资包含在它们的投机支付或承诺中。

　　如果结果超越或达不到这个目标,那可能是由于企业家的技能、缺少技能或贸易条件的缘故。在前者的情形中,企业家服务的边际重要性已经被他自己或他的雇主过低或过高地估计;而这些服务的价格会根据具体情况趋于上升或下降;因为企业家也是一种生产要素,无论是否存在一个明确的支付或期望,他的报酬由他服务的边际重要性决定。他也有自己的市场,尽管特殊的条件可能使它是非常不完善的。

如果结果是由于贸易的一般条件所决定的，企业家的期望被证明是做不到的，但是，它会因此变得清晰起来，证明其他企业家也做不到他所不能做到的；所以，责备他无法兑现承诺和支付，并不能证明它们是有效的。现在，在那些不是不能兑现承诺就是不能履行所提出的期望的毁坏和衰弱的产业，以及能够坚持承诺和履行所提出的期望的繁荣产业之间，会产生调整。因此，收缩和扩张供给流量会恢复结果的质量。但是，已经做出的支付和承诺的数量和此前提出的期望绝不能决定交易循环中产品的价值。在所有的情形中，有保障的产品预期价值决定基于支付、补贴、承诺和期望的估计边际价值。这些适当分组和要素分配的估计相对边际重要性决定了它们分别要求报酬的比例，而当以共同标准表示的单位总量要求被划分成产品总预期价值时，决定了公司相信它能给他们按真实费用提供报酬。按照那个信念行动并不确保结果与它一致。如果结果证明它是错误的，信念就会被改正。但是，行动——在这种情况中，成本发生了、承诺做出了、期望提出了——总是由预期的结果决定的，而且它本身从来不能自己决定真实的结果。因此，我们渐渐产生了对第二个问题的考虑，即生产成本与交换价值的关系①。

为了解决这个问题，我们只有排列已经检查过的事实，引出已经得以阐明的原则，这一原则在调查过程中已经成为我们现在正在处理的问题的明确参考。冒着乏味重复的危险，我把最后一节的部

> 生产成本和交换价值。扼要的重述。

分安排成整个争论摘要的形式。正如我们经常见到的，所有的管理指导原则都是指导我们在开放的选择中运用我们的资源去实现某个目的的，这个目的就是在给定条件下，使它在我们的偏好等级中达到最高。同时，

---

① 1894 年，我出版了一本题为"关于协同分配律的论文"的短篇数学专著（伦敦，麦克米兰公司）。在第六节中，我过早地企图解决分配的一般问题——它马上被弗勒克斯（Flux）教授断言值得注意——它与其说是提供了这一问题的解，不如说是阐述了这个问题。埃奇沃思（Edgeworth）教授和帕累托（Pareto）教授随后证明这个解本身是错误的。因此，此论文的这一节必须被正式撤回，用本教材提出的解来取代它。

第九章 分配、生产的成本

注意到保证这一选择能永久地降低它的边际重要性，忽视其他提高它们边际重要性的选择，当相应的条件对我们开放时，我们总是能够使我们的重要性的边际增长与相应的条件保持平衡。相同资源所实现的目的将在我们的效用等级上位于相同的高度；只要我们可以将它们保持在那里，就将实现均衡并最大化期望的结果。但是，如果我们做出了错误的判断，而且做出了一个我们现在不能逆转的选择，在错误是无法挽回的范围内，我们因此而获得结果将比我们正确选择时的价值要小。我们确实可以从经验中学习。明天、下个月或明年，这个选择可能再次出现，因此我们今后可以改正错误判断在过去已经产生的全部影响。在那个领域内，我们的生活受到了因努力和资源使用上的误导而产生的浪费的不可改变的影响，更好和更差的选择仍然存在，尽管最好的已经被排除。一个缩小了的选择范围对我们来说仍然是开放的，我们仍然必须充分地利用它们，使它们在边际上进入均衡，不再进一步卷入浪费。回到我们以前的说明，即使她已经获得太多或太少牛奶，家庭主妇仍然面对一个开放的广泛的应用范围。如果选择它们的时候粗心，她可能会增加已经犯的错误和浪费；如果小心的话，她可以最优地利用由于最初的错误而缩小的机会空间。

现在，资源管理的原则可以应用于我们的购买和支出。实际上，我们的购买主要是支出性质。它是时间、能源、思想和资源的各类支出。即使在通常认为不使用支出或管理资源的概念的领域，它是一个在选择空间里进行选择的广义概念，正如我们所看到的，它们遵循相同的规律。如果我遇到烦人、厌倦或痛苦，把它称为重要资源或耐力的支出或管理或许是一种语言上的歪曲，但是，我在选择空间中进行选择时是以平衡边际重要性为原则的。从实际角度说，购买的问题不是和最大利益支出问题相同的，就是和它严格相似。如果我把我的努力直接投入我希望完成的事，我将按照拒绝这种途径或者那种途径的经验所产生各种边际重要性来指导我对努力的分配。但是，如果我间接地追求我的目的，做并非与我直接利益相关的事——因为那是最有效的保证我想要的东西的方法——那么，我在提供各种我所能够提供的服务时，将不会受到我自己的偏好等级的指导，

> 经济压力下的资源流动

而是按它们在集体偏好等级中的位置，就像它们即将拥有的货币价格所指示的那样。如果我掌握着一批木材（不管我是怎样得到的），我希望把它变成最多的文学、艺术、传教活动、政治宣传、数学知识、绸缎衣服或别的不是木材做的东西，我应该以我所能得到的最高价格卖出木材；也就是说，我将根据出价，将木材提供给客观上是集体偏好等级中最高的。换句话说，我应该带着我的木材进入市场，不断地把它卖给我所能发现的最好顾客，我将在所有顾客中连续产生或维持一个等量，其中只有轻微的背离。当一个顾客变得比另一个更好时，他将拥有供给，直到这一商品的边际价值在他的偏好相对等级上低于他的邻居。市场将永久地趋于价格均衡。同样地，如果我可以提供服务，我应该以这样的方式提供它们，使它们在所有不同的可以更进一步实现的目的中保持均衡，而这些目的是以共同的偏好等级表示的。

如果我在考虑我儿子的未来生活，我会根据我的认识预测一下，在未来的年份里，电气工程师、机械工程师、采矿工程师、律师、医生等所提供服务在集体偏好等级中的位置。我会尝试估计一下，在这些职业中，他达到显赫或可敬地位的可能性。如果我是明智的，我考虑他的品味和天分，并考虑作为职业，除了使他拥有其他人生产的服务和商品之外，哪种活动方式将是最理想的。我还要考虑为了他各种职业选择所应投入的资源以及为他的职业生涯奠基之外，使我的生命中已确立的目标得以进一步实现所应当投入的资源。现在，所有这些考虑对我有重大影响，在它们之中，我关于他未来经济地位实力，也即他所能从事的职业服务在集体偏好等级上所占据的位置的预测。与我们看到的那样，并非认为个人品味和其他考虑一钱不值，但它们并非就是一切，即使是在那些它们是很明显的地方；在许多情况下，它们并不明显。因此，有人选择他们自己的职业，而其他人部分或全部地控制他们的选择，这些都将受到这些或那些职业在集体偏好等级中将具有的位置的影响。而且，存在着使他们进入均衡的趋势①。

---

① 参阅第175页及以后。

第九章 分配、生产的成本

因此，如果进行一般的估计，或者对充分多的人进行估计，对于这些人，选择是开放的，采矿工程师、机械工程师和电气工程师的职位对他们自己来说，是同样理想的，如果在每种情况中，教育的费用大致相同，科学发展向电气工程师展现了巨大可能，现在，他们的服务在边际上更有效率，因而在集

> 技能和资源流动趋势的假说。误导趋向于正确，而不是证明它自己正确

体偏好等级上比那些机械工程师或采矿工程师处于更高位置,那些预期这种状态将持续一段时间的人因此希望训练他们自己或他们孩子成为电气工程师而不是机械工程师或采矿工程师。那些已经具有机械工程师资格的人可能认为他们犯了一个错误。他们必须掌握另一门技能以取代原有的,这是一门他们做出相同努力和牺牲也可以获得的技能,而且具有更多价值。但是,这并不以任何方式影响他们服务的市场价格。它只受到市场中拥有这项特殊技能人数以及他们所满足的需要在集体偏好等级上的位置的影响。然而,事物的状态将慢慢地自我调整。那些这两种职业对他们自己无关紧要的人被选拔进入电气行业,电气工程师的供给流量持续扩大,而机械工程师的供给流量则持续缩小,直到达到平衡。现在,一般的估计很可能夸大了最初偏离均衡的程度或者低估了其恢复均衡的速度。当我开始相信电气工程师是比机械工程师更好的职业时,大量的其他家长可能也因同样的提示而得知,尽管人数少一点,但是仍然是相当多的人在几年前就已经知道这一情况。当我的儿子开始他的长期而艰苦的培训时,其他人的儿子正以一个比以前更大的流量从这个职业训练中产生;这个流量持续地增加,直到我儿子完成他的职业培训,这与我所预期的非常不同。所以,到现在,机械工程师的职位可能比相邻的电气技师好。这里,我再次犯了一个无法挽回的错误。事实上,如果我更明智,我的儿子可能已经是机械工程师,尽管他的收入未必比电气工程师更高。他的服务的价值由市场规律支配。但是,由于我犯了错误,我必须接受它的后果,我和其他人不需要再犯错误。我们不应让现在接受培训的儿子们进入相同的职业。因此,尽管结果并不影响过去,但却影响将来。供给流将被检查,开始趋向相反方向。

现在，世界的所有工作已经完成，世界的所有需求已经被供给，通过指导人类的才能实现人类的目的。个人培训、操纵这个行星上的材料的每一步，改变了人类力量，或者使这些材料用于某些特殊的方向，因此形成了资源的专业化，通过接受一组选择而放弃了另一组选择。被放弃的选择也不影响被接受的选择的价值或重要性；因为我不再使相对立的两者平衡。但是，如果最终仍然没有达到专业化，如果可选择的应用仍然是开放的，那么，当我平衡这两者时，它们每个的预期重要性将为我所感知并影响我的行动。我不应该随意地把我的力量或财产投入于实现其中的某个目标，只要他们似乎比另一个能对我提供更好的服务。所以，全部资源、人力和原料被永久地用在某个目标上，排除掉被拒绝的选择之后，剩余的选择将被永久地接受，而这种选择缩小了仍然公开的可能性，最后把它们完全关闭，从而实现最后的结果。在每一步，被放弃选择都可能导致遗憾，但是，不走出这一步将会影响被选择价值的实现。因而，到目前为止，由于我的选择不是由物品对我的价值的直接保障所支配的，而是受交易循环中直接给我的一般服务和资源所支配的，也就是说，只要我受到经济报酬的影响，我的决定在每一步都将受到服务及物品会在或者将会在集体偏好等级上的位置的预期的指导；我的成功不是由我所放弃选择的重要性来衡量的，而是由我所接受的选择的重要性决定的。

如果许多人已经生产了椅子，他们知道椅子的价钱并不受到他们是否因为生产了桌子而使他们处于更好位置的知识的影响；但是，他们未来的行为却会受到这个知识的影响。他们会重新分配无差别的资源，将无差别的资源转向生产桌子或生产椅子；他们将扩大桌子的生产，缩小椅子的生产，直到桌子的价格下降和椅子的价格上升，使生产它们所需的能源和资源与其价格相一致。如同家庭主妇发现她购买的蔬菜和水果是这样的数量，当消费它们的时候，半便士蔬菜比半便士水果满足的需要较不急迫，因此，将缩小对蔬菜的购买，增加对水果的购买，直到蔬菜重要性的增加和水果重要性的降低在价格上达到平衡。工匠和家庭主妇两者相似，在接受一个较不合格但却是开放的选择时犯了个错误。这个错误并不会由于事后的认识而消除。但是，两者都能因此变得聪明起来；当选择再次

第九章 分配、生产的成本

来临时,可能会选择更合格的一个。

如果一个人充分自信地认为他把资源投入椅子的生产是最有利可图的,并配置了只能生产椅子的专门机器,桌子的生产将不是一个开放的选择,而且他将不考虑是否生产桌子比生产椅子好,安装这类机器是否犯了错误,是拆除它还是继续生产椅子更好。问题有赖于选择的范围是否仍然对他开放。他的机器使他能够制造椅子,却不能做任何别的东西。那么,别无选择。但是,如果他持有木材,则可以用于制造椅子、桌子或者许多其他用途;而且他自己的思想和努力同样可以有多种用途,尽管他不能回到他开始学习生意之时并改选学习别的。他的钱可能用于购买交易循环中的任何东西。如果他可以找到什么东西能更好地服务他的目的,他就不需要花费在木材和加工木材的工资上了。因此,他肯定可以拥有某种技能、某种存货,拥有一般的商品和服务。他可以在没有机器的帮助下结合这些东西生产某种产品,使它们在集体偏好等级上位于比他用机器应用相同资源生产的椅子更高的位置吗?如果不行,无论他多后悔本来可以选定一个更好的选择,他都将继续生产椅子。

> 封闭的和开放的机会及选择

当资源已经被用于这个或者那个特定的目的时,从历史的和不可变更的事实的角度看,已经被用于这个或者那个特殊目的的资源将不会影响产成品的价值,也就不会影响其价格。当为了生产某一特定产品而进行的选择还未作出时,从这个意义上说,生产成本会对工匠是否进行生产的决定将产生影响。这样,所生产的椅子的价格将由它们在集体偏好等级上的边际位置决定;生产者对于椅子在集体偏好等级上的边际位置的预期,和他不生产椅子而生产其他产品的边际位置相比之后,他将决定是否生产椅子。这两个部分无须限定,"如果他不生产椅子的话,仍然可以选择生产其他产品"的这一说法的含义,是随着专业化过程的展开和具体结果的到来而不断变化和缩小的。货币和未受训练的才能能够转化为任何一种方式,但是,任何有关转化形式的决定都将在一定程度上削减其转化的形式或者限制其转化的范围,"不生产椅子的话,可以生产其他东西",直到椅子最终真的被生产出来,此时,对他而言,除了椅子,不可能再生产其他东西了。生产一件产品时,每个阶段产生的成本都意味着放弃生产其他物品的可能性,它的程度和数量是由价值或其他物品在集体偏好等级上所具有的边际重要性决定的。所以,某一产品的"生产成本"仅仅是一定的其他产品边际重要性的另一说法,这一点由于其自身的因素而一直被忽视。无法进行替代生产的产品,它的边际重要性无法影响其当前价格;能够进行替代生产的产品,其边际重要性将从根本上决定产品生产的价格底线以及厂商进行生产的范围。

这些映象将解释"成本价格"这一术语极为模糊的定义。甚至同一交易中的各方,为了共同事务而举行会议,即使在发言中是绝对自由、高度诚意的,也会在不同的语义上中使用这一术语。一方宣称他"根本不获利",是在"亏本销售",而另一方说"情况对他来说很糟糕,但是还没糟糕到那种程度",事实上,此时他们不过是在描述同一事件的状态。人们信心十足地宣称他们"以低于成本的价格销售",但却从没想过放弃这项业务。再者,我们可能听说某一公司破产,虽然它确实"如它自己所言是很好的",我们可能看到它确实是在没有明显困难的情况下运转。所有的这些现象都很容易得到解释。那个人之所以说自己在"低于成本价格销售",是因为他是根据自己的"成本"标准来估计其准备生产的产品的估计价值,而此时到底要生产什么,他仍然可以有多种选择。假设他把所拥有的资金和才能部分地投入另一个生意中——虽然他并没这么做——再加上其用于工资、原材料等的实际支出——虽然他支出了,但他实际上没必要支出,他发现,把这些加总起来,将高于他投入市场的产品可以实现的价格;所以,他的收入要低于生产成本。而另一个人不是在已经失去的选择空间里,而是在现在仍然对他开放的选择空间意义上,使用"成本价格"这一概念的。他只考虑到现在将资源转为他用的可能性,然后他发现此时他无法生产其他东西,或者对现有的做法已无改进的空间。他确实对仍然对他开放的选择范围感到失望和不满意,但是,由于他的业务仍然是他的可选范围内的最佳选择,所以,它一旦得以建立,他放弃该项业务的边际重要性低于他继续这项业务的边际重要性;因此,他的产品销售收入要

> "成本价格"概念的模糊性

多于它在开放选择状态下他放弃生产这一产品的实际"生产成本"。如果他降低产量或者停产,情况将更糟糕。

一旦某个企业"过度资本化",这种情况就会发生。预期和承诺的实现要以一定结果的获得作为假设前提。他们一直都没意识到,兑现所有的承诺是不可能的,除非承诺者能够而且愿意支出大于收益。如果他们这么做了,一段时间后他们可能将根本支付不起。但是,如果被承诺者能够及时地被引导或者被强迫去面对现实,并且同意分担由于资源错误配置所造成的损失,或者降低由最初的误传或错误的估计所造成的过度期望,对所有的相关人员而言,相对于选择其他可选择的业务而言,继续经营本业务将是一个更好的选择。如果所有期望的实现都被当作"成本价格"的一部分,它将大于产品价值。如果当前可能的选择,或者甚至那些在起始时是真实可选择的,都被当成是"成本价格",它将低于产品价值。

现在,我们可以看出,"生产成本"——它仅仅被简单地称为"其他产品的边际重要性"——如何直接影响到其他产品的生产数量,也将间接地影响到它们的价格,所以存在着价格不断地接近生产成本的稳定趋势;也就是说,我生产的产品的价格和我可能替代生产的其他产品的价格趋向一致;显而易见的是,我将总是在可能的选择中选择能获得最好结果的,这样,我将增加其供给进而降低其边际重要性,降低其他产品的供给增加它们的边际重要性,直到它们达到平衡。如果在可能的选择中,我没有选择最好的那个,把资源专门投入某一特定设备,那么,我确实无法立即改正走错的这一步,但是,如果我是一个巨大的生产商,而且我的设备永远都是可以被替代的,我将快速地从微小的错误判断中改正过来。当我生产椅子的设备出了故障时,我不会完全更换它,而会增加生产桌子的设备比重。只要有设备,我将准备生产椅子而不是其他任何超出实际支出的东西,但是,当我还没有预见到事件的实际情况时,我不应该购买设备,所以,直到我能做出预见之前我不应该替换该设备。

> 一种产品的生产成本是另一种产品的边际价值

资源通过一系列的分化方式从未分化的状态流向具体目的的最终状态,当我准备放弃一种新的设备时,我在想如何利用我已有的设备,我也将考虑其他可能的选择。现在,我可能把精力投入到无谓的努力中。这种因果关系同样适用于特殊技能的获得和训练;也就是说,在某些情况下,人力资源的投入是不可回收的,或者说只能部分回收或者有损失地回收。把精力用错了地方,会让我觉得很后悔,正如我努力学习希腊语,得到的大学文凭却是艺术类的,而不是语言类的,这对于我所关注的东西而言,是无可挽回的;但是,其他人可以我的经历为鉴,当他们处于初始状态时,对他们精力的投入进行更有利的指导,大量的具有更好报酬的技能和少量的其他技能的组合给他们带来的回报也将更接近于均衡,一旦真的达到均衡,世界上就不可能有希腊语的教授会在更不利的情况下认为他们需要把才能转向更好报酬的领域。

> 资源流

因此,从头到尾,在经济力量指挥着精力和资源投入的范围内,他们以达到集体偏好等级上的最高位置为目标。如果一直到最后,资源的投入都是开放选择的,同一资源的配置结果将快速地达到均衡,慢慢地,通过各种因素的相互作用,与此相关的资源将在更高的点上分别被配置。但是,有一个原则始终是有效的,这对应于某一设备的机械"管理者"。也许没必要解释这些所谓的"管理者"是什么。即便是最马虎的观察者也应该注意到,它们是一根垂直棒旋转中的两个孪生球。当这个机械高速运转的时候,球会飞离,这样一来,将加速扼杀气流从而降低机械的运转速度。机械运转的速度变慢后,将把这一信息传达给旋转的"管理者",当它们向前落下的时候,它们打开了阀门,放出了更多的气流。当它们适时得以控制时,机械以高于预期的速度运转将产生降低速度的动力,这是一个不争的事实,机械以低于预期的速度运转将产生增加速度的动力,这也是一个不争的事实。这样,任何持续地偏离正常速度将产生自动修正的趋势。同样,任何价格低于耗费了同样精力和资源的其他产品的价格的产品,仅仅因为这一事实就将受到保护,它在商品流的上下波动,使商品的流向发生

> 机械"管理者"的类比

第九章 分配、生产的成本

变动并影响再分配。低价的事实将导致检查带来低价的供给,高价将扩大商品流,商品流的缩小将使商品涨价。但是,在任意一个给定的时刻,经济力量自身不存在着这样的趋势,让一个人拒绝他所能获得的最优价,他不订货,是因为他期望更好的价格,或者让他拒绝接受一个低于他所能获得的价格,较低的价格足以诱惑他订货,即便他并没有什么其他更好的预期。即使考虑到经济力量使人们过去所承受的牺牲,也绝不会阻止他在目前的选择空间中选择最优的,或者诱导他接受最优之外的其他选择。

我一直强调的事实在严肃的思想家中可能不会产生不同的意见,它们是如此地显而易见,当事实清楚地摆在他们面前的时候,任何开始思考的人都意识到,否认它们是根本不可能的。但是,"价值"、"价格"、"成本价格"和"生产成本"这些词具有如此多的歧义,在如此多的语义上被使用,以致于在某种语义上是完全正确的说法可能从另一种角度来理解是完全或者部分错误的。这种模糊不清映射到我们的思维上并导致混乱。不仅如此,即便是同一个人,以一种语义做出了结论,过了一会儿,却会以另一种语义理解并依此行动——而这种语义是他在第一种情况下根本没有的。诸如"土地"和"资本"这些词,在政治经济学史上有大量细致的定义的例子,详细的论证结构建立在这些词的含义的定义上,却在无意识中转移到了目前通常理解的术语含义的结论上;这最后一个步骤有时是由原定义和争论的制定者做出的,有时是由他们的信徒做出的。这种危险在我们现在考虑的事情里是很严重的,因此最好从细节上甚至细微之处进行预防。

关于商品的真实交换价值,我在任何时候都仅仅意味着,相对于交换循环中的其他商品,它的边际单位在集体偏好等级中的位置进行分配以保障当下的均衡。而这一真实交换价值决定了我称之为均衡或有时称之为此刻的"理想"价格。关于生产成本或者成本价格,当这个短语是在没有限定下使用时,我的意思是以黄金为尺度估计的为了在市场中投放一单位的特定商品而牺牲所有其他选择的价值。在这种语义下,生产成本显然对交换价值是没有影响的,因而对"理想"或均衡价

> "生产成本"对商业行为的敏感影响

格也是没有影响的。但是,我们已经看到的最终事实是,到底是什么决定了这个交换价值,从来不能完全了解。理想的交换价格取决于集体偏好等级和该商品的数量,在多数情况下,不存在关于它们的完全知识,只能或多或少地依靠智力推测。因此,交易者或所有者基于他们对最终事实或者最终可能事实的估计指定一个价格。人类的估计可能受到一些不相关事情的影响。我们知道[①],在生活中,我们常常不愿意承认我们愚蠢的开支,总是试图证明某个东西是有价值的,因为这个东西是我们高价买的,然而,事实上它对我们而言,比垃圾好不到哪儿去。这是人类的意识在面对一个令人不愉快的事实时的自然反应,在判断上犯错误时,我们常常不愿意承认这一事实,尽管我们会因此而加重这一后果。同样的道理,一个商人在判断上犯了错误,并且已经生产了一些以成本价无法卖出去的商品时(也就是说,在他决定生产它时,他就知道这是一个无法以卖出的价格来证明生产它们的决策是正确的),他还是不愿意承认自己的错误,因此,他展开斗争,通过定一个足够高的价格来证明他的行为是对的。他拒绝将商品的卖价定得比他的成本价格低,尽管他知道不可能通过等待获得一个好价格。也就是说,提供给他的一个价格和他愿意得到的一样好,并且他没有任何理由拒绝。他应该毫不犹豫地接受这个价格而不管它是否超过了成本价格,但是,面对这样的事实时他的意识会使其停下来。如果这样的动机确实对一个人造成了影响,他没有遵从经济力量,而是为了满足他推迟承认判断失误的欲望,结果在交换循环中造成了牺牲;因为他在一个给定价格卖出商品时的犹豫,既不能证明他是在等待和讨价还价中获得一个更好的价格的机会,如果在这种情况下,经济力量将驱使他无论价格是低于还是高于成本价格都这么做,或者不存在证明这样做是正当的理由,在这种情况下,如果他拒绝在他现在可以获得的价格上售出,他还将承担储藏商品方面的支出,维持连续产出能力上的支出以及令人伤脑筋的磨损,或者努力进行不成功的讨价还价,所有这些,在经济上都无法证明是合理的。

---

① 见第 108 页。

第九章 分配、生产的成本

在这样的情况下,根据生产成本来设置价格的人,要么是允许其他不相关的因素影响他的判断,要么是故意冒着商业风险去满足个人情绪。必须指出,像这样的个人情绪很少影响人们的经济行为,毕竟投入生产的产品价值的错误估计是正常的或者常常发生的。在这样的一个经济中,任何一个商人都会毫不犹豫地在他能得到的价格上卖掉他的错误产品,如果他断定这会对他的其他生意产生有害影响时,他实际上会销毁那些商业上的错误所造成的产品存货。例如,一个出版商完全是或者主要是由于他的冒险出版了一本书,他发现他根本不可能以成本价格卖掉这些书,那么(在适当的间隔之后,根据对未来其他书的买者的间接影响的考虑以及其他的考虑),他可能会以处理"剩书"的方式卖掉这些产品,或者,如果他认为在长期内这样做有利的话,他会销毁这些库存。在任何情况下,他都没有受到过去的生产成本方面考虑的影响。他所考虑的仅仅是他根据现在和将来的情况,最好地处理库存。

然而,即使在一个必要的投机业务中,一种易于令人相信的情况是,人们的判断可能被个人的情绪所歪曲。例如,一个众所周知的事实是,那些惯常进行股票投资的人有时会被套住(相对于他们的更好的判断而言)。一段时间以前,他们购进这些股票,是判断它们会涨价,可是,如果现在可以重新开始的话,他们绝对不会再去碰这些股票,他们不会卖掉这些股票,因为这样做,就等于承认了他们过去买进这些股票是犯了错误;尽管他们现在不能以高于他们的购买价格出售股票而获益,但他们渴望是这样的。这显然不是做生意的态度;能最少地受这种情绪影响的人将会是最好的商人。脾气是昂贵的。再次,如果因为不足以补偿你的成本价格而拒绝你所能获得的最好价格也不是经商之道,同样,仅仅因为高于你的成本价格就去接受这个低于你所能得到的最好价格的价格也不是经商之道。最优(尽管是不好的)优于次优;次优(尽管是好的)劣于最优。

不过,工业历史经常说明价格与生产成本之间存在着重要的联系。我们的理论给出了一个完美的令人满意的解释。确实,如果生产任意商品的成本超过了它的交易价格,成本是不能将价格提高到它自己的那个水平上的；但是，一个奇怪的反应是，交换价值常常降低了生产成本。认为商人都是被一个统一的愿望——赚钱所驱使，从来不会停下来，从来不会改变的想法，与我们所看到的人类的本性恰恰是相矛盾的①。如果一个人拥有100万英镑，他绝不会为了额外的1英镑而像他为了维持自己和家庭的食物供给那么努力。他可能同样努力地赚钱，但前提是要有更多的钱才能让他付出同样的努力。一个人会努力使一大笔财富变得更大。在他相当富裕的时候，他可能乐意于让他的生意按照其原样运行，而不会为了增加一点点财富而过于努力。但是，如果他的商品在市场上持续地低于成本价格，账面上的损失明显，他就会奋起努力来改变这种状况。他将会调查每一个细节，他不会将任何东西视为赠予的，会想方设法地改进方法和工具。他将回到他原来的起跑线，并且一定会做出最后的和最为拼命的挣扎。历史提供了值得注意的关于工业受到威胁的例子，如此妥善而又节约地管理他们的资源，如此刺激他们的创造力和能量，然后生产成本得以降低，从而开始了一个新的繁荣时期；许多人"为寻找银而发现了金"，为了寻找一个小的经济利益却找到了巨大的利益。再说一遍，由于销售价格低于成本价格，尽管是偶然的意外，但却意味着失败，售价通常要高于成本，这才意味着成功，成本价格水平自然会有非常大的影响力，甚至当它并非与经济有关的因素导致的时候也会对判断产生影响；因此，一个人主要将成本价格作为偿付能力的标志，如果售价高于成本价，他将感到满足，不再寻求实现任何新的目标。此外，一个人如果知道他的供给是不充分的，这是一个值得信赖的和独立的判断，他将会立即有效地加以利用；他可能发现有一些贸易是比较经济的点子，他要想获得对某一个物品给出的价格可能比较麻烦，因为他的要价是最基本的价格了。因此，有些二手书商习惯地将同样的书卖不同的价格，甚至在他们的橱窗里面同时摆放着两本同样的书，品相也一样，但却标上了不同的价格。这样的商人当然会非常小心，从来不会一本书只定一个价

> 低市场价格是降低生产成本的真实反映

---

① 见第81、82、170页。

格,除非他认为他能这样将其卖掉而获利;但是,他们的销售系统显然会因为定价带来麻烦。他们认为偶尔出现异常便宜的书会刺激他们的交易。如果是这样的话,这就是天真的和半无意识的"刺激",他保护了商人们的尊严,因为它避免了他对其所做事情的明确认识的必要性,同时,它避免了对他感觉上的可能冲击,他将一本卖低价,是希望以高价卖出另一本。这很明显,这种影响是与下述影响相同的,他习惯地将他的价格定在一个最高的点上,认为希望会实现,现在为了他的商店获得廉价的荣誉而故意将一本以低于其实际所值出售。从商业的角度来看,在你的商店里公然地将同样的物品标以不同的价格是没有原则的。

　　这些现象远非构成生产成本和交换价值之间联系混乱的主要来源。到目前为止,我们所讨论的所有例子中,"生产成本"或"成本价格"代表的是已经发生的支出;我们所讨论的价格是既定的已经存在的价格。无论何时,在严肃的讨论中,生产成本都是行使着对价格的直接控制,想要的生产成本是指那些尚未发生的成本,价格也并不意味着已经存在的商品的价格,价格意味着生产它的一种承诺。我们所讨论的完全真实的价格或者说价格的低限,就是指那种严格的由生产成本决定的价格。也就是说,在生意场上,如果他们坚信生产一种商品的成本超过了一个特定价格的话,没有人会承诺在这个特定的价格上采购或生产这种商品。但是,有无数种不同的估计成本的方式。当一个人坐下来计算一个特定物品的生产成本时,他可能仅仅考虑履行这一特定订单时发生的实际支出(Out-of-pocket expenses);或者他会为了保持运营而给予一定比例的津贴;或者他会加入适度的原始投资资本的利息;或者他可能会也可能不会加入他自己的报酬。无论他作出的估计是以什么为基础,当他作出决定时,他认为市场是可以接受的;或者他作出估计时,除了实际支出之外,还包括了他个人的管理成本,可能会因为市场的要求而被迫在估计成本时扣除某些东西。他可能为了不失去这个生意而乐于这样做,也可能对于这一特定订单仅仅考虑实际支出是为了使所有的选择仍然是可能的。

> 过去发生的生产成本与未来的生产成本估计之间的区别

因此，除了这种狭义的方式外，其他计算生产成本的方式只是为了提供一个进行判断的指导和根据而已。一个人可能只是对他的生意的一般情况整体上还算清楚。也就是说，当他组织他所拥有的资源，建设工厂、购买机器、将他的雇员们组织起来签约来组织他的生意时，他可能大概知道他现在能生产的最好的价值；对这些放弃的机会按比例进行详细的估计，这些都必须记入生产特定物品的成本，他头脑里对总的产出部分形成一个概念；这个概念就是他考虑与他可能进行生产的其他替代产品的关系的基础。如果这宗生意是处于一个正常条件下的，他知道这个产业既不是非常有吸引力而急于进入，也不是让人望而却步的。也就是说，他知道均衡状态下产品的价值和它的生产成本，因此，他的竞争对手将不会允许他比完全生产成本获得更多，市场也不会强迫他比完全生产成本得到更少。但是，如果生意特别地繁荣或者特别地萧条，他对完全成本的计算将仅仅给他一个关于他对其生意的特殊管理将会向他的一般产出水平移动的想法，他将会根据市场情况将他的价格提高到远远高于或者远远低于他的完全成本价格。

总之，如果商品已经生产出来了，成本也已经发生了，生产成本对产品价格就没有任何直接的影响；但是，在生产成本还没有发生的情况下，生产者会对其他可能的选择进行估计，以决定是否生产和生产多少数量的这种商品，然后，供应的流量决定了边际价值和价格确定。生产成本能影响一个物品的价值，仅仅在这种意义下才是可能的，它本身是另一种物品的价值。因此，在不同场合被称为效用、满足程度、欲望等不同术语的这个东西，最终成为决定所有交换价值的唯一因素。

> 生产成本会影响物品价值的唯一情况是它本身是另一种物品的价值

我们现在已经达到了我们的目标。我们探索了我们在商业和私人生活中的各种选择的心理法则的性质，已经显示了这个原则，即我们在个人偏好和社会运作之间的选择，其中，我们感兴趣的是那些相同的东西：我们在市场中不同物品之间的选择，我们按照同样的原则进行资源管理，这些原则直接或间接地应用于

> 扼要的重述

我们的目的，我们的行为在现存市场中评价了自身，解释了这些评价是怎样形成的，每个人希望满足他自己的目的，促使他不断地去寻找满足别人意愿的方法。

那么，什么是我们所描述的工业和商业世界的运动图景，也即我们现在研究和分析的东西呢？在每一点上，我们所看到的是人类能力和自然界提供的物质，在专业化和组合的不同阶段，为这些推动着我们为达到我们的所有需要而进一步专业化的力量所控制，去达到集体偏好等级上的客观最高点。当水流到了这个看起来最缺水的区域时，新的成功或失败的消息也就来了，它就是在水道的某个部分的水流的一个更高点。曾经经过这个点的水不能再回到这一点，但是，水在水道中迅捷地流动，表明它找到了最缺水的地点，在另一个水道，水流比较滞缓，表明它找到的是比较饱和的地方。因此，一条水道的水位上升了，而另外一条的水位下降了，在任何时候水流都是有规律的。然而，在水流经过的这条或那条水道的每一点，它们从不回流，告诉我们如何指引将来的最优水流。在每一个分叉点或者每一个工业实体的中心，最重要能量由这条或那条渠道所指引，总的能量中的最新部分将分配到一些更高级的中心，经过它，协调到一个更广阔的中心系统。

> 经济世界的运动与生活

在一个极端上，我们有直接满足人类的欲望或改变人类的冲动、混淆他们可比较的差异以及所有满足人类欲望的一种商品与另一种商品的边际替换的能力的实际服务和商品。从一种意义上说，目标是无数交迭的，从另一种意义上来说，它就是一个而已。在另一个极端上，我们拥有根本的力量和自然物质以及有限的但却是不断涌流、发展的人类。人类社会在任何时候都能给其自身找到对所有现存的这些原始资源进行专业化和组合的继承人。

自然界在原始森林、煤矿以及所有它生产的活物中自我专门化了它的构成元素，人类改变或破坏了它的专门化，对它的物质进行重新组合，有时是在古老的工作中，如史前的沼泽的排水渠道，或是对一座山的侧面进行修整，或是修建罗马大道。由于人是一个个的个体，每个个体可以专业化自己的能力，有时可以以很简捷的方式影响自己和他周围的人，有时受到好的或坏的人类力量、机会和欲望——无论它是火还是蒸馏发酵的饮料，文字、沾毒的箭、音乐、黑色火药、电信技术（这据说是为每个人传送两个人的赌博信息而发展起来的其他用途）、烧酒或氯仿的发现——的广泛影响。在人类历史的每一个阶段，开始她的传统，指引着她完成其成就的方法，推动着她的触角，感知将来并追溯过去；每一个阶段都不可或缺，但什么都不可挽回。

这些目标——人类的需要和欲望实际得到满足——和不同商品和服务在边际上可直接比较，作为人类需要的辅助，我们最终来到了价值的所在和来源。"在她统治的任何地方都有她的皇宫觐见室。"人类努力的任何方向都要付诸经济检验，从那时起，所有的信号全部都沿着一条线上反射，刺激和核查在每一个分工点上的资源的分配。任何原材料、机器、专门的才能、自然或人造相结合的东西都不具有价值，除非它预期到可以对某种最终服务有所贡献，才能产生价值。而这些最终服务需要放在集体偏好等级这个人类需要的皇宫觐见室进行考验、比较和评价。

社会——我们也可以把它称为集体——是由个体组成的，这些个体基于某种集体的目标组织起来，在更大程度上自动地提出了他们的特殊目标。作为整个历史在任何时候出现的结果，我们发现，每个人都享有一定的能力，占有和控制一定的事物，受到某种目的的鼓舞——由于本能、冲动、无思想的习惯和有意的选择，有些人能够通过直接应用自己的力量和资源达成愿望，但绝大部分人的成就是和其他人一起通过协作获得的。这种和他人的合作，在许多情况下，他只能依靠完成他们的愿望来保障合作，合作是他生命的一部分，它是由我们所说的"经济"的必要性来决定的。他为达到与他的愿望一致的目标而付出的总的努力的最终成本，包括在努力中造成的各种实际的痛苦或忧伤。他的最终替代物会经常处于保护他期望的某些东西和遭遇令人痛苦或讨厌的经历之间，避免后者，获得前者。当面临痛苦时，或者当一点痛苦也没有，而只是在自己所期望的东西之间进行选择时，我们会说，完成特定目标的成本，是放弃在同样的条件下也能完成的替代目标。因此，这些能量的产出——一个人与其做

第九章　分配、生产的成本

不如不做——就是他的最终生产成本；他力争粗糙地或者精细地调整环境，使他努力的痛苦和他力图保证实现的愿望之间维持一个边际平衡①。在管理和分配他的努力的过程中，他将直接或间接地根据一个或者其他更有效的方法来实现他的目标，因此，他要最终保证经济地或者非经济地使用他的能量，达到边际均衡。同样的原则支配着这两个内部使用资源的领域。在每一个地方，他都使他能得到的各种物品的边际重要性达到平衡。能量和资源将直接流向完成他的愿望的方向，它们将寻求在他的偏好等级上边际重要性最高的点。间接完成他的愿望的能量和资源的流动将会寻求在其他人的偏好等级上的客观的最高点。因此，与永久的错误倾向相联系，经验将不断地对其进行检查和更正。社会的全部资源，只要它们遵从经济力量，将趋于按照个人所支配的个人能量以及他人对你的产品的欲望的比例来实现每个人的目的，因为他的需要是可以按照那个比例实现的，它在客观上不低于集体偏好等级上他们停止关心的那个点。

每一种发明和发现都使人类逐步地趋向充分地控制自然，并给人类更多的实现他们愿望的方法和途径。但是，这个不断扩大的能量又间接地或者不可避免地使他们的愿望更加明智和有价值，或者更正那种历史上曾经出现的不平等的趋势。这种不平等指的是一些人拥有能量和资源，从而控制其他人来为他们自己的愿望而努力。根据经济力量建立并维持下来的交换网络是道德的、社会的，并且是美的、绝对无差异的。它使每个人都能推进他们自己的目标，交换网络使他们超越了个人能力和资源的界限。它使有愿望但没有力量做一些了不起的事情的基督徒可以和那些有力量但没有这个愿望的非信徒进行合作。为了让那些非信徒能帮他完成心愿，基督徒们也必须帮助非信徒们完成非信徒们的心愿。这是一种每一个人将实现他人的目的——不考虑他想的是什么——作为实现自己的目的的手段的安排。拥有得到每件东西的最好位置的人就是拥有最多其他东西的人；因为他是能够最好地以最小牺牲来帮助别人满足

---

① 参阅第二卷第 348 页及以后。

需要的人。因此,在货币对商品和服务的支付,货币对器械的买卖和维持生计的货币支付掩盖下,所有的目的和冲动、爱和欲望、狭隘的贪婪和宽广的好处、文明和有生产性的见识、盲目的、混乱的、自我反驳地探索、所有毁灭性和不计后果的情绪、所有浪费的和荒芜的恶习、所有神圣的雄心、所有粗俗的或优雅的享乐、所有硕果累累的企业以及所有愚蠢或邪恶的工业浪费的计划,都将进入公开市场。使他们自己按比例地接近人们的努力和服务,不是他们的价值和成果,而是他们完成别人愿望的途径;他们保护人类合作的各个种类和条件;不是基于人们对他们的同情,而是基于通过服务他人实现他们自己的愿望。既不是他的需要的迫切性也不是他的目的的高贵程度决定了一个人对帮助他的经济力量的依赖程度。科贝特(Cobbet)的半个便士与百万富翁的半个便士所能影响生产资源的流动的程度是一样的①。小商人会为了多挣一个硬币而促进一条红青鱼的相似程度。不仅如此,如果一个白色奴隶交易商和一个挽救社会的使者乘坐同一辆火车,他们将公平地在同样的条款下促进各自的目的,如果他们都因为缺少食物而昏倒,火车站上的侍者将会基于同样的考虑,无差别地帮助他们恢复健康,使他们能够重新生气勃勃地继续实现他们不同的目标。更进一步地,间接地,他们中的每一个人在旅途中都会被要求帮助其他人,热心的旅客也都会帮助他们,所有这些类似的帮助创造了在铁路建立和运行过程中期望形成的公共需要。

　　人们的目的常常不仅是多样的,而且是在或大或小的等级上相互对抗和彼此毁灭的。在战争中,一方用他们的能量和资源消灭另一方的能量和资源;在和平时期,一个永远的娱乐是,国家的能量和资源为这样的毁灭性行为做准备,更为基本而且无穷无尽的矛盾类型是人们运用自己的能量,不是为了增加集体的资源而是为了取得支配其他人的权力而竞争。我们持续地犯这样的判断错误,它导致人们将他们的资源用于相对无用的方向,因为他们不知道更好的用途,然而,一些人正在持续而故意

---

① 威廉·科贝特(1763—1835):英国政治评论家,散文家,新闻记者,1802 年创办《政治纪事》周刊,谴责英国政府无视工人阶级的利益,鼓吹议会改革,著作有《乡村漫游》等。——译者注

地安排更进一步的工业破坏,这些人从工业破坏的地上拾起一些碎片,将错误的光芒投射在希望上,这一空想始于某种伦理和社会混乱的概念,它隐藏在经济系统之下,它们表面上显示着一个巨大的联盟的迷人图像,在世界范围内自动形成一个计划,这个计划永久地决定着所有资源——人力的和物质的——的流动,以达到社会组织的那一点,在这一点上,"他们的需要是最急切的,他们的重要性是最高的"。

我们知道,通过所有力量之间的这种盲目的相互影响,以集合的方式逐步地推进人类的目的,这证明了就这一事实而言,毁灭性的和浪费的趋势不及建设性的和保守的趋势;只要我们相信时代的进程将带来就算不是增加也至少是更加普遍的文雅而礼貌,只要我们能充满希望地期待逐步地消除最浪费的野蛮形式,只要我们有理由认为,不管所有的波动和起伏,责任感的缓慢增长和集体目标的缓慢净化正在进行之中,我们甚至可能从我们一般反应的黑暗面中获得鼓舞。只要相信经济力量的自由发展是能够从个人冲动的混沌中建立一种社会秩序,并且是所有可能的世界秩序中最好的秩序,对于社会生活中的那些主要罪恶的存在,除了硬着心肠让它们存在之外别无他法。它们似乎是必要的,而且是会结束的。如果这是或者必须是所有可能世界中最好的,我们就不要期望去修正它。我们现在认识到,经济力量从来不是,也从来不会,从来不应该任其自由地发展,应该仔细搜寻这些方法,抑制个人的行为,使之与集体的目标相协调,我们对那些伴随自发组织力量的罪恶看得越清楚,我们就越有希望有效地诊断它们。对经济力量的自然属性进行深刻洞察,它们的行为可能使我们能够控制和开导它们。但是,这对于一个积极的盲目崇拜者或者一个绝望的无所作为的消极者来说都是不可能的。如果法律和制度不是全能的,那么,它们也不会是全部无效的。个人欲望的作用能够产生很多践踏普通道德心的后果,就像我们理解和懂得闪电后,我们就能控制它一样。我们希望,当我们更好地理解经济力量后,我们能增进对它的控制,直到我们能够利用经常存在的对个人欲望的警惕,使个人目的是在公共目标的控制下实现的,当它激烈的破坏正在进行时,是有助于我们获得巨大经济利益的,并且能够对它说:"你将到此为止,不得逾越。"

到目前为止,我们所做的研究的目的是为理解所有富有成效的行为奠定必要的基础,现在,我们已经做出了必要的贡献。

西方经济社会思想名著译丛 / 韦森 主编

下 册

政治经济学常识
The Common Sense of Political Economy

〔英〕菲利普·威克斯蒂德 / 著
李文溥 / 等译

出版社

第二卷
浏览与批评

自然在最小的地方显示出其最伟大之处。①

——(古罗马)老普林尼②

---

① 原文"Cum recum natura nusquam magis quam in minimis tota sit."是拉丁语,译成英语是" Nowhere is the nature of things more intimately revealed than in the calculus of infinitesimals."或者"nature is nowhere as great as in its smallest"。——译者注

② 老普林尼(Pliny the Elder),即加伊乌斯·普林尼·塞坤杜斯(拉丁语：Gaius Plinius Secundus,23年—79年8月24日),常称为老普林尼或大普林尼,古罗马作家、博物学者、军人、政治家,以《自然史》(一译《博物志》)一书留名后世。其养子为小普林尼。老普林尼是罗马骑士与元老院议员加伊乌斯·凯奇利乌斯的外孙。出生在科莫。学过法律,任西班牙代理总督,后担任那不勒斯舰队司令。老普林尼在观察维苏威火山喷发时因吸进毒性火山气体窒息而死。一生著有七部著作。——译者注

没有什么能比微积分更好地揭示事物本质。

第一章
边际及其图示

摘要：本章致力于对边际重要性递减规律进行更为深入的探讨。该规律所阐述的总是那些产生经验的刺激、机会，或者动力，或者冲动的发泄，从来不是经验本身；但是，在该范围内，它似乎是通用的。乍看去，随着职责、信仰或者人性的需求得到更充分的满足，这些需求的紧迫性并不是（或者至少不应该是）递减的；同时由于我们习惯性地沉溺于某种满足感，这会导致该满足感达到饱和状态。然而，根据我们的理论，最后一个单位用来增加这种满足感的东西——同时也是最不重要的一个单位增量，其价值要低于那些同样也是一个单位但是用来增加其他尚未饱和的满足感的东西。不过深思后就会发现，这些反对观点源于某些误解，或者建立在以下事实的基础上：在给定特定的一系列条件时，总有一个"可察觉的最小量"，若小于此量，则人们无法对其有所察觉并进行估计。另外一些困难来自对满足感的变化量（即是更加满足还是满足感有所减少）和目前所处状态（即目前是满足，还是不满——不论满足感相对于前一时刻是增加还是减少）的混淆。我们将尝试用图示法澄清这种混淆，这将引导我们去审视机体对各种嗜好的反应与未来获得快乐的能力。这又引导我们发现奉行享乐主义理论的微积分和现今道德判断的有趣联系。但是，我们的方法并不意味着行为同样奉行享乐主义理论。

本章的结尾将会提到所介绍的图示方法的缺陷和局限。

本书第一卷的总体框架是建立在随着供给的增加，边际重要性递减的规律基础之上的；尽管对于第一卷而言，我们已经充分肯定和准确地确立了这一规律，并对其进行了足够精准的解释，但是经过深入思考之后，读者的脑海中依然会产生一系列问题，而且无法从第一卷中得到准确答案；由于这个规律如此重要，因而对它的调查研究和验证，不应当局限于用其解决经济问题的直接应用，而更应当扩展到其适用的更为宽广的范围。任何对其普遍有效性的疑虑都可能导致对其在特定方面是否适用的怀疑。并且，我们将发现，进一步研究这一规律，会解释清楚较窄的经济学问题与更广的社会学问题之间的联系。从**城邦**经济或者公共资源管理的意义上说，这种联系可以说是商业经济学和真正的政治经济学之间的联系。

> 边际重要性递减规律

首先应注意，边际重要性递减规律从来不是针对最终需求的经验本身，通常是针对那些产生这些经验的事物，而这些事物可以用产生这些经验的可能性来进行评估。因此，如果某个人想去听音乐会，我们会说，某人去听音乐会，是因为他认为他可以从中得到乐趣；同时可以观察到，他对一周内听的第五次音乐会的评价会低于对此前所听的第四次音乐会的评价，其他事情也一样。但是，我们并不是说第五次"音乐会带来的单位乐趣"价值会低于第四次，因为对我们来说，单位乐趣的唯一含义是一定标准量的乐趣数量；所以，任何等于标准量的单位，其乐趣的数量必然是相等的；说第五次音乐会的价值低于第四次，实际是指，尽管它们含有的乐趣数量是一样的，但是彼此却并不相同。确实，说等量的所期望的经验有递减的重要性，显然是没有意义的，因为，如果它们的重要性递减，这些经验就不是同等所期望的了。同样，如果声明，对于一个人来说，学习时间具有递减的价值。这意味着他如果一天用十二小时

> 经验和产生经验的事物之间的差别

第一章 边际及其图示

来学习,那么,用来学习的第十三个小时的价值就会相对低于每天用四小时学习时,用来学习的第五个小时的价值;但是,这并不意味着连续获取的单位信息有递减的价值,因为我们没有给单位信息下定义;当然,也不意味着从学习的结果中得到的快乐或好处的连续增量有递减的价值,因为我们对满足感的同等增量的定义就是等值的增量。各个方面都是这样。因此,我们从来不说,经验的不同单位(如果确实可以形成概念的话)可以视为完全相同,而是说,客观上可以衡量的单位,不管它是粗略还是精确的——无论是按照时间、空间、重量、次序或者其他的——这种单位都可以用来衡量人们期待产生的意识状态或冲动的发泄。

这样,我们断定:在某一点之后,当外部刺激或机会连续增加时,其所带来的内在经验的连续增加量将递减。这一原则不仅适用于可以让人感到高兴的刺激物,而且还适用于艺术和文学的享受方式,甚至适用于能够让人从友谊或者感情中获取满足或者发泄的机会上。但是,有时可能会有这样的问题:"当涉及责任问题时,情况就不会有所不同吗?无论你已经为之付出多少的精力,投入了多少资源,责任难道不总是至高无上的吗?即使同情心已经泛滥,自私这种性格已经极度缺乏,同情心不照旧要优于自私吗?满足欲望有许多不同的手段,它们有好有坏,在本质上隶属于不同的道德层次,一个擅长管理的头脑能否使得这些手段的边际价值恰好相等?此类质的差异可以缩小成量的问题吗?"我们将承认,它们确实如同规律所言地减少了,这是个事实(无论它是否可悲)。处理一般人性问题时,假设如此做法将是足够保险的。但是,当我们发现被绑在火刑柱上的殉道者宁愿马上被烧死也不肯表示一点忏悔之意时,我们似乎看到了一个边际重要性不起作用的领域。无论殉道者赋予信仰多么重的分量,对自己的舒适是多么不在意,他们还是认为,无论肉体上的痛苦有多大,其重要性都不如信仰上的让步,无论这个让步是多么小。

这类问题似乎会使我们远远地偏离主题。事实上也的确如此。因此,在较早阶段,我们对这些问题不予以考虑。但是我自始至终认为,经济学的规律同样是生活的规律,如果一个规律声称自己在经济领域是至关重要的,那么,它同时也含蓄地表示了作为生活和行为的一般规律的含义。因此，按照常理，它在任何领域都可能受到挑战，它如果不能始终成立，那么，它在经济应用上的可靠性最起码是值得怀疑的。无论如何，总是可以确信的是，我们对一般原理在其他应用上的更进一步审视，总是有益于阐明它在我们最感兴趣方面的特定应用。对于任何人来说，在任何给定的时间，或许存在着一些如此可怕的选择，以致于他宁愿忍受所有可能附之于身的精神和肉体上的痛苦，也要拒绝这些选择。这不仅与我们的"价格"理论一致，而且实际上也包含在其中。为了某种选择宁愿忍受痛苦，并不是说他感受不到痛苦（尽管可能有这种情况），而是意味着在他崩溃之前，他可以承受的所有痛苦加总起来还不足以克服来自那个唯一选择所可能产生的颤抖。总得有一方先做出让步，并且，如果他的决心或者厌恶强于身体的活力，那么，不等他改变选择，他的身体的某些器官就会先停止工作或者维持其生命的重要机能就会先紊乱掉。

> 对责任和信仰的要求可以置身于规律之外吗？

历史证明，这些情况曾一次又一次地出现；我们满怀敬畏地向那些做出示范的英雄行注目礼。我们可能认为，无论如何，都没有什么人能够达到这样的英雄主义高度；但是，在另一方面，我们只能指望每一个正常人是正常地过日子的，但是，对每一个正常人来说，应该还存在某些不管钱有多少，他都肯定不会去做的事情。或许是因为他认为这种行动有损名誉或者可恶，或者仅仅是因为这些事让他极为不快，或者因为其他什么天才知道的原因。对他而言，这仅仅意味着，在交易中无限地还是有限地拥有他已经享有的东西的差别，在他心目中，还是抵不上要他去做的某种特别的事情所带来的不名誉或不舒适。这不是说他的目标就是"无限的"，而仅仅是说，避免做这些特别事情所带来的满足，要比他从交易中无限地拥有某物所获得的满足要大，这从严格意义或狭义上来说，是一个有限的数量。

的确，这些考虑不能完全令我们满意，因为它们似乎暗示了：尽管提供金钱还不足以使一个有名誉的人去做不名誉的事，然而，如果他确实想要钱，这一定会使他有可能去做不名誉的事。因此，增加贿赂将更有诱惑力。正如我们已经说过的,每一个力量都将表明自身的价值,而不会去管到底有什么其他的力量同时在起作用;如果这是对的,那么,一个人如果有对金钱的渴望,所提供的金钱就可以识别出这个欲望的价值,而不管其他的欲望将如何作用于他,这样说也是对的吗?如果是这样,与他本来就没有受贿机会时相比,拒绝收受贿赂后,他一定不会更愿意去做不名誉的事(尽管他确实没做)吗?如果贿赂增加(只要他还在评估价值总增量),让他去做不名誉事情的趋势一定不会变得更明显吗?或者在殉道者的例子中,如果他确实畏惧痛苦,即便好处还没有高到足以使他真的放弃,但是,承受越来越大的痛苦一定不会让他更加倾向于放弃自己的信仰吗?的确,这些结论中没有什么可以强烈地冲击我们通常的经验和观察。在谈及令自己羞愧和鄙视自己的受人委托的事情时,我们会听到人们说,"我承认,有那么一刻,我几乎被前景所诱惑",或者"我可以肯定地告诉你,我可能需要尽我的最大决心才能把持住自己"。但是,不管怎样,我们绝不承认,每个人都会被贿赂所吸引——即使没有收受贿赂;或者是被折磨的决心会有所动摇——尽管还没有崩溃。我们可以确定,对于贿赂来说,这甚至不是一个近似的事实;我们也不会相信,对于痛苦来讲,这是完全正确并且是普遍适用的。

首先,我们注意到,提供恰当的贿赂或者施加适当程度的痛苦可以唤醒原本沉睡的抵抗力量①。如果没有贿赂,我或许需要考虑一下某种行为是否真的有损名誉,然而,一旦贿赂出现,我就有足够的理由认定这种行为一定是有损名誉的。再看一个例子,如果某人给我半个王冠要我做某事,我可以不屑地笑笑;但如果是给我 1 000 英镑,我就会觉得深受侮辱。因为我把第一种行为视作单纯为了克服我惰性而做出的尝试,但是第二种行为就只能被视为是试图找到可以让我出卖自身名誉的价格了。递增的贿赂本身或许触碰了抵抗的源泉。如果贿赂者精心策划,以表面上名誉而不是不名誉的方式提供贿赂,并且让他的侮辱表现为一种值得尊敬的行为,1 000 英镑在偏好等级上确实要比 2 先令 6 便士分量更重。

———————
① 比较这一条件与第 175—176 页的重叠法则。

但是，即便如此，有人也会以更为敏锐的洞察力察觉到这是更大的侮辱，或许会因为如此有意的精心设计而更加憎恶这种行为。

然而，还有一些比这更深刻的东西。对它的研究将引导我们回到经济和商业的分析上。一个人用手掂量，可以很容易地区分出半磅和四分之一磅的重量，但是，要用同样的方法来区分出 14 石和 14 石又 1/4 磅就很困难了①；因此，我们可以理解人们乐于用 6 便士来交换某物而拒绝出 1 先令，但是，很难想象他愿意为某物出 1 000 英镑而拒绝给 1 000 英镑零 6 便士。也就是说，当所讨论的事物总量仅仅是 1 先令时，6 便士的差别我们是可以感觉到的；但是，总量若是 1 000 英镑时，6 便士的差别也就微不足道了。这里存在一个比例关系。当赌注可以被设定为任意给定数量时，存在一个可以感受到或者被感知的最小敏感性或最小的数量，这个最小敏感性随着所讨论事物量的大小不同而不同。这个原理同样适用于道德领域。当我深受感动或者实现了生活中的一大主要目标，其他场合下我额外关注的事物此刻一点也不会影响到我。情绪很难在最好和最差的状态之间迅速转换。当我们正在经历着美好事物时，就不会对一些相对小的事情敏感。当一些严重干扰平静生活的事情发生，或者平静生活受到威胁，或者一些大事处于胜败的关头时，小事就更让人觉得微不足道了。当且仅当较为重大的事情比较稳定并且近期不会受到干扰时，我们才能注意到小事情的重要性。如果我听到一个亲人突然而且意外的死讯时就立刻想到他的遗嘱，我会为自己感到羞耻。为什么会这样呢？因为我认为，我对这个亲人的感情是如此深厚，以致于惊闻噩耗的那一刻，几百或几千英镑是微不足道的，其重要性已经降到了最小敏感性之下。但是，当我发现事实不是这样时，我觉察到，相对于可交换事物的价值，我对不可交易事物价值的估计要高于我事实上承认的价值。正是这种对自己卑鄙的惊讶感受，让自己觉得羞耻。当然，这并不是说我认为不应该考虑是否有这笔钱，而只是认为，在那一刻，我应该没有精力来考虑诸如裤子是否合身之类的问题，

> 最小敏感性

---

① 石：英国重量单位，一石为 14 磅，大约 6.35 千克。——译者注

或者任何本身虽然非常合理但却不足以重要到在那一刻分散我的注意力的项目。当一个小孩被马车或汽车撞伤时，如果我发现自己因袖口弄脏或衣服染上血迹而烦恼时，我的心灵或许会经历同样的冲击。如果遗产问题或者弄脏了的袖口，对我而言，仅仅就像其所表现出来的那样，并没有触及利益或情绪的根源；如果它仅仅是一个无足轻重的或者仅仅具有"触觉价值"的虚幻存在，我就不会将它当作奇怪的事情，也不会感到羞耻了。这就正确解释了例子中的心理。同样的分析适用于获得了巨大幸福的朋友，在同一时刻会有轻微的附带的不便或者对某人感到失望的情景。对于此类例子的分析，揭示了任何特定思虑都有处于最小敏感性之下的可能性，但是，也揭示了在大量的此类例子中，我们毫不犹豫地忽视掉的感受或动机——不管怎么说，都是真真切切地被感受到的。尽管它很容易被忽略，但是只要我们寻找，就会发现它还在那里。它的确有一点点重要性，但是在受威胁的那一刻，相对而言，它是如此之轻以致于无法使天平倾斜。这一点很容易理解。当天平上没有东西时，一粒灰尘都有可能使其倾斜，但是，当天平的一端盛着一颗超新星时，无论在天平的另一端放进地球上的什么东西都无法使其倾斜。

现在再回到殉道者或者"不可收买的人"的案例，我们可以发现，极大的压力变得可以承受或者被忽略是完全可能的，因此，它（指相对小的事情）不能被认可是讨厌做某事的理由（即便是不充分的理由），例如，以怕被弄脏袖口为由不去帮助受伤的孩子。它可以是微不足道的，实际上也无法感知，甚至当我们去寻找，也是找不到的。我们的理论足以解释这些事实。

与道德问题有关的另一个观点值得考虑。在使用"责任"这个词时存在着很多混淆和歧义。我可以说"无论多么紧迫，个人或私人的问题也不会影响我履行责任"，但不会说"我宁愿让窃贼偷我家也不肯上班迟到一分钟"。人们将这样回答说："当然不会如此，因为姑且不说你的财产，保护家庭显然也是你的责任。"于是，我的"责任"显然也包括在关键时刻专注于我认为是最重要的事；"没有什么能干扰我履行责任"这个说法仅仅意

> 模棱两可的"责任"一词

味着我应该做那些被情操高尚的人认为是最重要的事情,而不管这件事情究竟是什么。一般不被视为"责任"的某些家庭需求,在到达一定的紧迫点时就成了责任,而在低于这点时就不被视为责任。在这种意义上,我们并不是单纯地给某些行动贴上"责任"的标签,而给其他行动贴上非责任的标签,并给予那些最少量的贴上"责任"标签的行动以优先权,使这些行动可以优先于其他所有事情。责任是一个过程,由一系列行动,根据事情的轻重缓急,考虑到一切相关因素并排除一切不相关因素后,安排组合而成。我们通常会发现:在分析任何进退两难的情况时,格言"责任重于一切"只是在一定环境下,通过给予必须优先的事务以"责任"的标签方能得以维持;并且在这一点上的决定,不仅受到提供给我们的选择所依据的条件影响,而且还受到我们已经赋予某个或者另一个要求的责任程度的影响。这个标签只能在结论得出来之后才能贴上,没有任何捷径可以提早生成结论。如果坚持不考虑任何提前被标上"非责任"的事物,我大概会发现我的"责任"不仅包含了对家庭和朋友的责任,而且还有这张诡辩家的王牌,即"对自己的责任"。并且,我会谈起"责任的冲突",这暗示了责任本身是一个数量的概念。如果在特定考虑下,准许给予的事物不高于其自身应得的权重,那么,我们经常会赋予其零权重,因为它们是不相关的。这是对的。比如,如果让我按价值把申请者排序,可能我会认为下列事实与申请者的价值完全无关:一个守寡母亲的生活将依靠某一个申请者的成功,而另一个申请者是有财产的男人也没有任何人依靠他;或者我喜欢某人而讨厌另一个人的道德特点,或者我相信成功有益于一个而有损于另一个的品质,这些我或许会认为绝对是完全不相关的。如果持有这种观点,毫无疑问,我的责任是不考虑那些不应该权衡的事情,并且从我的立场上看,遵循信念办事可能需要也可能不需要英雄主义。也就是说,诱惑或许会成功,或许不会,这正如例子中已经提到的那样。或者我会发现,真正的诱惑是使裁决偏离我的愿望而不是完全违背,以逃避因受它们影响而受到的责备。值得注意的是,通常要尽可能地保护检查者远离那些有关的但已被认为不相关事实的知识。这正说明了忽视它们的困难。如果已知存在这些困难,一般都是可以认识到的。

第一章 边际及其图示

另一方面，如果我正在作出任命某个人的决定，我会认为这些考虑中的一些或者全部情况是相关的。如果确实相关，我的责任就是对它们进行仔细的评价和权衡比较。当我们承认个人吸引力方面的巨大优势完全不相关时，那它就绝对不应该被当作被任命的理由，即使某个申请者的确有很强的个人魅力，我们也应当依照责任的绝对概念做出充分妥善的处理。有趣的是，在非常多的情况下，某些因素从一开始就倾向于被认为是原则上不相关的，但在深入考察之后却发现，一开始就予以考虑的因素在发生极微小的数量变化后——如果足够明显的话——会使得那些一开始不相关的因素变为相关因素。无论如何，我们的理论仅仅声明：当一个因素不应该被予以考虑但在事实上却被予以考虑时——也就是说，感觉到它是一种诱惑时，那么，在紧要关头，根据事物的轻重缓急，它或多或少是可以被感受到的。

接下来，将分析从反对边际重要性学说转到另一个相当频繁地被极力主张的观点是非常有益的。这个观点认为，分配资源以同步满足需求并保持边际需求的平衡的整个理论是错误的，我们的经验也不支持这个观点。事实是，存在着一些我们"必须拥有"的东西，并且在考虑其他紧迫性较小的需求

> 我们能在满足所有其他欲望之前对某种事物做到"想要多少就要得到多少"吗？

之前，我们确实会使这些东西"想要多少就要得到多少"。比如，我们一天要吃好几次饭，每次都是能吃多少就吃多少，但是，仍然会感到不满足，因为，我们对文学和旅行的欲望并没有得到满足。这显然是一个富人的观点。对真正的穷人来说，在仍然苦于衣物供给是否接续得上之前，想要多少食物就要多少食物的想法可谓罪大恶极，严重不正确[①]。我们已经说过，成千上万生活在贫困线上的青年，他们有意识地经营着自己微薄的资源，并且坚持不懈地将每顿饭食的费用控制在一个或两个便士。显然这样的安排不能使由食物带来的满足感达到饱和，但是可以省下钱来用以提高其他满足感的水平。从其粗略的形式中，可以看出，我们正在检验的

---

① 参阅第 28 页及之后。

整个论点明显错了。哪里可以找到,或者说在文明社会中,我们能否找到一个人在得到衣物之前穷尽他想要的食物例子呢?所有的一切可以很好地维持下去的条件是,如果一个人的资源足够提供他一定量的最迫切需要的东西(包括食物),他将很快在其他所有支出方面到达一个点,并且满意地停了下来,直到他完全满足对食物仅仅是数量而不是质量上的需求之后,才会继续下去。

大多数事实的内容都很公式化,但是它不会减少我们对一般理论的信心。每一个通过限制食物数量而不是质量来省下一个便士的人都知道:随着我们接连不断地省下这些便士,它们的重要性增加得很快。半便士价值的面包(一个2磅大面包的两厚片)可以让一个人从非常强烈的饥饿中感到产生饱腹感。如果没有将3便士用于满足非食物方面感受非常强烈的需求的话,每周从面包上省下的3便士将会引起非常不愉快的感受。因而,节省是一种不好的管理资源方式。"没错,"有人会说,"但是,根据你的理论,每周节省1.5便士将导致比每周节省3便士所损失满足感的一半还要少的满足感损失,把它用于其他开支上增加的满足感却超过其他开支增加3便士时所增加的满足感的一半①。既然假设用于面包的开支要直到它不再具有重要性的点才停下来,那么,一定存在把用在它上面的少量资源转作他用更为有益的情况。"就其本身而言,理论上是正确的。但是,理论也告诉我们,这种调整非常微妙;对于有些意愿来说,自身消耗的资源若用在其他具有较高边际重要性的意愿上可能更为有益,那么,理论同样告诉我们,可能需要关注这些意愿,并不断练习如何调整②。

现在,我们已经审视了两个试图说明我曾经主张的资源管理的一般原理是无效的尝试。就责任感而言,即使是其最后、最小的需求也**应当**被完全满足,而食欲的满足**实际上**应当优先于所有其他的需求。如何同时兼顾这两个观点将是很有趣的。值得注意的是,责任感和食欲可能成为

---

① 参阅、比较第62页及之后。
② 可参阅我在《经济科学入门》(*Alphabet of Economic Science*)(伦敦,1888),英文版第128页及之后的详细研究。

直接对手。如果是那样的话,当责任召唤时,我或许会很高兴地不吃饭就走,但是,我发现我更紧迫的"责任"是暂停履行责任,花一点时间吃饭,使自己稍后可以更精力充沛地去尽责。诸如"这是需要立即履行的责任","我几乎认为那就是责任","我真的不想让自己有任何失职"这样一步步减弱的句式,(在这种情况下)从**难以下降**(原文是拉丁文:$difficilis\ descensus$)的绝对自负的高度逐步降到了相对实际的阿佛纳斯($avernus$)(可以这样称呼吗)①。

另一个与边际重要性递减问题紧密相关的重要因素可以从慈善事业的呼吁中得到体现。例如,在印度发生饥荒时,我捐赠了一个几尼(英国的旧金币,值一镑零一先令)。乍一看,这意味着我认为印度对食物的需求比我本人的其他需求或者其他可以得到这一几尼的人的需求都要紧迫。但是如果是这样,为什么不给第二个几尼呢?捐款后印度的需求明显地减少了吗?在数量上是这样的,但是在需求的强烈程度上呢?即使假设我的这个几尼已经满足了一个最紧迫的需求,那么下一个等待被满足的需求的紧迫性会明显地降低吗?这再一次与茶叶增量的问题一致。从 4 磅边际上的一个 1/4 盎司②到下一个 1/4 盎司的状态变化中,我们并没有感知到茶叶重要性的减少,尽管在每一个 1/4 盎司的消费上有可以被感知到的满足③。因此,可以假定,一几尼使痛苦得到了可感知的缓解,但是,我几乎不能相信,第二个几尼对痛苦的可感知的缓解程度会比第一个几尼轻。因此,在救济印度贫困时,每一个几尼的边际重要性似乎都是相同的。但是,为什么我不再捐赠第二个、第三个,或者更多的几尼呢?原因有两个方面。首先,在绝大多数例子中,并不是印度的饥荒,而是我自己的良心需要平定。并且,当第一个几尼支付之后我自己的良心不会再叫喊得那么厉害。它可能仍旧在抱怨,并且与其他开支争夺几尼,但是已经无法再次成功。在坚

痛苦的减轻

---

① Avernus:阿佛纳斯,意大利那不勒斯市附近死火山口形成的一个小湖,据古代神话这是地狱的入口。——译者注
② 常态下 1 盎司=1/16 磅。——译者注
③ 参阅第 48—50 页。

持应当承当责任,并且告诉自己已经这样做之后,良心得到平定。这可能对,也可能错,但问题是通过满足我正要去满足的需求后,这种需求实际上明显地减少了。然而,如果我直接评估把几尼捐给救灾基金会或者将其用于其他地方后,各自所能缓解的需求的紧迫性,那么,情况就不是这样了。在这种意义上,当我捐了一个又一个几尼之后,却不能感觉到印度需求的减少,这是对的;但是,当我从对其他需求的供给中抽出一个又一个的几尼以便使印度需求的缓解程度可以感知时,我所忽视的需求会增加,直到这些增加的需求能够平衡对印度需求紧迫性的感受,才会停止。这个点,只有在我将自己和那些依赖于我的人的痛苦降到我正在试图缓解的那些人的痛苦所处的水平时才能实现,并且一些有道德的人会将此作为理想去勇敢地坚持。边际重要性理论有足够的弹性使自己适应这些信条,因为我们所申明的是:在形成对资源的各种竞争性使用的相对重要性估计时,无论这种估计的基础是什么,我们都可以妥善地管理这些资源,使得它们在每一种利用上的边际重要性相等。印度需求的紧迫性毫无疑问正在逐渐减少,如果基金管理近乎完善的话。但是,在我的财富可实现的影响力范围内,这种紧迫性的减少是无法感觉到的。结果,当其他花费削减到其边际重要性上升到相等于印度需求的边际重要性时,平衡就出现了。

接下来,我们将好奇心放在这类问题上:当一个人收到那种只能花费在假期或个人爱好上的礼物时,他不会常常感到更快乐或有所放松。一般而

> 一个明显悖论的检验

言,礼物接受者如果可以自由支配这笔开销,一定会按他的想法来花这笔钱。为什么他还乐意接受被禁止去做他想做的事情呢?因为他是根据责任感来安排事情的,而不是依据对做这些事情的重要性的感觉来安排的,前者成功地夺得了第一的位置;但是,"责任感"会因为被禁止而完全消失:如果礼物的开支由自己决定,那么,自己决定事情时要依据责任感,可能在假期或个人爱好上的开支,会少于他依据做各种事情的重要性来安排事情时的情况,但是,如果假期或者个人爱好是收到的礼物,别人不用依据我们的责任感来安排这部分礼物的开支,这部分钱不受自己的"责

第一章 边际及其图示

任感"约束,"责任感"在这部分的开支上就无法发挥作用。在沉溺于其他需求之前,将本已经平息了的需求从需求列表中撤出,会因为不会产生任何痛苦而获得放纵。尖头棒已经钝了,快乐主义者的收获是明显的。在有些情况下,这种分析是不成立的。直接同情的急切性会使得礼物的接受者更愿意用这些钱来做其他事情,这样,由礼物而带来的约束就可以被真实地感受到,接受者甚至可能因此憎恨这种约束,因为礼物使得总财富可以带来的价值减少了。或许通过与它所激发的痛苦联系,会完全废除它或者让其处于坏的均衡状态。

> 正负增加量与正负状态

我们之前提出了一系列对精神回报递减规律——基于道德和社会观念的绝对主义提出了这个规律——的异议,并对这些异议进行了考查,现在我们将停止这些考查。但是,在分析过程中,我们也把需要平定的需求或者渴望与可能可以获得的快乐满足进行了对比,以便于全面展开对以下一些重要主题的研究:正负满足、两者之间的相互关系以及计算时所使用的恰当符号。现在来讨论这个主题。

如果我们将痛苦视为负快乐,不舒服视为负满足,那么,任何将我渐渐从巨大痛苦中得以缓解的事物供给,会令我在整个过程中处于一个负满足(不断减少)的状态。在整个运动过程中,负满足总量的减少是个有积极意义而不是消极意义的过程。这是我们所希望得到的结果的增加,以及不想要的体验的减少过程。我们获得的是一个正的数量,因此要用正号而不是负号标注。现在引入我们所熟悉的曲线。在图 1 中,我们用 X 轴表示单位时间内某种商品的供给;Y 轴表示满足率。

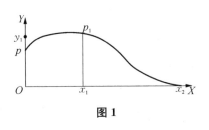

图 1

曲线 pp_1x_2 表示单位时间内商品初始增量以每单位商品 Op 的比率满足某种需求。随着时间的推移,供给增加到 Ox_1,此时,单位商品供给满足需求的比率增加到 x_1p_1 或 Oy_1,并且当每个单位供给增加到 Ox_2 时,需求就得到完全的满足。图中,横坐标 OX 表示单位时间供给的范围或者供给量的范围,纵坐标 OY 表示在第一卷第 42—71 页那里分析的边际价值①,面积 Opp_1x_1 表示在单位时间内所获得的满足感之和,由单位时间内消耗的横轴上所表示的商品数量计算得到。一般而言,这样的面积(上述所及)本身表示的是单位时间内快乐总量所处的水平,而不是各个时刻快乐总量所处水平的和②。但是,有些时候将整个图像视作单一的行为而不是消费水平是很方便的。在这种意义下,x_1p_1 表示边际价值,面积 Opp_1x_1 表示"使用价值"或者商品数量为 Ox_1 时的重要性加总之和。例如,图像可能粗略地表示一顿饭的经验,期间曾一度处于"边吃边产生食欲"的阶段,我们意识到递增的快乐,然而,过了那一点之后,我们的饥饿渐渐被平息,直到饱和点。

可以看出,图示法是一种有用的研究工具和演示说明的手段,最重要的是,这种表达方式很生动,而且容易理解。但同时也是非常危险的,如果在使用时不是充分的谨慎和精确,它会导致巨大的混淆甚至不精确、不负责任的解释。在下一章中,我们将非常详细地探讨一个特殊曲线的例子。因此,无论何时,在使用曲线分析时,我们都一定要记得给它们的含义做一个精确的描述,使得得出的结论不会模棱两可。谨慎的必要性从刚开始就显示出来,因为(远离如何衡量单位满足的困难)我们必须立刻注意到,最开始引入的曲线并没有清楚地阐述缓解需求和获得正的快乐之间的关系,或者更一般地,减少负的和获得正的想要的事物的关系。我们已经看到,痛苦的减少是正号,因而它一定是由正的面积来表示的,因此,如果开始是痛苦的,商品的供给将渐渐地减少痛苦,这与正的满足的获得相类似,其最后的结果一定是正的,并且相应地由获得这种正的满足的量来衡量。但是,图形不能说明一开始是处于哪种状态:正满足的状态、无差异的状态还是负的满足或者痛苦的状态。它仅仅告诉我们,如果获得的商品数量为 Ox_2,根据整个面积 Opp_1x_2,我们的状态会好于根本没有供给时的状态。如果我们仅仅获得 Ox_1,根据面积 Opp_1x_1,我们的

---

① 请看后面第 366 页及之后,尤其是第 371 页及之后对这一论点更为全面的论证。
② 比较第 95—96 页。

状态依然会好于根本没有供给时的状态。面积 $x_1p_1x_2$ 表示未被平息的痛苦或者未被实现的快乐。但是,不论在哪种状况下,面积 Opp_1x_1 一定是正的。它是收获而不是损失。图上所表示的各种可能性的存在本质上包含了不幸存在的可能性,但是,就算它们是存在的,将商品数量控制为 Ox_1,无论它意味着快乐的增加还是痛苦的减少,结果都是一种收获(在这个主题的分析当中),必须被承认是正的。

当某种商品的供给超过 Ox_1 时,其效用的增量将不再是正的,图 2 描绘了在这种情况下,商品供给的影响。因此,在某种温度下,燃料的消耗一开始是非常受欢迎的,当每小时供给的量超过 Ox_1 时,它就不再受欢迎了。如果消耗量更高,它就变成正的不需要或者负的需要。现在,尽管一个人坐在没有火的地

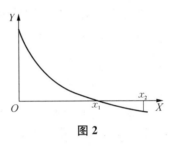

图 2

方,他确实没有感受到任何痛苦,但是,如果生火的话,他也会有快乐感;另一人,如果没有火的话,就会感觉到痛苦。这样,当燃料供给不超过 Ox_1 时,对前一个人而言,他只会感觉到或多或少地释放了一些不愉快,而在供给超过 Ox_1 时,过热将会引发另一种不愉快。不过,对后一个人而言,他在未生火时就意识到痛苦,因此在达到 Ox_1 之前,他会觉得所有痛苦都消失了,令人舒适的温暖将带来正的愉快;而当供给量超过 Ox_1 时,他会觉得尽管待在房间内依旧愉快,但是,如果火稍小一点的话,那就更好了。对所有类似的人来说,当商品的供给量达到 Ox_1 时,带来的愉悦感的增加量为正,并且由一个正的面积来代表,尽管一个可能是痛苦的减少,另一个可能是快乐的增加,还有可能是先痛苦减少而后再快乐增加。而由线段 x_1x_2 表示的额外增量将给所有的人带来负的愉悦感,并且由一个负的面积来表示,尽管一个是痛苦增加,另一个则是快乐减少。所有的人都是在供给为正且小于 Ox_1 时,希望供给能多一些,而当供给超过 Ox_1 但是少于 Ox_2 时,希望供给能少一些。

从这个例子可以知道,表示负满足的 X 轴以下的面积,可能意味着愉悦感的减少,但是仍然感到愉悦;也可能仅仅是痛苦的加重。图 3 表示

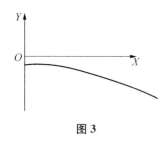

图 3

一种供给,或者是经验,无论是令快乐的人快乐减少,或者是令不悲不喜的人感到痛苦,或者是令痛苦的人更加痛苦,随着单位增量的持续增加,每个单位增量所带来负面影响是加速递增的。如果根据正的满足来讨论,我们仍旧可以说这些增量有递减的正的重要性;而如果根据负满足或者痛苦的状态来讨论,我们可能会说它们有递增的负的重要性。因此,当那些通常会引起不舒适感的事物一个单位接着一个单位地增加时,每个单位该事物所导致的不舒适程度的增加将会更大。这一事实并不影响有关在某点之后边际增量产生递减的结果(仍然是正的)的理论的一般性。

有时,一个正的量(从技术层面来讲或者笼统地说,包含负的量的减小)仅仅是与负的量相关联。此时,很可能第一个量的正的坐标值在减少,而第二个量的负的坐标值在增加。但是,从技术上来讲,这两种状态下的运动都是在减少正的量。

例如,可能由于非常需要食物,狼吞虎咽,某人咬到了自己的舌头或是脸颊内侧的肉。这样,吃东西就给他带来极其痛苦的烦恼。而当他的饥饿感或者眩晕感渐渐退去,对食物的需求不再那么紧迫时,不断增多的痛苦感将很快与递减的食欲需求的紧迫性相等。之后再吃东西带来的后果,与前面不成熟的结论相同,即只能带给他无尽的烦恼。图 4 将这两种因素的作用分别显示出来,图 5 则显示了这两种因素的综合作用结果。两个图都说明了同样的事实:从最初点到 Ox 的增加都是带来好处的,而在那一点之后,情况就相反了。两个图都显示了好处或是坏处的大小程度。

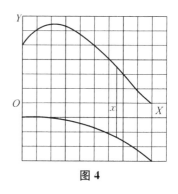

图 4

在没有迹象反对这一观点之前,一个曲线不应当被用于描述过去,而应当用于预期未来,并且这个预期折现了(不必对所有的价值)所有在进行估计的人的考虑范围内的矛盾因素、风险及反应。事实上,图 5 也表示了由相继获得的单位商品带来的预期利益的综合估计。

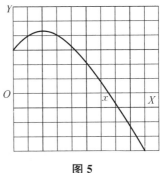

图 5

我们曾经指出,正数和负数相互之间可以保持平衡,并且数学上的正负数在心理学上也同样可能是模棱两可的。因为,减少痛苦和增加快乐一样是为正的,而减少快乐和增加痛苦一样是为负的。因此,图 2 中,同样商品的增量开始带来的效果是先正后负,这个图明确说明了,我们正在讨论的问题中,过程的正负性和特定点之后所有增量递减的(正的)重要性,但是这个受影响的人究竟是处于正的状态还是负的状态是无法判断的。他可以在整个过程中处于痛苦或者愉悦的状态,或者在线段 Ox_1 上的某一点处由痛苦变为快乐,或者在线段 x_1x_2 上的某一点处从快乐变为痛苦,但是,从 O 到 x_1,他要么增加快乐,要么减少痛苦,而经过 x_1 之后,他要么减少快乐,要么增加痛苦。

现在,尽管释放痛苦和获得快乐(或者减少快乐和增加痛苦)的符号相同,并且可以被视为等价的,实质上它们并不相同。给定制度和环境,某种痛苦的释放等价于某种正的快乐,而某种快乐的减少等价于某种痛苦的获得;并且同时获得痛苦和快乐,或者放弃追求快乐和逃离痛苦,被视为是平衡,或者说中和了彼此。但是,在生活中我究竟处于何种制度和环境中——我的精力是否主要被用于逃避或者减少不想要的事物,还是更自由地用于获得和发展想要的东西;我是否经常得到一些未伴随着任何痛苦的快乐,或者是逃离了没有任何快乐损失的痛苦,还是很少这样——这是完全不同的。事实上,此时我们都是根据未来的可能性进行瞬时选择的。

本书第一卷已经涉及了关于快乐、贫困和为了未来快乐的能力而采取隐忍行为的主题,但是,刚刚完成的分析可以使我们更为充分地着手对这些主题的研究。我们必须时时在直接满足需求和培养满足需求的能力之间做协调。大部分明智行为显然坚持放弃目前的满足,或者引起当前的痛苦,或者在当前做些令人厌烦的努力,以获取能够在未来快乐的能力,或者最终得到或者促进想要的结果的力量。明智的重要资源管理者一定会持续地根据未来调整当前的行为。

每一个聪明人都想要培养自己在所处环境中或者周边的外在环境中的好的思维、行为习惯,使得生活尽可能地远离痛苦,并且获得满足需求之后的成功、幸福。因此,我们必须养成这样的能力——用最小的痛苦使自己承受那些不可避免的不想要的痛苦,以及放弃那些不可能达到的欲望,并从想要的事物的实现中获得最大的满足。举个例子来说明清楚。两个人结伴去一个美丽的人烟稀少的国家旅行。由于估计有误,他们无法在晚饭时间找到任何食物。这样,其中一个人精神开始消沉,情绪不稳定了,也无心欣赏路过的风景,山中的清新空气和海浪的拍打已不能使他兴奋,走偏一点、花半小时攀岩或探索洞穴的建议都令他极为抵抗。事实上,他身心已陷入对食物的极度渴望之中。最终,朋友们(如果他们仍旧是的话)来到了好客的居民区。当地的主人为了能保持居民区的好名声,特意花费一个小时来为他们准备体面的一餐。可惜,当饭菜准备好时,时间已太晚了。这个可怜的家伙现在无法吃下任何东西,他生病了,痛苦地躺在床上。而他的同伴(只要他的同情心允许的话)仍然全身处于兴奋之中,当海浪拍打过来或者从石南花灌丛中大步穿过时,他是如此享受这种感受;他的眼光是如此敏锐(就像华兹华斯)①,哪怕头发丝大小的土地、海洋和天空,他也可以从中找到快乐。他随时准备着改变路线或放缓旅程以增加旅行的乐趣。尽管实际上他也极度饥饿,但是,他宁愿将注意力集中到对未来愉快的展望上而不是目前的痛苦经历上,最后他发现自己战胜了饥饿。此时,他已经在生理机能和环境之间建立了一种关系,这种和谐关系几乎上升到精神享受的高度。在必须进食的情况下,这两个旅行者中,不幸的那个获得了最大的痛苦和最少的快乐,而

---

① 威廉·华兹华斯(William Wordsworth,1770-1850),英国诗人。——译者注

另一个则得到了最大的快乐和最少的痛苦。一个是欲望的牺牲者,另一个则拥有获得快乐的能力。对一个来说,被阻挠是痛苦的,而且仅有不满被发泄出来;对另一个来讲,匮乏不是痛苦,而是"锦上添花"似的供给。

明智或者乐观的人是如此的自制,以致于他的许多需求仅仅是在被满足的时机到来时,才会变得"猖獗"起来。在此之前,它们是休眠的潜在的快乐。因此,一个即将看到酒吧的人声称"渴望喝一杯价格低于五镑的饮料"。如果在看到酒吧之前,他一直很快乐,那他值得庆祝了;但是,如果他因为没有看到一个酒吧而在最近的一两小时内很痛苦,并且让他的同伴们也很痛苦,那么,他就是一个不受欢迎的同伴,是不值得被羡慕的人。

在所给的例子中,那些被认为纯粹是身体体质不同的东西,其实与思维和行为习惯的形成是完全类似的。并且,每一个明智的人都渴望自己,以及其他一些诸如习惯和冲动的东西,能够符合更快乐的类型。

> 培养获得满足,或想要的习惯和冲动的能力

现在,尽管所有获得满足的方式或机会似乎都具有这种普遍性,即(某点之后)连续增量的直接作用有递减的正边际价值,然而,各种不同类型的满足对机体本身的间接作用是非常不同的。当前的快乐能够增强我们未来快乐的能力吗?它会给我们带来永不能更改的变化,并因此在一段时间后让我们回到几乎与之前相同的状态吗?它正在逐渐削弱我们获得未来快乐的能力,以致于在每一次放纵后快乐的能力都稍弱于以前吗?或者,当前快乐抑制了我们对快乐能力的渴望吗?

破坏性的快乐尽管在当时会令我们满足(正如所有的快乐一样),但是它会削弱我们未来快乐的能力。破坏性快乐的最显著形式,或许是那些被视为恶性的快乐,比如酗酒。从享乐主义的观点来看,恶性行为的特征就是它往往用渴望替代快乐的能力。醉酒可能是相当令人高兴的,但是,一个人喝酒越是成为习惯,醉酒时的快乐也就越少,清醒时的痛苦也就越多。可能一开始,他偶然知道了某种让他更快乐的方式,但是,最后他处于长期的痛苦中,醉酒不再给他任何正的快乐,只能暂时缓解其痛

苦。他整个意识被一个可怕、无止境的欲望漩涡所吞噬。这是破坏性快乐的典型例子。在这里,我不关注任何对于"邪恶的"和"恶习"蕴涵的排斥性看法的根本依据的研究尝试,但是,有趣的是,一般的道德判断与享乐主义微积分的结果有明显关系。可惜,图示法不关注从快乐的根源到欲望的变化。从图上看,欲望的平息与满足的获得是没有差别的,如果后天获得的欲望比对快乐的自然原生欲望更强烈的话,我们不得不通过增加曲线高度来表现这个变化,这与获得快乐能力增强后的曲线变化无差别。

> 破坏性的满足和恶习

不过,还是有许多快乐并不会产生恶性的欲望,而是更倾向于引起饱和感,甚至是反感,而非适度的自制。此处的危险不是将潜在的快乐转为欲望,而是通过放纵,减弱了对快乐的敏感性。例如,大多数人喜欢隔一段时间吃些鲑鱼,觉得这是一种难得的享受。但是一般都知道,如果鲑鱼被用做主食,它将会很快失去吸引力。长久以来,在与学徒订立的契约中总是习惯地规定每周不能多次吃鲑鱼,历史记载了这一事实。鲑鱼不能取代英国人传统的熏咸肉片,成为整年的早餐。这似乎是一个相当普遍的经验(当然尽管一点也不普遍):每当早餐想吃烤熏咸肉片的时候,你可能会吃烤熏咸肉片,并且日复一日、年复一年地想这样吃;但是,每当你早餐想吃鲑鱼的时候,吃完后很快就会一点也不想吃它了。而对于熏咸肉的食欲则在瞬间消失后很快就会恢复如初,然而,对于鲑鱼的食欲如果不用很长的时间恢复,就会永远地减弱甚至消失。如果一个人在他想吃鲑鱼的时候就吃,但是每次不像他想的那样吃个够,这种影响可能会被延缓,但是,即便如此,不久之后,鲑鱼还是很难再成为一种难得的享受。

> 浪费性的满足和奢侈

当某人的食欲(可以视为机体必要需求的信号)已经被满足时,他可能不会再为味觉上的快乐而吃燕麦粥,然而,技术高超的厨师可以"通过对魔鬼般艺术的连续强化",刺激其味蕾,引诱这个人不停地吃,尽管他的食欲早已经被满足了。那些习惯于简单朴素生活的健康有活力的人,或许会意识到,或者潜意识地觉得,在大多数日子里他们更愿意享受比惯常更精致的食物。但是,每一个有过两种生活经历的人都会告诉我们,那些生活极其简朴的人会比那些每天有精致菜肴的人从食物中得到更多的快乐。原因很容易明白。那些从每餐饭中获取最大感官满足的人保证了今天边际满足的增量是微小的,并且因此降低了其在明天获得从初始点①开始较大显著增量的能力。尽管实际上他并没有将满足的根源替换为欲望,但他减少了获得满足的可能性。因此,如果一个人对奢侈品(类似正在讨论的)供给适度,他的快乐可由图 6 来刻画。他在 x_1 停下,但还有快乐的可能性未被耗尽。如果他习惯性地将供给量增加到 x_2,尽管在开始时他得到了快乐的增量 $x_1p_1p_2x_2$,但是,他会渐渐降低了最初增量的重要性,最终仅仅享受了由虚线和 Ox_2 之间的较小面积而不是较大的面积 Opp_1x_1。那些一想到

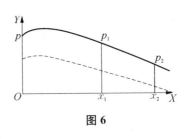

图 6

吃喝就开始吃喝的人,通常会养成只要能吃喝就吃喝的习惯,因为他从未恢复到健康的饥饿状态,所以他总是保持低水平的快乐。

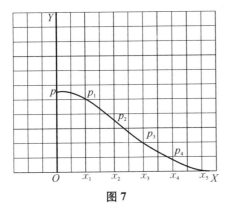

图 7

让我们用另一个例子来说明。一些吸烟适度的人指出,一天两或三斗烟给了他们非常大的满足,但是,从任何正的不舒适感觉的层面上讲,如果他们因某种理由不能吸烟了,他们也不会失去这种满足感。当第一斗烟抽完后,快乐的可能性就会被消耗殆尽,以致于再去抽烟找不到任何快乐。图 7 表示全部的快乐从最初单位增量带来最大快乐的点,下降到完全被满足的点。

很明显,一斗烟在消耗了当前获得更进一步快乐的可能性之后,无法在瞬间恢复,需要一定的时间间隔。假设一小时后,可能的快乐面积

---

① "初始点"就是所有图中 O 点的技术术语。

$x_4p_4x_5$ 恢复了,也就是说,此时他的状态与抽了五分之四斗烟时的状态一样。那么,他现在来一根含有五分之一斗烟草的雪茄,与之前抽一斗烟最后的五分之一烟草的时候差不多。并且,如果他每小时重复一次这个行为,他将在五小时内享受五次面积 $x_4p_4x_5$。但是,如果他已经五小时没抽烟,那他将处于抽最后一斗烟之前的状态,可以再次享受面积 Opx_5 的快乐。

我们已经明白,图示法不能表示欲望平息和正的满足感获得之间的区别。在很多例子中,商品增量中前面部分是在平息欲望,后面部分则是在获得正的满足感;此外,这两种功能还有可能重叠。譬如在吸烟的例子中,尽管不太常见,对一个喜欢抽烟,但是又可以没有痛苦地彻底戒烟的人来说,就是可能的。但是,在关于吃喝的那个例子中就不可能了。因此,如果一个人适量吃喝,他或许可以将它们分解为无数连续的小份(像雪茄),或者在更长的时间间隔内消耗比较大的分量。在这样的例子中,假设食用的量相同,那么,在努力获取更新了的来自食物的快乐之前,不给机体时间以完全恢复对快乐的敏感性的人,和在平息欲望之前将节食进行到有正的痛苦感觉的人,在资源管理上是同等不经济的。那些让机体恢复它无任何痛苦地获得快乐能力的人(或者,如果两种状态重叠,回到痛苦和快乐恰好平衡的点)正在对他的资源进行着最好的管理。

> 自我放纵和禁欲主义

再次将注意力集中在图的应用上。如果将图 7 中的曲线表示为某种商品每月(就像第一卷第二章中茶的例子那样)或每年、每天的连续增量带来的满足的值,那么,它将无法辨明我们正要讨论的问题,即在不同分配方式下,一段时期内的等量供给具有不同的效果。一些内部分配方式,在整个询问期间,被心照不宣地假定为不变(正如前面的茶的例子),或者根据一些与供给减少或增加后相协调的方式而改变。似乎事情应该就是这样,无论我们正在考查何种特殊条件并认为其受一些变化约束,一定要假设其他条件保持不变。

让我们回到主要的问题。我们已经看到,某些快乐和某些消费习惯,尽管本身明显是没有错误的,但是,从享乐主义的观点来看,无论是因为他们或多或少永久性地削弱了更敏锐的获得快乐的能力，还是因为他们不给这些能力以恢复如初的机会，都完全是一种浪费。为了在下周的今天能从鲑鱼那里得到更多的快乐，在你想多吃一点的时候，特意不再继续吃鲑鱼，这是一种需要被健康思想抵制的贪图享受的自我意识。一个人在饥饿时面对着充足的食物，如果仅仅是为了不破坏在几小时后吃丰盛大餐的胃口而不肯先吃一点，他将失去我们的尊重。我们认为这里似乎存在某种浪费——如果不是过分地关注无价值的口腹之欲，他就不会对就在眼前的有益于健康的食物长达数小时而无动于衷。但是，在实际中我们确实会如此。我们的分析成功地为某些本能提供了辩护。这些本能是我们今后可以更彻底地信赖的。如果遵循这些本能，会导致我们所渴望的节约，并给生活以热情和活力，而不需要任何习惯性的下意识行为。奢侈的生活总是面对这样的怀疑：即有活力生活的敌人。这是不对的——即使不完全，也是在某种程度上的。此外，甚至在身体享受的自我选择依据上也是不利于自身的。自我放纵的习惯，表面上看似乎只是打开了无害的快乐源泉，但是任何健康有活力的头脑都要对其采取蔑视性的抵抗态度。被指控自我放纵的人，会通过指控禁欲主义来反驳他的批评者，而他的顾问在反驳控诉时，通常会发现，从逻辑上来捍卫由含糊本能引致的立场，是很困难的。不过，这个含糊本能本身是非常合理的，它警告我们要放弃这种强烈破坏性的和不经济的快乐。

428

我们现在似乎了解了一些事物的哲学。不愿自我放纵的人不停地小口地吃着，从不给自己一次吃丰盛大餐的机会。苦行者总是将食物的量削减到使潜在满足成为痛苦得以发生的那一点。这两者都会令自己的身体虚弱，过度地将注意力集中在满足的物质来源上。因为，正如所观察到的，那些亲身体验过苦行生活的人（与那些对大多数人喜爱的事物无动于衷的人截然不同，不论这种漠然态度是天生如此还是后天培养）通常会告诉你，在他们的一生中，他们从未像禁食最痛苦时那样贪婪过，或许他们并没有从这种经验中彻底恢复过来。足够坚强的意志或者全神贯注可以消灭或者无期限地推迟欲望，但是，要使需要停留在欲望阶段，而且不被消灭，就需要考虑一番。结果是，奢侈生活和禁欲生活的道德影响之间会令人惊奇地并行不悖;同时,追求健康简单生活的本能会自发地回避这两种生活。

现在我们完全明白,所有通过奢侈品来使生活更快乐的精心努力,结果都是失败的。尽力尝试用财富去过得快乐的富人经常就像那些穿着节日盛装去游泳的人。他感受不到拂过的微风和浸润四肢的水。被奢侈品包围的人最后将发出真实但却无用的哀号,表达他们对"简单生活",对摆脱身边环境,对置身于只用金钱来购买最简单的生活必需品的环境之中的无休止的渴望。唯有如此,才能令他们接触到最初的满足。那些拥有这些最初满足的人,他们的神经不会麻木钝化,尽管他们在从最后一份供给中恢复之前,就被要求提供新鲜的供给,就被要求在最初对舌头有害的边缘获得更多的兴奋。毫无疑问,一些人没有奢侈品也行,并不是因为他们不想要这些,而是因为得不到;只有那些根据他们自己所处的社会地位的经历而选择一些简单物品的人才会拥有持久的充裕生活。与这些人从奢侈品中获得的全部快乐相比,他们从生活中可以获得更多的物质享受,得到更多的快乐。而且,特别兴奋的是,一旦这些观点被从容不迫地融入生活,这种生活的模式,连同所有价值无法衡量的反应,就可以潜意识地维持下去,不需要过多思虑。那些更为关注其他事物的人就可以发挥其最大的智慧来处理其所关注的这些事物;他将自发地形成习惯,或者,如果你愿意减少成见的话,这将是在没有自我意识时可以得到的最佳结果。

> 享乐主义观点下简单生活的价值

自我意识问题开始与另一问题紧密相关,即所有处于贫困线以上、奢侈标准以下的家庭所必须面对的问题。我们明白"第二份永远不如第一份",似乎也可以这样认为,在今天不提供第二份,在明天或下周的今天提供第二份,这样会有明显的收获(少于在第 80 页及以下指出的储藏量)。也就是说,如果青豌豆或新鲜土豆(我们订购的量"足以维持生活"而不是多到"令人吃腻")是不能任意放纵地吃的美味,那么少量多次比一次多量来得好些。许多家庭主妇遵循这一方针。但绝不是不可挑战的。如果不再吃的理由是剩下的明天可以吃,当他们想要更多时,那些已习惯止步于第一

> 完美的享乐主义者

份的孩子们将几乎肯定会变得贪婪。但是,如果他们有几次得到了他们想要的量,而在其他时候则什么也没有,他们或许可以保持健康的动物性。因此,我们再一次回到了早先讨论的问题①。为确保特定资源在直接目标应用中实现最好的管理,我们付出了太多。总体上,我们能不能这么说——大家直觉地认为最令人向往的生活是比较简单的生活,简单到几近艰苦,但是又不乏适当的多样性,宁可长久甚至彻底永远地禁欲也不要有节制和被看管下的放纵?伊壁鸠鲁说过②,对于他来说,面包和水就足够了。但是,尽管如此,他还是想要一点奶酪,因此在想吃时,他就去大吃一次。我们可以确定如果他真的吃奶酪,他会想要多吃点。我曾经听说过,一个女仆每年买一篮子嫩豌豆煮给自己吃。她说她喜欢"每年一次把青豌豆吃个够",当这个实现后,她处于一个均衡状态,她是一个真正的美食家。

就物质上的放纵而言,大众道德判断在本能上谴责那些最具有破坏性的快乐形式是恶性的,认为那些虽然不太具有破坏性但会带来损失和浪费的快乐形式,即使不应受谴责也是不应该的。同时,大众道德判断也不认可那些太过拘谨,总是想节省,希望使快乐最大化的努力。而那些在报酬递减的边际报酬曲线上全部资源供给和需求决定的那个点上——当然,有一些或大或小的变化——追求快乐,又从不使定期更新能力钝化的人,逃避了最严格的道德家的指责。他过着"简单生活"。

但是,还存在着另一种的满足,它的被放纵能积极地提升未来的快乐能力。以一种既不保留也不毁坏,不仅仅维持,而且提升了他的快乐能力的方式快乐地生活的人,他们的行为获得了啧啧称赞。智慧的、文学的、艺术上的快乐(对那些能够真正享受它们的人来说)属于此类。大多数的这一类快乐多少需要在人生

> 获得快乐与放纵同在的能力,"高级"品味能力的辛苦训练

---

① 参阅第 17—18 页、第 80 页等。
② 伊壁鸠鲁(Epicurus,公元前 341—前 270),古希腊哲学家。——译者注

的某个时期付出辛勤的努力，进行严格的训练。只有做过大量这种或那种的苦差事，才可能从文学中得到最大、最持久的快乐，艺术也是这样，科学也大致相同。总体而言，比较快乐的练习和研究需要达到这样的程度：位于其递减的边际报酬（即满足）曲线上，而且在该点上的单位练习和研究完全不再产生任何愉快，并且如果进行进一步练习和研究，会产生不同程度的痛苦。一些聪明人（是罗斯金吗？）曾说过，如果我们希望做到最好，我们一定不会去做与自己的性格或者意愿格格不入的工作，但是，如果我们希望做得比最好还要好，即便是令人厌烦的工作，我们也要坚持下去。我们会克服它，下一次我们会做得比之前的最好还要好。

这种满足，有时紧跟在快乐之后，有时则与痛苦的训练、令人厌烦的准备相关联，但是，通常能够使快乐较大可能地递增，并被大众本能地视为"高级"。我们将培养此类满足源的人视为"品味高"。我们总是可以看到，对此类"品味高"的人存在着隐隐的蔑视，部分是怀疑他是否真的能够享受他的高级追求，部分是怀疑他是由于无法对邻居所拥有的更健康的快乐产生健康有活力的渴望，因而只能被迫追求这些高级品味。相比较猎狐和带鹰出猎而言，珍妮·格蕾女士（Lady Jane Grey）好像更喜欢阅读柏拉图，但真的是这样吗，抑或只是她希望如此，或希望被认为是这样的？如果她确实更喜欢阅读柏拉图，那么是因为与其他人相比，她可以从阅读柏拉图那里得到更多的快乐呢，还是因为从猎狐和带鹰出猎中得到的快乐更少？是因为她具有大家没有的能力，还是因为她没有大家都具有的能力而使得她的选择与大家不同？我们尊重真正的"高级"品味，它真实地表现在我们衷心地期望"劳动人民"接触它们，也表现在我们对公共图书馆里的小说比历史著作和科学著作更多地被借阅感到悲哀，我们乐于部分承担他人参与的"高级"主题演讲的开销。

大体而言，与中性的和破坏性的享乐相比，这些更有成果的享乐通常似乎排他性较小，而且更少与感官直接相关。我们不否认眼睛与耳朵，与音乐或艺术带来的快乐直接相关，但是，智力上的分析和判断的成分，以及进一步地，想象力和情感上的联系成分，在其中扮演了决定性的作用。从文学和科学研究中所获得的快乐中，感官的作用仍然是更为次要的。

第一章 边际及其图示

心灵和精神上的快乐比感官的快乐层次更高。这现在一般被视为公理。但是，不论是否愿意将这一判断作为公理来接受，需要值得注意的是，至少与我们已检验过的其他道德判断一样，它与享乐主义微积分之间的联系是很容易就可以追踪到的。

> 大众道德判断和享乐主义微积分的关系

这并不完全是一个巧合。以最初的痛苦为代价，富有成效的潜能开发有时会产生物质上而不是精神和智力上的满足。在这种情况下，它们处在享乐主义观点的"高级"满足的水平上。但是，道德判断拒绝认为它们是"高级"的。学抽烟的过程无法唤起道德的热情，即便它产生了快乐的能力但却没有伴随着任何恶性的或不经济的渴望的产生。在过去，只有那些认为女人的首要责任是使自己有吸引力的人，会觉得戴耳环是值得称赞的。但是，却没有人会因为"为学会嗜好橄榄的艺术而经历长期而且痛苦的训练期"在道德上获得称赞。我相信，在本章关于本能上的道德判断与由享乐主义微积分所导致的结果之间的关系分析中，我们已经得到了一些启示。但是，我不相信它们之间的关系是可以完全解析的。最后一组例子警告我们不要相信任何此类看法。

通过红酒鉴赏的例子，我们令人惊奇地揭示附在快乐感觉上的本质劣性倾向，这种倾向无法完全用享乐主义的观点来解释。如果把对红酒的兴趣和敏锐的判断力适度地联系起来，就会呈现许多艺术享受的品质；并且，那些已经过时的对红酒的详尽讨论，会出乎意料地与对画作特点的讨论相似。然而，对感官事物如此近距离而且热切的关注，或多或少表明了生活的物质观。感觉有点混淆。红酒鉴赏本身似乎属于快乐的"高级"层次，但是，通过联系和分析，可以发现它是属于"低级"层次的。这会引起了客观的局外人的混乱和矛盾，时而近乎蔑视，时而近乎尊重，甚至羡慕。

读者一定会注意到，我们对于机体对不同快乐的反应的分析，特别是对浪费性享乐的本能上的厌恶，或者令人厌恶的那一点上享乐的分析，是对文明和日益增长的对物质舒适追求的危险的连续评论。随着物质财富的增加，如果智慧不与能力一起提升，我们以后的状态，甚至从物质观点看，也

> 文明社会的享乐主义价值

361

会比以前更糟。如果不加以引导,不予以抑制,任凭经济力量自行发挥作用,将自然而然地促使官僚腐败,形成一批今朝有酒今朝醉的醉生梦死之徒。进而言之,"简单生活",就其本身而言,应该被视为关注有价值事物的自然结果,而不是自我意识的目标。可以从本章观点的角度重读一下第 161—164 页的评论。

在本章中,作者不能得出在伦理上支持享乐主义理论的结论。假设一个人有意识地想去控制冲动,训练自己的价值意识,但是,他并不期待能够利用这个意识来最大化个人幸福。同时,假设存在比他自己的幸福更值得让他关心的事物,或是存在一些与个人快乐相比,他更希望去关心的,或是在将来的某一天将更为关心的非个人事物。这样的一个人,为了形成稳定的行为方式或习惯,以及一些根据社会或宗教标准稳固建立起来的价值判断标准,可以忍受痛苦,牺牲快乐,与冲动战斗。这些目标可以确保他的忠诚,但肯定不会给他带来幸福。不管怎么说,在这种情况下,这些习惯的形成和情感的培养是这个人当前的渴望,并且他愿意牺牲其他欲望来满足这一渴望。在我们来看,尽管他没有被享乐主义的想法所打动,但是,他的自律和放弃,与那些为了获得从享乐主义看来是有价值的品味而承受令人讨厌的纪律的人是一样的。然而,讨论道德理论不是我的目的,我的目的是在阐述享乐主义微积分的同时表明:就一般原则而言,我们不以享乐主义作为我们分析的前提,这同样适用于其他方面。

> 一般原理不包含的快乐论

我将以对图示法的性质和限制的一个附加说明来结束本章。它们在第 352 页和第 353 页检验唤醒和休眠的欲望中,得到了最好的认可。许多个人曲线通常在到达最高点之前是上升的,之后才开始逐渐下降。具体情况很难确定,因为要确切地把握个人在所考虑的期间里的道德观上的变化是很不容易的。品味和能力不变的同一个人,很可能愿意为本月第二次去听音乐支付比第一次更多的钱,也可能在第三次比第二次还愿意支付更多(但是在此之后,第四次则比第三次支付得少一些,第五次则更少于第四次,以此类推),这不是因为他的音乐品味有所提升,而是因为他对音乐的渴望被唤起了。总之,当一个人潜在的能力或欲望,或两者兼有地被唤起,而且满足它的过程被突然中断或较早地被停止时——这使我们处于受阻或渴求的状态,在这种状态下我们的痛苦超过了在需求的起点或是匮乏(饥饿或其他)尚未被完全揭示时的感受。事情可能是这样的:从给定的条件开始,将不适感的释放和正的快乐都视为正数,突然中断的满足留下了真实的痛苦,而这种状况在我们的图中却无法表示出来。因为只要商品是在持续供给的,它就是一个正值。图 8 表示了这样一个例子。它表示一个人在位于原点时对某种商品或快乐感到可有可无,当欲望被唤起并被满足后,他以逐渐增长的热情追求这种商品或快乐,并得到纯粹的满足。当量高达 Ox_1 时,他得到的满足可以用面积 Op_1x_1 表示,此时可以获得的潜在满足表示为面积 $x_1p_1x_2$。但是,如果供给现在中断,不被满足的欲望依旧,但是满足感将终止,其结果是 x_1t 之下的负面积所表示的痛苦。必须过了由 x_1t 表示的这段时间后,痛苦才会被抚平,而这个人在先后经历过正负满足之后将再次回到原点所处的状态。在某些情况下,他可能无法回到原点状态,他所经受的痛苦可能会更大。在这种情况下,我们宁可原来什么也没有,也不要那种少得可怜、让人备尝可望而不可及之苦的数量,即使当供给得以维持

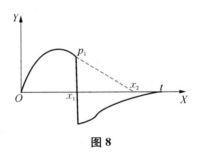

图 8

时,我们可以享受这少量的供给。不过,图 8 是个奇怪的图形。沿着 X 轴,从 x_1 直到 x_2 的正的面积,都意味着商品的增加,然而负的面积却意味着从 x_1 到 t 所经历的时间段。这实际上是两个图形,只是两个面积的单位是一样的而已①。

回到现象本身,我们注意到,它可以发生在每一个欲望未被彻底满足的例子中。通常认为,我们所能缩小的量越小,可以被消除的不满足就越小。在富足的生活中,这种不满足会被彻底地消除;如果能转向一些其他舒适的或者被渴望的消遣,对这些消遣的期待将替代那些已变得倦怠的

---

① 请参阅第 366—367 页以及本卷第二章全部。

对其他事物的渴望,以便在曲线的递减部分维持现状。首先,尽管欲望已被彻底满足;其次,如果在获得最小增量满足之后的消遣或经历不是可有可无的话,那么理论上的需要感将随之产生。或许理论上支持吸烟的最好理由,就是它阻止了情绪低落或自我放纵的人暴饮暴食,这已被众多提倡吸烟者发现并亲身经验。当强烈的食欲已被满足,但还剩一些食欲的时候,吸烟这个诱人的前景会使大脑转向,中断进食并转向吸烟,要比继续吃东西获得更多的满足。

心理学家会经常描述并指出的一个事实是,当前的情绪会根据在不久的将来与这一情绪相关的预期而变得快乐或痛苦。对于那些食物在眼前(即使一口都还没吃)的人来说,获得食物的前景一点也不遥远,饥饿只是意识上的痛苦,这种饥饿或许正是强烈快感的来源。同样,按照亚历山大·白恩(Alexander Bain)的说法,对于那些习惯于将自制与活力、生活的乐趣、控制感和自尊相联系的人来说,每餐结束时的"饱食的感觉"的缺乏可以带来"大量的"和"平静的"积极而直接的满足。

从图中可以得出的结论是,不管正确与否,试图用曲线来表示某一个单独的具体的经历是对图示法的滥用。曲线必须代表消费者所做的估计。即对商品连续增量所带来的价值进行的估计,以及根据可以评估的所有直接影响、远期反应和影响而形成的估计。所有这些估计都将对纵坐标的大小产生影响,纵坐标可以被视为综合各种影响之后的估计值。尽管它们所依赖的预期可能永远不能被完美地实现,但是作为预期,它们已经做了所有必要的贴现,不需要任何增补或更正。递减的纵坐标意味着,消费者在依据自我估值考虑了所有可能的影响因素之后,对商品连续增量的渴望有递减的紧迫性,并且会不断地基于经验验证和修订的预期进行估计。

第二章
表示满足的面积和边际重要性的图示法[①]

摘要：用曲线表示经济现象的方法需要更详细的探讨,并就探讨结果提出了许多图形解释和曲线构建方面的问题。Y 轴衡量的是受到限制的边际重要性程度,当用客观度量单位表示时,最终它们必须依赖基于精神经验而作出的估计。这将面临四个方面的困难：客观度量单位和精神度量单位之间的联系,保持这种关系稳定的可能性,估计值准确度的重要性,限制精确度的条件。如果我们以茶的曲线的形式表示第一卷第二章关于茶的边际重要性的数据,这将使我们仔细考查：(1) 数据遵循的特殊规律的含义；(2) 用简单的数学公式近似表示这个规律的可能性。更精确地解释曲线的尝试进一步令我们把表示满足总量和边际重要性的曲线与表示价格、购买量之间关系的曲线区分开来。我们发现这些曲线充其量是近似重叠的,而且那些声称能表示上述两种现象的个人曲线在理论上仅仅是"喜怒无常"的妥协。

[①] 第二卷的第二章和第三章尽管在理论上非常重要,但是比较抽象,在某种程度上具有学术性,一些读者可能更愿意越过这两章,直接阅读第四章。

439　在上一章里,我已经用曲线与 X 轴之间的面积来表示满足。这一表示法存在某些问题,需要加以解释。由于当时不便解释,上一章因此有所保留。现在我们将更仔细地审视这种方法,之后我们将会经常用到它。

用某种曲线下的——直的或曲的——给定面积来表示满足,这种方法与一个单位满足的概念有关。各种各样的满足都可以简化为这样的一个单位,用这种单位满足的概念可以在图中对不同种类的满足进行比较。尽管我们对这种想法很陌生并且在刚接触时会碰到很多困难,但是几乎所有的实际处理和考虑都蕴含着这一想法,它是我们至今为止所有研究的基础。两个东西对我们来说价值相等,第三个东西恰巧与将这两个东西放在一起后等值,那么,第三个东西的价值就是前两个中任意一个的两倍,或者说,我们预期从第三个东西中得到的满足两倍于我们从前两个东西中任意一个那里得到的满足。如果说某样东西刚好值 1 个便士,那么,我们期待它能产生的满足与将这一便士增加到其他某种支出上所增加的满足等价。而且,如果还存在某样东西,不多不少刚好值 3 个先令,则我们预期它将产生的满足与 36 份 1 个便士的东西放在一起所能产生的满足一样多,或者说,与预期一个便士东西所产生的满足的 36 倍一样多。确实,这种估计通常比较含糊,几乎是随意而来,并且受制于每一种波动和不一致性,但是每一个考虑后的选择,或者每一个考虑后在资源管理方面的行动,都是为了使估计更精确、更一致而做出的尝试,甚至一次冲动的选择也说明了某样东西起码对我们来说比另一个更有价值,这涉及数量比较的过程。这样,这些选择——不管是冲动的还是深思熟虑之后进行的,都是对满足相对量的判断,被视为是量值,并且通常用便士和先令

> 图示曲线的含义;满足的单位

440　这些单位来表示。

所有进入交易循环的商品、服务和机会在最终被估计的时候,不是作为物理的或者客观衡量的量,而是作为预期满足的来源。我们经常根据交易品来估计非交易品,并且时常对这两种事物进行权衡,之后在所有事物中做出选择。因此,很明显,对我们每一个人来说,生活中的日常行为无疑蕴含了数量化的满足的概念,因而这个数量可以用单位完美地表示,

第二章 表示满足的面积和边际重要性的图示法

在图上表示，可以是单位长度、单位面积，或者其他，方便即可。在衡量和比较长度以决定相对长短时，单位是英寸、米还是英里是无关紧要的（得到的结果无差异，仅在数量显示上有所差异）。因此，用 1 便士还是 1 英镑来作为满足的单位是不重要的。但是，在比较用面积表示的不同种类的满足时，我们必须记住，为了使满足在量上可比较，必须由同一人对各种满足进行评价。在这些条件成立时，我们就可以进一步用图形表示在第一卷第二章得到的估计值，一般情况下还要对代表满足总量和边际满足的曲线进行解释。

我们可以在图 9 的方格图中任意取 1 个小方块，并定义它表示由消费四分之一便士所能预期得到的满足的四分之一，因此 4 个小方块对应消费四分之一便士得到的满足，16 块对应 1 便士，而 $12 \times 16 = 192$ 块对应 1 先令。不管是矩形还是曲线围成的面积，与形状无关，只要等于 192 个小方块的面积，就表示 1 先令大小的满足。例如，它可以是底为 1 高为 192 的矩形，或者底为 16 高为 12 的矩形。

用小方块的一条边作为长度单位，假设用沿着底线（图中所画的直线）测量的单位长度（不是面积）表示每盎司茶的周期性（每月或其他）供给，16 个这样的单位长度表示一磅茶的供给。现在我们就可以用图形表示第一卷第二章中采用的关于茶的数据了。比如，第四磅预期产生的满足等于消费在任何其他地方的 8 先令的重要性。这可以用 8×192 的面积表示，并且我们已经同意底边 16 个单位长度表示一磅，则底为 16 高为 $8 \times 12 = 96$ 的矩形恰当地表示了每月第四磅消费的预期满足（图 9(a)）。但是，在第四磅中，我们知道先喝的半磅茶被评估为 4 先令 $5\frac{1}{4}$ 便士，后喝的半磅为 3 先令 $6\frac{3}{4}$ 便士。这些价值分别由包含 852 和 684 个小方块的矩形面积表示。按惯例，每一个的底边长为 8（对应 $\frac{1}{2}$ 磅），它们的高分别是 $106\frac{1}{2}$ 和 $85\frac{1}{2}$（图 9(b)）。对高的解释是它们不像底边那样表示正的

> 441 横坐标和纵坐标的解释

量,而是以便士为单位表示的每磅商品消费后得到的满足,或者是以半便士为单位表示的每半磅商品消费后得到的满足,等等。

现在,在图9(b)中高为96的底线上画出与图9(a)中一样的 ad 线。图9(b)中,很明显左半部分在初始矩形上增加的矩形 ab 等于右半部分在初始矩形上削去的矩形 cd,因为两部分改后的矩形面积加总正好等于表示由一磅茶所带来的满足的单个矩形的面积。假设就我们的选择而言,能把这些1/2磅或1/4磅(或者其他任何分法,因为没必要限定分法)之间的差异找出来。任何系列细分后的矩形面积加总后将总是等于一个整

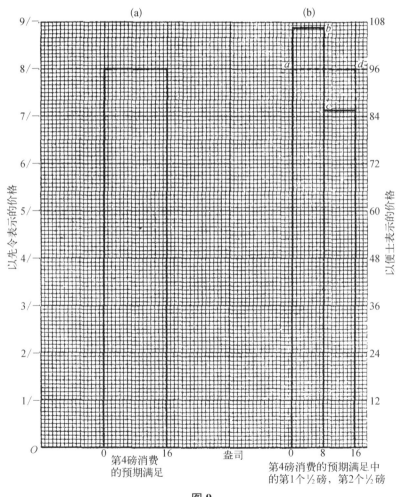

图 9

的矩形的面积,这个整的矩形表示将一定数量的物品消费后所带来的全部满足。图 10 代表了一磅一磅地消费茶叶,每一磅分一次或多次消费时,分别带来的不同面积的满足;将矩形一分为二,那么将分割前后的矩形进行比较,我们会发现,割成两份之后的矩形中左侧矩形的面积总是大于分割之前矩形面积的一半,这差额正好等于右侧矩形与分割前矩形面

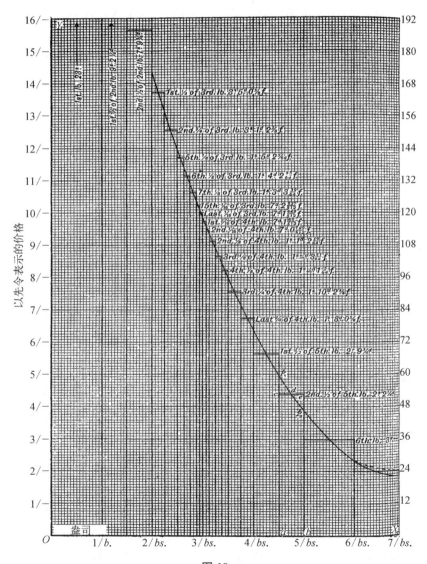

图 10

积的一半的差额,分割之后两个矩形的面积之和等于分割之前矩形的面积。这样无穷地细分下去,就会得到一条曲线。这条曲线可以被认为是我们选择的无数个连续矩形面积的加总。也就是说,在 X 轴之上由曲线积分而得的值,等于同一底边上包含的一系列矩形的面积之和。

这条曲线就是总满足曲线,它的意义很明显。在概念上,我们已经理解了它的含义,即在极限的情况下,每一种商品的重要性都是一个逐渐远离原点时连续变化的量,因此,在消费的过程中,无论增量多小,这种变化也不会停滞不动的。那么,在理想状态下,整个过程不是由一系列"台阶"或者离散面积(无论多小)来表示,而是通过曲线与 X 轴之间的区域来表示。如果我们可以得到这样的曲线,那么,它将在唯一的视角上,让我们看到即将被讨论的无数事实。如果我们拿出每周、每月或是其他周期性的商品供给的一部分(选择我们认为方便的单位即可),比如第三个单位,

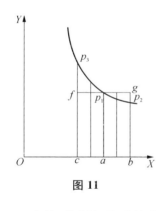

图 11

或 $7\frac{1}{3}$ 和 $7\frac{7}{12}$ 之间的 1/4 单位,或者通常由 X 轴上线段 ab 代表的部分(图 11),于是曲线围成的面积 ap_1p_2b 恰好表示消费由 ab 表示的商品量时预期得到的满足。根据在第一卷第二章中我们直接设定的关于磅或磅细分偶数次之后最小部分的数据,曲线假设我们可以得到所有可想象到的数据,并且可以在任何我们愿意的地方开始和结束。

当然,数据如此连续和完全精确纯粹是一种理想化。我们可以构思对它的近似,但是认为每一个人都可以辨别在消费开始和结束之间的满足感程度差异,比如最终消费了第 79 432 磅的茶叶之后,还可以辨识出与 1 先令/磅(=1/192)相同比例之间的差异,这显然颇为荒谬。实际上,有数学基础的读者会察觉到,甚至关于商品的连续常规单位的满足和由常规货币单位表示的相同单位满足彼此相当的潜在假设,也会使数据偏离理想的精确度。这些反思立刻揭示了曲线表示经济数量这一方法的巨大便捷性和根深蒂固的人为性质。曲线的特质与正在分析的现象的特质

第二章 表示满足的面积和边际重要性的图示法

是矛盾的,但是作为理想的简化,作为从精神上捕捉现象的手段,曲线具有很高的价值,因为要捕捉这现象的现实存在是如此复杂与变动不定以致于极其难以处理。在各种情况下,确定何种精确度是最为合理的,这显然是无法实现的,但是,如果我们承诺在图中呈现目前的可能或真实的情况,我们将不得不承担这项工作。通过在每种状况下坦白地显示这种不可达到的极限,我们即刻表明了我们的假设和表达的理想化特质。

一旦理解了上述观点,在 X 轴上任取一点 a,过 a 点作垂线,与曲线相交于 p_1,那么读者不难(如果他查看第 62 页及以后有关"极限值"的分析)理解,从 a 点到曲线的高度 ap_1 代表了在 a 点商品增量或减量的重要性(无论用什么单位衡量)的极限值。把 ab 与曲线围成的面积 abp_2p_1,和 ac 与曲线围成的面积 acp_3p_1 看作相等,而且该面积的值等同于以 ab(或 ac)为底 ap_1 为高的矩形 $abgp$($acfp$)的面积——这样处理面积会产生误差项(分别由面积 p_3fp_1 和 p_1gp_2 表示),我们可以发现,当增量 ab 和 ac 变小时,误差项不但绝对减少而且与自身面积的比值也减少了,并且可以无限地减少。如果二等分长度 ab 和 ac,并在中点处作垂线,比较以它们为底、以 ap_1 为高的矩形与它们与曲线围成的区域,我们可以看到,将它们视为等面积而产生的误差在每一个例子中少于以最初较宽的底产生的相应误差的一半。因此,随着采取的底边越来越短,误差所占份额将无限地减小。因此,总体上看,高度 ap_1 表示在 a 点没有增量也没有减量地实现单位消费获得的由 ap_1 表示的满足水平,但是它通常位于给定增量和等量减量恰好实现的单位消费获得的满足水平之间,并且这些满足水平将随着增量或减量在量上的减小而无限地接近于高度 ap_1。因此,Y 轴衡量了(单位时间)单位商品重要性的极限水平。或者简单地说,纵坐标表示商品在任意给定供给下的边际重要性。所以,在图 10 中,当 c 或 e 靠近 d 时,不但面积 p_1cd 和 p_2ed 分别减少,而且它们与矩形 da 和 db 面积的比值也变小了。

如果边际重要性曲线存在,我们现在已经对它有了暂时的概念。我们认为,在我们做出消费选择

> 表示边际重要性极限值的纵坐标

> 总满足曲线的构建

时，确实会遵循这条曲线，我们将继续研究这条曲线形式的决定因素。现在就像在图 10 中一样画图，标出底为 16 高为 12 的矩形。回到茶叶的例子，我们保留所有单位的重要性，并且为了方便起见，以磅为单位（一磅表示 16 盎司）在 X 轴上记录连续的供给，以先令每磅为单位（可视为便士每磅的 12 倍）在 Y 轴上记录连续的重要性水平。每一个大的矩形，含有 192 个小方块，如前，代表 1 先令可以获得的满足。

很明显，从一开始，任何可得数据都将透漏曲线轨迹的一些相关信息。例如，如果我们知道第四磅茶叶产生了 8 先令所代表面积的满足，我们就会知道曲线一定满足：面积 ap_1p_2b 等于面积 ac，面积 p_1df 等于面积 fcp_2。（我们说这个曲线"与 ac 区域的数据符合"，就是表示符合这个条件。）但是，有无数条曲线符合这个条件。其中一些曲线将 dc 二等分，而其他在无限靠近 d 或 c 的点将它分段，并在 a、b 之间的各点处作垂线。但是，如果有额外数据，即第四磅的前一半产生的满足对应区域 ag 的面积，并且后半部分对应区域 bh，许多可能的曲线就被排除了，因为对于曲线来说，必须满足：ag 上增加的面积等于其被排除部分的面积，针对 bh 的类似条件也应成立。所以，相对之前曲线仅由矩形 ac 决定，现在由矩形 ag 和 bh 的确定会更接近于理想状态，其中，矩形 ac 面积等于矩形 ag 和 bh 面积之和。原始假设中，茶叶供给的连续各磅估计揭示了一个已经被发现的法则，这使得我们可以计算任何我们选定的更小区域。这个公式使曲线形式确定无疑，而且轨迹仅仅与计算结果有关。但是，如果假设没有这种性质，并且想象每个数据都单独存在，不包含任何派生数据（仅仅假设连续递减这个一般属性，在特定点后，由调查的性质所决定），显然，估计所用的增量越小，确定的曲线轨迹就越接近真实的曲线。例如，在图 10（第 369 页）中关于各磅、各半磅，等等，设定了一系列数据，可以看到，就数据而言（也就是说，暂且不说这知识：公式使我们能够将较大的矩形分割成如我们所选的微小的矩形），假设曲线在 4 磅到 7 磅之间增量相对应的部分将相当剧烈地波动，但是数据使我们可以在 2 磅 12 盎司到 3 磅 4 盎司之间增量相对应的部分确立一个更有规则的轨迹。于是，如果我们给定两个毗邻的代表满足的矩形 $akym$ 和 $mhnb$，曲线一定会从

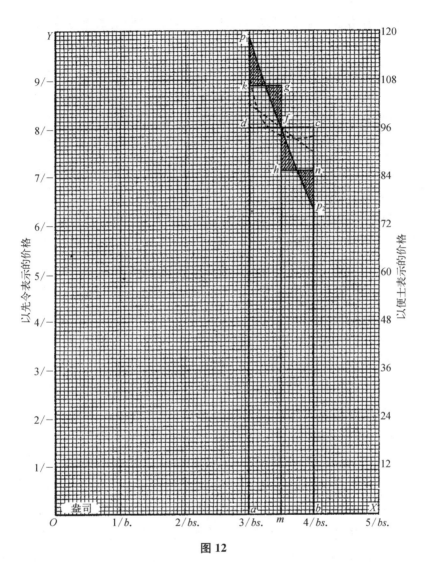

图 12

点 y 和 h 之间穿过。由此可以得出结论：如果我们能够确定无限小增量对应的面积，我们可以据此在其过程中任何无限狭窄的范围内确定曲线的位置；如果我们能确定我们选择的彼此无限接近以致中间没有任何空间的点的位置①，那么，我们就能够十分肯定地确定一个点。与此类似，

---

① 见第 54—55 页。

如果对任意给定 x，我们可以确定两点的位置，其中这两点尽可能向对方靠近，而且两点之间包含了 y，那么我们就可以完全可以确定这条曲线。

但是，为了安全起见，确认以下事实是非常有益的，即尽管（正如我们刚才所看到的）一个曲线符合特定区域的数据，但是，如果将这个区域分割成两个更小的区域，曲线可能不符合这个较小区域的数据；曲线与两个相邻区域的数据相符，而与两区域组成的较大区域的数据不符，这是不可能的。我们将把这个结论继续进行下去，图13所展示的各种形式的曲线是这个结论的一般证据。

我们从两个矩形 ah 和 ks 开始，构建曲线 $enofpg$，这条曲线在这两个矩形中增加、减少相同的面积。这些相等的面积分别用斜线和水平线标示出来。当然，这样的曲线有无数条。如果我们添上线段 bc，使矩形 bh 和 rc 面积相等，由此构建一个总矩形 ac，那么，曲线 $enofpg$ 从矩形 ac 上切下来的面积就应该等于在其上增加的面积，也就是说，面积 ebf 等于面积 gcf。因为 $emn = nho$，用 nho 替代 emn，可以得到 $ebf = bmhof$。再者，因为 $bh = rc$，通过替代可以得到，$bmhof = scfor$。同样，由于 $rop = psg$，再次通过替代可以得到 $scfor = gcf$。因此，也就得到了 $ebf = gcf$。证毕①。

因此，如果我们像图10那样，有一系列连续而且以 OX 轴上的量为底的矩形，任意选取两个相邻矩形，那么，曲线分别在这两个矩形上增加的面积将等于减少的面积；若将这两个矩形整合成一个矩形，整合后的矩形的面积为原来两个矩形面积之和，则曲线与整合后的矩形有相同的特征。然后，用整合后的矩形代替原来的那两个矩形。依据同样的结果，再次，将新得到的矩形与另一相邻矩形整合，使得曲线总是从整合后矩形上增加或者减少相等的面积——整合后的矩形面积为多个相邻矩形面积之和，各个矩形的面积与曲线数据一致。

因此，显而易见，当我们整合相邻矩形时，我们总是假设曲线将保留

---

① 严格地说，这种分析的证明是不必要的，因为既然我们有 $ah = acok$ 和 $ks = kogd$，就可以得到 $acgd = ah + ks = ac$。这也就可以得到 $bcf = fgc$。但是，这种证明可能更有启发性。

第二章 表示满足的面积和边际重要性的图示法

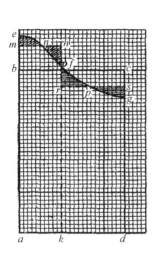

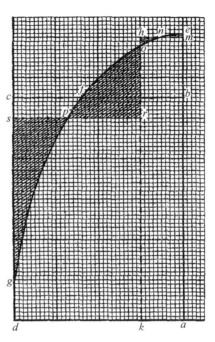

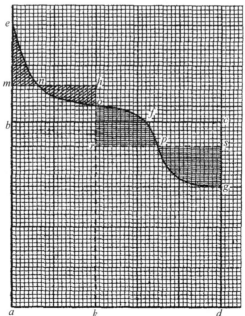

图 13

它的基本性质，但是，当我们细分矩形时，却不这样假设，因此，确定曲线使用的精确度依赖于构建曲线时所用数据的精确度和优良度。

那么，在实际中我们希望在何种近似度上确定这样的曲线呢？或者，更合适的是（因为这个问题难以得到明确的答案），在某个特定情况下，决定曲线与理想状态的近似程度的原理是什么？首先来考虑精确度问题。例如，在茶叶曲线的例子中，在某个范围内，我们可以合理地认为家庭主妇的估值是准确的。我们不得不问，是什么决定影响了这个范围呢？但是，这个问题从一开始起就让我们遇到了很大的困难。

> 构建此类曲线时决定精确度的条件

估值的精确度的含义是什么呢？例如，如果我们谈到一个人对譬如一根棍子长度或一顶帽子的高度所形成的估计值，我们是在谈论可通过实际测量进行检测的事物。因此，如果我们说，相信一个人可以判断出1码的长度，而且误差不超过 $\frac{1}{4}$ 英寸，我们是在说，如果他声称某个物品恰好1码长，或者从某一点开始，用他的眼睛衡量出1码的长度，我们可以通过标准测量发现，他所声明的1码不少于 $35\frac{3}{4}$ 英寸也不多于 $36\frac{1}{4}$ 英寸。但是，如果说，例如，在给定情况下，你认为一个家庭主妇对特定量茶叶的重要性的估值可以精确到 $\frac{1}{4}$ 便士，我们的意思是什么呢？她正在做一个估值，并且仅是她的估值，那么，这个估值精确或者不精确的含义是什么呢？甚至如果你试图用经验去检验估计值，在检验后问她，是否会根据经验结果来修正估值，她只能告诉你，经验产生的满足是否与以下满足等量：此刻她推测如果将同样数量的钱应用到其他方面，可能已经获得的满足；这本身也是一个估值。因此，尽管她的估值基于经验本身，并且由经验去检验和修正，但是，并没有客观的关于经验的标准可以参考，或者如标准的长度单位"码"那样，可以被客观地用来衡量。

显然，在第一个例子中，在特定条件下，说一个家庭主妇的估值可以准确到 1/4 便士。这句话的含义如下：如果我们正在处理诸如此类的估

第二章 表示满足的面积和边际重要性的图示法

值(不是针对经验,如果做试验的话,这些经验可能符合也可能不符合这些估值),我们会发现它可以通过多种方式得到。我们可以问一个主妇,如果她已经有了 $2\frac{1}{2}$ 磅茶叶,那么,对于她来说,额外的 1/2 磅茶叶值多少呢?过一段时间以后,在她已经将这个问题和答案彻底忘记后,再问她,如果她已经有了 3 磅,那么,额外的 1/2 磅对她来说值多少呢?之后再问一系列问题,在新的问题中,我们可以将额外的量定为 1 磅的若干份之一,1/3 或 1/5,并且不是在 $2\frac{1}{2}$ 磅的基础上开始,而是在 $2\frac{1}{2}$ 磅加上前面一系列问题中的增量之后的基础上。最终,我们会问,如果她已经有了 $2\frac{1}{2}$ 磅,一磅对她来说值多少呢?如果她独立地回答所有的问题,依据直接估计值给出每一个答案,心理上不受之前答案的影响;如果比较时这些答案从不会暴露出多于每磅 1/4 便士的不一致性;如果不论运用在哪里相同的检测产生相同的结果,我们都可以自信地说,她的估计不仅仅惯性地依赖于对价格或数量的猜测或随机选择,而是直接真实的定量估计,在每磅 1/4 便士的误差范围内,作为估计值是准确的,因而与真值一致。同时,另一个试验将提问同样的问题,但是在不同时刻,用不同的态度,并且使问题之间有所联系,以致产生不同的答案,然后再看看这种联系和态度是否影响了答案。

如此估计的精确性和可靠性具有非常重要的意义。但是,在这一重要性背后,我们可以把估计的纠正当作实现假设性经验的尝试。如果我们对某种商品已经拥有了这么多并且不会更多的话,我们可能对与其相联系的价值有清晰、一致的想法,那就不可能通过最巧妙的盘问来改变估计;但是,如果这个经验产生了,我们会发现之前形成的概念有可能是错的,当经验仅仅是假想的时候,现在的估计与之前的估计可能非常不同。因此,假想的情况与实际经验的巨大差距同样也会影响到估计的精确度,或者使得估计值(不论确切与否)作为对其他情况下估值的预测不再可靠。尽管在某种特殊背景下,我们没有必要强调这两种情况的不同,但是把它

> 估计精确度的意义

们区分开来是必需的。

但是,需要再次指出。不可能消除以下想法,即与或多或少有点不完美的估值一样,还存在着某些确定的、基本的事实需要我们给出估计,并且估计中的错误或者误差不会影响到这些基本事实。在这种情况下,我们如何领悟到准确的概念呢?显然,我们仍在谈论主观经验而不是客观的数量。但是,正如我们所知道的,我们会看到许多景象,但是不会有意识地记住它,因此,尽管存在许多轰动的事件和经验会让我们高兴或者反应很强烈或者相反,但是我们并没有意识到这些是情感的源头,或者它们是如此轻微,以致于我们没有学会去关注它们。一个超级完美的估计,将会识别出每一个起因,并记录每一个结果;会根据所有的经验——对我们来说,即可能实现的价值,如果我们明显意识到的话——来给它们赋值,我们不可能得到比这个更接近客观事实的概念了。

现在,回到实际估计方面,我们继续探讨在给定的例子中,在精确性和一致性的含义上导致更大或更小的精确度的一些影响因素。我们要在此基础上进一步讨论两者的差别。在前面已经提到了它们的差别,但是没有加以强调①。因为我们已经知道,与更为细微的数据相吻合的曲线总是会与更粗略的数据相吻合的,而且,与较粗略的数据相比,更为细微的数据所确定的曲线总是更为接近真实的曲线,所以精确度不是数据唯一的重要性质。与准确度相对更高的较为粗略的数据相比,某个相对误差水平更为微小的数据所确定的曲线轨迹有可能更接近真实曲线。例如,在图 10 中,我们假设,对应于第六磅的代表满足的面积精确性很好,但是,如果我们没有更细微的数据,据我们所知,曲线将可能在轨迹区域内较广范围中以无数种方式波动。我们有精确的数据,但是曲线的轨迹将无法确定;尽管我们认为在第三磅终点附近,数据的误差较大,但是我们确信可以在较小的范围内确定该点附近的曲线轨迹。由于限制在比较窄的范围内,相对不精确的数据的许多可能性可以被排除,而在范围比较广的情

> 影响估计精确度和缜密性的条件

---

① 参看第 376 页第一段。

况下,尽管是更为精确的数据,这些可能性却可能会发生。正如我们将看到的,事实上,按照比例来说,范围较广的数据相比范围较窄的数据更为精确,这是极有可能发生的。在这种情况下,范围较窄的数据对我们来说是有用的,它有助于在更广的数据的范围内确定曲线的大体轨迹,但正是由于细节上的相对不准确,使得它们的总和所产生的结果可能与更广的数据不相容,在这种情况下我们仅仅在它与虽然不太明确,与此同时却隐含着更为精确的条件相一致时,才以它为导向。

在此条件下,我们继续讨论有助于提高估值精确性和一致性的条件。在估计客观可测的量时,关于估计精度的一些看法可能先于我们对将满足作为数量进行更难以捉摸的估计的讨论。

我们肯定不会无视这个问题的困难和复杂性,也无法无视另一个事实,即我们制定的任何一般原则都会受到干扰,这些干扰来自估值者的个人特质或特殊经历。我们必须承认,在估计任何种类的量时,给定个人的估计存在着一个最大的精确范围。任何一个观察者,无论其经验专业与否,对此都无特殊引导作用。当我们将两段相连的电线呈现在他面前,其中一段长 1 英寸,另一段 $1\frac{1}{2}$ 英寸;然后,连续地画两个分别表示 $\frac{1}{32}$ 英寸和 $\frac{3}{64}$ 英寸长度的图,并用细线将其分开;接着再带他到一个景色多样的地方,保持距离、观察角度等条件相同,让他估计一棵树的树干和一块巨石之间的距离(你知道是 1 000 码),随后再让他估计小湖边缘与雪地边缘的距离(1 500 码)。在每种情况下,都问他第一个长度与第二个长度的比例。你可能会认为他对 1 英寸和 $1\frac{1}{2}$ 英寸的相对比例的估计会比其他情况下的比例估计更精确。或许还有另外一些他可能会估计得更精确的长度,例如,在 $\frac{1}{32}$ 英寸和 1 000 码之间的某点附近,他的估计将达到最大的精确度。不论在哪个方向上,离这一点越远,估计值将越不可靠。然而,在某些个别情况中精确度的下降并不是规则、连续的。基于这种或那种理由,个人已经习惯了用不准确的尺度衡量某些确定的量,这些估计值因此呈现不规则分布。因此,如果我们找到一个同时也是专业板球手的木匠,当他还是个孩子时,常常跟着驿站马车跑上一英里,如果我们提供给他几对长度,当然每对长度的相对比例相同,而且两者不是相差很大$\left(\text{比如说一个是另一个的}\frac{9}{10}\right)$,如果它们的平均数是 1 英尺,与它们的平均数是 9 码时相比,他的估值将具有更大的比例精度。但是,如果它们的平均数是板球击点的 22 码,相比平均数是 9 码时,他的估计会更精确;相比平均数为 22 码,平均数是 1 000 码时的精度会更低;但是,当平均数是 1 英里时,能达到的精确度却要高于平均数是 1 000 码时。因此,在某个特定量的附近,估计值可达到最大精确度。远离这个量时,不论是增加还是减少,精确度都将下降,这个一般原理可通过某些生动的经验和频繁的练习体现出来,这些经验和联系已培养出了我们对特定长度极其精准的判断力。无论实现最大精确度的点是什么,如果可能,人们将试图将他的问题简化为关于某一长度的问题,这一长度是他所能得到的最佳估计的长度。因此,如果一个长度是无法控制的,他将尽力将它对半分、三等分或者四等分,或者加长 1 倍或 0.5 倍,来看看这样等分或者加倍后的长度是否使他有信心能够立即判断出的长度,因此根据这个长度,他可以计算出其他的长度来。当被问到如何估计太阳到地球的距离时,小男孩回答为"猜出四分之一的距离大小再乘以四",显然,在他头脑里,对于有效方法有着模糊的概念,尽管在应用时不太幸运。

在茶叶曲线的例子中,所有的这些复杂性都已经呈现出来了,其他的例子也是这样。在对资源管理的每一地方,我们最终所估计和比较的数量不是 精神的量与货币单位的关系 茶叶和便士,而是满足的量;家庭主妇们完全不习惯于将它们当作数量。她以茶叶的磅数或盎司数、货币的先令和便士的量来考虑它,但是,渗透于半无意识、完全不进行分析的过程中,在盎司和便士的面值下形成有意识的思考确实与满足密切相关。结果,自我意识使得深思熟虑后变得明确的量与深思熟虑真正依赖的量之间存在差异。

明白为何如此并不困难。为了估计茶叶,我们如果以其他商品为参

第二章 表示满足的面积和边际重要性的图示法

照物,就一定要用货币来表示它的价值,在问题涉及的所有商品之间,货币是通用的度量标准;我们将通过习惯购买的数量来对它进行估计。但是,我们对价值的直接经验是基于小得多的数量,虽然我们论磅购买茶叶,但却是论杯消费的。如果一个人每天早餐时喝两杯平均浓度一定的茶,他对 1 磅茶叶价值的估计一定是通过考虑能喝几次早茶而得到的,比如说 64 次早茶,那么,1/4 磅的边际价值是通过考虑在这 64 次早餐中用 1 杯半替代 2 杯所改变的重要性得到的。一次早餐中喝茶的快乐是他真实估计的满足的量,但是,为了与开支问题相一致,他必须将它还原到真正交易时所采用的单位。如果我们用货币来表示对 1/64 磅茶叶价值的估计,那就太荒谬了。货币是实际交易的工具,在任何实际交易中都无法对 1/4 便士的一部分进行精密估计,因而这种表示方法没有任何价值。结果导致之前的茶问题的解决方法中的无法忍受的不真实感(第 37—60 页)。随着我们将估计区域变窄——这将更接近可实现经验的真实宽度——我们还将继续使用变得极端不合适、不令人信服的单位量来表示估值。

因此,在特定点上,用货币支出作为替代变量,它所带给我们的感受可能远远不同于直接的消费经验所带给我们的商品直接价值的最真实鲜活的感受。简而言之,为对两项**开支**进行比较,我们不得不远离那些可以在消费经验之间进行最佳比较的消费量。尽管在某些消费量上,它们引致的消费经验之间可以直接进行最佳的比较,但是,在实际中商品之间并不按照这些数量,或者可以得到的替代品进行交易。与满足相比,我们更习惯有意识地思考开支(尽管所有开支的规划最终着眼于满足),一个无法避免的困难由此产生了。细心的管理者偶尔会有意识地回到这个首要的、根本的基础。她会一次又一次地计算,比如,1 磅大米可以做多少个大米布丁,1 磅茶叶可以喝多少次早茶,以便在商品购买量与经验所需的消费量之间建立一种关系。她有时估算从每磅或每年开支转换到每 1/4 盎司或每日开支得到的满足,以便能够以亲身经验为依据;每一天的储蓄可能太小而无法用国家的货币进行估计,她有时计算一个月或一年的总计储蓄量,以便使一系列经验在转换后可与其他经验或者替代组合进行比较。

我们即将讨论曲线构建中精确度的极值，显然我们关注的不是每磅茶叶所需要的先令或便士数，而是对每杯茶以及诸如此类的商品可能带来的满足进行定量估计。显然，家庭主妇最终必须努力得到这些估值。例如，为了节约她可以减少早餐喝茶的次数，除非特别想喝，否则在一天的某些特定时段不提供，实在不行就用最后一招，不喝茶；或者使茶变淡一些，或者每餐少喝点但保持浓度不变，或者喝更便宜的茶，或者喝家人不喜欢的茶。她可能受制于因家人不配合而产生的压力，也可能不受其影响，而这压力正如一些前述假设所暗示的那样，但是，无论如何她正在处理某些可供选择的事物，她通过估计并比较满足的大小以及在图中所代表的面积来考虑这些选择，以此为依据估计一盎司茶叶的边际价值，该估计值用货币表示，并且在茶的价格和质量给定时，确定在何种压力下她购买的茶叶量大概为1盎司。

> 分析的根本精神依据

因此，在这里我们必须应用重要性原则，并且是在最大比例精确度下的估计重要性；因为可能存在着某种或者多种她习惯上认为可以极其清晰地实现其重要性的满足，而且认为她对于这些满足的重要性，其他人会有意无意地视为标准。例如，假设有个家庭成员，不管他的需求好坏与否，家庭主妇认为满足他的需求非常重要，因此，导致茶的数量或者质量偶尔令人失望。这种偶尔发生的意外情况的重要性可以很好地组成估计值的最大比例精确度的真实单位，通过对它无意识的参考，家庭主妇可以最精确地确定对所有备选项的拒绝、放纵、逃避、设置和罚款支出的相对价值，她的确关注这些价值。此处与木匠例子一样，可能存在另外的一些点，受其他经验影响，在其他某些特定的量上异乎寻常地坚定其估值；但是，如果忽略这些，我们就可以遵循我们所领悟的特别提示。

应当注意的是，我们的家庭主妇从来就不会仅仅为了避免特定匮乏而去节省必备的茶叶，从而故意导致我们所说的这种特定匮乏。这种特定匮乏将因为某些疏漏或者估计错误而出现，它将导致耽搁、麻烦、对客人应有礼仪的缺失，或者是附带的浪费（但这不是主要的），这些误差是否

第二章 表示满足的面积和边际重要性的图示法

得到纠正将取决于她是否接受这些结果。但是,当家庭主妇被要求就连续供给增量对她而言的价值进行大量假设性的估计,并且考虑供给的萎缩——这种萎缩足以使得这个特定的缺乏不再是偶然、意外的,而是永久的、正常的时,她会发现自己对那个特定"多"的满足有着非常清晰的概念,她已经习惯将这个量的满足转换成各种不同的等价物,并且界定的量不时地非常接近恰好价值是这么多的其他事物,而不是多一点点。通过谨慎的计算,她现在可以将它转换成每月这么多的茶叶,并且可以精确估计它的货币价值下的量。这可以构成一种可供参考的标准量,并且是她能够在最高比例精确度和准确度下进行估计的量。如果据此决定的面积正好代表某个量的茶叶带来的满足,那么,这个量将是以最大准确度构成曲线的基础。因为在考虑更接近或者远离消费边际的其他增量的价值时,我们(所假设)的家庭主妇将发现,对这个特定量的满足所代表的面积进行估计是最容易的,当然,她也将发现,如果进一步缩减供给,家庭所获得的满足比她曾经实际达到的满足量大大减少,她将意识到,在可实现更大重要性处,更小的茶叶量会就能产生一标准单位的满足,同样,在消费量更大的点处,相应需要更多的量才能得到这一标准单位的满足。从图形上看,我们越接近原点,代表一标准单位满足的区域的底边就越窄,当我们远离原点时,同样面积的矩形的底边将变得宽一些。

因此,受所有隐含条件和发展完善的条件的约束,我们可以假设,最大比例精确性下获得曲线数据的最终基础存在于被估计的某个量的满足,这个被估计的量大致相当于让家庭主妇印象深刻地感到失望时所放弃的满足的量。在图中,它们将由一系列相同面积的矩形表示(当被简化为月供给量,而且用每磅茶叶花费的先令或便士数表示时),这些矩形离原点越远,底边将越宽。 构造曲线的基础

现在让我们来观察一下家庭主妇如何提供一天的总供给,体验、观察从最初到最后的每一个增量带来的真实效用,这或许会诱导我们产生这样的想法:她可以依据直接经验,在原点到消费量之间推测性地构建曲线。但是,事实并非如此。我们已经看到,周期性被满足的需求从未使这些需求事物的满足重要性 经验的范围

回到真正的初始重要性上①。如果大幅度地缩减供给（甚至不理会任何最终可能发生的机体反应），我们将体验到以前所感觉不到的重要性，因为提供今天第一次供给增量时的需求与昨天被满足后的需求不同。并且，只要我们开始缩减或者增加供给，这个过程就开始了，尽管一开始我们可能很难察觉到，但是，在我们离目前的边际量相当远时，它可以变得显著。因此，一个不确定的额外因素会影响那些远离目前消费边际，不管在 X 轴上是特别靠前还是特别靠后的消费量所带来的满足估计，我们理想的等面积会相应变得更具有不确定性。当我们远离真实的边际时，在拒绝做出同样精确的估计时会自然地暴露出这个不确定因素，在不能做出一致的估计时会被迫暴露出来。过去的经验、记忆依然清晰，可以不定时地成为比较直接和立即估计的另外一个基础，或者临界点可以通过借助想象以得到一个在确定精确度而不是虚假精确度下的不确定估计，或者在曲线的某些区域一些变化了的最大精确性的单位会显示自己的权威，在整个过程中我们必须区分上述意义上的精确度、一致性，以及在即刻经验压力（如果被意识到的话）之下形成的估值的近似性。

当形成像这样的曲线时，它将是一个或多或少可靠的估计或者记录，估计或记录的对象既包括从给定商品数量的消费中获得的总重要性，也包括在任何一点上的边际重要性。

在结束主题的这个分支之前，我们会注意到，如果需要估计一系列客观相等的商品增量的重要性，我们应当有一系列面积不同但是底边相同的矩形，并由此构建曲线；同时我们会问，什么样的条件会影响各个矩形之间面积差异估计值的敏感性和精确度。下面两种考虑彼此相关。首先，如果变化量大小相等，那么，与较小的总量相比，在较大总量下的变化量大小获取和估计要更不容易一些。两人鼻子长度相差一英寸要比他们的身高相差一英寸显得更为显著。因而，相比面积较小时，面积较大对小的差异的感觉将更不灵敏；给定差异大小，相比远离原点的两个相邻矩形，原点附近的两个相邻矩形的差异更难察觉。其次，所有研究已表明，

---

① 参见第 355—356 页。

第二章　表示满足的面积和边际重要性的图示法

商品连续增量的重要性在某些区域要比在其他区域变化得更迅速。因而,在两个底边相同的相邻矩形之间,有时差异较大,有时则需要更敏锐的观察力。第一个条件可以由迅速下降的曲线予以说明,第二个条件可以由曲线的较高、正的高度来说明。在我们的茶叶的例子里,图 14 的 a 表示的情况中,这两个条件的作用趋向于相互抵消,因为,随着差异自身的变小,我们对它们的察觉力在增强。但是,在图 14 的 b 中,它们的作用相互增强。随着它们的差异变得更大,我们察觉它们的能力也要变得更敏锐。

首先,关于商品总重要性的曲线的真实评估一定是极端不稳定的,但是,同时这个如此难以估计的值的确又是明确的和非常重要的量,为了说明这两点,我们已经说得足够多了。

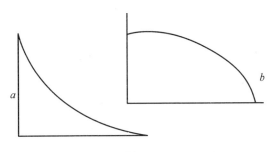

图 14

曲线围成的面积代表老经济学家们所说的"使用价值",也就是从商品消费中获得的总的满足和利益;横轴上任何一点之上的曲线高度表示它的边际重要性,就可交易商品来说,这些重要性总是趋向于与它的"交换价值"一致。如果支出是明智的,由递增的供给导致的边际重要性下降通常将与满足总量的增加同时发生。任何商品"交换价值"的下降总是会导致对我们来说所拥有的"使用价值"的增加。

我们现在已经充分审视了总重要性或满足的曲线的一般含义,并且知道了数据的不稳定性,这数据是所有为了估计商品总重要性而作出的尝试的依据。但是,我们仍然必须留意某些点,对这些点的忽视可能导致错误或者说不准确的想法。

可以理解的是,我们基于事实开始研究,但是,一条曲线不能证明任何与事实相关的东西。它仅仅是事实及其含义被理想化之后的画面。因而,尽管它有助于我们彻底理解假定的事实的意义,但是它并不能确定真正的事实及含义。它至多揭示出某些事实之间的关系,如果这些事实存在的话。但是,这样做,可以阐明我们还未彻底领悟的包含在数据中的含义,同时也将再次阐明数据本身的有效性。例如,粗略地看一下茶叶曲线,我们马上会发现,在到了我们曾经到达的那一点之后,曲线将不再下降,既然没有理由说明边际重要性递减规律在7磅之后不再成立,那么,我们就可以合理地怀疑数据本身在某些方面是否自相矛盾、无法实现。情况确实如此。我们假设,关于连续各磅茶叶价值的原始数据符合绝对精确、易识别的代数法则。但这是完全不可能的。首先,估值在数学上是不可能完全精确的。也就是说,商品数量上极其微小的变化实际上不可能被直接估计,用货币表示的商品重要性极微小的变化同样如此。但是,如果仅仅涉及近似,已给定的多少不大精确的估值很可能不会严谨地遵循简单的代数公式。然而,既然无数的异质因素将影响曲线的每一区域的构成,其中一些因素沿着曲线将有所变化,我们可以肯定,没有简单的代数方程可以代表这些因素,即便只是近似地代表,尽管它可能近似地符合曲线的某一部分。因此,如果我们已经假设由这个精确的代数方程式来确定整条曲线,那么,首先,我们假设了无法忍受的精确度,其次,这是极不可能的(正如它表现出来的,不可能)简化和规则性。事实上,我们将发现,原始数据本身假设第六磅之后曲线的规律将发生变化;因为在23先令、17先令、12先令、8先令、5先令、3先令之后,下一项按道理将是2先令。基于此估值我们构建了该曲线。但是,这与原始数据是矛盾的,因为我们开始的假设是"在每磅2先令时,购买者将消费7磅";然而,数据明确表明,如果第七磅仅仅值2先令的话,则它的前半磅的价值会多于1先令,后半磅的价值则会少于1先令。因而在这种假设下,我们根本不会购买后半磅。曲线表明,理想的消费量大约是6.42磅,消费者在这个量上将停止继续购买。因此,如果假设价格为2先令时将购买7磅,我们必须假设在6

> 假设性茶叶曲线的形状

第二章 表示满足的面积和边际重要性的图示法

磅之后曲线性质发生了变化。过程可能正如虚线所表明的那样（见图 10）。

在非常多的例子中，如果将曲线的某一部分用一个简单的方程式近似，那么对曲线产生如下预期就会显得很合理：靠近原点时，曲线的性质会发生变化；因为我们已经看到，一开始时，商品有递增的重要性，只有"在某点之后"重要性才开始递减。然而，在茶叶的例子中，假设至少一直到非常接近原点，曲线近似遵循我们假定的方程，这并不存在着明显的荒谬。非常容易想象，当茶叶（或咖啡）变得越来越昂贵，她的家人仍旧保留着这个越来越不能够得到满足的爱好，一个细心的家庭主妇的购买量将越来越少，直到最后，它成为只有在重大节日、庆典上才能消费的珍贵饮料。当价格达到每磅茶叶 1 英镑 6 先令 4 便士时，就只能在圣诞节购买四分之一磅或两盎司，其他时候一点都喝不到。这种消费（每年 4 或 2 盎司）平均来说将是每月 1/3 或 1/6 盎司，在图上由位于 X 轴正方向上而且距原点距离为小方块边长的 1/3 或 1/6 处的点来表示。如果我们将整个曲线垂直下移，下降幅度为 Y 轴上两个大的单位量以便使曲线与 X 轴相交于 6 磅 7 盎司之下一点点，则从第一个增量的边际价值到最后彻底满足需求的增量的边际价值这一序列，没有任何明显的荒谬，就被假定为由这条特定曲线来表示。事实上，原始数据明显意味着以下假设，即从 1 磅到 2 磅，……直到 6 磅的逐步递减的价值所表示的规律，在从 6 磅到 7 磅时就不再适用了。

即使我们不为曲线假定一个代数方程，而是应用图示法，后者通常总是能超出我们的期望，传达更多的信息，而且传达得更精确，相形之下，用曲线进行概括性陈述就显得相当不利。例如，如果我们说，在某一点之后商品连续增量的重要性递减，这种陈述依然是概括性的。但是，如果我们用曲线来描述它，究竟这"某一点"是哪一个点，就将被确定下来，每一点的递减速度也将被确定，各种变化模式的基本概念因此将被提出来。因此，马虎的学生可能会被所选择的个别曲线的特征误导，不能将它们与数据真正包含的特征区别开来。我们需要非常谨慎，才能避免曲线在我们头脑中暗暗留下不被数据包括和涉及但是却被结论接纳的假设，尽管我们从未在我们的结论中接受它。顺便要说明的是，并非只有初学者才会掉进这个陷阱。

现在假设,在类似图 15 这样的图中,如果曲线构建得合理,我们可以将以下的量完美地表示出来:某个特定的人在任意给定的市场价格 Oy 下的商品购买量 Ox;消费这些商品所带来的总满足 Oy_0px;为获得这个总满足而产生的支出用在其他方面时可带来的其他满足的量 Op;实际获得的满足相比牺牲掉的满足而带来的满足的剩余为 yy_0p。如果是这样,那么,最后一个被定义的面积 (yy_0p) 将代表消费者因这个特定市场的存在而获得的利益,也是他将被剥夺的满足的量,如果市场关闭,或者对他来说难以进入,而其他事物维持原样的话。

> 总满足曲线的解释;货币单位精神意义的不稳定性

然而,这些结论仍旧需要各式各样的修正,以及受种种条件的限制,我们现在就要研究这些。

在构建曲线时,我们已经使用了先令和便士的面值作为某些确定的满足的度量标准,而且我们已经尽力试图从概念上表明,对应于任意给定商品供给 Ox 的总满足的面积确实可以用这些面值估计出来。但是,在进行更深入的审视时,当满足被当作心理上的重要性时,我们意识到用货币单位来表示满足,可能会存在令人不安的不稳定性和模棱两可的干扰。

我们已经注意到,1 先令对于两个不同的人来说,将带来不同的心理上的重要性,对于同一个人,如果他的收入上升或者下降了,1 先令带来的心理上的重要性也不一样。于是,理论上,1 先令的边际重要性受到这个人为获得某种满足而产生的支出总量的影响。在茶叶的例子中,假设家庭主妇告诉我们对她来说第一磅茶叶的货币价值,假定她自己已经为茶叶支付了这么多的货币,之后将继续告诉我们第二磅茶叶的货币价值,等等。如果图 15 是按照这种方式构建的,那么,

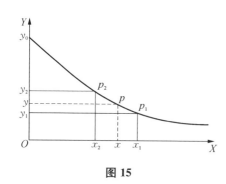

图 15

第二章 表示满足的面积和边际重要性的图示法

x_1p_1 将表示某种商品对于某人的边际价值,前提是他确实为数量为 Ox_1 的商品支付了以面积 $Oy_0p_1x_1$ 表示的货币量。但是,如果市场价格是 Oy_1 时,Ox_1 真的代表他的购买量吗?除非由面积 $Oy_0p_1x_1$ 表示的货币量只占个人总开支的很小一部分,以致于无法察觉出一便士所带来的边际重要性的差异,无论茶叶开支是由面积 $Oy_0p_1x_1$ 来表示的,还是仅仅由面积 Op_1 来表示的。否则,花费 Op_1 所得到商品量 Ox_1,将令他更幸福,相比之下,第一个假设还要额外支付与面积 $y_1y_0p_1$ 相对应的货币量。如果这个货币量很可观,而得到供给 Ox_1,不用支付 $y_1y_0p_1$(Op_1 仍需要支付),那么,省下来的货币 $y_1y_0p_1$ 将使每一种物品或任何物品(包括直接考虑的商品)的购买量能多一点点。因此,茶叶购买量将比 Ox_1 多一点点。此外,既然这个人的所有需求可以被进一步满足并到达较低的紧迫程度,那么,在更高的消费边际上,一便士消费的重要性将下降。与总满足相对应的货币支出相比较,如果在较低的价格水平上获得总供给,单位货币心理上的重要性将会更小。因而,随着商品购买量 Ox 的增加或减少,总面积或矩形面积的变化将对单位货币心理上的重要性产生影响,这种变化将使得横坐标无法精确地表示在纵轴所表示的价格水平下商品的消费量。

这不仅仅是一个虚拟的推测。如果细心的家庭主妇正在做所有如同假设的估计,当她开始认为每月应当花 50 先令或 60 先令来买茶叶,而不是大约 14 先令时,她或许会明显意识到在所有支出项目上所受到的约束,并意识到,相比作为真实支出调整依据的重要性单位来说,她正在用更大的重要性单位对茶叶增量进行估计。

因此,构建的曲线绝不表示价格与理论上可实现的精确度下的购买量之间的关系,它是以不断变化的单位表示的所获得满足的心理价值。

接下来,我们将讨论这一难题:在进行一系列估计时,我们如何保持心理单位量的稳定性?我们真正需要做的就是,维持自己脑中或信息提供者头脑中由位于目前支出边际的一个客观单位代表的真实心理重要性不改变,然后用这种客观单位来估计不同支出边际上商品微小增量的重要性。于是,对于任意给定的消费量,我们应该拥有我们预计要获得的,即用稳定的货币单位来对预计将要享受到的满足总量进行估计。要注意的是,这不同于总支出。然而,穷尽我们的想象,似乎也仅有曾经在心理实验室里受过训练的专家才能做出这些估计。对于注重实际的管理者来说,他们给出的答案便如我们所料想的那么简单,而且思虑全面、深刻,从不涉及像心理单位这样微妙的概念。我们需要通过提问来协助信息提供者,问题的形式设置如下:"假设在月初,你已经以市场价格为这个月购买了茶叶,但是之后丢失了这个茶叶的 1/2、3/4、9/10 或者全部——在每种状况下,在未丢茶叶时,你愿意为第一个微小增量支付多少?"被估计的增量长度应当逐渐缩小到零,即增量退化为一个点。在每种状况下,为商品支付的真正总量被忽略时,只有这个量被忽略;单位货币带来的心理价值所对应的货币量,将维持心理价值的一致性。机灵的读者仍旧会想到干扰的影响,损失带来的冲击,茶叶供给的减少会导致其他享乐重要性的变化,等等,并且他会想哪种折扣将会令他高兴。很明显,在任何状况下心理单位量的绝对不变性仅仅是一个理想化的概念,用货币作为单位所进行的真实估计至多能使他们的心理重要性保持近似一致而已。这里有两点很关键:一是,从给定数量的商品消费中获得的满足所产生的总精神价值量是一个有限的数量,并且可以被理想化地估计;二是,在当前支出的较大范围内,在我们自己的估计中,它超过了为它而放弃的其他所有替代选择的价值①。在理论上,满足的总面积可以精确地由图形表示出来,这个图形将展示出商品每一个连续增量的边际重要性;但是,如果我们已经将现存条件下在真实支出边际上的单位货币可带来的满足作为我们的精神单位的量,则任何能够导致这些条件发生明显变化(比如通过增加或者减少花在商品上的真实支出)的假设,都将改变这个单位量的重要性;因此,如果用纵坐标 Y 表示便士或先令的数量,那么,在理想精度下,我们将无法用一个图形来阐释多个不同假设的含义,尽管我们认为这些假设是可以共存的。任意给定价格水平,及相应的实际资源配置,我们可以构建一条完美的总满足曲线,并以此时增加或减少消费一先令或一便士所

---

① 请比较随后的一章。

第二章 表示满足的面积和边际重要性的图示法

得到的边际满足量为单位;但是,如果价格变化了,为了保持图形不变,并得到精确的结果,我们将无法通过简单改变 OX 轴上截断曲线的垂线位置得以实现,因为在变化了的条件下,从一便士或一先令中获得的满足的量已经改变了。

我曾经谨慎地提到,在理想状态下,图形可用曲线下方的区域来表示消费量为 Ox 时所得到的总满足。但是,没有说超过支付的满足剩余可以由面积 yy_0p 精确地表示。因为这也仅仅是一个近似。评估真实支付的价格 Op 时,图形意味着:如果问题中的商品市场关闭,或者商品不再存在,那么,购买者失去的满足就是 Ox 之上的总面积,而他将要获得的是相当于矩形 Op 的面积。这意味着在这种商品上的所有支出将以 xp 或 Oy 表示的边际重要性用于其他商品。但是,在理论上这不是真的,因为如果其他商品的供给增加了,它必然将位于递减了的边际重要性上,结果就是:当相当于整个矩形 Op 的货币被分配到这些商品上时,它们的边际价值也将在 xp 上发生某种程度的减少,无论这个程度有多小。因此,它们中的一部分将较边际重要性仍保持在 xp 上时拥有较少的价值,并且在总量上它们不再等于 Op。另外,当我们离开实际分割点并向原点移动时,单位货币的精神重要性将面临另一种干扰。与上升的边际重要性不同,其余可以获得满足的商品,即图形所表示的商品的整体重要性将变小。因此,我们不得不再次指出,一切旨在防止干扰客观单位量的精神价值的根源出现和使其作用大打折扣的努力都是脆弱、笨拙的。唯一理想的方法就是孕育一个头脑,通过受训使其可以保持一个不变的精神的量,并将其作为单位始终如一地应用。这个数量将是在现存条件下由单位货币表示的满足,但是,我们将直接在假设已经改变的条件下应用它,而不考虑重要性永远都在变化的单位货币的干预,这种假设虽然方便但却是不可靠的。

> 支付矩形的含义

基于在当前边际上一便士或者一先令所获得的满足,如果我们用一个稳定的精神单位量来记录原始曲线轨迹,如果当支出边际上升时,允许其他商品有递减的价值,即用在纵轴上 xp 或 Oy 的高度递减来表示该价值,那么,我们将得到总满足和其超过商品实际支付额的满足剩余的一致表示。它将用稳定的单位表示：我得到了多少满足，我为它支付了多少。但是它不会给我们事物真实状态之外的其他任何精确信息。

另一方面，如果我们问的不是"在某某环境下，你将为一盎司茶叶付出多少"，而是"某某价格下，你会买多少茶叶"。我们将得到一条特征相反的曲线。这条曲线将带给我们大量在不同假设条件下的信息，但是，它的不同部分没有一致的重要性。因此，通过问"在你完全停止购买茶叶之前，它的价格可以达到多高"，我们或许可以在 Y 轴上得到一点；然后，通过问在从该点到原点之间的多个价格上分别会购买多少，我们就可以得到一条曲线，这条曲线将精确地表示在每一个假设下，价格和即时购买量之间的关系。但是，在每一个假设下，单位货币的心理重要性是不同的，正如它总是区别地对待（理论上）由 X 轴之上的非线性面积表示的满足总量和仅由矩形表示的支出总量，面积将不会精确地表示消费者为 Ox 支付的总量，也不能精确地表示用任何固定单位量的心理的估计值。

> 价格—购买量曲线

曲线将表示：（1）每一种价格下可以购买的数量；（2）对可以产生的总满足的估计，以金钱或者精神满足的一定量为单位。这样的曲线仅仅是一个妥协，因为它试图融合两组不相容的条件。它的结构将说明"平均律"原则，通过这个原则，既不是 D 高调也不是降 E 调，仅仅是它们之间折中的钢琴调——同时负责这两个调，只有在它们之间的间隔比较小时才有可能。在我们的例子中，混淆两条曲线所产生的误差，在比例上变得可以忽略，因为问题中对该商品的总支出仅仅是这个人总收入中可以忽略的一小部分。

> 平均律

心理曲线总是保留最根本、最基础的事实。尽管我们从来不曾依赖它的精确估计，但是，我们应当形成对其特征的精确概念并且意识到它有一个确定的值，这是非常重要的。这个价格—购买量曲线是最容易得到的，也是我们经常处理的；但是，除非相反的情况被明确地表达出来，我们将假设我们的曲线拥有"平均律"，因而可以通过任意一种方式对其解读①。

---

① 参看第二章、第三章的附录第 406—408 页。

第三章
总满足曲线的性质

摘要：总满足曲线是纯粹抽象的，也就是说，它们表示某个消费者赋予商品每一个增量的主观价值，或者在任意给定价格上的购买量，而不考虑任何在真实经验中被认为会限制供给或提高商品价格的因素，并且忽略其他商品价格变化的影响。它们也是孤立的，也就是说，我们无法想象构建同时有效的此类曲线体系。在不忽略某些值并且重复加总另外一些值的前提下，我们无法加总连续取得的面积。我们也无法从这些曲线上看到消费者收入上升或者下降带来的影响。不过，它们的一般形式具有很高的理论重要性。对于价格—销量的公共曲线不能从心理上来解释，尽管它们依赖于心理基础。此类曲线体系无法同时有效。

在上一章中，我们所仔细研究的曲线的微小区别经常会被忽视。价格—意愿购买量曲线被认为可以通过直接估计来构建，并且它的面积被用来表示来自某个给定量商品消费的总满足。同时，价格乘以数量的矩形被用来表示牺牲了的替代选择的价值，剩余满足则是两者之间的差值，即未被支付或牺牲

> 个人曲线的理想、独立特征

的满足。不过,接下来,与被忽视的问题无关,我们讨论的将是整个总满足曲线概念的合理性受到了严重的挑战。它可能是由于这样一个事实:总效用的个人曲线,尽管它本身的形成过程是完全合理的,然而正是因为它具有如此理想、独立的特征,以致于对同一个人来说,它被认为是无法与具有相似性质的其他曲线同时存在的。它以及其他对个人而言的相似曲线,就现状看来,也无法通过加总成为计算一个商品公共曲线的基础。因此,当我们试图将具有这种特征的曲线与关于市场条件的现实可行的假设相联系时,它是如此难以捉摸,以致于那些深感困惑、无耐心的学生将它仅仅作为幻想抛到了一边。现在,我们必须解释所有的这些问题。

一定价格下消费者将购买多少商品?在获得关于这个问题的连续数据时,通过更深入考察"其他事物保持不变"条件的含义,我们将尽量避免可能带来争论的混淆,与此同时,尽量维护方法本身的基本价值和重要性。首先,在保持不变的其他条件中,必须包括在当前价格下购买替代品的能力。例如,如果家庭主妇正在考虑,当茶叶价格是每磅 6 先令时应当买多少茶叶,那么,当她减少茶叶购买量时,她可能会考虑增加咖啡或者可可的购买量;假设她仍旧能够以当前价格来购买咖啡

> 条件"其他事物保持原样"的含义;替代品

或者可可,这表明了茶叶曲线独立性的假设。以该假设为基础,我们根据同样的原则构建咖啡曲线、茶叶曲线。可以发现,构建茶叶曲线时,在假设保持不变的条件中,包含在当前价格下得到更多咖啡的可能性;同样,构建咖啡曲线时,在假设保持不变的条件中,也将包括在当前价格下根据需求得到更多茶叶的可能性。因此,一旦假设茶叶价格上涨,我们就违反了咖啡曲线有效性成立的条件;同样,如果假设咖啡价格变化了,我们也就违反了茶叶曲线有效性成立的条件。因为很显然,在任意给定的咖啡价格下,家庭主妇购买的咖啡量会受到茶叶价格变化的影响;反之亦然。这样,要画出同时有效的曲线体系,即便在理想状态下也是不可能的。因为每一条曲线都表示了大量的可以同时发生的可能性,体现了在任意给定价格上的购买量;但是,在任意给定的价格水平下,任何一种商品价格的变化都将或者可能将影响其他商品的购买量。也就是说,如果我们改

第三章 总满足曲线的性质

变了其中任一种商品的价格,其他商品的曲线都将在整个可行域内改变其形状。这或许需要更详细的探讨和更多的解释。

让我们从这样的假设——"消费者的收入事实上是以特定方式进行分配的"开始分析这一问题。他以价格 $a\alpha$ 购买了 Oa 的商品 A,以价格 $b\beta$ 购买了 Ob 的商品 B,以价格 $c\gamma$ 购买 Oc 的商品 C,等等。根据已经阐明的原则,我们分别构建了如图 16 的曲线,并假设每一种情况都从相同的初始假设开始。每一种商品在 X 轴上可以用其传统单位来衡量,而 Y 轴采用的单位则是统一的。现在,假设任一个曲线(比如说曲线 B)都将阐明(作为首要近似值,受约束于上一章里详细论述的次要的不精确性和不一致性)在每一个供给点上商品 B 的边际重要性、任意给定价格时的购买量、从每一个消费量得到快乐从而带来的满足剩余,都是以 $a\alpha$ 或 $c\gamma$ 等价格下可以获得的 A、C 等商品的数量为前提的。但是,在

> 某种商品供给变化对其他商品曲线形状的影响

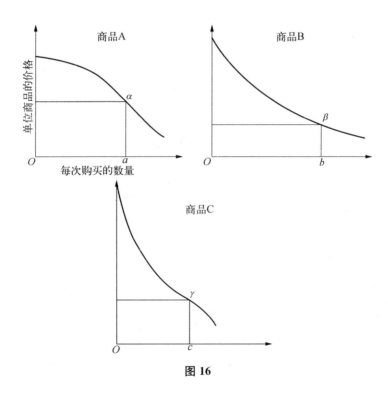

图 16

假设商品 B 价格上升、消费缩减的一瞬间，作为替代，我们会发现消费者将消费更多的商品 A 或 C，此时 Oa 不再表示他在价格 $a\alpha$ 上消费的商品 A 的数量。按照实际情况来说（除非偶然），这个曲线也不再表示任一点上价格与数量的关系。因此，商品 A、C 的曲线可能会因为每一个商品 B 的价格 $b\beta$ 的变化而改变形状，只有在保持该值不变的假设下才能得到商品 A、C 的曲线。而曲线 B 则阐明商品 B 在价格 $b\beta$ 发生变化之后的重要性，这个价格 $b\beta$ 的变化被认为是 Ob 数量改变的原因或者说效果。

给定 A、C 等价格保持不变，在构建商品 B 曲线时，作为由商品 B 的供给变化或者价格变化而导致的支出复杂的再调整结果，我们必须要记录每一个 Ob 值对应的 $b\beta$ 值；反之亦然。如果在每一个例子中，我们都从实际价格 $a\alpha$、$b\beta$、$c\gamma$ 等出发，我们可能将分别地、独立地得到曲线 A、B、C 的轨迹，并且只要消除所有其他影响因素，保持原始数据（$a\alpha$ 等）不变，其中任意一条曲线都将是有效的；但是，它们中的任意两个都不能表示改变的数量与边际重要性之间的关系体系。这些关系体系要求这两条曲线同时成立。

现在，我们已经充分拓展了这一事实，即正如前文所讨论的那样，我们仅仅能够承认这些曲线的单独有效性。不过，进一步研究某种商品价格变化对其他商品需求影响的性质是具有建设性意义的。如果某种商品（A）价格的上升总是导致购买量的减少，我们只要看一下图形，就能看出，在该商品上的货币支出将有时增加，有时减少，而在最佳替代品（B）上的支出将增加。因此，商品 A 的价格上升，无论是否导致商品 A 上的支出增加，都可能较易引起在商品 A 和 B 上的总支出的增加。这一结论也可以扩展到其他商品；但是，因为人类的总资源不会因为商品 A 价格的上升而增加，经济一定会在某处受到影响。因此，商品 A 价格的上升可能导致商品 B 消费量增加，但是商品 C 的消费量将因此减少。

在某些情况下，这个结果或许是商品 A 价格上升的直接而不是间接结果，因为某些商品之间存在着互补关系，某些商品之间则存在着相互替代关系。假设一个人喜欢

> 互补商品

牛奶咖啡(café au lait)而不喜欢清咖啡(café noir)①,那么,当咖啡价格上升时,他将控制牛奶的购买量。如果在这两种商品上的总支出减少,那么,在其他商品上的支出无疑将增加。

因此,任意一种商品价格的调整都将作用于其他商品,或者,从理想的角度说,将作用于其他所有的商品、服务和机会的需求曲线,或者总估计价值的曲线。在声称可以代表任何人的整体偏好程度的此类曲线体系中,曲线之间将相互破坏,因为,每一条曲线仅仅表示在其他任何商品保持不变的假设下,购买量与价格在一定变化范围内的可能性。任何一条曲线都表示一个轨迹,沿着它移动的同时,也将附带改变其他某一个或者更多曲线的轨迹,并且这条轨迹本身又将被其他曲线轨迹中的任意一个的移动所改变。帕累托如此频繁地强调这一原则的意义,即任何商品的边际重要性不仅仅是我们拥有的(包含数量为零)这种特定商品数量的函数,而且也是我们所拥有的其他商品数量的函数,理想状态下是所有其他商品数量的函数。因此,所有我们渴望得到的物品、服务和机会的获得量以及我们赋予它们的边际重要性将是一个量的系统。在这个系统中,数量在总的可支配资源约束下互相决定了彼此。

这样,每一个市场的存在都将赋予消费者总满足的增加值。如果认为这些曲线将分别说明消费者自身对该价值的估计、他所拥有的资源和实际可选择的机会,那么,我们能这样说吗? 能不能说,A 商品市场在当前的环境下确实会产生对应于由曲线 A 下方的非线性面积表示的纯满足增加值,并且 B 商品市场对应曲线 B 下方的面积时,这两个面积加起来将表示由两个市场导致的总满足增加值?

这显然是行不通的。让我们分别用 A 和 B 来代表茶叶和咖啡。假定存在(或者可能存在)着某些由茶叶或咖啡提供的服务是无差异的。如果茶叶价格上升,使得消费者购买较少茶叶的同时,也

> 剩余满足进行面积加总的不可能性

---

① café an lait(法)(尤指咖啡与热牛奶各半调成的)牛奶咖啡;café noir(法)(不加牛奶或奶油的)清咖啡。

会令他购买较多的咖啡。这个例子明显表达了这种不可能性。因为，曲线 A 说明的不是由茶叶消费提供的整体服务的价值，而是不能由咖啡提供的那一部分服务的价值。同样，曲线 B 表示的是由咖啡提供而不能由茶叶提供的那一部分服务的价值。因此，作为替代选择，假设咖啡市场是开放的，我们首先将得到来自茶叶市场的好处；作为替代选择，假设茶叶市场是开放的，我们首先将得到来自咖啡市场的好处；如果将它们整合成一种商品，则由这种商品市场带来的好处，与两个市场赋予我们的好处之和，绝对是不相同的。因为，我们的估计没有考虑那些可以由茶叶或咖啡无差异地满足的系列需求。当我们估计茶叶时，将避开这些需求可以由茶叶得以满足的事实，并将它转换成对咖啡的需求；而当我们估计咖啡时，将避开这些需求可以由咖啡得以满足的事实，并将它转换成对茶叶的需求。

假设市场关闭的效果可以累积，那么，如果先关闭茶叶市场，这种共同的服务将逃到咖啡市场，进而改变咖啡曲线的形状并增加对应于横轴上任意给定长度的非线性面积。如果接着把咖啡市场也关掉，那么，我们将意识到共同服务的价值，并将它记在咖啡的头上；然而，如果我们首先关闭咖啡市场，茶叶市场曲线将有所改变，公共服务的价值将由茶叶的曲线体现出来；但是，在这两种情况下，基于替代选择构建的两条原始曲线下方的面积之和，均无法给出对可由两种商品无差异提供的服务的估计。

再者，由茶叶或咖啡无差异地提供而其他任何东西都无法提供的服务，不会耗尽它们现在分别提供的整个服务。如果茶叶和咖啡市场都是关闭的，可可的市场仍然是开放的，则可可市场也能够完成那些由茶叶和咖啡提供的服务中的相当大的一部分。或许，实际上，它们提供的服务的一个重要部分是由热水，而不是由维持它们的溶液或混合物来提供的。我们无法获得确实是由茶叶提供的服务的全部重要性，除非没有热水——这样可能也没有办法获得，因为热水提供的所有服务的最重要部分可以由冷水提供。

但是，如果商品是互补的，那么，几条曲线并非完全不会将一些特定价值计算在内，而是将它们计算两次（或者更多次）。为了喝茶，我们需要燃料和水壶。我们估计茶壶和茶杯的价值——依赖于我们对茶叶的需求，同时赋予茶叶的价值。或许有人发现，在吃奶油的同时喝茶将带给他极大的快乐。如果是这样的话，他宁愿用一英镑购买两盎司茶叶也不要放弃圣诞节大餐——只有在他能够用少量便士就可以获得足够奶油的假设之下才能做出这个估计。而如果被问到奶油，他或许会说他宁愿一年一次为一小罐奶油支付1英镑，也不愿放弃圣诞庆祝。类似地，这也是基于可以用少量的便士就可以获得足够的茶叶的假设。如果我们加总两个估计，我们几乎把茶加奶油组合带来的所有快乐加了两次。

　　这些容易产生混淆的地方，事实上使很多学生对边际重要性和总重要性感到困惑，并使得对它们的众多解释难以理解。例如，我们被告知一个人用几个便士得到了一条面包，并且为了得到它，他愿意付出全部家当。不仅如此，由于更严重的混淆，我们被告知，最先供给的面包价值是"无穷的"。它表明，小麦的边际重要性曲线在原点的高度应当是无穷大的——也就是说，在数学上，Y轴是这条曲线的渐近线。这立刻引起其他问题："如果是水会怎样呢？"Y轴也是水的曲线渐近线吗？如果是这样，这将是另一个同一个价值被计算多次的极端例子。因为快渴死的人当然不会赋予拇指大的面包块"无穷的"价值，他将不会为了得到面包而给出一滴水。但是，价格当然不可能是"无穷的"。如果一个百万富翁为了他所能看到的一点点面包付出他所有的财富，只能说这个价格不是一般的高，但却不是"无穷的"。此外，即使我们用一些更精确的语言来替代所谓的"无穷"，假设一个人如果有大量的水，那么，他将用他所有的其他财富来换取一定的面包供给；或者说，如果他拥有足够的面包，他将为了一定的水的供给而付出其他所有的一切，我们也只能这样说——如果他没有面包和水，他愿意给出他所有的财富来换取这两样。这是对的，之前的两个假设将不成立。

　　我们也不是一定要赋予面包高的初始价值，这仅仅是因为我们认为，它可以将我们从有水喝但没东西吃的情况下所承受的所有痛苦中释放出来。同样，我们也只是认为水可以将我们从只有面包吃而没有水喝的

480

对主观想法的常见混淆

情况下所承受的所有痛苦中解放出来。将这两种情况下的面包和水的估值加总,即得到我们对面包和水的估值;而当面包和水都没有时,对面包和水的组合的估值将无法等于这个和。

所有这些问题的结论都是更深层次的洞察,即任一商品的重要性增加,不仅依赖于该种商品供给的大小,还依赖于所有替代商品、互补商品的供给大小。既然这些有活力和反应灵敏的一般状态可以与每一个人想要的经验互补,我们就可以尝试将它一般化,即在理论上,影响某种商品边际重要性的主要因素是该商品的供给,次要因素是该商品的最佳替代品和互补品的供给,不重要的因素还包括所有其他物品的供给,无论它们是否在交易循环中,多少都会影响我们的活动。

至此,我们已经尽力估计了关闭市场对给定个人带来的需求经验损失,前提条件是假设他仍旧可以获得与市场关闭前完全相同的所有其他商品。他将选择(由于品味、信念的改变或者任何其他的理由)完全放弃购买所说的那种商品吗?为了显示这种情况,我们会说,他的总资源或者收入保持不变,但是这个特定市场对他而言是关闭的。我们忽视了随着购买的增加而来的其他商品支出会有所降低的边际重要性①。现在让我们设想一下相反的情况,收入仍旧保持不变,但是一些新的可能性对他开放:发明了自行车或摩托车,或进口了新的水果,或有了学习机会,或有了听优美音乐以及旅游的机会,他发现,通过减少其他商品消费量,直至这些商品的总量为 Ox(见图17),并且将节省下来的货币用来购买图中所示的新开放的可选择物品。通过支出与 yx 面积相对应的货币,他将获得由坐标轴、线段 xp 和曲线所围成的总面积相对应的满足。这个新开放的

> 市场关闭或开放的得失

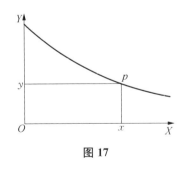

图 17

---

① 参看第 396 页。

机会将给他带来好处,即在不变收入约束下,额外获得 yp 之上的非线性面积。这是不是为了他的最终利益?显然,这已经是另一个问题了。我们已经提供了充足的理由去拒绝这类想法①。但是,无论如何,他现在已经得到他愿意为之牺牲的非线性区域总面积的物品,而且仅仅支付了面积 yx。从图17中可以看出,用自身的即时欲望去衡量,他是有所收获的。

现在,假设某个人的收入会有所增加或者减少,这将明显地影响到他的整个偏好系统。可能"流行音乐和海扇贝类"会完全从购买目录中消失,而"香槟和牡蛎"会进入名单;但是,在一般情况下(特别是变化不足以使这个人丧失其社会地位时),某些支出模式会被放弃,其他一些模式则会被引进。他可能会增加款待的规模,将为房子支付更多,等等。也就是说,他将增加购买大部分个人商品的数量,但是,在土地、火车票、音乐会和食物方面的支出比例将保持不变,和从前一样他将满足他的品味,直至所购物品对他而言的相对边际重要性与对市场上的其他竞争者而言相同为止。尽管物品的价格相同,但是这并不表示同样的牺牲,因为在这个价格下所有可交易物品的供给更好。至于那些不可交易物品——例如,令人厌恶的努力,个人品味的牺牲,或者个人感情的阻碍——他现在不会为了避免任何可交易商品的较小减量或者确保获得增量,而在这些不可交易物品上做出相同的牺牲。但是,当他的收入减少后,在边际支出赋予后者更高的心理重要性时,这些牺牲则可能会发生。

比如,如果他的一个孩子身体状况很差,而且通过每年100英镑的花费,他可以使这孩子拥有更好的身体条件,那么,他会毫不犹豫地放弃其他可交易的替代物品方面的必要边际支出;然而,当他的收入减少时,他却无法面对支出边际减少时更严峻的困苦和牺牲。因此,相对于其他可交易物品重要性的边际估计,他对继续为之支出货币的物品,与收入变化之前是一样的;但是相对于不可交易物品来说,则有所降低。不过,无论收入多少,他总是要使他的支出达到市场价格下的均衡,也就是说,所购

> 收入上升或下降的影响

---

① 参看第12—13页及以后,以及第353页及以后。

物品的边际单位量总是在交易循环中的客观边际尺度上占据相同的固定位置，但是，在主观尺度下，它们将下降到更低重要性的位置上。

试图用图示法显示这种变化是徒劳的。因为，正如我们所看到的，每一条曲线都会因为它所代表的物品及其他物品供给的变化而变化。因此，在某人很穷时可以得到某种商品的曲线，在他很富裕时也可以得到该商品的另一条曲线；从贫穷到富裕，如果他继续消费该物品，将直到其客观价值跟贫穷时一样，他才会停止消费该商品。但是，这个客观的单位量将具有更低的心理重要性，这是我们所能依赖的唯一可确定的位置。无论商品消费量是变多还是变少，无论由硬币衡量的剩余满足是变大还是变小，无论硬币衡量的剩余满足更大时，1便士的边际心理重要性是变大还是变小，该商品对总满足而言的重要性占比是多少，这些我们都没有办法确定。我们唯一能说的就是，如果一个人的支出比较明智，当1先令带来的边际满足减少时，他将享受到更大的满足总面积；但是，如果要假设它的确如此，又显得轻率。

事实上，还存在其他混淆的来源。在现存条件下，我们已经试图估计消费者从给定商品正常消费中所真实获得的剩余满足，即超过支付牺牲的部分，并且是在资源和支出的真实条件下，以1英镑、1先令或1便士的真实重要性为单位进行估计的。在某人的消费边际上，他愿意为特定大小的增量支付多少呢，或者在某个价格上他将总共购买多少——这些仅仅是发现物品对他的真实使用价值的工具；只有在将价格上涨的假设视为纯粹理想化的、仅适用于他一个人时，他才能给出我们所要求的答案。因为，只要他考虑价格上升所处的任何真实环境，就会涉及发挥作用的那个原因的假设不仅影响他，同时影响其他人。比如，假设茶叶供给缩减，这使他不得不为它支付更高价格，他会认为其他人跟他情况一样；如果真是这样，很明显，对比诸如咖啡、可可之类替代品的一般需求将会上升，价格也将相应地上升。这样，"其他情况保持不变"的条件将被打破，因为在茶叶供给缩减后，他不可能在当前价格水平上购买替代品。出于直觉，商人会将这些考虑在内，在给出假定条件下自身行

> 关于供给萎缩根源的不一致假设的可能混淆之处

第三章　总满足曲线的性质

为的估计的同时，根据对他人行为的本能意识来对其进行调整，而他人的行为是在导致这些情况发生的原因压力之下产生的。甚至非商科的学生，在想象某种商品的消费量向原点退却时，也经常会对关于其他商品供给的反应做出推测，有意识无意识地制定了将这些事实考虑在内的一些假设。

曲线会随着商品消费量从真实供给水平向原点后退而迅速上升。当面对这样一条曲线时，我们很自然地发现自己会武断、心照不宣地将所有自然替代品渐渐（或突然）地排除在支出之外，与此同时，不仅对严格互补品而且对日常生活所需以及价格易波动的其他物品形成了持续拥有的需求。也就是说，我们从思考"在所有其他供给和可行选择保持不变时，需要为一块面包付出多少"开始，考虑当某天凑巧"面包短缺"时，我们将遭受何种不便；但是，当想象向原点后退时，我们首先减少了面包的供给，其次，悄悄停止了土豆供给的增加，然后逐步关闭其他商品市场，直到最后发现自己处于被围困的城市——但是，在整个过程中水的供给一直很充足。在这个过程中，货币本身的重要性变化相当大。正如我们所看到的，货币代表开放的可选择的物品。在被围困的城市中，一先令所能表示的被需求的日常物品越来越少。许多东西完全得不到，许多东西只能得到一点。唯有一类东西可能获得的比以前更多，即与我们的痛苦状况和有限机会几乎没关联的物品——比如珠宝或美术作品。因此，尽管我们利用单位货币的价值来估计上升中的需求，然而，当我们接近原点时，单位货币的价值本身是下降的。这要归功于某些改变了的条件，正是这些条件影响了我们所生活的整个社会。

因此，在现实中越是遵循"其他情况保持不变"这一条件，将个人曲线追溯至原点的尝试就越合理，它的结果也越有意思，越具有启发和启蒙的意义。但是，就像某种主要必需品或某种主要商品构成的消费组合，我们几乎无法想象，在其他情况保持不变时，由于实际价格的上升，它们的消费量将逐渐趋于零。构建这样的曲线将依赖于对商品微小增量价值的想象性估计，其中该价值由我们自己在当前条件下的给定边际处赋予商品的微小增量；而不是依赖于试图重新构建那些或许真正使市场价格变得相当高的条件。

很可能有人会问,一个需要如此谨慎和诸多解释的方法到底值不值得采用?答案是:边际重要性递减原理绝对是基础。剩余价值学说是它的必然性推论,剩余价值指物品带来的超过其支付价格的价值。任何清醒的头脑都必须考虑这一原理,事实也是如此。它是使用价值和交换价值之间显著区别的基础,同时也是现代经济学中关于财富更平均分配重要性的讨论的基础。它密切地联系了经济学和生活。如果对它缺乏清楚的认识,我们的分析将要陷入永久的混乱,学生将陷于困惑和矛盾之中。所以,最关键的是我们要尽力发现它的真正含义以及它能带领我们走多远。

> 总满足曲线的关键重要性和价值

再者,尽管我们不能获得这样一个总满足曲线体系,即曲线可以同时存在,并且在一个或多个供应品出现变化后仍然保持其一般有效性,然而我们可以假定,无视所有永久性的改变,所有商品曲线(其中一些商品供给仍旧可带来享受)将继续满足,在真实供给量附近,向原点前进意味着边际重要性递增,向原点后退则意味着边际重要性递减。也就是说,在真实供给的位置附近,无论我们认为它的形状是多么多变,当我们从原点后退时,总是具有递减的性质。

在尝试构建个人心理曲线时,那些被视为干扰和混淆来源的因素,将成为构建本书第一卷(第127页及以后)中所谈到的代表集体或社会偏好曲线的基本因素。这一偏好,正如我们所知的,绝对客观,不易受任何一致的心理解释的影响,尽管它完全依赖于心理现象。给定任一种商品,其他情况保持不变,然后不是向某人提问:在一个给定价格上他将需要多少,而是问此时在这个给定价格上,集体需要多少;"其他情况保持不变"这个条件,从本质上改变了这个量的重要性。当处理个人曲线时,"其他情况保持不变"的含义是所有替代品可以在当前价格水平下获得。而当我们处理集体曲线时,我们就不能再这样解释。因为很明显,如果任一商品的价格发生显著变化,替代品和补充品的消费量也将改变,如果这个变化的规模很大,那么,这些商品的价格也会改变。于是,"其他物品保持相等"

> 价格—购买量的公共曲线

第三章　总满足曲线的性质

现在的含义是"除了直接受影响的商品的可想到的价格发生改变之外,获得其他商品的其他条件没有发生变化"。很有必要考虑这些变化本身。在某个价格下,公众对任意给定商品需求量的估计,必须要考虑价格带给公众一般支出的实际影响,如果没有其他独立因素改变其他商品的供给的话,一般支出将决定这些价格。处理者可以在真实经验附近,对曲线轨迹形成相当精确的估计,但是没有办法在离真实经验较远的地方形成近似估计,例如,在原点附近或者在曲线与横轴交叉的点附近①。

在单一商品的社会需求曲线中,支付价格矩形之上的非线性区域面积与心理重要性并不一致。它是由对科贝特抑或百万富翁都一样的半个便士的满足构成的。图形仅仅表示客观事实,即在现有状况下,在由连续纵坐标所表示的价格水平上,购买如此多的商品;所说的面积表示人们在失去它之前愿意为之支付金钱的满足,它们完全不与心理满足类似或者相等。

> 它们不易受精神诠释的影响

比较公共曲线和个人曲线,前者当然表现出更稳定、更明确的重要性。因为它表示的是客观的事实,即在某个价格上购买如此多的商品。但是,应注意到,这个客观事实不过是无数心理力量共同作用的结果,正是这些心理力量导致了这一事实的存在。它是亚里士多德哲学中关于观察的相对第一位和自然规律中的第一位之间区别的完美例证。几乎不关注心理活动的市场观察者从市场中可直接发现这一现象,如果他进一步向心理现象回归,他的做法必定是以客观事实为基础。但是,这些客观事实明显依赖于那些可能在我们面前呈现为心理陷入困境的东西,而这些心理在自然因果次序上总是处于第一位。

> 尽管它们依赖于精神基础

最后,我们必须注意到,正如个人曲线一样,集体曲线也不可能构建一个成员之间同时有效的曲线体系;因为由任一曲线形状所表示的从一点到另一点时的变化将影响所有其他曲线的形状。从事物现有状态开

---

① 参阅第 431 页及以后。

始,我们或许记录了任一商品曲线的轨迹,表示供给减少 1/10、2/10 等时产生的价格,在此过程中,所有其他商品供给保持不变;然后,回到对第一种商品正常供给的假设,我们或许记录了对应于第二种商品的曲线轨迹,之后,第三种商品,等等。但是,这样产生的系统成员将分别以事物目前的状态为基础开始,并且假设仅仅是直接处理的商品发生了变化,所有其他商品供给没有发生变化。因此,构建它们的条件将使得对方相互不能成立,在一段时间内,仅仅有一个被认为有效的。

> 像个人曲线那样,公共曲线之间互相否定对方

第二章和第三章的附录

我们的一般假设是,在足够近似的精确性下,同一条曲线不但可以表示给定购买量下超过支付的总满足的额外部分,而且可以表示在价格和意愿购买量之间关系的系统。但是,这个假设并不是总是合理的。

如果一个人的收入上升或者下降,他没有增加或减少消费中每一个项目上的开支①。相比富人家,穷人家里的人均面包消费量可能不仅相对地而且是绝对地更大。因此,一个人有效收入的明显减少,可能确实会增加对面包的购买。现在,如果是因为其他项目而不是面包的价格上升导致了有效收入的实际减少,那么,由它而产生的面包消费量的增加就不令人惊讶了。但是,也有可能是面包本身的价格上升,缩减了这个人的总资源,于是带来表面看来反常的结果。因为在那样的情况下,面包价格的上升会令他购买得更多;相比价格更低,在某些约束下他可能在价格更高时需要得到更多的面包。

然而,这确实不会影响边际重要性递减规律。如果这个人被剥夺了面包储量的一半,他将遭受的痛苦比仅丧失 1/4 时遭受的痛苦的两倍还要多。

根据在第 383—384 页明确表达的最终原理,我们可以构建边际重要性的曲线,用来表示在给定价格上购买给定数量的商品所带来的超过支

---

① 比较第 401 页。

付的满足剩余。但是,这个曲线绝不是近似精确性下的价格—购买量曲线,前者拥有与后者完全不同的特征。在这一点上,也即当我们远离原点之后,价格—购买量曲线将是向上倾斜的。在特定条件下,价格越高,购买量越大,但这不是因为价格更高了,而是因为这个人更穷了。这个例子是一个有力的警告,即当有效性不依赖于"其他物品保持相等"条件时,曲线可以被富有成效地应用到比一个人重要经验的整个面积的一小部分还要广的区域。

在结束这个例证之前,我们注意到:如果因为粮食歉收导致小麦总量减少,进而导致社会中特定阶层的消费增加,并最终引起面包价格的上涨,那么,显然必定存在社会其他阶层消费减少,而且减少的量足以抵消额外消费和粮食歉收;这意味着,在某种程度上穷人将为面包付出比富人更高的价格,尽管最终支付价格上他们完全不比富人高。

如果这是真的,即对社会大多数人来说,价格—消费量曲线的确在真实购买量附近的斜率为正,作为那些为了金钱而人为操控小麦市场的"囤积"行为的附带后果,穷人将被迫出价高于富人。

另一种状况是边际重要性曲线中的一部分将完全不符合价格—购买量曲线。我们已经看到,一些边际重要性曲线会在原点附近上升。图 18 表示了这样的状况。对任意价格 Oy,图 18 表明存在着购买 Ox_1 和 Ox_2

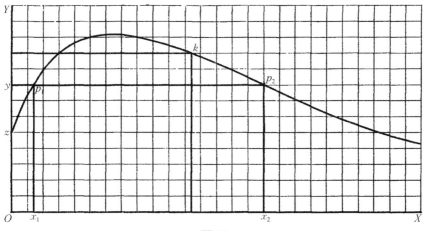

图 18

的两种可能性。但是，曲线前面上升的部分不能以这种方式予以解释。购买 Ox_1 将牺牲 yx_1 并仅仅获得 Ozp_1x_1。因此，曲线在 k 点之后的部分才是价格—购买量曲线，在 k 点支付价格的总面积将等于商品带来的总满足。

第四章

买方和卖方　需求和供给

概要：本章运用图表方法以曲线来描绘市场现象。价格—数量的个体曲线——如果根据目的做适当构造——可以加入到公共曲线中。在该曲线上，可以看出与给定供给相对应的价格。通常可以采用交叉曲线这样一种变通的方式来达到同样结果。一般而言，它本身虽然是合理的，但是它与买方和卖方之间的区别结合起来应用时却具有误导性，这一区别与该问题无关。决定不同消费者的某种特定商品流动的同一原则也决定了不同行业的生产要素流动。生产性努力的能力将根据资源分配在各种备选选择中进行选择的一般原则，在经济与非经济的使用中分配，或者被保留下来，根本就不放出来。

我们已经看到，同一个体对不同商品的总重要性曲线不能加到一起，尽管可以独立地构造两个或以上商品的联合曲线。当我们转为考虑涉及同种商品的不同个体曲线的总和，我们立即发现，只要我们从心理上解释这些曲线，这些曲线的加总从根本上说是毫无意义的，因为不存在共同的心理单位。但是，只要我们是按价格确定数量的曲线来解释它们，那么，似乎没有理由不能相加。如果我们知道每一个体在给定价格上愿意得到的数量，我们就会知道他们愿意在它们中获得的数量；如果我们知道商品的总供给，我们就能通过确定一个点来发现价格，该点位于相对的边际重要性曲线上，在这点上供给能够同时满足所有个体。

但是，这儿有个难题。如果因为供给减少而价格上升，A 在这一更高的价格上愿意得到的数量将受一定条件的影响，这个条件就是他所能获得的所有可用的替代物；但是，如果 B 在 A 可能转向同种替代物的同时也减少他的存货，由于这将提高它们的市场价值，A 会发现他据以作出估计的条件已经不存在。我们问他"其他所有条件保持不变"时，在这一价格上愿意接受多少数量，然后根据他的回答构造他的个体曲线；但是，现在我们发现（在正常情况下），在价格上升的时候，所有其他条件不会都保持不变，因为替代物的价格也会提高，在特定边际下，这种将被 A 纳入对商品相对重要性的估计（以客观单位表示）的改变，无法简单地根据分析他当前对价值的判断来确定，因为将有许多备选可能，可以提供给他的条件已经发生变化，这种变化超出了他所能确定的程度，并且不依赖于他自身对不同满足的估计。

> 个别价格—数量曲线的总和

当所有这些反应发挥充分的作用，预测上述供给的变化将对商品价格产生的影响就是厂商的事情了，但是他不能使不同的需求个体化。他将估计所有个体曲线的总和的性质。他是将个体曲线作为单一的东西（或者以一些比率来估计它），而非加总一组个体的需求来达到的。因此，我们既不是根据厂商，也不是根据个人消费者的意见所提供的材料来构造一组个人的消费价格—数量曲线，这些曲线可以加总成一条总曲线。厂商的意见包含了（投机性地）构造这样一条总曲线的材料，但是并不包含曲线组成要素之外的材料。缺乏个别消费者意见所包含的材料，最近似的个人消费者曲线是可以构造出来的，个别消费者意见所包含的材料不是用于估计对于这些个人曲线因替代品的价格变化而对曲线的修正，对于这一修正，厂商已经在整体上予以估计了。

然而，这些仅仅由厂商在整体上估计的影响实际上是由对个体需求影响的总和组成的，这仍然是真的。因此，我们可以在观念上想象一系列

第四章　买方和卖方　需求和供给

个体的需求的价格—数量曲线，在这些曲线上这些反应已经被预计到，因此可以被加总。

这些个体需求价格—数量曲线代表了在修正的可能条件下（它伴随着替代品的供给收缩，导致了替代品的价格上升），每个个体在商品卖完之前他愿意为每个商品的连续增量支付的价格；而这些个体需求价格—数量曲线的加总可以构成一个集体的重要性程度，显示在所有其他供给保持不变的条件下（即使对于其他供给的相应商品需求有所差异），在何种价格下可以销售特定数量的商品，或者在特定价格下可以销售多少数量。

在图 19 中，让(a)、(b)、(c)等表示相对于同一种商品个体 A、B、C 的价格—数量曲线。X 轴衡量商品自身适当的常规单位，Y 轴表示与数量相应的价格或边际重要性。现在取(d)等于(a)、(b)、(c)横轴上的读数总和，也就是说，对任何纵坐标上的确定的长度 Oy，(d)中的横坐标上的数等于(a)、(b)、(c)横坐标上的数的总和。

假定 A、B、C 表示某种商品的所有潜在消费者，这就意味着(d)表示该商品的集合的或者公共的重要性程度。如果我们有三条曲线而且知道可以自由使用的商品总量，我们就能够构造集合曲线(d)，在它的横轴上划分总供给为 Ox，并找出相应的纵坐标 Oy。这将是接近于满足所有需要的相对重要性的点，并且我们可以在(a)、(b)、(c)上划分一些确定的横坐标。它们表示 A、B、C 各自从市场获得的商品总和。公共曲线用(d)来表示，尽管它们表示与同一客观单位相应的满足，但是，在上面相等的范围不具有同样的心理重要性。

这一曲线的加总主要是给定一个图形，以在曲线纵坐标上找一个点，让相应的横坐标数量在总量上等于总供给。这一分配实际上是由几条曲线表示的需求的运动所决定的。如果供给通过任何其他方式分配，（市场）将是不均衡的，存在着进一步交换的条件。但是，我们已经看到，集合曲线在某种方式上直接表现了卖方尽力估计市场的实际。他们通过经验，在集合范围上比个体范围上拥有更多的知识，每个买方不必考虑价格构成因素就可以在市场中发现一个由卖方直接制定的指导价格，该价格构成了集合范围的一部分，这些购买者会根据这一指导价格来调整他们

政治经济学常识 | The Common Sense of Political Economy

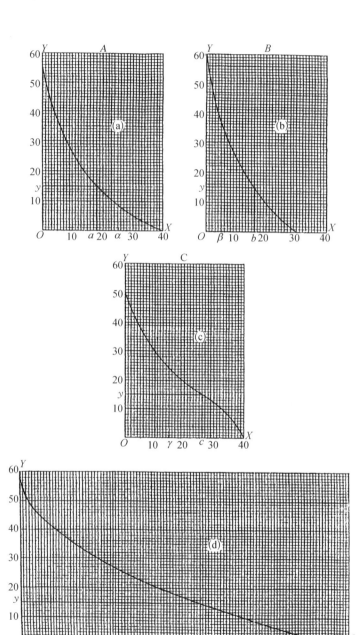

图 19

的购买行为。这样,买方将可以调整他的购买使其与这一价格相符。因此,通过在集合范围上找出纵坐标以确定价格与总供给相对应,通过确定横坐标来决定每一个体所占的份额与个体曲线上的纵坐标相对应的图解过程是密切反映了市场实际的[①]。

因此,现在可以借助这个图表系统,继续我们对市场构成的研究。到目前为止,我们的图形尚未给出市场开放之前个人考虑拥有的也即想要的全部商品的数量。我们发现,只要曲线和供给的总数量保持相同,那么,就不会出现影响结果的可能。当进入市场时,如果 A、B、C 并不拥有商品的任何部分,全部供给 $Ox(d)$ 由不具有保留价格的卖方生产,A 将是 Oa 的买方,B 是 Ob 的买方,等等。如果 A、B 等已经确切拥有我们认为他们最终应当获得的那一部分数量,那么,根本就不会有任何交换,价格将是虚拟的而非实际的。但是,让我们假设 A、B 等各自拥有数量 $O\alpha$、$O\beta$、$O\gamma$（(d) 中的 $O\alpha$、$\alpha\beta$、$\beta\gamma$）的商品,而且假设有数量 γd 的商品被没有设定保留价格地投放到市场上,把它加在 Od 之上（我们称它为 Ox）。总 Ox 保持不变,曲线还是同一条,最终的分配也将是相同的,但是,A 将卖出 αa,B 将获得 βb,C 将获得 γc,不是潜在买方的卖方将卖出 γd。

因此,存货的初始分配影响进行交易的数量和达到均衡的运动,但是,并不影响价格和最终的分配——它们仅仅依赖于存货的总量和个体曲线。如果我们知道存货是多少,我们就知道理想的均衡在哪里;如果知道存货如何分配,我们就还能知道从我们开始的均衡的扰动的程度;但是,后一条信息并不影响均衡点本身。

尽管如此,事实上市场通常以某种伪装的形式出现,它由与结果不相关的考虑决定,并且形成了就我看来是对整个方式的一个错误概念。如果我们有一系列的曲线需要处理,假设我们可以把它们分成两组(根据随意的规则或者没有规则),然后通过加总,把它们减少为两条集合曲线。这样我们就能避免累赘的加总过程直到它们成为两条曲线,在图形上通过更

> 交叉曲线,一种变形的加总

[①] 参阅第 188 页。

简单的交叉方法获得最终价格。当然,在这个例子中,有必要知道市场中商品的总量,但是,并没有必要知道商品的初始分配。因此,在图 20 中,让我们在(d)中把(c)之外的组成曲线加总到一起,而不是像此前那样把(c)也加进来。我们沿着 X 轴测量 Ox(存货数量),并把点 x 作为曲线(c)的原点并翻转该曲线。交叉点的纵坐标与我们在图 19 中通过加总获得的纵坐标是一样的。这很容易从对虚线的分析中看到,和此前一样,这条虚线是所有个体曲线加总获得的。这样,每条 mn 等于相应的 pq。在图 20 中,p_3q_3 和 m_3m_3 是一致的。因此,(Ox 是商品总量,虚线是集合曲线)xn_3 是根据我们之前的方法(图 19)所确定的价格。它与(a)和(b)的加总曲线与翻转的(c)曲线的交叉点高度一致。在取得这个结果上,每条曲线上的每个点都被予以同等考虑,哪一条或哪些条曲线被翻转并不重要。影响结果的是每一点的高度,问题并不出在它是否被记录并被合并到向左递增或向右递增的曲线上。

现在,我们在所有这些曲线纵坐标上得到的部分,它们的横坐标共同组成了长度 Ox,表示商品总量。

但是,这种交叉的方法仅能采用一次,不能累计使用,因为,这样在登记结果时会搞乱记录。因此,如果我们加总(a)和(b),并假设存货保持不变,我们就能得出 xp 为个体 C 不在市场时,个体 A 和 B 之间决定的价格。有了个体 C 的曲线,通过加总或者交叉的方法,我们都可以得到由于 C 进入市场而引起的价格变化。但是,如果我们一开始就用交叉的方法处理(a)和(b),我们将得出有关它们的相同结果(图 21),但是,如果这样,我们现在就不能将其与(c)的数据合并。由此可见,加总法是唯一的基本方法。交叉法只是加总法的一种变形,这种变形会搞乱记录。我们在应用时应当更清楚地看到这一方法的重要性。

加总法和交叉法都可以在数据不如我们现在假设的那么完整的情况下应用,因为加总过程被认为是可以从我们愿意选择的集合曲线的任意点开始。因此,如果我们已知的不是个体 A、B、C 等集体拥有的商品有多少,而是还需要多多少(或少多少)才至少满足他们在紧急状况下的需要,比

> 不完整曲线的加总和交叉

第四章 买方和卖方 需求和供给

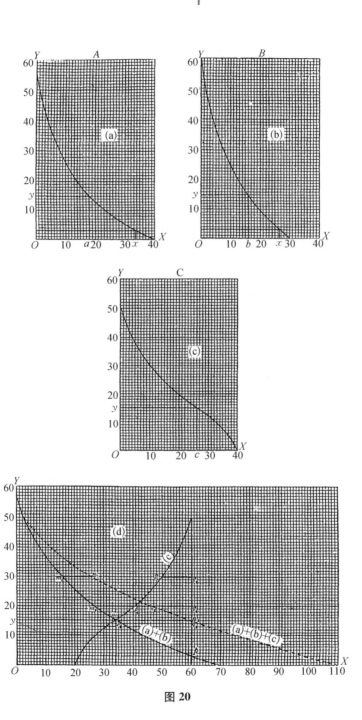

图 20

方说,是 20,如果我们知道在每种情况下,在 20 点附近的轨迹,我们就有了所有用以确定均衡价格(使得所有消费者都得到满足)以及他们之间剩余的最终分配的必要资料。但是,无论是在集合曲线还是个体曲线上,我们都不会知道那个点离原点有多远。

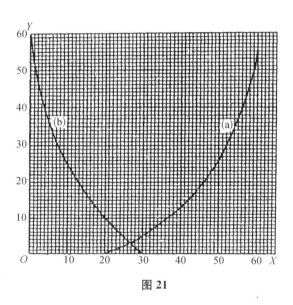

图 21

我们现在应该对这类情况进行具体的检查,这类情况可以看作是一个完全自然的情况。我们现在要做的就是用图形予以说明。我们假设不具有对曲线的完整知识。我们不知道它们从哪儿开始或者怎样到达(如图 22(a)、(b)和(c)中的点),这些点使 A、B 和 C 到达各自的边际。在边际点上,商品对他们具有 20 的价值。我们也不知道商品的总量,但是,我们知道在(a)、(b)、(c)中达到 20 的点时,还有多少商品留下来,而且我们知道在某些空间里,有关这些点的曲线轨迹。假设数据与图 19 中的一致,我们可以说,供给比所有实现了价值 20 的边际点所需要的多了 14。我们不得不像以前那样,从这个点开始,简单地把所有曲线加总,我们将获得此前在图 19、图 20 中获得的同一曲线(d)的一部分,我们所不知道的,仅仅是它离原点有多远。我们从这个点划出 14 的长度,就像前面那样,得出价格为 15。如果我们更喜欢用交叉法,我们应该先加总(a)和(b),然后翻转曲线(c),使得在

第四章 买方和卖方 需求和供给

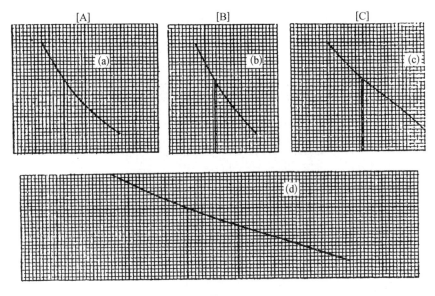

图 22

(a)和(b)加总曲线的最高点与曲线(c)的最高点之间的空间等于 14,这样,无论曲线在哪儿交叉,我们都可以将所有曲线的集合横坐标放在一起,在交叉点的上方高处,将横坐标对到存货数量上(如图 23)。

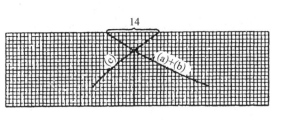

图 23

在这种情况下,假定部分曲线和我们不具有信息的存货对结果没有影响是一个巨大的错误。这是因为现在存货总量和曲线处于这样的状态,即存货数量减去 14 能够满足纵坐标 20 以下的所有需求。当然,可能存在产生同样结果的数据的其他合并方式,但那只是巧合。我们无论从哪儿开始,结果都是由确定的数据决定的,我们最终的结果同样是由那些数据决定的,其中我们仅仅拥有记录的结果,与那些由曲线的片断和供给剩余详细表示的一样。最终决定价格的是商品总量和个体曲线的特征。

我们可以假设我们的信息以另一种形式给出。假设曲线总体（不再与图19等所表示的一样）已被减少到两条（图24），其中的一条集合曲线

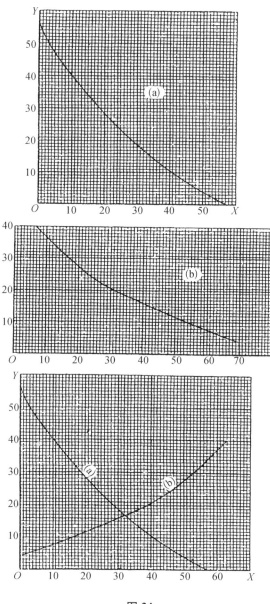

图24

从原点朝向(a)。如果第二条曲线是表示存货在消费者之间排他地分配，那么，我们得知，存货的总量(不确定的)可以满足使他们达到纵坐标 4 的程度。以上曲线(b)从该点向原点形成了一段距离，但是我们不知道它距离原点有多远。我们在纵坐标上从原点开始测量一个 4，然后翻转(b)。交叉点给出价格 17。但这仍然仅仅是对我们所考察的部分特征的一个变形的加总。

我们不知道商品的数量是多少，但是，在有限的信息条件下我们知道超过曲线(b)的任意纵坐标是多少。因此我们知道，超过(b)的纵坐标达到 40 的数量是 63，超过纵坐标达到 20 的数量是 39，以此类推。因此，翻转的曲线(b)将保证每个点距离原点或者曲线(a)的最高点有这样一段距离，以便与图 23 有关的要求条件一致。后一图形的数据可以毫不费力地简化成另一个图形所表现的形式。

使组曲线(b)的纵坐标从 40 到 4 所需的商品总量为 63。我们从曲线(a)中获知，使组曲线(a)到达同一点的商品总量为 10。起始于两条曲线纵坐标为 40 的点，我们可以得到供给剩余为 53(63－10)；从纵坐标 40 向上，我们可以将两点之间的两条曲线表示为一个空间，准确地得出图 25 与图 23 相同的交叉价格。但是，与之前相同，这儿真正的过程是其中的一次加总。我们当然可以起始于比纵坐标 40 更低的任意一点，以及相应的曲线(a)的点，从而得出同样的结果。实际上，图 25 本身包含了所有这样的选择。

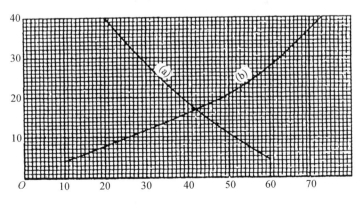

图 25

现在，我们可以理解习惯上用供给曲线和需求曲线表现的市场现象，以及两条曲线的交点决定价格的确切含义。它首先建立在个人在市场上是否拥有所说的商品存货的区分（据我们所知，是无关的）基础上。后者的曲线是完整地给出的，或者，至少标出来原点，所画出的曲线部分是从原点开始的，它的距离是固定的。这条曲线被称为需求曲线。另一条曲线以翻转的形式嵌入，假设所定义的纵坐标是从原点或者从原点一定距离的点出发的，这条曲线被称为供给曲线。现在，这条曲线是一条保留价格曲线①，我们已经知道，它仅仅是那些拥有商品存货的个体需求曲线的另一个名称，并且这种反转仅仅是快速获得加总结果的一种方式。但是，与其相联系的信息却使我们无法了解剩余的存货能够满足哪个给定的纵坐标上的市场需求。这两个信息之间的联系是任意的；因为所必需的关于供给超过所需导致纵坐标达到某个点的信息，应该与我们所获得的另一条曲线（所谓的"需求"曲线）相联系，或者部分与一条相联系，部分与另一条相联系，或者与两条都没有具体的联系。因此，如果我们完全不拥有这两条曲线，而是仅仅拥有整体的集合曲线，那么，在拥有者与非拥有者之间并无区别，而且我们被告知当纵坐标下移至 40、供给剩余 53 时，存货将足以满足所有的要求，我们一样可以确切地获得同样的结果。如果我们假设曲线(a)和曲线(b)相似，混杂为一组，它们两者均由一些拥有和一些未拥有商品供给的人们构成，我们仍然可以准确地拥有相同的结果。

> 供给和需求的交叉曲线及其特征

但是，我们已经知道②，组成市场的差别影响了发现价格和达到均衡的具体步骤，而这种差别与市场价格的确定和个体最终拥有的数量是不相关的。在方法之间，区分哪一个价格是被**发现**的，哪一个最终的事实是被确定的，是失败的，目前对市场的分析，在我看来是失败的。虽然买方和卖方之间的区分不是绝对的（因为我们已知③，在同一个市场里，个体根据环境，可以是买方也可以是卖方，买方也可以是存货的拥有者），毫无

---

① 参见第 254 页及以后。
② 参见第 413—414 页。
③ 参见第 200—201 页及以后。

疑问,是买方与卖方的"讨价还价"发现了实际的价格,进而发现了市场和市场价格当前呈现的诱人特征,及其最终性质隐蔽的内在特征。

现在我们将对在市场和市场价格分析中,相关与不相关事实导致令人困惑的实例,应用一定的方式进行具体考察。

在霍布森(Mr. Hobson)的《分配经济学》(*The Economics of Distribution*)一书中①(第 11 页及以后),他假设在一个马匹市场里,有 8 个拥有从 £10 到 £26 保留价格的"卖者"(马是同质的),和 10 个愿意支付从 £15 到 £30 价格的"买者"。具体情况见图 26。图形必然是有缺陷的,因为如果 H 愿意以 £26 的价格出卖,P 愿意以 £26 的价格购买,这将在一匹马的交换上涉及 H 和 P 的偏好范围的差别,但是,霍布森先生没有告诉我们差别有多大。它也许小于一个法寻②,那就是说,也许 H 不会以哪怕小于 £26 一点点的价格来出售,而 P 也不会以哪怕大于 £26 一点点的价格来购买。但是,H 愿意以 £26 出售表明,相对于一匹马,他更偏好 £26,尽管只偏好一点点;而 P 愿意以 £26 购买,表明相对于 £26,他更偏好一匹马。以至一匹马,在 H 的偏好范围内,是比 £26 低一点点,而在 P 的偏好范围内,则比 £26 高一点点。这个在图形中没有表现出来,但是,从我们考察的目的来说,也没有任何必要。

> 霍布森的马匹市场

霍布森先生进一步提出,如果某物的定价高于 £21：10s,市场上的买者将多于卖者;如果该物的定价低于 £21,市场上的买者将多于卖者;那么,价格在 £21 和 £21：10s 之间的某一点。在这一点上,买者和卖者的数量将相等。

这完全是真的,与我们把市场作为发现理想均衡价格的机制的详细阐述是一致的③。但是,如果是作为价格决定的数据陈述,它是没必要的,因为它相当复杂而且提供给我们大量不相关的事实。如果我们根本不知道是谁拥有马,而是知道马在每个有关的人的相对偏好范围内所占

---

① 该书由麦克米兰出版社(Macmillan)于 1900 年出版。
② 法寻(farthing):英国旧时值 1/4 便士的硬币,也指不值钱的东西。——译者注
③ 参见第 188 页及以后。

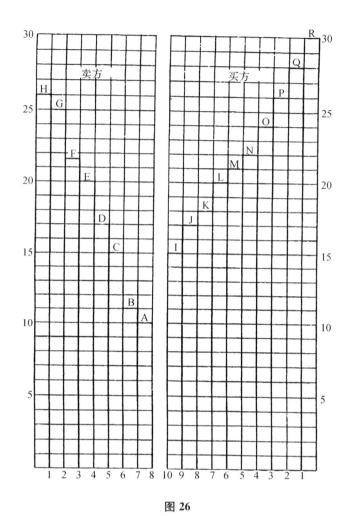

图 26

的位置，我们就可以在图 27 中找到从第 1 匹马到第 18 匹马的供给定价，也就可以看到第 8 匹马的供给价格在 £ 21 和 £ 21：10s 之间。

在霍布森先生假定的例子中，发现决定价格的有关事实是，在图 27 中是 8 匹马一起被定价的，从 A 到 H 和从 I 到 R 都是一样的。无关的事实则是目前这 8 匹马都被 A—H 所拥有，而 I—R 一匹马也没有。当我说拥不拥有一匹马是无关的，我的意思是，如果我们知道一匹马在每个有关的人的偏好范围内的位置，那么，它是无关的。拥不拥有一匹马毫无疑问会影响那个位置，但是，一个人的健康，或者他妻子的健康，或者他的年

第四章 买方和卖方 需求和供给

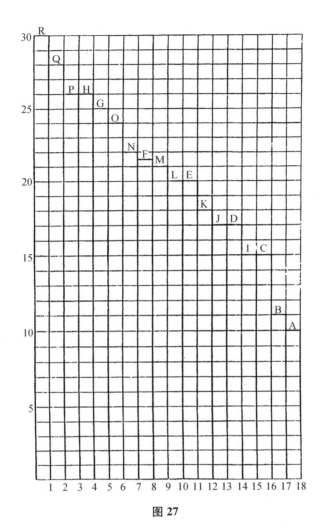

图 27

龄,或者他的妻子最近阅读过海斯夫人(Mrs. Heyes's)的《女骑士》的事实,或者他的女儿阅读了色诺芬(Xenophon)的《论马术》,或者其他的1 000件事。简而言之,为什么一匹马在一个人的相对偏好范围内占有某个位置,可以有无数个理由,但是,只要我们知道我们对理由毫无感觉的事实。那么,给定相关事实,你可以将这些归结于你所喜欢的组。你可以通过加总法或交叉法得出你的结论。你可以完全剥夺从 A 到 R 全部字母表的马,然后从其他来源投放 8 匹马到市场,而且不设定保留价格;你

510 也可以假设 A—H 组拥有马而其他组并未拥有；但是，你总是能给出同样的结果，即市场价格，实际的或虚拟的，将落在 £21 和 £21：10s 之间，自然地，最终的马匹拥有者将是 H、G、F、R、Q、P、O、N。他们是对那些马匹的偏好等级最高的那八个人，而市场上总共只有 8 匹马。

如果采用基本的加总法，我们马上可以看出，关于个人将投放马匹到市场的假设丝毫不能影响结果，通过考察，如果采用交叉法，我们同样将发现结果果真如此。在霍布森先生的假定中，组 I—R 并不拥有马匹，而组 A—H 拥有 8 匹马。那么，我们知道，由于市场上总共只有 8 匹马，我们必须在一组中的最高处 R 和另一组的最高处 H（两者均包括在内）安排曲线，由于有 8 个单位，因此，无论其交点在哪里，都必须是 8 而且在其上方有且仅有 8 个字母。这些可以从图 28 中看出①，该图将给出与我们在图 27 中所看到的相同的最终马匹拥有者和相同的价格。但是，如果我们假设 8 匹马最初是由 A、C、F、H、K、L、M、O 拥有，而 B、D、E、G、I、J、N、P、Q、R 未拥有马匹，通过交叉法来确定价格和最终的拥有者，我们可以再次发现，在 R 和 H（两者均包括在内）之间有 8 个单位，而且我们将再次获得相同的结果（图 29）。但是，这种对个人的重新安排实属多余。根据图 27 的数据，我们可以假设图 28 中向上和向下的倾斜级数各自所包括拥有者和未拥有者。由于他们的最高者之间的间隔由关于马匹总数

511 的数据决定，这将不能影响结果，也没必要知道关于这个的信息，我们可

512 以通过喜欢的任何方式使得图 27 的数据割裂并使两组数据交叉。

必须注意到的是，霍布森先生给我们提供了全部事实。马歇尔（Marshall）先生（《经济学原理》（第三版），英文版第 410 页）有一个平行的但是仅仅给出部分事实的例子。他假定在一个谷物市场中，在每夸特 37 先令时卖方有 1 000 夸特小麦希望卖出，而买方仅仅希望买入 600 夸特；在每夸特 36 先令时，卖方希望卖出 700 夸特，买方也希望买入 700 夸特；在每

> 马歇尔的谷物市场

---

① 我保留了从左到右，需求曲线向下和供给曲线向上的惯例。当然，这完全不重要且可以忽视或保留。

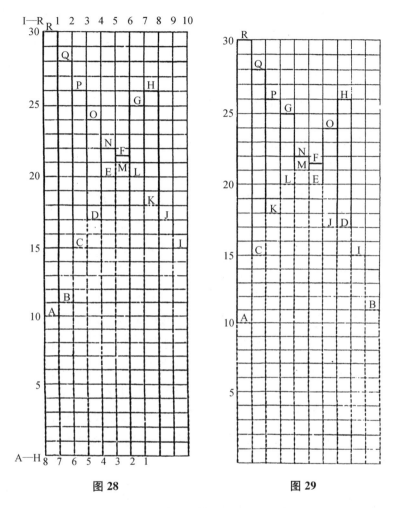

图 28   图 29

夸特 35 先令时卖方希望卖出 500 夸特，买方希望买入 900 夸特。

上述事例可以列表如下：

A	B
买方愿意出售	买方愿意购买
1 000 夸特 价格 37 先令	600 夸特 价格 37 先令
700（保留 300）夸特 价格 36 先令	700 夸特 价格 36 先令
500（保留 500）夸特 价格 35 先令	900 夸特 价格 35 先令

因此,(从表B减去达到37先令这一点所需求的600夸特)我们发现当所有价格低于37先令的点都能满足时,可以列表如下。

A	B
价格为36先令时,满足A的出售意愿之外还多出300夸特	价格为36先令时,满足B的需求还多出100夸特
价格为35先令时,满足A的出售意愿之外还多出500夸特	价格为35先令时,满足B的需求还多出300夸特

那么,当价格降至37先令时,市场上有1 000夸特,多于卖方的A组可以卖出的数量(因为他们拥有1 000夸特,他们的估价低于37先令,或者他们不能以这个价格出售)。在36先令这一点上,他们将剩下300夸特(因为我们被告知,在价格为36先令时他们将给自己留下300夸特),在35先令这一点上,将更多出200夸特。因此,我们所知道的称为卖方的组曲线呈现在图30(a)中。关于作为买方的B组,我们不知道在哪一点上他们已经得到满足,例如,我们不知道在哪个价格上他们愿意开始购买,但是,我们知道600夸特(或者比他们已经拥有的多600夸特)将把他们带到37先令这一点上,另加100夸特将把他们带到36先令这一点上,再另加200夸特则将他们带到35先令这一点上。因此,我们所知道的他们从37先令向上的曲线呈现在图30(b)中。但是,在两个例子里,我们都不知道曲线从离原点多远的地方开始。

让我们加总这两条曲线,从纵坐标上37先令这一点开始。图30(c)给出了结果。现在我们知道所有的集团在37先令这一点上得到满足之后,还有400夸特的剩余;而这些将满足36先令这一点上的所有集团。或者我们应该采用交叉法,将400夸特放置在两条曲线的37先令这一点之间。当然结果还是相同的,如(d)。没有谷物的原始分配资料也可以构建(c)(d)两图。如果所有的谷物最初都由A组拥有,或者A组和B组分别拥有最初的所有谷物的一半,或者无论各自以什么比例拥有,只要重要性曲线保持不变,并且超过达到37先令这个点所要求的数量仍然为400夸特,我们就总能获得相同的结果。曲线的方向以及超额的数量,构成了我们的相关信息——那是与市场价格的确定和超额部分的最终分配相关的。相关信息是现在谷物由 A 组拥有。

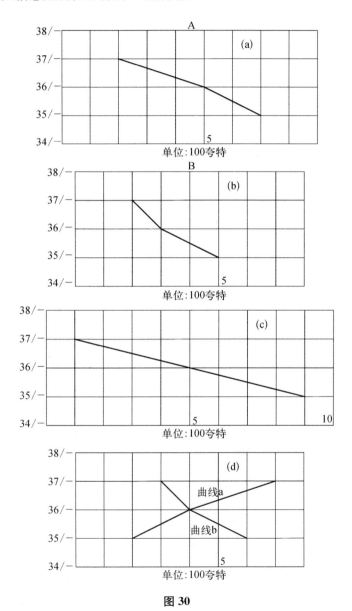

图30

这儿可能出现心理上的缺陷。可以这么说，偏好曲线是不可能不考虑拥有或不拥有商品而构造出来的。在马匹市场的案例中，应该承认每个人对马匹重要性具有或多或少确定的相对估计，而且我们无须对他是如何形成这些估计探明究竟的。但是，在谷物市场的案例中，要求我们假设每个人有一个偏好等级序列，在这一偏好等级序列中持续地记录后续夸特小麦的重要性的持续下降。这时，也许某个原来是带着卖出愿望和企图进入市场的人，当他更为了解实际情况之后，可能出手购买，反之亦然，但是，一些精神上的摩擦是必须克服的，这样，曲线就不会有规律地递减，而是在该人在拥有谷物数量特定点上的突变。答案是情况也许就是这样，尽管并非必要，但是，在一个巨大的市场中，这样的个体考虑会互相抵消，进行买卖的个人所组成的整体将呈现一条明显的连续曲线。

这些调查的最终结果是，假如恰当理解的话，取得买方曲线和卖方曲线并通过它们的交叉显示什么将是市场价格的图表方法是非常合理的；但是，如果假设这是代表决定价格的最终事实，那么，它将具体化和强调不相关的事项。如果假设两条曲线在性质上不同并且代表两种原则，它们不能完全相同地表示为单一的曲线，或者毫无影响地将不同构成要素从一个转移另一个，这势必将影响结果，或者，这两条曲线不能都包含买方和卖方偏好的记录，那么，这种方法就是令人误解的和有害的。在市场的讨价还价中，价格同样**表现**为买方和卖方冲突的结果，该结果与最终的事实和**构成**价格的力量不相关。实际上，就价格和最终分配而言，交叉法仅仅是加总法的一种变形，它可能忽略了不影响结果的买方和卖方之间的区别。如果是用来表示给定情况下买卖的数量，买方和卖方之间的区别以及他们曲线的交叉是一种合理的方法；如果是用来表示最终决定市场价格的因素，那么，可以说交叉法至少是严重令人误解的。

我们的主要结论没有任何新内容。它们仅仅重述了本书第一卷第五章的市场分析的结果。给 〔市场规则的重述〕定商品的总供给，那些单一消费者发现所形成的市场价格大体上是由所有其他购买者的需求决定的，但是，在某种程度上也是由他自己决定的。如果他的需求是总体需求中一个非常小的部分，那么，他对价格的影响相应也将很小，那就是说，总曲线将缓慢下降，以致足以使这个单一购买者从最初到达最后的增量的一定数量商品的增加或减少不会明显地提高其纵坐标。因此,在分别处理任何个体时,我们可以假设市场价格是由所有其他个体给定的,然后可以简单地在 Y 轴上测量我们正在考察的特定曲线,也可以通过那一点画出 X 轴的平行线。这一平行线与曲线交点的横坐标可以测量这一特定购买者将获得的数量。我们可以这样表达:依照经济力量,任何将流向满足任一消费者的需要的商品数量取决于他的偏好曲线、所有其他索取人的相似曲线以及商品的总量。这是分配的一般规律。

如果我们接下来问,是什么决定了商品的数量,我们发现自己将再一次处理我们之前已经解决的同样问题。生产力流向这个或那个行业与商品流向不同消费者,是由同一个原则决定的。为了喂养马匹,你需要土地、建筑物、谷物、许多种设备以及训练有素的人力。因此,为了供给马匹,你需要所有这些东西。为了种植谷物,你需要土地、建筑物、耕犁、货车、水闸、船只、机器和人力。因此,为了供给谷物,你需要所有这些东西。所有其他商品也是如此。因此,任何商品的供给本身也是对其他商品和服务的需求,如果我们把需求分离出来,比方说,木工手艺在其所进入的每一商品的供给中意味着,我们就是在做把对土豆的需求从构成市场的人们的所有个体预算中分离出来同样的事情。这儿跟那儿一样,每个人所得到的份额取决于他所满足的呈现为需要迫切程度的曲线,取决于其他行业的相似曲线以及总的社会可利用资源。因此,任何商品的供给受到产品所需联合生产要素以及对手基于这些要素联合而对其他商品的要求的控制。那么,最终,我们一方面拥有那些此刻存在着的无差异而且不可操纵的力量、自然界的原料和人力(训练有素的和未经训练的),以及后者对前者各种各样的修正。这些构成了可利用的总存货。另一端则是每一个个体的感觉和资源。在任意时刻,这种或那种商品(以最终的或组合的状态,或者以任何中间状态或组成要素)的供给数量取决于商业团体对个体需求进行估计和预期的努力,以及据此控制供给最终来源的流向和组合的努力。

> 一个市场的"供给"本身是其他市场的"需求"

我们已经看到,供给最终来源的所有不同物品以及所有现存的产品,在任何给定时刻,都可以表达为一个共同单位。因此,在考虑任何单一行业时,我们不得不首先确定用什么单位来衡量**生产性**部门的数量。例如,我们会采用与给定质量的一盎司黄金或一吨生铁或一夸特小麦或者任意的其他商品组合交换的商品的数量。这将是我们的产品及生产要素的一个任意的单位(unit-of-produces-and-factors-of-production),由于现在我们专门以它作为衡量生产要素的尺度,因此我们称它为生产的单位要素。我们将要采用的具体产品的单位是能够生产单位产品的生产要素的数量。这个单位在 Y 轴上将是什么单位呢?它将表示交易循环中商品的一般衡量单位,它可能相当于一盎司黄金,或者一吨生铁,以及诸如此类的商品,我们用以衡量我们的单位生产要素。我们可以从货币角度来考虑。它也许是交易循环中价值 1 英镑或 1 先令的什么东西,包括生产要素自身。那么,曲线将表示在每一个连续单位的商品在公共偏好等级序列中的位置,对于生产力向行业的流动,应当像控制鱼或胡萝卜向这个或者那个购买者的储藏室流动一样,予以控制。它将使它的(客观)水平降至它在其他地方的边际重要性。即使社会资源总量中哪怕只有极小的比例偏向这个特别行业,我们都可以认为这一边际水平是独立确定的。图 31 的曲线给我们提供了一个单位生产要素在这个行业的任意边际水平上满足(可以客观地衡量的)人类需要的比率。在其他边际应用中,它将以何种比率(按相同的标准衡量)满足人类的欲望呢?

无论是哪个比率,它均可以表示为一条线。在 Y 轴上测量那条线,通过那一点画线可以确定一条平行于 X 轴的线,这条线与曲线交点的横坐标将决定流向这个行业的生产资源以及相应的产品数量。这条线与曲线形成的空间将(客观地)代表这一特定行业的创造或破坏对社会满足造成的增加或减少。这个行业的存在将在一定程度上增加快乐收益(或至少预期的或估计的满足)。当然,可以推论,在第 410 页及之后所设定的条件下,某种类型的木制品——如家具、房屋和船只,等等——的需求的公共曲线是可以加总的,但是不同商品的公共曲线(马匹、船只、赛马、钻石、书、水果、音乐等)是不能加总的,因为,每一条这样的曲线都假设所有

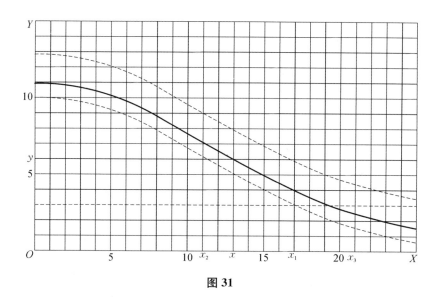

图 31

其他条件保持不变,其中的一个发生变化将构成所有其他或者其中部分的变化。

如图 31 中最上面一条虚线所示,如果一种商品的需求(估计的重要性)增加了,产品将从 Ox 增加到 Ox_1。如果它减少了,如图 31 中最下面的虚线所示,行业将缩水至 Ox_2。当需求保持不变时,如果一些发明被创造出来,使得单位要素生产的商品产量翻倍,或者是同样的东西,生产我们目前为止在 Ox 上记录的产品单位所要求的生产力数量减半,平行于 X 轴的虚线将表示可以生产出的数量。同样,我们可以通过保持 Oy 的长度不变并把该点的纵坐标翻倍来很好地表述后一变化,因为在其他行业,可能带来价值 Oy 的要素现在将产出我们的产品单位,并因此产生双倍于之前比率的预期满足。因而,跟以前一样,Ox 的单位将以它自己的恰当单位,表达为该商品的两倍(如图 32)。

> 重述需求或生产条件的变化引起的效应

我们现在不得不注意到,任何对事物现存状态的大的偏离可能影响正在运行的单位的整体构造,因为它可能扰乱不同类型的人类努力和不同产品或者自然的馈赠的边际关系。由于任何物品的价值都只能客观地用其他物品表达,那些影响人类努力的一般生产力、自然产品或自然力的

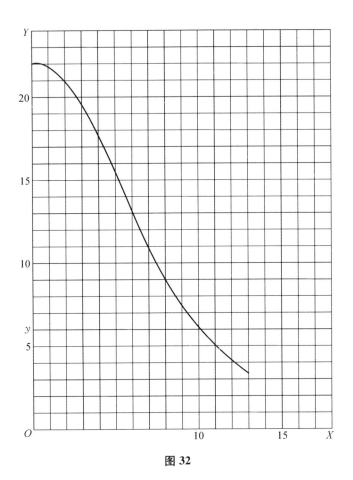

图 32

边际重要性的变化或者发现,将不能根据一致的客观方法被记录下来。进一步来说,我们已在使用的图表例证仅仅是在这些情况下被认为是适用的,即我们所考察的仅仅是整个领域的一小部分,在这种情况下,我们才可以认为一般条件是稳定的。试图回到原点来描述产品的任何一个主要生产要素的整个边际重要性等级序列,当然是没有什么价值的。在几乎所有逼近而在其他条件中没有这样一个干扰的情况下,我们不可能把原点想象为丧失我们的所有连续的边际重要性的单位。

另一个理论兴趣点留待这里讨论。我们已经知道①,无差别的人类

---

① 参见第 283 页及之后。

第四章 买方和卖方 需求和供给

能力供给的创造就自身而言主要是支出或"消费"构成中的一个分支。不论在何时,它都取决于过去形成惯例的这一特定形式支出——"消费"或其他推动作用——的相对重要性等级范围。但是,现存

> 劳动的供给;厌烦为负,闲暇为正

的总的人类能力总是不能经济地使用。是什么决定了专用于进入或准备进入交易循环的物品的生产数量?这儿,如同前例,我们必须从个体曲线开始。那些关注到这一主题的作家们通常认为,由于会产生厌烦,人类努力(在颇为危险的缩写"劳动"之下谈及)的产出是有限的,它的重要性是一个负值。

我们将从鲁宾逊·克鲁索的例子开始。我们沿着 X 轴(图33)测量单位人类努力。如果我们考虑的仅仅是肌肉努力,那么测量这一单位的恰当基础是英尺-磅①,但是,把一个小时的劳动作为我们的单位将更为

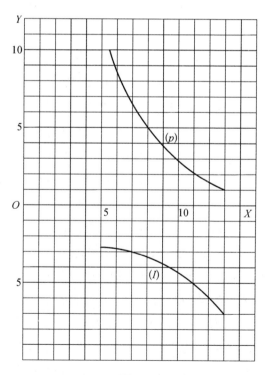

图33

---

① 英尺-磅(foot-pound):功的单位。——译者注

方便，因为它包括了所有物理的和精神的努力，并且忽略这样的事实：在一天中的不同时段里，根据任何客观标准衡量的每小时人类努力的实际产出将是不同的。现在曲线 p 将代表人类努力的连续产出单位结果对克鲁索的边际重要性，曲线 I 将代表努力本身产生的边际厌烦程度。Y 轴上的单位本质上是精神的，在现阶段，我们可以暂时简单地把图形视为，每天工作 6 小时的产品价值在边际上相当于努力所产生的厌烦的三倍，也就是说，即使努力的结果只要比实际产出的三分之一多一点点，克鲁索也愿意付出这一努力。因此，在 X 轴上，平衡可喜地增加到 9，在那之后，就不那么令人高兴了，努力的产出回到了那一点并且不再向前。

离开孤岛返回人类文明，我们把每个人每小时努力的报酬作为一个数据，根据市场的一般法则选定，并且仍然从心理上读取曲线，我们发现，他们认为，一天工作 6 小时，通过交易所获得的所有商品和服务供给增量给他们带来的好处，在其个人曲线上，将三倍地补偿他们因为工作所产生的厌烦。做更多的可以增加工资的工作可以获得的好处可以一直增加到工作 9 小时，之后不再增加。那么，这就是在市场中，在他可以支配的条件下他所选择的劳动供给的数量。那么，他将根据一个保留价格系统卖出他的时间，这构成了他自己对它的需求，如同摊贩出售她的李子①。每一个人可以经济地为他的工作获得他为其他人所做的价值同样多的价值，他将要求他不为自己所做的价值同样多的价值。任何种类的努力，其总供给是人类能够创造的整体能力，与我们已经充分研究的一般法则相适应，这一供给在经济和其他应用中予以分配。

由此马上可以得出这样的认识：那些出售劳动的人是在出售一些东西以换取他自己需要的某些东西，这些需求是正的而非负的。这也反过来充分证明了这些认识。我们赖以挣钱的劳动所带来的厌烦并不是我们用以对比金钱所带来的好处的唯一东西。它仅仅是渴望休息或闲暇的一种要素的负的表达方式。后者是一个正的概念，包含了人类努力的所有

---

① 参见第 197 页及之后。

第四章　买方和卖方　需求和供给

产出，其中包括无须通过交易而直接获得的东西，以及休息。应用这种思路，我们之前关于正负满足及其图解表述的研究①将不存在任何困难。在图 34 中，我们可以将"对闲暇的渴望"视为正的，重新给曲线 I 一个正的纵坐标。这样，通过交叉，可以跟以前一样取得相同的交点 9，可以看到，整个图不再是曲线加总过程的另一个变形。

无论是在图 33 还是图 34 中，我们均可以从曲线 I 中得知：我们并不具有通过他自己的努力的极大化产出——减少他的闲暇时间，最小化休息的需要，维持他保持与过去同样水平的营养——可以确保其获得可交换商品总体的有关信息，但是我们知道，如果他将闲暇的边际重要性降到了 7，他每天仍然有 13 个小时，可以在他渴望多一些闲暇和他希望通过交易获得物品的满足中进行分配。

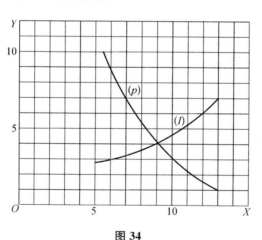

图 34

曲线 p 向我们展示，他将用 13 个小时中的 7 个小时，满足获得交易循环中物品的渴望，直到点 7。那就是说，当 11 个小时被留给闲暇时，这就是闲暇的边际价值，而当 7 个小时用于劳动时，这就是劳动报酬的边际价值，这样，他一样可以到达点 7。这里还有 6 个小时可以在它们之间分配。从这一点加总所有曲线，翻转 I（图 35），我们将获得我们以前关于在

---

① 参见第 346 页及之后。

某一点上两套欲望都能得到满足的结果。在工作上将多分配 2 个小时，总共是 9 个小时，4 个小时给闲暇，总共是 15 个小时①。

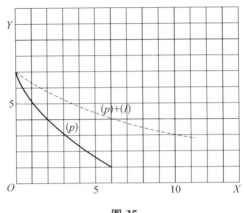

图 35

出于显而易见的原因，我们没能将我们的曲线带回原点。从实际的均衡点可见，"其他事物相同"的假设在极大程度上显然是荒谬的。甚至我们实际允许我们的曲线覆盖的范围也只能是出于例证便利的考虑的角度来证明是适当的。

---

① 尽管如此，有必要指出，在翻转我们最初的 I 曲线时，我们已经假设在 Y 轴上心理单位的稳定性。这在我们第一次构造图形时未曾考虑。p 的纵坐标和任何横坐标的 I 曲线由互相参考决定，在那一点上，相应地，I 曲线的纵坐标为 7，当横坐标为 13 的时候，意味着在那一点努力的厌烦程度（或对停止的渴望）是劳动在那一点带来的好处的 7 倍那么多。这不是说，它与横坐标 7 时获得的好处是相同的，除非我们能够确信，在整条曲线上 p 的单位心理价值保持稳定；而且我们已经看到（见第 389 页及之后），获得相当接近如此稳定性的极端困难，远比这个简单。如果我们保留 p 曲线的样子，并在非常简单的情况下，翻转有关每个纵坐标的 I 曲线，到现在相应的 p 的纵坐标，我们可以获得曲线的不同形式，代表同样的关系和相同的心理价值。但是，两个纵坐标相同的点互相之间必须显然是相同的。

第五章
"报酬递减和报酬递增"理论

概要：目前所表述的"报酬递减和报酬递增"定律,既不是同一的,也不是对立的。这些术语在经济学讨论中很少与它们的定义相符。报酬递减概念应用于"生产成本"常常产生误导和混淆;一方面,两条相交的需求曲线在图形上看非常相似,另一方面,当一条需求曲线交于一条成本曲线时,在图形的表述上,常常(与其他一些令人误导的影响一起)习以为常地表现为,在正常情况下,生产成本随着产量的增加而增加。在非学术领域,这种误解的影响就是使得劳动者产生一种非理性的对不久的将来会出现"报酬递减"的担心。

相交曲线的图形在使用中常常具有不同的含义,由于无法精确地区分它们,往往产生许多曲解。我们对于这个专题进行进一步研究就是以人们目前对"递增"或者"递减"回报的理解为出发点的。

在政治经济学的书籍中,我们被要求注意以下一些事实。如果对于单位土地持续投入劳动或者投入增量的劳力(或者

> "递减"和"递增"的回报

劳动力和资本），在超过一定量之后，我们发现加倍投入劳力不会使得产出也加倍。因此，当我们增加劳动力的时候，持续的递增只能够保证一个更小的产品形式的回报。这就是所谓的"报酬递减定律"，它据说一般适用于农业和采掘产业。另一方面，在诸如棉花或者钢铁贸易之类的产业中，如果它增加两倍劳动力（或者劳动力和资本）的投入，那么，一般而言，产出将不只是以往的两倍。这就阐述了"报酬递增定律"，它一般适用于制造业。

当这些解释都是这样清楚明白地做出的话，读者就可以理解这两个"定律"并不是绝对同一的，但也不会将它们看作互不相关的。我们所举的例子是相互联系的。在报酬递减规律中，假设土地要素是一个定量，而结果是由一系列的因素共同影响而产生的，那么，你对其中一些因素翻倍，一些不变，你当然不能期望结果也翻倍。这就像你加了一倍的馅饼皮却没有增加苹果馅，你做出的苹果派也没有加倍。就像你将客人的数量加倍，却没有加菜，或者加菜却没有改变客人数量，那么，请客的效果也不可能翻倍。同样，土地加倍而其他投入却不变，或者投入加倍而土地却不变，你就不应该指望农作物产量会翻倍。这个原理在制造业也和在农业中是一样适用的。比如，当你增加生产的人手，但是维持机器和厂房不变，或者增加原材料投入，但是没有相应增加操控机器的劳动力，你就不能指望产出的加倍（或者呈比例的增长）。再如，当一个零售商将其店面扩大一倍，但是没有增加库存和人手，或者库存加倍但是店面和人手不变，那么，他整个经营的总体效率也不会提高。在以上的这些情况下，任何的投入的变动都不会使得总产出加倍。举个例子来说，如果该行业是处于人手或者库存严重短缺的情况下，将这些短缺的要素加倍的效果常常会比所有投入要素都加倍的效果要好；但是，如果仅仅只增加这些要素中的某一种投入就能够使总产出的效率翻倍，那么这只能是巧合或者暂时的。在过了"某个一定点"之后，产出一定会低于两倍。这样的话，"报酬递减定律"就是一个不言自明的公理了，不仅同样适用于所有实业中，在非实业的实务操作中也是广泛适用的。

> 虚假的对立

第五章 "报酬递减和报酬递增"理论

另一方面,报酬递增定律主要涵盖那些产出规模的增加会受到一种或多种因素影响的经济现象。这两个定律之间的关系绝不是同等的,但也不是对立的。如果仅仅对其中一些投入因素加倍,(除非巧合)你是不会得到翻倍的产出的。但是,如果将所有投入因素都增加到适当比例,在许多情况下,你就能取得翻倍的产出,而不用增加投入一倍甚至于更多的要素。

报酬递增定律是一个以易于理解的方式构造的、十分有趣,同时又很重要的经济现象。我们知道,大规模生产会产生某种节约可能。一个耕种50英亩田地的人可能会需要一辆货车,但是,如果他耕种200英亩田地的话,他可能只需要2辆而不是4辆货车。如果我们假设四个拥有50英亩田的人一起合作而不是每个地主都去增加货车持有,那么,我们也能够实现同样的节约效应。在技术上没有任何"合作"的情况下,一个有蒸汽收割机的人为所有附近的农民和地主收割,也能实现比各自行动更高的节约效应;但是,这种情况仅仅在同一区域内种植了大量小麦时方才有效。目前还没有现象显示,随着该产业的扩大,这种节约效应在某个领域会达到上限。在每一个阶段,它似乎都是可行的,能够通过引入劳动力专业化和分工的新方法,来影响那些在目前规模下还不成熟的新兴经济。但是,需要注意的是,我们目前研究的现象与独资公司或者独立管理的公司所负担的营运风险的多少无关。那些能够提供大量产出的经济领域在原则上,也与该产业使用较少还是使用较多劳动力这个问题无关。

因此,报酬递增规律不仅易于理解,并且十分重要;它将我们的注意力引导到对生产过程进行分析的这个要点上。另一方面,通常所说的"报酬递减规律",正如我们所知,仅仅是一个对土地而言有特殊意义的阐述,一个公理性的没有争论价值的命题。当然,你不能仅仅通过增加其中某些要素投入而不是全部,就能绝对地使产量等比例地增加。

在仅仅讨论"劳动力"或者"劳动力和资本"的时候,这两个"规律"的绝对不同有时会被掩盖。也就是说,在农业和采掘业中产出的增加和劳力以及

> 掩盖这两个规律不同的企图

资本投入的增加是不成比例的,而在制造业中产出的增加常常会高于投入增加的比例。但是很明显,这仅是一个局部的论断。一个严格限制的假设就是,在某种情形下你增加(或者可以增加)的要素,在其他情形下你是不会(或者更严格的假定你不能够)同时也增加它们的投入。这样,对回报递减"定律"的阐述,与实际相比就显得语焉不详。有时候,作者觉察到了这一点,将他们的论点放在清楚明白的论述上,比如,地球上土地的供给是有限的,或者将他们的研究建立在独立的假设基础上,比如战时的英国。关于这些假设或者定义的相关性和合理性,我们目前可能有争议,①但是,与此同时这也充分证明,在任何情况下,都不可能将这两个"定律"用恰当的方式统一起来,或者分离开来。唯一的所谓"定律"就是(目前还没有发现或者确认其限制范围):随着生产数量的增加,在生产要素的管理中,有效的节约是有可能被引入的。但是,如果仅仅增加部分要素而不是全部的投入时,当然并不意味着这些节约总是能够保证产量的增加比例高于**某些**要素的投入比例。此时,这两个"定律"就统一起来,而非分别地影响整个工业。

但是,一方面,在表面上是与真实的报酬递增规律并不相关的一些陈述,另一方面,"报酬递减规律"之下潜在的互相冲突的假设(或者前提)导致我们经常将这两个定律视为不相关,这在"报酬递减定律"的概念表述上就体现出来了。该"定律"所作的一系列不明显的改动使得它在某种程度上与另一定律(报酬递增定律)是分立的。

> 对"报酬递减规律"概念的修正

如果我们要严格地类比"**报酬递增规律**"的合理用法构造"**报酬递减规律**"的解释。我们的定义就应该是:"存在着某些具有这种性质或者处于这样发展阶段的产业,你可以使这些产业的产出翻倍,但是,所增加的部分或全部要素投入可以少于一倍;但是,也有一些具有这样性质或者处于这样发展阶段的产业,除非将所有的要素都成倍投入,而且其中一些要素的投入还高于一倍,否则你是无法使产出倍增的。"这就是对这两个分

---

① 参见第 422 页及之后,第 446 页及之后。

第五章 "报酬递减和报酬递增"理论

立的定律的明确表述,将两个定律适用的领域分化开来。该表述也表明了,后一个定律适用于什么样的产业。但是据我所知,目前还没有任何一本政治经济学的书籍有意或者无意地将这两个定律用完全一致的形式表述出来;这个原因是很充分的。那就是我们想要给报酬递增规律进行精确定义的形式与我们习惯性的思维模式不相容,我们总是认为:"报酬递增就是产量增加一倍,但是不用将所有的要素都加倍,同时要素增加的量也少于一倍。"尽管一些要素的投入量很可能会高于一倍,但是通过降低其他一些要素的投入,在该效应的影响下,该经济的产量最终会补偿掉我们多投入的那一部分。而且,当引入一些新的要素来部分地代替或者完全取代现存的要素时,这种替代关系的存在会使问题变得复杂起来。为了做进一步的比较,我们还需要一个公分母,将所有要素的变化如新增、消减、增强、减弱等都涵盖在内。正如我们已经知道的那样①,这个公分母的指标是要素之间交换价值,即在其他产业中的边际效率;我们用黄金来衡量这个价值。那么,就报酬递增规律而言,这就几乎意味着在某些产业(或者同一产业的不同条件下),产出的增加带来的是以黄金价格衡量的更加便宜的生产。类似的,我们也能将报酬递减规律理解为在某些产业(或者同一产业的不同条件下),产出增加带来的成本增加。

这样的话,我们就能够以一种明白易懂、含义相同的方式来应用这两个定律;在大多数关于"遵循报酬递增的产业"和"遵循报酬递减的产业"的概括和推论中,作者们似乎对此是谙熟于心的。但是,读者通过这一富有吸引力的过程发现,"报酬递减规律"已经完全偏离了它的原意。这两个定律都受到了一些特定生产要素的影响,而这些特定生产要素的变动却用以黄金为计量单位的一般生产资源变动而产生的假象的影响。如果将报酬递减规律的定义:**如果**不能够适当地增加某些重要要素,那么,你就别指望能够实现产出与其他投入的等比例增加,改为:通常情况下,在某些产业中,由于不大可能通过增加某种要素的投入

> 随着生产规模的增加,生产成本的递增与递减

---

① 参见第303页及之后。

或者找到这些要素的充裕的替代品(除非是以如此不利的条件)来实现产出相对于投入的比例增加,因此,结果将是随着产量的增加,生产成本也将随之增加。报酬递减规律将受到更进一步,如果可能,甚至是更重要变动的影响。

这些含糊不清之所以还能在我们教科书里有存身之地,就是因为我们假设在农业中一般情况下很难或者不可能随心所欲地增加土地的供给,而在制造业中增加任何要素都不存在这种普遍而且永久的限制。因此,对于公理性的定义表述:如果你不增加土地供给,就不能实现产出与其他投入要素的成比例的增加,还必须加上这样的假定,即如果不能增加土地供给的话,结果就是不能实现农业产品的相应增加,除非生产的成本也随之增加;而且这个结论(它显然与许多情况下的事实矛盾)是作为重要但是没有明确界定范围的产业的代表被接受的。这类产业的特点常常是不受挑战地得到了发展,这些产业或其实际存在的条件在相当程度上没有检验标准。当以生产成本的概念,将适用于制造业的"报酬递增"定律和适用于农业和采掘业的"报酬递减"定律进行一般化,即使是以很宽松的标准而言,不仅难以得到历史数据的支持,也难以应用于产业实际情况的分析。当然,土地的数量最终是有限的,但是,通过从其他用途回收,以及利用现在尚未被利用的土地,目前仍然有充足的土地供给来满足我们的特殊需要①。另一方面,如果某个特定的制造业需要增加劳动力,这些劳动力要么是从其他行业转移过来的,要么就是现在尚未被利用的新的劳动力。事实上,在增加地球上用来种植小麦的土地面积的时候,我们几乎没有发现任何实际上的困难。而且,我们注意到,在英国的制造业中心的人们为俄罗斯制造收割机和其他农业用具时,他们就与在俄罗斯从事农业生产的当地农民一样,是参与其农业的一个真实而且确切的组成部分,而且我们还得到一个结论,即新旧大陆种植小麦的国家的土地,都是英国城市居民可获得的资源;因为他们确确实实在那里收割那些庄稼。事实上,小麦种植产业可以成为大规模生产经济的一个典型例子。在世

---

① 参阅第447页。

第五章 "报酬递减和报酬递增"理论

界市场上,充裕的小麦供给及其便宜的价格说明了这一事实。但是,从另一方面讲,如果假设制造业中所有的生产要素都能够随心所欲地增加,那也是十分荒谬的。不少产业——例如纺织产业——的许多原材料本身也是农业产品,而且任何人都不能在短期立刻增加所需要的熟练劳动力。

在采掘业和制造业中,最容易出现的情况就是产出量的突然和大量的增加常常会导致整个产业不利,因为在短期内一个或者更多重要的生产要素投入是不可能大量增加的。因此,要增加产量就需要在投入方面有些比例上的牺牲,这样的话,投入要素的比例就被打乱了。在这种情况下,除非能为增加的产量定一个更高的价格,否则增加产量的行动是不会发生的。另一方面,如果需求的增加是长期的,那么,所需投入的要素的增量就会确定下来,最终通过生产各个要素的适时平衡调节,实现大量生产的经济和好处。因此,无论是在农业还是制造业,它们都遵循一个原则,那就是当需求增加带来产量的增加,而且逼近产量的限度时,生产成本一开始是会增加的,但是它最终会回落下来。当然,这里存在着大量而且重要的例外。因为在增加某种原材料的供给的时候,我们可能会遇到实际的而且是长期的困难;但是,对于谷物和大量的主要蔬菜作物而言,很不幸,它们不能成为我们的论据。因为无论是在理论上还是实践中,要增加多少生产这些农作物的生产要素都不存在任何困难。

> 增加产出对生产成本的即时影响与最终影响之间的矛盾

现在,让我们检验此前已经用过的各种图形方法,用它们来表示交换价值以及生产成本之间的关系,通过相交点来确定商品的正常价格。我们通常把它与市场上的供给曲线和需求曲线联系起来①,但是,它们在描述报酬递减和报酬递增的情况下还是有所不同的。因此,我们用图36来表述一个遵循报酬递增定律的产业。这意味着如果商品

> "需求"和"生产成本"相交的曲线

---

① 参见第419页。

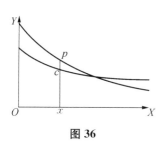

图 36

的产量是 Ox，那么，它们的单位产品的市场价值 xp，单位生产成本是 xc。在这样的条件下，显然有动力去扩展该产业。随着 Ox 的增加，xp 也会随之降低。

但是，由于报酬递增规律的作用，xc 也会下降。因为随着产出的增加，会带来使得成本降低的经济效应。但是，xc 的下降是有限的，xp 的下降却是无限的，因此，它们最终必然会达到一个交点。如果生产超过了这个点，生产的成本就会高于它所能获得的价格；这就是说，在边际点上的这个产业如果要在边际点上增加必要的要素组合的投入，其所产生的客观效应就是牺牲其他产业在边际点上的更高价值；结果就是这些要素会从这个产业流向其他产业，从而收缩供给。

我们注意到，使用这个图表的作者是用标准单位（黄金）来度量通行的生产成本，这是仅此一次的例外。但是，这一度量和生产要素以其自身适当的单位进行的度量之间的差距目前难以保持稳定，这一方法自然也就存在一些歧义。

除此之外，我们应该仔细地注意到，两条曲线无法以相同的方式解释。需求曲线代表一组事实或可能性，所有这些事实或可能性是同时存在的。这是一个概要。在原点附近的高价值代表着特定商品的供给相对于市场价格而言，会发生孤立变动的可能性，对于实际消费商品的人们来说，它们代表着一定单位商品的（客观的）价值；然而，供给曲线并不代表一系列共存的事实。由曲线上原点附近的点表示的某些以高成本生产的单位是不真实的。通常，较大产出而导致的节约一般将影响生产条件，如果生产的数量是 Ox，成本 xc（除了临时和个别的原因）将对所有的单位都是适用的。细心的作者还会注意到，曲线的使用通常被赋予某种历史重要性，在那种情况下，原点附近的高价值甚至不再代表供给缩减情况下的可能性，因为已经受影响的多数经济是永久的，甚至适用于更小的供给。在这种情况下，供给曲线代表了产业曾经经历过的历史发展，不加以修正，它不会倒退。这也就是说，在整个历史过程中，需求曲线保持恒定完全是一个奇怪的假设。因此，不能认为两条曲线可以共存于同一个平面，因此对于它们的交叉无法给出令人满意的解释。

然而，这无疑是真的，在某些情况下，如果增加生产规模，无须实施新方法就能立即实现节约。在这种情况下，递减的生产成本曲线所代表的所有可能性被设想是实际上共存的，尽管它未必是事实。

> 合理地使用交叉曲线解释"报酬递增"

同样，供给数量和市场价格曲线代表一系列作为**可能性**而非事实的共存价格；如果构建适当，边际重要性曲线代表一组共存的**事实**。在这些限制下，在整条需求曲线给定为从原点开始，或者整条曲线的大部分是如此的情况下，（图 36 中的）曲线被视为一条理论上给定的、比图 31 中的直线更为接近真实的曲线。在实际摆动的限度内，如果"其他事物保持不变"，直线经常是最能代表事实的。

如图 37 那样，将供给和需求曲线交叉的方法用于那些假设的例子来说明"收益递减法则"，情况是远远更糟的，但是，很不幸，这种应用却颇为热门。我们知道，需求的突然增加会促使供给的突然

> 应用于解释"报酬递减"情况下的混淆与错误

增加，但是，后者会碰到某些生产要素——土地，熟练劳动，或者精心制作的机械，或者房屋——一时难以增加的约束，这是很正常的，因此向上倾斜的曲线将反映扩张供给在生产成本上所产生的直接效应。然而，我们也知道，这些效应是短期的。它仅仅是一个时间问题；在给定时间里，所有生产要素之所以会流入这一特定产业，即使与此前该产业的成功不完全一致，也至少部分是相关的，增加的生产规模将对所有通常的节约发挥作用。那么，广泛地说，与向下倾斜的曲线相反，向上倾斜的供给曲线代表的不是一类产业，而是新近突然增加需求的情况。增加的需求伴随着增加的供给，其直接的和最终的影响之间，不仅不同而且形成了对比。然而，我认为，将向上倾斜的供给曲线未经充分检验直接应用于增加需求的**直接**影响，会把学生误导到这样的假设中，即有大量和正常的产业**永久地**适用这种形式的曲线。

对图 36 所作出的评论在这里也是适用的。更低的那条曲线代表连

续的事实,不是那些共存的概要。更接近原点的供给曲线的更低的纵坐标不代表任何与那些生产实际达到的点的纵坐标所代表的事实同时存在。如需求曲线所示,被需求曲线所代表的接近于原点的较高的(客观)重要性的单位,代表了与边际单位的更低的客观重要性共存的事实。

但是,相同形式的曲线常常用于相当不同的目的,对于不同的目的而言,这个最后的反对理由是不适用的,但是对其他反对理由的开放却更严重。如果我们从考虑中选择排除某些要素,如土地,然后画一条曲线,在曲线上我们安排个别的产品单位,按它们依赖这个要素而不是其他要素的比例顺序,我们可以再次获得如图37所示的曲线。因此,如果土地未被包括在我们的供给曲线之中,我们应该在原点记录个别单位,比如小麦,这些单位的产出由最小的劳动和资本投入生产的,因为最肥沃的土地使它的产量提高了;也就是说,由于具有最高的边际效率,被用于生产的土地,将与最小数量的其他要素结合。

在每一个产业,不同的单位都是在非常不同的条件下生产的,无论我们是以它们各自的适当单位度量这些代理变量的部分或者全部,还是以标准单位(黄金)度量所有这些,当它们进入市场时,工资、租金、运输费用、管理费用支出等进入生产成本的比率在各种情况下都是不同的。如果我们喜欢按照比例表示的顺序,我们当然也可以安排它们,这些比例已进入它们的生产过程,那么,我们应该有如图37所示的曲线。这儿,由于生产的单位总数是 Ox,固定单位的纵坐标将不是 xc,但是将在那个位置记录特定的单位。

因为它的纵坐标是 xc。就好像你收集了很多人并按他们的高度顺序安排。固定的某人不会因为他是最初被带来的第二十个人,就说是5英尺11英寸,但是由于有个人是5英尺11英寸,他将被放入第二十个位置上。

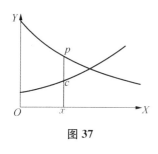

图37

把土地当作完全异常的东西,并不像其他生产要素一样地进入生产的习惯导致了这种形式的图表的频繁使用,就好像它代表了生产成本。对此是值得花点时间进行详细讨论的。由于是"在有利条件下种植",我们通常以在特别肥沃的土地上种植小麦为例进行讨论。这本身是相当自然而且可以理解的,但是,如果我们把它解释为,在这里种小麦的生产成本比在较不肥沃的土地上种植其他小麦更低,我们立即使自己处于在混乱缠结的状态。不存在这样的假设,即成本对于种植它的人来说更少,因为他不得不为更肥沃的土地支付更高的租金。从公共的观点看,也没有任何理由设想,在开放选择的情况下,为这一单位小麦所做的牺牲要小于其他。正如我们所假设的一般情况那样,劳动可以从**任意**一个产业的边际上撤出,应用于其他产业边际,并非没有损失,如果转移仅仅是很小的规模,就不会有大量的、显著的损失,当我们假设转移是更小的,则损失也无限减少,因此我们还必须假设,如果土地从任何特定用途中——如农业或其他——被少量撤出了,它可能被应用于一些其他用途,在那里,它所得到的价值评价可能略低一点。正如我们所知道的,任何商品的生产成本取决于在其生产中所贡献的可替代的重要性,似乎并无正当理由把土地从小麦或者任何其他别的产品的生产成本中排除出去。当估计生产成本时,如果我们询问起为什么会产生把土地排除在外(此外,我们也不能把资本分离出去)如此奇怪的实践的原因,答案似乎是这样的:生产成本决定产品价值一直被视为公理。我们知道,小麦种植在高租金的土地上并不会比种植在劣等土地上的同等质量的小麦卖得更高。因此,"生产成本决定交换价值,租金不影响小麦的交换价值,因此租金不是其生产成本的组成部分"。这一推断的主要前提是错误的,结论是荒谬的,但是,前提作为公理是那么牢固,甚至连**归谬法**也不能使它得以修正。诸如此类的论证,既然可以适用于土地,当然也可以适用于劳动、原材料、资本。一些小麦比其他同质的小麦支付的工资较少;由此可以得出推论:如果生产成本决定交换价值,那么,工资不是生产成本的组成部分。我们知道,一般的事实是,生产要素的价值是从产品价值中派

> 用向上倾斜的曲线指出递增的"不利条件"

> "生产成本"谬误的后果

生的。因为它的产品或服务具有更高的价值,因此一些土地的价格或租金会高于其他土地,对于所有的原材料和所有种类和等级的技巧来说,同样也是如此。它们的价值是从它们所生产的商品价值,或者最终的经验中派生的。在土地的情况下,生产要素价值的这种派生性质要比在其他情况下更早地被察觉;那些仍然处于"一般而言产品价值源自生产要素价值"的印象之下的思想者,和那些察觉在土地的情况下这不是真的思想者,立即带着由此而产生的、我们曾经检讨过的混淆,把土地作为其立足点。

通过阐述最肥沃的土地可能首先被占用,因此农业产业的扩张将从较适用土地到较不适用土地的思想,生产单位小麦的土地成本的递减比率将与其他生产要素的成本递减保持一致的观点在一定程度上看似合理的;然后,由于老是不断地考虑需求上升或下降的直接影响而产生的反应,使作者能够从小麦生产中是逐渐地过渡到利用劣等土地这一具体概念①,转到当任何产业扩张必然都将逐渐转向越来越差的条件的一般概念,因此,未经过充分的检查,就再次采用了上升的曲线作为大的和正常的产业的代表。但是,这个整体概念是不牢靠的。那些对特定产业有利与否的条件经常变化,生产规模扩大本身就是导致变化的一个因素。一个人也许因为与将在今天安装机器的人相比,他在昨天就安装了他的机器而确实成为其缺点。马尼托巴省也许比埃塞克斯郡为伦敦市场上的小麦提供更加有利的生产条件②。很可能某些人不得不在不利条件下工作。实际上,那些正在进入产业的人之所以处于不利地位,是因为他发现所有最有利的场所和条件均已被他人先占了。

但是,最根深蒂固的支持生产成本向上倾斜曲线的倾向根本与收益递减理论毫无关联。从根本上说,本书第 415 页图 20 中的交叉曲线与生产或生产成本都没有任何关系。但是,它们中的一条向

> 来自"买者"与"卖者"的交叉需求曲线的类似错误

---

① 参见第 445—446 页。
② Manitoba:马尼托巴省,加拿大省份。Essex:埃塞克斯郡,英国的英格兰郡名。——译者注

上倾斜时,另一条向下倾斜。如果我们在向上倾斜的曲线上放置所有持有人,以致所有的"供给"在那些它所代表的愿望的人手里,很容易形成称它为"供给"曲线的习惯。我们已经知道,没有这样的事。它是市场上任意聚合在一起的一定数量人们的需求曲线。供给根本不是由一条曲线代表的,而是通过横坐标上的长度表示的。但是,一旦使用交叉的曲线来说明市场价格的决定,并将向上倾斜的那条曲线称为"供给"曲线,你立即就有一个图,你可以整个地转向用生产成本决定的"供给"规则,而且你不知道你所做的是什么。因此,交叉的曲线可以任意地用于表示"需求和供给"或者"需求和生产成本","供给曲线"的条件可以任意地在任一个情况下使用,从一条转移到另一条向上倾斜的曲线(确切地说,它仅仅是一条和其他曲线性质一样的向下倾斜的曲线,反转是为了方便,而且无论怎样,都与"供给"没有构成上的关系);那么,它也许可以视为收益递减和生产成本递增的曲线,可以形成在"收益递增"情况下将它们自身图形化地表示为不变现象的思维习惯,该现象按理应该常常被认识到但通常却会被忽略。难以设想,在经济学的世界里一个受尊敬的图形竟然有这样一个声名狼藉的原点!

然而,这仍然是真的,也许存在这样的产业,增加产量通常意味着增加成本,在与递减的生产成本相似的情况所强调的限制下①,这样的产业也许可由一张类似图 37 那样的图予以合理地说明。但是,当这张非常模棱两可的图表不加检查地用来表示遵守"收益递减法则"的非特定产业;当规则,如最初所定义的那样,仅仅声明是不加任何限制地适用于所有产业;当租金没有正当理由地被从生产成本中排除,当诸如日益不利的条件以及假定的"供给"曲线性质的无正当理由的假设和欺瞒性的比喻主导了曲线的构建和解释,并加强了对想象的把握,当它的纯几何推论被应用于重要的实践内容时,这就确实到了根据曲线所赋予的意义的非常精确的定义,将所有出现的理论予以详尽的修正,论证其所实

> 合理地使用交叉曲线说明"报酬递减"

---

① 参见第 445 页。

际上代表的产业重要事实内容的时候了。

现在,我们可以总结一下我们的结论了。如果适当构建的话,代表收益递增或递减的条件的曲线将试图记录第 431 页图 31 中平行于 X 轴的连续线向虚线的转换所表示的性质变动的连续系列。它所代表的可以是相同的意义(收益递增),也可以是相反的意义(收益递减)。它与图 20 等图中的向上倾斜的曲线既没有联系也没有关系。

现在可以对图 19 等图示的过程做最终的说明了。我们必须把获得纵坐标 Oy 的过程的图解与仅仅是对每一个消费者 A、B、C 等将从市场中取走的数量的图解进行区分开来。高度 Oy 仅由 A 的精确数量 Oa 以及 B 的精确数量 Ob 得以定位。这些数量取决于曲线(a)、(b)等的形式,把它们加总在一起的机制表明,要求的被满足或未被满足与这是谁的要求无关,而是基于它在相对范围上的位置是高还是低。在曲线(a)、(b)等上记录的 A、B 等决定了最终结果中各自将取得的份额,尽管结果可以分别地记录,但是过程却只能组合地构建。我们从商品的边际重要性开始,A 大约在 $8\frac{1}{2}$,B 大约在 $36\frac{1}{2}$,等等,通过合并所有曲线,我们得知,如果商品的总数量是 $Ox(d)$,市场将倾向于给所有消费者带来数量为 Oy 的边际重要性,而且与其行动相协调的是这样做实际上将是无摩擦和有效率的。

> 回到市场的一般规律

同样,如果我们取任何个别产业,价格取决于需求的集合曲线和所拥有的数量。这对应于图 19 中点 α、β、γ 在曲线上的纵坐标。它也许是,像 b 的纵坐标,位于理想均衡的纵坐标之上,或者如 α 的纵坐标,位于理想均衡的纵坐标之下,但是曲线本身与其他曲线一起参与决定理想的纵坐标;生产的数量,也就是流入这一特定产业的生产性资源的数量,趋向于与对应纵坐标相应的横坐标相一致。

如果产品数量能够以相对可变的形式,通过社会的生产性资源的流入或流出的增加或减少,将会迅速地接近均衡的纵坐标。如果生产要素增加或减少需要一个很长的时期来成熟或者耗尽(例如,深矿井,或宽阔的房屋和精心制作的机器),运动将是缓慢的;但是,无论如何,价格仅仅

第五章 "报酬递减和报酬递增"理论

因生产数量的变化而改变。除了它的影响,理想的均衡纵坐标将不会对价格有什么影响。因此,如果我们知道供给到达的实际点附近曲线的进程,并且知道供给是多少,我们就知道价格。如果我们希望进一步知道供给的趋势是朝着扩展或者收缩的方向发展,我们就必须知道在产业的现有状态下,生产成本实际上是多少。在理想的均衡纵坐标上表示以其他商品的边际价值体现的生产成本,应用标准单位度量(黄金)是比较方便的;正如 A 对李子的愿望可以得到满足的均衡点取决于李子在 B、C 的相对范围中的位置。如果通过要素的任何组合(在不同的条件下可能会有一定的数量不同的实现组合,如按标准单位衡量,它们是互相等价的),一单位的商品可以以低于它当前在市场上价格的成本生产,供给将趋于增加。如果除了以高于它当前价格的成本,没有其他组合可以生产,供给将趋于收缩。

但是,当我们从个别曲线推进到大型产业的集合曲线,将越来越清晰地显现出,商业文明的所有元素都是互相决定的;条件上的任何显著变化都会干扰整体结构、组成部分和我们的单位的重要性;只有当所涉及的一个产业或是产业的一部分,并且这个部分是对导致了整体的一般关系上的严重干扰而言是太不重要的部分时,图表方法才可以被认为是精确的,甚至是理想的。换句话说,只有在当前边际的附近,我们的标准单位才可以被认为是稳定的。如果适当谨慎的话,当我们沿着曲线分析时,在个别曲线上我们可以卓有成效地想象自己;但是仅仅假定维持一般的边际。在大多数的集合曲线上,我们决不能把自己想象成是在实际实现点附近发号施令的控制者而不是曲线当中微不足道的一部分,即使如此推测也是决不允许的。

在这一章中,我们几乎用整章的篇幅对收益递增和收益递减理论进行讨论,我们的结论几乎完全是消极的。然而,重要的一点是我们盼望正面的结果。孤立劳动的习惯——我们心照不宣地假设它有时是,而有时不是,是需要由其他要素予以相应支持的——已经带给我们很多麻烦,但是它并不难得以解释。劳动的收益,一般意义上的人类努

> 对即将到来"劳动"收益递减的恐惧

力的产出,是我们最终关心的,有关收益递增和收益递减的所有问题之所以引起他们的兴趣,源于他们想估计或者预测,在这些条件下人类如何通过自己的行动或者未来的行动,从自然资源和大自然所提供的机会中试图保障自己的欲望得以满足。如果对劳动来说,收益递减法则是——或者将变为——居优势地位的,这些条件将变得更为不利,有关这种可能性的想法对深思熟虑的思想家来说,有时简直就是一个噩梦。我不准备进行任何恐怖地困扰着许多人的关于我们这个行星资源的最终限制的调查。虽然目前整个地球的居民确实可以在怀特岛的表面肩并肩站立,当然,容易证明,如果人口以中等的速度持续不断增长,那么,在一个可预测的和可想象的并不遥远的未来,人们即使肩并肩地站满了所有的陆地和海底,地球上也将没有任何空间可以剩下。对于那样的状态而言,同样容易证明,在一个可预测的期间内,即使其他阻碍人口增长的因素都被排除,地球的大气层也将没有足够的氮气(nitrogen)来满足人口的更新需求;而且,有可能形成一种对那些为适当的食物感到忧郁的人进行的投机。

但是,除了这些太遥远以致无法构成任何理性的焦虑——如果它们是彼此隔绝的话——的投机活动之外,为什么存在着关于劳动收益递减的可能性——作为一种暂时的可能性——的无休止的暗示?为什么它会迫使我们对于现实中它是否具有存在的基础不予考虑,其原因何在?

如果我们可以赶走这些来源于一组互不相关现象的阴郁暗示,我们可能已经为国家的快乐氛围作出了一定程度的贡献。

让我们假设个别产业在如此意义下说明了报酬递增规律:如果增加的人类努力投入到土地、资本,以及其他要素上,按照产品数量衡量,可以获得劳动边际效率的增加。现在来看图 38,我们以 X 轴来表示产品单位,以 Y 轴来表示它们的边际交换价值。

> 为什么不正好如此的现象所形成的恐怖

我们预先推测,如果我们以 2 倍、3 倍甚至 4 倍的劳动投入该产业,我们将以高于劳动投入的比例获得物质产出。图 38 中的分割代表着选

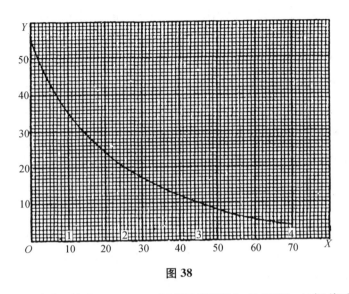

图 38

定的商品的单位,数字 1、2、3、4 标识逐渐增加的间隔,它们代表着由 2 倍、3 倍甚至 4 倍的劳动投入所产生的连续的产出增加。这个图形意味着无论给定的人力人数为多少,我们将其作为 1 个单位,假设其有恰当的资本的支持,可以获得 10 单位的产出,那么,投入 2 倍的人力可以获得 25 而不是 20 个单位的产出,投入 3 倍的人力可以获得 45 而不是 30 个单位的产出,投入 4 倍的人力可以获得 70 而不是 40 个单位的产出。但是,我们现在所处理的是物质产品,而不是它们的价值,随着产品数量的增加,每个单位物质产品的边际重要性会随之降低。如果曲线如图 38 所示,我们可以发现,投入了 2 倍的人力不仅可以带来产量的加倍增加,而且可以加倍增加它们的价值。因为纵轴高度的降低被从 1 到 2 的长度的增加加倍补偿了。但是,随着我们将人力从 2 倍加到 3 倍,从 3 倍加到 4 倍,仍然增加的产出数量逐渐越来越被价值的降低抹杀了。因此,虽然这个产业服从劳动增加导致收益递增法则,但是,以其他产品为尺度衡量其劳动收益时,收益递减法则便得到体现了。因为 Y 轴上每个单位代表的产品价值必须由其他产品来解释,人们将用较少的其他产品来换取所讨论的那个产品,因为后者的供给是越来越多了。

不过想想看,如果其他产品的供给也同样是增加的。假设人口逐渐增加伴随着资本以及新土地利用增加，或者土地利用的改进，使所有其他产业的产量也都获得增加。然后，假设它们同样服从劳动的物质产品收益递增法则。那么，每一个人不仅有了更多我们首先考虑的那种产品，而且有了相应比例的更多的其他产品，那么，他们将按照先前的比率用其他交换一个单位我们首先考虑的那种产品，所有的人因此都将获得更多的所有产品，包括各种休闲机会以及其他各种方式的满足。这将是社会进步的一个理想状态。在这种状态下，每一代人都将发觉，部分由于技术的进步、人口的增加，以及作为结果产生的每个产业的规模经济，自己比前一代更富有，并且能够以更加愉快和轻松的状态进行合作。但是，这一事实仍将得到维持：如果其他产业吸收了更大数量的新能源和资源，每个个别产业中的个体成员的地位将因此获得加强；相反，如果它自己吸收了更多数量的新能源与资源，那么，它地位将被削弱。每个人都将担心虽然其所在产业的纵轴线由于使其他产品更丰裕，从而能以更轻易的条件获得的一般过程而提高，但是，沿着他们自己的曲线，他们自己所凭借的优势却确有下降。

因此，根据自己所在产业来概括，每个人都将争论收益递减法则已经完全改变了，参加生产的人越多，他们生产的东西越丰裕，每个人将会变得越贫穷。

因此，现在我们对城市化疾病的细菌这一现象有了更加准确的分析①。每个人都深信（除非特殊的时期）他自己的产业或者职业已经过度存货。无论是否确实如此，但是很可能是这样的。在每个产业中，从业人员增加，并且伴随着工具和设备的适当增加，会保证更大量的资源需求。在任何产业，如果这个产业是孤立的，那么情况将（在必然如此的意义上）发生逆转。因此，严格地说，每一个产业的现存成员的个体利益所在就是其他所有产业都重新招募他们的员工并增加他们的产出，与此同时，它们自己控制其产品的增长。这样他们将获得提高自己曲线，而其他产业降低了它们的曲线下降斜率所带来的全部收益，他们将逃脱推进其自身曲

---

① 参见第290页及以后。

线降低来推进其他产业曲线的责任。但是,这是很显然的,如果这种推进即使是在所有的产业中,以交换中的产品总量来衡量它所代表每个生产因素的收益都将是增加的。

549

第六章
租金法则的图表表述及其应用

概要:现在对租金法则的图表表述主要建立在土地数量固定条件下的劳动力"收益递减"的原则基础上,它错误地假定了土地数量保持不变。因此,在命名和思考上也就随之出现很多错误。以图表的方式来再现同样的事实时,如果假设土地数量可变而劳动力数量不变,同样是易于分析并且是有道理的。这将证明租金和工资都是由边际效率来决定的生产产品的要素之一;当所有要素在这种边际分配中获得各自的份额时,将不再存在剩余。

关于对土地的特殊处理的错误根源并不仅仅止于上一章我们研究时所追溯的那样,在找到对现有地租理论表述的清楚的验证之前,这项寻错的工作就不能停

> 租金的图示。它的形式、解释和含义

止。因此,我们接下来将继续讨论那个阐述如何从中导出假定的"收益递减法则"和"租金法则"的常用图表。在图 39 中,X 轴代表在固定的土地上投入增加的"劳动力"数量;Y 轴代表每增加一单位农作物的劳动力增长的速度。Ox_1 单位的"劳动力"的总产出是 Orw_1x_1,劳动力以 x_1w_1 的速度增加并总共获得 Ow_1 的回报,相应地,y_1rw_1 是租金。如果 Ox_2 的劳动力只被应

用于同样数量的土地,总产出将少于Orw_2x_2,"每个单位的劳动力"的报酬会更高一些,也即x_2w_2,租金将仅仅是y_2rw_2,在更少的总量中占有更小的比例。因此,即便不用边际理论,我们同样看到单位土地的收益递减和单位"劳动力"的收益递增,从这里进一步,我们

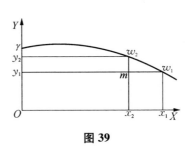

图 39

也可以得到单位"劳动力"的收益递减和单位土地的收益递增的结论。在同样的土地上有更多的劳动力工作就意味着单位劳动力作用于更少的土地。因此,我们可以得出这些结论:同样的土地上更多劳动力工作或者说**单位劳动力作用于更少的土地**意味着每个单位土地的租金更多而且单位"劳动力"的"工资"更少;相反,更少的劳动力作用于同样的土地或者说**单位劳动力作用于更多的土地**意味着单位土地的租金更低而单位"劳动力"的"工资"较高。这些从图形中直接得出的结论对所有的政治经济学学生来讲都不陌生,也正是这种熟悉性使得这些结论看起来显然正确。但是,那些从数据中可以明确看出,却从图形中间接阐述的结论,也即上面表述中粗体部分的结论,大多数政治经济学的学生并不熟悉,并可能表现出惊异和困惑,虽然它们与那些通俗地表达出的结论完全相同并且可以毫无顾虑地接受。

因此,超过一定点后,如果在同样数量的土地上投入更多的劳动力,土地的收益会更高,换言之,超过那个点后,如果同样数量的劳动力作用于更多的土地的话,劳动力的收益会更高,但并不是每个人都可以看出这两种说法无异。

在我们的图形中,直线和曲线组成的区域或面积代表租金,直线组成的区域或面积代表工资;通常认为这归因于土地的一些特性,但是,如果我们算出其他表达形式下的数据的话,将看到这些图形格式的形成可以很简单地归因于土地是恒定的假设。如果我们用可变的土地被不变的农夫耕种取代可变的农夫耕种不变的土地,就会发现工资可由直线和曲线组成的区域或面积表示,而租金可由直线组成的区域或面积表示。关于

这一点我会给出详细的证明。但在进行具体的证明之前,我们最好先了解一些特别应注意的问题。

我已经解释了上面的一些短语为什么用粗体字。现在我必须解释我为什么把"工资"和"租金"放在引号里。这是因为劳动力中包含了资本。简而言之,"劳动力"包括了除土地以外所有的生产要素。"工资"是指所有这些要素的报酬。这些要素都用同一种单位来衡量,暗示了它们都被归纳为一个共同的单位,这是基于我们在第一卷第九章中强调的原则。试图每次都准确地表达这样一个单位是没有意义的,我们只是偶然提及它。即使把它称为"由劳动力和资本归纳得出的一个共同的单位",也显得太冗长了;如果把它称为一个单位的劳动力虽然在学术上极度危险,但是,系统地用"劳动力"来表示这个复杂的要素,用"工资"来表示报酬,虽然不能完全避免危险,但是至少可以减弱其程度。我们必须声明,在这个意义上的"劳动力"和"土地"之间的分别是人为的、任意的;我们说的所有土地都包含资本,现在定义的"劳动力"也是如此。

其次,我们必须指出,数据以及通常随之而来的争论,完全不能真正给我们带来任何租金的理论。它们假定我们自己的报酬法则对所有其他要素(不言而喻地归纳为一个共同的单位)来说只是在一定比例上是有效的,而后简单地告诉我们此外就是租金。

而且,我们必须非常细心地指出,用于固定土地上的一定单位的"劳动力"数量 Ox_1 或者 Ox_2 将被各自对土地和"劳动力"开放的选择所决定。比方说,在小麦种植中,"劳动力"将投入到边际收益只有 x_1w_1 时,因为找不到任何其他可行的替代选择,但是,投入也不会超过那一点,因为,之后的边际重要性更低,它将可以找到可行的替代选择。同理,由于边际重要性递减原则,对于给定数量的种植小麦的"劳动力",投入了足够多的土地后将不会继续投入,因为虽然它找不到其他更好的用途,但是至少可以找到一样好的途径。因此,除非一个人可以提供与其他用途至少一样好的条件,否则土地就不会到他手上,同样,除非土地可以提供给他们与其他途径一样好的条件,人们也不会耕作土地。Ox_1、x_1w_1、y_1rw_1 的数量由产业和市场的一般条件决定:在能够确定它们的适当比例的条件下,人们

在 Ox_2 的情况下而不是在收获 Ow_2 的谷物时却需要付 y_2rw_2 租金的情况下,应该选择土地并耕种,他会发现在他所收获的 Ow_2 谷物中,他需要付 y_1rw_1 的租金,自己只能得到 Om 减去 w_2mw_1 的部分。如果租金是 y_2rw_2 而且"工资"为 x_2w_2,那是因为"劳动力"有了更多可行的选择,或者是在 y_1rw_1 和 Ow_2 所决定的条件下可以得到更多的土地供给。需要指出,任何这样的改变都肯定会影响我们称为"劳动力"这一复杂单位的内部结构。但是,每一个不同等级和性质的工作中的资本和工资的收益,则保持同样的比例,不受影响。

最后,我们要注意到,图表描述了在给定质量的单位面积土地上雇佣越来越多的"劳动力"时的产量。图表不考虑土地属于哪种等级,但是每一种土地都将呈现出不同形状的曲线。图表也没有考虑大块土地和小块土地的不同条件。

如同曲线的一般形式,它的性质在开始时有所保留,随后将逐渐展现在大家面前,我们接下来将继续详细讨论前两页承诺要讨论的理论。我们将从头开始,一步一步地建立我们的曲线模型。

假定一个人拥有 50 英亩的土地并将在全年投入 3 000 小时的劳动,包括各种工具和机械、原料、种子、肥料等及雇佣劳动力。在这个例子中,一个小时的劳动就恰恰是生产要素综合的象征,在表述它时应该加上引号,意味着"农户在土地上工作一个小时所需要的器具和其他要素的总和"。我们假

> 构造相对于固定的土地的劳动力边际重要性曲线,相对于固定的劳动力的土地边际重要性曲线

设每英亩产 1.25 英担也即 1 280 夸特的小麦。为了方便下面的论述,我们采取 1 260 夸特的产量,也就是半英亩产 630 夸特。一年花在半英亩地上的时间是 30"小时",就是产量以每"小时"21 夸特的速率扩张。我们就以此作为分析的出发点。但是,采用比英亩或者半英亩更小的土地单位会更方便表达,所以我们用 1/20 路德(rood)或 1/40 半英亩来计量土地面积①,之所以用这个单位是为了做图表的方便。现在将我们的假定

---

① 路德(rood):英制面积单位,1 路德=1/4 英亩或 1 077.7 平方米。——译者注

总结如下：在每英亩土地上投入60"小时"劳动力将产出1 260夸特的小麦，即21夸特/小时或者每单位土地15.75夸特。

> 在80单位土地上投入60小时劳动力，产出1 260夸特小麦的规模，即在40单位土地上投入30小时劳动力，产出630夸特，并且产量是630÷30＝21夸特/小时，或630÷40＝15.75夸特/单位土地。

在此，细心的读者一定注意到这些单位土地产出和劳动力并不能在各要素间分配，也无法估计出各要素贡献的价值。这些数字只是简单地给出了总产量对土地或劳动力的比率。单位土地的产量是大家熟知的概念。单位劳动力的产量对我们现在的研究来讲同样是重要的，读者必须使自己同样熟知这个概念。

我们现在假设如果这个人在每半英亩土地上只花25"小时"，那么，他的产出就会是531.40夸特而非630夸特①。注意，我们这里假设对土地的投入强度小于第一种假设；也就是说，投入或者说"劳动力"在土地上的作用力更分散。我们也可以从下面两个角度来考虑这个问题：单位土地上劳动力投入更少或者说单位劳动力作用于更多土地。因此，如果我们假设在40个土地单位上投入25"小时"而非30"小时"的话，就会得到与从30变为40或30变为48一样的比率（5∶8）。当然，投入了30"小时"劳动力的48个土地单位的总产出将比投入25"小时"劳动力的40个土地单位的总产出要多出1/5。

因此，正如我们所（任意）假设的那样，25个单位的劳动力投入到40个单位土地，产出是531.40夸特，而30个单位劳动力投入到48单位土地，产出将会是637.68夸特（前者的5/6）；无论我们怎样衡量，产出都是每单位土地13.285夸特和每单位劳动力21.256夸特。

---

① 当然，必须承认并理解，这样微小的估计绝对使我们偏离了与实际商务或实际可能的联系。它之所以被接受仅仅是为了作图和说明在现在的表述中所涉及的原则。

我们可以把这些结论制成如下表格:

	夸特/"小时"	夸特/土地单位
30∶40 的产量	21	15.75
25∶40 的产量	21.256	13.285
30∶48 的产量	21.256	13.285

因此,虽然我们在 40 个单位的土地上投入的劳动力从 25 变为 30,从而降低了劳动力收益,但是却增加了土地的收益。除非我们已经建立了可以分别地或者综合地表达土地或劳动力的术语,否则说我们的"总产量"是升还是降是没有多大意义的。这一点超出了我们现在所要求的;从我们现在的视角来看,上面所说的"增加"或"减少"了收益仅仅是相关的术语,并且同时适用于我们提及的土地或"劳动力"。我们后面还会回过头来看这个重要的概念,接下来我们从另一个角度来看我们的研究。

我们的假设是在 40 个单位的土地上投入 30 个单位"劳动力"将产出 630 夸特的谷物;因此在 3∶4 的假设下,我们可以说这是 30 个单位"劳动力"的收益,也可以说这是 40 个单位土地的收益。如果我们把比率调整为 5∶8,我们要么保持 40 个单位土地不变(投入 25 单位"劳动力"),要

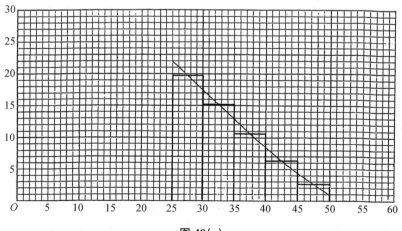

图 40(a)

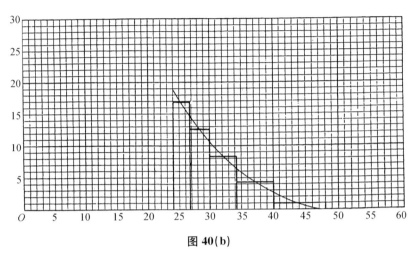

图 40(b)

么保持30个单位"劳动力"不变但是投入在48个单位的土地上。如果是前者,产出将是531.40夸特,如果是后者,产出将是637.38夸特。这说明,如果我们在同样的土地上少投入了这么多的劳动,土地的产出将减少98.60夸特,如果我们将同样的"劳动力"投入到这么多的土地上,"劳动力"的产出将增加7.68夸特。

我们现在来总结从图40中得到的结论。在(a)中,我们假定半英亩的土地(40个我们的土地单位)是不变的。我们在X轴上标出每年投在半英亩土地上的"小时"数,在Y轴上表示以夸特来计量产量,这样,不管土地与劳动力的比率是多少,每半英亩的产出数量都可以用每一夸特构成的非常小的面积来表示。在(b)中,我们保持30"小时"的投入不变,并在X轴上标出土地的单位(1路德的1/20)。Y轴上的单位仍然是以夸特衡量的产量,代表着各种不同的土地和"劳动力"投入比例组成的30"小时"面积的投入的产出。在(a)中,由假定,当劳动力投入从25"小时"增加到30"小时"时,每半英亩土地的产出将增加98.60夸特,或者反过来,当劳动力投入从30"小时"减少到25"小时",产出则减少相应的数量。可以以25—30的线段为长度,划出一个宽度为19.72的长方形,这意味着,如果土地保持不变,增加或减少这5个小时的劳动投入,每半英亩土地的谷物产量将与我们假定的有所不同。但是,正如我们看到的,在(a)中从

30—25 与(b)中从 40—48 是一样的,都是由 3∶4 变为了 5∶8;而且这一改变的结果是 30"小时"劳动力的产出增加了 7.68 夸特。在(b)中,以 40—48 的线段为长度,划出一个面积为 7.68 或说宽为 0.96 的长方形,意为"劳动力"保持不变,增加或减少这 8 个单位土地会使产出发生 7.68 夸特的改变。

注意到(a)中向着原点的移动与(b)中背离原点的移动是相对应的。我们可以从 3∶4 开始,在(a)中向左移,在(b)中向右移,或者从 5∶8 开始,在(b)中向左移,在(a)中向右移。也就是说,我们的数据说明,如果我们增加在同一块土地上的劳动"小时"数,就会增加土地的单位产出并减少"劳动力"的单位产出;相反地,如果我们将同样数量的劳动"小时"投入到更多的土地上,那么,会增加"劳动力"的单位产出并减少土地的单位产出。

接下来从相反的角度来改变 3∶4 的比率。我们假设一个比率为 7∶8(这是一个任意的数据),也就是说 40 个单位的土地上投入 35 小时的"劳动力",或者在 34.286 单位的土地上投入 30 小时的"劳动力",其产出都是每半英亩 705.98 夸特,或者说是前者的 6/7,每 30"小时"605.13 夸特。这意味着在 40 个单位的土地上多投入与少投入这 5"小时"劳动的产出相差 75.98 夸特,表示为在(a)中以 30—35 线段为长度,以 15.20 为宽度的长方形;同样地,30"小时"投入的土地多 5.714 和少 5.714 的产出相差 24.87 表示为(b)中以从 34.286—40 的线段为长,以 4.35 为宽的长方形。

我们现在可以把我们的结论列入表格并进一步拓展。如果我们从(a)中的左边的长方形开始,向右移动,而在(b)中则从右边的长方形移向左边,在(a)中会得到一个递增的量,而在(b)中会得到一个递减的量。但是,也可以反过来看图形,如果我们从左向右看(b),而从右向左看(a),则在(b)中计为增量,而在(a)计为减量。因此,我们在表格中不标示正负号;因为,如果我们从上向下看,第六栏是正的而第七栏是负的,如果自下而上看则相反,但是这两种观察方法都是正确的。

土地单位的"小时"比率	40土地单位的"小时"比率	30"小时"投入的土地单位	恒定土地的产出（任意假设）	恒定"劳动力"的产出（任意假设）	恒定土地的产出差异	恒定"劳动力"的产出差异	（a）中长方形的宽	（b）中长方形的宽
5∶8	25	48	531.40	637.68	98.60	7.68	19.72	0.96
3∶4	30	40	630	630	75.98	24.87	15.20	4.35
7∶8	35	34.286	705.98	605.13	53.18	35.76	10.64	8.34
1∶1	40	30	759.16	569.37	31.85	42.03	6.37	12.61
9∶8	45	26.667	791.01	527.34	12.99	44.94	2.60	16.85
5∶4	50	24	804	482.40				

由于在相同的土地上投入更多的劳动力或者将同样的劳动力投入到更多的土地上的影响是很明显的，我们将依照第371—372页解释过的原则，继续研究曲线，(a)中的曲线与教科书上用来阐述租金的一般曲线相对应，而(b)中的曲线则与假设劳动力不变情况下的曲线互补。因此，在(a)中，对应于纵坐标的任一横坐标都表示在那一点上的劳动力每个小时的边际效率，在固定的半英亩土地（40个土地单位）上递增的产出量；在(b)中对应于纵坐标的任一横坐标都表示在那一点上的每单位土地的边际效率，即在固定30"小时"劳动力投入上递增的产出量。

我们从(a)中得到的是大家熟知的地租曲线的一部分。由图形可以看出，随着在同一块土地上劳动投入的不断增加，"劳动力"的"收益递减"。"劳动力"报酬等于它的边际效率，横坐标与纵坐标相乘得到的即曲线所包围的长方形就是所支付的"工资"总额。剩余的产出可以作为租金，完成整条曲线，长方形之上由众多曲线围成的区域的面积就代表土地的租金。

最后一点很容易证明。如果没有劳动力的投入，土地将没有任何产出。因此，在固定的土地上投入 x"小时"劳动的产出出发，后续增加的产出——它可记为某个面积——依赖于在 x 和 $(x-1)$"小时"劳动之差，以及$(x-1)$和$(x-2)$"小时"劳动之差,依此类推,直到在 1 和 0"小时"劳动之差,我们将所有产出相加。我们的曲线就是完全按照这些原则建立起来的。在每个相连的底上它都建立了由横坐标对应的部分所代表的产出的一部分。因此,如果完成曲线,它将代表全部产出。例如,在劳动与土地是 3∶4,或者 30∶40 的比率上,我们在(a)中标出横坐标 30,那么,每个小时"劳动力"的边际重要性是 17.50。如果这代表了一个均衡的状态,$17.50 \times 30 = 525$ 就是应当归于"劳动力"的产出而剩下的是半英亩土地的租金。

在(b)中,有部分曲线精确地类似于在"劳动力"不变的条件下,土地不断增加而产生的土地"收益递减"曲线;由于土地是依据它的边际效率大小来获得相应报酬的,由曲线围成的长方形是全部作为租金偿付的,剩下的产出才是用来支付"工资"的。(b)中横轴上的点 40 对应于(a)中的点 30。相对的纵轴上的点是 2.625,租金就是 $40 \times 2.625 = 105$,而剩下的产出是劳动力 30 个"小时"劳动的"工资"。

如果我们精确地画出曲线,且正确地读出,其结果一定是一致的。事实确实如此。回到第 459—460 页,在 40 土地单位上投入 30"小时"劳动力的总产出是 630 夸特,我们从(a)中可以找到工资是 $30 \times 17.5 = 525$,从(b)中可以找到租金是 $40 \times 2.625 = 105$,而 $525 + 105 = 630$。

大家必须清楚理解我们所证明的是:同样的数据,我们可以用两种不同的图解法来表示,若表述计算正确的话,这两种表示的结果是一致的。我们得出的总和是正确的,那也证明不了什么,若是错误的,那就完全否定了结论。曲线都是按照计算的数字画出来的,而且那些数字可以更加精确地以无法显示的单位计算出来。它们解释了计算结果,但是并没有证明计算是正确的。从数据中得出的计算结果必须自己来说明问题。曲线简单地阐释了不同推论相互支持并一起支持现在的经济学论点。

到此为止,基本且最重要的观点是证明:在一般的图表中,租金是被设定为混合线性区域(mixtilinear area),而"工资"被设定为长方形的区域,并不是因为这些几何形式内在地合适地代表了相应的工业要素,而是因为总是简单地将固定要素的收益表现为混合线性区域,将可变要素的收益表现为长方形区域。不论分配的份额是用何种形式的区域来表示,它们所代表的数量都是相同的,都是由边际原则确定的。

如果我们联系"劳动力"和"土地"的边际收益来考察在30"小时"劳动力投入的40土地单位的总产出的话,这一点就更清楚了。读者可以回想一下我们已经提到的详细探讨由既有数据得出曲线的一般形式的数学简论①;但是,很明显地,给出的数字形式(如在图39中)通常是对事实的极其粗糙的描述。更加细心的作者通常会说收益递减原则只发生在"过了一定点"之后,并假设当我们在劳动力最初开始增长附近观察时就会发现每增加一单

> 构造相对于固定土地和可变劳动力的总产出矩形,以及相对于可变土地和固定劳动力的总产出矩形;按照边际重要性对全部产品进行分配

位投入会产出多于一单位的产出。而且,如果我们在大量土地上只投入几小时的劳动(不是只在其中的某一小块地上而是在整块土地上),那么一点儿也达不到预期的效果。投入太多的劳动力和不投入劳动力的不同是显而易见的。另一方面,如果我准备在40英亩的土地上投入300天的工作,那么,每增加一个小时的劳动都会得到理想的结果。在刚才的例子中,我试着说明我们的曲线会通过原点,先上升然后下降。我们的数据至今都假设与这个理论相对应,现在我们可以对此做一下延伸,以把我们(a)中的数据重新处理,从一个方向回到原点,并可以使曲线达到它现在所在点的右端。

我们假定,以下的数据,一些已经列为表格,剩下的是现在第一次介绍给读者的②。

---

① 《分配律的协调》,伦敦,1894。

② 作为对事实的近似,这些假设的数据是全部根据公式得出的,产出$=2 \cdot 248 x^{\tau} c^{-180\tau x}$,在式中,$x$代表每年在每40个单位土地上投入的劳动小时数量。与公式相对应的第469页图41 (a)的一对曲线,其中$2 \cdot 248 \left(2 - \frac{\tau}{180}x\right) x c^{-180\tau x}$是包含矩形的曲线,是曲线减去矩形的积分面积。

第六章 租金法则的图表表述及其应用

表Ⅰ 土地固定为 0.5 英亩(40 单位)

劳动力对土地的比率	每固定单位土地上的"小时"投入	每固定单位土地的产出(假设)	每单位土地的总产出(推导)	每单位"劳动"的总产出(推导)
1∶8	5	46.26	1.16	9.25
1∶4	10	152.36	3.81	15.24
3∶8	15	282.24	7.06	18.82
1∶2	20	413.08	10.33	20.65
5∶8	25	531.40	13.28	21.26
3∶4	30	630.00	15.75	21.00
7∶8	35	705.98	17.65	20.17
1∶1	40	759.16	18.98	18.98
9∶8	45	791.01	19.78	17.58
5∶4	50	804.00	20.10	16.08
11∶8	55	800.91	20.02	14.56
3∶2	60	784.74	19.62	13.08
13∶8	65	758.22	18.96	11.60
7∶4	70	724.01	18.10	10.34

如果我们把第二栏的数字作为横轴上的点,最后一栏的作为纵轴上相应的点,就会得到一条曲线上的一系列的点,曲线围成了半英亩(40 单位)土地上土地与劳动力以任意比率投入而产出的长方形。如果我们赋予曲线以在固定的 40 单位土地上不断增加"劳动力"投入的边际重要性的含义,在图 41(a)中一条曲线 c(代表"产出")围成了代表 40 单位土地总产出的长方形,而另一条曲线 w(代表"工资")围成了代表了劳动力产出份额的长方形。这些长方形中第一个面积减去第二个面积得到的就是代表土地产出份额的长方形。最后一个长方形的面积等于曲线 w 围成的面积减去它所包围的长方形的面积。如果我们把这个数除以 40 就会得到我们图表中最后一栏的数据。

但是，表Ⅰ的假设数据可以由表Ⅱ固定30个"小时"的劳动力投入而土地单位不等中的数据来代替。我们把(a)中横轴上的点统一以5个单位为一个间隔并设定与之相配的数据。相反，在(b)中相对应的间隔并不是统一的。当然，这将同样容易地得出另一种情况，所以，在一种情况下的规则性和另一种情况下的非规则性，在理论上是无关紧要的。我们把固定30"小时"劳动投入的数据列成表格，这些数据是与表Ⅰ中横轴上从60到15的点是对应的。

表Ⅱ 固定30"小时"的劳动力

劳动力对土地的比率	土 地	每固定单位"劳动力"的产出（推导）	每单位"劳动力"产出（推导）	每单位土地的产出（推导）
3∶2	20	392.37	13.08	19.62
11∶8	21.818	436.86	14.56	20.02
5∶4	24	482.40	16.08	20.10
9∶8	26.667	527.34	17.58	19.78
1∶1	30	569.37	18.98	18.96
7∶8	34.286	605.13	20.17	17.65
3∶4	40	630.00	21.00	15.75
5∶8	48	637.68	21.26	13.28
1∶2	60	619.62	20.96	10.33
3∶8	80	564.48	18.82	7.06

同样，把第二行的数字作为横轴上的点而最后一行的数字作为纵轴上的点，我们会得到曲线 c 的上一系列点，图41(b)中的长方形给出了由横轴表示的土地数量上30"小时"投入的总收益；如果我们赋予曲线土地的边际重要性，我们将有在(b)中的曲线 c（产出）所包含的表示30个"小时"劳动投入的产出的长方形和曲线 r（"租金"）所包含的表示土地总产出的长方形。这些长方形中第一个的面积减去第二个的面积得出的就是代表"劳动力"产出份额的长方形面积。最后一个的面积等于曲线 r 围成

的面积减去它所包围的长方形的面积。如果我们把这个数除以 30 就会得到我们图表Ⅱ中最后一栏的数据。

如果数字是正确并一致的话,那么,不论是分析图 40 还是 41 中的 (a)与(b),都能得到完全一样的结论。读者可以通过观察表格中任意两个相对应的曲线大致地验证这一结果。

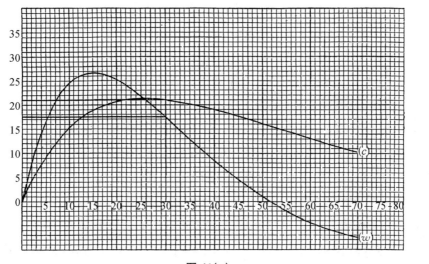

图 41(a)

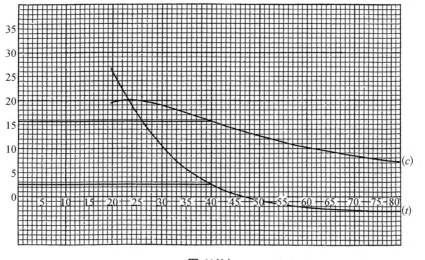

图 41(b)

例如,在(a)中取"劳动力"与土地的比率为 35∶40,即 7∶8。那么,每小时的工资是 12.9,40 单位土地的租金是 7.3×35 或者说每单位 6.4。比率由 35∶40 变为 30∶34.3。(b)中相应的点是横轴上 34.3 的点,如果我们看纵轴,就会发现土地的租金大约是 6.4,而 30 小时的工资是 11.3×34.3 或者说每小时 12.9。

至此,我们已经完全建立了这个重要的结论:在产品中把租金看作剩下的部分,或者必须用长方形来表示工资,用混合线性来代表租金,两者彼此相对,这些都是没有特殊理由或者说是没有必要的。但是,这些现在已经消失的错误概念,导致了我不得不视为可能会长期阻碍经济学进步的思想上和命名法上的毁灭性的混乱的出现。一开始就假定了,不论什么情况下,每一可以在图表上表示为混合线性区域的经济上的数量都与租金有着某种特定的类似。在这里,我需要指出,所谓的"李嘉图"的租金法则也可以用同样的形式来表示。因此,第 457 页的图 39 就可以看作不是展示每单位劳动力和资本的边际收益和劳动力与资本对土地的比率之间的关系的,而是一种在小麦产业中,针对土地的肥沃度不同而对不同单位的劳动力和资本所做的一种安排。于是,我们用混合线性区域来表示在同样投入下,更肥沃土地与次肥沃土地产出的差额。李嘉图的租金理论通常(虽然不是很必要)假设最不肥沃的土地不负担地租,在这种情况下,混合线性区域就代表了所有的地租;否则它就表示超过最少地租的部分。现在,如果你把拥有不同能力的一群人按照他们的才能对社会的边际价值进行分配,会有一个接近原点处的人每单位投入会有相对更高的产出,继续下去,就会发现个人才能投入的产出越来越小。如果我们按照最小效率的人的投入产出水平画一条线,线以上的面积表示更有能力的人的产出超出最小产出的部分;而且,因为它所表示的收益数字将构成一条曲线,因此被称为"能力的租金"。

> 检验由于租金曲线的错误概念而导致的误差

显然,以此为标准,一种商品的价值超出另一种商品的部分都可以同样地被命名为"租金"。因此,如果一磅某种肥料与两磅另一种肥料的产出相同的话,你可以把不同种肥料的磅数以它们的效率为序标在 X 轴上,把一磅这种肥料的效率超出另一种的部分称为"高效率的租金"。事实上,如果任意两种功能相同的东西,其中一个比另一个的性能要好的话,就可以把这个性能较好的价格高于较差那个的部分称为"租金"。这就是李嘉图的租金理论所阐述的。如果两块土地投入了劳动力和资本后都能产出小麦,但是一块地的产量要更高一些,那么这块土地的价值就会相应更高,就像一棵能产 200 个苹果的苹果树的价值就比只能产出同样质量的 150 个苹果的树要大。事实上,李嘉图的租金理论别无其他,只是说明好的商品,由于质量好,其价格也相应更高。引入存在质量最差的商品的假设,只是为了突出好的商品价格高正是因为其质量"更好"。如果没有免费供应,市场上那些较贵的商品,是因为价格更高质量才能"更好",而其他的价格高一些,是因为其质量超过了市场上一般水平的商品。

再次回到我们前面对数字的解释(消除对在原点附近的那段曲线的所有怀疑),并记着由直线和曲线组成的区域或面积是简单地由土地是固定不变的这一事实所决定的,我们将可以理解,只要某一种其他要素是固定不变的,我们就可以用一个直线和曲线组成的面积来代表它。因此,在所有表示任意商品持续不断地供给时边际重要性递减的个体和公共的曲线中,我们可以把精神上的或者感觉上的有机体看作固定的,那些面积也可以看作精神上的。如果感觉上的有机体或者感觉的有机体的主体保持不变,不断增加的刺激或激励在超过一定点后会产生递减的收益或经验值,我们就会得到一个直线和曲线组成的区域或面积——表示超出由边际增量引发的经验值。当学生们察觉到这一点,他们立即会称之为超额"消费者租金"。

但是,在我看来,这些说法误用了"租金"这一概念,它们只是我们需要解决的错误的一小部分。

我们已经看到,数字都是在土地是固定的而劳动力和资本是可变的假设上给出的,当与"没有租金"的土地的假设联系起来时,它们也可以同样看作李嘉图的租金理论的幻觉。从这一点上所得出的关于租金的所有一般认识是:租金是压缩其他生产要素的份额而得到的剩余,而且那些份额是由它们在"没有租

地租不是剩余

金"的土地上所能获得的报酬决定的；也就是说，是以耕作的边际来计算的。

我们要指出，把租金看作剩余，从而使得现行的经济学能够建立"租金理论"是根本没有必要的。因为，如果租金只简单地是满足了其他要素后的剩余，我们将没有建立起租金理论，如果我们知道如何确定除了土地以外的份额，那么，可以简单地说，租金可就是什么都不是了。如果我们从 $x=a+b+c+\cdots$ 开始，除非我们已经单独地确定了 b、c、$\cdots$ 的值，否则我们不可能简单地从等式 $a=x-b-c-\cdots$ 中得到 a。因此，通常作为从在同一土地上增加劳动力和资本投入的效率递减的规律推出的租金理论的推导其实就是假定生产的其他要素遵循我们用来作为指导分配的全部理论的边际效率法则。代之以详细阐述租金理论，现在的阐述隐含地假定（正确的）理论涉及土地之外的所有要素，并且声称根本不需要针对土地的任何理论。但是，我们前面详细的探讨已经告诉我们，那些图表说明了一个结论，那就是同样的法则适用于其他要素的同时确实也适用于土地要素。事实上，直线和曲线组成的区域或面积代表了租金，并不因为它是满足了所有其他要素后的剩余，而是因为它表示了土地的边际效率，并且就像我们假设土地不变时劳动力可以由一条纵轴来表示一样，如果我们把劳动力假设为不变，就也能用一条纵轴来表示土地。

但是，我们现在关注的，并不是把租金看作剩余的不一致，而是从中产生的更进一步的结论。如果像争论的那样，租金是一种剩余，就像用边际的或者"没有租金"的土地上的收益来衡量，可以通过减少其他要素的报酬来达到想要的，为什么利润不能就像用边际的或者"没有利润"的商业上的收益来衡量，把它看作通过减少其他部门的报酬达到想要的水平呢？通过这些或者类似的过程，如果我们得到一个满意的"法则"来决定租金、利润等，我们当然可以通过这样的方法来确定（一般工人的）工资，即它是支付完其他要素报酬之后的剩余。很明显所有这些尝试都基于下列的等式体系：$a=x-b-c-\cdots$，$b=x-a-c-\cdots$，$c=x-a-b-\cdots$ 等，虽然它们并没有在原来的等式 $x=a+b+c+\cdots$ 里增加什么，但是，每个等式都

> 把地租作为剩余概念的后果

第六章 租金法则的图表表述及其应用

假设了除了所要求的部门以外的其他部门的数据都已经单独求得了。

这并不是最坏的。读者可能已经注意到我们现在所用的"边际"或"边际的"概念与在第 33—34 页及之后所定义的以及用于全书的概念有很大的不同。例如,"边际的土地"或"边际的能力",在这

> "边际"和"边际的"概念混用所导致的误差

里,并不是指所说土地或能力的供应量在边际上的增加或减少,而是指土地或能力对所投入产业的最低的固有贡献。边际条件并不是指我们所理解的由整个产业所决定的"边际",也即增加或减少某一增量的边际重要性所决定的条件,而是一些适用于生产特定单位产品的特定条件。对于这个边际概念,由于它由实际存在的"剩余"组成,很多作者构想出一个又一个分配性的种类,他们追溯到原始"边际"概念,并组成了一个由未使用过的边际分配的蓄水池;而且,在困惑的情况下进行某种的尝试,从边际(最无效率而且不充足的)资本和边际(最无效率)劳动力作用于边际(最无效率)土地上为起点倒回去计算其他数据。但是,读者必须弄清楚,所有这些尝试或者是仅仅是基于在横轴上按照效率的排序,除了好商品要有高价格之外,其他的任何问题既不能得到说明也不能得到证明,或者基于由图 39(第 457 页)上的原则构造的图形中表示固定不变的区域假设得到的几何形式的误解。我们现在理解,我们所说的边际分配(产品在需求者中的分配与以现在供给的边际增量的增加或减少的重要性成比例)仅此一次就把所有产品都分配完毕。曲线面积与直线面积是同样可以代表边际的,而且可以以同样的几何形式表示。

在我们的措辞中,一个单位的"在 x 的边际"并不与小组中的其他单位相对比,即使后者在某种程度上优于它。小组中所有的单位都是一样的边际单位。区别并不存在于小组中 x 单位与其他单位之间,而是在于这些在质量上无差别的个体,当其是形成一组的 x 和形成一组中的 $x+1$ 的重要性上。这个术语的一种用法暗示了性质的不同,另一种则提前假设了在小组中定性相同。因此,根据我们对这个术语的理解,每一个小组中的所有单位,不论边际是什么,它们都是边际单位;因此,边际分配自然也就涉及全部产品。

任何人都可以根据每个份额的生产要素的边际重要性，对其在道德上的或社会上的权利进行公开的验证和争论，或者提出，从产业角度看不必允许这样的权利；但是，并不是每个理解事实的人都能够公开地说，如果使每个要素都降为一般水平（根据本书第一卷第 308—309 页所讨论的类似于边际重要性的原则），无论边际分配是怎样进行的，仍然会有剩余。当我们从边际分配的立场上缩回来时，这个热烈的但却说不清楚的不属于任何范围的剩余，却又会再度浮现，但是，它必须被打入十八层地狱。

在我们离开对现有的或最近关于租金理论的探讨之前，我们不得不注意一个奇怪但是具有指导意义的一点。在经济学家给出的地租的定义与他们对决定地租数量的论证之间没有任何联系；因为经济学家首先很仔细地定义了土地为原始的不能被剥夺的财产，并含糊不清地解释任何一块普通的农业土地，根本不是土地而是资本；然后接着在不管这种区别是什么的原则上去探讨租金理论（几乎不可避免地从农业土地中得出他们的说明）；考虑到"李嘉图"的法则，很明显如果一个人要求一块肥沃的淤积而成的土地而另一个人要求一块有灌溉施肥和其他工具的土地，两者都同样很想得，而且两个人都会付出比一块无法耕种的沼泽地上更高的租金。再把租金理论与"收益递减"原则联系起来，不论我们租的土地是对荒地进行灌溉、施肥等改良后得到的，还是它本身就很肥沃，或者是由于新建了一条铁路线，或者在附近建了很多房子，使其变得更有价值，它都得以同样的原则投入差不多的其他要素。经济学家所强调的地租法则与他们所定义的土地没有联系，而是很从容地与融合了经济上的土地与资本的土地自身联系起来。

> 对地租规律的探讨与地租的定义没有联系

573

这没有什么奇怪的，我们已经一再地看到，根本不可能在作为自然原始礼物的土地和包含了资本和人类努力的结果的土地之间，或在由作用力引起了土地价值的改变和由于作用于其他地方而引起的土地价值的改变之间画出一条线来的。最后，既然我们知道了土地和资本都是以同一原则即与边际效率成比例得到报酬的，那么，就会发现严格地区别它们是不必要而且是不可能的。

　　事实上，可以大概地说，关于分配的纯理论，我们在经济学著作上所读到的各种说法，在它涉及工资、利息、地租或者利润时，如果坚持将它们分类讨论，那么是错的，而将它们一视同仁则是对的。 574

第七章
银行、票据、货币

概要：银行起源于为了安全保管而将金钱存放在铁匠那里，人们后来发现，大部分存放的金钱再也没有被取出，而是从一个贷方转移到另一个贷方。人们因此发现，只要持有相对小的黄金储备，而将大部分存入的金钱用于投资以获得收益是安全的。银行所持有的各种形式的资产代表着它们的客户通过支票完成的支付总额，并帮助了国家的商业交易，是真实的交换媒介。在国内的债务被尽可能地"清算"之后，为了结清差额而进行的实际黄金转移由银行免费完成。但是，国家之间的国际收支差额不是这样结算的。

国际贸易一般是用黄金（或者白银）来完成的，但是，一个在法国欠债的英国人可能会从英国购买与所欠债额相当的货物，将货物出口到法国，在那里将其销售，并要求他的客户为他偿还债务。这样，跨国之间的黄金交易将被各个国家内部的黄金交易所替代。如果一个英国人在法国欠黄金债务，只要他在这方面的花费低于运输黄金的费用，他将会发现以这种方式来清偿他的债务是更有利的，尽管他并没有从这种附带交易上获得独立的利润。这种货物债务偿还机制，当它比直接用黄金支付更便宜时,就被"票据"的使用所简化和一般化,而且这种行为要通过在不同国家之间普遍存在的"汇率"来表示。

我们用交换价格来衡量商品的交换价值,因为所有的价格都是用黄金来衡量的,而黄金的价格是不会变动的。人们很难意识到和其他商品一样,黄金的价值是变动的,而且是基于和其他商品一样的原则变动。零售价格和其他相对固定的支付尺度抵制变动,使黄金和某些类别的商品和服务之间的交换比率不能迅速适应环境的变化。但是,原则上所有价值的决定都要考虑数量以及在相对价值尺度上的位置,但是,利用黄金作为价值标准并不影响它在相对价值尺度上的位置。黄金被当成了交换的媒介,因为黄金的一部分从其他用途中脱离出来,转而作为交易的媒介,所以黄金的边际价值提高了。铸币权是政府保证一块金币的重量和质量,这种对价值的保证,使人们愿意为了它而付出代价。这样,一个金镑硬币的价值可能会比它包含的黄金价值稍高一点。但是,如果由于某种原因,政府的保证贬值了,金币的生产成本(例如金币的铸造费用)将不能维持金币的价值。这种情况很少发生,发生的时间很短,而且范围有限。纸币只要能够直接或间接地转换为实际商品或者豁免债务,就能够继续流通。一国政府如果不利用某种方式或是某种力量使纸币和某些实在的价值相关联,是无法让纸币流通的。

现在我们已经完成了与构造和诠释图表曲线以及它们引发的经济问题直接相关的关键探索,但是,一个多少有些独立的研究分支,如本章的标题所示,需要引起我们的注意。笔者无意进入金融和货币的具体问题,只是短暂检查一下我们在本书第一卷①中已经解决的主题,并补充一些新主题到对这一问题的讨论中。这些主题,部分出于关于它们的基本属性,部分出于它们在当前讨论中的重要意义,部分出于目前针对它们的特别难以理清的错误概念。其他问题则被忽略,因为我们的目标只限于对此问题的初步探讨。

---

① 参阅第 114—127 页。

我们已经区分了黄金的两种功能。黄金是价值的标准,所有黄金之外的商品价格的测量可以很方便地用黄金来完成,换言之,黄金提供了显示交换价值的尺度;黄金也是实际的交换媒介,它几乎是一种被普遍接受的商品,通过两个阶段的运作,我们可以很方便地利用它将我们所拥有的东西转换成我们想要的东西。因为黄金可以首先让我们将自己的财富和能力转换成一般等价物,然后再让我们将一般等价物转换成我们所需要的财富。黄金的第一种职能的影响面更广泛,因为两个人可以根据黄金直接进行商品交换,但不使用黄金作为交换媒介。一个农民希望以市价出售手中的干草以便以市价买入萝卜,他发现市场上刚好有另一个农民要出售萝卜以便买入干草。在这个例子中,根本不需要黄金的实际参与,尽管在理论上,黄金可以使每个农夫有其他可行的选择。两个农夫可以用黄金来估算干草和萝卜的价值,以帮助他们决定它们的相对价值。当他们决定最好是进行交换时,对一个人来说,是多少干草换多少萝卜,对另一个人来说,是多少萝卜换多少干草,他们只是简单地完成交易。如果每个农夫都填写一份同样金额的票据给另一个人,然后再彼此交换收据,虽然在形式上很清楚地存在两个交易,在这两个交易中每个农民都假定对方给自己支付黄金,但是实际上纯属虚构,这里并没有两个交易,而是一个。干草和萝卜直接交换,但是,它们的价值要表现为黄金。

> 作为价值标准的黄金;支付黄金来免除债务

现在两个人可能经常会彼此交易,在交易中,一个人从另一个人那里收到货物,而他当时手边又没有东西和对方进行交换,而是承诺向他支付所需的黄金。在这里,支付黄金的义务就不再是纯属虚构了。在不同意支付其他东西并且也没有合同开始下一步的交易的情况下,承诺的黄金最后就要支付。但是,如果在 6 个月后,一个人发现他欠他的邻居 40 金镑,而他的邻居欠他 38 金镑,显然他没有必要先付出 40 金镑然后再收到 38 金镑,如果他付出 2 金镑,然后两个人再交换收据,结果和前面是一样的。如果事先有把握预测这些大致平衡的索款,这两个人就不会携带一堆金镑付给双方。当然,A 欠 B 50 镑的事实,会暗示 A 也许他也有东西能够卖给B,而且如果(事情也许就是这样)A难以找到急需的货币,他可能会给B提供一个略微优惠的条件来引诱B。这样,他就有些故意让对方也承担债务,这样就可以根据对方的债务来注销自己的债务。这样,不管怎样,两个人将不再为了能够彼此结算而保存80金镑或100金镑。他们发现,每人持有5金镑或6金镑来支付他们之间无法抵消的付款差额就足够了。这是一个很大的利益,因为每个人都想将所有的财富尽可能地投入到土地和谷物上。在这里,所有的账都依据黄金来履行,但只有非常少的交易需要黄金作为媒介。但是,每个交易本身就是一方承诺支付商品,另一方承诺支付黄金。目前这种引发没有被履行的支付黄金债务是工业化社会的一个极其重要的现象。这种不用黄金转移就能偿付债务的机制值得仔细研究。

最简单的例子就是我们已经研究过的那个,A提供给B一定的产品或服务,并且向B索取黄金,而B用类似的方式向A提供一定的产品或服务,并且向A索取黄金。

这两个黄金索取权,只要它们继续运作,就会互相抵消,只有余额需要支付。黄金作为价值标准和潜在的交换媒介已经与整个交易连在一起,而只有其中的一小部分黄金充当实际的交换媒介。如果假定A需要支付黄金给B,B不需要支付黄金给A而是需要支付给C,C却需要支付黄金给A而不需要支付给B。这样,A从C获得黄金并支付给B,B从A获得黄金并支付给C,C从B获得黄金并支付给A。

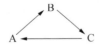

因此,如果这些交易的数额都是相等的,那么黄金将回到它最开始所在的原地;如果这些交易的数额是不相等的,最终状态与初始状态的差异取决于超出相等部分之外的差额。在这里,显然再次出现一定数额的黄金从A流向B,从B流向C,再从C流向A,形成了一段多余的旅程,这在更简单地从A流向B,再从B流向A的例子中我们已经发现是很容易避

免的。

现在,三方中的任何一方,比如 B,可以对 C 说:"我欠了你的钱,而 A 欠了我的钱,我不付钱给你,而是告知由 A 付钱给你,并接受你的转换交易,也就是他用履行我对你的债务来代替对我的支付。"如果 C 同意,那么支付流程:

就变成:

正如我们所看到的那样,这些索取权互相抵消了。除了差额的清算,整个三个交易都取消了黄金的参与。如果 A、B 和 C 之间的联系非常便利,那么,他们是否处在同一个地方,是否在同一座城市,是否在同一个国家,都无关紧要。也许他们当中有一人在纽约,一人在柏林,一人在伦敦;或者他们是门对门的邻居;抑或他们是(他们经常是)同一个家庭内在一张桌子上清算各自债务的家庭成员。显然可以看出,如果设立这样一个互相抵消系统,会比实际保存和输送黄金,更为便宜和方便,那么,同一原则可以成功用于任何数量的个人,以及任何交叉债务组合的网络。现在,在格拉斯哥和伦敦之间转移黄金比起在格拉斯哥的两条街道之间转移黄金,将是一个更为严重的事;或者,在格拉斯哥和柏林之间转移黄金比起在格拉斯哥和伦敦之间转移黄金,将是一个更为严重的事。假设 A_1 和 A_2 住得很近,有方便的沟通渠道,B_1 和 B_2 亦是如此,A_1 有向 B_2 支付黄金的债务,相似地,B_1 有向 A_2 支付黄金的债务,则网络图如下:

也就是说,A_1 和 B_1 是债务人,而 A_2 和 B_2 是债权人。那么,令 A_1 替 B_1 支付债务给 A_2,令 B_1 替 A_1 支付债务给 B_2。

其结果是一样的，A_2 和 B_2 收回债务，A_1 和 B_1 支付债务。这样，如果我们将 A_1 和 A_2 当成一个小组，而将 B_1 和 B_2 当成另一个小组，则网络图：

变成：

这样就只有 A 组对 B 组或是 B 组对 A 组的债务需要通过黄金的实际转移来结算。同样，在前面的三个人的例子中，A、B 和 C 可以被看成是分别在伦敦、柏林和纽约的三个小组。

这就是国际支付和国际贸易的整个理论和原则，但是我们必须进一步检查这个理论和规则的运用机制。然而，在进行这个分支的研究之前，我们必须先考虑另外一个与之紧密联系但又互相对应的金融安排。

假定有一个人和他的邻居存在着大量的交易，他和邻居中的大多数人同时进行买卖交易，尽管有些人只是向他买，而另一些人只是向他卖。在一些偏远的农村地区，现在仍然是这样的，此人可以通过前面描述过的冲销过程，在黄金的主导下完成他的大部分交易，虽然黄金并不作为实际的媒介介入，但是他在一定程度上用黄金收付，而且在一段时期内，他的钱箱里必须有相当多的硬币，以便对现金流入之前的付款要求进行预先准备。确实，为了安全起见，他总计划持有比自己所希望的还要多一点的硬币。如果他能确保硬币的安全保管，他会很乐意免于焦虑和自己持有现金的风险，我们已经被告知，就是为了安全保管而将一定数额的钱寄存在金匠那里，首次产生了银行系统。让我们假定，有一家新成立的银行接受了大部分的货币存款，公众利用银行可以方便地支付他们的黄金差额，银行将每个客户存入的钱记入他的贷方，当 A 需要支付一定数额的黄金给 B，他

> 银行业的起源和属性

现在给 B 一张银行家对这些金镑的付款指令而不是直接移交这些金镑，而 B 如果愿意，可以到银行取出这些金镑。但是，如果 B 也想为了支付差额而持有黄金，而且他也将自己的大部分货币放在银行，这时他根本不需要将这些金镑取出，他只需要把 A 的凭证交给银行，这么多金镑现在就属于他，而不属于 A，银行家就会将这些金镑从 A 的贷方转移到 B 的贷方。

这个系统既可以与前面所描述的冲销过程结合起来运行，也可以与之分开。因为 A 和 B，要么互相给他们的银行家签发他们的全额债务的汇票，要么交换到目前为止的票据，只通过命令银行家将贷方的数额从一方转移到另一方的方式来清算差额。这样，银行保存着全部的公众账户，显然这种清算机制可以立刻设立，通过这种机制许多交叉交易会被简化。这样，在第 479—480 页给出的例子中，如果 A 给 B 一张银行汇票，B 可以简单地将这张汇票转给 C，而不用知道 C 是否欠 A 的钱。无论如何，C 可以到银行取出这些金钱，也可以将其存放在自己在银行的账户里。或者，如果 B 愿意，他可以签发一张以 C 为受益人的银行支票，同时接受 A 的支付，这样，他就可以获得 A 的支付并同时满足对 C 的支付。交易越复杂，通过一个能够覆盖所有交易方的中央接受方就越能将之简化，当银行被稳固地设立之后，公众交易在很大程度上根本不需要黄金的实际转移就可以完成了。但是，迄今为止，我们并没有发现银行系统在完成公众商业交易时可以进一步节约黄金的数量。确实不需要转移黄金，如果它放在银行，现在属于 B，但原先属于 A，转移只是发生在账簿上，而不是在银行的地下室里。但是，A、B 和 C 先必须先各自然后再共同地在银行拥有贷方账户，将他们原先必须保存在家里的金镑存在银行账户上。确实从某种程度上说，银行系统在严格的意义上更倾向于限制而不是扩展个人之间债务的冲销。每个人都知道银行通常有助于账户的简化和清算，实际上是故意避免冲销交易，并故意在交换票据时互换支票。这样与通过冲销账户的方式和他的邻居进行交易所要保留的金镑储备相比，他在银行的账户上要保持更大的余额。否则，他可能会在某几天内或是某几个小时之内就有透支的危险。如果 A 欠 B40 英镑，B 欠 A38 英镑，而且他

第七章 银行、票据、货币

们两人各自都只持有三四英镑,那么,当他们相遇的时候,就可以清算债务。但是,他们可以利用银行体系的方便,不需要等到碰面,就可以互相给对方提供支票。可是,一旦其中的某人先于另外一个人在几小时之前兑现了支票,那么,银行就无法为两者冲抵债务,除非在银行账户上还有40英镑的余额。这样,在一些情况下,银行的方便性就是这些冲销的替代物,而且要在手边持有更多的货币。银行系统也可以和私人冲销系统相结合,显然会便利债务的交换,A可以用他的账户替B解除B对C的债务,等等。不过,在所有交易里面,不管黄金是用来支付差额还是用来支付总的债务,虽然这些黄金并没有发生转移,但是银行也必须保有这些数量的黄金。经济体是在转移黄金,而不是(正如我们所看到的)仅仅保有黄金。

但是,现在我们要开始下一步。银行家会发现他的客户存入的黄金中只有相对小的部分会被取出,剩下的大部分存款只是在不同账户的贷方转来转去。结果是银行家发现实际上没必要将客户的所有的黄金都保留在手上。他可以将这种财富的大部分转换成各种投资收益方式,只要他保留足够的现金来满足理性预期下的客户可能的取款需求。比如,正如我们已经看到的,A给C下了一个支付命令,不管A是要立即将这些款项支付给B,还是将款项保留在自己的账户以备其他用途,一般而言,他都不需要将金币取出,而仅仅是把这些金币保留在自己的账户内,或者要求银行将其转移到其他人的账户上。

> 银行家的投资和储备

但是,A银行的客户并不是只和同一家银行的客户进行交易。在一定范围内,他们也要和这个国家内其他的个人进行交易,因此,A银行的客户也许需要支付款项给B银行或是C银行的客户;同时B银行和C银行的客户也许也要支付款项给其他银行的客户,包括A银行。所有的这些交易也是要依靠银行间的票据转移来完成的,只是现在A银行的客户要求银行将客户自己的资产转移给在B银行的客户,而不是像以前那样转移给同一家银行的客户。这时,银行就必须将真实的黄金从自己的金库转移到其他银行的金库,而不是从自己的一个客户的账户上转移到另外一个客户的账户上。但是，A 银行将会有一部分负债需要支付给 B 银行，同样，B 银行也将会有一部分负债需要支付给 A 银行，只要涉及黄金的转移，就会产生债务的冲销。A 银行寄出一定数量的黄金支付命令给 B 银行，B 银行就用其对 A 银行的黄金支付命令来冲抵一部分。也许最后的差额来自 B 银行对 A 银行的黄金支付，或者是来自 C 银行对 B 银行的黄金支付，等等。因为，所有的银行都存在直接或间接的联系，所有的银行（就像我们将会看到的）在英格兰银行都有账户，所以通过英格兰银行的地区分支机构或是各家银行在伦敦的代理，或是其他方式——部分是利用债务冲销体系，部分是利用英格兰银行的票据体系——各家银行能够安排好他们的业务而不用任何铸币的转移。

这样，一个人的全部资产中只有一小部分以黄金的方式持有（如果他的财产中只有一部分用于贸易），在这部分黄金中，他只需在他的钱箱中存放少部分黄金，而将其余部分保留在银行账户里，他可以随时从银行账户里取出黄金。现在，银行将这些黄金余额中的大部分以能够获得投资收益的财富方式持有，而在以黄金形式保留的那部分资产中，各家分支银行将只会保留其中的一小部分，而将其余的黄金存放在位于伯明翰、利物浦或是曼彻斯特等地的大型金库中。在那里，也只需要保留小部分的黄金，而将其余的储备存放在英格兰银行。英格兰银行将保留各个银行委托给它的大部分资产，各家银行可能随时要求获得黄金，或者是财产的投资收益。只有保持这种实际的铸币或金条才能足以满足实际的支付要求，并维持英格兰银行不可动摇的信用地位。

因此，我们看到了使用黄金作为交换媒介所产生的巨大的节约。所有银行持有的全部黄金储备只是银行必须支付的负债的一小部分，注意到每家银行的每个储户都有权在任意时刻将在银行的全部财产以铸币的形式取出。每家银行也可以随时向英格兰银行要求提取黄金来进行彼此之间的交换。每个人都有权力将他的全部财产以黄金的形式取出，只要机制运行顺畅，任何人都可以这样做。但是，每个人都这样做是不可能的，因为更

> 虽然黄金依然是价值的唯一标准，但是通过银行体系，所有的黄金都被转换成了交换媒介。

大部分的资产并非以黄金或是金镑的方式存在。它们由各种财产和债券构成。这些财产相当于公众在理论上有权按照兑换的边际条件取出与其总额相等的黄金。总而言之，这些财产都存在于每个人各自的账户余额中。所有银行的存款总额代表着真实的财产。所有这些财产在任何时候在总额上都是被银行掌控的。一个最大的错误观点是：从整体上看，银行交易仅是在账簿上输入和转移数字而已，而且只要没人发现，银行家就可以轻易胡乱支配客户托付给他的财产。只是因为所有财产都在银行，而且这些财产中的大部分都可以产生收益，银行家就可以给员工支付工资并支撑他自己的开支。客户在银行账户中的余额所代表的财产是真实财产，并真正发挥着作用，存放这些财产所得到的收益是银行客户所享受的各种权利和便利。假设有500人在同一天内在同一家银行提取支票，总的数额为5 000英镑，但是很可能仅仅只有总额的百分之一，即50金镑被从银行提出，然而，每张私人支票的背后都以实际财产为基础，支票的出票人对这些财产有着依法有效的权利。如果银行有偿付能力，即使它不得不"停止支付"，也就是说，如果它不能够同时满足所有的支付铸币的要求，那么账户的持有者也是实际财产的持有者。这样，一个人支付支票给别人就等于给了对方一个真实的索款权。这些真实索款权的总额（不像前面的提取金币的权利）要同时兑现。因为支票的持有人以及银行的贷方最后在法律上确认占有不同种类的财产，这些财产像公共市场上的其他财产一样，可以带来真实的收益并且可以转让。因此，当我用有价值的私人财产或者劳务换得一张支票，虽然我没有因此而拥有我想要的商品或者劳务，但是我得到了实际财产，而不仅仅是虚假的财产或者财产的符号。我得到的这一实际财产可以通过其他东西来估价，我可以一直持有它，直到我用它方便地换取到我认为有价值的财产。这样，通过银行系统，黄金之外的数额巨大的各种索取权以及私有财产就被转化为和黄金一样的"交换媒介"了。因为它们在我所需要的产品和我所拥有的产品之间充当媒介，并且使我能够将一种财产转换为另外一种，而不需要我所需要的东西与交易对手所需要的东西之间双方正好重合。日常中，被交换的所有大量支票并不是一个经济的总的"交换媒介"，它们被称作是黄金的伙伴,充当其他大量财产的交换媒介(但不是价值标准)。认为英格兰的银行体系构成了一个巧妙的机制,使得存在于账簿上的金镑可以充当实际金镑的职能,这是一个根本性的错误概念。

因此,国家的大量商业活动都要通过交换媒介的介入来完成,但是仅仅一小部分借助黄金媒介,不过,几乎所有的交易都要在黄金的名义下进行的。因而,相对于交易媒介,黄金的价值标准应用的范围更广。但是,黄金的交易媒介功能也非常活跃,实际的黄金转移不停地发生在个体和个体之间、银行和银行之间、城市和城市之间。爱丁堡的银行家和利物浦的银行家之间的债务不一定彼此正好平衡,即使它们之间的差额可以用英格兰银行的支票来清算,收取支票的银行也觉得获得现金比英格兰银行在自己账户的贷方记上一笔要更方便。在任何时候,任何银行只要和其他银行没有关系,它就会想提取保存在伦敦的代理机构里的现金。这样产生了一种冲动和消退,黄金的流动不仅仅是在任何给定的地区内,而且从一个地区流向另一个地区,根据交易的需要,银行将会从一个地方向另一个地方实际转移黄金。

如果我住在伯明翰,欠利兹的一个人一笔钱,那么,我可以寄给他一张伯明翰银行的支票,这将会省去我给他寄送黄金的风险和支出。最后在伯明翰和利兹之间全系列交易的结果是,黄金直接或间接地从伯明翰转移到利兹,或是相反。在第一种情况下,我将我在伯明翰的贷方账户的一小部分转移到某人在利兹的贷方账户,这将增加黄金从伯明翰转移到利兹的数量。而在另一种情况下,则可能会减少这个数量。这对银行家来说结果有差别,但是对我没有影响。不管这个交易是增加还是减少它的费用,银行都将在相同的条件下完成我的交易。实际上,我有可能和英国一个较远地区的个人进行交易,银行可能会向我收取一笔特殊的手续费,不过这笔手续费是统一的,并不取决于这笔特定交易是否会使银行产生转移黄金的额外费用。黄金的转移费用,不论何时发生,只是银行对客户义务的一部分,没有一个通过一家英国银行和他人进行交易的人会考虑这笔交易是

> 为了清算余额,在国内贸易中转移黄金而产生的费用并不会对个人产生独立的费用

否可能会产生黄金转移的费用，因为，如果这个费用存在，他并不需要支付额外的费用，如果这个费用不存在，他也没有获得任何益处。

但是，如果一个伦敦的商人需要支付黄金给一个巴黎的商人，没有一种机制可以使他在结算日到来之时一劳永逸地外包出他的债务，或者是偶然在巴黎收到一笔钱，而在伦敦付出黄金。此时，国际贸易和国内贸易的不同就显现出来了。

> 在国际贸易中黄金转移的职责归属于交易的个体

促进人们为了实现自己的目标而满足别人目标的纯经济力量会受限于国家边界，这显然是没有道理的。从经济学的角度来看，国内贸易和国际贸易并无本质不同。如果有所不同，显然也只是条件和机制的不同，而不是经济规律或理论的不同。这些不同的因素是什么呢？在某些条件下，或者面临某些阻碍时，经济力量的发挥可能实际上由政府或是语言的差别来决定，或者由两者同时决定。但是，很难将这些差别归于一个总体性的或主导性的效应，即使当"国内"和"国际"贸易领域巧合时也难以做到。熟悉和信心是进行交易必不可少的要素，共同的民族、语言或是政府可能会以一种模糊的方式推动这些要素。但是，为什么位于英国多佛的零售商要对位于英国赫布里底群岛的零售商比对位于法国加来的零售商拥有更多的熟悉和信心呢？英国和美国有共同的语言，而他们之间的交易构成了国际贸易的一个分支。英国商人和威尔士商人的交易是国内贸易的一个分支，尽管他们习惯上讲不同的语言。英国和爱尔兰的交易属于国内贸易，而英国和法国的贸易是国际贸易，但全然不顾存在于这两个民族之间的热诚和协议。殖民地贸易通常（就是，正如我们将看到的）属于国际贸易而不是国内贸易，尽管从感情上看，人们更愿意将其归入后者。关税壁垒似乎是一个重要的区别，但是英国和丹麦之间没有任何关税，可是它们的贸易属于国际贸易；而佛罗伦萨与其城市周边的农业地区有关税壁垒，但是它们的贸易却属于国内贸易。那么，我们去哪里寻找本质的不同点呢？不同点是不是存在于不同的货币体系？不。因为根据1866年各国财政部所签订的协议，"拉丁联盟"中的标准金币就是法定货币，并在所有的私人交易中被接受。此外，甚至在没有法定或传统的货币的地方,交易也是在一个统一的标准下进行的。德国和英国间的交易运用黄金来完成,伦敦和柏林之间的黄金的互相支付可以直接或间接地被抵消,就像在利物浦和格拉斯哥之间一样,最后的结余需要黄金从一个中心转移到另一个中心。但是,正如我们已经看到的,在影响清算机制的因素和私人贸易商分担运输费用的方式上,国际贸易和国内贸易有着一个真实的区别。我们现在必须回到对这一点的探讨。

让我们回到第 479—480 页的例子。我们假设存在着三个个体,A 欠 B 的钱,B 欠 C 的钱,而 C 欠 A 的钱。B 提供商品给 A 并寄给他一张票据,C 给 B 寄出一张同样金额的票据,而 A 对 C 也如此。

> 国际贸易中"票据"的重要性及其经济本质

假设 A 寄一张票据给 C,但不要求 C 支付,而是确认 C 对 A 所欠的债务,并要求 C 支付给 A 指定的某人。C 在这张票据上进行背书,然后寄回给 A,并让 A 确认钱已支付给 B,接着让 A 把这张经过两人背书的票据寄给 B。此时,B 对 C 有一个支付命令,因为 A 对 B 负有债务,同时 C 对 B 也有一个支付命令,这样两个支付命令可以互相抵消,而根本不需要转移黄金。A 通过提供给 B 一张对 C 有债权的票据而消除了自己对 B 的债务,这就是国际债务的清偿方式。我们仅仅需要假设 A 在伦敦、B 在孟买、C 在阿姆斯特丹,这样就把这种机制转换成通过票据清偿的国际债务机制了。

我们知道,在理论上,在这样一组账户中,有以下图示的三种清偿债务的方式。

上图所示的关系可以被简化成:

B ⇌ C

或是

或是

第七章 银行、票据、货币

A 从 C 处领取了一张票据，B 从 A 处领取了一张票据，而 C 从 B 处领取了一张票据。所有这些程序原则上相同且有效。在每一个重要的例子中，习俗决定了主要的业务。

但是，在这个例子中，"双重吻合"的情况很少见。一个英国商人可能出口毛纺织品到纽约，一个纽约商人可能出口小麦到阿姆斯特丹，而一个荷兰商人可能出口乳制品到伦敦。但是，出口毛纺织品的英国商人可能并不正好购买荷兰商人所生产的乳制品。其他商人也是如此。

因此，在两个国家的简易模型中，交易路径如下图所示：

运用票据，这种途径可以被改变成：

也就是说，巴黎商人 B_1 欠伦敦商人 A_2 一定的债务，他发现另一位巴黎商人 B_2 对另一位伦敦商人 A_1 拥有债权，那么，B_1 可以偿还债务给 B_2，并用 B_2 对 A_1 的债权来偿还对 A_2 的债务。这样 B_1 要付款给 B_2，而 A_1 要付款给 A_2。

在一个更加复杂的例子中，交易路径如下图所示：

英国商人 A_2 已经从荷兰商人 C_1 那里购买了乳制品。C_1 发现另一位荷兰商人已经从纽约商人 B_2 那里购买了小麦且需要付款。C_1 就将对 A_2 拥有债权的票据卖给了 C_2，而 C_2 转寄这张票据来支付对 B_2 的欠款。B_2 发

现另一位纽约商人 B_1 由于进口了毛纺织品而欠英国商人 A_1 一定的债务。B_1 购买了 B_2 对 A_2 拥有债权的票据,并将这张票据支付给了 A_1,A_1 将票据交给 A_2 要求他付款。这样,A_2 付款给 A_1 而不是给 C_1,C_2 代替 A_2 向 C_1 付款,C_2 付款给 C_1 而不是给 B_2,B_1 代替 C_2 向 B_2 付款,B_1 付款给 B_2 而不是给 A_1,同时 A_2 代替 B_1 向 A_1 付款。路径图就变为:

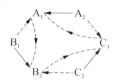

这样,和最初一样,A_2、C_2 和 B_1 是债务人,而 A_1、C_2 和 B_2 是债权人。但是,在没有国与国之间货币转移的情况下,清算了所有的债务。

清算的文书是在伦敦有一张票据,但是在理论上也可以是在纽约有一张 A_1 对 B_1 拥有债权的票据,或者是在阿姆斯特丹有一张 B_2 对 C_2 拥有债权的票据。很明显,只需要有一张票据流转就行。

这样我们可以看到,在国际贸易或是殖民地贸易(在例子中我们可以把纽约换成魁北克),在一个国家内的票据支付手段将被国与国之间的票据支付所替代,甚至当所有的交易和债务都用黄金交易,并且每一个债权人都要求用黄金进行全额支付。

但是,最重要和最复杂的研究部分还没有进行。结余是如何清算的呢?结余也许是,有时候是,通过黄金的实际转移来清算的。例如,从柏林到伦敦的黄金转移费用大概是四分之一个百分点。

> 结余清算,不同国家之间的汇率及对贸易的作用

详细地说,一个德国商人需要向一个英国商人支付 1 000 英镑的债务,那么,如果他真实地转移黄金,他实际支出大约是 1 002 英镑 9 先令。现在,假设德国商人可以获得比他们想要的更好一点的价格,那么,在任何给定的贸易条件下总是会有德国商人出口货物(比如说音乐器材或是玻璃)到伦敦。如果一个德国商人不愿收到 1 000 英镑的订单,那么他将开价 1 001 英镑。如果一个供应 1 000 英镑某种货物的商人对一个对伦敦商人欠债 1 000 英镑的德国商人说:"如果你支付给我 1 英镑,我将出口

1 000英镑的货物到伦敦,并用此来偿还你的债务。"德国的债务人将接受这个提议。德国的制造商将开具一张1 000英镑的票据给他的贸易伙伴,并将这张票据寄到伦敦用于支付德国债务人的债务,这样他的成本价仅仅是1 001英镑,而不是1 002英镑9先令。如此,德国到英国的出口将会增加,而德国的结余(也就是说,德国对英国的债务超过英国对德国债务的那部分)将会减少。但是,情况可能是,尽管德国商人从英国进口的数量还是大于英国商人从德国进口的数量,因此德国的债务一直在扩大,德国的债务人已经找不到可以用1英镑来买取用1 000英镑债权代替支付的德国出口商了。这样,德国的债务人将会出更高的价格,在1.5英镑之内买取1 000英镑债权的代替支付。这个过程将一直持续下去,直到没有德国的制造商或是出口商愿意用这个价格来帮助德国的债务人代替支付1 000英镑的债务,除非他获得了足额的2.9英镑的补偿。如果出现这种情况,那么,德国的债务人将直接转移黄金到英国。他这样做,也不会有任何额外的损失,因此,他将会这样做。

如果结余的方向相反,这时,英国债务人将会为清偿债务而支付补偿费用。在允许黄金运输之后,英国的毛纺织品制造商、皮革厂商或是五金厂商将会在柏林收取比在英国更低的价格,因为他在柏林获得了为清偿债务的一个补偿费用。总之,当伦敦对柏林拥有结余时,在柏林的债权比在英国的债权更有价值,这将刺激出口贸易。当然,如果结余方向相反,相反的结论也将成立。

99英镑:16先令和100英镑:5先令大致上被认为是伦敦和柏林之间的**黄金点**,众所周知,其他任何两个国家之间的黄金点是不同的。黄金点是补偿必须达到的点,为了使黄金的实际出口成为成本最低的结余清算的方式,在黄金点内直接出口的货物按平价清偿债务,这样不能为债务清偿人带来任何利益。

通常黄金结余对黄金生产国不利,产金国通过出口黄金的方式清偿债务。这些国家一般通过出口黄金交换其他国家的其他商品。然而,黄金结余对其他国家来说是"有利的",这也就是说,黄金的供给增加,这些国家可以通过出口其他商品达到拥有黄金份额的目的。

一种偿付框架基于这些实际的"票据"得以形成，国际债务因此得到清偿。这样，从我所在的伦敦银行发给在柏林的一个朋友的支票就变成了伦敦的"票据"，也就代表着在伦敦对一定数量黄金的索取权。如果这些债权在柏林存在溢价，那么它的售价将高于其所代表的黄金的实际价值，同理，英格兰银行的纸币也是如此①。在现实中，金币似乎也是不规则的。假设对于柏林的商人来讲，由于伦敦黄金的价值高于柏林黄金，那么，在伦敦的票据就存在溢价，英国金币的交换价值将高于德国金币，因此作为黄金，它们的价值较低，可是，作为偿付伦敦债务的工具，它们的价值却相对较高，最终使得想要去伦敦而且需要在那里开支的人将会为此支付更高的价格，就像他们为纸币支付高价格一样。这样，如果存在着大量用于偿还伦敦债务的金币，金币的出口就成为一项商务活动，将金币运送到伦敦的商人是为了他人而不是自己的利益，因此应当获得一定的酬金，但是，由于没有足够的英国金币而不是黄金来满足人们的需求，他们持有按照面值存在的票据以完成同样的目的。在很大程度上，"票据"业务的主要中心是伦敦，伦敦的票据被所有国家用来进行账户清算。

外汇理论主要集中于论述贸易方式，而与其所代表的最终贸易活动没有密切的关系。实际上，我们并没有发现某人会像我们所假设的那样，向另外一人说："如果你给我额外 1 英镑的补偿，我将免除你在伦敦 1 000 英镑的债务。"但是我们发现，一个欠债 1 000 英镑的商人可以在市场上用 1 001 英镑购买票据来清偿他的债务，显而易见，这需要某个人在柏林创造一张 1 000 英镑的票据，这也就是说，这个人通过供给产品获得 1 000 英镑的票据，购买票据的商人会为此支付给他额外 1 英镑的补偿，拥有票据的商人将要售出票据，但是，如果通过一项独立交易所获得的票据给他带来的是损失，他便不会创造票据，除非他通过出售票据能够获利。如果创造 1 000 英镑票据将获得 1 英镑的利润，那么，任何认为值得的人都将

---

① 在他们的国家内，有贴现且无法清偿黄金债务的纸币，自然在其他地方也是有贴现的，跟债务的结余没有关系。

这样做。事实上，根据每天都在变化的汇率，世界各地的交易者都在通过电报讨价还价，在这样的金融中心里，商人们给他们的合作伙伴提供可以协商的票据总额是一件很重要的事情。上述这些情况可以完全被理解，但是，简单地将票据看成一般商品，并且认为如果柏林的票据是稀缺的，那么其价值将像其他商品一样上涨，反之则下跌，而且只有这样，票据价格才会在黄金点内波动，否则黄金将会代替它成为更为便宜的偿付方式，这是对理论的简单解释方式，它将导致误解。由于票据是黄金的成本较低的替代物，所以它们的价值不会远离黄金点而上下波动。显然，这些看法是肤浅的。我们应当明白票据不是一种商品，我们必须寻究在票据市场背后由票据所代表的真实商业活动。

我们对银行体系和外汇运行规律的现有认识是极其简单和不完整的，这与进一步深入研究它们是很不相称的。然而，这里有个仍需我们不断探究的学科分支，而且我们不能完全忽视这个学科分支，这个分支就是对能够调控贵重金属——尤其是黄金——在货币和艺术两个用途之间分配的规律的研究①。围绕这个问题的探索，我们发现研究黄金作为价值标准比研究其作为货币更为困难，因此，我们将从这一点开始我们的研究。正确地理解黄金和其他商品的基本关系应该并不难，但是我们想要不被表达事实的语言所困惑则是极端困难的。这样，其他商品较高的黄金定价意味着较低的黄金价格，因为其他商品的金价是购买这些商品所需要付出的黄金数量，而黄金价格是购买黄金所需要付出的其他商品数量，因此，充足的黄金意味着其他商品的黄金定价较高，稀缺的黄金意味着其他商品的黄金定价较低。同理，充足的小麦意味着小麦的价格较低，稀缺的小麦意味着小麦的价格较高，这是完全一致的。但是，当我们谈到黄金的时候，"价

> 当我们谈到标准商品时，由于术语倒转而引起的混乱，探索黄金增加或减少的效应和普通商品增加或减少的效应之间的相似性存在着困难

---

① 由于我相信我们的探讨有些新奇，而且我不具备铸金和黄金市场的相关知识，这部分内容只能被当成是一种试探性的建议而不是教条式的理论。探讨这部分内容的原因是我相信对这一问题的理论认识还未出现，因而这似乎值得我们去进行一次全新的分析。

格"意味着用我们所谈论的普通商品所表示的价格,而当我们谈到普通商品时,价格就是我们所谈论的商品的价格。当我们细想金融和货币理论的时候,这些术语不断地让我们感到迷惑,并且与我们想法不符,即使货币投机领域最有经验的泰斗在谈论这个问题时也不得不使自己的头脑保持清醒,而初学者几乎肯定要成为这些让人头晕的理论的受害者。不过,我们可以把隐藏在这些令人困惑的理论背后的事实解释清楚。我们可以暂时不考虑黄金,而通过讨论小麦来解释这些事实。如果小麦获得丰收,那么,一定数量的小麦只能交换较少数量的其他产品或服务,同理,如果小麦收成差,一定数量的其他产品或服务将交换较少数量的小麦,即用小麦表示的其他商品的较高价格意味着小麦相对充裕,这也就是说,如果小麦相对稀缺时,用小麦表示的某种产品价格等于 10 配克(peck)①,那么当小麦相对充裕时,用小麦表示的这种产品的价格可能是 11 配克。因此,假设不管小麦是充裕的还是稀缺的,某人有固定数量的小麦收入,他会发现当小麦充裕时,其他商品用小麦表示的价格就上涨,虽然用小麦表示的他的名义收入没有变,但是他的实际收入,也就是他获得产品和服务的能力下降了,但是,如果增加此人用小麦表示的名义收入以便保持他的实际购买能力不变,他会发现相对于其他产品而言,小麦比以前变得更加便宜,即用一配克小麦购买其他产品的数量比以前少了。这时他的私人管理将出现一种趋势(如果他是富有的,他觉察不到这种变化;如果他并不富有,他会明显地感觉得到自己实际购买能力的下降):相对于其他产品而言,他将比以前消费更多的小麦。

另一方面,假设相对于人口的数量和人们的消费习惯而言,小麦的产量在一个相当长的时期内保持不变,而黄金的数量增加,人们将慢慢发现,不管是用小麦还是用等价其他商品或服务所表示的黄金制品的价格降低。因此,对需要支付额外价格镶金牙而犹豫不决的人们,以及舍不得使用黄金给廉价期刊制作漂亮封面的出版商们,现在将发现使用黄金的成本降低。这样,还在犹豫是否使用含金的人造牙齿的人们将会发现:

---

① Peck,配克,英美谷物、水果、蔬菜等的干量单位,等于 8 夸特或 2 加仑。——译者注

以前使用黄金制作假牙需要多支付一夸特小麦,现在由于黄金价格下降,使用黄金制作假牙可能比以前要便宜几配克小麦,购买人造牙齿的人们也许会认为用现在较低的小麦定价来获取额外的优势,比如黄金牙齿的耐久性和舒适性等优势,是值得的。但是,如果在以前较高价格的情况下,他就不愿意购买含金的人造牙齿了,同理,较低的黄金价格意味着购买黄金只需消耗较少的其他产品。

如果把黄金而不是小麦作为价值标准,那么,小麦产量增加和黄金产出增加这两种情况的结果实际上是一致的。如果黄金变得相对充裕,用黄金表示的其他商品的价格上升,实际收入不变的人们(正如在使用小麦作为价值标准的例子里,人们的名义收入得到提高)发现黄金制品相对便宜,因为所有用黄金表示的其他商品的价格上涨了,所以人们实际购买其他物品的数量比以前减少了,而对黄金的消耗增加,他将很愿意这样做。相反,如果黄金的相对供给在很长时间内保持不变,而小麦变得更加充裕,那么,将会出现一种用小麦的消费来代替其他一些可供选择商品的消费趋势。因此,相对于其他产品而言,小麦或黄金的相对价格以及个人消费者对它们的消费数量取决于它们的相对富足程度,并且这与哪种商品作为价值标准是完全没有关系的,尽管具有固定收入的那个人的处境依赖于支付其固定收入的那种商品。

经济力量可以根据生产要素所提供服务的边际效益调整每个人所获得的报酬和所有物品的价格。如果这种理论正确,那么,将出现下面这种趋势:当小麦较为充足时,用小麦表示的名义工资将上涨;同理,当黄金产出增加时,用黄金所表示的名义工资上涨。不过,这种趋势存在着难以克服的问题,当我们把研究范围限定在我们比较熟悉的以黄金作为价值标准的情形之内时,显然,即使某人用黄金表示的工资不固定,他的服务也将有一个传统的价格,而且这个传统的价格在一定程度上限制了工资的变化,即使黄金对于小麦和其他商品的交换比率改变了,一个人也很难将他每小时教书的报酬从 7 先令 6 便士提高到 7 先令 8 便士,或是他的翻译工资从 1 000 词 4 先令或 10 先

> 由习俗或合约约束的固定工资和价格所引起的不一致性

令降低为同样的工资翻译 1 010 个词。这种惯性或不一致性将影响所有的交易,根据一般的交换规律,交换条件的变动不仅与商品供给、商品的市场容量及商品在公共市场中所处的地位相关,而且也与单位商品所代表的价值的变动相关。这样,一个可以自动维持既定价格和购买力之间比率的复杂价值体系的框架就形成了,但是,这个复杂价值体系却从来没被运用过。由于人们会发现自己总是会在合约或者习俗的限制下受到歧视或获得优势,这种合同或者习俗只有在受到很大压力时才会改变。因为人们的交易条件已经与事实不一致,所以他也许要放弃更多或者更少的他所获得的价值,这将出现一种特别明显的趋势:某一零售价格在一个固定的名义水平上保持不变,而且这种状况是可持续的,比如说即使黄金的购买力会大幅变动,一顶帽子的价格或某一展览会的门票价格是保持固定的,这种事实说明了摩擦有多大,也说明了经济力量在商业系统的狭窄通道里发生作用所受到的阻力有多大。

当充分考虑上述所有摩擦时,如下的一般理论观点依然是正确的:不管我们把小麦还是黄金作为价值标准,当小麦的产量增加时,应当立即提高用小麦表示的其他商品的价格,以此鼓励消费者对小麦的需求;当黄金供给的增加时,应当提高用黄金表示的其他商品的价格,并鼓励对黄金的使用。

> 黄金作为交换媒介而不是价值标准,形成了对黄金的实际需求,因此提高了黄金的边际效益

因此我们必须记住,在黄金作为价值标准的情况下,高价格对应的黄金价格较为便宜,低价格对应的黄金价格较为昂贵,而且在一般规律上及很长一段时期内,这种表达的不同仅仅是指黄金作为价值标准和黄金既作为价值标准又作为交换媒介之间的不同,并且作为交换媒介是黄金的一种额外用途,就像其他商品一样,所增加的额外用途就会提高黄金的价值。每个人都会发现,将其资产的一部分用黄金形式保存(或者不需要用黄金而用其他的补充货币)是很方便的,这样就会有一部分黄金退出其余的用途,黄金在其余用途上的边际效益就会上升。但是,居民会将多大比例的资产以黄金形式保存呢?如果一个人靠周工资或是年工资来维持生活,那么,在一个足够长的时期内,这人永远没有足够多的财产用于投资以获

取收益，因此他将希望直接将自己的所有收入以黄金形式保存。但是，如果某人的工作与贸易相关或者与资本的获取与维持相关，或者他的开支小于收入，或者他的收入数额较高而支出在长期内是无规律的，他的心里会不断地闪现一个疑问：到底要将多少的资产以黄金的形式保存，而将多少的资产用于投资以获取报酬呢？实际上，在任何情况下他手里不会留有大量金币，而是将一定比例的资产存在银行以平衡日常收支，所有的这些银行资产随时都可以以黄金的形式存取，由于存在银行的资产实际上不会产生任何报酬，因此他的银行账户余额不会超出需求（忽略掉银行制度安排的细节），而且这个人所有收入中以金币形式存在的资产和以其他形式存在的资产的比例的调整方式实际上跟所有其他商品的分配遵循同样的规律。一个非常小的账户可能不太方便，较大一点的账户的不便会因此少一点，然而较大账户在不便上的边际改善却不足以补偿投资收益。当我们转向考察银行时，我们实际上面临同样的问题，银行必须随时准备足够量的金币以满足顾客的提取，为此他们要将金币存放在金库中，或是存放在银行自己的账户中，这也就是说，银行准备供顾客提取的金币大部分存放在英格兰银行，再者，由于银行的收入来源于以信托资产存在的部分产生的收益，因此他们不希望预留金币的数额超出保证银行安全所需的足够数额，并且英格兰银行也同样存在这样的问题。

但是，到现在为止，我们并未完成对货币问题的探讨，我们主要讨论了黄金而非金币，事实上，英格兰银行的大部分黄金储备是以金条的形式而不是以金币的形式存在的，那么，是什么因素决定了黄金被铸成金币的数量呢？实际上这个问题的答案很简单，假定无论用何种方法，将金条转换成金币或是从金币转换成金条的成本都是 $1\frac{1}{2}$ 便士/盎司，如果任何有能力的厂商在这种价格下都可以铸造金币，显然，由于金币与金条可以相互转换，所以含一盎司黄金的金币比含一盎司黄金的金条的价值刚好多出或是少 $1\frac{1}{2}$ 便士（大约是

> 黄金储备和金币之间的区别，什么因素决定了金币的数量

600

0.16%）。黄金必须以金币的形式存在，才能发挥其作为实际货币的作用，因为，可以把金币看作一种证书（实际上是由政府和发行单位制定的证书），并且这种证书能够代表一定数量和质量的黄金。这种证书能够被所有人所认可，而不仅仅是被内行人士认可。这种证书能够作为居民可以获得实际数量黄金的保证，现在，这值得任何人为这种方便付出一些代价，也就是说，人们宁可接受含金量偏少一点的货币，这种货币能够被任何人所接受并且可以用来和任何人做交易，也不愿意获得含金量多一点但却只能用来和内行人士进行交易的货币，实际上，一般的居民不希望存有黄金，除非是以出版物包装或者是珠宝等的形式存有。但是，显而易见的，一些将黄金作为其他用途的商人——比如金匠、出版商、牙医等——希望既拥有一定数量以金币形式存在的黄金，又保有一定数量以其他形式存在的黄金，因此他们不会倾向于持有较多的金条而持有较少的金币，除非金条可以给他们带来相应的方便。但是，这种情况并不多见，这样使得其他人需要自己在很大程度上平衡自身做生意使用的资产及存放在银行的资产数量，而对于一个金匠来说，就转换成了在保留金条或黄金制品，还是保留金币或存放在银行之间的抉择。现在在我们假定的情形下，将金条铸造成金币的成本是 $1\frac{1}{2}$ 便士/盎司，因此人们期望金币的价值比金条高出 $1\frac{1}{2}$ 便士/盎司。然而，只有达到这个点，铸币才是有利润的。为什么有人会让金币的边际效益低于这个点呢？正如我们已经看到的，黄金制品的价格有可能低于它的制造成本，从理论上说，同样的变化有可能会发生在对金币和对金条的需求上，最后使金币的边际价值低于能够调整金币数量的点。不过在这个意义上，这个变化也不会超过 $1\frac{1}{2}$ 便士/盎司，因为，如果金条的边际价值高于这个点，将金条铸成金币就是有利可图的。现在，金币中的黄金满足比例：1 盎司 3∶17∶$10\frac{1}{2}$ 英镑，因此，如果任何人都有铸币的自由，除非是在一个极短的时期内或是在一种特别异常的情况下，黄金的价格将不会低于 1 盎司 3∶17∶9 英镑，也不

第七章　银行、票据、货币

会高于1盎司3∶18英镑。

如果铸币是一种普通工业，那么，上述这些情形与事实是一致的。为了解释这一问题，我们将把研究范围限定在英格兰法律所允许的情形内，每个人都有权利以一盎司 $3∶17∶10\frac{1}{2}$ 英镑的比例将经过正确检验和证明的黄金拿到铸币局去铸造成金币，并且任何有价值的合金都属于铸币局，而铸币局不会为金币中的合金收取任何费用。

> 铸币黄金和非铸币黄金的价值之间的限制会不同。皇家铸币局和英格兰银行

虽然铸币局是法定的铸币单位并要归还交予它的黄金，但是它并不一定要马上归还黄金。铸币局会根据申请的顺序平等地对待每个顾客，由于还存在来自英格兰银行的铸币要求要执行，任何申请将黄金铸成金币的个人都不得不等待，据说要等待六个月。如果利息率大概为4%，那么等待铸币的成本相当于一笔利率为1先令7便士/盎司的付款，这样，最终的结果便是没有人愿意把他的黄金交给铸币局铸币。当然，还有另外一种合法渠道，英格兰银行能够以一盎司3∶17∶9英镑的比率收购所有提供给它的黄金，这仅仅是一盎司的 $1\frac{1}{2}$ 便士，或者比1英镑中的三分之一便士多一点点。因此，想要将黄金铸成金币的任何人都可以从英格兰银行合法地获得比从皇家铸币局更好的条件。英格兰银行不一定支付金币，它可以支付自己签发的票据，但是英格兰银行的现钞部门一经要求必须将票据发行部门所发行的票据兑现成黄金，同时只要某人愿意，他可以将自己的黄金拿到发行部门以一盎司3∶17∶9英镑的比率换取票据，然后转向其他部门再去换取黄金，他这样做并不会对英格兰银行产生不利影响，因为英格兰银行并没有为铸币付出费用，英格兰银行也不会为金库内过多的黄金而苦恼，因为这些黄金被铸成金币的速度会像进入金库一样迅速，并且只要英格兰银行愿意，他会要求铸币局尽快将黄金铸成金币。因而，英格兰银行便会在每盎司黄金上获得 $1\frac{1}{2}$ 便士的收益。事实上，国家将是铸币成本的承担者，因为是国家而不是英格兰银行为铸币支

付费用。不管是否出于巧合,英格兰银行从铸币中所获得的 $1\frac{1}{2}$ 便士的收益刚好跟铸币的最佳估算成本相当,所以当铸币中每盎司 $1\frac{1}{2}$ 便士的收益由英格兰银行获得而由国家承担这个损失时,出售黄金的这个人的净损失也恰好是每盎司 $1\frac{1}{2}$ 便士,似乎是由售卖金币的这个人承担了铸币费用。实际上,这也验证了在我们以前所想象的任何厂商都可以将黄金铸成金币的情况下,黄金与金币不顾后果的循环,这样的转换成本也是一盎司 $1\frac{1}{2}$ 便士。

然而,通常的规律是,将黄金出售给英格兰银行的这个人并不会立刻将票据兑现。银行票据是法定票据,如果某个人既厌恶持有大量现金,也不愿意在英格兰银行开设账户①,那么,他可以选择银行票据。因此,相对于实际金币而言,这个人更喜欢资产以银行票据的形式存在。英格兰银行必须持有实际的黄金以满足流通中的超出政府所保证的 1 100 万英镑的票据,英格兰银行将持有黄金以满足它所发行的票据,如果这个国家已经发行流通的票据是为了满足公众的方便,那么,这个国家新发行的票据在短期内——虽然不是马上——将决定现钞部门的相应的票据数量,在这种情形下,其结果相当于金币被直接取走了。如果票据发行的数量不能从实质上增大流通中的票据总体,那么任何可感知的效果都不会出现,但是,在任何情况下都不会对英格兰银行产生不利影响,在获得了每盎司 $1\frac{1}{2}$ 便士的情况下,它没有任何损失。

到目前为止,我们的调查研究使我们预测在开放市场上金条的市场价格是 3∶17∶9 英镑,事实上这也被认为是正常的市场状态。但是,有时金条的市场价格不仅会上升到金属面值,即 3∶17∶$10\frac{1}{2}$ 英镑,甚至会

---

① 见第 501—502 页。

上升到 3∶18 英镑。现在我们看到①，这种情况并非是不可想象的，但是，对金条价格上升的情况调查是我们的研究中最为困难的部分。

我们已经了解到，英格兰银行持有着全世界黄金储备的一个很大的比例，有时某个或者更多国家的银行为了维持他们的信用想要提取大量的黄金。这样，实际上存在着一种可能的风险，某些客户在某种状况下提出了超出正常情况的黄金需求，英格兰银行将会感到现有的黄金储备受到了威胁，储备数量将降低到低于能够满足全部正常支付的警戒数量。因此，英格兰银行必须"保护储备"，即阻止黄金储备的数量进一步下降。现在一些促使居民不再提取黄金的方法是我们所期待的：让居民通过银行转账来完成交易；针对黄金支票的变现而不是账户支付收取一个小额的费用；针对从账户提取黄金而不是银行转账收取一个小额的费用。这些方法将足以达到他们的目的，但是制定这样的收费政策是不可能的。支票或者银行账户的价值就在于居民能够随时兑现，虽然他并不一定要这样做。给居民变现设置任何障碍都将足以导致"支付停止"，银行的安全性和信用的核心价值在于：在任何时刻、任何范围内，银行都必须准备足够量的黄金给它的名义债券兑现，因此银行的困难就在于这种迂回的和浪费的过程，首要的是英格兰银行在贴现票据上做了大量交易。至今②我们所谈论的票据就像是一种可以在某地马上获得支付的命令，因此他们就可能兑现，但是很多票据并不是一种立即可以获得支付的命令，而是在六个月后才能获得支付，这也就是说，一个通过提供商品取得这种票据的商人，不管是在国内还是在国外——总希望能够立即获得现钞或是获得在银行账户中的支付权利，但是这个票据只有在三个月或六个月后到期时才能兑现，如果银行接收了他的票据，也就是说在三个月后或六个月后银行将获得支付，同时银行将现钞或是通过账户支付给这个商人以贴现他的票据，此时理所当然，银行要对他所借出去的现钞收取利息，因此当这张票

> 黄金价格上涨的原因，保护储备

---

① 见第 498—499 页。
② 见第 488 页。

据到期时，它不仅用来支付借款，还要用来支付借款利息，这个利息就是票据的贴现息。英格兰银行即使没法阻止拥有账户的顾客去取出他们所想要的黄金数量，但是可以通过提高票据的贴现条件来阻止贴现行为的发生。因此，英格兰银行可以在很大程度上通过拒绝开始新的债务和缩减业务的方式调整它的黄金储备和负债之间的比例，因为黄金的现实需求和潜在需要有一个明确的关系，所以英格兰银行可以限制居民对黄金的潜在需求，同时也约束居民对黄金的现实需求。这是一种浪费的而且间接的过程，它影响到了全国范围内的贷款条件，经常使交易变得极端困难，但是至今仍没有出现更直接的或是更经济有效的工具了。

但是，英格兰银行还有另外一种保护黄金储备的方法——这种方法是非常特别的，即在公开市场上用高价金币兑换黄金，这些金币溶化后所得的黄金数量要大于其兑换的黄金数量，因为银行为了换得一盎司的黄金而付出含多于一盎司黄金的金币的数量，所以乍看起来这是一种奇怪的提高黄金储备的方法，但是英格兰银行可以用银行票据或是承诺书——即银行账户——来兑换黄金，而且黄金进入银行账户后，在很大程度上不会像其他账户的客户那样以金币的形式取出，因此用票据或是账户来兑换黄金比银行的业务操作更能提高银行的黄金储备，这样，英格兰银行通过购买黄金，同时提高贴现率阻止了黄金储备的下降，这种方式部分是通过缩小一般业务以减少顾客对其黄金储备的需求，部分是通过提高同那些能够实际带来金库黄金数量的增加并只需提取正常数额黄金的顾客的交易来达到保护黄金储备的目的，在这种情况下市场上每盎司金条的价值要高于每盎司金币的价值。但是，除非是在一个极短的时间内或是在一个极其特殊的情况下，不然每盎司金条的价值与每盎司金币的价值之间的差距不会超过 $1\frac{1}{2}$ 便士，这是由于如果银行购买黄金的价格比购买金币的价格高出 $1\frac{1}{2}$ 便士，那么居民就倾向于仅仅为了溶化金币的目的而从银行取出金币，然后再以金条的形式卖给银行以获取利润。

但是，我们至今仍没有回答是什么因素决定了被铸成金币的黄金数量这一问题,英格兰银行全部的储备不需要并且也不是金币,银行保护储备的方式与用于铸币的黄金的数量没有直接的联系,那么,是什么因素决定了用于铸币的黄金数量呢?这个问题的答案很简单,很少使用黄金或间接使用黄金交易的个人存放在银行账户①的资产的数量是由他对银行的看法所决定的,这些账户用金币而不是用金条进行登记,并且顾客完全可以取出他所想要的金币数量。假设某人自己的账户有余额,或者对另外一个人的账户余额有索取权,那么这人完全可以不费任何成本地以金币的形式取得这些余额,因此一个英国国会的议员宣称:"我们拥有我们所想要的所有货币。"这样,银行的储户将可以根据他的需要方便地取出足够的金币,而英格兰银行就必须铸造足够多的金币以满足国民需求。这一问题——"是什么因素决定了用于铸币的黄金的数量?"——的答案就是:"英格兰银行估算的铸币数量就是银行所有储户预期需要的金币数量。"因为英格兰银行不需为铸币付出任何费用,并且总是存有充足的黄金,所以银行没有理由限制对任何人金币需求的供应,最终国家承担了为所有储户提供他们所需要金币的铸币费用。

> 决定用于铸币的黄金数量的因素

但是,黄金的进口商却处于一种不同的境地下,他们一般无法按照面值将黄金兑换成金币,而是要支付16%的溢价。这样,实际上是要对存放到英格兰银行金库并等到铸造的那部分黄金进行检查,而不是对要铸币的黄金进行检查。当有利于它的账户时,英格兰银行会减少或取消这种检查,或者在一定限制条件下用一种激励方式替代这种检查。此外,对从流通在外的金币转换成金条的黄金流动也应该进行一项正规的检查,并且在一定程度下这种正规检查是实际存在的,因此,正如前面所述,如果不存在对黄金的滥用,需要黄金进行交易的所有居民都可以发现直接向进口商购买黄金会比将金币溶化成黄金更加有利。这是由于,如果黄金的市场价格是每盎司3∶17∶9英镑,人们可以向进口商购买黄金而不是从银行取出金币来溶化成黄金,这样他可以多得到16%的黄金,而且

---

① 见第496—497页。

溶化金币还要付出额外的成本,如果这个额外成本是 $1\frac{1}{2}$ 便士,那么,将金币溶化成黄金而不是直接从市场中购买黄金将会损失 32%,假如由于任何原因致使黄金的市场价格上升,那么向进口商购买黄金的优势会减弱,但是,总体来说,从进口商购买黄金仍然比将金币溶化成黄金有利。实际上,大部分需要用黄金进行交易的人们并没有觉得他们会受到这些因素的影响,即使知道黄金的市场价格会影响到他们所正在进行的交易,人们也完全不会考虑额外费用的影响,他们是从市场购买黄金还是将金币溶化成黄金取决于他们对方便性的考虑。但是,事实上这并不完全正确,市场价格终究是市场价格,它意味着黄金或金币的实际的商业补偿,也就是说,终究会有人能够发现市场对哪一种资产的偏好,这个人可能是需要用金条进行大量交易的人。

对于珠宝商来说,他们会考虑黄金的市场价格和这一价格下的金币所带来的黄金数量之间的区

> 现金的漏出

别,而这也是我们现在必须研究的现实问题。和英格兰银行的分行进行交易的一些人习惯于要求银行挑选最重的金币并储存这些金币以满足他们提取金币用以溶化成黄金的需求①。目前一个金币在英国的标准重量是 123.274 47 格令,不过考虑到工艺技术不完善,铸币局需要有一个补偿范围,即只有在一个金币的重量不大于 123.474 格令,或是不小于 123.074 格令时,铸币局才会发行,这才是法定货币,并且除非金币的重量被磨损到低于 122.500 47 格令,英格兰银行就会发行这种金币用来支付他们的票据和支票。因此,英格兰银行或是其分行所用来支付其票据和支票的最重的金币和最轻的金币之间的重量差额是 0.973 53 格令,即最重的金币比最轻的金币重量差 0.97%。假定铸币者将重量控制在允许的"补偿范围"内,我们可以认为,在流通中的金币很少有重量大大高出标准重量,同时,在正常情况下用于兑现支票而发行的金币的平均重量会比最低界限高出许多。因此,也许我们的如下看法是正确的:经过挑选

---

① 认为私人没有权利溶化金币的流行观点是没有基础的。损坏金币是非法的,但是任何人都可以溶化金币。

的金币的平均重量与没有经过挑选的金币的平均重量之间的差距低于 0.387 格令或是 0.315%,这个数额接近于一盎司的 3 便士,并且这个数额就是理论上从市场上购买黄金比将金币溶化成黄金多得到的数额。这个问题需要我们深入调查研究,并且我也不能声称拥有任何精确的信息。正如我们看到的,事实上黄金存在着明显的滥用,铸币局(因此也是间接指英格兰银行)在金币中注入了过多的合金,致使发行金币换取黄金的数量不如将付出的金币溶化所得到黄金的数量多,这就造成了在理论上没有必要的永久的货币漏出,这就构成了国家损失的一部分①。但是,尽管存在黄金漏出,铸币局必须保持足够的金币来满足公众需要,英格兰银行也必须保持足够的储备来满足铸币的需要。

对于金融科学的一些领域,我们已经做出了正确的研究,但是我们还需要考察一个理论问题,因为这个问题不仅看起来是理由不充分的,而且也是金融科学里面很多令人混淆问题的源泉。

很多的关于货币的专题著作在讨论货币的价值时都在详细讨论"数量法则",这个根据推测而来的法则可以表述为:"每个国家的交换媒介(在英国就是金币)必须能够完成这个国家的交易,这些交易存在于这个国家每天或每年的所有交易中,这样由于由很多部分组成的货币的总体需要完成所有交易,每个金币的每次流通都能够完成总交易中的某个部分,这个交易部分是由所占交易总额的比例所决定的,除数是交易总量,被除数是货币数量与货币的平均流通次数的乘积。"因此,"数量"法则的定义是由货币的价值与货币总体数量之间的反比例关系所决定的。

显然,这种论断马上会让人感到不满意,值得注意的是(除非它逃过

---

① 这里有一个特殊的例子就是"葛式定律",就是劣币驱逐良币的趋势。这并不是影响货币的一个特殊规律。这仅仅是下面一种规律的一个应用:假设有先令 1 和先令 2 两种商品(在这个例子中就是质量重的金币和质量轻的金币),这两种商品可以提供某种服务 A(这没法在两者之间进行区别),然而假设先令 1 可以提供服务 B(这可以在两者之间进行区别),这个服务优于先令 2 所提供的服务,那么就存在一种趋势,B 被"隐藏"而用先令 2 来提供 A。或者更一般的情形,如果先令 1 在某方面提供的服务跟先令 2 相当,而在另外一个方面其提供的服务高于先令 2,那么先令 2 可以专门用于提供后者的服务。一个较轻的金币(在法律所允许的最低界限内)可以像较重的金币一样满足人们的日常需要,那么较重的金币就会被转而用来满足珠宝商的需要。

了我们的眼光)没有关于这种规律的任何表述,也没有任何东西能够直接或间接地暗示这种规律的存在,直到杰文斯教授对货币和金融进行大量研究之后,才发现了这种规律的存在。在开始研究之前,我们先排除所有关于货币数量和每单位货币的平均交换次数的论述。因为这种平均次数可以通过将货币的流通次数加总后再除以货币的数量而得到。当我们用 a(金币的数量)乘以 b(每个金币流通的平均次数)而得到 c(交易总量)时,我们实际上已经假定了 c,并通过用 c 除以 a 来获得 b。我们从 c 出发,我们用 c 除以 b 而获得 a,然后再乘以 a 又重新得到 c。

数量法则可以简化陈述为:"如果单位货币需要完成固定数量的交易量,那么单位货币实际上就会完成这么多的交易量,因此我们给这个单位货币安排的交易量决定了它实际需要完成的交易量,这也就是说,在交换中每单位金币的价值取决于它的每一次流通所需要完成的交易量。"

> 初看"数量法则"存在的异议及其反对的理由

初看起来这是一种颠倒关系,我们如何能够决定每个金币所能完成的指定数额的交易量呢?所有金币所完成的交易总量就是每个金币的每一次流通在任何时候交换时所完成交易量的总和。也许有人会说,金币所完成的交易量取决于它们各自的效率,但是它们各自的效率是如何依赖于它们之间所需要完成的交易量呢?显然,没有人会认为提供给居民一磅的土豆或一吨的钢铁的服务量取决于每年需要提供给居民的土豆或是钢铁的服务总量,然后再除以现存的土豆或者是钢铁的数量;也没有人会认为每个工人每一次铲土的数量取决于所有工人必须转移的泥土总量,然后再除以估算的铲土的总次数和每个人铲土的平均次数。显然,如果这样的规律在货币领域存在,那么这要归功于货币与其他物品不同的一些特性,同时这也是货币的"数量法则"的支持者在争论中所宣称的,他们认为货币是一个纯粹的法律制度,假定一个政府通过宣布某种商品可以作为法定清偿债务的工具而将该种商品指定为货币。历史上有大量这样的例子能够证实这种观点,比如纸币在很长的历史时期内就存在。在这些例子中,标有一定票面价值的纸币对应于一定数量的黄金,即能够代表等量的黄金在市场中流通,并且实际上用黄金作为商品进行交易的人也能够接受这种纸币,虽然人们并不能用它来向任何人兑换黄金。当然,一张英格兰银行的票据可以向英格兰银行兑现,这也就是说,只要任何拥有英格兰银行票据的人愿意,他就有拿票据到英格兰银行兑换五个足够重量的金币的法定权利。但是,在有的国家里,当任何人想尽快将纸币兑现时,银行并没有这种义务,尽管如此,用黄金进行交易的商人也愿意用黄金兑换这种纸币,而且其他所有人也愿意接受这种纸币,就好像这些纸币就是黄金一样。更进一步来说,除非在国家发行的这些纸币是过量的情况下,这些纸币的价值将不会低于黄金的面值,这样,一个国家政府可以通过给它的债权人一些标有一定数量黄金的纸币,并宣布它的债务已经得到清偿,而且关于其他形式的债务也可以用同样的方式得以清偿,但是,纸币的价值取决于纸币发行的数量。换言之,纸币在市场中作为清偿债务的方式是可以被接受的,这个国家内的所有交易都可以通过纸币来完成,并决定了纸币所要完成的交易总量。另外,政府还可以裁定市场需要多少纸币来完成这个国家内的所有交易额。由于工业社会的习惯决定了交易完成的方式,有多少借助货币,多少借助支票,多少借助账户支付等,纸币的流通速度——在一年内每单位纸币流通的平均次数——调整它的发行量,因此纸币的发行总量决定了每单位纸币每次需要完成的交易量。

612

我们已经接受了以上事实,接下来我们要考察一个国家的交易是由黄金来完成的,或是由一种有独立工业价值的商品来完成的情况,不同于前面所说的法定货币作为交易媒介的情况,但这不是事情的本质所在,因为,正如我们已经看到的,根据假设,一种完全没有基本工业价值的物品可以具备货币的所有功能。如果一个国家的货币——比如英国——恰巧是由在艺术和科学用途上有价值的金属组成,那么一块黄金就有两种相互独立的用途。一种是用于自然的和直接的服务,即将黄金用在科学和艺术的用途上,另一种是立法机构将虚构的和法定的价值固定地依附于黄金之上,但是假定纸张、羽毛或是其他商品能够被标有一定的货币单位以防止其他不合法的发行,那么这种价值也可以被依附于这些物品之上。因此,根据这一理论,拥有一定重量黄金的金币和只是作为法定货币的金币在本质上是一致的,但是在偿还债务的能力和含金量上,这两者没有直接的联系。

如果一个选择贵金属作为其货币的国家想要节省国家的资源,那么政府就必须避免过度发行金币,因为一旦过度发行货币金币,含金量一定的金币的价值将低于等量黄金的价值,这样每个拥有金币的居民将会熔化金币,直到每一个金币能够完成更多的交易数量。这样,金币作为货币的价值就会上升,同理黄金在艺术使用方面的供给增加使得在这一方面黄金的价值降低了。另一方面,如果居民(就像在英国)可以自由铸币,货币的价值就不可能一直高于在艺术方面所使用的黄金价值,这是由于任何人只要愿意都可以将黄金铸成金币,因此,如果金币上的黄金价值高于在艺术用途上的黄金价值,人们将会把黄金铸造成金币,直到金币数量的增加减少了每个金币所完成的交易量,这也就降低了金币的价值,而将黄金铸成金币使得在艺术和科学方面所使用的黄金的价值上升了,这样,均衡就会重新恢复并得以保持,黄金的两种资本功能(一种是基础性的和特殊性的功能,一种是完全法定的并和黄金的自然和物质属性相独立的功能)就互相保持平衡。

这种巧妙而且完整的货币理论令人着迷。这种理论和心理学的观点相协调使得它在实践中得到了广泛支持。这是由于在心理学里面也没有关于黄金作为货币的价值和作为艺术用品的价值之间的实际联系。没有人意识到,自己之所以愿意用商品去换得黄金,是因为黄金是非常有价值的,它可以用于镶牙,用于装饰画框或书签,用于制作珠宝,或是用于制作金蝶,如果人们能够仔细考虑黄金的用途,就能发现:作为货币的黄金的价值是由习俗或是法律法规所决定的。这些理论能够直接与人们的正常思维方法相一致,因此它具有很大的理论优势,并且由于这些理论易于被解释并具备一定的前途,使其很受教师欢迎。但是,这些理论的推导过程却是完全颠倒的。整个推理过程中,我们都假定金币——不管是总体的还是单独的——都可以完成它们所需要完成的交易量,并且立法机构可以决定这些交易量,通过我们对理论的解释可以很明显地发现:我们被强制认为金币的价值不是来自它们能够并且实际完成的交易量,而是来自根据法律规定它们所必须完成的交易量,即法律仅仅通过简单地命令事物组合应当完成的交易量的方式,就能够确保某些事物组合提供某种服务,或者完成某种业务活动。这种见解令人疑惑。因此,这种理论需要我们进一步讨论。如果我们假定政府可以通过法令规定这个国家的农业活动需要由有政府授权的居民和工具来完成,同时假定这种授权不会影响农业活动的范围和属性,而且经过授权的人和工具需要完成这个国家的所有的农业活动。因此,如果政府只授权少部分人和工具完成这个国家的所有农业活动,则每个人和工具需要完成大量的工作,相反,如果政府让更多的居民参与工作,每个人和工具需要完成的农业活动量就会减少,这是由于这个国家的工作总量是不变的。那么,我们马上就会发现不可能用工作总量来除以单位的数量而获得每个单位所完成的工作量,因为事实上每个单位所完成的工作量是一个基本数据,而总的工作量是通过加总或者是相乘来得到的。如果政府有能力规定每个个体所完成的工作量,它就可以决定完成一个给定工作总量的个体数量,但是,政府不能不顾居民的数量而规定居民所需要完成的工作总量,从而政府也无法通过规定个体总数来决定每个个体所完成的工作量。

  是什么特性存在于货币而不存在于其他事物呢?首先,必须指出,毋庸置疑的事实是,在金币的影响下,商品或是服务的交换数量仅仅依赖于金币的价值。也就是说,如果1夸特的小麦和1吨的干草都值1.5个金币所包含的黄金,那么,它们就可以在1.5个金币的面值下互相交换。另一方面,如果它们都值1个金币,那么,它们就可以在1个金币的面值下互相交换。这样,相同数量的交易,即1吨干草和1夸特小麦之间的交易,可以由1个金币,或是由1.5个金币,或是由2个金币来完成。假设出于某种原因,黄金的数量减少以致于每个金币的价值增加一倍,那么,现在金币可以完成的交易量是以前的两倍。因此,货币提供给整个社会的服务似乎与流通中金币的数量没有关系。在广泛的范围内,在任何一个国家,货币的功能可以同样由不同数量的金币来完成,毫无疑问这是正确的。这就

> 所有商品的基本和引申价值之间的区别被错认为是货币和其他商品之间的区别

构成了货币功能和其他商品功能的基本区别,因为不同数量的土豆所提供的营养不同,不同数量的人和工具所能完成的工业产值也是不同的。因此,黄金的交换功能的衍生特性似乎可以将黄金和其他商品的基本功能区分开来。但是,正如我们所看到的,这种衍生特性并不是货币所特有的。假定在一种情况下,少量的金币和在另一情况下大量金币的价值相等,在一个广泛的范围内,任何进行交易的人都不会去关心他所获得的数量是多还是少。例如,如果某种类型的书在二手市场上一册值 5 先令,一个书商的销售量很大,平均每年可获得 10% 的利润,如果由于公众品位的改变,这种书的价值比以前增加了一倍,具有同样工具和机械、同样专心努力的书商将销售量减少一半,只要他营业额相同,他依然可以达到他的目的。书商的成本和收入都不依赖于他自己使用这本书的价值,而是依赖于别人对这本书的附加价值。因此,书的这种衍生功能在价格较高、数量较少和价格较低、数量较多时被同样实现。但是,对于书的购买者——学生来说,每本 5 先令的 1 000 册书和每本 10 先令的 500 册书的意义是绝对不同的。每本 10 先令的 500 册书所提供的服务不会高于每本 5 先令的 1 000 册书所能提供的服务。在另一种假设下,购买者并没有拥有他本来应该拥有的一半数量的书目。我们正在研究的这种区别并不是货币和其他商品的区别,而是基本价值和引申价值之间的区别,是商品使用者附加在商品上的价值和商品销售者附加在商品上的价值之间的区别。在所有情况下,不管是基本价值还是引申价值,总的服务就是存在于个人的服务的总和。我们决不能通过说每个个人不得不完成,因此将要完成某种外部力量规定的总工作的一部分就等于是我们获得了他们的服务。的确,我们应当认为,如果政府有权力让货币去完成某种交易,这种权力是给予一个确定数量的黄金去完成一个确定的交易,而不是给予一个不确定数量的黄金——不管多少——去完成一个确定的交易。正如我们已经看到的,如果在某种情况下小数量的黄金能够与在另一种情况下大量黄金完成相同交易量,那必定是因为在那些情况下每个单位黄金能够完成的交易量较多,而不是因为存在较大的交易量需要黄金去完成。在正常情况下,这种观点很明显,前面的关于书的例子就可以再次为我们目的服务。如果书的基本功能（对读者而言）总体提高了，那么他的引申价值（对书商而言）也提高了，每本书能够转移更多的能量和思想。同理，如果黄金的基本价值增加了，不管是因为生产率的降低，还是因为黄金在满足人们的品味或需要的功能增加了，还是因为其他原因，每单位黄金将能够完成更大的交易。

这些考虑暗示，我们应该从考察货币中的黄金数量和每个金币的价值之间的联系开始我们的研究。假定，在通常情况下黄金必须完成的交易量被社会一般商业习俗所固定（尽管正如我们当前所看到的，这是一个很宽泛的假定），接下来，如果在艺术用途上的一盎司黄金的边际价值较高，那么，较小数量的黄金就足以完成某个人用货币完成的交易，这人将变成小数额的"黄金商人"。也就是说，从基础用途中抽出来的较小数量的黄金就足以完成这个国家交易，因为拥有较高价值的每单位黄金能够完成一个较大的交易量。相反，如果在一个长时期内黄金的产出较多，或者由于影响黄金在艺术用途方面的其他原因，黄金在艺术用途方面的边际价值会降低，那么，人们会发现作为一个"黄金商人"，他需要更多的黄金来完成交易，会有更多的黄金从基础使用领域退出。这样，并不是货币中的黄金数量决定了每个单位黄金所要承担的交易量，而是每个单位的黄金所要承担的交易量决定了流通中的黄金数量。

> 流通中的黄金数量和金币价值之间关系的再研究

当我们再次转向对纸币的研究时，我们可以更改结论如下：政府没法授予纸张或是其他没有内在价值的物品以完成交易的权利，但是在一定界限内政府可以把确定的交易权利授予给一定的印刷纸币。因为作为交易和财产监护人的政府有权利强制或拒绝强制任何交易，同时作为产权监护人，政府能够决定财产的归属。那么，政府在任何时刻都可能说："在人们各种合同所覆盖的时期内，这个国家内有一部分人按照法律义务必须交付房租，为资本付出利息，为服务付出固定工资。同时，也有一部分人有明确的义务在某一时期支付某些数量的黄金。现在，如果政府愿意，它可以发行1元、10元或100元等不同面额的纸币，政府可以宣布拥有这些

> 是什么因素使得纸币流通？

纸币的居民可以将纸币交给他的债权人以清偿债务，政府将保护债务人的财产并宣布在法律程序上债务人已经偿还了他所欠的黄金。"显然，当人们有责任要偿还债务、支付租金或工资或其他由合同产生的交易时，纸币的价值是明确确定的，因为出于某种目的，拥有一张纸币相当于拥有一个金币。由于这部分居民是全体居民的一个较大的或者较容易接近的部分，所以起初这些纸币的流通没有困难，那些拥有纸币却没有直接用处的人们知道还有大量居民拥有大量纸币并以这样的方式进入市面。每张纸币像它的票面价值的黄金一样进行同样的交易。但是，随着合同的不断到期，各种债务得到不断被清偿，给予政府纸币流通功能的原始力量将会被耗尽。首先，此种票据的拥有者会时不时遇到这样说的人："好的，我正在寻找纸币以清偿我的债务或交付房租。"如果纸币有稍微的贬值趋势，那么竞争马上就会出现，人们都愿意以较少的价格接收纸币，而债权人被迫接受足额的纸币。如果人们选择继续签订新的合同，继续发放新的债务，而没有特别规定必须用黄金来偿还，这样人们就不断地强制自己在法律规定下接收足额纸币，这种过程将会在自身推动下继续下去。但是，没有任何力量可以促使某人接受这样的交易，如果在某个时间，或是由于某种原因，人们比较偏好用黄金交易，那么，是宣布为了他们的直接目的（独立于普遍理解），纸币等同于黄金，接受这个主张的人们会较少。显然，这种结构没有坚实的基础。由于找不到以全额或接近全额接受纸币的人，每个人都会变得紧张，想因此获得某种补偿。

然而，政府将会有更进一步的策略。因为政府拥有或多或少的以公共目的来获取一定的资产的权利，这也就是说，政府可以强制人们交税。这样，政府能够保证居民一直按照面值使用纸币。政府最终需要为所有的士兵和政府官员提供食品、衣服、住所和一定数量的娱乐及满足其爱好等，政府也需要枪支、弹药等，同时，相对于提升现代文明程度，政府还需要达到其他人道主义目的。现在，既然黄金能够被应用到艺术或科学方面，那么它就可以以某种比例与其他商品相交换，就如同牛可以以一定比例与土豆、生铁或是某个音乐会的门票相交换一样，因此政府需要向居民征收一定数量的税收，并宣称："我要按照比例从你们的资产中收取一定价值的黄金用于公共支出,你们可以以黄金支付也可以以其他我所能接受的黄金替代物支付,如果你们不支付,我就要强制收取黄金或是其他我能够发现的等价商品以用于公共目的,但是,你们若将我所发行的具有一定面值的纸币支付给我,我就会接受。"由于政府的需求是会一直重复的,这些标有一定面值并能实际等同于等量黄金的纸币将会像黄金一样完成人们的交税义务,那么,就总是会有人愿意接受这些纸币,这就赋予了纸币能够在流通中代表其面值所标有的等量黄金完成交易的权利,政府最终将会发现,他的供货商或是提供某种服务给政府的商人不仅被强制接受纸币以偿还政府的到期债务,而且他们还愿意将纸币再次用于其他新的交易,比如通过提供服务或者出售商品以换取纸币,实际上就把纸币当作黄金一样,因此,只要人们能够明显地发现:对政府负有债务的个人能够以标有一定量黄金并能实际代表等量黄金的纸币偿还政府债务,上述情况就会持续下去。由于需要交税的居民占全体居民的大部分,他们所交的税收也占他们支出中相当大的一部分,实际上最终就有很大一部分容易接受的人在一个确定的点上把纸币看成和黄金一样重要,这个确定的点就是居民对政府负有的债务,这样,市场上对具有一定面值的纸币就有一个有限需求,这就形成了一个永久市场,并成为进入一定数量的其他交易的基础。实际上,政府的地位非常类似于一个发行银行。一个发行银行承诺见票即付黄金,在一定范围上,这样的承诺使纸币具备黄金的某种功能,并且当银行的信用状况良好时,一定数量的票据是可以流通的。这是由于作为完成交易的一种方式,银行承诺见票即付是很方便的。票据在市场上进行流通后当被要求支付的时候,银行必须履约迅速地将票据变现,若达到银行的临界点,即银行不能见票即付,人们就不愿再接受银行的承诺来代替货币,或者同样的,他们要求银行立即兑现承诺,流通中的票据数量可能会保持不变,但并不会增加。这样,政府没有条件实现见票即付,但是事实上,当政府只接受票据而不接受黄金时,政府可以宣称它能够给拥有政府票据的人支付黄金,并且一旦政府的债权人数量足够多,政府票据的流通领域就会变得活跃,那么,政府就有能力按照面值兑现承诺。任何一个政府若坚持——即使在一个较短的时期内——支付纸币而收取黄金,这也就是说,这个政府不能给自己发行给债权人的票据及时兑现,政府就会发现除非是以黄金为基础这种情况下,人们都不愿意用政府发行的票据进行交易。如果政府的纸币保有任何价值,这也仅仅是由于人们对政府履行承诺的期望的一种推断价值。实际上,拒绝按照面值见票即付的政府会失去被信任的资源,除非债权人宣布债务终止或是人们获得不需要交税的权利,这种免除交税的权利跟其他商品一样,是有市场价格的,它的市场价格是由它所能带来的资本增加及提供服务的性质所决定的。因此,政府要想使其发行的票据能够完成市场中的交易,就必须保证其发行的标有一定票面价值的票据能够完成一个固定数量的交易额,而政府可以通过给定票据一个确定的初始价值并控制它的发行量来达到这个目的,但是,事实上这并不包含政府具备一些异常的、难以置信的能力,比如能够在票据发行量不确定的情况下,让它们完成一个确定交易量的能力;再比如通过完成的总交易量除以货币单位数得到每单位货币价值的能力。

实际上,这种分割总数的方式在任何情况下都是不可能获得单位价值的,因为除数是用发行的纸币的面值所表示的数额去乘以纸币的平均流通次数,虽然政府能够规定纸币发行的数量,但是它却没法规定纸币流通的平均速度,这并不依赖于被除数——交换媒介需要完成的交易总量——是常数,这只是一个方便性的问题,即多少交易是需要借助交换媒介来完成的,而多少交易是不需要交换媒介就能完成的。事实上,在一个缺乏改变的时期内,有大量的商业交易需要账户支付得以完成,这样就建立起另外一种均衡,即由于纸币的欠缺,需要借助交换媒介来完成的交易在没有交易媒介的情况下也完成了。比如,在意大利铜币稀缺的历史时期,铜币的交换价值并没有提高,这是由于一个少量的铜币就能完成一个很大的交易量,而且每个单位的铜币都尽可能地完成它所能承担的交易量,而其余的交易在没有借助铜币的情况下就完成了。再比如,在纸币发展的历史上,由于市场中存在着对政府信用状况的不利传言,因此政府发行的纸币数量增加就会致使纸币价值的突然改变,在这些例子中,纸币出现贬值是因为居民对政府存在怀疑,即政府是否会永久保持稳定并兑现

第七章 银行、票据、货币

它的票据,这也就是说,三个月后,给政府提供商品的人是否还会接受当前政府所发行的票据作为支付呢?从数量法则理论来说,要考察一份报告是如何迅速地影响流通中票据的价值,即交易数量和货币数量,这不是一个容易的问题。同时,我们也很难弄明白下面这个问题:为什么我们要假定货币流通的频率是独立且固定的呢?此外,区别于市场上所完成的交易总量,借助票据所完成的交易总量及票据流通的速度都明显受到市场上不利传言的影响,因此能够决定流通中单位货币价值的数量通常也是由流通货币的价值所决定的。

623

第三卷
分析和实例

> 但是,对于警觉的人来说,模糊的足迹也就足够了;正如猎犬,一旦发现猎物的真正踪迹,它们总是用鼻孔寻觅,找出游荡于山间的猎物,尽管这些猎物藏于丛林之中;你也可以做到如此,你可以不断亲自体验,独立地找出神秘的潜伏点,然后挖掘出事实真相。
>
> ——卢克莱修①

---

① 卢克莱修(Lucretius,约公元前94—55年),古罗马诗人、哲学家。——译者注

第一章
案例分析

概要：我们可以通过运用和检验原理的方法，把所学的原理用于分析社会和产业中的各种现象。本章选取的主题是赌博、住房问题、失业、经济萧条和危机、脱贫尝试的当前与长远影响、支出改变的当前与长远影响、国民收入的意义以及由之而来的对商品和服务平均占有的合法性，如果财富能得到进一步平均分配，每个人将会深受其益。

我们已经完成了任务中的系统分析部分。接下来我们要将这些分析工具应用于具体的实例中，以阐述并测试它的价值。

我们不妨任意举例。一个制度，比如工会运动（Trade Unionism）；一项规划，比如生产资料公有化计划；或者更为有限的提议，如土地的国有化或公有化；或者为营养不良的中学生提供食物；或者是关于一些问题的讨论，如住房问题、关税改革者的提议；或者是专门用语，如"国民收入"；或者是由具体的行为引发的问题，比如捐助饥荒基金、赌牌、赛马等。这些都可以是我们分析的对象。在审视这些问题过程中，我们必须对相互依存的经济、社会和道德问题进行充分说明。本书认为经济、社会和道德问题是相互依存的。

我们将从高度复杂的赌博问题开始。首先，我们将它回归至它在赌桌上所呈现的那种毫无掩饰的简单形式。因为它在此前的章节里没有出现过，我们有必要对它作一个简单的分析，当然，它是我们应用原理的方式的一个很好的说明。

> 赌博

我个人认为，毫无疑问，绝大多数参加赌博的人（或者说压倒性的多数）都想赢，并且都认为他们可以赢。在我们现在假设的纯粹赌博的情况下，一个觉得自己能够赢的人也必须相信赌博是一个"风水轮流转"的事儿，——这事是否发生，是可以被先天就有或者后天获得的感觉感受到的，或者是某种类似迷信的牺牲品，或者他必须依赖某个"系统"，这种系统使他们或者相信已发生的事情的纯粹运气将影响将要发生的事件的概率，或者通过在赌博中连续下注，获得赌运的翻转。这种翻转的机会参半，如果赢的可能性较大，那么，它是以如果输将会输得更惨为前提的。在这种"系统"中，赌徒关注的是赢的概率将越来越大，却没意识到在持续不断的赌博过程中输的概率其实也是成比例增加。说到这里，我们压根儿没有以经济学为依据。根据一般常识以及特别研究，我们就能够消除迷信，认识到运气法则的愚昧。同时，对于任何本能或体系能使人在纯粹运气的赌博中获益的想法，我们认为是一种欺骗，无须理睬。相信在赌博中定会有好运的赌徒，其实是错觉的牺牲品，错觉不会终止。但是，此时此地我们无法证明该论断。

接下来我们将从社会层面来分析该问题。

我们先暂时放下在赌桌上因运气好而获利这一问题，显然，如有相当数量的钱从一些赌徒手里转到另一些赌徒手里，根据边际效用递减规律，通常对于获胜方而言，他所赢到的钱的效用不如落败方输掉的钱对于落败方的效用，因此，赌徒总财富的精神效用会有一个净损失。钱将会从效用相对大的一方转到相对较小的一方；既然赌徒之间的富与贫对他们的输赢没多大影响，所以我们可以不予以考虑，并且可以认为赌徒们是"财力相当"的；显然，在这种情况下，从现有的边际增加而来的得益与自现有的边际减少而产生的损失相比，相对不那么重要。我们不用以赌桌而以将赌马为例来说明这一原理。在赌马过程中，每个赌徒下均等的注，每匹赛马的名字分别写在签纸上并且当中夹杂了足够数量的空签，以保证赌徒数量和签的数量相等。每位参赌的人抽一支签，谁抽中赢了的那匹马的名字，谁就可以获得所有下注的赌金。显然，如果有五十人参赌，每个人都将在现有的边际效用上损失赌注的筹码，然而当赌徒不断赢得赌注时，那么，所赢得的赌注的效用将会从当前的边际效用不断降低。因此，每注的赌金从效用较高的地方流向效用较低的地方。

火险是一个相反的例子。有一个不可预见的损失需要得到补偿。遭遇火灾的投保人的边际效用突然显著下降，他因投保获得货币赔偿，赔偿来自其他投保人现有的边际效用，因为赔偿弥补了遭受火灾的投保人的边际效用损失，而赔偿来自其他投保人的保费，其损失的边际效用较小，而获得补偿者的边际效用却上升了。钱是从效用较低的地方流向了效用较高的地方。因此，赌博和保险存在某些共通性，即下注的确定性和结果的不确定性，但是，从社会角度来看，它们的效果是完全相反的。赌博是钱财从效用相对高的地方流向效用相对低的地方，而保险则反之。

保险公司收取佣金，他们提供社会服务的同时在额外效用方面创造一种资金（并非物质上的，而是精神上的），即他们在转移资金之外还产生了财富收益。现在，让我们回到赌桌上来，重新谈谈赌桌运气——这与保险代理人收取的佣金类似。我们没有必要详细解释"赌桌运气"是什么。举红与黑（rouge et noir）这个游戏的例子便足以说明。在这个赌博游戏里，手转陀螺①每转 37 次会出现 1 次零，每个参赌人失去一半赌注的概率是相同的。因此，赌博庄家在 74 次赌博中就会有一次机会比参赌者更有优势。赌博庄家在这项"创造财富"的反社会活动中使效用降低，实际上是抽取佣金，正如保险公司通过向社会提供服务而提升效用并获取佣金。接下来，我们来看看赌博中的个人。他无法改变游戏的输赢概率，赌桌上输赢概率不均等。赌徒要付小额费用才可以获得均等下注的权利；由于赌徒们的输赢概率均等，他们都有可能输而庄家获益，因此财富从一

---

① 手转陀螺（teetotum）：作骰子赌具用的手转陀螺有四个面，每面刻有字母以决定输赢。——译者注

方转向另一方的过程中,赌徒们将会有一个不断增加的精神损失,此外,庄家所收取的佣金也是赌徒们的财富损失。长期来看,这些损失的一部分都来自经常来赌的赌徒们,损失定会超过他的个人所赢;因为持续不断的投入赌注,占了他所有赌博交易的一部分,而赢钱充其量是偶然的、没有不断重复的趋向。于是,如果成功的赌徒想持续地赌的话,他会付出他所赢的全部甚至更多来获得再赢的可能;而失意的赌徒,则会在他们输掉的钱上再追加赌金以追求赢钱的可能。这些阐述只能由"概率学说"来证明,但是我们无法质疑或动摇它们①。

  理论上保留着这种可能性:假设某人仅有 1 先令,并且预计在未来不可能得到第二个先令。我们有理由认为,接下来,他最好将这仅有的 1 先令押注到一个赢取概率极小但奖金极其丰厚的赌博游戏中。比如说,他有三万分之一的可能赢取 1 000 英镑。精确算来,这个机会并不值 1 先令,仅仅值 8 便士。然而,对于这个人的现实境况而言,他会认为 1 000 英镑比他所拥有的 1 先令的 30 000 倍更多。因为今天或明天去不去济贫院对他而言几乎没有什么差别,所以他也许宁可去试试,用极小的概率去赢取 1 000 英镑——哪怕最终的结果是他一无所得。这便是我们的理论充分承认的一个"边际效用上升"的例子。

  毫无疑问,在诸如此类的例子里普遍存在着错觉因素。当此人落空,他很可能产生某种类似失望的情绪,但是,人们会以为这项被认为公平的交易其实是很合理。然而,这是特例。因为,把先令押注出去的人有更多的先令可以继续押注;假如押注和赌博的时间足够长,那么,他所输的钱将多于他所赢的钱。在其他的例子中,人们先天的想象力认为一次投注所得将远远超过多次投注所输的少量钱财,这给他们带来各种各样的错觉,但是,这些幻觉并不适用于惯常的或者重复不断的赌博交易。

---

① 唯一的理论保留是:赌徒在赌博时间足够长,长到能够吸收所有赢得钱之前可能突然中止(例如他死亡)。在每个赌徒的赌业中,我们认为有时候赌徒足够聪明会中止赌博,他将是个赢家,但这是个错误的想法。在早期的赌博中,赌徒会中止,但是,这种可能是不确定的。从赌博交易开始,他赌的时间越久,他越不可能作为赢者而中止赌业。

我们已经知道①，赌徒与庄家的关系相当于股民与证券交易所的关系，所有赌徒拥有赌桌的位置，很可能是佣金而非运气导致他们输钱。在赛马中，坦白地说，赌马商人也可以得到类似的"佣金"，奇怪的是赛马的支持者的估计最终决定了"成败的可能性"，但是往往高估了赢的概率。这可以由一个例子来说明，它可能只是大体上与事实相符，但是能够说明这个原理。假设有四匹马参加比赛，每匹马的主人、驯养员以及对赛马感兴趣的人估计这匹马获胜的概率为1/3，结果就是他们预测的总和达到$1\frac{1}{3}$，即超过了原有的概率。我们可以这样计算：马的主人及它的支持者认为他们的马胜出的可能性为1/3，他们会认为2∶1是合适的概率，也就是说，假若他期望收获2英镑，那么他愿意付出1英镑的注金。首先，在买马注的人的眼中，他有多达两倍的收益；其次，他觉得这样的概率公平，机会均等。这样以2∶1下注四匹马的人，如果其余三匹马有一只输了，他将每匹马获得1英镑的收益，如果获胜，他将支付2英镑，这样买马注的人将保证有1英镑的赢利。正如"庄家"不在赌桌上下注，赌马商人也不下注，而是让公众去下注。赌博、入股市和赌马之间的区别，仅在于后两者也许有些判断力的成分存在，尽管很少用上判断力。普通的股票投机者或者赌马的人和赌桌上赌徒们的判断力其实大抵在同一水平，赌徒暂时记下牌，几轮后当他认为合适的时机来了，扭转了运气，他才出牌。就赛马而论，判断的成分的确存在，所以个人赚钱的概率比赔钱的概率大，但是，我们必须看到，这仅仅是从个人观点来看，是在"赚"钱。但是，从社会的观点来看，赌马的人仅仅是从相对比他弱的赌马人手里"拿走了"钱；从已经检验过的原理来看，他赢的钱比对手输的钱的效用要低。纯粹的股票投机活动中的"判断力"与此相同。但是，假如是出于发展或改进的目的而买入资产或任何股份，那么，就没人会有损失，并且真有可能"赚来"投机者的收益。

这可以用来说明与赌博性质相同的投机向与赌博性质不同的投机的

---

① 参见第 211—212 页。

转变。毫无疑问，冒风险时的刺激和兴奋不仅在人性中根深蒂固，而且它也是人性中宝贵的特点。但是，将资源投资到学习特别知识技能，而不知道是否能以此为生的人，或者将资源倾注于勘探矿石但不知道是否能找到有利可图的珍贵矿石的人，这些人的投机不同于赌徒。前者的目标在于创造财富，而后者只不过是为了取代别人得到已经创造出来的财富。或者换言之，前者是以产业的方式进行探索，在这一过程中会遇到不确定性并且他们将竭尽所能消除不确定性；后者不是以产业的方式，而是去创造不确定性。但是，毋庸赘言，我们很难更确切地说，也无法进行区分。我们清楚地知道，为了价格看涨而买入，在交易日之前抛出的人，实际上是在赌博；而为了持有并获得红利而入股某新开办的工业企业的人，则不是在赌博。我们很难预见和区分嘲笑但却虔诚祈祷的愚人和虔诚地祈祷但却嘲笑的圣人；也就是说，我们很难预见或者界定虽然是为卖出而买入，但是却对持有从而获红利感兴趣的人和为了持有股份而买入，但却因为认为股票的抛出价高于股票所值而将其抛出的人。我们甚至在一开始就无法分辨两种动机是如何结合的。某人购买某物也许部分是因为他觉得这只股票值得持有，也许部分因为是他看好这只股票的前景，认为将来可以卖个更好的价格。或许大多数购买股票的人至少是潜在的买入卖出的投机者。

　　然而，我们还未检验赌徒的最终借口。假设赌徒很清楚自己会输，也就是说，他花钱赌博是因为他享受这项游戏并愿意为之付钱。这就是许多人赌牌但是愿意认输的缘故。无疑，一些人是相信运气，并且没道理地一味想赢。另一些人则相信他们的技术和判断，从容不迫地想从他们的赌友那里赢钱。但是我认为，大多数人认为，从长远看来，他们的输赢微不足道，不管怎样，值得为游戏花钱。我们注意到，在这个例子中，不存在佣金，也没考虑到确定的损失。评价这个借口，我们需要考虑满足的性质，它是否正如我们在前一章检验分析的那样是恶意的、毁坏性的沉迷与放纵；最后，我们要考虑如何使赌博不再带有残忍的后果，即它使年轻人、穷人以及缺乏经验的人从事可能损失沉重、腐败堕落的冒险。

我们现在将要转而研究其他问题，但是，不会在新议题和我们以上检验的问题之间建立联系。因为本章的意图决定了连续的各部分之间并不必然地存在特殊联系。

许多人的居住环境实在令人担忧，这种情况不断增加了社会不安感。如何满足人们的住房需要便是住房问题所在。但是，很明显，单凭经验和分析，我们仅能看清住房问题的表面现象。人们为什么居住在不合适的房子里？我们如何改变这种情况？就某种意义上来讲，这个问题不同于为什么缺衣少食，或者缺乏足够的精神娱乐问题。显然，如何为人们提供合适的住房仅仅是何以合理安顿好人们的物质和精神生活的诸多问题之一。一些人一切都匮乏。在他们看来，与其他方面相比，他们或许并不认为住房条件太差；因为如果他们这样认为的话，为了增加住房而减少其他，他们定会重新分配开支。但是，你也许会说其实他们是难以承受放弃其他东西的。的确如此。也就是说，他们强烈地需要更多其他东西，他也同样强烈地想得到更好的居住条件。他们的居住环境也许比他们的衣食条件更差，更使我们震惊，但是，他们自己不这样认为。于是，住房问题便摆在了贫困问题的首位，其次是教育问题。也许我们认为，人们理应更重视体面的住房环境。最后，我们也会认为（似乎我们突然想到一个特殊的住房问题）房租不应该过高。但是，为什么穷人交的房租那么高？首先是人们希望住在工作地点的附近，而这个地块由于已经成为高效能产业的工具而非常昂贵。富有的人既不会住在工作地，也不会住在那里的好房子里。穷人住在恶臭连连的处所，或许是因为贫穷，或许是因为他不像我们一样认为他应该重视更好住所的价值。一般来说，处理住房问题的途径不外乎以下方式：努力消除居住环境差的人的贫困问题，唤醒因居住差而产生的不舒服感，进一步降低房价，或者把房子以低于其价值的价钱卖给民众。以上方法都已被尝试过。奥克塔维亚·希尔女士(Miss Octavia Hill)和她的弟子们在教育居住在贫民窟的人们要渴望更好的住房意识方面已经贡献颇多，但是，满足改善条件的急切要求，进程十分缓慢而艰难。无论是政府机构还是私人企业，基于商业原则而建造收费较低的更好房子方面的尝

住房问题

635 试，我们在前面已经讨论过了①。另一方面，假如房屋是由慈善机构或善意的个人所提供——这些机构和个人满足3%的资本回报(或者少于3%的商业回报)——那么，便立刻出现了享有特殊待遇的住房者；但是，即使最需要房子的人获得这种特权，保护这"特殊权利"也可能会面临不可克服的困难。人们正逐步获得便宜便捷的交通，也许大幅度减少拥挤的市中心的办法在于发展有轨电车服务，它将能缓解中心商业区的竞争。因此，住房问题就转化成贫穷问题、土地问题、教育问题、人口转移问题以及城镇规划问题。仅仅拆除破旧房子，在此基础上建造更好房屋，实际上并没有触及问题的本质。这些尝试也会同样遭遇最低或标准工资②提议所遭遇的危险。正如最低工资意味着失业的增加，因此，对于体面便利的房子的最低要求可能意味着无房可居者的增加；或者如果标准仅仅应用于新房子，就意味着无能力达到新标准的人要挤入原有的房屋。如果孤立地来看这一标准，充其量意味着尝试迫使他们购买我们认为他们想要的而不是他们自己的需要。毋庸置疑，人们广泛地要求改善卫生条件，这并没有大幅度增加建造费用；但是，可以肯定，地方政府细则又规定在一些乡村里不可以建造农舍，因此加剧了过度拥挤。

不必过多补充解释，我们也知道，建筑用地难，可能造成过度拥挤；假如土地所有者出于审美、社会或体育原因，反对在他们的土地上建造房

636 屋，那么，结果无异于此前因纯工业化而导致的土地争夺。

我们接下来分析应用经济学领域中公认的难题——失业、萧条、商业危机问题。实际上，我并不 失业问题 认为本书中所采用的原理为这些问题提供了清晰并且令人信服的解决办法。但是，我们可以思考以下几点。大家都知道，每一个身心健全的人未必适合某个特定职位。为工作而忙碌的人可能会得到热心的朋友们的"帮助"——热情的朋友愿意做这一切，但是，其实这些帮助并未实际地派上用场。复杂程度越来越高的工业社会，促使个体由负向效率转为正向

---

① 参见第180页及之后。
② 参见第569页及之后。

效率的要求越来越严格,对此我们可以合理期待。高等教育被认为可以满足这些严格的条件,但是,这有赖于专业领域的才能,因此,在某行业、某岗位上有大作为的人可能无法胜任另一个岗位。失业可以分为绝对失业和相对失业,也就是说,一个人可能无法就业,因为他找到的是别人能胜任而他却无法胜任的工作,或者因为无法找到提供最低生活工资或者让他感到满足的工资的工作。随着需求压力变化的趋势而来的是,现在,全球范围内的工业组织的专业化(以及设备和从业人员)与产业分工精细化,从经济上考虑,这些变化意味着随之来的某种技能的相对价值的变化。浮动计算法盛行的产业承认这一现状。不管如何,当产品价值下降,如果认识到劳动价值也随之下降,那么,雇佣劳动者的数量不变。浮动计算法以劳动效用相对于所有其他生产要素的效用来评估,而这种评估从事物本质而言,难以摆脱争议,因此,浮动计算法也难以避免争议。但是,也必须认识到,各种形式的劳动力的效用会随着需求压力的改变而变化。假如人们广泛地认识到这一事实,至少能消除或者限制一个失业的原因。因为,标准工资显然不受产品市场变化的影响;维持标准工资或者限定最低工资的各种尝试,当需求下降时,必然会导致失业,失业会一直持续到减少的产品边际价值与减少的劳动力边际价值再次达到平衡。如果更多的商品以更低的价格售出,而工人们则在更低的工资水平下维持就业状态,其他社会供给则会维持在更高水平。

但是,需求的波动没有限度,无论浮动计算法如何精准和延伸,即使被应用于利息、租金和工资计算中,需求波动即便不会导致某行业绝对"失业",但也可能会使工资难以维持温饱。

显而易见,上述情况的唯一真正问题在于会使劳动力从萧条的产业流向其他产业。这个过程会遭受劳动力流动和多样化的内在困难的困扰,其他行业①(这些行业都认为自身存在库存过剩②)定会得到重视,但是,对这些行业的入侵而感到嫉妒定会加剧困难。

---

① 我们注意到老水手凭借经验丰富和多才多艺几乎不会失业。
② 参见第 451 页及之后。

> **商业萧条和危机**

我们需要进一步注意的是,在很大程度上每种行业都是在投机的基础上进行的。我们对工业企业的结果有各种各样的期盼和预测①。因而,在巨轮航行之前,或在一幢大楼完工之前,人们不仅满怀希望,而且会投入大量的资金以期待完工后会带来价值。人们已经形成对土地、工具、指导执行的技术以及各种生产要素的边际效用的估算,并且按照估算执行。但是,这些估算不一定正确。当整个商界气势昂扬并有成功感时,人们就会热衷于高估事物价值。对于现货的支付将会更高,因为对现货的预估总是高于重置成本。当国家认为它的财富是在不断增加时,它就会依靠它的财产来运转。最后,信守承诺、获取收益的时刻到了,却发现本应产生作用的资源其实并不存在。具体地说,这是在任何时代都会出现的现象,无论是在繁荣时期还是萧条时期。个体公司由于无法兑现承诺会破产;而做出承诺或者按照承诺执行的其他公司随之也将遭遇破产。但是,如果整体上生意顺畅,尽管这些状况使个人沮丧泄气停滞不前,但是,它们还不至于动摇大众的信心。另一方面,假如总体的预期明显出错,商界或者某国的消耗远超过创造,并且事先做出的承诺无法兑现,那么当被发现时,会引起大众的担忧。人们会害怕做出承诺,更害怕预先付款,害怕相信他人的承诺,这样,复杂的互相供应系统几乎陷于瘫痪状态。技术工人和其他人的收入及消耗超过了他们边际效用,由于已经发现这种情况,他们就没法获得跟先前同样的工资。同时,那些付给他们多而得到少的人就会变穷甚至破产。人们认识到自己入不敷出或者超出支付能力;只有通过相互交流合作,人们才能富裕起来,但是,交流合作已经陷入紊乱,工业社会赖以生存和发展的相互信任已遭到动摇。A迫切地需要B能生产的东西,B迫切地需要C能生产的东西,而C又迫切需要A能生产的东西。A、B、C之间只有通过风险承诺才能彼此联系,但是却没人敢再做出承诺或者也没人敢再信任承诺。一旦某位商人发现他无法按平常的价钱卖出商品时,他就会抱怨生产过剩并且认为市场已饱和。这样,我们就会看到一种自相矛盾的现

---

① 参见第310页及之后。

象：普遍的生产过剩、市场饱和，同时伴随着市场需求。也就是说，表面上看来，物质如此丰富，以致于没有人可以买到他所需要的东西，但是，这并不是生产的大量产品或高度的产品生产力导致的危害，而是人们相信产品可以转移到需要使用的人，他们做出巨大承诺，而他们的胆怯或孤立无援导致了这种危害。

消除周期性萧条唯一的根本方法在于提高产业负责人以及社会公众的智慧与勤奋程度。可能最后要让他们成为政府官员，但是，目前的社会主义乌托邦完全忽视承诺间的相互联系及协调的必要性及实现承诺的方式①。然而，据说私人投资者已经从利用萧条期建造工厂并进行改良中获利。理想的情况是国家也应该从事类似工程，而且是进行公共建设工程，在某个时间进行这些工程，它同时有利于抵抗严重灾祸②。

最后，请注意，人们容易夸大繁荣时期和萧条时期之间的物质差别。一般而言，大多数商业活动在所有的时间里都顺利进行。只是在超过较窄的范围之后，通货膨胀和通货紧缩取代了对方。

自然而然地会有这样的问题，能否通过限制商业往来范围的做法，来使一国的居民免于遭受整个产业界风暴的横扫？正如有人认为，一个主要依靠自给自足而生存的自由民比制造业者受经济萧条影响的可能性更小，后者在世界市场停止对其产品的需求时，他们就无法满足自己的需要。所以，抽象地说，小范围的波动不会那么强烈，破坏性更小些；如果大体上能自给自足，那么，要比那些易受世界经济潮流影响的人所遭受的危害小。关于相对孤立和自给自足是否可能以及是否可能因此产生某种利益平衡的问题，在抽象层面上，人们可能存在争议；事实上，没有任何税收同盟体制是基于保护某个良好的地区免遭世界经济风暴影响的想法而形成的。当我们注意到税收同盟的实际或指定区域往往是由商业或经济因素决定，事实就显而易见了。美国经常作为提供保护主义的典型例子，但是，我们绝不能忽视美国

关税和贸易波动

---

① 参见第 560 页及之后。
② 参见第 308 页。

内部实行自由贸易这个事实，因此我们可以肯定地说，美国是世界上最大、程度最高、包容了各种各样自然和社会条件的自由贸易区。此外，人们通常认为，美国会欢迎加拿大的加入，倘若结成联盟，美国会立即消除两国间的关税壁垒。如果如此，我们会得出这样的结论，关税并非在经济的基础上得以维持，消除关税不会有经济损失。同样，希望英国加入同盟也是出于其他方面的考虑而非经济或地理上的便利，这样能使生产性资源达到合理平衡状态。发达的工业国家期望为本国的"富余产品"寻找外部市场的愿望显示了它们并不希望从世界经济中脱离出来，也并不打算形成由经济稳定前景决定的具有自身特点与规模的自给自足的组织①。

我们不妨思考一下，类似对印度一项饥荒基金进行赞助的行为会有多深远的意义？现实的情况 <u>捐助饥荒基金</u> 是食物紧缺，而且不可避免的是人类或牲畜都要面对这种紧缺②。如果某些饥饿的印度人获得食物，这些食物是在他们挨饿的时候别人会吃的食物，总之，必将有人要挨饿。现在，假如我捐献了1个金币，那么，我就节省了1个金币的食物，这是绝对不可能的。即使我节省了1个金币的食物，我们也应该问一问这些原本属于我的食物是通过什么直接或间接的方式到了正在忍受饥饿的印度人手里；但是，如果我吃的和原先一样多的话，就会出现更令人困惑的问题：我捐出了1个金币，那么，是谁放弃了食物？我捐出的1个金币是如何使他人放弃了食物？这些食物又是如何直接或间接地到达印度饥民手中的呢？假如饥荒不是发生在印度而是发生在中国或西西里岛，情况当然会不同，我们来思考一下这个特定情况。首先，我们可能认为，即便面临最严重的饥荒，印度整体上并不缺乏食物。饥荒地区附近很可能就有很多食物，而且很容易获得。困难并不在于没有食物，而是饥民们没有获得食物的金钱或者财富。甚至是，饥民能够种出充足的稻谷，他们有足够的粮食及来年的稻种，但是，他必须卖

---

① 有关失业与"关税改革"的评论请参见第548页及之后。
② 参见第535—536页。

第一章 案例分析

出一些稻谷来换钱纳税。来自印度的这些税收中的一部分(很大部分)要上缴给英国作为养老金和年金。就是这个状况：印度为了支付英国的养老基金而出口稻米(当然他们也出口其他东西)。假设在第一种情况下，在英国领取养老金的人或者年金受益人，那些过去一直消费价值为1个金币的印度稻谷的人，即便自己会因此没有足够的食物，他们仍然决定要为饥荒基金捐出一个金币。也就是说，他们放弃了吃稻米，也不吃其他东西。这种情况非常简单。穷困的农夫们可以留住他们的稻谷供自己食用，或者从邻近的地方买一些过来，而印度也应该少出口一些稻谷。这样，忽略金钱的问题，我们可以把问题简单地看成在英国领取养老金的人给了印度农夫相当于那些他从未享用到的稻谷的钱。印度农夫可以留下自己的稻米并用英国人捐助的钱纳税，也可以用这个钱从邻居那里购买稻米，用其他资源来纳税。假如你和我也放弃食用那些稻米而捐出了1个金币，那么，情况和此相同。那样的话，也许能展现事情本质。我同样借给印度饥民1个金币，同时我放弃消费价值1个金币的稻米。而印度饥民也不必卖1个金币的稻谷来支付英国养老金，他把欠我的1个金币的账单寄给我，并可以把稻谷留着自己食用，他让我来支付这1个金币。

但是，假设捐助者不是通过不吃稻米的方式来省出1个金币，而是通过其他方式，比如不去剧院，少享用当季的芦笋或者是草莓，坐三等车位而不是头等车位去旅行，不买他们本来会买的书，不随便动用其他慈善金等。那么，这是如何缓解饥荒的呢？最直接答案明显也是与先前描述的一样：印度饥民将从捐助的人的手里获得钱，而不必被迫卖出他们的稻米。因此，印度稻米丰富而世界市场上的稻米相对较少，因此就会有人出现稻米短缺。但是，这样的解释并不像前面的例子那样清楚，我们必须做更进一步的调查。已经建立了两个相互独立彼此不受影响的中心。一方面，英国稻米市场在一定程度上已经枯竭。我们先前的研究已让我们非常清楚地认识到，如果让它单独存在将意味着什么。供给和原先一样多，但是，有边际需求却得不到满足，稻米价格将会上涨，有些人会完全没有稻米可以食用，或者是吃得比原先少。因为我们不需要认为我们正在探讨的这些现象会影响大多数节制者的收入，他们可能会增加购买其他食物，如西谷米、木薯粉或者印度玉米等。无论如何,我们没有任何理由假定这些替代物的供给会因此增多,因此这些商品市场也会有所感应,价格会出现上升趋势。所以,在更大的范围内,稻米短缺的影响会扩散,结果将会是减少食用稻米,许多人将会无意识地做出细微的让步来填补印度稻米市场不足,稻米在这些人心中的满意度将会下降,直到这时才能消除了市场短期的影响。在印度,我们这一次看到边际倒退到原来状态,除非得到遏制。

迄今为止,我给印度的捐助的结果是扩散了稻米短缺引起的灾害,这完全符合我们的预期。然而,虽然就扩散本身而言值得祝贺,但是,我们令人惊讶地发现,那些遭受损失的人似乎是这一交易中无意识的参与者。

但是,此前我们只考虑了其中一个遭受影响的中心,现在,让我们来看一看另一个遭受影响的中心。假如我节省了旅行的火车票或者剧院门票,那么,我只是为自己节省了支出。我原本要坐的头等车厢照开不误,原先想看的电影也照常放映,只是公司的股东或老板损失了 1 个金币。就我而言,已经成形了资产负债表:我给了忍受饥饿的农夫 1 个金币,同时我放弃了这 1 金币可以换来的舒适或娱乐。但是,我失去的舒适或娱乐并没有转让于他人,它被毁坏,甚至可以说从来没有存在过,但它已经是潜在的机会。我是最大的损失者,但是并没为节省稻米做一点事情。尽管我承受失去舒适和娱乐的损失,但是,剧院老板或公司股东却也不得不减少我所捐助的 1 金币的资源,他们也必须承担损失。因此,我实际上迫使他们以另外的形式再次进行了捐助,而他们则面临着坚持已经对他们开放的机会与放弃那些并非潜在而是确实提供给他们的可转变机会之间的选择。我们可以继续联想,将这一过程延续下去,由于压力层层扩散,尽管我们无法明确地进行这一过程。我们很难确定,如何在不影响稻米消费的情况下,有多少潜在的休闲娱乐或者服务遭受损失。但是,最终的结果肯定是某人必须节俭,不去消费。我们几乎不用重复股票警示,即我们仍无法画出标准的曲线来表示它。总之,我们在剧院旁边的小摊位上或头等火车车厢的旅行往往能看到水果或切花,而不是在稻米或玉米袋的旁边。他们所提供的机会是开放的,实际上这比看场表演或者旅行的机会来得更长久,但是也比背包旅行更容易消失。而且,如果我不买这些产品,那么它们将没法提供给其他人。假如他们完全无法售出他们的产品,或被迫在快要闭市之前降价售出,在这种情况下卖家将会成为损失者。在后一种情况下,卖方并非完全损失,但是原本可以满足更大规模需求的产品现在只能满足较小规模的需求了。这里存在一个可见的损失,大约相当于本来可以实现的总的可见价值,不过没有人说得清楚是否存在着精神上的得或失。无论如何,至今除了我所放弃的直接间接成为粮食消费替代品的享受之外,我们并没有做任何事情来承受由粮食短缺引起的贫困。

但是,我的节制扩大地影响了市场,这与缓解印度饥荒所影响到市场相同,这两者运动的方向相反。当印度保持对稻米的需求不断增加时,在英国,被迫的节制将降低这种需求,因此,我们在理论上找到了结合点,不仅可以看到我放弃某种享受直接缓解了印度饥荒,而且可以知道这两个主要的现象(饥荒缓解及捐款行为)的影响是通过由极其细小的毛细血管般的渠道汇成的巨大网络而产生相互作用。但是,我的自愿捐助行为引起了那些遭受因为我减少开支而受到影响的人的一系列不明确、不自觉的捐助,然后一直传递,重复而且扩大了影响范围;而且,只要这些行为影响并不是食物的有效替代物的消费方式,它们就没有缓解市场所承受的额外压力。另外,最终的节俭行为是由非自愿而不是自愿的那些人承担,除非原始捐助者实际上放弃了作为稻米替代品的食物或者其他商品。

现在请注意,意料不到的突然需求才是导致这一混乱的真正原因。如果政府得出结论认为定期征税与非定期向慈善机构求助是一种浪费,如果英国当局在更为宽松的条件下①而非现在的名义上要求的和平、公正地对待印度,用更理性化的方法管理印度。为了减轻印度的压力,英国民众可以连续而非断断续续地节制一些享受。用于制造一流车厢、创作

---

① 印度官员的工资、养老金等确实没有高于这些官员所拥有的才干和忠诚所体现的市场价值。如果继续这样,给予印度的公正及和平无法用更宽松的条件兑现,但是,英国可以将此给予印度以减少他们的花费,而不是对印度收取足够的财富,然后又在他们遭受灾难的时候给予补助。

歌剧等的资源可以用于其他渠道,这些资源可以直接或是间接地用于生产粮食以弥补减少的印度贡米。在这些情况下,尽管没有直接的提供,最终在某地会出现粮食短缺。我们已经分析过,由于断断续续地索取英国慈善基金及世界经济体系难以适应该情况,无论如何,我们都不需要这种偶然的不必要浪费。

让我们忽略这一事实,即需要缓解困难的是在一个国家,而消除此困难的节制行为在另一个国家。我们可以假设,在我们的国家发生了灾难,于是进行捐款来缓解灾难。这种情况在本质上与前述例子相同。将会出现两个"中心",一个是由灾难比如说是洪水冲毁了庄稼所导致;另一个是当我通过捐资,将我的一部分购买力转移给受灾难者,我因此缩减开支而引起的;除非我的节制和我的捐助受益人的消费正好是同一件物品,否则,我所节俭的物品不会正好是他们所消费的物品,而且,我们偶然的不必要损失也会强迫那些不如我们富裕的人无意识地进行有效的节制,这就正好平衡了我的受益人的消费。

现在,我们采取另一种方式来消除那些损失的成分。我们仅仅把问题看成是一个英国人给另一个人送礼物。不同之处在于在这个例子中不用弥补主要损失,我们也不会假设某地出现物质短缺。但是,如果所展示的不是假设工业企业事先经过考虑后采取的一系列行动,也就是说,如果它构成了事件进展常规的可预料过程中的扰动,那么,它将会发生我们在上个案例中讨论过的扰动。如果我送给朋友的礼物与我本该给自己买的东西不同,或者如果我直接送给他钱而他去买的东西与我所放弃购买的东西不同,那么,这会影响到两个市场。价格在一个市场将上升而在另一个市场里将下降,此时,在一个市场增加对商品的需求所造成的结果是在另外一个市场里降低了对商品的需求,如果这种现象持续下去,将会导致生产性资源通过一系列渠道流向另外一个市场①。同时,有一定数量的服务和非耐用商品被浪费。由于需求的上升和下降导致的各种商品的供给规模的相对水平发生变化,某些人会因此变富或者变穷。

---

① 参见第319页及之后。

最后，不考虑赠予礼物这个假设，我们可以准确地看出突然改变支出会如何导致损失的产生。中止先前已经准备好的支出将或多或少地导致浪费，而另一个市场中增加的需求将挤出少量的需求者，驱使他们进行其他形式的消费。但是，由于受到青睐的市场中增加的支出改善了该市场中商家的境况，因此，很可能在下跌的市场中也会有一些商家保住了我所放弃的并促使他人放弃的一些商品，到目前为止，我缩减支出所带来的各种资源和人才的浪费将得到遏制。然而，总是存在一些浪费，以及现存商品价值上涨和下跌所导致的混乱。如果建立新的买卖秩序，根据这个秩序分配各种生产要素，并生产市场更为需求的商品，那么，就不会有持续的损失。

同样，当为了满足某个明显而重大的目的，例如上面所举的缓解饥荒的例子，由于这种变化而产生的偶然性市场波动也将会被忽略。因为不规则的情况总是在不断发生的，并且广泛地相互抵消，因此，当它只是偶然的或个人的情况时，谨慎的人就不必为此感到困扰。但是，流行的变化无常无疑会对工业人口的物质条件与道德状况产生抑制效应，即使一项新发明或者经营管理的改善增加了资源并提高了人们的生活水平，但是，偶发的市场波动可能会对局部产生灾难性的影响；除非我们采取措施，那么，偶发的市场波动也可能在社会意义上抵消总收入的增加①。

在结束这个话题之前，需要注意到我们一直都在假设工业组织中存在着"刚性"，不允许有任何其他"游戏"存在。但是，在事实上，它需要大量的活动来完成我们所假设的经济循环。在分散的市场中，在任何细微压力变化的影响相互抵消之前，这些细微的变化很可能会自身耗尽，并到处释放多余能量来补偿这些渠道。举一个简单的例子，任一食品价格的上涨也许相当于收割世界某个偏远的农场的农作物，但是却没有支付收割、挑选、储存并运输的费用。

现在，我们要进入本章的最后一个研究议题，即计算国民收入的意义以及根据平均收入计算投

> 国民总收入和国民平均所得

---

① 参见第296—300页。

机买卖的价值,如果财富能够更好地得到平均分配的话,这会确保平均收入。需要事先告诉读者,我们不会有什么确切或新颖的结论产生,但是我认为调查研究本身极其具有价值。

例如,英国一年的国民收入是 1 700 万英镑,人均国民所得 40 英镑或者说按一家五口人来计算户均 200 英镑,这意味着什么呢?全部的国民收入是由所有个人的估计收入加总得来的,国民收入和个人收入都是用黄金来计量的。但是,这些收入是如何具体地计算出来的,又是由哪些部分组成呢?假如某人以种植蔬菜,然后到市场上出售为生,而他需要购买由他人才能提供的另外一些商品和服务——当然交换的时候后者认为前者所提供的蔬菜在价值上与他们能提供的物品和服务是等价的。所以,他种植的蔬菜通过他的收入体现为社会资产的一部分,这就是他为社会所作出的贡献,而他所需的消费品则是由他人为社会所作出的贡献。如果他支付住房租金,那么,他所种植蔬菜的部分价值就不是由他的收入来表示,而是由房东的收入来表示的。如果此人是教希腊语的老师,或者做簿记员,或者是布道者,或者做舞者,又或者是公司的促销员呢?他提供服务,作为回报他得到他所需的特定物品。他提供的服务属于社会资产,这是他的贡献;他所需要的商品或服务是由其他人来提供的。这样,公共收入就由一切生产、制造并进行交换的商品或服务的边际效用所构成,尽管它是用黄金的边际效用来计量。一个社会一年的总收入是本年度该社会所有商品、服务的总和。所以,如果我的收入是 500 英镑,从中我支付给服务人员 30 英镑,用于支付我的膳食住宿费及她的工资,则她和我的收入分别为 30 英镑和 500 英镑,这里并没有两次计算她的 30 英镑。我付出了劳动,因而获得 500 英镑,她付出了服务,因而得到 30 英镑,两者都应该如同农民种植小麦并出售一样被计入国民收入。诸多思考便由此产生。除非我们知道一国的国民收入是如何分配的,否则它没有任何意义。富裕与贫穷可能让我们知道能平均分配的财富有多少。国民收入由所有交换物构成,但是,我们已经发现,满足、愉快,或是重要的实现和经历(不管是个人的还是集体的)的真正收入,虽然是由交换物来支持的,但却既不是由可交换物确保也不是由它来衡量的。如果某个社会认识到这一点,很可能,这个社会的收入将会降低而幸福将会上升,因为它虽然创造得更少,但是更能享受它所创造的东西。

因为,如果所有财富是由用黄金表示的边际效用来计算的,那么,如果除了黄金之外的任何商品或服务供给增加,在国民收入的计算上将被视为损失。因为,如果用黄金表示的边际效用下降来弥补增加的商品供给,人们所获得的享受将会增加,商品的总交换价值将会下降,人们满意度的增加会被记为财富的损失。如果相比于其他商品,黄金的供给量增加,那么,物价会上涨并且社会总供给会更多,于是,国民收入就会跟着上涨,然而,这只有在黄金真正富足的条件下才可能发生。"指数"被运用于所有详尽的统计中,这种指数并不是用黄金统计价值,而是用一种复合单位,这种单位更容易计算精神或根本的稳定性。

然而,大量的错误和错觉仍然存在。一切商品和服务都是用它们的市场价值来公平计算的,那么,盗贼所购买使用的工具与农民所购买使用的工具都应该是该年收入的一部分。致力开发相同市场的两个竞争者所提供的服务同样都被视为国民收入中的一部分,他们都为顾客提供了便利及有用的东西,如果没有他们提供的服务,这些顾客就会离去。互相破坏或者本质上残酷的行为及服务如同建设性和有益性的行为与服务一样被计入国民收入。提供"特殊服务"的可耻所得也应该计入国民收入;但是,假如波西亚是布鲁图的妻子而不是他的妓女,那么,他们的伴侣关系就不可以计入国民收入。此外,任何社会品味、习惯或道德的变化——这些能使他们从个人活动或者人与人之间的交往中得到更多快乐——都不能被计入国民财富。

然而,所有的这些,以及与这些相同类别的事物,都已经得到了承认。不能忽视它,但是也不能强迫,因为它已经得到了广泛的认可,某些甚至已被认为是习以为常。那些说英国的国民平均所得为40英镑的人,其意思是不会超越国家的所有资源,以致于可以让它的国民每个人得到价值多达40英镑(在当前利率下)的商品和服务,不管他渴望得到的商品或服务是明智还是愚蠢,正当还是邪恶。因为这个论点显然不是绝对正确的,它是我们必须继续检验的论点。

当然，如果有人可以肯定地告诉我们，国家的财富无论如何再次分配，人们所需要的商品和服务的数量及程度都是相同的，那么，可以肯定，他们都会按照其现有的财富拥有状况那样实现自己的所有需求。这个国家的所有活动都将像原先一样继续运转，国家总收入也与先前一样，只是现在生产及提供的商品和服务会重新分配给其他人。的确，满足我们需要的产品将会比过去要少，一般情况下，仅仅是这个国家的"平均收入"。我们已经知道如何分辨短期市场波动与变化的最终影响，我们不再讨论前者。我们假定现在现有的资源都用来生产当前掌握资源的人所需要的商品和服务，如果这些资源能够转移用于生产新需求的商品和服务，用边际效益来计算，商品与服务的数量与质量与当前相同。我们可以这样假设吗？让我们来看一看。

富人客观上会对其所需要的商品给出一个更高的边际价值。可以想象，相比于让穷人拿出一块用于生存的土地，富人购买一块体育用地，可能要比穷人买一块同样的但是是用于维持生存的地，出的价钱更高。这看起来似乎有点奇怪。在这个例子中，这一块土地给富人增加了愉悦，与这一块土地让穷人感受到辛苦劳动的艰苦生活与些许舒适有所不同①，对于土地而言，富人更具有优势。因为富人掌握了许多资源和物品，这些资源和物品对其他许多家庭是非常重要的，但是对他而言却不会意味着太多；对他来说，这块地只是比其他东西更能满足他娱乐的需求而已。所以，相比于资源和服务能得到更平均的分配的社会而言，在这个例子中，由于一些富人的存在，土地的价格更高了。假如财富可以更平等地分配，则土地的价格可能会比较低。

著名外科医生或者律师的收费的例子也能说明同样的事实。如果一个社区中有一批极为富有的人，他们将占有医术最高的医生，而其他人就只能选择另外一些技术稍差的医生，假设技术稍差的医生收费200英镑，那么，如果社区里有足够多的富人，他们将会雇用2—3个医生，则医生的收费将高达500几尼。然而，如果没有足够多的富人，没有人愿意支付更

---

① 参见第129页及之后，以及第163页及之后。

多，比如说只愿意支付 20 英镑、10 英镑或是 10 先令，就如本书的例子所示，他们就可以得到公众名望最高的医生为他们看病，而不是那些医术可能一样好但却声望不高的医生，他们将为此感到满足。假设我的某个牙医治疗的当前或未来的安全程度比另一个牙医高 1%，我的总财力决定了为了购买额外安全性，我会付出多少的额外费用。假如我是个百万富翁，但是，很不幸，我要截肢。面对如此大的不幸，300 几尼与 500 几尼之间的差别可就一点也不重要了。如果我的全部收入不足几百英镑，我会很满足让当地享有良好声望的医生为我医治，我感觉非常安全；如果医生只收 20 英镑，那我不会花 30 英镑（远少于 500 英镑）去让一个最专业的人士来操刀。这样看来，A 医术水平和 B 医术水平的医生可能收费 480 英镑也可能低于 10 英镑，他们之间的差距大小取决于财富分配的不平等程度。

没有必要举更多的例子进行说明。已经很清楚，如果社会的总体资源可以得到平等分配，人们的境况将会大致相同。人们能够获得外科医生的医技和其他人员的技术，能够去除病痛、维持生命、美化生活，与主要商品相比而言，它们之间细小的差别并不那么重要。尽管在音乐大厅歌唱的明星与为大众歌唱的演员之间的才艺有细微的差别，但是，他们的酬金可能不会有非常大的区别。但是，下面的例子会有些独特。如果我们分别从富人和穷人的角度来思考价值，我们一定会体会到这种思考完全削弱了从总体国民收入的计算到受人们欢迎的理想状态的平均国民所得的计算；因为假如我们用全部国民收入的值除以人口总数得到的商品为 40 英镑/人，那么，意味着在当下条件下及当前价格下每个人可以得到的东西，每个人可以获得 40 英镑。但是，情况并非如此，每个人拥有商品和服务的国民收入的一个份额，总有人给这些商品或者服务定一个价，其价值总和为 40 英镑。但是，其实每个人对于这 40 英镑中的具体商品和服务的价值会有自己不同的理解和感受。

这并不意味着在更加公平的分配环境下会有物质上的损失来抵消心灵上的获得，它只意味着所谓客观衡量的平均国民收入是对国民期望的其所占有的收入份额能相应地确保其真正获得的商品和劳务的一个不可靠的估算。

但是,这也许存在争论。显然,一个一年有200英镑收入的家庭虽然在当前收入条件下不会对昂贵的珠宝、野生动物保护区、上等住宅或精装本书、纯种马或是最专业的服务有过高的向往。但是,如果情况突然发生变化,那么将会产生某种混乱:最终用于生产这些商品的人力和物力会转向生产其他当下最为人们所需要的商品。这种说法值得信赖吗?可以想象,价值1 000英镑的用于繁殖斗牛犬的人力和物力,用来生产食品、衣服、娱乐等,如果每个五口之家的年收入为200英镑,那么,这些是五个五口之家的生活所需。我们的一般假定是:一切自由的资源都可以以大致相同的商业效用流向不同的渠道,这种假设似乎暗示着上述事实可以实现。但是,如果我们假设生产商品和劳务的资源并不是为了利润而转移,而是用一些行业代替另一些行业,那么,这样的假设哪怕是从表面上看,也并非无懈可击。用来繁殖斗牛犬的人力可以胜任生产和培育新的环境下受到市场欢迎的各种动植物,这一点至少存在着可能性。但是,大家说不清楚要如何计算出以黄金来表示的边际价值;或者,假如工业过程发生深刻的变革,以致于工业过程正处在我们所假设的条件下,那么,地球上人口的分布情况是否与现在的分布情况一样呢?

对这样的论题做出预测要基于综合考虑的基础之上,而且必须要认识到这些预测存在着推测性。财富的广泛再分配会改变其精神效用,但是,仅仅是平均数目的过程并不能达到实际的效果。况且,基于这一过程的状态的可靠性是值得怀疑的,我们应该对这一过程保持必要的警惕。假如我们自信这个世界或者是特定的社区是足够富裕的,能使每个人生活舒适,那么,我们一定是基于信赖人们的多才多艺和足智多谋的基础上,我们因此可以预计更加公平地分配资源,爱好、道德的作用将会提高而不是降低人类努力的效用。

财富更加平等分配的愿望激励着社会改革家,但并不是人人都有这样的信心,所以,许多人公开猜疑或私下担忧这一愿望,这些人不太愿意承认他们希望以大多数人的贫穷为代价追求他们少部分人才能拥有的奢华享受。他们相信缓解贫困的所有方式都会使富人变穷,同时也没能使穷人变富,甚至最终还会使穷人更加贫穷。我们至少必须想出使这项试验值得尝试的方法,这是这种预测的基本理由;但是,与此同时,假如我们可以实现"乌托邦",我们必须思考一下它含义。这一点是由已经完成的某些调查引导了我们。

我们已经探讨过诸如此类的问题:在条件改变时,用于生产上等装订书的人力是否可以致力于改进马铃薯的生产,使马铃薯在新社区的相对效用等级与旧社区时达到艺术美目标时的相对效用等级相同。那么,假如这些可以实现,并且如果已经实现,毫无疑问会产生精神上的收获,但是也会存在精神上的损失吗?也许我们之中没有几个人敢这么说:相比于生活在没有需求、没有高雅的艺术品位的社会,我们更喜欢贫民窟和精神文化并存的社会。但是,假如贫穷的消失同时也意味着富裕安逸阶层的消失,如果这个阶层的消失意味着我们现在认为的高雅品味、文雅举止以及精致的艺术娱乐的消失,那么,我们会感觉到我们付出了沉重的代价。然而,如果将和丹麦一样的社会经济状况与贫富差距极大的国家的社会经济状况相比较,比较的结果并不支持我们的如下看法——高质量、高品位的精神艺术生活需要担忧任何来自更为平均分配财富带来的影响。

但是,有一点是非常清楚的:的确存在着享乐放纵行为,但是,即使我们掌控的资源增多,享乐放纵行为也不会更普遍,并且如果财富分配更加平均,那么,它们会有消失的倾向。恰当的例子可以提醒时刻警惕避免默而不宣的臆断,即人人都有可能为所欲为。

拿破仑可能一直鼓励这种想法,即人人都可以当将军。但是他一定也明白,尽管每个士兵都可能成为将军,但是推测每个士兵都成为元帅是"愚蠢"的。一个元帅的存在意味着许多士兵的存在,同样,在高度发达的工业社会中,任何人都有可能变得富有,但是不可能是所有人都可以变成富人。拥有仆人属于富裕的范畴(即使中产阶级也渴望拥有仆人)。中产阶级们的个人理想就其性质而言是不能被广泛地实现的,因为,我们不可能都成为将军,我们也不会都属于拥有仆人的阶层。这说明我们大多数人希望得到其他人的服务而不希望自己为他人提供服务,这只是最明显、

656

最顽固的事实之一。

那些不管是出于何种理由做完家务活的人知道，为了享受结果有多少是不值得做的。当我们选择自己运作自己复杂的生活，那么不管好坏，我们的生活就都被简单化了。

我们假设，某个家庭年收入 500 英镑，另一个家庭年收入 100 英镑。较低收入的家庭的女儿为较高收入的家庭服务，每年得到价值 30 英镑的食物、住宿及工资收入。那么，较低收入家庭年收入将升至 130 英镑，两家的年总收入增加到 630 英镑。假如这个女孩待在自己家里从事同样的工作，而不是为收入较高的家庭提供服务，那么两家的年总收入为 600 英镑。表面上看，两个家庭都有损失——这种损失不仅是名义上的，而且是实际存在的——因为较低收入家庭更希望女孩通过为富裕家庭提供服务，获得 30 英镑的年收入用以补贴家用。为此，他们宁愿失去女孩为自家提供的服务。较高收入家庭更希望得到女孩的服务而不是花 30 英镑购买其他商品。现在我们又假设较低收入家庭的年收入由于其他一些原因上涨到和较高收入家庭一样的 500 英镑的水平。此时，他们不但可能不会让自己的女儿为了 30 英镑的年收入去另外的家庭提供劳动服务，而且他们很可能也会想要雇佣别家的女孩，每年支付给她 30 英镑。如果无法找到合适的人选，他们甚至会很快发现自家的生活陷入了一种极度的社会窘境。然而，"一旦社会上每个人都一样富裕，谁都不会得到特殊待遇"；假如个人获取服务的需求和他人的一样，个人有以下三种选择：（1）进行自助；（2）在你与你相同地位的人能接受的条件下，从他人那里获得服务；（3）省掉这些服务需求。

由此我们发现，现有财富的平均分配以及在不带来相应的损失的前提下使穷人占有的资源水平上升至与富人相当，都会使中产阶级理想的实现变得遥不可及。

这样的反思也许会引起人们更多的思考，使人们更加清楚地认识到这将导致某种没有考虑到、不被察觉的危险：在人们的社会同情与人们实际努力方向所要达到的目的之间的差距可能导致的危险。另一方面，这种差距的出现会使人们加深对独立真正本质的意识，并促使人们思考简化生活的种种可能性，比如扩展人们的公共机会，使之截然不同于私人机会，或者打破人们惯常将享乐与独占、命令相联系的思想。人们都可以在公园里观花赏草。如果每个园丁都致力于仅有少许人能享受的事物，为数不多的几位园丁可以实现需要数百园丁的努力。无论是在国家美术馆还是在巴黎卢浮宫，只要拥有一丁点儿的艺术品味和艺术修养，即使是最贫困的公民也同样有机会享受艺术，得到熏陶；如果是私人收藏，即使是少数人，也难有如此机会。这种经济模式在何种范围内上运行，很大程度上取决于公众心理以下两个方面的发展：一是打破将享乐与独占相联系的传统观念；二是面对和使用公共财产时应有的尊重和责任意识。　658

　659

第二章

进一步分析

摘要：本章主要涉及以下问题：税收的一般性质，向外国人征税的主张，合理征收进口税缓解失业的观点，为非生产性支出借贷的意义，一般性生产设施还是作为特有生产设施的土地的公有化方案，以及贸易同盟主义。

税收是纳税群体的资源从他们为自己选择目标向由执政权力为他们选择目标的偏移。只有确信这些资源所趋向的目标比资源所偏离的目标更为重要，这样才能证明税收合理。"怎样检验重要性或重要性的标准是什么？"对于这个问题，唯一的答案是，征税的权力机关必须竭尽所能做出最好的评判；根据政府类型、公众观点或统治阶层中普遍的观点，这种或那种物质或精神的考虑将会被认为重要或不重要。显而易见，不同的社会政治环境，重要性不同；但在任何情况下，在关于事情的重要性上持与政府意见不同的个人在受到惩罚的情况下不得不默认政府的观点，尽管个人对此持有异议。

人们一致认为，当税收能够确保国家绝大多数人认为的重要的目标时，当他们认为如果不是由集体来做，那么，就不可以

> 税收

实现这一目标或者目标不能被合理实现时，这时税收便是合理的。维持陆军、海军、警察机关及法院通常是作为恰当的例子来证明税收的合理性的。人们普遍认为，需要这一切来确保百姓生活安全，而且，如果维持百姓生活安定以及确保政府安全要依靠自愿的力量进行合作，他人行动的不确定性将会损坏每个人的努力，因此不能取得良好的效果。并不是每个人都能认可这些假设，对这些假定存在极大争议的人中对规则应当被执行的程度，合理的税收的额度以及对哪些人增加税收也存在着不同看法。再有，至于最后一点，似乎容易制定一般原则，但是，除非通过应用原则的人的判断，否则是不可能确定其适用性的。其原则是资源所偏离的目标要尽可能地不重要。如果有人认为，花大钱是深思熟虑、开明大度，适度花钱就是卑鄙龌龊，花小钱则是残忍恶劣；有人认为穷人的钱通常要应急所需，中产阶级的钱要用于高尚的抱负和舒适的生活，富人的钱要用于懒散的生活及消遣挥霍。前者所持有的见解与后者的见解显然有很大区别。拒绝接受任何上述概述的人也许认为这一问题是极度复杂的，可能并不准备去接受和实施公认的原则。他会说他并不为这个或那个阶层满足物的价值而费心劳神；但是，他看到一些人会得到许多他们所想要的，而其他人却得之甚少，而他希望给这些人均等的份额。随着财富的增加，财富的心理效用减少，这仅仅是一般原则的运用，不能用科学的方法来证明，但是，这个一般原则可以得到常识的强有力的支持①。

但是，无论如何，我们可以这样认为，当民主情绪或者有效的民主制度支配着社会活动时，人们将希望财富得到进一步的平均分配；人们担心社会生产力受到抑制，因此有对财富征税的倾向；有人认为，控制公共开支的人不合理地使用公共支出，应该承担直接的损失，这种看法抑制了减轻相对贫穷的人的税收负担的倾向。

但是，当讨论税收和公共支出时，我们常常听到这样的说法："所有的税收最终都落在了工薪阶层头上，因为，如果富人支付重税，他将无法支配被政府拿走的那部分收入，因为他的收入最终将全部支付工资，他支付

---

① 参见第131页及之后。

工资的钱减少,因此,他会解雇一部分佣人和工人,这些佣人和工人将会与其他人竞争工作岗位,从而降低平均工资。"我们将不检验富人所有的财富最终都将全部支付工资这一观点;我们承认,它干扰了经济关系,因此施加一项新税收容易带来麻烦和危险。但是,作为一条政府税收的普遍原则,它或者仅仅是对的,或者仅仅是错的,正如个人所持有的最终支出用于工资上。如果富人支付马夫、花匠和侍者工资,那么,政府支付士兵、水手和教师的工资;倘无变化的压力,问题是花匠、马夫和侍者的工作的边际效用是高于还是低于士兵、水手和教师的工作的边际效用。这个问题也许很重要,有人认为这个问题与失业问题相关,我们不允许这种想法将这一问题复杂化,除非突然变化造成暂时影响。而且,就其本身而言,突然减税与突然征税将产生同样的影响,这将导致一批人失业,同时需求另一批人。

将教师引入最后一个例子提醒我们,国防(在公民中,这是一致的称法,除了国防的目的之外,陆军和海军是没有必要存在的,我们很难理解除了保护我们,他们还需要防御谁)之外还有许多事情,需要维护内部秩序与公正,社会的实际意愿已经决定每一个人应当为维护内部秩序与公正贡献自己的力量,不管他本人认为他的贡献是否足够重要。当英格兰实行义务教育时,不应当允许父母自己考虑是否应当把自己一部分资源用于孩子的教育。孩子应当接受教育被认为是国家的重要问题,因此,通过已提供的公共支持和私人支持,国家必须强迫每一位父母让他们的孩子受教育。现在,人们认为公民对国家儿童受教育的贡献应当完全独立于他本人身是否身为父母及是否有正在接受教育的孩子。

每个公民认为他应该关注每个儿童的教育问题,我们所猜测的理由是什么?也许是他感到通过普遍义务教育,他可以减少一些人际风险或伤害。如果理由仅仅是在一个孩子接受教育的社会,人们会生活得更加安全舒适,这将会引起每位公民的个人兴趣。但是,如果理由是受过教育的孩子本人更可能过上有价值、惬意的生活,那么,为教育目的下令征税的人被孩子幸福的愿望所激励,而幸福生活也成为他自己的一种直接兴趣和目标。如果理由是三十年后,"英格兰"的商业、道德或智力会更上一层楼,如果提倡征税的人那时已经六七十岁,他的动机将是极度抽象和理

第二章 进一步分析

想化的。他渴望在他死后，人们可以生活在与他所生活的社会有历史、地方和种族连续性的社会里。并且为了实现该愿望，他情愿放弃当前满足享受，这被赞颂为爱国主义（也许受到贬低和指责）。也许他可能进一步推进他的目标，可能盼望未来"人性"更善。这也许会被认为"削弱的世界主义"；但是，如果他的目标仅仅延伸至确定的边界及"帝国"民族的下一代，而没有更远，他可能不会遭到那些批评。

这些仅仅说明不同的人评估目标和对象的原则有所不同，这有助于解释为什么一部分国民在"他们的钱"如何被使用这类问题上总是长期地表现出些许愤愤不平。由于征税者的不情愿与不信服，未能完成一些他们认为不重要而在别人眼里却是重要的事。

在离开国家税收这个主题之前，我们可以简单地检验因赞同对与国内产品竞争的外国进口品征税而提出的两种说法。人们认为通过这样的税收，我们不但可以向外国人征税而且还可以缓解失业。我们已经实现了第一种说法，眼光更为敏锐的支持者可能会同意第一种说法，但是，我们不能做到第二种，因为外国

> 关税与外国人

人付税，他们将以现价进口自己的商品，因此，市场并未受到影响，国内生产者既不会雇用更多的劳动力也不会获得其他特殊优势。但是，迄今为止，因为我们没有实现第一个目标，人们也许极力主张，应该实现第二个目标或者实现这两个目标。

两种方案说明了我们认为税收的目的是引导资源由一个较不重要的目标向另一更重要的目标转移的一般原则。抽象地说，纯正的世界主义的思想家可能对那种认为外国人的目标远不如我们自己的目标更为重要这种主张感到吃惊，但是，在我们现在的组织状态下，他不得不承认他们比我们更重要；如果他真诚地相信我们已经向外国人支付了税，他的最后的顾虑将会消失，而且他将会真诚地希望他自己付税给我们。但是，他会这样做吗？我们不想作更多的讨论，但是可以阐述几条一般性的原则。

我们已经知道①，虽然生产商品及将其推向市场的费用并不决定商

---

① 参见第 312 页及之后。

品的交换价值，市场并不影响商品的交换价值，然而，商品的交换价值决定将商品推向市场所产生的费用。因此，如果生产费用上升了，就不再生产本来准备要生产的商品。如果这一观点可以成立，那么，进口税不会产生或者带来使现在由外国供应商提供供给的市场关闭的价格上涨。因为外国供应商将停止进口，因此也就不付税。另一方面，如果税收引起价格上涨，那么，外商将继续进口，与此同时，他们会通过更高的价格来弥补税收的上升。

他们没有其他市场，或者他们的资源全都用于生产特定商品，这不可能吗？他们的确没有与我们所支付价格相同的其他市场，就此而言，他们由我们来摆布，就像强有力的工会控制那些已经将全部资源全都用于特定行业的雇主一样。但是，除非外国某种资源永远不能生产（除了在极低效率下）除了我们永久占有的唯一市场以外的其他商品，那么，我们都不能对外国人强行税收。在一些情况下，我们如果不完全中止也会减少税收，这往往会提高价格。

如果主张建立特惠制度，也许是某种深思熟虑之举。例如，如果我们希望得到来自我们自己的殖民地而不是美国、俄罗斯、匈牙利或普拉特河谷（Plate River）的小麦，并且我们认为值得付钱购买，从理论上看可以通过进口税和不断提高价格来鼓励本国和殖民地的小麦种植，以排除一些外国产的小麦。如果不提高价格，就不会有什么结果，因为我们国内农民与殖民地的人民在目前价格下已经生产了他们愿意生产的小麦。如果我们考虑通过几年将小麦价格人为地维持在足够实现我们的目标的高度，来抑制外国商品进口，鼓励国内和殖民地的种植，似乎并不存在着让我们在某种程度上决定世界产业发展与重新调整人口分布的理论依据；但是，我们必须细心地调查究竟是谁在支付成本，有什么风险，经济波动带来的浪费的意义是什么，以及结果有什么价值。当我们正确地考虑这些问题时，我们将完全理解已故的德文希尔公爵（Duke of Devonshire）拒绝拿人民的面包"打赌"这句格言。

但是，到目前为止，支持征收如我们现在所考虑的税收的最吸引人的理由是其将缓解失业。我

关税与失业

们必须详尽检验这个理由。通过一系列税收来劝导人们购买本国商品的企图(如果没有税收就购买外国商品)显然是让他"雇用"一伙人以代替另一伙,这是对他自己经济上的损害。但是,我们也许会主张这种行为,虽然损害了自己的经济,但是,它有利于"被雇用"的那些人。反对者认为这样对他所停止雇用的那些人不利。为了回应反对意见,我们可以说,因为我们对那些后者不感兴趣,我们并不在乎。

在我们进一步分析之前,我们必须弄清楚两点。摆在首位的是,我们已经明白①,正确地说,没有国外贸易与国内贸易截然不同的经济理论。我们也许因此考虑到对英国人施加压力,让其与英国人或者加拿大人而不是与美国人做生意,或者对伦敦出版商施压,让其在伦敦而不是在格拉斯哥或者赫尔出版,或者对村民施压,让其买本村木匠做的桌子、椅子,而不是从附近镇上购买,其他的情况也用同样的理论观点加以考虑。因此我们探究的事情是改变某人交易方向的政策,即以我们不太关注或者根本不关注的人的利益为代价,为了我们特别关注的特定的人的利益,来指导某人沿着他自己不会选择的方向进行交易。我们关注的范围和理由在很多方面也许很重要,但是不会影响经济理论。无论我们关注的是帝国、联合王国、国家,还是我们自己的地区、城市、村庄、庄园或家庭,问题都是一样的。其次,因为我们希望产生特定的结果,逼迫其他人进行自己本来不会进行的交易,实行损坏自身经济的政策,以及为了取得同样的结果作出一定的牺牲,自愿地进行同样的交易,这些可以放在一起讨论;因为研究它们需要作同样分析。换言之,在购买国外产品更加适合我的时候,但是我却购买了国内产品,这样做是否是爱国主义?让其他人做同样的事情是否是爱国主义?这样的问题必须最终依赖一个共同的原则来判断。

我们暂且回到第一个原则。以前村民自己纺纱织布,铸造工具,制造家具,现在他们发现自己用不着亲自生产,而是通过向城镇销售牛奶和水果,并从那里购买工具、衣物和家具,这样,城镇提供的这些工业产品更符合村民的要求。村民通过饲养奶牛要比通过纺纱织布能够获得更好的衣

---

① 参见第 487 页及之后。

物；同时比起到其他地方耕作，城镇居民可以通过纺织获得更好的食物。城乡人口分布是由食物和服装的边际效用的平衡决定的。

我们认为①，这种高度组织化的产业存在严重的缺点，但是，我们也认为它是物质文明进步的基本条件。即便我们想逃避物质文明的进步，这也是无法逃避的。我们也清楚，尽管事物的新秩序带来了总财富的增加，但是，产业的发展趋势不可能在不给个人带来损失和困难的条件下迅速改变。由于城镇的竞争，一些乡村工匠或店主变得窘迫，也就是说，由于可以更有利地工作，由于存在着比以前更多的为了同样的回报而工作的人，乡村工匠的处境变得艰难起来。理论上，他们要么转向从事农业，要么去目前贸易中更具优势的工作地点；无论哪一种，都趋向于更好地达到边际效用平衡。迄今为止，无论什么，只要阻挠或者妨碍这种改变，都是坏的；而无论什么，只要能减轻转型期的困难，都是好的。正确的思维与合理的政策，必须极度小心地区分这两件事；现在我们关注的基本事实是，我们正在努力实现的新的均衡在经济方面要比以往的平衡更有利；而在不利条件下，购买本国商品而不是购买国外商品的政策往往会延缓或者干扰这种更优的均衡。如果一个有爱国热忱之心的村民决定在自己遭受损失的情况下光顾乡村工匠，因此他阻止了自己的发展，或者将自己从上述情况要求的方向上拽回来；同时，通过阻止顾客光顾邻镇工匠及不再卖给他食物，迫使他从其他渠道获取食物。这样做将更为不利，因此，他本人将遭受损失，同时也使他所关心的那个人效率相对低下，并且使得他并不关心的另一个人商品相对短缺。对于两个社会来说，无论是从总体还是从个体角度来看，都将遭受损失。人们有时说，空谈理论的自由贸易主义者的黄金法则是"贱买贵卖，这样才是履行基督法规"。只要他在思想或在方针上忽视转型期的困难，只要他持有幸福是纯物质的观点，那么，他就有理由遭到奚落。但是，事实上进一步推进我们目标（不管我们的目标是什么，"贱买贵卖"是其中一个方面）的期望是永远吸引我们建立相互服务关系的最根本动力，这是最基本的事实。很大程度上可以理解，

---

① 参见第158页及之后。

"贱买贵卖"是普通人所能够找到的指引其本人和其他人的精力沿着最有效率的路线使用的最好法则——效率,总是被牢牢记住,参考着事物——好或坏——以及人们的愿望来测量;每个"人"根据在交易循环中对事物控制的程度,或多或少地做出计算。

但是,人们可能主张,通过忽略我们认为的"转型期的偶然困难",我们真的已经歪曲了这个问题。可以说,这个保持一个人从事效率相对低下的职业或者强迫他从事效率高的职业的问题,对于他来说却是一个就业或失业的问题。现在,就事情的现状而言,无论问题实际存在何处,都应当归因于贸易的改变和波动,我们已经认识到这是个非常重要的问题,但是,我们已经看到,并没有关税涉及这个问题。而就它不是贸易改变和波动的问题而言,它除了因为效率相对低下外,就不能归因于其他原因,而我们认为效率低下是永久性的问题。也就是说,为了相对来说永远效率低下的人,社会上一部分人永久地被要求(或者被强迫)放弃实现他们的某些目标。这或许在一些情况下显得非常正确合理,但是,承认我们的相当一部分熟练产业人口永久地处于这种相对无效率中,确实很丢脸;除非拟采取的措施的目标是准备致力于消除低效率而不是降低效率,那么,所有的措施都是治标不治本的。这种考虑很重要。我们将发现当前"关税改革"论战中的争论者通常致力于不同的基本假设。自由贸易者主张,从长远角度考虑,受雇于一个产业的人必须被阻止从事另一产业。反对者认为,他们计划将要雇佣的人现在仍然失业,并且将来也是这样。因为所有能提供工作职位的人发现安排其他人做更合适,因此总有一部分人永久失业,这就意味着一部分永久相对无效率的存在。

但是,假设我们对此不再深究,并认为目标悦人心意,我们仍然要探究提议的方式是否旨在实现这一目标。我们对这个问题的探究将不经意地揭示我们刚刚讨论中使用的"无效率"这个措辞的模棱两可之处,也将展现种族间政策的一般问题。

"找工作"和"提供工作"这两个词不合适,因为它们容易与个别劳动者的思维习惯相关联;因此,虽然我们几乎不能避免使用它们,但是,我们必须时刻警惕它们可能带来的误导性暗示。需要准确地考虑它们的含义。欧洲人已经为不幸的刚果本地人大量地"创造工作"了,但是,"创造工作"在政治经济学中并没有暗示给某人提供工作意味着能使自己更好地满足自己愿望,这是间接地服务他人而不是直接地服务自己的手段。通常,这是一个相互的或双边的关系。城镇与乡村居民相互"雇用"彼此,劳动力分工的总原则涉及相互"提供工作",但是人们总是不容易把它当作一种正常关系铭记于心,这有许多原因。第一,它通常是间接的相互关系。我所提供工作的人通常不同于提供给我工作的人。第二,我们惯用的术语"雇主"和"被雇者"掩盖了这样事实,即就像经理或资本家雇用他们,雇员实际上也在"雇用"经理或资本家(从通过为经理或者资本家好好地工作,雇员能为自己好好地工作这个意义上来说)。"工作"这个词掩盖了而非揭示了相互关系的内在特征。第三,相互雇佣实际上有一定的局限。我们把消费者当作雇主,把生产者当作被雇佣者,虽然总体上我们知道消费包含生产和生产性消费,也知道一个产业社会的正常成员既是生产者也是消费者,然而,在许多重要情况下,消费者根本不是生产者,因此我们把他当作雇佣者而非被雇佣者。在这种情形下,我们必须转移我们的关注。

我们回到村庄的例子,假设一名富人生活在这个村庄里,他的收入完全来自其他地方,因此,对村庄的目标而言,他只是一个消费者和雇主。现在很显然,只要他待在村庄并在那里消费,必定有一些东西会以某种形式流入村庄而没有流出来以实现平衡。这种收入以什么样的形式进入,它会对村庄的"雇佣"产生影响吗?显然会产生影响。富人可能想让许多东西在伦敦或者其他地方生产,并完好地运输给他;或者他可以(在我们上个的分析中)让村庄以外的地方送来食物、啤酒、衣物、香烟等以及其他所需要的原材料;在这种情况下,村民进行生产,同时可以吃饭、穿衣、喝酒、吸烟。最后,富人也会得到他想要的东西。但是,一种情况是富人"雇用"村子以外的人,而在另一个例子中,是富人"雇用"村民。也就是说,在前一个例子中,是本村村民,而在另一例子中,是本村之外的人在用富人一部分收入用于饮食,同时使用其余收入来满足富人的需求。在这几种渠道进行选择,富人也许除了效率之外什么也不考虑。他也许仅仅思考什么最适合他。但是,他也可能为了效率相对低下的工人的利益而雇用他们,而不雇用"外人"。如果这样,他是在做善事,如果是因为他的判断力差,也许会使不好的经济状况长久地存在,但是,如果他的判断力好,也许会减轻转型期的困难。无论如何,他甘愿自己本人吃亏,同时由于他不再予以资助,那些更有效率的人也就被迫作出不情愿的牺牲。

现在,假设村民能够决定他们中富人的意图。假设村民可以阻止所有其他人进入其村庄,并且能够要求富人从其他地方赚得收入,并且依赖本村村民将收入转化为满足富人需要的物品。然后村民与富人达成协议,即村民将收到富人收入的一部分,这是村民用富人收入来实现富人目标的报酬。如果村民能够迫使他们中的富人将收入分为一些直接符合村民的目标,其余间接符合富人的目标的两部分,那么,村民就会拿到符合自己的那一部分,作为回报,他们会将潜在符合富人的那部分变成实际符合他们的形式。对于村庄以外的人来说也是如此,如果"雇主"考虑雇用他们的话,他们也会给雇主提供同样的服务,也许会做得更好;但是,村民会说,"那是你们的效率衡量标准,不是我们的。我们的索要是应该得到的,因为我们付出了应该付出的。如果其他人愿意付出更多而索取更少,我们也不会那样做。我们不会让他进入村庄而是让你进入,我们也将分享来到我们村庄的财富"。

那是一个完全可以理解的立场,而且并不违背政治经济学法则。对于给定目标,手段非常符合所要取得的成果,条件也可以想象得到,在设定的条件下也许会成功。我们必须假定村民不但能够控制物品输入而且能够防止人口流动;否则的话,雇主可能会将他认为比村民效率更高的人引入村庄。因此,如果制定这样的关税制度——能够强迫所有依靠国外资源获取收入的英国人以这种方式使用其收入,即将收入的一部分直接服务于劳动阶层的目标,其余部分则间接地服务于他们自己的目标,那么,英国的"劳动数量"或"就业"也许会因此得到增加;但是,因为可能难以阻止欧洲的人口从一个国家流向另一个国家,因而增加就业的是英国的而不是英国人的。英国将会成为一个适合定居的国家,而能对富有居民有用的各国人将来都到英国来,他们也许在英国会得到雇主的雇佣,这在其他国家也许得不到。

如果有一个阶层的居民虽然其收入并不来自我们所选定区域,仅仅是消费者而非生产者(例如地主或矿主),这种情况在某种程度上是与前面所阐述的是一样的,但是,在这种情况下,任何"效率低下"的工人会在一定程度上影响待分配的收入。但是,仍然有人会主张实行限制"领取年金者"从外面购买商品,或者限制移民或者两者都限制的政策。在我们的殖民地和其他地方,对中国劳工的热情(除了反对特殊条件)是如此的明显,这是由于以下两种看法,一是某些阶层或者个人实际上支配着公共收入的来源,二是在他们看来,他们可能认为"效率"最高的劳工会抢夺无不动产白人的机会。这种想法极有可能是错误的。勤劳俭朴的人民愿意付出更多而索取更少,他们的自愿参与对各阶层的居民而言,都可能是经济优势。但是,相反的想法也绝不是反常的。

现在,我们总结一下。我们设想一个以牺牲消费者利益为代价从而使生产者获利的系统的关税规章体系,这似乎是可能的。如果能够制止移民,没有关税的保护根本不会被雇用的生产者可能因此获得生计,本该被雇用的生产者现在也许会获得更好的雇佣条件;而这些都以消费者的利益为代价。如果不能阻止移民,就会产生人口流动,尤其是那些服务富裕居民社区的人口,流向允许"消费者"雇佣人的地区;这将可能削弱生产者的特权地位,使效率低下的人再次失业并抛离工作。非生产者的消费者在这个他被控制的地区可能被迫地向本地人或移民在更高的工资水平基础上提供"更多工作"。

但是,通过禁止进口对消费者直接有益的物品以及允许进口对生产者直接或间接有益的物品,这个体制整体上是以牺牲消费者利益为代价来使生产者获益的;但是,只要消费者与生产者互为一体,只要在国内人们相互"雇佣",而且形成与外国人的相互雇佣关系,它将完全不适用于这个工业社会。如果消费者与生产者是两个不同的人,如果消费者的收入独立于他雇佣生产者的条件,我们也许希望为了生产者获益而以消费者为代价的制成品会被排除。但是,如果 A 消费 B 的产品,B 消费 A 的产品,现在双方的生产受阻,被迫在国内达成更差的协议而不是在国外达成

第二章 进一步分析

更好的协议,那么,我们很难指望通过允许他阻止其邻居采取自然措施而使每个人取得更好成功。对消费者与生产者进行对比恐怕要落空了,生产者因为其产品而想排斥的东西也许正是另一个人想进口的,因为它们也许是他的原材料,也许是因为作为消费者,他想要它们而且从国外能得到最好的。豆饼是生产者的产品,但也是畜牧业者的原料;工具是某厂商的产品也是另一个厂商的工具;只要我们谈及"夺取中立市场"和"为我们过剩的产品寻找市场",我们就不能不考虑毁坏一家工厂以帮助另一家。但是,这根本做不到。

核心事实是这样的:如果我们能够将只是消费者的人同既是生产者又是消费者的人区分开,我们可以设想忽视前者的利益而对后者无偏见。但是,如果我们考虑那些既是生产者又是消费者的人,我们最终必须将他们当作消费者进行考虑。他们生产仅仅是为了消费。如果他们作为消费者遭到你的损害,你也会使他们作为生产者的地位荡然无存。从局部而言,你可以以他人利益为代价使他获得作为生产者的利益,以此让他作为消费者而获益。但是,从总体上说,你不能这样做。总体上说,以消费者为代价使生产者获利的做法等于是采取强制的手段,妨碍目标的实现。对食品征税的建议——除了为收入的目的——可以说是应用归谬法(reductio ad absurdum)得出的结论,它导致了某种困惑。保持欲望是工作或生产首要的、深层次的目标。因为食品是一种工业产品,应该受到保护,如果你阻止食品进口,那么,你是在"保护"工作以免遭受那些对实现基本目标不利的影响。

我们现在从国家税收转向地方税收。国家、市政当局或其他区域行政机构的行为原则在本质上没有区别;大众认为,确保不情愿者合作的要求合法化的目标极为重要,事实上,济贫法是这种目标的主要例子之一。排水系统、公共道路、公共公园、公共图书馆的建立或维护提供了进一步的例证。但是,图书馆和公园的立足点不同于其余例子。在由个人组成的社会里,构想一些试验非常困难,甚至是空想,例如,通过试验我们可以拟定军队的货币成本与一家公司、士兵或一艘驱逐舰的边际效用总预算之间

> 公营企业和社会主义

的平衡表。但是,公园或图书馆的情况则相对简单。如果对进入公园或从图书馆借书的人收取费用,可否通过这样安排使之抵消因此发生的公共开支?如果答案是否定的,显然社会成员都宁愿选择使用公共资源。每个人评估借书和进入公园的特权对他个人的效用,从客观标准计算的效用总和并不等于花费在他们身上的资源的价值。因此,如果社会开支合理,它一定是因为人们确信:尽管不采取征税措施而实现的目标比通过征税而实现的目标,在客观上数量要更大,但是,因征税而阻碍的目标,或因此所偏离的目标的关键效用却要更小一些①。毫无疑问,这些行为从伦理和社会正义的原则上来说是合理的,但是,其具体的合理性则只能依赖容易出错,不能被客观检验的评估。在这里,与其他地方一样,规则认为你的目标越高、越完美,你实现这一目标的困难就越大。当人们说你不能仅仅通过它们是否值得支付的商业测试来评判公营企业时,他们私下很可能会认为的确是这样。但是,同样明显的是,如果我们认为他们支付与否(或者在进行商业测试时他们确实会支付)并不重要,我们也许就开启了轻率浪费、异想天开的实验之门。至少,实验并没带来利益,乍看起来很明显,客观上来说,花费在这个试验的资源的其他用途从集体规模来看更高。这也许还不足以对其谴责,但是,随着它的发展,它对自己越不利,并且举证的责任落在那些为支出辩护的人的身上。

就此而论,我们可能涉及应当调整政府或社会支付的工资水平或服务报酬的原则问题。如果高于市场利率,那么,公共机构正在建立享有特权的阶层;关于"享有特权",我们并不是指相对于一般公民而言享有特权,而是指相对其他在同一水平的人而言,仅仅因为被公共机构选中而享有的特权。两重问题将出现:他们是根据什么样的规则被选中的?还有,他们以谁为代价享有特权?这两个问题都不容易回答,而且都很重要。然而,可能的情况是比目前水平更高的工资在经济上是合理的。通过支付更好的报酬,公共机构也许能得到更优秀的职员,产生更高的工作效率,即使这并不是鼓舞人心的动机。这是用公共基金进行一项检验过

---

① 参见第130页及之后、第163页及之后、第185页及之后。

的实验的一个例子①。

　　推动立足于商业基础的公营企业管理或者公共管理是合理的,我们现在已经开启考虑这个意义深远的问题的道路。公共机构最普遍介入的行业是那些无论在什么情况下都认为垄断是明智的和必需的行业,不管是绝对垄断还是不完全垄断。铁路、电车、邮递、酒类贸易、煤气和水的供应,还有许多其他东西,就会立刻浮现于脑海;其中每一项都带来一系列问题,以及可以从不同角度讨论的思考。最终的目的也许是限制贸易;也许是扩展促进贸易;也许仅仅是影响经济。但是,在所有的情况下,最终提供的服务也许是由希望得到服务的个人支付,客观测试立刻存在,我们在前面一些例子中没有发现这种客观测试,我们也仅仅能把这些测试理想地用于其他例子。现在,如果管理机构服从财务测试,其目标会低于前面的一些例子的目标,但是它更能确保它正在完成其较低下的目标。有时,例如在酒类买卖的例子中,采用财务测试会彻底放弃公共行动的目标;但是在电车或铁路例子中,财务的成功将证明由社会一定成员形成确保的特权效用的边际评估将被提高到集体效用等级的水平,这个集体效用等级水平在经济上证明了已经投入的资源在支出上的合理性。但是,如果不仅将花钱,而且经济原则将增加钱的数量,那么,钱必须通过贷款而不是税收的方式而被增加,因为只有如此,我们才能知道所有人都已实现了他们所认为的赚钱交易。当前,公共机构在通过贷款筹措资金方面有很大优势,但是优势的基础是有益于检查。市政当局及国家的信用良好,因为没人担心他们会破产;也即是说,如果项目失败,不是提供钱的人而是没有提供钱的人不得不承担损失。一些人认为,市政当局与国家无法排除的风险要比具有良好保证的私人公司大(尽管其他人认为风险更小)。然而,市政当局是带着从某一角度看被指责为不公平的优势进入竞争的,从其他人的角度来看,这种优势应被认为是以社会风险为代价而获得的。有效率的企业管理无疑被置于能干的经理手中,但是,管理和提升的工作在一定程度上是由志愿者来承担的,这些志愿者与社会福祉有着

---

①　参阅第172页及之后。

直接关系,或者重视公共服务价值,或者以管理事务和企业为乐,尤其是在毫无私人企业风险的时候。因此,在公共机构管理的企业中存在着经济来源——他们融资容易并能增加企业的人才数量,即使不支付工资也可以获得人才。后一种考虑意味着什么?问题的解决必须依靠经验而非争论。是动机而非经济上的考虑使能胜任的商业能力得以真正利用,那么,我们能够胜任的商业能力储备有多少?不仅承包商,还有各种工作的设计师和构思者以及执行体力工作部分的技工,通常应该通过主要实现他们目标的欲望,指挥一般资源服务于他们所期望的方向,对他们的欲望予以激励。你使人们对社会福祉感兴趣,因此他们将愿意保持警惕,愿意思考,愿意建立目光远大、意义深远的合作,做这些并不是为了支配投入于其他目标的资源,而是出于服务社会的基本目的。我们离这些还有多远?总而言之,能够不断地找到称职的为公众从事公共事务的人吗?如果这个想法一旦被认可,能够确保这些人服务公众的精神受到加速法则的影响吗?一些先验观点也许会被拿来说明市政当局是否适合承担这类或者那类工作,但是,只有实践才能决定适合这种工作的人愿意将其作为首要目标来做的程度,以及是否可以设立让他们连续系统地行使他们的能力与诚意的机制。一无所求完成的工作质量可能低于给予高工资时完成的工作质量,这当然是有可能的;但是,差别也许不值所给的工资。在所有这些问题中,"集体主义"或被称为"市政社会主义"(也许这样称法操之过急①)与其说是一个经济理论,还不如说是一种社会信仰。

一些人认为,他们的经济利益遭受心甘情愿不求报酬做这项工作的其他人的严重威胁,而他们渴望做能够得到报酬的工作;他们对待具有公众精神的敌手绝不会比夏洛克对待安东尼奥更亲切和善,但是,除了贸易的妒忌外,关于推进我们的试验到何种程度是谨慎的这个问题仍然存在着很大的意见分歧。然而,试验必定也将会花费更少,更令人信服,因为正直能干的人们关注着这些实验,他们虽然自己不感兴趣,但是心中关心

---

① 因为如果市政机关从个体贷方以市场利率借入资金来支付工资及原料,那么我们离任何被接受的社会主义定义还很远。

第二章 进一步分析

着大众。

但是，如果以集体主义或者社会主义（生产工具的专属所有权应当属于公共机构）的名义来主张，那么，我们就涉及能够回答经济信条应该居于更加突出的地位的问题。无论怎样，目前没有任何手段可以阻止国家获得生产工具；但是，禁止公民私人持有生产工具的提议似乎在于对生产工具本身社会功能的根本性误解。如果我们对工业现象的分析大体正确，从工业的角度来看，制造工具的人至今有益于工业社会，他可以通过与邻近的人交易他所制造的工具获得好处，这也有利于邻近的人。那么，他的邻居会因为他制造的工具变得更好。如果公共机构能够增加这种有利条件，也就是说，如果从公共精神或别的方面出发，公共机构能够提供的条件比受经济力量所推动的个人更好，那样就很好；如果公民个人的邻居认为他所提供的条件要比国家所提供的条件更合适，禁止公民个人这样做也就是禁止他赋予公众以利益。大多数社会主义者很可能接受这个观点，尽管他们中的许多人似乎大脑中有这种想法——个人手中的资本具有压迫性，也必然是邪恶的，由公共机构所控制的资本则是有益的。私人手中的资本也许甚至常常被用于损害部分社会公众的目标，这是毋庸置疑的事实，但是，认为用于工业的资本是压迫该行业中工人的工具的这种想法显然是纯粹思想混乱的产物。富人以不足温饱的工资雇用"那些为他创造财富的人"的事实自然而然地表明是资本的存在才导致他们饥饿，然而，从原则上说，是资本的存在才使他们免遭饥饿。资本（亦即是工具和设备）的价值大于他们所支付的，并且对他们是有益的；但是，每个人都希望能以更小的付出获得更大的收益，如果国家能够以更容易的方式向他们提供资本，或者一些机构能够将他们转移到边际效用更大的其他行业去，那么，就能够确保获得真正的改进。私人持有资本的存在不会伤害他们（除非确实延长这种存在，这会带来伤害），但是，也不会使他们获得足够的利益以至满足人的需求。本会赞成私人资本与国家资本竞争的那些社会主义者显然同意这些观点。无论如何，他们赞成私人资本与国家资本竞争的行为。

回到公共机构的问题，我们可能会问，公共机构是否应当为其他企业借入资本，是否应该通过税收筹集资本。那些认为获取利益本身就是邪恶的人大概提倡前者，但是，如果他们排除后者，他们将不得不为他们感情上的厌恶付出物质上的牺牲，我们的检验因此有所回报。通过税收筹集资本意味着强迫那些无论愿意还是不愿意的人为了确保未来的公共收入而延缓如此多的目前需要的满足。人们对什么样的回报才足以补偿这种牺牲持有不同观点。假设回报固定为 5%，这将意味着，有效的社会多数决定公共行业必须在其资本边际收益率为 5% 的水平之上予以投资，如果每年边际收益少于 5 英镑，就无法证明社会强制储蓄 100 英镑是合理的。现在，一些社会成员宁愿选择花掉他们将被要求缴纳而他们对其未来产出又没有份的那部分资本；其他人认为更低的收益也能证明资本投资是合理的，他们宁愿储蓄更多并且因此将获得更多收入。如果我们愿意，我们可以忽略前一类人的不情愿，毫无歉疚地强迫他们遵照节俭的社会标准；但是，通过不允许其他人比平均水平更节俭，这将一无所获。例如，假设税收（也许是预扣红利，这只不过是一种特殊的税收形式）提高到等于市政当局想要收取的水平——它足够建立一些市政当局想建立的新的工业企业；并且假设 5% 的边际效用决定其税收数量，那么，将会有社会成员由于种种原因会估计，相对于目前的满足，未来收益要比强制标准所要求的更高。假设有 10 000 英镑将带来低至 4.25% 的资本边际收益，另一 10 000 英镑资本边际效益低至 3.75%，另外 10 000 英镑资本边际效益低至 3.5%；如果我们提供的边际效益为 3.75%，那么，我们至多可以获得 20 000 英镑的贷款。那么，应当明白，我们不能使生产的边际效益低于 3.75%，以致我们的资本无法支付高于其边际收益率的资本收益，但是，我们可以使之低至这个水平。因此，我们借贷 20 000 英镑，以 3.75% 的水平进行支付，以保证社会位于支付矩形之上的曲线区域，从高于原来水平的 1.25% 开始，而后逐步下降至原来水平。相对于没有任何设定，这个收益通过向更为谨慎的公民提供机会而得到了保障。如果我们属于那种个人愿意投资新行业直至其达到 5% 的边际效用的那些人，那么，我们更加审慎的邻居不仅已经帮助我们（就像即使我们没有筹集到贷款他们也会做的那样）吸引那些不情愿的公民参与到我们的目标里来

(我们一致认为这个目标是有益的),而且也为我们展现了未来收入可能带来的舒适和富裕。如果否定这一目标,那么,反对这种行动的厌恶情感一定是非常强烈的。无论如何,最好能了解其利益之所在。

但是,集体主义问题最困难的部分依然存在,而且它并不总是被面对。如果公共机构是唯一的雇用者,不同机构的报酬应当以什么原则来确定?我们可以构想出一个这样的机制吗?通过这一机制,各自的边际效用可以在与现有的自由实验组合的体制没有任何关系的情况下决定,从一组转到另一组;在这一机制中,每一个人都由实现他自己目标的愿望所驱动,去寻求其边际效用相对于其他地方来说是最高的位置。也许可以对这个问题给出一个肯定的答案,但是,有时以"社会主义"名义的主张似乎在很多时候并没有被严肃地讨论过。例如,我们听到这样的强烈要求,认为政府应当在标准工资水平上为每个人"找工作"。什么是标准工资?在目前工业体系的各种各样经济压力下,我们已经达到的工资就是标准工资。如同专业人士和农业劳动者之间的标准工资差别一样,砖匠与砖匠帮工的标准工资之间的差别,或者排字工人与出租车清洗工标准工资之间的差别可能是,也可能不是由于出身、地位或机会造成的。原则上来说,如果不作深入考察,要求在标准工资基础上雇用失业的医生和律师和在标准工资基础上雇用机械工和体力劳动者是一样合理的。那么,如何使国家免除因此而承受破产的后果?我们如何得知劳工组织能够确保全部薪酬将与其价值相当?萧伯纳定义的收入——"要让每个人体面地生活就必须知道他需要挣多少才能保证避免社会出现贫困的恶性弊端事件"——是更为合理的,因为它并没有将标准工资现状模式化,而且它认可(顺便说一句)政府必须保证财产与负债相等。但是,如果收入合理,那么,它应当能够(在需要的时候,使国民处于良好状态的最初开支)被反推,并能够纳入这样的形式——"要让每个人体面地生活就必须知道他需要挣多少"。让国家采取各种方法这样做,而不是不顾一切地沉湎于无计划的试验及对有希望的试验不给予费用。让国家确保费用花费在合适的人身上,最后,当国家竭尽所能提供所有机会时,无论是单独的还是志愿联合的私人所提供的机会都不应该被终止。

当然，所有这些应当从已经实现的事实角度予以理解①，事实是大部分人根本就没有赚到相应部分的社会收入，因此部分人或者所有人可能得到的比他们挣得的收入更多。

就公共机构而言，任何能以直接形式获得收入的支出可被称为生产性支出。没有带来直接金钱回报的支出，比如军备支出，特别是战争支出，则被称为非生产性支出。陷入战争的国家几乎总是遭遇一部分支出不是来自战备基金积累，也不是来自当前税收，而是通过借款来筹集的资金。这些国家向谁借？具体过程是怎样的？由谁来偿还？显然，用于生产军火、运输士兵等的资源并不是通过借款来获得。每一种本来可能用于其他事物的资源被用于战争，在此过程中资源被毁坏或消耗掉。那么，某人已经实际上消费了能源和资源。我们已经看到，支出常常由承诺所引起。在这个例子中，为其利益花费的每一个 100 英镑，国家承诺每年就给如此多的补贴。在第 205—207 页，我已经检验了上一次一笔大额借款的特别条款。当两国交战，其中一国筹集贷款，实际上，发现需要资源的人可能属于借款国，或者属于中立国，甚至属于该国的交战国；但是，偿还的义务由借款国集体来承担，而且将被传递给其后代或者继承者。如果后代被视为是拥有权利的，那么，为非生产目而进行借款显然是一种极其严重的行为，这只有在良心受到谴责并且强烈不情愿的意识下才会进行。认为应当进行战争并且值得现在为战争支付费用的是一方面；假设基于承诺，我们能够吸引某些人支付战争费用，而我们自己只要支付一小部分，剩下的将由在此事中从未被征询过意见的那些人负担，那么决定值得发动战争是另一回事。因此，人们对在总体上债务负担由发动战争的一代人承担的这段时期内支付战争债务存在普遍的责任认可。但是，只有不可靠的责任感或抽象的奉献子孙的更为精神化的力量才可以维持减少国家债务的决心。如果我们从引起的所有责任感中消除此问题，并视其仅仅为与我们自己有关，

> 非生产性贷款

---

① 参见第 287 页，并与第 473—474 页进行比较。

第二章 进一步分析

也就是说,因为它提供给我们在考虑我们自己的利益之后的可选择方案,所以除非因为如下将要进行的再次思考,看起来好像我们从不希望减少国家债务。

因为没有采取集体行动,所以对于任何人来说,都有可能支付属于他的份额的国家债务,并获得属于他的那份收益。假设我们给一个人债务份额为20英镑(略高于国债除以英国人口所得的平均值)。他所要做的是向基金投资20英镑并把钱放在那里。然后,他将每年领取10先令。根据假设,他缴纳的税款正好是这个数量。如果每个人都购买了他的份额(当然,有时会多于20英镑,有时会少于20英镑,它取决于每个人所缴纳的税款),在不影响其他人的处境下,就可以消除所有债务。实际上,债务已经得到清偿①。但是,为什么有些人所持有的国债多于国债份额,而其他人所持有的国债却少于国债份额?一些人认为应当以每年2英镑10先令的比率补偿人们所持有的100英镑政府债券;如果是他们自己拥有这些钱的话,这是他们最理想的投资方式。其他人却不这样认为。但是,迫使其他人(如果他们是纳税人的话)购买偿债基金(Sinking Fund)(可以用它降低国债的规模),可以使他们从每100英镑年收益2英镑10先令的国债中摆脱出来,但是,如果让他们自己选择的话,他们却不会这样做。如果一个人认为永久投资偿债基金对自己并无益处,但是他却愿意支持维持偿债基金,这似乎是因为他对子孙有强烈的责任感,他希望子孙们摆脱每年2英镑10先令比率的年度收费负担,而不在意他要以承受这一负担为代价。当然,除非他意识到他只是一个微不足道的纳税人,并且意识到他这样做正是在强迫其他人缴纳比他更多的税收。

然而,如果我们设想发动其他我们无须为之支付的令人憎恶的战争的可能性,保留偿债基金使我们能够得以比其他方式更容易筹集借款,事实的确是这样的。除此之外,我们确实可以相信,我们坚定不移地维持偿债基金(也许还有其他原因)能够提高我们的信用,因此通过转化利息我

---

① 我们忽略了募捐及分配收入所需的费用。为了简单起见,我们按票面价值发行统一公债。

们可以减少国债利息。我们可以通过一个过程了解详细情况,但这并不是我的目标。从原则上说,它等于以更低的利率借款,用以偿还我们到期的债务,用信贷条件更宽松的同样数额的借款取代原有的债务。

很难说这些考虑实际上对国家建议有多大影响;但我可以肯定的是,普通市民急于减少国家债务,在很大程度上来自他们对未来责任的理解;没有什么会比我们应当偿还债务的责任感更有益,因为如果我们一旦还清了债务,就没有什么会阻止不计后果的借贷,也即故意只支付利率而从来不打算偿还的借贷。

当我们认识到那些宁愿自己继续承担负担也不会支付解脱费用的人出于社会责任感会永远承担或付清我们留给子孙的负担时,我们会充分认识到为无报酬的或难以预测的有报酬的支出进行借贷是极为严重的行为。

我们已经明白,许多常常被认为是市政社会主义的资本与从个人那里借来的资本一起发挥作用。

> 土地国有化

在这种情况下,市政当局使用并管理这些资本,但是并不完全拥有资本。土地国有化论者所设想的情况正好与之相反,狭义上说,他们提倡土地所有权归集体所有,租户对其在工业或其他目的上的使用付费。从广泛具有包容性的意义上讲,提倡完全公共所有计划和全部生产工具管理的社会主义学家必然是土地国有化论者,但是,许多土地国有化论者宣称他们完全反对社会主义。土地国有化运动强烈吸引人的本能。一座山或者一个城市的土地属于私人而不存在冲突的想法是不可能的。而这种协调的本能感觉无疑已经被这一详尽阐述的概念所激发,人们有这样复杂的观念:认为土地是大自然的免费馈赠,它不属于任何一个人,不应当成为私人财产;再者,人们认为每一片土地的价值在很大程度上不是取决于我们在上面做了什么或者土地本身,而是取决于在周围的土地上做了什么或者周围的土地本身;人们复杂的观念及这些想法毋庸置疑激励了人们本能的不和谐感。因此,位于伦敦的一块与直接花费于其上的资本没什么关系的空置场所每平方英尺多值 50 英镑或者更多。当所有的土地国有化观点被绝对化地陈述时,人们很容易受到破坏性批判的迷惑。为什么

第二章 进一步分析

伦敦的土地价值应当属于国家而不是属于全世界？如果纽约及其所有的居民住房被地震所摧毁，或者俄罗斯被洪水席卷，就像影响约克郡的毛织产业一样，它们也会影响伦敦土地的价值。那么，对于属于人类的土地，"国家"有什么权利拥有呢？再者，我们已经明白，我们不可能在土地与资本之间画一条线。土地不仅仅是大自然的恩赐。土地是为了实现人类目标而由人类劳动进行改良的大自然恩赐，这就像修改一本书、一件外套，或者一幅图画。在一定程度上，土地国有化论者承认，他们只是将任意给定的一块土地的某个要素国有化（正如我们所理解的术语），而这个要素并不是在这块土地上投入的劳动。因此，我们应该将用于一块土地上的资本支出赋予其他土地的间接价值国有化，但不是将资本支出于被使用的土地所带来的直接价值国有化！因此，人们普遍承认，必须接受限定法律行动的有效时限法令，而且所有因为环境以及原有的和不可分割的土地本身资本所带来的与实际上无法区分的所有价值都应当成为国家财产的一部分。难以持续维持自然所赋予的与人类所创造的两者之间的抽象区别。此外，我们拥有的所有财产的价值可能会受到社会工业化进程的影响。品味的改变、灾难或者发明——对此我们无法负有责任，也不信赖——也许能使我们的才能或者财产自然增值，也可能使它们自然贬值。

然而，公众似乎逐渐倾向于认可在许多情况下土地应当被公共机构持有的做法。事实上，我们不可能区分土地和资本，以及难以从土地中剥离出来，难以移动的所有的劳动产品（如排水渠、建筑等），从而使它们趋向于成为土地所有者财产，这种趋势强化了土地所有者集体控制其土地上居民的想法。人们认为土地所有者所拥有的权力不能安全地任凭经济力量控制，不能相信这一权力会被用来使国家利益最大化；已经通过的小块土地分配法案及小农奖励法（*Allotments and Small Holdings Acts*）的许多执行情况证实了这种观点。在有关非农业用地问题上，对空置建筑用地征税方案同样证明了这一观点。公共机构不断地需求土地并不得不进行购买；有关公众对公共财产支出的资本所赋予邻近土地的价值问题非常尖锐。如果整个区域都是公共财产，增加的价值自然会落入公众的腰包，通过支出，人们获得了收益。此外，如果在某个特定地方的任何产业机会都对人们公开，使得一个人在这个地方范围内的劳动比在别处更具有价值，那么，土地所有者可以要求他支付更多的价值，作为允许他在那里居住的条件；因为使一个人的价值比在其他更大的土地的价值更高，而且如果这种土地的数量有限，那么，它的边际增量可能会很大。

这些考虑和许多其他考虑正在推动立法向税收和土地公有的方向发展。也许所有的社会问题和经济问题在程度上有所不同，而且，尽管我们已经清楚，每一种财产都会因为其所有者之外的其他人的行为而产生价值增减变化，然而，这种情况在土地的例子中最为明显。土地的不可移动性使它尤其容易被确认为公共财产。由于公有化发展带来的财富增加应该受到公共的控制或者应当在那些创造它的人中进行分配，此种直觉虽然在逻辑上难以局限于土地，但是我们发现土地极为适合这种说法。

688　　我们不必进一步展开分析。这已经告诉我们，许多学说和社会目标是与被含糊地认为趋向土地国有化的运动混合在一起的。当土地转手交易时，对自然增值部分征税是确保国家至少拥有一部分价值的尝试；创造的价值不能分配给任何指定的个人，因此，这一价值被认为是公共产品。对建筑根据其地点征税是基于这样一种信念：经济力量使城市中相邻的土地拥有者形成默契，相互联合，作为一个阶层，当他们没有从中得到经济利益时，将会对他们的同胞有所不利；对建筑物根据其地点征税正是基于这种想法。从理论上说，通过阻止城市的自然扩张，他们实际上所实现的他们拥有的土地的价值提高要比他们允许城市扩张所实现的价值提高更慢、幅度更小。土地分配法和小农奖励法——在他们打算让地方当局获得土地的范围内——在很大程度上基于这样一个看法：当土地耕作真正为劳动者、小店主或工匠提供一个符合条件的选择时，常常存在一个默契组合将他们排斥在这些土地之外；或者，在不存在这种情况的地方，劳动者、小店主或者工匠可能会要求得到帮助，在他们开始新职业时予以鼓励，这并不涉及把任何个人的经济利益转让给他，而是国家愿意为国家目标而承受风险。我们涉及的其他观点已经非常清晰，无须进一步评论。最后，完全由代理人（或财务主管）管理的巨大财产的例子促进了土地是一种公共机构可能占有财富的便利方式的思想。

然而,需要指出的是,土地国有化不能以某种直接的或立即的方式创造财富。如果国家要取得财富,必须取自某个人。财富不会马上或者直接地被毁灭,财富也不会马上或者直接地被创造;如果某人在土地国有化中立刻变富,则必定会有某个其他人变穷。然而,在任何土地国有化方案中,必须区分财富从谁手里被取走的问题,以及财富以何种形式被占有的问题。获取土地并不一定意味着不作补偿就从土地所有者手里将其取走,虽然也许意味着如此;但是,它肯定意味土地的价值从某一个人手中被拿走,实际上,除非是被借走;在那种情况下,某人将不得不承担支付利息的负担。

我们不可能全面分析工联主义各个方面的现象。比如,工会是一个情报组织,它能够使一个人比靠他个人能力更好地发现在哪里他可以获得更高的劳动边际价值,以及这个价值可能是什么。此外,它可能是个互济会,为他提供病假工资、下岗工资,或养老金等。工会最具特色的功能,原则上与劳资双方就工资等问题进行谈判相关。如果一个每周赚 25 先令的人认为他值 28 先令,他的雇主并不这样认为,而他俩都坚持自己的观点;如果可以的话,这个人将会辞去这份工作并将在其他地方就业。他为证实自己观点所下的赌注是很高的,如果他错了,在他发觉之前,他将承受很大的损失。如果他对于他的雇主来说真值 28 先令,他也可能是对的;如果他能得到其他工作,他将受雇于其他雇主;然而,他也可能找不到甚至愿意给他 25 先令的其他雇主。另一方面,雇主用以支持其观点的赌注则相对较小,因为如果他真的失去了一个对他来说值 28 先令的雇员的服务,那么也节省了支付给此人的工资,他所损失的仅仅是如果雇用这个人所带来的不确定的边际收益,而这仅仅是其收入的很小一部分;工人则要冒着失去全部收入的风险。因此,单个工人在个人与雇主进行工资谈判时处于不利地位。然而,如果工人团体或者很多工人决心支持他们的观点,他们将使得雇主个人的赌注等于他们单独行动时个人的赌注;因为,这对于雇主而言,失去一个人的服务没什么影响,但是,如果他失去许多人或者所有雇员的服务，那么，对他影响就会很大。此外，通过积累资金，他们有望提高抵抗力，确保他们能够得到体面对待，降低风险；同时，通过长期的准备，以及以较低的总成本进行积累，来分散损失，然而，这种做法将使得他们的境况更为糟糕。

在我们研究的范围内，似乎雇主与被雇者双方都有兴趣弄清楚雇员到底值多少，雇主的相互竞争是有利于保障雇员获得他所具有的价值的；因为，如果雇主愿意雇佣那些可以支付工资低于雇员本身价值的人，难道不是每个雇主都选择每周只要支付 1 先令而不是每周 1 先令 6 便士的雇员吗？难道他不是一直出价直至其雇员获得他的全部经济工资吗？因此，工会似乎是为足够强大运作良好的经济力量提供详尽援助。但是，一个很有意思的问题出现了。假设有两个各自拥有 1 000 名雇员的雇主，每周支付每名雇员 25 先令。每个雇主都知道每个雇员对他而言值每周 28 先令，也就是说，如果他失去了一个人提供的服务，在雇佣 1 000 人的边际点上，他的收入一周就会减少 28 先令。因此，对于前来求职的人，他可能支付的工资在 25 先令至略少于 28 先令之间。因此人们普遍地认为，雇主相互之间会因为雇佣工人而展开竞争，直到工资上升至 28 先令。但是事实并非如此；因为，如果雇主以 26 先令或者 27 先令又雇佣了 100 名工人，那么，他将不得不将此前已经雇佣的 1 000 人的工资每人提高 1 先令或 2 先令。如果雇主将工资提高到 26 先令，以 26 先令的工资水平雇佣 100 名价值为 28 先令的新工人，他一周会净赚 10 英镑，但是，他将不得不每周额外多支付 1 000 先令给他现有雇佣的工人，因而他将会损失 50 英镑的净利润。如果以 27 先令的工资雇佣新工人，他将净赚 5 英镑与此同时损失 100 英镑。雇主当然很清楚其中的利害所在，因此会自动地锁定大雇主之间的竞争，而不需要在他们中形成正式的联盟或协议。他们将拒绝出价雇佣使他们大幅增加开支的其他员工以及因此可能给他们带来的少许额外利润。每个人将心满意足地止步不前。从理论上说，只有在少量边缘雇佣的地方，才会在进行贸易的那些人中存在着有效率的竞争。一个根本不雇佣人手或者仅仅雇佣两三个人的小生产者如果雇佣 10 个人从事某项工作，每周确定可以净赚 1 英镑，他也许会以每周少赚2—3个先令的代价雇佣他们。因此,他在市场上可能成为雇佣劳动力的有效竞争者。但是,如果是在没有大规模的资本支出及花费相当长的时间就难以进入的行业,该行业已有的雇主在相当长的一段时间内将免于来自新雇主的竞争。新雇主没有在行业的正常和不正常利润中进行选择的机会,只能在正常利润和根本无利润之间选择。这似乎是劳资双方就工资问题进行谈判的真正经济理由;因为,如果工人有把握的话,他们可以通过罢工威胁,使那些想进入交易的已有雇主要么选择支付28先令的实际工资,要么中止业务。

但是,在发现劳资双方就工资问题进行谈判的经济理由的同时,我们也揭示了它作为经济破坏力量的理论可能性;因为已有的雇主毕竟不是想要进入这一行业的那些人。他的资本无法自由地用于其他选择,可以想象,一个强有力的组织可能迫使他达成这样的条款,以致于阻止他进入这个行业,并阻止其他人进入这个行业。如果成功地维持和坚持这种行为,那么,它将会毁灭这个行业。因此,只有在理想的经济状况与工人要求相符时,工会要求工资上涨或者抵制降低工资的行为才会出现。通过理想的经济地位,我是指如果工人都能自由地移动到他们价值最高的位置,这个地位将由每个人的边际经济价值决定,删减不太有利可图的行业,提高工人的劳动边际效用,增加更加有利可图的行业,以此降低他们的边际报酬,以使之与其他人的边际报酬相等。既然如此,我们可以想象一位仲裁人或者甚至是政府官员能够形成的实际经济地位的估计比雇主联合或雇员联合竭力全力彼此对抗所能达到的可能更接近。另一方面,假定情况如此,这将极其危险,而且只有如此,这个裁定才会真正有效;因为,虽然设想一个外部权威决定受雇于某行业的所有人应当被支付一定水平的工资,但是外部权威不可能强迫一定数量的人也按照这一工资水平被雇用。如果裁定与经济形势事实不相符的话,人们可能寻找其他雇主,雇主也可能减少雇员数量。

无论工会还是国家强制实施标准工资或者最低工资,都会出现许多问题。如果某行业中没有人在低于每周28先令的工资水平上被雇佣,也就是说根本没有被认为每周不值28先令的人被雇佣,那么,失业队伍可能会膨胀。雇主不愿意雇佣除了年轻人之外的任何人；由于已用尽所能的人在标准工资水平上无法找到雇主，而且工会禁止雇主以低于标准工资的水平雇佣他们，由于这个原因，他们遭遇的悲惨困境表面上看起来合理公平。所有目的在于建立严格的最低工资的提议应当注意到这一点：你不能靠说不应当给他更少的工资，或者他不应当拿得更少，使他得到一份既定的工资。你剥夺了他所能赚到的收入，并且也剥夺了他的劳动能够给社会带来的成果；剥夺了他们的生产力，使他们得不到补偿。作为一个团体，工联主义者似乎相信，让一个不配拿全额工资的人接受较低的报酬将对他们的利益将产生不利影响，但是，很难明白这种理解所依据的一般原则是什么；可能部分是基于最自然的但是在社会上是最有害的概念，这个概念就是我们在其他地方已经谈到的劳动总量理论[①]。当工会成员出现失业时，大有必要检查一下工会针对自己成员的有关条款，否则的话，强大的工会可能会维持导致大量失业的工资。我们应当极其留意那些会减轻或者趋于减轻那些在确定工资等级中有话语权的人的负担，以便给予那些就业的人以更高的工资，同时对关心失业可能会给其他人造成负担的提议。

最后，我们对工联主义进行系列评论。如果工会企图限制其会员的数量，或者限制生产，以维持他们的工资水平，在这个范围内，他们是在努力确立自己的社会特权成员身份，这是一种与社会利益敌对的行为；如果他们成功地阻止了其他人的进入——这会减少他们的边际效用，增加其他人的边际效用（通过假设现在其他人的边际效用低于他们的边际效用），尽管这一行为自然而然，但是，在这个范围内，他们也是在进行一种与社会利益敌对的行为；最后，罢工的正当理由必须是没有足够多的人能够而且愿意这样的工资下工作。如果雇主能够找到愿意接受这样的工资并且能够胜任的工人，那么，这将意味着如果满足罢工者的要求，那些在这一条件下能够并愿意做这份工作的其他人将被迫使选择不是那么合意的工作。这是又一次地通过建立并维持某种特权地位来损害没有特权的

---

① 参见第 297—298 页。

工人。因此，我们趋向于坚持这种似乎难以理解的说法：敌视破坏罢工者，虽然自然，但是缺乏正当的社会理由。即使工会宁可犯众怒也要坚持挫败破坏罢工者，这表明其立场在经济上是不合理的。当然也有可能，破坏罢工的工人是低水平的工人，也许真配不上他们的工资，所以长久雇佣他们会破坏雇主的经济利益。在这种情况下，继续生意的假象可能是纯粹的虚张声势，打算通过不依赖工联主义者来使他们意志消沉。但是，如果破坏罢工的工人真的可以承担这些工作，他们就证明了工会会员是在要求特权地位，并且这个要求是违反社会利益的。就此而言，这些行为的个人的残酷恶意总是受到正式的谴责；但是，这些行为的理由是正当的，它不仅针对那些背叛自己同伴而且背叛人类的"叛徒"，在这样的看法（如我已试图证明这是个错误的看法）的影响下，他们的残酷恶意得到从轻发落或者完全宽恕。如果这些行为真的是残酷专制的，而且大行其道，那么，它如果得到强烈支持和否决，没有人会比工会领导人对它们的毁灭更感兴趣。

694

695

第三章

结　论

摘要：很难在理论上事先确定征税的程度。可以在不损害产业效率、活力的前提下，对某些类型的非劳动收入征税以用于公共目的，也可以向所有类型的极高的个人收入征税。个人对公共收入的贡献份额与其经济价值未必相关。迄今为止，人们都被要求按照收入纳税，并且按需分配。经济力量通常是按照每一个人对于他人的价值，不多不少地给他。因此，贫困的经济问题被认为是社会问题的一部分而不是全部，贫困的经济问题是一个如何使"收入过低的人"比在经济力量的压力下获得更多的问题。可以通过发展他们在物质和精神上的能力，以及确保他们获得公正的机会来增加他们的收入。消除或减少特权的结果可能是在削弱许多强势的人的同时提高卑微的人。为英国的发展做准备。

在这个简要的结论章节中，我们试图将我们在此前的探究过程中证实的与保证更能够平均分配财富问题相关的结论汇总起来。富裕奢侈与贫穷无助并存使每个人都感到极为震惊。听天由命的认命时代已一去不复返。那些如果我们试图改善只会使之更糟的警告正在逐步失去它们的可怖性。另一方面，主张

第三章 结 论

乌托邦——他们认为生活环境和人类本性自身将因此得到彻底改革——的全盛期似乎已经逝去;如今几乎没有人相信他们将会获得成功,也几乎没有人如几年前那样害怕尝试。与过去几年相比,理智谨慎的提高与实践魄力的增加似乎是当前的特征。但是理论仍然有用,部分在于它指出了最有希望的试验路线,使我们能更好地理解结果并从中获益。诚然,当学生深思这些巨大的问题,面对用以解决这些问题的薄弱而不确定的方法,他们会被可怕的无助感所侵袭;但是,我们通常可以从那些最接近实战的人及人们认为的最有理由绝望的人那里听到充满希望的话语。对我们来说,在所有社会问题中,希望是一个"至高职责",也是不让我们自己以及他人幻想的决心。

暂且不说那些更为野心勃勃和革命性的计划,我们仅仅考虑经济上的压力,它将使每一个人将自己置于有益于他人的地位,这是保持工业世界强大的动力,我们也许会问,在工业世界中获得稳固地位的一般性成功是如何产生的,由于缺乏机会、能力及机遇而导致的失败所引起的痛苦是如何消除的。成功人士总是被告知对不成功者负有某些责任。从理论上说,在我们的国家里,不应当有人饱受饥饿,但是,直到最近,公共部门在对失败者提供帮助方面,已经有所不同于私人部门,他们显得日益谨慎,故意吝啬,拒绝提供帮助。人们一直认为,对需求满足程度的担心将极大地激励努力的程度,自然或者社会失败的不利后果必须在一定程度上被缓解,决不允许变得更糟糕。在这一点上,我们的感觉正在发生明显的变化。过去人们对济贫院的前景——在它的管理中减少一些惩罚,将产生干劲和节约,从而弱化领取养老金者的前景——坚信不疑,我们现在则很难恢复这种思想信念了。

但是,从什么意义上来讲,这里不存在着任何失败?多大比例的失败是由于缺乏机会?一个人的成功在多大程度上必须伴随着另一个人的不仅相对而且绝对的失败?这些正是我们自己正在致力解决的问题,存在这样一个广泛传播而且仍在蔓延的信念,认为年复一年形成的实际人类资源能够无限期地发展得比目前更好,能够无限期地得到更好的结果。我们有理由相信,一些预期的改进方法是虚幻的,但是,人类觉醒的精神不会接受失败。如果我们的研究已经在某种程度上具有启迪性，那么，他们将由于清醒而得到宽恕。

本书的中心论题是，只要经济力量在没有摩擦的条件下运转，他们就会确保每一个人在其所在的产业体系中获得同等的产业效用。充分理解接受这一原则将立即驱散许多期待，并消除一些恐惧与顾虑。例如，过去人们常常认为，如果这个国家的工人获得配给，或者如果市政府为他们提供费用廉价的浴室和洗衣房，或者如果他们的境况以任何其他方式得到改善，那么，他们的工资将会自动地降低。如果改善的条件扩大到某个地区，而没有到达其他地区，那么，将会出现向那个地区移民的倾向，因此当地的劳动力市场将产生过剩，从而降低该地区的工资水平，的确如此；但是，这并不是因为工人们的生活得到了改善，而是因为更多的工人没有得到其他产业要素的相应增加。再者，我们将消除这种忧虑，例如，通过让养老金领取者愿意以更低的价格工作将降低工资水平。如果人们得其所值，如果一个每周有5先令收入的人每周的安全是与每周一无所得的人价值相同，那么，他的所得也将相同。当然，他的所得要比他所挣到的更多，因为报酬并非全都是经济上的；而且，当国家承担使人免遭灾难的责任时，那么，个人就有可能逃脱这个责任，但那是另一回事。只要不得不克服由不完善的市场和流动引起的摩擦，那么，有退守余地的人将比一无所靠的人能更好地索取其全部经济价值的酬劳。

另一方面，通过规定更高工资的简单法令将会改善生活的想法——或者换句话说，希望通过规定最低工资使社会复兴——似乎是虚幻的。我们已经再三指出，你不能通过说一个人本该得到那么多而使他的一周就值那么多，经济力量永远也不会使雇主给予雇工对于雇主来说超过雇工工作价值的酬劳。实施最低工资在理论上可以得到辩护的唯一情况是当我们有理由相信经济条件真的能够证明更高的工资是必要的时候，但是，摩擦和懒惰抑制了经济力量发挥作用；或者，一定数量失业者的出现是基于这一想法——这比在饥饿工资水平上的大量就业更容易处理——蓄意策划的。那么，我们从这个论点——每个国家都存在着大量收入无法维持温饱的人，那么，那一定是因为经济力量无法克服某些摩擦，或者

第三章 结 论

在现有环境下,这些人的产业价值不高于他们的收入——开始。如果这样,谴责别人没有给予他们超过他们的价值的工资是没有用的。我们必须克服产业摩擦,或者使他们在所处的位置上更有价值,或者将他们安置于使其更有价值的位置上。当前运动的稳定趋势集中于试图使他们的价值更高。呼吁供养学龄儿童——这显然违背了我们祖先的所有智慧,这种说法证明其具有合理性的理由是,营养不良的儿童在工业世界中将会一无所值,因此将一无所得。这只不过是进一步推进了国家援助教育并最终由国家来完全承担人们受教育的责任这个久已被人们认可的原则。但是,许多人对义务教育的结果极为失望,而且怀疑我们目前方法的价值,并且正试图构建一个真正的教育体系,立即实现工业化和人性化,这将是一个培训、挑选、指挥全体职员和发展社会特色的重要手段,以使每个人才可以发挥所能实现的最高、最迫切需要的作用,使每一个具有正常效率的人获得足够的能够支配个人生活手段的收入。

以前意义上的"人口问题"不再困扰我们。我们不害怕抽象意义上的"人口超过生存手段"。但是,最好建立国际范围的劳动力交流与移民机构,以保证劳动力的适度平衡,并得到合理分配。人们越来越相信,以某种方式管理儿童与失业者是我们的集体责任。这种想法指引许多人思索在不久的将来,人口管理有可能会出现巨大的问题。然而,只有实践才能决定,更好的生活条件,以及国家更全面地分担父母的责任,是否会导致无助人口的增长失控。至少可以这么说,我们有很多理由可以严肃地对此表示质疑。

与此同时,我们已经在《小块园地承租和持有法》(*The Allotments and Small Holdings Acts*)中看出运动无力的开端,这个运动是为了开拓新机会,对抗偏见或阶级嫉妒的阻碍,促成经济力量能够有利地流动的新渠道。

所有这些改进的手段都必须由坦率地承认不成功者和不幸者应当从成功者和幸运者那里得到赔偿来得到保障。对"土地的自然增长"征税是社会对源源流入私人手中的非劳动所得的最初索取。如果非劳动收入极高,那么,对非劳动收入征收额外税收是承认这样的原则:对于这样的成功,必须征收特别税。如果在某种程度上成功"被剥夺了奖赏",成功将不再有吸引力,并且人们会非常气馁沮丧,因此不再愿意奋发苦干;我们所接受的一般原则使我们不会对此感到担忧和惧怕。相反,我们有理由相信①,一个人的工资越高,他越可能希望较少地为报酬而工作,因此,从理论上说,累进税应当使人们发挥杰出能力并取得更大成功而不是更加懒惰。我们确实希望(或者至少我们可以"满怀好梦",并可能使梦变得更美好)这样的时刻到来,富裕成功人士因其看到这一点(随着他为个人目的而支配的资源增加,其对公众的直接有用性也就自然而然地增加了)而倍感自豪。

我们曾经谈到过公益精神基金——我们期望基金不断增加——它将行政才能奉献于公共服务。

但是,我们这些特权人士必须记住,如果我们心怀诚挚,那么,我们要不断努力减少或者废除特权。我们要不断开放独占范围,使我们的努力与所取得的成就相称,我们及我们的后代将在对我们没有特殊关照的世界中抓住机会。如果我们相信一个复兴的工业社会中最低等的位置都可以充满尊严,满足并将实现一个真正的人的生活环境,那么,我们可以满怀信心地设想未来。这样,也只有这样,我们才能接受竞争制度而没有任何恐惧或者自责。如果在取得成功的过程中所遇到的失败并不包括使生活美好的一切努力,那么,我们只能将最高的成功视为一种令人敬佩的雄心目标。

最后,我们个人如何"为联合王国而准备"的呢?通过学习,在可以共同分享与带来慰藉的事物中找到我们主要的快乐,这些事物不是我们阶层的而是整个人类的;通过学习,为平常的幸福而欢欣,学习尊重并享受共同财产;通过学习,体会到"装门面"是掌握需要付出同样代价的现实的一个可悲的替代品。最重要的是,理解相对富裕和成功的人,通过无意识地展示他们真正关心的事情,指导那些自身没有足够能力实现自我理想的人树立雄心大志,并塑造他们的愿望。

---

① 参看第75—76页。

第三章 结 论

随着富有的人被号召承担越来越多的公共负担，随着特权人士明白他们的保留地被侵入，随着机会平等越来越盛行以及人们的地位取决于其价值而不取决于他们的先辈，无论在哪里，只要人类的价值还没有被感觉到高于其所在位置应有的价值，就会存在着痛苦和愤慨。在面对会受到衷心感谢的喝彩及民主精神深入的现象，没有精神民主相应扩展的物质民主的胜利将会引起剧烈的痛苦与错误感。702

论文精选与评论

马克思的价值理论

1. 资本论：一种批评①

我一直希望向卡尔·马克思(Karl Marx)的追随者指出《资本论》更抽象部分的某些理论缺陷，当我第一次读这部伟大的著作时，它们就向我暗示了其存在，我对之不厌其烦的反复研究并未能消除我的这一看法。

《当代》(To-Day)的编辑相当坦率和谦恭有礼，给了我所寻求的机会。我的首要任务就是要感谢他们允许在评论栏目刊登对这位伟大的社会主义思想家的学说的批评性分析。如果卡尔·马克思的任何追随者觉得我的批判值得回应，那么，我将倍感责任重大。因为，一旦置身于这样的争论中，任何一方都对自己和严肃、成熟的信仰受到冲击的可能性不存任何幻想，在对《资本论》这样深奥的伟大著作进行研究时，我仍然是一个说服者：没有一个马克思的追随者或是反对者能够忽视其他人从不同于他们的意见的角度所做出的认真、智慧的分析和讨论。

作为对《资本论》理论基础进行重新研究的一个挑战，《当

---

① 重印自《当代》(新系列)第二卷，1884年10月，第388—409页。

代》中如下的评论并非完全不适用，甚至对那些最坚定地认为强有力的宣传——现在的社会主义者的出版物已经在这样做——比首要原则的讨论更加有用的社会主义者来说也是如此。

在最广泛的有分歧的学派中，被经济学家们所普遍接受的观点是：在现有条件下，通常手工工人的工资会趋于下降到某一水平，这一工资水平仅仅能够让工人们维持生存和劳动力的再生产。让工人们的工资持续上升的唯一办法（通常是在现有条件下）就是工人阶级集体反对现有的生存条件并宣传改善条件——也就是提高最低工资标准等。这一立场——我不想研究它——是被马克思所接受的（《资本论》第 155—163 页 [75-5]）①。

但是，如果在这方面马克思的结论与那些古典经济学派是一致的，他的理论基础也与那些学派完全不同。

马尔萨斯的人口论认为，工资持续地下降到"舒适标准"（或者说饥饿点）所允许的最低值的原因是很明显的。这是自然法则，并非社会法则。到达并超过"报酬递减"的临界点之后，人口的增长使得每个新增劳动力的平均劳动生产率下降了，因此每个人可以消费的财富减少了，当然每个劳动力的所得也就减少了。这种情况将持续到劳动者们拒绝再增加劳动人口（舒适标准）或者因为新生儿无法存活（饥饿标准）而使得他们无法再增加人口。

在可怕的马尔萨斯人口论的假定中，所有这些现象都足够明显。但是，马克思几乎不接受这些假定，因此他必须寻找对这些现象的其他解释。这些现象并不是因为人类的物质环境，而是因为我们看到的资本主义社会的社会和工业组织，根据马克思的理论，正是这种社会和工业组织使得人们接受饥饿工资。

在现代工业制度中，是什么力量强迫所有财富的生产者在非生产者面前接受这样艰苦的条件呢？是什么力量将焦虑地想出卖"劳动力"以获

---

① 引自《资本论》德文版第二版（1872 年），这是我的读者们最可能拥有的版本。方括号内是法文版页码。

得最低生存工资的工人抛向市场呢?

就我的理解而言,卡尔·马克思对这一问题给出了两个不同的而且没有关联的答案。由于存在着"节约劳动"的机制,劳动力市场持续恶化,工人们愿意以仅仅足够维持生存的价格出卖"劳动力"给购买者,而工业部门交替性的扩张和收缩却不断地将大量的失业工人抛向市场。在《资本论》的后面部分(当然,我是指已经出版的第一卷),马克思对这一问题进行了解释。所有这些似乎都值得我认真研究,但是,我现在的目的不是再去论述这一问题,因为,根据马克思的解释,我们所研究的现象有更深层次的原因,这个原因普遍存在于对"劳动力"购买的事实中,本质上这一原因独立于我已经指出的一旦存在就会削弱和扰乱市场的那些影响因素。我将研究这些"资本主义(capatalistic)"①生产的内在必要性。

我必须重申导致马克思得出最后结论的几个主要观点。这几个观点将按照一定的顺序展开,以便更有利于接下来的分析。根据马克思的观点,商品的(交换)价值由生产该商品的平均社会必要劳动时间决定,最后,商品的平均售价取决于它们的价值(《资本论》第 52、81、151 页,注释

---

① 在已经出版的《资本论》中,马克思用"资本家(capitalist)"来称呼雇主,不仅是指商人,还包括没有参与工业或商业活动就可以获取利息的货币持有者和投资者(第 148 页、149 页[69b,70a])。现在,一些以英语写作的经济学家,例如西奇威克和沃克,已经同意(似乎对我来说有很好的理由)将货币的投资者称为"资本家",以区别于可能是也可能不是自己的资本家的雇主或商人。然而,我并不同意这一主张。从马克思的观点来看,马克思使用这样的词汇是对的,因为他认为雇主的作用——也就是劳动力的购买者而且购买劳动力生产"效用"、"商品"和"货物"——是"剩余价值"的唯一正常来源而且可以被充分地分割为租金、利息和利润(第 204、205、210 页)。根据马克思的观点,"食利者"或者是利息的获得者的功能仅仅是"企业家"是雇主的功能的衍生形式,后者才是"资本家",才是工人劳动所创造的所有价值的获取者和抽取者,工人劳动所创造的所有价值并没有被工人所获取。马克思完全知道——虽然我不是很确定他的门徒们是否记得——关于"剩余价值"来源的观点看起来与经验的或是历史上定义的资本演化的方式并不一致,但是,这种表面上的不一致可以被一连串的解释所消除,虽然这些解释并没有出现在已经出版的《资本论》的第一卷中,但是,似乎马克思承诺在将来的著作中给出这些解释(第 148、149、203、312 页)。但是,我再次表示不同意这一主张,因为,我并不是要去求证马克思对资本主义工业的现象的解释是否足够,而是要去研究马克思的理论基础是否合理。

关于"商品"和"货物"两个词,这两个词将会在本文中不断出现,马克思使用"Gebrauchswerth"来指代具体的物品,他的这个词语与杰文斯对商品的定义很接近:通过商品我们可以理解任何物品、物质、行动或服务。遗憾的是,作为具体物品,指定名称的"效用"并没有被英语用法所认可。马克思用"ware"来表示商品或是"效用"。我觉得"ware"是表示商品的正确的英语单词,虽然有迹象表明马克思可能自己将其翻译成了"commodity",这个词在英语书写者看来与"ware"没有差别。

37〔30a、42a、70b 等〕）。因此，在研究正常的市场关系时，必须假定任何出售或购买的商品都是以它的最高价值出售或购买的。

假定制造商以商品的价值出卖商品，也就是说，商品的售价代表了生产商品所需要的劳动时间。同时，制造商必须按价值购买必要的生产机器、原料和劳动力等，也就是说，他必须在生产商品所必要的时间内投入足够的资金。现在，如果考虑任何一种生产要素，例如保证引擎工作的煤，研究这一要素与商品价值的关系，问题似乎很简单。考虑到在生产出一定数量的棉布之前，必须消耗一定数量的煤，那么，生产煤所消耗的劳动实际上就是生产棉布所消耗劳动的一部分。在计算棉布的价值时，必须计算生产煤所消耗的劳动。如果生产中不需要耗费煤，那么，此时棉布的价值就较低。但是，根据假定，购买煤炭的支出恰好体现在这里，煤的价格（如果按照价值购买）将在棉布的价格（如果按照价值出售）中体现——不多也不少。同样的分析也可运用到机器、棉花等生产要素。生产这些生产要素所需要的劳动就是生产棉布所需要的劳动，这些生产棉布的所必需的生产要素以它们的价值量提高了棉布的价值——不多也不少。然而，在研究劳动力时，情况就不同了。和其他生产要素一样，劳动力的价值由生产它所需要的劳动来决定的。例如，生产一天的劳动力所需要的劳动就是生产劳动力一天所需要的食物、衣服等生活必需品所消耗的劳动，同时还必须考虑到劳动力能够抚养下一代，以保证劳动力的供应，等等。资本家进入劳动力市场并以劳动力的价值购买劳动力[①]。为了讨论方便，我们假定劳动力的价值是 6 小时劳动，也就是说 6 小时劳动足以保证劳动者获得维持一天的工作能力和劳动力供给所需的所有物品。然后，资本家出钱购买代表劳动力价值的 6 小时劳动，资本家就变成这一天劳动力的占有者。这样，资本家对劳动力拥有绝对处置权。假设在没有过度劳作的情况下，一个劳动者一天可以工作 8—10 小时（资本家所获得的劳动力的价值可以达到 8 个或 10 个小时），很明显，资本家可以

[①] 资本家可以——也经常是这样——以低于劳动力价值的价格购买劳动力，但是，我们还是假设正常情况。不过，这一点还是必须被清楚地认识到。

获得2—4小时劳动的收益。资本家(事实上)给予劳动者(以食物、衣服等形式)6小时劳动的价值,通过这个交易,他促使劳动者为生产棉布付出了8—10小时的劳动。这样做的结果是,虽然,资本家按价值购买了生产棉纱所需的各种生产要素(包括劳动力),并以棉纱的**价值**出售棉纱,但是**产出的价值大于投入的价值**。所多出的价值就是"剩余价值",它保证了资本家目的实现,并以利息、租金和利润等形式出现。

根据马克思的观点,剩余价值的生产和转移是资本主义生产的内在法则,并不是偶然发生的。如果无法从劳动力的使用中获取剩余价值,那么,资本家将完全丧失从事他们独特的生产活动的唯一动力。

我相信以上是对马克思理论的一个客观总结,其中的核心思想有如下三点:

第一,商品的(交换)价值由生产商品所需的平均劳动时间决定;

第二,商品的价值和它的平均售价在一定程度上是一致的,在理论分析时,我们假定商品都是按它们的价值购买或者出售的;

第三,劳动力(在工业社会里)跟其他商品一样,受到相同的价值规律和交换情况的影响。

现在,我并不试图去研究马克思的结论是否可以按照一定的逻辑从这些观点中推导出来,因为我关心是这些观点本身。对第二点我没有异议(对价值的正确定义已经完成)。我想验证的是第一个和第三个观点。

在讨论价值理论时,我们可以沿用马克思关于交换过程的一些基本分析。

马克思的理论起点是:两种商品能够交换(不管以何比例)在于包括**异质性**(Verschiedenheit)和**同质性**(Gleichheit)的两种要素,也就是说两种商品是不一样的(否则的话,交换的结果仍然是一样的商品),而且两种商品具有**某种共同性质**的不同表现形式(否则的话,它们无法互相等同)。换言之,可交换的商品必须在本质上是不同质的,但是,它们必须拥有某种共同的衡量标准,两者因此可以被还原为**数量上的等量**。

现在,关于性质上的不同,我相信大家的观点相差不多。性质不同是因为每种商品所提供服务是不同的。钉子和新鲜鸡蛋的"使用价值"是不同的,它们的用途不同。一条红色的丝带和一条蓝色的丝带,虽然它们的作用都是装饰,但是,在某些特定的环境下,它们各自所能够提供的特殊装饰不同,因此彼此是不能相互替代的。我同意马克思的观点,每种商品各自的使用价值(Gebrauchswerth)导致了商品的异质性,或者,我用下面这句话来表达:**商品由于它们各自的特殊效用而彼此区别。**

然而,**同质性**的本质是什么呢?每种商品或多或少拥有的共同特征是什么呢?马克思认为要认识商品的共同特征——不管它是什么——就必须抛开商品的几何的、物理的、化学的或是其他自然的属性,因为,在这些方面,商品是不同的,不是我们所寻找的商品的共同特征。抛开了商品的所有自然属性,我们就已经抛开了所有产生商品使用价值的属性,这时,唯一剩下的就是商品作为劳动产品这一属性。但是,各种不同商品是各种不同种类的劳动的产品,这些劳动赋予了商品各种特殊的物理属性,并使商品具有特殊的效用。现在我们必须剥去所有商品的不同的物理属性才能认识到这种共同特征,因此,如果我们仍然认为商品是劳动的产物,那么,这种劳动就必须是没有任何特殊个性和不同使用方向,仅仅是消耗了一定脑力和体力的"抽象的同质的人类劳动"。正是因为所有商品都是抽象人类劳动的产物,才产生了商品的**同质性**。商品 A 的 x = 商品 B 的 y,这一方程能够成立的基础就是商品 A 和商品 B 的生产使用了同等数量的抽象人类劳动(《资本论》第 12、13、19、23 页 [14b, 15a, 17a, 19])。

现在,从以上的推理中跳跃性地得出劳动是价值的唯一构成成分的结论,我感到吃惊,并准备学习《资本论》未正式出版的部分,其中所包含的一些补充的解释性的分析可能会提供更有力的证据。同时,这些分析看起来似乎既全面又充分。因此,我能做的似乎仅仅是发现它并试图证明它的合理性。但是,我并不打算直接处理这些对交换现象看似正确的分析,而是要将分析再向前推进一小步。我们会发现,马克思本人已经对结论进行了修正(或者对此已经有潜在的暗示),这种修正将影响到结论所依赖的分析的正确性,并且如果我们能够弄懂这些修正,我们将会得出我认为是对这一问题的确切解决办法。

《资本论》告诉我们如下观点:"有价值"的商品必须剥去所有物理属性,也就是说要剥去代表它们在使用价值上的任何属性,而仅仅将它们看成是无差异的抽象人类劳动的集合体,正是这种抽象人类劳动构成它们的价值。之后,我们发现了如下这句重要的阐述:**只有有用的劳动才构成价值**(《资本论》第15、16、64页[16a,35a])。这看起来既简单又明了,实际上这是前面所有分析的基础,因为如果只有有用劳动才构成价值,在剥去商品所有的由各种特殊劳动所产生的特殊属性时,我们不能剥去那些由抽象的有用劳动所产生的抽象效用。如果只有有用劳动才构成价值,那么当商品被归结为仅仅是抽象劳动的无差异产品时,它们从抽象的角度来讲还是有用的,这样"商品仅仅是作为劳动的产物,此外别无其他属性"(《资本论》第12页,[14b])这句话就是错的,因为商品依然保留着有用的属性。在这一点上,所有商品都是一样的。

先看这一结论,让我们回到对交换现象的基本分析。

两种商品的交换暗示着异质性和同质性,**它们能互相交换的事实也暗示着这两点**。这里,我要挑战《资本论》的观点——"劳动"将是(交换)价值的最终构成要素。我的分析将从可交换性这一明了的事实和包含在这一事实中的性质开始。马克思所举的例子认为商品是按照契约交换的(也就是说,商品是为了某种明显的交换目的而生产),而且,事实上商品能够被无限量地生产出来。实际上,马克思将价值**定义**为完全依赖于人类劳动(《资本论》第81页[43a])。但是,所有的这些分析都以可交换性的事实为基础。单单这一事实构成了商品的异质性和同质性。不管它是否是劳动的产物,也不管其是否具有我们所谓的价值,两种商品要正常交换,必须具有"共同特征",通过这点,它们才能够互相等同并互相交换。根据可交换性的事实,对商品所作的合理推论也同样适用于其他可交换的物品。

现在,交换物品所拥有的"共同特征"不多也不少地等同于抽象效用,即满足人们需求的性质。被交换的物品的区别就在于它们满足人们**不同的需求**,但是在所提供的**满足程度**方面它们是相似的。**异质性**是从质性的角度讲，**同质性**是从量性的角度讲。

举例来说（也是马克思所举的例子），我们在还原《圣经》和白兰地的满意度时并非没有共同标准。我们每天都做这样的还原。如果我愿意为一本家庭《圣经》和一打白兰地付出同样的货币，那么，我认为拥有这两种商品所能提供给我的满意度是相当的。用经济学语言表达，就是对我来说，这两种商品的抽象效用相等。用流行语言（这样做意义重大）表达，就是这两种商品对我来说价值相等。

马克思从交换商品的不同（使用价值）转向商品的共同特征（交换价值）时，抛开了商品的效用，仅仅认为商品是抽象劳动的集合体。这一观点是错误的。事实上，我们必须做的就是抛开商品所不同的具体、特殊的质上的效用，而仅仅考虑商品所相同的抽象、一般的量上的效用。

不管是像家庭《圣经》和白兰地这样的可以无限生产的商品，还是像由国家购买的"拉斐尔画作"（Raphaels）这样的数量极其有限的商品，这条原则适用于所有可交换的商品。在正常交换中出现的等式并非是劳动的等式，而是抽象效用（很明显称之为价值）的等式。现在我们要研究的就是这个等式的精确属性。同时，假设可以被观察到，"劳动"确实是使用价值（特殊效用）和交换价值（抽象效用）的来源之一（并非是唯一来源），但是，"劳动"既不是抽象效用的构成成分，也不是特殊效用的构成成分。由于裁缝的劳动，外衣被生产出来，具有特别的用处，但是，外衣这种特别的用处（拥有使用价值）在于它能够御寒。同理，商品被抽象的有用劳动生产出来并具有价值，但正是商品的抽象效用才使得商品具有价值。劳动——具有特殊有用劳动（裁缝、细木匠等）和抽象有用劳动的两方面含义——可以使某一物品产生使用价值（Gebrauchswerth）和交换价值（Tauschwerth），但是，劳动并不是使用价值和交换价值的构成要素。

我因此大胆地认为，如果马克思的任何学生认真仔细地重新细读《资本论》的开篇部分，特别是关于"凝结在商品中劳动的二重性"的著名章节（《资本论》第16—21页[16—18]），他不得不承认，精通逻辑的马克思无论如何犯了形式上（如果不是，我相信将会是实质上的）的错误，他也不得不承认，马克思在没有任何正当理由和没有任何警示的情况下，就从特殊效用跳转到客观的抽象劳动(《资本论》第12页[14b])。同时,他也得承认,当修正或补充后的解释接受抽象效用是价值的衡量标准时,马克思所提供的讨论仅仅从形式上讲才是正确的。

对许多读者来说,我的结论看起来似乎不但荒谬,而且自相矛盾。他们将会认为:"当解释已经变得相当详尽和完备,我们知道事实上所有普通商品的交换价值被生产商品所需的劳动量所决定。的确,尽管我愿意支付等量货币购买商品 A 和商品 B,因为两种商品能在相同程度上满足我的需求,但是,我愿意用等量货币购买两种不同商品的原因和我能够以等量货币买到它们的原因是生产两种商品所需的劳动量相等。为证明这一点,我们可以举个例子。比如,某种新发明的出现使得生产商品 A 所需的劳动时间减少了一半。但是对我来说,商品 A 仍然说跟以前一样,和商品 B 一样在相同程度上满足我的需求,它们的有用性仍然是相当的,但是,商品 A 的交换价值却降低了。"

斯坦利·杰文斯(Stanley Jevons)对这一问题全面而公正的解释让他名垂青史。在这篇文章中,我试图做的就是带着他赠给我们的有效研究工具去讨论眼前的这些问题。在杰文斯的引导下,我们有能力解释在生产的普通商品中"交换价值"与"其所包含的劳动量"的一致性。同时,我们会清楚地看到交换价值本身总是时刻依赖于抽象效用,并不依赖于"劳动量"。

现在,我们所要进行研究的线索将由两条原则的共同影响来提供——"无差异原则"和"效用多样性原则"(见杰文斯《政治经济学理论》(英文版)第49页和第98页)。根据前一条原则,"当商品在质上完全一致或者同质的时候,等量商品可以随时无差异交换。因此,在同一时间、同一市场,相同商品以相同比例交换"。根据后一条原则,任何给定商品的数量持续增加(达到某个临界点后)将使得其满足需求的紧迫性下降,因此,该商品的效用将降低。例如,一个社团里每个人都有一件大衣,大衣能够满足人们御寒和保持体面的需求。然而,当社团里的每个人都拥有第二件大衣后,这件大衣就主要用来为人们提供方便,满足人们喜好或者奢侈欲望等需求了。现在,社区里所有人都拥有两件大衣,如果人们拥有大衣的数量再进一步增加（其他条件都相同），那么，大衣满足需求的程度降低，拥有的效用也减少，这时大衣的交换价值就比在全社团每个人只拥有一件大衣时的交换价值来得低，所以大衣（完全同质）与其他商品的交换比率将更低。这样，后来增加商品的抽象效用就决定了所有这种商品的交换比率。当谈到杰文斯的这些非常细致的研究时，我必须尽力简短地指出这些重要事实对解决我们问题的重要意义。

交换价值是效用等值的有力体现（在目前的社会组织和工业组织条件下），目前的工业组织无法将效用等值以交换价值的特殊形式显现出来，但是效用等值将是——也确实是——存在的。接着，让我们来对效用等值追本溯源，剥开其周围复杂的因素和人们的偏见。马克思说："当我们借助其他生产形式时，由劳动创造而产生的商品世界的所有神秘（包括假象和魔力）都将立刻消失。因为政治经济学乐于研究鲁滨逊漂流记的例子，所以我们就从孤岛上的鲁滨逊开始谈起（《资本论》第 53 页[30]）。"我接受马克思的邀请，并将继续对我所看到的现象进行评论。

鲁滨逊独自一人在荒岛上不得不从事各种类型的有用工作，诸如制造工具或家具、驯养山羊、捕鱼、狩猎等。虽然他从不与别人交换，也没有其他人可以与之交换，但是，他完全意识到了存在于由他的劳动所带来的各种产品之间的效用等值，而且他可以完全自由地分配自己的劳动，这样，在时间有限的情况下，他总是将劳动投入到能够产生最大效用的工作中。在所有需求中，对食物的需求最为迫切（我们假定鲁滨逊刚刚开始时一无所有），那么，在第一时间里鲁滨逊将从事生产食物的工作，但是，当他获得一些食物之后，如果进一步的有更多食物可以获得，相比于最开始一无所有的阶段，此时食物并非特别重要，因此食物也不见得非常有用了。这时，如果将时间用于寻找或者是建造一个简陋的房屋，相比于将同样的时间用于生产食物来说，鲁滨逊将获得更大的效用。这样，鲁滨逊总是会将时间用于制造他最需要的物品，但是，这种最需要物品的数量稍微增加就会使它的效用降低。可以说，当现有物品存量使得每一种物品的增加所带来的满足感增加与生产该物品所耗时间的比例都相等时，鲁滨逊就达到了一种均衡状态。在这种状态下，对于每一种物品，劳动的相等投入将产生相等的效用。

现在,我们来看另外一个例子。一个工业社团内的所有劳动力都利用起来,用于提供该社区成员最需要的物品的生产上,没有任何交换机制的介入。现在假设该社团里一个劳动力需要花费四天时间生产一件大衣,需要花费半天时间生产一顶帽子。此时,不考虑其他的工业分支,我们假定,由于某种特殊原因,在某个特定时间内,大衣和帽子的供应在该社团内出现同等程度的不足,而在当时特有的气候等条件下,缺少大衣和缺少帽子带给每一位社团成员的不适相当。那么,帽子的效用变得和大衣的效用相当,但是,帽子的生产时间只是大衣生产时间的八分之一。因此,所有劳动力将投入生产帽子而不是生产大衣,因为谁会愿意花四天时间去生产和花半天时间就能生产出来的相同效用呢?然而,当帽子的生产达到一定数量,人们对它的需求不再如以前那样强烈,而对大衣的需求同样如以前那样强烈时,额外的帽子就不再与同等数量的额外大衣具有相同的效用,在一定的时候可以说,帽子的效用只是大衣的一半。然而,因为一个劳动力用四天的时间可以生产八顶帽子,却只能生产一件大衣。因此,即使帽子的价值只有大衣的一半(其效用只有大衣的一半),劳动者在相同时间内生产帽子所创造的效用仍然是生产大衣所创造效用的四倍。所以,劳动者仍然会继续生产帽子。可是,现在人们对帽子的需求急速减少,很快,一顶额外帽子的效用只有一件额外大衣的八分之一。此时不管是生产帽子还是生产大衣,一个劳动者在相同的时间内可以创造的效用都是相同的,因为虽然生产一件大衣的时间八倍于生产一顶帽子的时间,但是,对于社团的人们来说,一件大衣的效用相当于八顶帽子的效用。当大衣和帽子的产量达到一定数量,额外大衣的效用与额外帽子的效用的比值等于生产大衣所消耗时间与生产帽子所消耗时间的比值时,均衡就达到了。我们知道,对社团成员来说,一件大衣的价值可能未必是一顶帽子的八倍,尽管生产大衣的时间八倍于生产帽子的时间(总是如此,甚至当一件大衣的价值等于一顶帽子时亦如此)。但是,这个社团的劳动力还是愿意将生产帽子的八倍时间用来生产大衣,因为一旦生产出来,大衣的价值就是帽子价值的八倍。

我们可以容易地将上述例子转换到我们实际所生活的工业社会。实际上它已经包含在"价值"当中。大多数人本能地用该词来表示所有可交换商品所包含的"共同价值",而不考虑这些商品生产的工业条件以及流通与消费的商业条件。从我个人的立场来讲,商品 A 的价值与商品 B 相等,就是说,在我看来,商品 A 和商品 B 的效用等值,尽管它们具体的效用可能完全不同。从共产主义或家长主义的立场来讲,我可以用同样的语言来表达同样的信息:对某个社团来说,商品 A 的价值与商品 B 相等,就是说,在该社团商品 A 和商品 B 的效用等值。最后,从一个有组织的商业社会的角度来讲,个人的需求是无法估算的,除非个人能给出某种标准来衡量他的满意度(普遍的观点)。在这样一个社会里,我们可以说:"商品 A 和商品 B 的价值相等",即"对于'购买者'来讲,商品 A 和商品 B 的效用等值",即"有人想消费更多的商品 A,有人想消费更多的商品 B,而消费更多商品 A 的意愿(用他们对其他商品的消费意愿来衡量)等于消费更多商品 B 的意愿(同样用他们对其他商品的消费意愿来衡量)",即"商品 A 和商品 B 的(交换)价值相等"。

有一点需要澄清,在工业制品的例子中,比如帽子和大衣,总是存在着供给流量,当我们说"对帽子有更多的需求意愿"时,我们必须明白,这里所说的需求意愿并不是针对购买者来说,他们想要获得更多的帽子,而是针对供给量来说,消费者想要获得更多的帽子,也就是说,这是对扩大供给的压力(或者甚至说是引力)。根据"无差异原则",正是处于边际供给上的需求力量决定了所有这种商品的交换价值。举例来说,对我而言,某块手表价值 15 英镑,也就是说,对我来讲,这个手表的效用和我还没获得的其他商品的效用相等,我同样愿意付出 15 英镑去获得其他商品。但是,在供应这种质量手表的商业社会中,我只是每天 50 个需要这种手表的消费者中的一员,而愿意为这种手表付出 15 英镑的消费者,每天只有 10 人。然而,每天的那 50 个愿意购买这种手表的消费者中,包含着愿意出价 10 英镑的消费者,也就是说,如果每天生产的数量是 50 个,这一款手表的价值或是效用就等于边际供给,即 10 英镑。因此,根据"无差异原则",所有的手表都将以这个价格进行交换。所有可以获得的手表的消费意愿（从理论上讲，这和对现有产量的微小的消费意愿增加是一样的）是由认为手表的效用值至少为 10 英镑的消费者所提供的。一部分手表（并非全部手表）的消费意愿是由认为手表的效用较大——也许是 15 英镑或者更多——的消费者所提供的。但是，对于某些消费者来说，较高的效用并不能影响手表在边际供给上的效用，因此也不会影响手表的交换价值。这样，当交换价值严格地由使用价值所决定时，一部分消费者将付出 10 英镑而获得手表，而手表对他们的效用并不止 10 英镑。在这里，我们无须考虑"边际供给"会被某些商人通过抑制商品数量的方法来固定，无须考虑制造商对产量的有意限制，无须考虑生产方面的某些物质限制，或者其他一些原因，这些都不会影响我们的研究。

现在让我们从另一个角度考察这个问题。每天手表的产量是 50 个，每个手表的价值为 10 英镑。假定每个手表的生产需要耗费 12 天的劳动[对劳动质量的已经做了恰当考虑（见《资本论》第 19 页[17a]）]，我们可以假定，在同样的时间里，劳动力投入到其他领域将不会产生大于 10 英镑的价值，也就是说，劳动力没有投入到其他可以产生在边际供给上产出比手表更多效用的方向。

现在我们假定手表的生产技术提升，导致生产时间较原来减少 25%。这并不会影响手表的效用，因此，在手表生产上，9 天的劳动将与其他商品生产上 12 天的劳动产生相同的效用。当然，现在任何可以自由支配劳动的劳动者都会将劳动投入到手表生产中去，但是，**现在他所生产的手表的效用将不再与以前手表的效用相当**。原因如下：现在手表的产量多于以前，如果这些手表要能够全部卖出去（或者确实被使用），那么，这些手表中的一部分要被卖给（或是被用于）**对手表有用性的评价比以前的手表购买者来得低**的那些消费者。对所有人来说，手表的价值相当于 200 磅牛肉（假定 1 磅牛肉值 1 先令），或者其他任何价值 10 英镑的商品。随着手表的供给（或者是持续地供给），其购买者中必然会有人认为手表价值只相当于 180 磅牛肉。同样一块手表对一个人来说，和 200 磅牛肉的价值相当，但是，对这个人的家庭来说，第二块手表（尽管更加方便）的**需求显然就不如第一块手表那么迫切**，这就决定了第二块手表的价值不如第一块手表,但是,它的价值仍然相当于 180 磅牛肉。对于其他人来说,第一块手表的价值不如 200 磅的牛肉,只有当手表价值降低到 180 磅牛肉的价值时,他们才愿意购买。现在边际供给上的一块手表的价值是 9 英镑。手表的价值下降了,并不是因为**凝结其中的劳动量减少了**,而是因为产量的提高使得手表的**效用降低了**,根据"无差异原则",最后增加的手表的效用决定了所有手表的价值。

然而,生产手表仍然具有优势。一个劳动力如果把 9 天的劳动投入到其他商品的生产中去,只能产生 7 英镑 10 先令的效用,而同样的劳动用于生产手表,将产生 9 英镑的效用。劳动力的自由配置仍然将其导向手表生产,而手表产量的继续增加将再次降低在供给边际上的手表的有用性(以手表跟其他商品的效用的比例来衡量)。最后,由于手表增加到一定程度,对于消费者来说,任何增加的手表都使得一块手表的价值不超过 150 磅牛肉,或一件外套,或一套沙发,或一套童装,或任何该消费者想要的、还未得到,可以用 7 英镑又 10 先令购买到的商品的价值。在达到这一点时,均衡再次出现。不管是生产手表还是其他商品,9 天的劳动产生了价值为 7 英镑 10 先令的效用。现在手表的价值与它所包含的劳动数量相一致,它的价值是 7 英镑又 10 先令,不多也不少。劳动力愿意投入 9 天的时间生产手表,而不会再增加劳动时间的投入,因为在供给边际上手表的效用等于 7 英镑 10 先令。根据"无差异原则",供给边际上的效用决定了手表的交换价值。

以上价值理论的正确性可以通过另一种方式来验证。效用来自商品满足人类某种需求的特征。我们看到,随着商品数量连续不断地增加,由连续不断的数量增加所满足的需求的相对紧迫性会下降,这样,供给边际上的商品效用就会下降(杰文斯称之为"最后效用")。我们已经看到,"效用多样性原则"可以解释供给和需求的所有现象,在商品数量可以无限增加的情况下,还可以解释商品包含的相对劳动量与商品的相对价值之间的一致性。但是,如果效用是价值的真实组成部分,那么,问题的另一个方面就出现了。人类需求和某种物品(不管是物质的还是非物质的)之间的关系产生了效用,因而效用必然受到这种物品或是人类需求改变的影响。在很多情况下，劳动可以无限地改变商品数量，进而改变商品的（最终）效用，从而影响商品的价值。但是，还有一些以正常的方式交换的物品（我们必须将其看作包含在每一个平等交换过程中都存在着"共同价值"，这种"共同价值"随时都不受"价值"的约束），它们的数量和质量并不受劳动力影响，但是，它们的价值也会出现上下波动。这样的物品包括一些旧瓷器、已故大师的字画等，也包括那些从在某种程度上讲天然的或者人造的垄断商品。这些商品的价值随着它们效用的改变而改变。然而，它们效用的改变，并不是因为它们自身数量或者质量的改变，而是因为人们需求的变化。在这一点上，我认为任何将交换活动中出现的"共同价值"归结为劳动的分析都不能解释这一现象。

我们在这里讨论的价值理论，同样可以应用到那些可以通过劳动投入或者不能通过劳动投入来增加产量的物品；同样也可以应用到我们后半部分重点讨论的在"中产阶级"范围内自由变化的市场和正常价值。这个价值理论就像一只手套一样适用于我们所分析的商业社会的所有复杂现象。同时，它也显示了这些现象仅仅是工业社会里最终、最普遍现实的特殊表现，也是它们和鲁宾逊·克鲁索在孤岛上自给自足经济之间的相似之处。

最后，我们要将这些结果应用于马克思的剩余价值理论。我们知道，马克思剩余价值理论的基石就是认为劳动力价值由生产劳动力所需的劳动量决定；在劳动力的使用过程中，劳动力可以创造出比生产它自身所耗费劳动更多的劳动量。因此，某人以劳动力的价值购买劳动力，他将获得更多的劳动量（也就是更多的价值）。

现在，我们已经意识到价值并不依赖于"所含劳动的量"，也并不总是与后者相一致。那么，两者在什么情况下会出现一致呢？劳动力是否遵守这些条件呢？无论何时，劳动都可以自由地支配，用来生产商品 A 或商品 B，这样，x 天的劳动可以生产 y 个单位的商品 A 或者 z 个单位的商品 B。此时，也只有在此时，劳动只会投向其中一种商品的生产，直到商品 A 和商品 B 的相对丰富程度和稀缺程度，导致供给边际上 y 个单位的商品 A 的有用性与 z 个单位的商品 B 的有用性相当,实现均衡。

但是,如果还有一种商品 C,某人无法按照本人的意愿将可支配的劳动投向该商品的生产,那么,没有任何理由假定商品 C 的价值与它所包含的劳动量有相关性,原因就在于它的价值取决于在边际供给上它的效用。根据假定,劳动此时无法提高或者降低它的边际供给。

如今,在每个国家,劳动者本人不是奴隶。如果我通过购买或者其他方式获得一定量劳动的使用权,将其投入到我选择的生产活动中,但是,我不能将劳动投向帽子生产(举例来说)或者劳动力生产,除非我生活在一个奴隶制国家。因此,没有任何经济法则可以使劳动力的价值或者其他商品的价值与它们各自所包含的劳动数量成比例。

在我看来,马克思并没有成功地指出资本主义生产的内在规律:在资本主义生产过程中,资本家按劳动力价值购买劳动力,从劳动力的使用中获取剩余的价值。我们仅仅是回到了前面的一个事实:资本家可以按仅仅维持劳动力基本生存的价格购买(不是生产)任意数量的劳动力。这正是我们需要研究的问题,而不是问题的答案。

本文仅仅旨在批判。到目前为止,我已经完成了我的任务。请允许我重申一下,我认为在已公开出版的《资本论》的最后一部分,马克思对我们讨论的这个重要问题的解决做出了极其重要的贡献,但是,我仍然看不出这一部分中的理论与《资本论》前面章节中的抽象理论分析有任何逻辑上的联系。

2. 杰文斯学派对马克思的批评

(萧伯纳(Bernard Shaw)对威克斯蒂德的文章的评论①)

十月这一期的《当代》杂志(*To-day*)是值得纪念的,因为它刊登了一位社会主义者对马克思晚年价值理论的攻击,正如一个罗马的天主教会指责罗马教皇的错误一样,没有比这更具有影响力的了。正义最终会作出判决。《观察》(*The Inquirer*)和其他一些关心该问题的报纸纷纷急切

---

① 重印自《当代》第三卷(新系列),第 22—26 页,1885 年 1 月。

地想弄清这次攻击背后的原因。但是,几个月过去了,有关攻击背后的原因仍然是一团迷雾。对于许多社会主义的能者来说,他们可以很轻易地回答杰文斯的问题,同他辩驳,揭露他的弱点,粉碎他的理论,甚至彻底毁灭他的经济地位。我就不在此添加一些我希望听到的激烈评论了,但是,我要承认,当这种攻击遭到驳斥后,我的确是松了一口气。在此之前,李嘉图的劳动价值论的清流之下沉淀下来的污泥现在让斯坦利·杰文斯从数量角度用微积分的表达搅动起来,不过这其实是非常微不足道的。马克思的攻击者——威克斯蒂德先生,采用了杰文斯的理论。此翁因他对《圣经》的批评而成名。也许他过去一直都在搜寻新的《圣经》来挑刺,正好《资本论》——这本社会主义者的《圣经》——吸引了他的眼球。根据杰文斯的效用等式,威克斯蒂德发现《资本论》一些地方站不住脚。社会主义的追随者们往往极端教条式地听从甚至想当然地理解马克思关于价值的论述。威克斯蒂德,这位教条的死敌,在引导这场早晚都要爆发的对集体主义的经济城堡的攻击中,我个人认为他本不但变得相当睿智,而且笔头功夫亦是惊人。他的攻击产生了奇异的效果。四十年前,马克思在普鲁东(Proudhon)等正统经济学家的面前,捍卫了李嘉图的理论,今天马克思又再次出现。相比古诺(Cournot)、杰文斯、瓦尔拉斯(Walras)、马歇尔(Marshall)教授、F. Y. 艾奇沃斯(F. Y. Edgeworth)等经济学家,马克思毫无疑问是站在包括亚当·斯密、李嘉图、穆勒(Mill)和凯恩斯(Cairnes)等英国传统学院派一边。马克思的信徒们现在不再被革命者和煽动分子作为工具,反而还被小瞧是曾经的一位优秀作家的不够新潮的追随者,现在仍然对于他们自己感到疑惑不解。尽管马克思的思想在当时看来很好,但是,现今在这些革命者和煽动分子的眼里已经过时了。

在这里,我完全不是为卡尔·马克思辩护而对抗威克斯蒂德。通过阅读《贫困的哲学》和《资本论》的一些章节,我们不可能质疑马克思没有看到供给和需求现象,正是因为这种现象,才使得我们生活的这个世界和马克思在他的大作开篇中所谈到的"交换秩序"迥然不同。另一方面,如果没有对这些未出版部分的接触,就很难回答这样一位思维缜密的人何以调和这些矛盾,甚至也很难想象杰文斯,如果他还活着的话,不会发现他期望最该受到抨击的那部分已被预料到了。我写这篇文章,一方面是想引起人们对这场争论予以更多的注意,我对争论本身很感兴趣是因为我确定,社会主义者,尽管完全不会蜕变,但是他们内部分裂的日子已经不远了;我写这篇文章,另一方面是因为我想跟威克斯蒂德探讨一下我对"终极效用"的一些疑问,这样免得那些更有才华的经济学家给他以致命的一击。即使作为一位经济学家,我有足够的资历那样做,我的数学功底还不能达到运用杰文斯的方法去反驳威克斯蒂德的地步。从某种程度上讲,我不太相信那些数学符号。记得在学校时,曾有一个学生用代数方法向我证明一等于二,他经常这么说:"假设 x 等于 a。"我承认那样说也无妨,而且整个论证过程显得精确无误。最后,我还是不会习惯性地认为 1 等于 2,而是觉得可能是代数这门学科中的某个地方出了问题,我会认为如果有时间研究这门学科的话,我有机会对其做一些修正。在我阅读杰文斯的《政治经济学理论》时,我必须要坦率地承认我的冒昧,"用 x 代表商品的数量"这样的字眼让我立刻想起了曾经在学校里遇到过的那个学生,并且也让我预想到后面将出现在 2 加 2 等于 5 的代数理论基础上得出的价值理论。但是,后来却证明,杰文斯先生本人要么就是比我曾经在学校里遇到的那位学生聪明,要么就是比那位学生更笨,他在如果 x 等于 y 的基础上,得出了 y 等于 x 这样的结论,这显然是我无须通过代数方法就可以做到的。还好,后来凯恩斯教授指出杰文斯先生的这些等式其实是相同的,这也让我着实松了一口气。

威克斯蒂德说,"我们现在研究的线索受到'无差异原则'和'效用多样化原则'的双重影响。"以"效用多样化原则"为例:对一个饥饿难耐的人来说,牛肉的效用很高。吃开始的几口时候,可以把他从极度饥饿的状态中拯救出来,对他来说,牛肉的确具有极大的效用。当他吃饱以后,每多吃一口都会减少牛肉的效用。当他不能再吃时,剩下的牛肉对他来说就一文不值。整个过程中,牛肉的效用不断发生变化。按照无差异原则,在某一时间某一市场上,同种商品的价格应该相同,最后一口牛肉的和第一口牛肉的价格是一样的。因此,消费者无须为第一口牛肉支付比第二十口牛肉更高的价格,尽管牛肉对他来说永远都会很有用;同样当他吃到足够饱了,消费者也不能买到比第一口更便宜的牛肉,尽管这时牛肉对他来说已经没什么用处了。牛肉的价值不变,但其直接效用却从无限大一直变为零。虽然牛肉丧失了直接效用,但它本身是具有效用的。也就是说,一个食欲得到满足的人也许有一个饥饿的邻居愿意出钱买他的牛肉。但是,如果我们假设这个人所在的社区足够富足,人人都像他那样一日三餐都能自足,那么,牛肉的效用就会变为零。这时,再给力的降价也会变得像在天堂一样,毫无意义,无论牛肉在生产过程中耗费了多少劳动力。由此可见,效用显而易见是价值实现的条件之一。六个小时过去后,人们自然而然地通过食欲这种形式——普遍的负商品——产生负效用。牛肉——在六个小时之前还是无用、无价值的——这时的地位改变了,变成为对人们的生命具有正效用,它从毫无价值变为价值连城。这时,交换价值是否会在同等程度上被放大呢?绝不。交换价值达到从饲养、宰杀到烹饪的成本之和时,就不再上涨。如果某商家想卖个更高的价格,消费者如果不想为此额外支付更高的价钱,最后甚至可以自己去从事饲养、宰杀和烹饪的工作来满足个人的需求。无论生产牛肉的劳动力减半还是加倍,牛肉的需求量和最后的效用都不会发生丝毫变化,但是牛肉的价值会减半或者加倍。可见,效用不能决定价值。对于一个口渴的人,无论在市政厅门前的水泵前还是身处撒哈拉沙漠,水的效用都是相当的。然而,他在市政厅门前的水泵前就是喝一加仑水也根本不用付费,但是,在撒哈拉沙漠,他也许会为喝上一小口水而倾其所有。在后一种极端情况下,垄断者要求消费者为维持个人生存支付高昂的费用,水的价格将丝毫不考虑效用而发生变化。对于那些快要渴死的旅行者,他们拥有的财富不均,但是,每一口水对每一位旅行者来说,都拥有同等效用。这时,一位追随杰文斯理论的掌管水销售的部落酋长却愿意给每一位旅行者一口水,但是,从每一位旅行者那里得到的却是数量不等的商品。如果各方在若干小时后仍然处在相同的位置,这些旅行者对水的需求将再次变得极为迫切,部落酋长掌控的水的效用将再次被无限放大。这时,水价将变成他们未来劳动的抵押,因为这些旅行者已经身无分文了。我用这个例子,是因为它展示了甚至连垄断商品的价值都不是由它的最后效用决定的,更别提像牛肉这样具有一般市场价值的商品了；因为它直接演示了一般经济学家所通常认为的，商品价值是由卖方敲诈买方获得最大值的观点。一个不能被强力没收的垄断家到最后会迫使他人为自己的劳动时间超过他本人为他人所付出的劳动时间。如果这位垄断家既残忍又精明，总是会竭尽全力地压榨那些被剥削者，那么，在一个极其富有的社团里，他的商品的售价将由购买者认为的商品的最终效用来决定；但是，每个消费者都会出不同的价格，因为已经假定消费者之间不能互换商品。否则，他们将打破最终效用机制，如同富人借仆人的衣服获得满意的医疗建议，打败最终效用机制一样。

威克斯蒂德说："如果我愿意为购买一本家庭《圣经》或一打白兰地支付同样的金额，那是因为占有两者，从同一度量尺度来说会给我带来同等的满足感。"尽管如此，但是，这并不表示威克斯蒂德会认为一本家庭《圣经》和一打白兰地可以等价交换。即使威克斯蒂德对《圣经》产生厌倦，变成一个嗜酒狂，这两种物品各自的价格都不会受到任何影响。假如商品交换价值由效用决定，威克斯蒂德的一位戒酒的邻居也许愿意为购买一本家庭《圣经》付出比12大桶白兰地的价值更多的钱，但是，他的那位爱喝酒的邻居也许会仅仅为一瓶白兰地就卖掉12本家庭《圣经》。正如雨滴同样会落在那些公正的和不公正的人身上一样，《圣经》和白兰地的价格对威克斯蒂德和他的邻居来说是一样的，尽管这两种商品的效用在他们眼里是不一样的。即使可以计算《圣经》和白兰地的平均效用比例，即使生产它们的必要劳动比例发生变化，事实的情况是，《圣经》和白兰地的价格对威克斯蒂德和他的邻居来说是一样的，而交换价格也不会立即发生变化。这就告诉我们，交换价格并不取决于商品的效用。威克斯蒂德坚持抽象的效用，但是他是把价值而不是效用真正抽象化了。他指责马克思从一个门类跳到另一个门类，就我来看，是因为他所说的门类是按照他本人的抽象来划分的。

每一个欣赏威克斯蒂德文章的读者立即会认为，上面的这些问题对他和对我们来说都是显而易见的，他的理论从某种程度上解释了这些问题。他说："例如，一块手表对我来说值15英镑，那么，它带给我的效用就应该等同于那些我目前还没有的而且我愿意用15英镑购买的商品的效用。"但是,这并不表示这块手表必须让威克斯蒂德花费15英镑,也许他仅仅花费5英镑就能得到这块手表。从已经给出的条件,我们可以得出的结论是:如果必要,威克斯蒂德愿意最高支付15英镑来买手表。但是,如果价格上升到15英镑,他是不会买这块手表的。这并不意味着当增加几个英镑后这块手表对他的效用将降低为0,而仅仅表示尽管效用没有发生改变,他本人只是不愿意支付这个价格,或者他更愿意花这样一笔钱买一张书桌而不是一块手表。在比较手表和书桌的效用过程中,威克斯蒂德并没有改变它们各自的价值。对不同商品欲望的大小并不影响这些商品的价值,而商品的价值最终是由劳动决定的。从另外一方面来看,以满足欲望为目的的劳动成本往往决定了欲望的大小。小孩子有时候会不喜欢面包和牛奶,吵闹着要去干摘月亮这种不切实际的事情,但往往最终的结果是他还是会屈服于经济条件,首先要得到面包和黄油,不然就不能去想那些不切实际的事情。

威克斯蒂德认为,假如通过提高手表的生产水平,可以节约25%的必要劳动时间,手表的价值就会下降,"不是因为手表这时包含的劳动更少,而是因为新增的手表供应量使手表的效用降低"。这样的解释,威克斯蒂德似乎认为,相比一个一周收入只有1英镑的工人来说,一块手表的效用对一天收入为100英镑的地主来说会更大。事实显然不是这样,而是这个工人现在有能力购买以前他买不起的手表。如果交换价值取决于劳动时间是建立在这样一个事实基础上:如果两个交换方A和B生产和交换商品时,A一定不会拿自己多于一小时劳动时间的产品交换B只用一小时劳动时间生产的产品,B同样也不会以多换少。在这里,我弄不明白的是,威克斯蒂德称交换价值为"边际供给的效用",并以此为基础展开论述。他当然并不是针对社会主义的无产阶级来简化问题,他们面对垄断资本家,往往都是交换双方的弱势群体,这与马克思主义的交换原理并不协调。

处在边际供给的空间效用,杰文斯语言的晦涩,该学科的极端冷门,这些都迫使我对威克斯蒂德进行了猛烈地抨击,而没有充分讨论和分析他卓越的贡献,这让我感到遗憾。从家庭经济的角度来讲,威克斯蒂德的论文中包含的一些重要的思考。例如,一位中产阶级男人,当他本人即刻的需求得到满足,而满足他的商品以如下顺序出现:妻子、房子、家具、钢琴、马和马车。前一需求的满足让心灵开始思考如何获得接下来的需求。这位中产阶级男人一旦得到了钢琴,他就会想得到一匹马。如果钢琴的价格突然上涨到超过一匹马和马车,原来的需求顺序就会改变,马和马车会变成比钢琴更为急切的需求,因而会优先购买。一个集体,必定要通过调节供给和需求来保存市场中交换各方的利益,在这一过程中,人们也许会发现他们纯粹只是受到主观效用模式的驱使,并承认杰文斯从经济学转向心理学的做法是对的,物品的效用对比对一个社团的意义要远远大于交换价值。然而,我们目前的社会系统过度地抬高了交换价值的重要性。很多年前,马克思在比较资本主义商品生产中商品的效用——土豆和棉花制品——和资本主义前期生产的商品——麦子和羊毛时,就看到了这个问题。我自己最大的希望在一个社会主义国家,我和威克斯蒂德都作为纯粹的交换方,只就效用而争论,完全不考虑交换价值的存在。

3. 杰文斯学派对马克思的批评:一个回答[①]

对于我关于价值理论的文章,萧伯纳做出了十分善意而又精彩的评论。在此,我觉得有必要就他的评论做一些回应。

下面,我简要地谈一谈我个人的看法。通过一些例证,萧伯纳先生清楚地告诉我们,牛肉对每个人的效用时时刻刻都在变化之中这样一个事实,他同时认为,交换价值的变化并不影响商品的交换价值。即使这种效用的变化相互作用,商品的交换价值依然不变。如果商品的效用在同一时刻朝同一方向变动时,这种变化将带来交换价值的变化。假如萧伯纳先生是个屠夫或店主,他一定会知道这一点。然而,萧伯纳先生却说交换价值不会超过饲养、宰杀和烹饪一头牛的成本之和。如果萧伯纳先生的笔在我的手上,我一定会给我的读者描绘出这样一幅有趣的图景:愤怒

[①] 重印自《当代》第三卷(新系列),第 177—179 页,1885 年 4 月。

的店主自己动手从事饲养、宰杀和烹饪的全部工作,好让自己免遭屠夫的敲诈。我在此就不加入这场与萧伯纳先生的不公平的论战了。我认为他个人想表达的不外乎是牛肉的价格不能超过它的生产成本,而且永远不能超过它的生产成本。然而,一段时间内,经常出现牛肉的价值高于它的生产成本的情况。出现这种牛肉价值高于生产成本的现象的原因,就在于只要生产牛肉比生产其他商品能够带来更多的平均效用,劳动力就会投入到牛肉生产中去,从而降低牛肉的最终效用,降低人们对牛肉的需求。

萧伯纳先生说"如果生产牛肉的必要劳动时间减半或加倍,牛肉的产量和最终效用都不会有一丁点的变化,同时牛肉的价值会减半或加倍"。这让我对他实际要表达的意思感到有些疑惑不解。除非只有到牛肉的总的效用和最终效用发生变化,否则交换价值仍将保持不变。只有通过生产更多的牛肉,这样同时增加牛肉总的效用、降低它的最终效用,才能使新增的牛肉产能可以对牛肉价格产生各种不同的影响。

至于萧伯纳先生关于那位敲诈的酋长的论述,他仅仅阐明了我本人的观点:部分消费者得到了所有,而每一个消费者有时会以比商品价值更低的价格得到一部分商品(第一口的牛肉的不比第二十口的牛肉贵),但是,所有消费者最后支付的价格都代表了某一个消费者最后产品增量的最小效用或最终效用,对于该消费者而言,它相对于其他商品只拥有最低效用。

上面所说的同样可以作为对萧伯纳先生的其他批评的回应。我想表达的是,当任何商品的供给增加,不断增加的量都用来满足越来越不急迫的需求,因而新增商品的效用将变得越来越低。从某种意义上讲,我承认这种表达方式其实是一种误导,原因就在于如果我们谈绝对效用,那么,前提假设就是牛肉的供给一直增加到其价格降低到 6 便士一磅,最后进入人类消费的那一部分增量比之前的更有用,而对于前面的那些增量我们也无须进行过多的讨论。但是,我从来不拿绝对效用来对比,我认为这样的比较并不能找到科学的基础。我最想说明的是,如果昨天谁都没有手表,一部分人愿意花 15 英镑买一块手表或者其他任何相同价格的商品,因为他们认为这块手表和 15 英镑的商品具有同等的效用,如果今天一部分人愿意花 10 英镑买同样一块手表或者其他任何相同价格的商品,那是因为他们认为这块手表和 10 英镑的其他商品具有同等的效用,那么,这个新的手表相对其他商品而言,就没有此前的那个手表的效用大。

萧伯纳先生年轻时经历的那个关于 x 和 a 的故事的确具有相当的指导意义,让我颇受启发。萧伯纳先生的朋友假设"$x=a$",萧伯纳先生在认可这一假设时,并没有想到 x 会占有任何无端的优势。他没有弄明白当令 $x=a$ 时,也就是令 $x-a=0$。他也没有弄明白"精确无误"的论据(命题的论据:2=1)是建立在 $x-a$ 不等于 0 这样的假设之上的。

萧伯纳先生得到一个聪明的结论:可能是在其他什么地方出问题了,不是在推理方面,而是在数理计算方面。从此,他放弃了数学推理,转而赞成文字的方法,这种方法使一个充满智慧的人按照同样错误的论据得出了同样荒谬的结论,对这些荒谬的结论,他们视而不见。这正是在研究政治经济学理论中数学方法和文字方法的不同之所在。

总而言之,对于争论的重要性,它不仅仅是一个抽象推理的过程(尽管如果真是那样,一个马克思的崇拜者可能不会对其做如此攻击),而是将影响到经济学的整个体系,特别是马克思的经济学。对于明显的事实矛盾,目前没有任何尝试去解除这种矛盾,马克思仅仅通过逻辑引导,试图强迫我们承认利润、利息和地租,都来源于剩余价值,而剩余价值来自按价值对劳动力的购买,和按价值对商品的销售。这其中,对马克思所采用的最关键的价值理论,我想说明的是它未必可靠。在证明其漏洞的过程中,我发现约翰·卡拉瑟(John Carruthers)是超乎我意料的强大的同盟者,他关于"社会主义社会的生产机制"的论文详细而且富有创见地展示利润将以不同的形式在公有制体制中出现。我自己关于变动的效用以及外套和帽子的价值相当笨拙的种种论述,往往要求我的读者去想象社会的需求至少是部分的需求是连续的而非短暂的,这样会让读者觉得相当繁琐。卡拉瑟先生抛开了这一切,展示了在公有制体制中每件商品的价格(尽管他不讲交换价值)是怎样取决于它最后的效用的。同时,他也告诉我们,只有得出了劳动力在各行业之间按适当比例分配的数据结果,价格才与劳动成本成正比。

对杰文斯的政治经济学理论的某些部分的研究[①]

我们可以从以下三个角度分析研究经济学问题的图解方法：

(1) 教师发现，利用图解方法给学生讲课对于激发学生的创新思维及吸引学生听课具有很好的作用，同时这也有助于教师能够利用简短有效的方式陈述问题及得到结果。

(2) 一些学者把图解方法作为一种有效的分析工具：首先，给定精确的假设条件；其次，进行缜密分析及深入研究已得出的结果。

(3) 最终只有极少数的研究者（我认为杰文斯属于其中之一）希望超越纯理论假设和分析，基于对通过观察得到的经济现象的实际曲线进行分析并得出建设性的结论。

在使用作为假设及分析工具的数学方法时精确性及固定性的应用是最为重要的问题，如果没有这种精确性和固定性，图解方法的其他应用的结果只会是错误的。这样，除非在使用图表方法时完全坚持缜密的、精确的分析思路，那么，所谓的用图表来解释理论的独特方法只会严重地误导人们；即使专家也可能会错误地解释实际或假定的数据，这是由于对研究的数学工具

[①] 重印自《经济学季刊》（第三卷），波士顿，1889年，第293—314页。

缺乏充分细致的初步分析。

因此,我打算只对杰文斯理论的某些部分进行研究,即希望进一步加深他的研究,而不是扩展他的研究成果。

第一,格雷戈里·金(Gregory King)的小麦价格波动估算。

小麦严重缺乏时的可能后果的著名估计学说是由格雷戈里·金得出来的,但也可能是由达文南特(Davenant)得出来的,杰文斯把这种估计当作一项非常有趣的研究对象①。

我们可以用下面这种方式来理解这种估计:如果是正常收获年景,小麦的产量为10,市场上小麦的价格为1,那么,就可以做如下估计:

收获的小麦产量	市场上小麦的价格
9	1.3
8	1.8
7	2.6
6	3.8
5	5.5

下面,我们先不考虑这个估计的依据,也不考虑是否需要做出估算的学者对这个估算的准确性进行负责,杰文斯试图把这个估算应用于科学形式,即根据小麦价格的变动规律构造函数,以此来推断市场上小麦的价格,杰文斯用横轴表示收获的小麦的数值,纵轴表示市场上小麦的价格,那么,我们就能够得出下面的数据:

x	10	9	8	7	6	5
y	1	1.3	1.8	2.6	3.8	5.5

---

① 《政治经济学理论》(英文版),第二版,第167—172页。须指出的是:这仅仅是对小麦的估计,见达文南特的《对在均衡市场贸易中成为获利者的可能性方法的论述》(英文版)第80、81页。但是在有的文章中不仅包括小麦,还包括大麦和黑麦。

当然，能够穿过这六个点并表示出它们之间关系的可能性的曲线的个数是不确定的，我们应当跟随着我们已经形成的观念进行研究，这个观念是基于根据曲线的最可能形式的一般原理。

杰文斯指出："一般而言，玉米的价格永远不可能降到0，这是由于，在玉米比较充裕的情况下，玉米价格较为便宜，人们可以用玉米喂养马匹、家禽和牛，或者用于其他目的，在美国，人们甚至用玉米作为燃料。相反，当玉米的产出大量下降时，玉米的价格会迅速上升，并且在玉米的产量降为0之前，玉米的价格将趋于无穷大，这时，饥荒即将到来，玉米的替代物——比如马铃薯或者其他食物——可能使饥荒点不确定，但是，我认为玉米的缺乏不是由其他食物造成的。"①

杰文斯考虑所有因素之后，猜想曲线的可能形式为 $y = \dfrac{a}{(x-b)^n}$，为了使函数的曲线尽可能接近估计的数值，杰文斯引入了常量。他总结说："考虑到使函数数值尽可能接近上述给定的数值，我们可以用经验公式替代达文南特估计出的数值。"

首先，我认为：无论数据是基于观察还是基于猜想，很明显，这个估计指小麦作为给人们提供食物的能力。事实上，杰文斯在他的研究中明确暗示，这是就小麦是用于给人们提供食物而不是用于其他目的而言，如果我们考虑到小麦作为马的饲料及燃料的情况，我们就必须考虑另外一种曲线，这种曲线应当遵循它自己的规律，并且只要这些额外因素能够对我们现在正在研究的曲线产生影响，我们就需要把这些额外因素添加到我们所研究的曲线的横轴中去②。但事实是，如果小麦价格较低，人们就会用小麦喂马，这样并不会直接或间接地影响他们购买小麦时实际支付的价格，同理，在小麦产出下降时，小麦的价格上升，人们是否用小麦喂马也不会影响小麦的价格。那么，很明显，我们给定六个点的数据关系规律不必考虑小麦其他可能的应用，因为这些在我们观察（或猜想）的范围之

---

① 杰文斯：《政治经济学理论》（英文版），第二版，第170页。
② 瓦尔拉斯在《纯基本理论的经济意义》一文中对这个学科分支进行了很好的说明。亦请参阅我的《经济科学基本原理》（英文版），第60页。

外，完全不可操作。换言之，我们的数据属于表示小麦的市场价格和作为人类食物的小麦数量之间关系的曲线，这个曲线具有不同于任何其他曲线的自己所特有的规律，其他曲线和这个曲线相结合形成一个复合曲线。在这个复合曲线中，小麦的价格是所有小麦数量的函数。很明显，当小麦的供给数量相对上升时，小麦给人们提供食物的边际效用实际上就会一直下降，直至零为止，这也就是说，这将提供给潜在购买者足够食用的小麦。那么，这个曲线不会——如杰文斯所想的那样——逐渐趋近于 x 轴，而是与 x 轴相交于一个相对较低的价值上。

此外，接近饥荒也不会使得小麦的价格趋于无限，没有任何东西会有一个无限的价格，至于是否存在无限的效用，这倒是一个有趣的问题，对于这个问题，我也倾向于持否定答案。但是，毫无疑问，没有任何东西的价格趋于无限。这样的说法，在用词上是自相矛盾的。再者，小麦的缺乏，或者一般意义上的粮食的缺乏，毫无疑问地会导致饥荒的发生，但是，并不是在富人阶层，而是在穷人阶层里发生饥荒，这种饥荒并不会使玉米的价格非常高：穷人只能倾其所有，在玉米的价格上升许多倍前，他们就没有购买能力，从而他们对玉米的需求不再发生作用。而富人及他们的仆从从来就不会缺乏肉、土豆、蔬菜、水果及其他食物。并且，尽管在极其饥荒的条件下，全麦面包的价格较高，但是，人们并不像我们想象的那样不再购买全麦面包，这是由于购买者之间不存在饥荒，而缺乏面包只是字面上及狭义意义上的说法。因此，我将再次加入杰文斯的第二个假设的问题讨论，即在我们回到研究问题的开端之前，我们的公式应当给我们的是 y 的无限数值。的确，考虑到价格上涨多少后将会导致局部饥荒是极度可悲的，同时，当人们极度渴望某种商品时，它的价格会趋于无限价格的推断，也是非常不切实际的。

因此，我们先不考虑杰文斯关于曲线一般形式的观点，而是按照我们自己的观点（即假定这个曲线将穿过两个轴）作为我们结果的检验工具，那么，当我们寻求能够连接六个点的最简单的规律时，我们会发现，这六个点不在同一个圆锥形上，由其中任何五个点构成的圆锥形不可能通过第六个点，因此，我们需要考虑另外一种曲线，即假定曲线的最简单形

式为

$$y = ax^3 + bx^2 + cx + d$$

我们就会发现：由任何四个点所确定的曲线能够穿过另外两个点①，并且计算出来的公式为

$$60y = 1\,500 - 374x + 33x^2 - x^3$$

这个曲线和 x 轴的交点在 13 和 14 之间，与 y 轴的交点在 25，这样的结果看起来似乎真实，但是，计算曲线严重超过了数据的限制范围，我们几乎不能去期望这样的曲线能够产生合理的结果，当我们考虑到这一点时，结果显然是异常的。

我们的研究产生这样的结果，这一定会激起我们对这个非常有趣的估算的根源及形成的依据的好奇心。

第二，经济数量的度量维度。

在杰文斯的大量研究中，没有比经济数量的度量维度这一部分的研究更加困难的了，我认为这也是杰文斯的研究中最令人不满意的部分。

先前许多门外汉（我也是其中之一）从杰文斯教授的大量研究中收集资料，并发现规模理论在自然科学的研究领域中能够成为一个强有力的工具，并且将相同的方法引入经济研究的尝试也是挺受欢迎的。如果经济研究的数学方法有任何实质性的进步，并且细心的学者能够很快地发

---

① 通过差分法能够简便地得到公式的计算结果，用四个点：

10 ············ 1			
		3	
9 ············ 1.3			2	
		6	1
8 ············ 1.8			3	
		8	
7 ············ 2.6				

我们能够发现这个规律，并能够精确地给出其他两个点的数值，我很感谢汉普斯蒂德（Hampstead）的约翰·布里奇（Mr. John Bridge）先生建议应用这种方法。

现度量维度理论是阐明及检验他的研究过程和结果的极具价值的方法,那么,有关单位及单位之间换算关系的精确概念是至关重要的。

但是,杰文斯所应用的方法用在图表研究上的效果似乎不好,如果我们发现它们能够协调发展,那么,我们应当寻求能够更好地协调它们的原理。

也许我可以通过一个简单的基本理论插图来引入这个主题,这个理论来自动力学领域。

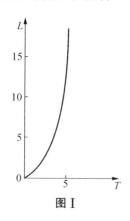

图Ⅰ

如果我们用图形化的形式展示一个空间。在这个空间里,一个物体在任意一个给定的时间内在万有引力的作用下降落,那么,我们能够得到这个物体的大致的运动曲线的形式,如图Ⅰ所示。

在这个图中,纵坐标代表这个主体降落的距离,它的单位长度是10英尺,横坐标代表时间,它的单位时间是一秒,那么,纵坐标的度量维度用 L 或者 $Length$ 来表示,横坐标的度量维度用 T 或者 $Time$ 来表示,纵坐标所包含的单位长度个数和横坐标所包含的单位时间个数之间有一个明确的关系($s=16t^2$,单位分别为:英尺和秒),但是,在任何情况下,单位的**性质**完全不同。因此,对于一个给定长度的纵坐标(我们曾经获得的)的解释和时间单位无关,这是由于时间并不作为衡量纵坐标大小的一种维度。但是,当长度单位为英尺时,我们称纵坐标的大小为10,那么,当长度单位变为英寸时,我们就要称纵坐标的大小为120,同理,当时间单位为秒时,我们称横坐标的大小为10,那么当时间单位变为分钟时,我们就称横坐标的大小为 $\frac{10}{60}=\frac{1}{6}$。这样,当纵坐标或者横坐标的单位减小时,它的任意一个正数的数值表示就会上升,同理,当它的单位上升时,它的任意一个正数的数值表示就会下降。

现在,在公式 $s=16t^2$ 中,我们把秒数作为变量,把位移的英尺数作为函数,若我们对函数进行微分,这也就是说,在这个物体运动轨迹的任何一点上,我们能够发现一个比率,即时间的增加值及其所带来的位移的增加值两者之间的比率,换言之,我们能够发现一个新的公式或曲线,这个公式或曲线能够向给我们展示物体降落的速度,并且物体降落的速度是时间的函数。

当然,公式变为 $v=32t$,我们从图Ⅱ可以大致上看到如下曲线形式:

在这个曲线上,横轴的度量维度和图Ⅰ相同,都表示时间 T,但是,纵轴所度量的不再是长度,而是速度单位,即现在纵轴表示的不再是英尺数,而是英尺/秒,那么,这个新的纵轴度量的是一种长度和时间的比率,长度和时间各自用自己的单位进行度量。因此,L 和 T 都在新的纵轴作为度量维度,只不过两者进入新的纵轴的基点不同。

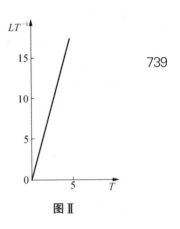

图Ⅱ

16 英尺/秒＝192 英寸/秒,这也就是说,L 在图Ⅱ中作为一种度量维度和 L 在图Ⅰ中作为一种度量维度的基点是相同的。但是,16 英尺/秒＝960 英寸/分钟,这也就是说,T 进入图Ⅱ的纵轴是作为 L 的相反的比例形式进入的,换言之,T 作为一种度量维度是以反比例关系的形式进入纵轴的,那么,运动物体的速度的度量维度表示为 LT^{-1}。

由于微分的过程总是存在于自变量的增加值和函数的增加值之间建立有限比率的过程中,因此,从上面的例子里,我们能够明显地发现:变量的度量是以一种反比例的形式进入到派生的函数中去的,而原始函数的度量则是以一种正比例的形式进入到派生函数中去的。

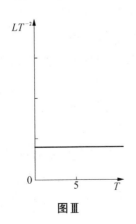

图Ⅲ

对 L 再次进行微分之后,我们能够获得降落物体下降时递增的速度,即所谓的降落物体的加速度,我们可以从图Ⅲ中看到降落物体的加速度近似图像。在图Ⅲ中,横轴的度量维度和图Ⅰ也相同,仍然是表示时间 T,但是,图Ⅱ中的函数的变量再次是以反比例的形式进入图Ⅲ的纵轴中,现在,我们可以得到 $LT^{-1} \times T^{-1}$,即 LT^{-2} 作为图Ⅲ的纵轴的度量维度。

这表明:当时间单位下降时,加速度的数值表示必定下降,并且,在新的时间单位下,加速度数值表示的平方与旧的单位下加速度数值表示的平方成一定比例。这样,32 英尺/秒^2 = 8 英尺/半秒^2,例如,在万有引力作用下,物体降落速度每秒增加 32 英尺/秒,这也就表示物体降落速度每半秒增加 16 英尺/半秒,每 1/4 秒速度增加 8 英尺每 1/4 秒。因此,如果新的时间单位是原来单位的1/2,那么,在新的单位下,加速度的数值表示是原本单位下加速度数值表示的 1/4,即原本加速度数值表示除以 4 得到新单位下加速度的数值表示。

这样,在图Ⅲ中,如果我们求横轴以上、加速度曲线以下及 0≤t≤2 部分的面积,即 $\int_0^2 f''(x)dx$,我们能够得到的数值是用来度量 $LT^{-2} \times T$,即 LT^{-1},这也就是一个速度的数值表示,而在图Ⅱ中表示的是诸多速度的数值表示。同理,在图Ⅱ中,如果我们求横轴以上、速度曲线以下及 0≤t≤2 部分的面积,即 $\int_0^2 f'(x)dx$,我们能够得到的数值是用来度量 $LT^{-1} \times T$,即 L,这也就是一个长度的数值,而在图Ⅰ中,表示的是诸多长度的数值。

因此,通过图解表示空间度量,在展现我们可能处理的每一个数据的实际度量维度时没有一个自然的或固定的规范,这是由于,我们从上面的例子能够发现,距离和速度可以通过相同的规范来表示,既可以通过一条曲线来表示,也可以通过面积来表示,同理,面积和数量都适合于用图像中的曲线来表示。再者,同样的度量维度可以以反向的或者正向的方式用于两个或者更多的轴,这种构造图像的方法既符合规范也比较方便。这样,在我们的图Ⅱ中,T 以正向的形式进入横轴的同时,也以反向的形式进入纵轴。

如果我没有理解错的话,在这些所有的考虑中,有一个明显的疏漏,这个疏漏我不能给一个令人满意的解释,但是,这个疏漏给杰文斯关于经济数量的度量维度理论的研究增加了一些不必要的困难和晦涩,并且,如果这个疏漏没有导致杰文斯犯明显的错误,但也使得结果变得不再明白无误。

我不再详尽地评论涉及我们研究主题的《政治经济学理论》这篇文章,我接下来将仔细研究他们的理论研究所基于的理由,并且希望读者能够把我的论述与杰文斯的论述进行比较。

从总效用的角度开始分析。如果我们用大写字母表示度量维度,用小写字母表示单位数量,比如,用 T 代表对时间的度量,用 t 代表秒数或者其他单位时间,通过商品消费所带来的总效用为 u,而对应的消费的商品的具体单位数量为 q,那么,根据经济学家的研究所得出的基本的经济数量关系为:u 一般可以表示为 q 的函数。

杰文斯指出,q 作为变量,相对于 q 而言,商品的最后效用度的大小是总效用的微分系数,由此看来,我们可以用 U 来表示对总效用的度量,用 Q 表示对商品的度量,那么,我们可以用 UQ^{-1} 表示对商品的最后效用度的度量。

杰文斯先生用符号 U 来表示商品的最后效用程度①,但是,我认为这样的符号表示容易使人误解,因此,我建议:当我们只是想谈及商品的最后效用度,而不对这个构思的来由进行探讨时,我们用 v 来表示单位数量,用 V 来表示度量维度。

因此,我们的公式和杰文斯先生的相比,在 u 的使用上,我们的看法相一致,他的度量维度 U 和我们的度量维度 V 或者 UQ^{-1} 一致,他的 U 与我们的 v 都是表示单位数量的个数,v 是相对于变量 q 下的 u 的微分系数②。

这样,商品的最后效用程度决定了商品的交换价值。我们可以得到以下结论:商品的交换价值是由商品的 v(UQ^{-1} 度量维度的具体数值)所

---

① 参阅杰文斯:《政治经济学理论》(英文版),第二版,第 71 页。
② 我是根据杰文斯的指示,用 Q 替代 M(参见第二版序言),在第 71 页中,杰文斯对"感觉的强度"进行探讨时利用前后相互矛盾的语言进行论述,在一个地方他用"效用程度"进行描述,在另外一个地方更加正确的定义面积为全部即期效用,前者的度量维度为 UQ^{-1},后者的度量维度为 $UQ^{-1}QT^{-1}$,即为 UT^{-1},参阅下文,我非常感谢剑桥大学国王学院约翰逊(W. E. Johnson)先生,是他阐明了这一点。

决定的，换言之，商品的交换价值是由**商品的增量与其所能带来总利益增量这两者之间的比率所决定的**。在这个意义上说，商品的交换价值的度量维度可以描述为UQ^{-1}。

杰文斯考察总效用时，偏好从两个度量维度的数量进行度量，即MU，这与我们的QV所代表的度量维度一致；杰文斯易于把商品的最后效用度当作U所代表的度量维度的数量，这与我们的V所代表的度量维度一致。如果我们采纳这种观点，那么，我们应当把商品的最后效用程度作为我们研究的起点，并且把v作为q的函数，最终通过整合，我们能够得到u,u的度量维度是QV。我对这种观点持反对态度，主要理由有两方面：总效用可以用任何我们所选择的努力或忍耐标准（例如在指定条件下完成的工作，例如尺、吨）来直接测量，然而，商品的最后效用度①实质上是一个（有限的）**比率**，因此，它同其他所有比率一样，应当用两个维度来进行度量（不管这两个度量维度是简单还是复杂，异质还是同质），其中有个度量维度是以正比例的关系进入新的度量方式中，而另外一个度量维度则是以反比例的关系进入新的度量方式中。

这样，如果我们同意杰文斯的观点，即认为总效用有两个度量维度，MU（我们的是QV），那么，我认为，我们必须认定度量维度U（即我们的V）是一个比率指标，而不是一个度量维度。但是，在我们的符号表示中，它等同于UQ^{-1}，并且通过面积计算得到的度量维度为QUQ^{-1}，即U。

因此，我认为，我们根本不能从上述说明中得出下面的结论：用图像面积表示总效用是不适当的②。因此，无论何时，当我们用图表表示商品的数量及商品的最后效用度时，我们都能通过面积得出总效用数值，这样，横轴的度量维度为Q，纵轴度量维度为UQ^{-1}，通过面积就能计算出总效用的大小，即QUQ^{-1}，这也就是U。

---

① 我们必须记住：当我们谈及最后一单位商品的效用或价值的直接测量方式时，我们实际上并不是要测量这些数值，而是要测量当商品数量有一个很小的增加时所产生的最后商品的效用，我们要得到的不是$\frac{du}{dq}$，而是$\frac{du}{dq}dq$，即du，我们所计算的是微小的增加额，度量维度为U。

② 杰文斯先生告诉我：关于牛顿动力学说的作者习惯于通过图像面积表示线性空间，这种做法极为方便。

但是，杰文斯指出：事实上，我们应当关心的并不是总供给及总满足度，而是单位时间内的供给速率及满足率。从成果性及可控制性上说，不管上述理论是否具有普遍正确性，但是，对于食物、水等商品来说，这个理论一定是正确的。那么，从这个观点上说，我们应当再次研究这个问题。将单位时间内的供给率(度量维度为 QT^{-1})作为变量，将单位时间内的满足率(休闲率或利益率)作为函数，那么，当对这个函数进行微分时，我们发现度量维度 T 将相互抵消，从而得到 $UT^{-1}Q^{-1}T$，因此，我们将再次得到 UQ^{-1}，这是**对商品的供给速度的增量及其所带来的满足率的增量这两者之间比率的度量**，事实上，这个比率显然是关于商品数量及其所带来满足度的直接关系，并且这个比率的数值表示并不受时间单位变化的影响。

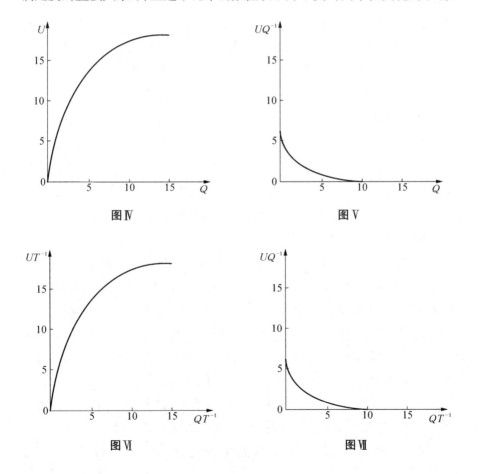

图Ⅳ

图Ⅴ

图Ⅵ

图Ⅶ

上述所有这些结果都能够在图Ⅳ—Ⅶ中展示出来：在图Ⅳ中，横轴的度量维度为 Q，纵轴的度量维度是 U；在图Ⅴ中，横轴的度量维度是 Q，纵轴的度量维度为 UQ^{-1}，面积的度量维度为 U；在图Ⅵ中，横轴的度量维度是 QT^{-1}，纵轴的度量维度为 UT^{-1}；在图Ⅶ中，横轴的度量维度为 QT^{-1}，纵轴度量的是 UQ^{-1}，通过面积计算能够得到 UT^{-1}；在图Ⅴ和图Ⅶ中，计算出来的面积得到的都是相同的度量维度，同时，图Ⅳ和图Ⅵ的纵轴的度量维度也相同。

在图Ⅶ中，如果我们想要展示通过在给定消费速度及消费数量的情况下消费一定量的商品所带来的总满意度的大小，我们可以增加用来表示时间的第三个坐标轴，使得第三个坐标轴垂直于当前平面，那么，我们通过图像面积可以表示出满足率。杰文斯对这种方法的反对意见是没有任何根据的，没有理由解释为什么含有一个或者两个度量维度的经济数量不应该用三个度量维度的图像来表示，并且人们并不反对时间通过正比例的形式引入一个坐标轴而通过反比例的形式引入另一个坐标轴的这种构图方法。

我们能够观察到，这种方法为下面这个事实提供完美的理论依据，即在一般情况下，并且在一定限制条件下，我们必须坚持当消耗同等数量商品的速度慢时比消耗的速度快时，所带来的满足度水平更高。因此当商品供给速度减慢时，图Ⅵ和图Ⅶ的横坐标将缩短，并且等比例的延长图Ⅶ中所构造的立体图像中垂直于当前坐标平面的时间坐标轴的坐标，这样，我们会发现代表总效用的立体体积明显增加。

因此，这样的图像能够表示我们所需要处理的所有的经济数量，X 轴表示的是供给速度，度量维度表示为 QT^{-1}；Y 轴所表示的是商品的最后的效用程度，度量维度表示为 UQ^{-1}；垂直于当前坐标平面的 Z 轴所表示的是时间，度量维度为 T；那么，在 X 轴和 Y 轴所确定的平面上的面积能够表示满足率，即度量维度为 $QT^{-1}UQ^{-1}$，这也就是 UT^{-1}；我们也可以通过立体图像的体积来表示总效用水平，它的度量维度表示为 $QT^{-1}UQ^{-1}T$，这也就是 U；同时 X 轴和 Z 轴所确定的矩形区域能够表示商品的总供给，它的度量维度可以表示为 $QT^{-1}T$，这也就是 Q。

在所有的这些经济数量中，商品的供给速度和商品的最后效用程度最重要,并且我们很容易从图表中读出这些数值。

现在,我们应当考虑下面这两种情况:绝对数量的商品所带来的绝对量的满足度大小及商品的供给速度所带来的满足率。但是,我们也应当考虑同等重要的第三种情况,即绝对数量的商品供给所带来满足率。这样,我们已经习惯于这样思考,即装修好的公寓每周、每月或者每年能够带来的效用不是某个数量的总效用。这种观点的正确性,或者某种程度上的完整性,可能受到质疑,但是在一些不朽的商品(比如钻石)的情况下,比起商品的绝对数量和效用率,在其他方面更难确定变量和函数。

首先,我们先将商品的数量作为变量,用 X 轴来表示,它的度量维度表示为 Q,将满足率作为函数,用 Y 轴来表示,它的度量维度表示为 UT^{-1}。通过对这个函数进行微分,我们能够得到商品数量增加及其所带来的满足率的增加这两者的比率,这个比率是 q 的函数,它的度量维度为 $UT^{-1}Q^{-1}$,这不是商品的最后效用程度(商品的最后效用程度的度量维度为 UQ^{-1});这是计算**每单位时间内的价值和租金**,不是计算总价值及价格①。

显然,利息问题或者资金使用费率问题也必须遵循一般规律。资金也是一种商品,也需要用绝对数量进行测量,然而,资金效用是一个周期性的产出,并且它能够通过时间和商品的比率进行测量。这种情况的特殊性在于资金的效用存在于商品的获得能力,因此 U 即 Q。那么,在讨论资金这种情况时,度量维度为 $UT^{-1}Q^{-1}$ 可以表示为 $QT^{-1}Q^{-1}$,也就是 T^{-1},这一定是对资金使用费率的度量(即利息),一般都把它作为一个比率。现在我们会发现,单独对利息现象进行研究能够得出与其他商品相同的结论。

杰文斯反对下面这两种研究方法:用一种及另外一种几何数量表示相同的或者类似的数量;通过两个坐标轴引入同一个经济度量维度。他

---

① 价格和租金都是针对每单位商品而言,为了建立价格和租金之间关系,我们必须假设购买者对远期效用的估算将受到不确定性及其他一些远期固有性质的影响,这是为了能够计算在一系列连续增加的时间内产生的一系列预期产量,因此价格将是租金的积分,那么我们能够得到租金及时间的度量维度,例如 $UT^{-1}Q^{-1}T$,即 UQ^{-1}。

的反对致使他完全没有必要如此严格地进行批评，正如我认为皮科克（Peacock）对利息问题的评论（《政治经济学理论》（英文版）第271页及之后）也没必要如此严格，同时也进一步致使杰文斯低估了他对研究中的现象进行图表表示的价值，并且模糊了他的研究结果。

因此，这个问题可能受到如下抨击：假定在一个工业企业内部，**已经雇佣固定数量的劳动力**，企业控制了 c 单位的资金，c 为变量，那么，我们显然可以把资金作为商品，并且它的单一度量维度为 Q。现在，我们来考虑一下单位时间内资金消耗或者消失的速度，我们必须假定资金库存的更新速度与消耗的速度相同，并且用 τ 单位时间（一般以年为单位）表示全部资金更新所用的时间跨度，测定资金的年消耗速度不是用百分比的形式，而是用绝对量的形式，那么，我们能够得到资金年消耗量为 $\frac{c}{\tau}$，并且它的度量维度表示为 QT^{-1}，资金的年消耗量是 c 的函数。资金消耗时间跨度 τ 很可能根据资金数量 c 的变化而变化，这也就是说，τ 的单位数量是 c 的单位数量的函数，这是由于我们假定在早期资金数量增加时，资金的年消耗量增加速度小于等比例的资金的增加速度，但是，当资金量非常大时，由于劳动力是固定的，比如购买煤、油等，假定资金全部以机器的形式存在很难正确地使用资金，因此，这时资金的消耗速度加快。然而，我们可以忽略这个影响因素，并且假定 τ 是个常量，因此，$y = \frac{c}{\tau}$ 的图像是一条直线。那么，在图Ⅷ中，这条直线上的任何一点所对应的横坐标代表了资金数量，对应的纵坐标则代表了资金的年消耗量或者其他时期的消耗量，纵坐标数值是 c 的函数。那么，接下来我们将考察资金的生产能力，也就是说，这是考察企业在固定投入劳动力的情况下，利用资金每年或者其他时间单位内产出的

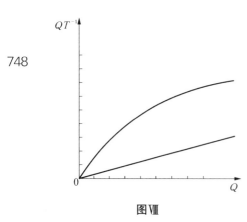

图Ⅷ

商品数量。为了研究这个问题,我们必须扣除购买其他商品的资金的实际消耗额,①。我们可以用 p 表示在固定投入劳动力情况下 c 单位资金每年或者其他时间单位内产出的商品数量(超过单独使用资金产出的商品数量),它的度量维度表示为 QT^{-1}。那么,凭借 c 单位资金的使用,在 τ 单位时间内,商品的总产出为 $p\tau$,如果我们用 q 表示 $p\tau$,那么,商品的年产出 p 能够表示为 $\dfrac{q}{\tau}$,它的度量维度同 $\dfrac{c}{\tau}$ 相同,这也就是说,都为 QT^{-1}。

当资金的数量增加时,它的年产出量 $\dfrac{q}{\tau}$ 在最初的时间里增加速度较快,但是,一段时间之后(前提是劳动力的投入数量是确定),资金数量的增加仅能缓慢地增加商品的年产出量,这是由于已经给劳动力提供了充分的资金量,因此,最终当企业提供给劳动力足够的资金使它发挥最大可能的优势时,商品的年产出量将达到极大值点,之后若再增加资金量,将一点也不会增加商品的年产出量。商品的年产出量 $\dfrac{q}{\tau}$ 和资金的年消耗量 $\dfrac{c}{\tau}$ 的度量维度相同,因此能够在同一个图表中来表示,那么,假设在图 Ⅷ 中较上面那条曲线是代表年产出量是 c 的函数的曲线。正如我们在图 Ⅷ 中看到的,资金 c 的总产出达到了一个最大值,或者在任何程度上,资金 c 的总产出有一个极限。但是,在总产出达到最大值之前的很长一段时间内,资金的净产出已经达到最大值并且逐渐趋于 0,我们必须记住这是由于随着资金量 c 的增加,资金 c 的年耗费量也在增加,并且这个年耗费量的数值将是趋于无限的,但是,由于资金的耗费必须能够得到补偿,因此在图 Ⅷ 中,资金的年净产出量为 $\dfrac{q}{\tau}-\dfrac{c}{\tau}$(这也就是商品的年产出量减去资金的年耗费量),就是两个曲线之间截距的长度。那么,这个年净产出量 $\dfrac{q-c}{\tau}$ 是 c 的函数,并且它的度量维度表示为 QT^{-1},我们能

---

① 我假定所有商品存在着一个共同的衡量方式。

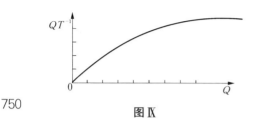

图 Ⅸ

够在图Ⅸ中展示这个函数的图像。

现在如果我们继续对变量 c 进行微分,我们将要面临需要处理的函数图像的纵坐标数值较小的这个困境,这违背了我们使用图像表示的目标,但是,这种困境能够通过延长纵坐标空间的技巧加以避免。因此,X 轴表示 Q 的单位长度并不发生变化,但是,纵坐标的单位长度与以前图像相比,需要延长 10 倍,那样我们就能得到一个曲线,这个曲线能够向我们展示资金数量的增加及其所引起的资金的年回报的增加这两者之间的比率,那么,这个曲线可在图像 Ⅹ 表示为如下。

现在,我们能够发现:任何东西的租用价格(the rate of hire of anything)都遵循最后效用度的一般规律,并且都是由使用这个东西时最后的增加额所带来的生产力的大小(这种生产力是以满足程度或者以产出商品量表示)所决定的。这也就是说,如果 c 代表资金投入量,图Ⅸ中的 $f(c)$ 代表周期性的净产出,那么,图 Ⅹ 中的 $f'(c)$ 代表资金的使用价格,这也就是利息率。

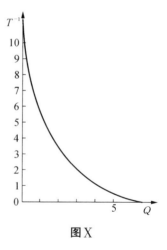

图 Ⅹ

这个数量是一个比率,是关于商品的供给速度(产出)及商品(资金)这两者的比率,因此,它的度量维度为 $QT^{-1}Q$,也就是 T^{-1},并且杰文斯经过细致缜密的阐释,向我们展示了 T^{-1} 实际上是对利息率的度量(《政治经济学理论》(英文版)第 268 页)。事实上,图像 Ⅹ 纵轴上的任何长度的数值表示并没有度量维度,只是表示资金的增加额及其所带来的周期性的盈利增加额之间的比率。$x = 5\frac{1}{3}$ 表示 $\frac{1}{10}$,或者表示 10%;$x = 6\frac{1}{4}$ 表示 $\frac{1}{20}$,或者表示 5%。此外,我们仍需要了解周期的时间长度,也就是所估计的周期性产出的时间跨度。这也就是说,盈利比率或者利息率的唯一度量维度为 T^{-1},一个给定数值表示的利息率仅仅受到时间单位的影响,不会受到商品单位的影响。

那么,继续我们的研究,通过对图 X 进行考察,我们发现:$f'(c) \cdot c$ 是这个周期内实际支付的利息总额;$\int_0^c f'(c)dc$ 或者曲线以下、横轴以上及 $0 \leqslant x \leqslant c$ 的总面积代表了在固定投入劳动力的情况下,c 单位资金所带来的总的净周期性收益;$\int_0^c f'(c)dc - f'(c) \cdot c$ 或超过矩形区域的曲面代表了超过总利息支付的金额,这是对劳动力投入的周期性回报。我们所讨论的这几个数量的度量维度都为 QT^{-1},并且都是周期性数值。为了得到它们在一个固定 t 期间内的绝对数值,我们应当利用 t 乘以它们的周期性数值,因此,度量维度变为 $QT^{-1}T$,也就是 Q,这也许牵涉到第三个坐标轴,这个坐标轴表示时间 T 的度量维度,并且 T 以正向方式进入第三个坐标轴,同时以反向的形式进入 Y 轴。我暂时还没能发现杰文斯反对这种方法的理由,因此我还不能支持他的观点(《政治经济学理论》(英文版)第 72 页及之后)。

杰文斯已经探究出"利息率的一般表示"(《政治经济学理论》(英文版)第 266、267 页),所以,即使我们现在提出的观点是正确的,对杰文斯的理论也不会产生重要的影响,杰文斯的研究的基本假设为:在投入同等数量劳动力情况下,我们能够合理地认为商品的产出量是不断消逝的时间的连续函数,并且这个过程伴随着劳动力的消耗和对商品产量的享受。杰文斯的这个假设不是基于资金的使用这个典型例子,并且在具体运用这个假设时,这个假设处理的是一些衍生物,而不是处理最初的事实和现象。在资金利用这个典型的例子之中,产量是连续的。在所有的大型企业中,都需要资金的不断更新及扩大,当资金用于投资的时候,资金就能立刻有一个连续的产量,这是一个基本的及一般的既定事实。如果考虑到例外的情况,即一项资金投资在隔一段时间之后产生的不是收入,而是一个绝对量的效用;或者考虑一个极其一般的情况,即一项资金是逐步投入的，并且预计期望当投资完成之后，全部的投资资金（以船、机器或者其他的形式存在）将会被某个人购买，这个人将要执行如本书第 617 页的注解中所介绍的一体化进程；又或者资金是瞬间投入的，并且过了一段时间之后，投资者将要享有周期性的产出，在上述所有情况下，投资者需要考虑下面这个问题：在给定的时间到期时，投资者能够掌控多少数量的商品；如果投资者期初投资于一个稳定的行业，那么，投资者是否会利用累积收益再持续投资该行业。如果投资者预期投资该行业的投资收益将达不到要求，那么，投资者就不会进入该行业。这样，估计每一项投资的**延期收益**的基础在于寻求它们的即**期产出比率**（请参阅《政治经济学理论》（英文版）第 66—74、90、91、266—280 页）。

在这些所有解释中，我并没有尝试把资金和利息的理论的研究范围超出杰文斯已经提出的理论范围，因此，这个领域中还要许多内容有待研究，但是，我目前的目标仅仅是扫清某些困难并且调整我们已经得出的结论内容，这是为我们更好的进展打下坚实的基础。

作为练习，我们可以描绘任何使资金更为持久的过程的结果，这样将增加时间 τ，因此降低图 Ⅷ 中的损耗曲线；但是，很可能不会降低生产率曲线，因为它将提高纵坐标公式中的分子和分母，而且比例相同。因此，图 Ⅸ 与图 Ⅹ 的纵坐标会被延长。因此，如果我们想象这个现象会立即同时发生在每个地方，那么，瞬即效应是将提供利息率。但是，增加的净产出将会增加累积效益，这样，c 就会增加，并且 $f(c)$ 和 $f'(c)$ 将会再次下降。

基本数理经济学

1. 经济数理度量维度[①]

单位是一个确定的量级，是选用来同其他同类量级相对照的标准。派生单位也是一种单位，这种单位是由其他单位所决定的，比如：面积单位就来自长度单位，长度单位的平方就被定义为面积单位；速度单位也来自长度单位和时间单位，它是通过在单位时间内运行的长度进行界定的。那么，对于面积和速度这样的派生单位，长度单位和时间单位是基本单位——"基本单位"是相对于"派生单位"而言的术语。

"当基本单位变化时，派生单位就会以一定的规则发生变化"（埃弗里特（Everett）），度量维度理论就与这种规则相关。基本单位与其他同类的量级被认为有一种度量维度，因此长度是度量维度，为 L。在面积单位中长度单位出现两次，一个决定长方形的长度，一个决定其宽度，因此面积的度量维度为 LL，我们经常将其表示为 L^2。如果我们改变长度单位，将长度单位从英尺改变为英寸（1∶12），面积单位将会随之按两倍比例减少（总计1∶144），因此，面积单位的变化直接是长度单位变化的

[①] 重印自亨利·希格斯（Henry Higgs）主编：《帕尔格雷夫政治经济学词典》（英文版），第二版，第一卷，第583—585页。

平方。速度单位中包含长度单位和时间单位,但两者的基点是不一样的;如果时间单位是分,长度单位是英尺,那么,速度单位是英尺/分;因为英寸/分的量级小于英尺/分,如果我们将长度单位的量级变小,那么,速度单位的量级将随之变小;但是,如果我们将时间单位量级变小,速度单位的量级将会升高,这是由于英尺/秒的量级大于英尺/分。这种含义可以表述为:在速度变化中,经过时间单位 T,速度的变化会成为负数,因此,速度的度量维度可以表达为 LT^{-1}。如果某个度量维度以反比例的形式进入另外一个单位中,这另外一个单位通常是比率单位,并且可以表示为 x/y(y 表示的是以反比例的形式进入该单位的度量维度的数量)。

现在,我们已经研究了派生单位变化的简单例子,但是很明显,具体度量维度的数值与单位的量级是成反比例关系的,这也就是说,单位量级越小,任何给定单位量级的数值表示就越大。因此,当以正比例进入该派生单位的度量维度的单位量级上升时,该派生量的数值表示就会下降;当以反比例进入该派生单位的度量维度的单位量级上升时,该派生量的数值表示就会上升。这样,假设速度单位是(度量维度为 LT^{-1})英尺/分,具体速度数值表示为 10,即速度为 10 英尺/分;那么,将长度单位变为英寸(1∶12)、时间单位变为秒(1∶60)时,派生单位为英寸/秒;它与英尺/分的关系是这样得出来的:按照 1∶12 的比率呈正方向改变(除以 12),然后按照 1∶60 的比率呈反方向改变(乘以 60),因此得出的新单位的量级是原来单位量级的五倍,即 1 英寸/秒 = 5 英尺/分。但是,当单位改变时,这个确定速度的数值表示,也就是 10 英尺/分,将会变为 $10 \div \frac{1}{12} \times \frac{1}{60}$ 英寸/秒,这也就是说速度变为 2 英寸/秒,这个数值表示是以前单位数值表示的 $\frac{1}{5}$。

如果我们计算这样一个量值:在运动轨迹为抛物线的情况下,物体水平运动一英尺时垂直运动的距离。那么,这个量值的度量维度为 LL^{-1},度量维度 L 与 L^{-1} 相互抵消。这样,无论如何,长度单位的变化将不会影响该度量维度的数值表示,又由于这个数量没有其他度量维度,因此,可以说它没有度量维度。用弧线和半径之间比率来确定的角度值、三角函数及比率都具有这种特点,它们都没有设定的单位,并且它们的数值表示都为绝对数。

如果我们能够全面地理解领会度量维度的要点,我们就很容易将之运用于经济问题,并且我们也会发现它是检查更加复杂的协作性及分析性问题的非常重要的方法。这样,如果使用价值或者效用的单位被认为是基本单位时,其度量维度表示为 U;我们正在考虑的商品数量的度量维度可表示为 Q,那么,商品的效用程度($q.v.$)就是因消费每个单位的商品所获得的满意度的比率,其度量维度为 UQ^{-1};这样,商品的效用程度也容易与满足率相区别,满足率的度量维度为 UT^{-1}。由边际效用或者最终效用程度所决定的价格的度量维度为 UQ^{-1} 或者 P;租金,即单位时间的价格的度量维度显然为 PT^{-1} 或 $UQ^{-1}\ T^{-1}$。当我们将资金作为该种商品并且将资金用于商业用途时,那么,从中产生的效用是一种与资金同类性质的商品,那么,度量维度 U 就变成了度量维度 Q,利息的度量维度(作为一种比率)就变成了 $QQ^{-1}T^{-1}$ 或 T^{-1},并且这种理论经过缜密的思考和实证检验证明是正确的。

度量维度理论应该被应用于与图示方法密切相关的经济学中,但是,正如我们所解释的,度量维度与图像的几何维度的关系完全是任意的。物理学家为了自己的方便,用一条线或者面积来表示抛射体的高度(仅仅有一个度量维度),用一条线或者倾角来表示抛射体的速度。因此,经济学家也可以通过一条线来表示一个复杂的派生单位度量的量的数值,或者通过面积或立体图形来表示一个基本单位度量的量的数值。如果经济学家能够很好地掌握度量维度理论,他可以任意地改变他的度量方法,并且不会引起任何困惑。然而,在所有的例子中,用面积或者立体图形来表示的度量维度是由用直线所表示的度量维度构成的,并且用直线所表示的度量维度决定了用面积或者立体图形所表示的度量维度。再者,对微积分基本理论有稍微了解的那些人将会理解:如果曲线的方程式对 x 求微分,那么,派生曲线面积的度量维度与基本曲线纵轴的度量维度相同;派生曲线的纵轴的度量维度将与基本曲线纵轴的度量维度呈正比例关系,与基本曲线的横轴的度量维度呈反比例关系;但是,这两个曲线的横轴的度量维度是相同的。这也就是说,微分使得我们所求微分的变量的度量维度以反比例的形式进入派生函数;积分使得我们所求积分的变量以正比例的形式进入基础函数。

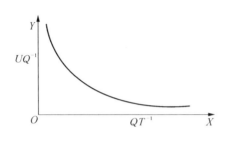

我们通过图示法说明:纵轴代表渴求度或者效用程度,横轴表示单位时间的商品供应量。现在假设第三个坐标轴(Z)垂直于该页面,用来表示时间。这个图像能够表示在消费这个普通的问题上我们涉及的所有数量:X 轴表示供应速率,其度量维度为 QT^{-1};Y 轴表示效用程度,其度量维度为 UQ^{-1};Z 轴表示时间,其度量维度为 T;满足率是平行于 X 轴和 Y 轴所确定的平面的面积,其度量维度为 $UQ^{-1}QT^{-1}$ 或 UT^{-1};立体体积表示总效用的大小,其度量维度为 $UQ^{-1}QT^{-1}T$ 或 U;总供给是指平行于 X 轴和 Z 轴所确定平面的面积,其度量维度为 $QT^{-1}T$ 或 Q;同样,我们可以知道价格、雇用人数、总支付金额等,我们可一眼就可以看出它们的度量维度之间的关系。

约瑟夫·福尼尔(Joseph Fourier)首次清楚地阐明了度量维度理论(根据杰文斯的《科学原理》,1887年,英文版第325页);福尼尔在他的《热的理论解析》(1882年,英文版第159—162页)中清晰地解释了这一理论。虽然这个理论已被详细阐述,我们仍将会在约瑟夫·大卫·埃弗里特(J. D. Everett)教授的《厘米克秒单位制》(1981)的开始部分找到极为普遍的陈述。杰文斯是建议将这一理论应用于经济学的第一人(《政治经济学理论》,1888年,英文版第232—252页),但是,不幸的是,他陷入了明显的错误与困惑,这使得他的建议在他手中毫无建树。另外,我们可以在美国《经济学季刊》(1989年4月,英文版第297—314页)中发现作者批评地对待了这一理论并且发展了杰文斯的建议。

2. 效 用 程 度[①]

杰文斯在他的著作《政治经济学理论》(1871年)中首次提出这个术语,通过类比可以精确阐明这个术语的意义。"效用程度"和"总效用"的关系与"速度"和"位移"的关系相同,假定我们给定一个物体一个初速度,把它垂直向上抛射,那么,我们就能探究:首先,这个物体运动过程中的任何一个时刻它的高度;其次,在这个物体运动轨迹上的任何一点上它的运动速度;并且,物体运动的速度显然就是它的高度增加的比率(无论这个物体是上升还是下降,当上升时,物体运动的速度与高度的上升比率呈正向关系,当物体下降时,物体的运动速度与高度的上升呈反向关系,即与高度的下降呈正向关系)。这个速度也许用英尺/秒进行度量,也许用英里/小时,或者用其他合适的单位,但是,在任何情况下,从一个点到另一个点,物体运动速度是变化的,并且在任何期间内,即使期间较短,物体的速度也不是一直不变的。

现在,我们必须把这种度量理念的范围扩大到经济学概念,比如,对"满足度"和"效用"的测度。度量的本质在于确定所研究的量级和被选择作为标准的其他量级之间的比率,如果我们能够确定这个比率并求出满足度的标准,或者求出不满足度的标准,那么,相应地,我们就能够测定一个"满意度"的大小。这样,如果我想要测定一个饥饿的人在消费一定数量的面包之后的满足度,我也许能够探究这个人在这种情况下他能付出多少的劳动力换取面包而不是宁愿不吃面包,或者这个人能够为给定数量的面包支付多少金额,而不是当不择手段的垄断者索取饥荒时的价格,他便不吃面包。这样,如果我们能够选择任何标准,至少是理想上的,我们会选择我们能够感知的任何确定程度的"效用"或者"满足度"作为测度标准。但是,我们必须记住:这种度量方式是基于不同满足度的相对大小,比如,对一个人及对一类人,我们并不能说这种度量方式给我们提供了一种比较不同人内心所感知的满足度的方法,这是由于没有人能够说

[①] 杰文斯:《政治经济学理论》(英文版),第一卷,第 536—537 页。

被选择作为满足度标准的单位对两个不同的人的意味不同。并且,我们也没有发现任何这种绝对数度量方式是达到近期目标所必须的。

我们已经做了那么多的引导性论述,现在,我们应当去解决与抛射体类似的经济问题。假定我们提供给饥饿的人这样一种商品,比如面包,首先,我们探究这个人从给定数量面包的消费上所获得的满足度的大小,在这种情况下,我们应当探究对在这些状况下的这个人来说,给定数量的面包的"总效用"或"使用价值";其次,我们应当探究在这个人进餐的过程中的任何一点上对面包的消费速度(比如每盎司或每英镑)所带来的满足度,在这种情况下,我们应当能够探究面包的"效用程度"。当然,这种效用程度在每一个点上是不同的,在这个人最饥饿的时候,他消费一盎司面包会给他带来相对较高的满足度;而当在进餐将要结束的时候,这个人接近于满足,那么,他消费一盎司面包会给他带来相对较低的满足度;并且在理论上,满足度在这个期间的不同点上不会保持不变,即使这个期间较短。现在,我们显然能够发现:这个"效用程度"就是"总效用"增加的速度,这正如一个上升或降落的物体的速度就是"位移"或"高度"增加的速度。

速度和位移、效用程度和总效用的精确关系可以用数学方法表示为:前者是后者"微分系数"、"第一次微分的派生函数"或者"变型"。若通过

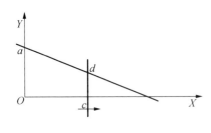

图像方式表示两者之间的关系则是:如果后者用面积进行表示,则前者就用直线来表示。在图像中,如果我们假定直线 cd 以一定的速度从 O 点沿着箭头的方向移动,这代表了时间的流逝;另外,我们假定图像中 $aOcd$ 的面积代表抛射体在时间 Oc 内移动的位移,那么,cd 就是 $aOcd$ 的面积的微分系数,这也就代表在时间点 c 上运动物体的速度,或者代表物体升高的速度。这种图像方法很可能对没有数学基础的读者来说更加明晰易懂,如果这个读者能够理解速度代表随着时间流逝物体高度增加的速度,并且这个人能够观察到随着 cd 垂线沿着箭头方向的移动,直线 cd 截距

的长度同样能够决定 $aOcd$ 的面积增加的速度。

现在,我们假定垂线 cd 从 O 沿着箭头的运动代表了对面包的消费,所以 Oc 代表对面包的消费量达到进餐中的某一点;并且假定 $aOcd$ 的面积代表进餐达到某点时所获得的总满足度。那么,cd 仍然是 $aOcd$ 面积的微分系数,它代表消费者通过消费每个单位(比如盎司)的面包所获得的总满足度的增加量,这也就是说,cd 代表在 c 时点上面包的效用程度,Oc 所代表的面包数量表示已经被消费掉的数量。

然而,我们应该能够发现:当我们处理经济数量问题时,直线 ad 很可能从来都不是一条直线,经常是一条有点儿复杂的曲线,并且它实际上从来不或者很少能够决定它自己的实际形式。

自然地,效用程度的主要意义为:商品的增加量就是消费者期望接下来能够获得的量,或者消费者可能需要放弃的量,这也就是说,他已经获得的或者接下来他想要获得的商品的最后增加量。杰文斯把这个术语称为"最后效用度"($q.v.$),在"**最后效用度**"这个题目之下,可以找到关于这个论题的所有重要的参考书,我们在这里应当解释的问题是:我们上面所讲到的运动物体的类比这个论题是由洛桑的莱昂·瓦尔拉斯(Léon Walras)教授发展的,并且这个论题是由他的父亲 A. A. 瓦尔拉斯(A. A. Walras)首次提出的(参见**最后效用度**)。

3. 最终效用程度[①]

最终效用程度是杰文斯用来代替**效用程度**($q.v.$)的术语,它是用以表示任何所获得的商品的最后增加量,或者是接下来期望获得的商品量。这个增加量是指极其微小的增加量,**最后效用度**是在已经获得的商品的最后增加量和接下来期望获得的商品增加量之间的效用变化。研读讨论效用程度的这篇文章之后,可以看出,这篇文章显然告诉我们的是,在商业活动中能够引起我们兴趣的是各种商品的"最终效用程度",而不是商

[①] 杰文斯:《政治经济学理论》(英文版),第二卷,第 59—61 页。

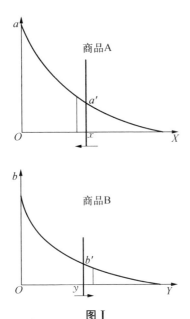

图Ⅰ

品的最初的或平均的效用程度。这也就是说,在图Ⅰ中,如果 a 是商品 A 的一个微小的单位,b 是商品 B 的一个微小的单位,q_a 代表我所拥有的商品 A 的数量,q_b 代表我所拥有的商品 B 的数量,那么,当考虑 a 和 b 的等价问题时,我并不考虑商品 A 和 B 谁的初始效用程度较大,换言之,我并不比较 Oa 和 Ob 的大小;我也不考虑商品 A 和 B 谁的平均效用程度较大,也就是说,我也不比较与 $aOxa'$ 等面积并以 Ox 为底的矩形区域的高和与 $bOyb'$ 等面积并以 Oy 为底的矩形区域的高。我仅仅研究 xa' 的长度与 yb' 的长度的大小,并且研究商品 A 和 B 的增加所带来效用增量的相对比例,如果 xa' 的长度是 yb' 的长度的两倍,那么(由于 a 和 b 被认为是非常微小的单位,消费 a 或 b 数量的商品 A 或 B 时,我们完全忽略曲线 aa' 和 bb' 的下降),我们显然能够发现:$2b=a$,这是由于 $2b$ 数量的 B 及 $1a$ 数量的 A 所带来的效用是相同的。

现在,在图Ⅱ中,我们假定有另外一个拥有商品 A 和 B 的人,或者因为他对商品 A 和 B 拥有的数量比例不同,或者是因为他的个人喜好及需求不同,我们发现:对于他(2)和我(1)来说,商品 A 和 B 的微小单位 a 和 b 的最终效用度是相对不同的。对于他来说,$3b=a$,这显然存在着对双方都有利的交换机会。令 $2<\delta<3$,那么 $3-\delta$ 和 $\delta-2$ 都为正数,现在我们假定(1)和(2)进行交易,(1)给(2) a 个单位的商品 A 并从(2)那里取得 δb 个单位的商品 B,那么,我以 a 个单位的商品 A(对他来说等价于 $2b$)作为交换收到 δb 个单位的商品 B,我从这项交易中获得的收益达到 $(\delta-2)b$;在同一个交易中,他以 δb 个单位的商品 B 作为交换收到 a 个单位的商品 A(对他来说等价于 $3b$),他从这项交易中获得的收益达到 $(3-$

δ)b。因此，这项交易的结果是：用以代表每个交易者所拥有的每个商品的数量的垂线按照箭头所指的方向移动。显然，通过观察图像，我们能够发现：在两个交易者的情况下，这项交易能够降低两个交易者之间的 a 和 b 等价比例的差异。这样的交易将会继续进行下去（δ 不必保持固定），直至两者之间的 a 和 b 等价比例相一致为止，并且在两者的 a 和 b 等价比例相等的这个比例上，最后的商品交易带来了交易的平衡点。这种平衡下的比例是交易的极限，也就是说，可能通过一系列的在各种各样比例下的暂时性交易，交易比例持续地趋于这样一个

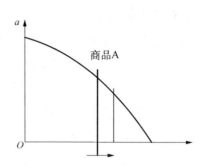
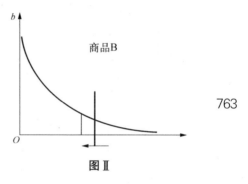

图 Ⅱ

比例，并且当实际交易比例达到这样一个比例时，交易将会停止。

因此，杰文斯的基本定理为："任何两个商品的交易比例为它们的商品数量的最终效用程度比例的倒数，并且这个商品数量是交易完成后可供消费的商品数量。"这个基本定理适用于一个理想的比例，这个比例是能够确保突然达到交易平衡的交易比例，而不是适用于在"实际市场"中达到平衡交易比例之前的一系列的暂时性交易比例。

我们能够在《最终效用程度、交换、价值及效用》这篇文章中发现：最终效用程度和总效用的精确的数学关系是前者是后者的微分系数。

"效用程度"和"最终效用程度"的概念是政治经济学数学方法的核心，并且它们的起源几乎和数理经济学的起源相一致，顺便提一句，各种数学家都曾经一次又一次地有过这种想法，并且这种想法被经济学家独立地验证不少于四次或五次，古诺（1838）、迪普特（Dupuit，1844）、戈森（Gossen，1858）和杰文斯（1862 及 1871）接连发现并且发布了这个理论，并且每个人的研究都没有以前辈的研究为依据，都是独立地进行验证。

奥地利的门格尔（Menger）在1871年，瑞士的瓦尔拉斯在1874年（以古诺的研究结果为基础进行研究）本质上采取了同样核心的构思，并且从此以后，这个理论就一直没有被人们遗忘，德国、荷兰、丹麦、法国、意大利和英国的许多作者开始从事这个理论的发展。有关参考文献请参见杰文斯的《政治经济学理论》一书附录中的参考文献以及瓦尔拉斯的《货币理论》(1886)的前言，美国、英国、法国学者们有关这个理论的最新研究进展请见附录。

（杰文斯的"最终效用程度"（final degree of utility）也即奥地利学派的"自然价值"（Grenznutzen）、戈森的"效用"（Werth der letzten Atome）、瓦尔拉斯的（rareté）。）

政治经济学与心理学[①]

如果说政治经济学是关于财富的科学,那么它就是对人们因供给需要和满足欲望而做出的努力的研究。"需求"、"努力"、"欲望"和"满足"都分别属于一种心理现象。

因此,心理学相对于政治经济学而言就如同是波伊提乌(Boethius)[②]的上帝一样,是后者的"方法、动机、指南、起源和终点"。

然而,政治经济学家显然并不致力建立心理学的基本原理。比如,他不必追究概念的本质,或者是确定意志对理性的关系。迄今为止,已经明确的是:(参阅凯恩斯(J. N. Keynes)的《政治经济学的范围和方法》(英文版)第87、88页),虽然政治经济学的法则"最终建立在心理学的基础之上",凯恩斯认为与其将心理学的法则作为政治经济学的最终结论,不如将其作为后者的佐证资料;除非是因为政治经济学的假定前提无法详尽阐述自身的观点,不得不转而涉猎于心理学领域。

[①] 重印自《帕尔格雷夫政治经济学大辞典》(英文版),第二版,亨利·希格斯修订,第三卷,第140—142页。

[②] 波伊提乌(Boethius,公元480—524年),古罗马哲学家和政治家,曾用拉丁文译注亚里士多德的著作,后以通敌罪被处死,他在狱中写成以柏拉图思想为立论根据的名著《哲学的慰藉》。——译者注

但是，上述并没有证明心理因素对政治经济学的影响应当降至与物质因素相同的水平。凯恩斯(J. E. Cairnes)(《政治经济学的逻辑方法》第二版，英文版第 37 页和第 38 页，前者被凯恩斯(J. N. Keynes)在《政治经济学的范围和方法》的英文版第 85 页中引用并显然认可)确实以地租法则为例，而且认为在地租法则的创建过程中，经济学家既分析了对支配地主和佃农行为的私利动机，也分析了决定报酬递减规律的土地的自然条件。现在看来，这是非常正确的。经济学家从心理学和自然的资料开始，假定他说服自己认为这些资料是真实的，不需要对它进行分析。但是，有所不同的是，尽管他的资料有一部分是物质的，也有一部分是心理的，但是作为最后一步，他所做出的结论却完全是心理的。如果地租法则是客观真理，那么，它就是关于一组规则的概述。这些法则以某些所有权和特权作保障，以某种动机为激励，在以客观事实和法则的形式出现的条件下，我们希望它们能对人们的行为进行调节。然而，作为人们行为的普遍规律的政治经济学的法则，是心理的而不是物质的；因此，在某些与自然科学和技术截然不同的问题上，心理学会更广泛地渗透于经济学领域。

因此，显而易见，经济学家虽然不对心理资料进行完全分析，但是它们的结果或结论是心理现象的规则。但是，在此界限内，仍然为不同观点并存提供了广阔的空间。有的观点认为，经济学家必须同时采用和检验心理与物质的资料，而且利用普遍的辩证法(例如逻辑归纳和逻辑演绎，如果可行的话，或者是数学的方法)，然后将他的主观结论传递给社会学者。人们也可以认为，政治经济学在很大程度上，甚至是普遍地应用心理学，以致于经济学自始至终都意识到它研究的是心理现象，而且不得不一直受到心理学思维的指引。心理学与经济学的关系就如同数学与机械学，虽然两者不是在所有方面都是等同的。

显而易见的是，一场学术争论会对心理学与经济学关系有决定性影响，该争论是关于是否将消费理论吸纳进政治经济学，作为其独立的和公认的一部分。整个消费理论的研究无非是对一项重要的心理学法则的应用，该法则是指：随着对同一个人供给的某种商品和服务数量不断地增加，消费者从中获得的满足感或者快乐是递减的。承认"消费理论"作为政治经济学的一部分,就等于承认应用心理学在经济学中有着举足轻重的地位。因此,假定我们有充分的理由将"消费理论"作为政治经济学的一个组成部分,我们就应当顺理成章地承认心理学的方法,以及心理学的资料和结论都应当作为该学科的一部分;如此明白无误地表达出消费理论与心理现象的关系,是政治经济学这个分支理论的研究赖以存在的基础,它的重要性可以通过普遍流行的错误观点得到很好的体现。例如,几十年前,再也没有比如下提法更为普遍地得到应用的政治经济学信条了,即"人们想要什么,他们就愿意为之支付",因此,所有的救济都是浪费,是"与政治经济学背道而驰的"。这格言是指,如果同一个人对 A 商品与 B 商品的需求是一样的,他将会为 B 商品支付与商品 A 相同的价格,否则他就不会购买。从这一观点出发,可以获得市场价值和劳动力与资源的商业性合理配置方向的结论。这个结论又可以依次理解为如下论断:如果两个人中的一个不愿意为 A 支付的价格与另一个人愿意为 B 商品支付的价格一样多,那么,前者对 A 商品的需要程度就不及后者对于 B 商品的需要程度,那么,将 A 商品捐赠给第一个人,而不是将 B 商品捐赠给第二个人,将是资源浪费和错误的慈善。当然,没有经济学家会阐明这种谬论,但是,如果经济学家对消费不做明确的心理学研究,那么,它将会为如此的"政治经济学应用"留下用武之地,甚至主动请缨。

关于"消费理论"的阐述就到这里。但是,交换与消费的关系是如此紧密,价值规律是如此直接地依赖于心理学当中的满足程度的收益递减规律,以致于要将应用心理学排除于价值与交换问题的研究之外是永远不可能的。

货币问题为此提供了一个绝好的例子。在众多的经济学研究分支中,货币与对外贸易关系的研究看上去算是对社会现象最接近客观的研究;我们所熟知的货币数量论就为此提供了有力证据,它揭示了不受心理影响的经济规律。但事实是,在整个调查研究中,除非研究者一直与心理基础保持有意识的接触,否则他对货币的研究将举步维艰。没有经过特殊的调查,我们甚至无法利用供给与需求的一般原理来解释为什么通货越多,那里的交易价格就越低。因为,供给与需求的一般原理受到心理学的影响。为什么供给的增加会降低交易的价格？因为，对任何一种商品供给的增加，将更彻底地满足相应的需求，从而降低剩下的未满足的剩余需求的需要程度。在货币的例子中，达成的共识是，x 和 nx 单位的货币所执行的功能是相同的，因此，货币功能和货币对满足需要的重要性不会随着货币占有量的增长而下降，但是，通常会随着商品占有数量增加而下降。如果供给需求法则被看成客观的和绝对的，而它与心理学的关联被忽视，那么，把它运用在货币问题上的分析时将无的放矢。

我们下面转向生产和收入分配问题，我们会立马想到"生产理论"的研究将包括劳动理论，该理论完全取决于以下规律，即随着劳动投入的连续增加，人们对劳动的厌恶感是递增的，以及随着人们获得商品数量的连续增加，商品给人们带来的心理价值是递减的，以及其他关于劳动带来的后果；这些规律同样渗透到分配理论的每个观点，我们所熟知的分配递减规律贯穿分配理论始终，该规律是指在保持其他生产要素数量不变的条件下，连续增加一种生产要素的投入所带来的边际报酬是递减的。

在政治经济学所有的四个重要组成部分中，我们发现近几年来的经济学的研究方向的趋势是：即使当人们从事那些看起来离心理基础意识最遥远的调查研究时，人们也会更加清晰与更广泛地认识到心理学与政治经济学的紧密关系，以及我们一直依赖于心理基础的重要性。

然而，尤其是"生产理论"和"分配理论"，问题的另一面自发地吸引我们的注意力。至今我们都探求一个问题，经济学的心理性资料能否通盘被接受，并利用普遍的辩证法进行处理，或者它们最终能否一直受到关注，并在调查研究中被当作一般原理，运用到对特殊问题心理条件的分析上。我们将进一步探求，这些心理性资料是否是关于财富的资料，无论是现象或是原理，包括所有的深刻影响到如生产、分配等环节的心理意识，或者我们能否有意识地简化心理学，而只针对人的行为动机进行假设，如设想使"经济人"的假定变成现实。在分配理论中，政治经济学是有条件的科学，在生产理论中，将集中其积极性上。

最近的研究著作逐渐扩大了心理学在政治经济学中的应用范围，我们很难对这一趋势提出质疑。这种趋势在近来的经济学研究的两次著名的变革中得到证实,两次变革对这一趋势也有反作用。首先,无论是应用于研究短暂的或者是永久的状况,经济学的研究主题,同其他学科一样,受到对调查具体方法偏好的影响。现今一些学者研究的问题有:欧洲或美洲国家的大罢工或工会运动历史,印度的土地私有制和乡村工业,英国或法国的中产阶级及技工的收入预算,汉萨联盟或是意大利共和国的经济增长以及产业组织,商业活动的融资制度,如此等等。他们考察了财富生产和分配的前提条件。在他们的研究领域中,李嘉图和西尼尔(Senior)简化的心理学完全被漠视。很显然,除了财富的自然历史和生产领域,一些经济学家不愿意承认经济学是普遍真理的理论或科学,然而,另外一部分经济学家则努力创建经济学的一般原理,使之成为应用范围广、普遍可行的定律。另外,近年来第二次变革的特点是依赖于历史的研究方法。因此,就此而论,饱受争议的数学方法是历史或具体方法的必要补充。只要数学专业的学生一将严谨的和普遍的研究方法应用到公认的经济学心理资料中,他就会认识到他的数学公式涵盖了资源分配的一般原理,即利益最大化的结论,而且独立于研究问题中的资源的性质和结果。这使一个人的经济行为与其他一般行为一样,都受到同一规律的指引,而且为我们研究的领域提供了更广阔的基础和保障。

我们的结论对奥古斯特·孔德(Auguste Comte,《实证主义教程》(英文版)第四卷,第193页及之后)的饱受争议的但是得到较少理解的观点提供了新奇的解释,该观点认为,不存在特有的有着专门的定律和原理的财富科学,而且排除人们获得财富冲动的企图注定是无疾而终的;特殊的心理学一般原理在产业和商业的领域的应用一定会是有生命力的,并会大放光彩。

价值与分配:"边际"理论下的政治经济学的研究范围和方法[①]

I

我一直向那些已经接受价值与分配的边际理论的人建议,他们应当关注边际理论被引入到政治经济学的一般概念以及与它相关的其他学科中所引起的改变,而且强调应更加充分地接受这个改变,并且将它发扬光大。同时我认为,我们应认识到,对我们合理的研究课题而言,最好的正确研究途径是对理论本身做个概括性的阐述,而不是被动地去为其辩护。

我们将从定义经济学的研究领域的特征开始进行阐述。没有天然的清晰的分界线将经济生活隔离开,我们无须寄希望于对它进行严格的定义;但是我认为,我要做的一件事是为了事情本身的理由而去做(未必是为了我自己,因为我主要关注另外一些在特定条件下令我感兴趣的人,这种兴趣出于我个人纯粹的喜好),或者,我做一件事是为了满足个人愿望和我个人目标的顺利实现;事实上,假如我致力于我个人目标的直接追求,或者只是出于我自身的本能冲动,那么,我的行为就不是经济的。但是,如果我做一件事或者生产任何一件物品不是出于强烈的兴

[①] 重印自《经济学杂志》,第 24 卷,第 93 期,伦敦,1914 年 3 月,第 1—23 页。摘自不列颠学会 1913 年年会(伯明翰)的主席演讲的 F 节。

趣，而是因为另外一些人需要它，以及他们也会生产我想要的物品，或者让我获得对它的控制权，那么，我是以生产他所需要的物品的方式来获得我自己想要的物品。我是以直接满足别人的需要的方式来间接实现我自身的需要。这就是经济关系的本质，这种经济关系的整个系统的机制与联系正是经济学研究的恰当主题。因此，假如一个农民用雕刻装饰他的牛轭，是因为他沉迷于雕刻以及喜欢有装饰的牛轭，或者，如果他为他的朋友雕刻一张凳子，只是因为他喜欢他的朋友，他愿意为他劳动以及他确信他的朋友一定会喜欢他的作品，那么，这种行为就不是经济行为；但是，如果他因雕刻树立起名誉，以及其他的农民想获得他的作品，他可能会成为专业雕刻家，他雕刻牛轭和板凳，是因为其他人想拥有它们，他发现满足其他人的需要是他获得衣食用品、艺术享受，以及其他一切他想要的东西的最便捷的途径。这样，他的艺术创作让他与其他社会成员发生了经济联系；这个例子告诉我们，一个人的职业与社会关系的经济和非经济性是广泛交织在一起的。当一个人发现通过利用他身上部分天性，能提供满足其本能需要的物品，他就会真正有幸福感；或者，他为自己喜爱的朋友提供劳动的同时，他也获得了对能实现他个人目标需要的所有服务的支配权。经济性与非经济性完美的融合是现代"乌托邦"的梦想，但是，我目前的研究主题仅仅限于经济关系的这一方面。

工业社会的经济体制描述了每个人赖以生存的途径，即通过向他人提供自己力所能及的东西，来从他人那里获得他想要的东西。当然，存在这样的情况，即那些他为之生产产品或者提供服务的人有可能为他提供特定物品以满足他需要的人。但是，这不总是成立的。在我们的社会中，他为之提供服务的人可能无法提供他想要的物品，但是，他们能让他获得对他所需要的物品的控制权，虽然他们不把这些物品直接地给他。这要通过货币的功能来完成，货币是交易循环中的服务和商品普遍适用的指挥棒；"货币"作为价格的尺度，瞬间能表示出所有市场商品的价格，同时，货币作为一般等价物，每个愿意用自己物品去和他人交换自己所需要的物品的人，都愿意接受它为媒介或中介，通过货币的使用来提高交易的效率。因此，在大多数商业贸易中，交易的一方满足对方的具体目标，从而在交易中获得对一般商品和服务的支配权,这种支配权只以商品和服务的数量定义,而不以其种类定义;等值交换比例是现有市场价格所公认的。与他人发生经济关系的每一个社会成员有选择地使用他特殊的资源,而且使他的一般资源专业化,从直接实现他人的需要开始,然后挑选出那些能直接实现他的需要的人。因此,在交易循环的一个节点上,我们每人都带来自己持有的物品,然后在另一个节点上,从他人那里取走自己想要的物品。失业就意味着没有人为我们某项具体的服务付出足够的价值,以致于让我们出于自愿放弃对一般服务的支配权,同时准备获得相应报酬。

因此,在交易循环中,我们的经济关系建立在各种商品与服务的一般等价物之上;或者换而言之,是建立在市场价值的基础之上。我们首先要系统地阐述交易的"边际"理论,也就是市场和价值的理论。数学的语言可以胜任简练和精确的陈述;因为边际价值在应用中,将交换价值视为价值的一阶导数和微分方程;用通俗语言的描述就是,一个人是否愿意购买某件商品,都取决于对以下不同选择结果产生差异的比较,即他为交换物所付出的代价与不占有交换物给他产生不同结果之间的比较;再者,在私人预算的决策中,尤其是在一般的投机交易中,我们关心的不是任何商品——如煤、面包或者衣服——的供给总量,而是它们的增量,例如整个国家较好的和极好的小麦丰收所产生的差异,或者我们自己家庭一星期消费10块与11块面包之间的差异,也有可能是在海边度假10天和两个星期两者之间的差异。总而言之,当我们决策缩减还是增加任何一种商品的支出时,我们通常都会衡量商品供应数量的调整给我们带来满足感的差异。无论是对供给数量或者满足感,我们一般都不是考虑其总量,而是考虑其不同供给数量对个人所造成的满足感的差异。

根据该理论,我愿意为增加所持有的一单位任何商品的付出,取决于增加这一单位商品给我产生的满足感的差异,然而,我必须为其付出的代价取决它给其他某些特定的人所产生的满足感的差异;因为,如果存在这样一个人,所增加的这件商品给其带来的满足感的差异超过给我的,他愿意为商品出更高的价格,那么,他将占有它,而我则空手而归。不过,如果他拥有的数量越多,随着拥有数量的进一步增加,给他产生满足感的差异就越小;相反,随着我拥有的数量减少,给我产生的满足感差异就越大,我们最终会趋于一个均衡;我愿意付出的和我必须付出的将趋于一致,而且,增加或者减少一点我习惯性消费的商品给我带来的满足感的变化量将与该件商品数量的微小变化给其他人带来的满足感的变化量相等。

可以从个人角度分析这个问题。我们指出,对于任何个人,随着任何商品或者服务供应数量的增加,一个单位供给量的微分重要性就会下降。在我们自己的开支中,我们观察到,现行价格(市场上的个人反应行为是无法观察的)确定了向我们开放的交易市场上整个商品和服务范围所限定的各种可供选择的交换物的交易条款。很显然,只要增加一件商品的购买超过花同样的钱购买另一件商品所带来的边际满足感,我们就会增加购买量(随着数量的增加,边际满足感下降),我们将一直调整支出在各种商品之间的分配,直到增加减少任何一件不同种类商品所带来的边际满足感都相等。我在此不论及这一过程中实际上会遇到的困难,这一困难阻止我们真正实现支出的理想均衡状态;但是,我必须强调要注意我们在可供选择的各种决策中进行分析所应当遵循的原则一致性,即我们对不同选择中最优经济行为的分析,比如,对同一个人提供的不同数量商品的微分重要性之间实现主观均衡,与其对应的分析是,相同数量的供给对不同的人产生的微分意义之间实现的客观均衡。

上述结论引出了另一个极端重要的问题。在私人配置资源中,我们同时考虑了交易市场和非交易市场的资源。这两种资源配置都遵循相同的规则。正如家庭主妇在市场上两个摊贩之间做犹豫的选择一样,一个有主见的学生把他的时间和精力在从事他自己的研究和了解本专业的最新动态之间进行分配时,形成了对两种行为微分意义的估计,并且使两者相等。另外,当我们考虑是住在农村还是住在城镇时,我们经调查发现,我们会仔细权衡几种截然不同享受的增加和减少,比如与新鲜的鸡蛋、友情等有关的享受。或者,更为普遍地,我们生活问题的内在本质与所有最根本欲望(与我们对交换物的支配权密不可分,但欲望是最终目标,其他的相对于它来说只是手段)的满足之间,都遵循相同的放之四海而皆准的法则。美德、智慧、审慎、成功,都蕴含着不同的价值理念,但是它们都遵从亚里士多德提出的关于人格的法则,或是现代作家从商业角度对其进行分析,因为它们包含按适合比例组合成的因素,由资源的分配确定它们的比例,这种资源的配置促成了微分意义上的均衡,确保目标的达成是经过精心计算的,不管目标是心神安定,对不可控制的情感或激情的沉迷,还是对交易市场上的物品和服务的支配权,或者是这些因素的组合,或者是其他任何的生活中可以想象的因素。

现今,正如我们所看到的,这条重要的和普遍的资源配置的法则以市场为手段,趋向于确保所有可交换商品的增量的相关价值在参与分配的所有社会成员面前是等级一致的。因为,如果张三在其所占有的物品中,发现减少一单位,给他带来的总价值下降(以另外一种可交换商品增加的数量衡量)小于李四增加一单位所带来的总价值增量(一般而论,假定李四是拥有某种可交换商品的支配权),很显然,李四为增加一个单位该商品拿出去交换的物品相对于李四来说,对张三更有价值。因此,只有减少一个单位任何人所占有的可交换商品,给他带来的总价值量下降大于其他人增加一个单位的可交换商品所带来的价值增量(都以同一种其他的可交换商品来衡量其价值)时,交易才会达到均衡。因此,当市场达到均衡时,任何物品的所有者对其估价都会高于没有占有它的人,在此,假定后者也是某些物品的所有者,以及"价值"是以另一种可交换物品衡量的。

然而,最后一个假定条件是至关重要的。市场倾向于按照消费者偏好程度,在所有可交换的商品中间,建立反映任何一种商品边际价值的统一尺度,而且进一步确保任何商品的所有者,按照这个统一尺度的估价都高于没有占有它的人;这样,在一定程度上,根据上述判断,商品就一定倾向于流向或者驻足于它们被认为是最有价值的人的手中。然而,可交换商品实际上根本不是真正有意义的事物。商品只是手段。通常作为某种主观体验的最终需求,无论是感觉上的或是意识上的,并不是直接可以拿来交换的;另外,不存在这样的机制以确保在某个行业达均衡状态下,交换商品的增量和减少量具有相同的重要性,并对两个人的满意度具有相同的微分重要性,这个满意度不是根据其他方式,而是根据最终需求衡量的。如果两个人将他们的部分支出花费在食品和书籍上,那么就有如下假定:对他们中的任何一个人而言,价值一先令的食品与一本《生活常识》或是《家庭大全》的微分重要性都是相等的。但是不存在这样的假定,无论在什么条件下,两件商品中的任何一件的根本重要性对两个人都是等同的,重要性不是根据一件商品相对于另一件商品的重要性,而是根据以下因素来衡量的,即每件商品对所有者或者消费者的最终目的的满足程度;给他带来的放弃该件商品的痛苦或者占有它的快乐;或者是根据该商品对于他的生活最终的意义。假定 x 商品对你和我的意义是相同的,如同 y 商品表现的那样,但这并不是说无论是 x 或者 y 商品对你的意义等于对我的那样。

上文的论述为我们下一步研究的主题铺平了道路。交换价值的微分理论伴随着一个与之对应的分配理论,无论是我们将分配这个术语应用在其技术层面的意义上,指在为生产而组合在一起的要素之间对一件产品进行分配,还是我们将之等同于"管理",而且还涉及人力资源管理;换而言之,它是人力资源在不同的我们需要的各种对象之间的分配;或者,在经济动机驱使下,一个社会的产业资源的总量在社会成员需要的对象之间的分配。

对于一些人(无论他是谁)来说,土地、各种类型的机器和有关手、眼睛和大脑的各种各样的专业技能,因其能够满足某种需要(无论是哪种需要)的有价值的商品的生产,因而是关键的;这些不同类型的要素都是不可或缺的,因为生产一件完整的产品是建立在所有要素共同协作的基础之上的。但是,它们在组合比例上有着广泛的多样性,无论现有的组合比例是怎样,每种要素都有一个微分重要性,而且所有要素的微分重要性都体现在同一单位的商品中;换言之,所有生产要素的微分重要性都可以相互表示,根据增加或减少一个单位的某种要素等于另一种要素减少或增加一个单位所产生的微分重要性;等值是通过中和要素对产品的效应衡量的,即不是根据生产资料本身,而是根据交易市场上的一般资源对它所生产的产品的价值而确定的。企业经理通常会考虑以下问题：比如一台性能如此这般的机器可以节约多少劳动力；一个如此这般性情的劳动力可以节约多少原材料；扩建和重建他的厂房在企业行为的舒适和流畅性方面会产生什么等价的结果；办公室增加一定数量的职员对车间的效率会有多少影响，如此等等。这就是考虑要素影响生产经营的微分重要性和它们相应的等价物。而且，他也一直会考虑根据这些要素如果在其他企业会给其他人带来的边际重要性，他会以什么样的价格购买这几种要素。经营者的技能包含增加或者缩减他在数种生产要素上的支出，直到这些要素的边际重要性与市场价格相等为止，它类似于家庭主妇在市场上的技能。而且值得注意的是，同样的原则也可以毫不费力地应用在影响效率的非物质因素当中，如善意或者是声名狼藉；但是，这需要花费太多时间计算它的价值或估计出可能的反对理由。这里有这么一条解释也就足够了。

因而，在这里，我们用一个不考虑具体的企业组织形式的企业理论作为研究分配理论的基础。无论是那些控制生产要素并且当企业收益实现时他们会注意或者分析企业收益应当如何分配的原则的人，还是一些独立承担风险（代表他自己或者是一群人），预期数种生产要素的价值，通过支付工资、利息和租金，以及购买机器和原材料等方式，买断这些要素在产品中应得的收益的人，在被采纳的其他经营方式下，根本的分配原则都是相同的。生产要素的等微分使它们成为一种通用的尺度，当生产要素都体现在同一单位商品时，产品在各种生产要素的分配问题就迎刃而解了。

我认为，微分的方法在经济学的应用趋向于拓展和协调研究领域中的概念，而且涉及宽广领域的伦理学、社会学的问题，和思想保持一贯的联系，从中获取研究的灵感和意义；因为，如果我们真正理解和接受微分重要性原则，就如前所述，我们应认识到亚里士多德伦理学体系和我们重构的经济学体系都是同一法则的应用，我们在企业的行为只是人生行为的一部分或者一个阶段，当它们的重要性整体地提高或者降低时，它们都是由我们的关于微分重要性和它们的变化权重性所决定的。恺撒

价值与分配:"边际"理论下的政治经济学的研究范围和方法

(Cesar):"那天他征服了内尔维"①,出于对他的敌人感到震惊,他缩短了对军队的劝诫,但是没有取消。在他对他的决策分配时间的过程中,快速行动性相对于他们敬爱的和德高望重的指挥官在士兵采取行动前发鼓舞士气的演讲有着更高的微分重要性。一个狂热的人可能会为了与他心爱的女友约会而拒绝公司的面试,但是,肯定存在着一个条件让他改变决定,偏向于到公司面试而取消约会。一个人在闲暇时爱好文学与园艺,他将时间、金钱和精力在两者之间进行分配,会有意识或无意识地使两者的边际重要性趋于相等。因此,所有这些都是在不同事物中进行选择的行为。这项法则同样支配着家庭主妇在市场上的交易,也同样支配一间大工厂或者是钢铁工厂的管理或者是经纪公司的经营。

上述的实现会产生多种影响。第一,它宣告了寻找经济关系中行为的适当法则的企图的终结。现实中不存在这样的法则。至今为止,绝大多数经济学家含糊地意识到经济行为的根本法则一定是与心理学有关的,认识到划清经济学学科边界的必要性,寻求在通过它而被认识到的动机与目标之间作出选择。因此,"经济人"假定的简易心理学被抛弃——然而是在不情愿的、逐步的、受外界压力条件下被放弃的,而且伴随着修补本应被抛弃部分的连续。没有必要对经济动机或者是经济人的心理下定义,因为经济学研究的是一种关系,而不是一种动机,而且支配经济的法则也同样支配着生活。根据情况需要,我们要么忽视所有的动机,要么就是把所有的动机都纳入考虑之中,但是,选择没有被经济学家认可的一些动机或者其他一些动机是不合情理的。

第二,当我们脱离错误的轨道时,就能够找到真理,并且应当认识到,经济学合理的研究领域首先是人们自发参与的关系的类型,当他们发现通过间接与它们接触有助于实现他们的目标。一个人想直接地应用他的技能和专门地使用他的财产以连续服务于他的最终需要,甚至是需要的

---

① 内尔维(Nervii),是贝尔盖部落中最为强大的一支,在罗马征服高卢期间活动于高卢的北部。他们的领土相当于包括布鲁塞尔在内的现代比利时的中部,向南则一直扩张到现代法国的埃诺省。公元前1世纪,恺撒率领的罗马军团进入高卢,比利时东北部的雷米人向罗马军团臣服。——译者注

大部分或者急切需要的部分，都是不可能完成的。因此，他必须找到一些其他的人，他能直接地为这些人的最终需要，贡献他的能力或是出借资源，这样，他就能利用他专门的能力或资产，然后再根据自己的偏好和需要的指引，专门使用他获得的财产。工业社会是这样一种自发的组织，将每个人的所有转化成他所愿意要的东西，无论他的需要是什么。

第三，这种更贴近现实的经济学研究领域的概念，连同影响我们的经济和非经济的行为基本法则和根本动机的一致性心理，越来越一贯地强调了这样的事实：我们的经济生活不是也不可能是孤立的，而是每个方面都与个性的直接体现和嗜好的沉迷联系在一起的，人与人的关系让我们关注与其他人最终需要相关的利益（青睐或排斥）关系，我们直接地推进他人的目标，作为间接促进我们的目标的手段，没有这个目标，我们将无所适从。没有理由解释，在不受限定的范围内，手段不能从一开始或者经过一段时间最终变成目的，而却一直是手段；也不能确保经过物理损耗或者精神损耗，它们不会是或者是最终变成与最终需要相违背的祸害。可能大多数人的"职业"同时包含着这两种性质。

第四，作为一种运行机制将有不同需要的，彼此互助的人集合在一起是经济系统的本质，这种性质的实现将让我们意识到，一个人的需要是另一个人的有利机会，它能为一个人提供机会以满足另一个人的需要或欲望，从而他可以从中获得自己的利益。自始至终，从有独创性的广告人的某种设计图案到为了能发放战争贷款而发动了一场战争的金融家（如果确实存在），我们可以研究，为了确保某些人获得财富而导致的欲望与激情的产生以及对整体福利所造成的破坏。我们应注意到一个非常有意义的事实：对任何人来说，如果他完全失去生产的功能——也即说明，无论是通过什么途径，他要去满足的需求已经完全得到满足或者已经消失——将是（如果他寄希望于此的话）一场梦魇；因为这意味着他将"失业"，因为没有人需要他所能够提供的物品，没有人会雇用他，也没有人会将他所想要的物品给他。

第五，在我们的生产关系中，我们所生产的实际上是一种需要，但它是他人的需要，而不是我们自己的需要；只要社会关系是真正的经济关系,那么,我们生产的产品对我们的重要性就不是以它对产品获得者的重要性来衡量的,而是取决于它在多大程度能够实现我们的最终需要。因此,不可能存在着这样的假定,我们的工作对社会的贡献等同于我们因此获得的收益。我们不能这样说:"人们愿意为他最喜欢的东西支付最高价,因此,他支付最高价的东西是他最喜欢的",因为(有时是根据常识和众所周知)不同的人根据所提供的各种价格来显示出对我们列举出来的不同商品的渴望程度,那些为某件商品支付很低价格的人,不是因为他们所需要的商品不重要,而是因为他为获得所需要的商品而给予或者放弃的所有物的重要性就值这么多。他们为一件商品支付很少不是因为它不值钱,而是因为由他们希望拥有的任何商品(包括这件商品在内)就值这么多价值。

这些因素不会直接影响到我们对市场机制——工业社会最核心的现象的阐述,但是它将深刻影响我们对工业社会的态度,我们的行为以及对它的研究。因为我们应当不仅认识而且应当经常体验到,经济体制是由个人为满足其最终需要而建立和运转的,而社会影响起附带作用。市场机制是种手段,它所有的价值都存在于它所增加的需要本质当中,以及增加过程中的效率。集体的财富不再对我们直接有意义,因为,如果一个人拥有 100 万英镑,另外 100 个人每人拥有 10 英镑,财富总和与这 101 个人每人拥有 1 000 英镑是等同的。根据上述两种现象反映的差异而得出观点所做的研究可以给我们带来什么结论?市场无法充分告诉我们以群体形式存在的"国家"、"社会"或"集体"的需要或者满足的方式是什么,因为它只能给我们以总量概念,而总量的意义是根据其分配的不同而变化无常的。

如果我们思考上述这些现象——对微分意义的研究使我们不得不思索它们——在我们的经济学研究中,我们每时每刻都要摆脱这种意识,即这些现象揭示了社会和生命的意义,我们用来分析它们的范畴隐藏了而不是揭露它们的意义。我们应该意识到:最终的重要性取决于伦理判断;人的欲望的健全远比达到目的的手段的丰富重要得多;贫穷和富裕的主要危害都有可能存在于需要的堕落的过程中,教育和立法的终极目标是防止堕落和格调低下的需求,提倡有意义的需求,以正确的价值观影响思想,并将手段引入最有可能达成有意义目标的路径中。

总结上述的研究,经济学的微分理论让我们牢记:作为恰当的经济领域的一个组成部分,有组织的"生产"只是手段,生产的意义都在其与"消费"或者"分配"的关系中体现,它们都是重要的领域,而且涵盖了以生产为手段所要实现的所有目标;而且,经济学法则不可以而且也不可能完全从经济学的领域获得。只有在真实的世界中,经济学法则才能被发现和研究,经济学的资料才能得到解释。认识到这点,经济学将会更人性化。

我们现存的工业组织的精神以自生自灭的形式存在,它让每个人,无论他的目标是什么,为了实现自己的目标,不得不去寻找他能为之服务的人。至今,工业组织是社会性的,因为它让个人不得不与他人发生经济关系。然而,我们对社会生活分析得越多,我们就越少依赖"大一统的经济学(经济和谐)";我们对市场的真正功能了解得越透彻,我们就会越充分地认识到经济学从来不可能孤立存在,而且将来也一定不会。经济学一定是服务于社会学的。

II

下面我将阐述根据微分理论改变经济学传统理论的几个观点。

最根本的是要彻底重构市场本身的本质范畴和功能。应用于可交易商品分析的微分理论告诉我们,只有当一件可交换的商品是如此分配时,即持有这件商品的每个人所赋予这一商品的评价与其边际价值相当,并且高于没有持有这一商品的人按相关衡量标准所赋予这一商品的评价,市场才会趋于均衡。这个评价是什么——即当它达到均衡时,用另一件商品衡量的该商品的等微分——完全取决两个决定因素。这两个因素是:(1)组成社会的个人的嗜好、欲望和资源。当被客观的度量和表示出来时,对任何一件商品的个体欲望就能通过可以加总的曲线刻画出来;最终得到的曲线,客观上性质是相似的,但其隐含了不同个体重要的和主观意义上的极大差别,正如它被人们所理解和意识的那样,它通常被称作

"需求曲线"。需求是我们认为的两大因素之一,它描述了假定的供给与相应商品微分意义之间一系列的相互交织的假定关系。需求曲线描述了市场的一种功能。(2)存在于群体的真实供给总量。这完全不是一条曲线,而是真实数量。它不是一系列交织在一起的关系,而只是一个简单的现象,而且它决定了在需求曲线所描述的一系列假定和潜在的关系中,哪种关系应当真正得到实现。

那么,通常与需求曲线同在一坐标图中,作为影响价格因素之一而刻画的"供给曲线"是什么?我大胆并坦率地说:不存在供给曲线。当我们论及一件可交易的商品,我们通常称之为供给曲线的事实是那些持有商品的人的需求曲线;因为它显示了根据相关尺度衡量的商品连续的每个单位的准确价格。因此,所谓的供给曲线只是我们上述因素(1)的总的需求曲线的一部分。将这部分的需求曲线独立出来,并在坐标图上将它反转过来。这样一个过程,正如下文即将看到的那样,它有自身的意义和合理的功能,然而与价格的决定完全无关。

市场上的相互交往使参与市场的各方都可以在一般需求曲线上找到相互之间的位置。每个个体,无论他是否占有一批商品,都带着自己个人的需求曲线进入市场,在那儿,个人需求曲线都与其他个人的需求曲线发生联系,因此组成了决定价格的总体曲线(与所有可能获得的商品数量一起),比如,可以获得的数量足以达到的一单位商品的最低需求的(目标)价位。

分两部分描述需求曲线的一般方法告诉我们现存的商品分配状况与其均衡状态的距离,因此,也就告诉我们,为了达到均衡所需要的交易范围。但仅仅是组合的曲线单独决定了什么是均衡的价格。传统的交叉曲线忽略了价格是由决定它的最终事实揭示的。

因此,需求曲线和供给曲线交叉图(以及与图相应的表格)起了严重的误导作用。分横纵坐标表示的两个决定变量其实是一个变量分开的两部分,他们掩盖了实际的第二个决定因素的存在和应用。因为,通过仔细的分析,我们发现,交叉的需求曲线和供给曲线图表的建立得到经常的使用,但是没有揭示如下一个明确的假定,即集合在起作为一个完整的同质群体,设定的买方和设定的卖方拥有的商品总供给数量,而且假定,如果总量发生变化,那么,存在的价格也会变化;然而,最初的分配的变化(如果集合的曲线不受影响,或者交叉的曲线发生变化)将不会对市场产生影响,也不会对与之同时出现的均衡价格本身产生影响。必然地,决定价格的曲线或是数量没有发生变化。

下面的图会向读者提供一种方法以检验书本上观点的正确性。

两个图上 X 轴都代表着某种商品的数量,图 1 中的曲线表示总的需求曲线。最终的价格是 px。

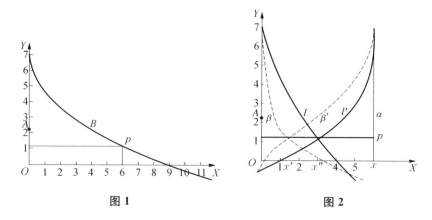

图 1　　　　　　　图 2

图 2 的数据与图 1 一样,但是,持有商品的人(总体)与没有持有商品人(总体)的需求曲线相互独立,隐含着市场所提供的条件。图 2 中的虚线和实线分别表示对产品最初分配的两种不同假说。但是在各个假定中,在保持图 1 的数据不变的前提下确定了在任一价格 OA 水平上的数量,图 1 中的 AB 的长必须等于图 2 中的 Ab 与 ab' 的长度之和,或者是 $A\beta$ 与 $\alpha\beta'$ 的长度之和。如果该条件满足,在图 2 中,当 AB 或者是与其等量的和在图 2 中与 Ox 相等时,那么,这两条曲线必然在 xp 的高度相交。

虚线表示市场起初满足的条件比实线表示的与均衡之间的距离更近;在虚线表示的市场上,只有 Ox' 单位的数量被交换,而在实线表示的市场上,有 Ox'' 单位的交换。然而,均衡数量的确定与价格无关①。

---

① 需要对可能的异议进一步详细说明解决方法的,请参照本书第二卷第四章。

价值与分配:"边际"理论下的政治经济学的研究范围和方法

供给价格曲线只是需求曲线一部分的别称。但是,到目前为止,我们只是在狭小的范畴讨论市场。我们的研究将充分探讨分配问题,如,庄稼的收割或者是渔船队的"捕捞"。然而,在生产是连续进行的地方,如采矿厂、钢铁厂,相同的理论是否仍能给我们以提示?在这里,我们将尝试建立双坐标的原则,利用两条相交的曲线在图表中表示出来;因为,虽然价值的"生产成本"理论受到批判,但是,我们仍然经常被教导沿着两条曲线寻求决定供给数量的因素,由市场法则调节的产品价值曲线和生产成本的曲线。但是,什么是生产成本?在商品市场上,我愿意为一件商品付出的和它给我带来的价值相当,同时,只有当我的付出的与该商品对他人的价值相当时,我才能够获得它。同理可得,如果我租用土地、劳动力或者是生产工具来生产产品,我愿意付出的代价与它们对我的价值等价,当然,通常我必须分别付出与它们各自对他人的价值等量的代价才能租用到它们。它们对我的价值取决于这些要素对我所生产的产品的不同贡献,它们对他人的价值取决于这些要素对他人生产的产品的贡献(或者是农产品,如果不是应用于制造业中)。我们只是再次获得一个别名而已。生产成本只是一件商品将其拥有的对他人欲望满足的性质向我展示的一种形式①。当我们论及一种生产要素的总需求曲线时,我们将再次看到它完全是由需求构成的,我根据他人需求决定的条件调节自身对产品的需求,无论我是买大白菜,或者是为生产钢板而购买生要素时。我都必须根据他人对同一件产品的欲望来调节自己对它的欲望,而不是寻找与此欲望法则无关的法则,一同作为影响价格的第二个因素。第二个因素,在这里,或者其他各处,都是指供给。只有当我们完全领会一个真理,即一件产品的生产成本只是其他产品生产的效率的别称而已,我们才能最终挣脱一个自古有之的谬误,这个谬误,我们经常在门口将其驱赶,但却经常开着窗户等着其回来。

---

① 我没有否认如下看法:当我们不考虑市场,只考虑自然自发产生的财富的长期效应和最终条件,"供给曲线"在这样的例子中似乎是合理的。自然界提供日益增长的原材料的价格不可能被视为它表达自身需求的保留价格。但是,即使是最后的分析,且当我们考虑"替代品"法则的广阔范畴时,确定天才方向的压力。

下面将转向分析分配的微分理论导致的最显著的一系列后果。它们全部包含在如下论断中,即当被充分领会时,这种理论必定会破坏单个的分配法则的真正的含义,如租金法则、利率法则和工资法则。正是根据定义所有生产要素的等微分,虽然存在着差异,我们使它成为普遍的衡量尺度,并建立了分配理论;也正是根据定义努力工作和财富的等微分,我们企图将1先令、1小时或者是一个构思,花在能发挥最大用途的地方,因此合理地配置我们的金钱、时间或是精力。无论是租金法则还是鞋子的价格法则都不会违背市场的普遍法则。不同的生产要素以不同的途径为生产提供服务,但是,它们提供的服务在每个方面都是相同的,正是因为服务的相同,使生产要素的统筹分配成为可能。因此,虽然经济学家向学生从精确讲解以下内容开始,比如服务、工具、手艺、经验或者是信誉,如何会影响产品的价值,但是,他会告诉学生以下内容作为结束,即产品按生产要素分配的比例不是根据它们对产品贡献的途径(在该方面它们是不同的),而是根据它们边际贡献的数量来确定的(它们都是同类的)。分配法则不是由要素本身性质的差异决定的,而是取决于要素的微分效应的性质。根据以上阐述,我们将审视现今的经济学的教学本身,我们必须将歪曲经济学的有害的残渣余渍清除掉。

当然,严格的选择和限制现在当然是必要的,而且我认为我们接受与租金现象相联系的措辞、概念或者是图表描述是再好不过的了。首先,我们必须预期,因为由土地生产的产品部分与其他生产要素(或是享用它们的直接服务)生产的部分之间,不存在理论上的差异,因此就不存在着关于租金和土地是即刻真实的和特有的普遍论断;因为,如果上述成立的话,那么,它就必须建立在关于土地的一个假定上,即共同的一个单位的土地相对于其他要素,比如资本对产出的贡献,以及在所有的生产要素都依赖同一法则下所产生的边际重要性;因此,它不可能是土地所特有的。

让我们检验这些预期的正确性。著名的李嘉图租金法则确实断言过,优质的产品获取高昂的价格,与其优质的程度成比例;显然,土地的所有优质程度,无论是源自"不可剥夺"的产权或者是来自资本的消耗,都正是用相同的方法相对于确定的租金的数量。

价值与分配："边际"理论下的政治经济学的研究范围和方法

再次，图表可以很容易建立，用 X 轴代表土地的不同质量，Y 轴表示的是与相应地力相对应的固定数量的劳动力和资本。边际土地就占有从顶点到右边的区域。这不是一条函数曲线；因为 y 的取值不取决于 x 值的大小，以获得下降的 y。这个图表可以用来描述土地或者其他任何事物，其代表性的数量可以根据效率的上升或者下降的顺序进行排列。

但是，相同的图表可以应用在描述与租金理论相关联的函数曲线中。取一块某种质量的给定固定面积的土地，假定向它投入某种质量水平的劳动力和资本，它们的数量由 X 轴上的每个单位数表示，然后预测土地的收获量是多少。增加投入品，直到再增加一个单位的劳动力和资本所获得土地的产量不会和它们在相同或不同质量的另外一块所获得的土地产量一样多，或者是不会超过这些要素转向非农业的行业所获得的收益。最后的增长是"边际"增加，它衡量的是一个单位投入品在产品中所占有的分配的份额。论断的图表和细节已经广为人知，以致于用不着再描述；我也无法证明这条曲线一定会穿过原点，因为就这点的重要性而言，它不会影响到我们现有的研究；但是，必须着重指出的是，描述性的和函数性质的曲线所反映的都是同一现象，两种曲线都应用了"边际"术语，尽管有着完全不同的意义，例如，都决定了租金，而且两者都能运用于其他任何地方，如运用于土地，而且（尤其）忽略了"经济的"和"商业的"租金之间的差异，两种曲线对这两者都是适用的。

边际（概念）的不明确使用自然引起了一些混淆（后面马上会提到），但是如今，描述性曲线和"边际"（概念）已经被提出要求抛弃。继续前面的话题，在函数曲线的讨论中，我根据"微分"的意义应用了"边际"这个术语，将它贯穿我们研究的始终。不是边际增量的特性使其比其他单位的产出要低。它并没有这样做。它们对产出都有相同的微分效应，关于微分效应，并没一个单位在另一个之前或之后。微分或边际的产出不是取决于每种投入品的性质，而是依赖于其所使用的数量。我们在这里讨论的不是租金的理论或法则，而是隐含的假定，即分配的微分理论对于除了土地之外的各种生产要素都成立，而租金是以非租金形式取走之后而剩

790

下的部分。注意，因为土地—劳动力被视为相同数量，因此可以假定将不同类型的生产要素的减少至共同的一单位，而且除了通过比较对产品的各自不同的效率，从而将它们进行组合以让这些要素的效率与它们市场价格的等微分保持一致，价格等微分即是这些要素组合在其他土地上或者其他行业所获得的效率。边际和微分效率的法则，也即它们在另一块土地上或者其他行业的效率？因此，作为决定产品分配份额的边际或微分效率法则，虽然是理想化的和下意识的，但一直以来，在如下经济学信条中得到非常明确的阐述，即这种生产要素组合的"边际"效率将在某个特定的行业与其他行业获得的效率水平是相等的，并且决定要素组合的报酬。

被称为租金定律的命题假定交易价值与分配的微分法则及其所有暗示的含义，除了对土地和租金之外，在其他领域都是成立的。租金是指取走租金之外所有部分后所剩余的。这很难称其为定律，但是，尽管如此，它对所有的生产要素都是适用的。工资是产品中除工资外所有其他要素获得报酬后剩下的部分。而这正是沃尔克（Walker）的"工资法则"。对于其他生产要素也是同理可得的。

但是，这不是问题的全部。在我们研究地租时，分配的微分理论在除了土地之外的所有生产要素方面都得到了公开承认；在土地方面也获得了应用。正如现在逐渐被认同的，这也可以通过数学方法予以严格的证明；即使非数学专业的学生也很容易理解，表示"土地"和"劳动力—资本"份额图表的表达形式不是由土地的特殊性质分别决定的，而是由于假定土地数量保持不变，与此同时劳动力和资本的数量发生变化的事实所决定的。然而，对一亩土地投入 3 个英镑与将 3 个一英镑投入到 3 个一亩土地中，每亩土地投入 5 英镑和对 5 个一亩地各投入 1 英镑是一样的。不考虑土地的大小，假定当投入为 2 英镑、3 英镑、4 英镑或 5 英镑时，产出是不同的。也即让我们考虑当土地是 1/5 亩、1/4 亩、1/3 亩、1/2 亩时，换言之，当其投入于不同的田地时，1 英镑投入产出的差异。那么，你会发现你将获得一条曲线，在这条曲线上，将呈现相同的数据，并且获得相同的结果，土地的收益是由一个矩形的面积所表示，矩形是 OX 轴的平行线所截取的,而劳动力—资本的报酬是由曲线组成的"剩余"或残值部分。因此,假定的租金法则再次证实它对土地是成立的,同样对所有其他的生产要素也是成立的。但是,任意选择不变要素的几何性质和土地的经济性质对经济学思想和经济学术语造成了混乱。学术上的混乱必须彻底清除。我们必须理解,当要素贡献按微分分配时,根本就不会有任何剩余或者残值;任何分配的图表都利用不同的几何形状表示了不同生产要素的份额,而这个图一定会是起误导作用的,尤其是社会理想和愿望指引错误的方向,从而造成危害。

最后一点,即使面对实际问题,通过严格设定现有土地数量而提出的假定的特殊条件并不是现实存在的。任何个人只要支付价格,就能获得他愿意获得的土地数量,而且他原则上对以下两种情形的认识上是没有差异的,即他是投标购买一定质量和位置的土地,还是购买某个等级的劳动力和拥有某种能力的劳动力,除非,在后一种情形下,他会更加清楚地认识到,是供给限制了报酬扩展的空间。

最后,我将转向与术语相联系的困难和混淆之点,这是因与租金有关而顺便提及的问题。

我通篇提到的都是微分意义,而不是边际;因为在使用"边际"一词时,会导致严重的模糊不清。然而,毕竟,我与某个人感同身受,这个人"前有狼,后有虎;当他走进房间,将他的手臂倚靠在墙上,一条蛇将其咬了",因为由于命运和方式的反复无常,近乎相似的含糊不清困扰着"微分"这个词本身的含义,还有另外一个同样适当的术语,即"增量的"。所有这些词都已被先行占据;很奇怪,正是关于租金本质或者涉及土地的项目的推测在每种情形下都会导致损失。"增量",不是指同质事物的微量的增加至任何的数量,而是立即使经济学著作的读者想到"土地的自然增量",因此,任何事物的"增量价值"、"效率"或者是"重要性"随着供给规模的扩大或者缩小而变化,并不能简洁地包含关于任何事物的微量增加或者减少的价值的正确含义。而这正是我用"微分"这个术语所指出的概念。然而,我们再次遇到难题。比如,"微分支付"通常被经济学著作的读者理解成是指对超过为其他人生产的商品数量进行的支付,作为对优先权的报酬。因此,如果我要说"租金是微分收费",我应被认为是指你为一块土地支付的租金代表着这块土地与另一块你将一无所获的土地相比较而言的优越性是相当的。在这个词的应用中,每件事物都依赖于与其比较的事物的不同质量。但我们所需要的一个词汇是,它经常包含着隐含的假定,即我们考虑扩大或者缩小同质商品的供给的规模时,供给的"微分"价值是供给商品的种类和数量的函数。

其次,视租金为微分收费的相同的租金理论,其含义是指根据收取的标的物内涵的质量的差异进行收取费用,该理论假定存在完全不用负担租金的土地。这就是"边际"耕作的土地。因此,"边际"一词被用在经济学著作中以表示任何商品或者服务的最低等级或者最低质量,或者是最恶劣的条件,在任何行业都是最差级别的。因此,边际土地是指耕作条件最差的土地,边际劳动力是指在实际就业中最低效率的人,一个产业的边际条件是指这个产业在实际运行中最恶劣的条件,另外,我假定土豆或小麦的边际等级是市场存在的最差质量;对一个饥饿的人,吃牛肉的最后一口将是没有呕吐出来而且留在盘子里那一口,这一口是由于有太多筋脉以致没有吃完,即使没有准备其他类型的食物。

从这个意义上,现在,经济学家们努力尝试根据边际的思想建立分配理论。"边际"的个人、"边际"的土地上的劳动、在边际的条件下而且利用边际设备,被当作分配理论的根基,而且工资、租金和利息被解释成本身性质的"微分";这就是说,如此这般的工作、土地,或者设备在质量、位置或是工具的性质上优于"边际"样品之上。

我没有打算接着检验该理论的价值:但有必要坚持这样几乎令人无法置信的事实,即在该理论与我试图详细阐述的分配的"微分"理论之间一直存在着混淆,只是因为它们既能用"边际"又能用"微分"术语描述,虽然意义上有极大分歧,但是,它们有可能用这两个术语中的任何一个来表述。

再次,我提到我的面包和牛奶供应的微分或者边际重要性,是指在其他条件不变的情况下,并假定所有的面包和牛奶的质量都是相同的,它取决于我消费几块面包、多少匹脱的牛奶。如果我提到在某个具体产业中劳动力的边际重要性,我要么是指劳动力的统一等级,要么是指变成共同衡量标准而且用同一单位表示的不同等级,我认为的重要性是指这样一个单位所拥有的重要性,当它是许多其他的与它本身相似的单位中的一员。因此,在我所使用的词汇中,不存在用以表示某种质量的专用的边际单位。100单位中的任一单位都有相同的边际价值;但是只要减少一单位,剩余的99个单位的边际价值就会上升,当增加一个单位,所有的101个单位的边际价值就会下降。

794

我能想到的不会引起混淆关系的唯一的词汇是"定额";因为定额的意思是(在其他事物中)"许多单位中的一个";因此定额的重要性可以是指,当它与某些大量的与它本身同质的其他单位关联时,一个单位所具有的重要性。

在这里,我必须将那些发展趋势中几乎杂乱无章的迹象集合在一起,我认为,微分经济学理论的虔诚支持者应当在这个趋势中改变经济学解释的方法。因为,就我自身而言,我确信如果这个任务被完成了,那么,对经济学原则的反对意见将会平息,立即就会重新出现被公认的经济学原则体系,而且杰文斯的梦想就会被实现,经济科学就会在"理性的基础上"得以重建。

怎样夸大这个伟大成就的重要性都不会过分。社会改革者和立法者不可能成为经济学家,然而他们影响了经济学的种种理论。他们按他们的吸收能力借鉴和应用经济学命题,以及能为他们服务的公认的经济学法则。让我们假定,存在这样的经济学学说体系,即它所包含的真理和相关关系能永久地而且自发地展现在透过表面寻求真相的人的面前,教导人们预期是什么以及如何进行经验分析;这种经济学学说体系时时能够阐明我们生活中的行为与企业行为之间的关系;它能使我们对日常的个人资源管理的分析更加深入,因此揭开遮盖经济关系的面纱,而且将注意力集中在寻求统一的和放之四海而皆准的经济学法则上。经济学甚至只不过是激情薄弱的藩篱,而且只能提供微薄的力量以指引真正狂热,但是它能发挥稳定的和连续的作用以趋向真理。虽然经济学家利用比以往更高级的方法,但是,简单的方法被发现能真实地描述和解释一般人的思想

795 意识；政治经济学无论如何都是与事实和经验相联系的，由于它们过于频繁出现，不是充满矛盾的武器库，无法被理解，因为它们不是事实的，以致
796 于每个人只将其当作工具利用，而没有人将其归纳成原则。

最后效用[①]

体现在杰文斯"最终效用"论中的原理和方法，连同《政治经济学与心理学》(请参考此书)中提出的思想，近些年来获得相当广泛的发展。因此，一种以不同方式被描述为"心理学的"或者"边际主义"的运动兴起了，其目标是统一和简化经济理论，同时将其规律更紧密地与调节人们一般行为的原则联系起来。

杰文斯曾说明，在一个没有最低价格的市场，可以由一条总体曲线来表示。这个市场上的商品数量在横坐标上度量，均衡价格在纵坐标上度量。下一步就是要指出，只要出售者有最低价格，他们就应被视为带着潜在的需求的购买者，以同等地位进入市场。他们以某种价格保持某种数量存货的意图(不管是为了自己使用，还是用作投机以满足未来购买者的需求)构成了事实上需求，而且应该包含在总需求曲线中，这种需求与商品数量的记录如先前那样共同决定价格。由此可以得出结论，经济学家常用的需求和供给的交叉曲线实际上只不过是总需求曲线的两段，为了方便，让它们以相反的方向相互分离开来。这种分割与均衡价格的决定是无关的(通过经验容易得到验证)，尽管它

[①] 选自由亨利·希格斯修订的《帕尔格雷夫政治经济学大辞典》(第二版)第二卷，第857—859页。这是威克斯蒂德对纯经济学的最后贡献，据说他将最后效用看作指挥棒和最主要的理论观点，而且在他一生的著作中一直都强调它的重要性。

使我们在关于初始禀赋的任何给定假定下可以看出实现市场均衡所必需的交易数量。均衡价格在作为其水平决定因素的条件下得以形成,如同通常所指出的那样,这些交叉曲线混淆了均衡价格形成的方式。

　　转到生产和分配问题,我们要指出,在一个先进的工业社会里,生产依赖于一些异质要素的合作,这些要素的供给可以由很多独立的个人或者集体控制;显然,由于生产资料的价值一定是取自产品的价值,我们在理论上必须确定实现的产品价值在参与合作生产的各种生产要素之间进行分配的原则。实际上,生产要素通常是在事先预期基础上,通过一系列的投机交易而组合在一起的。但是,几种要素的价值无论如何都一定是由边际生产效率的报酬,以及部分替代时相互之间的等价决定的。尽管诸如土地、劳动和生产工具这些要素提供的生产性劳务的性质在各种场合下不同,没有一种主要的要素能够完全被任何其他的要素所替代,但是,每个管理者都会经常考虑边际上微小幅度的增量和减量之间的选择和均衡。正因为如此,管理者决定着资源分配的比例。资源分配的范围包括改善和扩大经营场所、改建现有的建筑、更新机器、增加或减少各个种类的劳动力、加强监督以减少原材料的浪费、努力开办新厂或通过广告维持旧厂。而且,管理者必须一直要使其雇主信任,相对于他被支付的工资而言,他对资源配置决策的技能与雇主能控制的直接的生产要素增量的效率水平是等同的。生产要素大市场上的买者统一从生产要素的相对边际生产率方面评价它们,就如同零售市场上的买者都统一从边际效用角度评价不同种类的购买品,以满足他的欲望或释放他的本能需求。总之,除了一条法则,即市场①法则外,分配

---

① 因此,"利息"是延期支付现期使用资源的价格。企业家预期使用现期的资料能产生未来的资源,从中可以支付利息。他们进入市场,必须与非企业家和消费者竞争。非企业家为了满足现期的欲望,他愿意让未来承担风险和作出妥协,普通消费者收入少而且没有积蓄,如果能将支付在长时期内分摊,而不是通过大幅度削减当前其他方面的需要,他们愿意为某种资产支付较高的价格。

　　"租"是一种雇佣形式,即连续的劳务或享用品的持续购买。人们所熟悉的租金曲线的图形,表示连续用于固定一块土地上的劳动和资本的递减的生产效率。它的形状不是出自土地所特有的任何性质;而是因为增加其他要素是以所选择的生产要素数量固定不变为条件的。如果从相反的顺序看,这种曲线表达的相同事实是描述了几种生产要素相关比例的假说;但租金在图上呈现的是个矩形面积,它的宽由土地选择性的用途决定,劳动和资本的收益则是曲线的"剩余"面积,由在投入越来越多土地数量下固定数量的劳动力等要素的递减收益决定。

领域中的法则并不多。

因此,可以看到目的全然决定手段。所有资源的配置和管理最终取决于对某种经验价值的估计或者人类意识中某种表现出来的迫切性。如果这些估计在预期赖以存在的任何一点上失败或者失效,他们由管理决策决定的意见产生的效应就不会有实际的意义。预期价值决定生产中可能承担的成本和代价,但是,当成本和代价一旦出现,它们却不能控制产品的价值。

如果我们现在回到我们接触杰文斯"最终效用"开始的地方,它控制着一个人的资财配置,就会发现"最终"这个词一般都被放弃了。它像是包含了一连串的体验,这些体验前后及时紧挨着,就如同随着一个人的饥饿逐步消失,每一块食物满足需要的迫切程度是递减的。例如,它不能适用于诸如我们曾在"分配"标题下所讨论的问题,在那里,同一种要素的不同单位很难在质量上予以区分,而且它们对连续的流水线上的产出的贡献是不可分的。但是,五个单位合伙中退出一个仍将比从四个单位合伙中退出一个造成的问题小一些,因为它给要素比例造成的冲击小些,而且为了补偿所需要的调整或增量较少。"边际"术语已经得到广泛应用,但是,它的不足是仍然隐含(特别是与土地有关的)某些内在的差异性的特征,这些特征根据每个单位自身性质将其记为个体化和"边际的"。"微量的"这个术语通常更便于使用。

再者,"效用"这个词显然无法包括经济机制所控制的所有明智的或不理性的对象、有益的或有害的需要,如果有时仍要使用这个词(根据仔细的解释,其实它并不是效用的意思),那也只是为了作为一种替代而达到一致同意的需要。这个违反常义的词变得日益受人注目,并扩展到"消费"这个术语,当我们意识到政治经济学的规律只是一般资源(无论是货币、时间、权力、思想力或其他任何事物)的分配和管理的普遍法则在一系列特殊问题中的应用,包括所有我们有意寻求的或者出于本能驱使的对象,无论它是物质的还是精神的、私人的或是社会的、理性的或是非理性的。令人无法接受的是,"消费"(令人遗憾的必要之举敏锐拖了"生产"进步的后腿的建议)应继续支持人们为之努力进行发展的潜力"变成现实的"趋势,从主观经验上看,人们所期待和意识到的这些现实化的性质,乃是人类或者公众生活中最重要的事情;正是从这些实现所有的靠近它们的事物获得了它的价值或无价值。

罗奇-阿古斯索尔(Roche-Agussol)的《英美的经济心理学》(蒙彼利埃和巴黎,1918)以及《经济心理学资料来源的研究目录及其他》(1919)的增补版,以完整的书籍目录的详细资料对心理学和哲学基础以及以此为特征的趋势的发展历程都尽可能地进行了阐述。

评论与个人传记[①]

1. 威廉·斯坦利·杰文斯

威廉·斯坦利·杰文斯(William Stanley Jevons,1835—1882)是19世纪最著名的英国经济学家之一,出生在利物浦。他的父亲托马斯·杰文斯(Thomas Jevons)是一个铁铺商人,对他那个时代所有的新兴的工程设计感兴趣。他的母亲,玛丽·安·杰文斯(Mary Ann Jevons)是威廉·罗斯科(Willian Roscoe)的大女儿,是 *Lorenzo de Medici's Life* 一书的作者,且是一个学识渊博和举止优雅的人。她的思想在她的父亲持续的关怀下得到培育,而且在他的影响下受到知识分子阶层的熏陶。她是极富作诗天赋的人,而且有很强的宗教意识。威廉·杰文斯是托马斯·杰文斯和玛丽·安的第九个儿子,——有着具备很高学识和能力的其他亲戚——因此从小受他们的影响长大的,这有助于他的思想和性格的培养。她的母亲鼓励她的孩子们热衷于美术和音乐。她"认真培养"(威廉·杰文斯写道)杰文斯"对植物的喜好,送给我一个小显微镜和许多书,这些我仍然保存着。奇怪的是,我现在认识到,植物和自然系统实行种群的

[①] 摘自《帕尔格雷夫经济学大辞典》(第二版)第二卷,由亨利·希格斯修订,第474—478页。

区分是最好的逻辑行为。我在逻辑学上能做的可能是从早期对植物关注中汲取所得"。

1846年年初,杰文斯被送到利物浦机械学院附属中学上学,那时霍奇森(W. B. Hodgson)博士是那里的校长,后来成为爱丁堡的政治经济学教授。1850年,杰文斯进入伦敦大学学院学习,1852年他被伦敦大学录取,在化学和植物学崭露头角。同时,他必须挣得维持生计的收入,威廉姆森教授(Williamson)和格雷厄姆教授(Graham)发现了他在学院实验室非凡的工作能力和动力,为他推荐了悉尼新建的铸币厂试金师的职位。他在其他领域的进一步学习如今必须受到检验。他在巴黎铸币厂学习了试金技术,在1854年还不满19岁时,他坐船到了悉尼。他在澳大利亚待了5年,以他的才能成功地履行了他在铸币厂的工作义务。同时,气象学的研究深深吸引着他,他以他惯有的全神贯注投身进去。记录"太阳黑子"干扰的周期性和这些干扰与季节变化、谷物的价格,以及商业危机之间的联系,他人生后期的兴趣无疑被这些研究所激发。在这段时期里,政治经济学也开始吸引他的关注。

他在悉尼的职位是个体面的职位。他的收入相当可观,这给他带来了更多的信誉,因为他这么年轻就有了这么高的收入,而且这对他显得更加重要,因为他那时完全是靠自力更生。但是,对提高知识的强烈渴望打消了他其他所有的念头。"另一年异常艰难的研究,"他在1858年写信给他的姐姐露西(Lucy, Mrs. John Hutton)说,"尤其是随着我年龄的增长,将是非常宝贵的,而且它的失败将是遗憾余生的。"1859年,他返回了英国,重新就读伦敦大学学院,在1860年获得学士学位,李嘉图在同一年获得学位。杰文斯于1863年获得金质奖章硕士学位。在1866年,他被聘为逻辑和精神伦理哲学的教授,以及曼彻斯特的欧文学院关于政治经济学的科布登(Cobden)论坛的演讲人,这个职位他一直担任到1875年,不断增加的工作负荷,以及身体健康状况的恶化让他不情愿地离开了这个岗位。在同一年,他被遴选为伦敦大学学院的政治经济学教授,这个职位他一直担任到1880年。

1872年,他当选为皇家学会会员。他在1867年娶了哈丽雅特·安

(Harriet Ann),她的父亲是泰洛(J. E. Taylor)先生,《曼彻斯特卫报》的创办者和经营者。他的婚姻是异常幸福的。他对音乐的喜好是他通常驱除烦恼的方法。他在他的房子亲自建造了一个音色绝佳的管风琴,而且是个技艺娴熟的音乐家。

虽然性格上保守,但他在交谈中是令人愉悦和给人极大启迪的伙伴。一个有幸认识他的人,会经常受益于他用以解决任何经济问题的超强思维,并体会到与他谈话,"与其说是与我们同时代的一个人进行对话,还不如说是与一位古代希腊哲学家进行对话,如果一个人能意识到与古人交谈是怎样的话"。

也许,他一生中最突出的特征是他从小就有的而且始终不渝的信念,他注定是做一番大事的人,他全身心地为这个目标做准备,而且他毫不犹豫地摒弃阻碍他前进路上的任何事物,尽管有些是有诱惑力的。因此,在1851年,当他16岁时,他写道:"我开始思考我能够而且应该比他人做更多事。"在1857年,当他22岁时,他有"一个愿望或一个目标,即成为世界上最有能力的人"。在1863年,他27岁,当在从悉尼返回的途中,他对立即获得成功的希望感到失望时,他仍然在"审视事物异同性的能力,如果历史和……有经验的人可信的话,就是一种稀缺的和宝贵的能力"中看到了希望。他后来的职业就让这些信念变成现实。他能做到不让任何事物将他从竭尽所能地所从事的科学事业中拉走。

在《政治经济学辞典》中,杰文斯主要是以经济学家的身份受到关注,然而,他作为逻辑学家和科学方法的研究者所做的研究也不能被忽略。实际上从《科学法则》开始的考察是适当的,在这本书里,杰文斯总结和运用了他在逻辑学上长期的和艰苦卓绝的研究。他将他的学术体系建立在普遍接受的公理上,即"无论它是什么东西,一件事物不可能既是又不是什么",以及"一件事物一定是不是什么就是什么"。在这些基础上他又补充了"同类替代"原则,这就是如下的公理,即如果 A 成立,那么与 A 在所考虑的关系上同类的所有命题也成立。因此,如果 B 与 A 相同,那么,B 就可以在任何有关 A 成立的表述中替代 A。接下来和关键的一步是使每个命题都变成与其同一性的假定,因此,"人终有一死"的命题在杰文斯的体系里就变成了："人"与"终有一死的人"是等同的。因此，任何关于"人"的说法对"终有一死的人"也适用，而且如果"人"被假定为某个对象，那么，"终有一死的人"可以被假定为与之相同的对象。心理法则所关注的是一个命题是对同质事物的论断，它在逻辑上包含同一性是毫无疑问的。因此，杰文斯能让他的命题成为接受"同类替代"原则运用的一种形式。让我们选两个命题：（1）"恺撒"与"作为人的恺撒"是等同的；（2）"人"就是指"终有一死的人"。现在，（2）能让我们能"终有一死的人"代替（1）中的人，且我们就获得"恺撒"与"作为终有一死的人的恺撒"等同的结论；或者我们象征性地以 A 指代恺撒，以 B 指代人，以 C 指终有一死的人，我们可得：（1）A 与 AB 等同；（2）B 与 BC 等同，因此通过替代 A，就与 ABC 等同了。现在，详细阐述这个理论体系成为可能了。在这体系中，每个命题都应该是可以转换的，而且在这个理论体系上创立术语的符号操作，这些组成了彼得勒斯·希斯帕尼斯（Petrus Hispanus）的三段论第一格的第一式、三段论第一格的其他形式等理论上不可估量的进步。使演绎法推理成为一个机械的过程之后，杰文斯发现创立演绎法的体系不存在不可逾越的困难；但是，他意识到，这个成就虽然有重大的理论意义但是鲜有实际价值。从他的演绎推理的重建开始，杰文斯继续主张归纳法是完全建立在演绎法则之上的，以证明其合理性的与之反转的过程。接下来是说明数学只是逻辑的一种特殊工具，以及数学等式遵循与逻辑同一性严格相同的法则，并说明由于某种限定条件的等式的普遍存在而导致的显著的分歧，除非以逻辑同一性明确表达，否则不对这些条件予以假定。机会学说如今在"同类替代"法则的基础得到了发展；因为机会学说的根本法则是因为我们必须依靠我们知道的和不知道的知识的分布，因此，如果我们关于它们的所知和无知的是一样多的话，我们应像相信另一件事一样相信某件事。机会学说成为科学调研和归纳法整个理论体系的基石，在机会学说的发展中，杰文斯找到与他天赋完全吻合的领域，在其中，他的学术著作的范围是显而易见的。

我们将从有关方法论的这篇论文转到他关于货币与金融的著作集中，这个著作集将"科学法则"近乎完美地运用到一堆相当复杂与重要的问题上。这本著作集收录了杰文斯从事创作生涯的每个时期的论文,正如福克斯韦尔(Foxwell)教授在杰文斯著作的序言里所写的,只有将这些论文一起读,才能完全理解这些论文所揭示的概念极度的统一,领悟的深刻,以及对科学目标的坚持。以同样的耐心和智慧,杰文斯从价格、贴现率、准备金率、破产的频率等现象的周期变化中分离出长期的趋势。他精心制作的对数的和其他的表格是运用稳健的模型和理论阐述深入细致研究的典范,不可轻易被取代。他杰出的贡献使商业波动周期性与所揭示的重要物理现象的周期联系起来,例如,太阳黑子和地球的电气状况的变化,即使最终没有成功,但是,他的努力暗含了我们所能达到物理—经济学法则的最高境界。从他对货币实现现象的研究中,杰文斯开始了货币政策问题的分析,既包括国内的也包括国外的。他对诸如此类的问题进行研究,如国际货币制度的可能性,通货发行的原则,保持铸币标准重量的最好方法,以及确保(通过价值复合单位的制度)延期支付标准的有保证的稳定性。在如今极其重要的复本位制问题上,杰文斯的观点虽然是旗帜鲜明的,但几乎可以肯定的是,却被那些只是通过二手资料获知他的理论的人所误解。他充分认识到复本位制论者所指责的恶行的重要本质,以及通过国际协议维持金银币之间固定比率的理论可能性;但是这种协议不稳定的性质和对现有义务突发事件的干扰的风险,在他看起来是形成最关键的反对理由。因此,复本位制论者和单本位制论者,带着真诚和正义,诉求杰文斯支持争论其中一方的权威观点,可以确定地说,只要争论是在杰文斯所规定的方法下进行时,那么,学术讨论的时代就会确定无疑地开始,而且获得有科学依据的决断将指日可待。

除了他对金融的研究,杰文斯还从事了与国家控制和管理有关的各种各样问题的研究。对社会主义和个人主义的宽广的原则上,杰文斯没有任何偏见。他最主要的原则是纯边沁主义的(功利主义的)。"一个计量单位是否会增加快乐的总和"是他视为与终极相关的唯一问题。然而,我们对一个问题答案所依靠的事实总是模糊的,通常在很大程度上是间接的而且普遍是推测的。因此,在极富冒险的实验中,有必要同时拥有极度谨慎和极大的勇气以寻求结论。我们唯一的指南是经验和以此类推,正如常会遇到的情况，我们的规则必须是更仔细分析和改正类似的经验，而不是忽视和拒绝经验。根据这些原则，杰文斯收集了大量关于社会问题的信息，而且如此认真地分析它，以致于当经验无论是证实了还是推翻了他的假定时，他的工作都同样地具有重大价值。在研究国家行为的问题上，杰文斯在私人企业的国家**控制**和企业的国家**管理**之间进行了仔细的区分。根据前者，我们只能说是存在反对国家干预的假说，只要是没有受束缚的自由必须被视作快乐的源泉，因而将任何对自由的限制视为一种罪恶。但是，面对得到证实的无数个关于约束可以带来更大的快乐事实的实例，这个假说肯定会不攻自破。企业行为提供了一个显著的例子，杰文斯逐渐将他们的原则延伸到禁止工厂雇用有身孕的妇女。在某些条件下，国家管理与国家控制是截然不同的，而且可能会更有优势，杰文斯对这些条件所进行的严格准确的分析，应该是这个研究主题的开山之作。使国家管理更有优势的条件如下：(1) 在单一的涉及所有方面的政府体系中，无数个分布广泛的工作能有效率地衔接、联合、协调进行；(2) 工作拥有固定不变程序的特性；(3) 他们在公众监督下完成工作，或者是为个人提供服务，这些个人能立即监视和揭露任何的失职和懈怠行为；(4) 只有很少的资本支出，这样每年的收入和开支账户将充分精确地反映这个部门的经营状况。针对与上述标准相关事实的一项彻底的研究让杰文斯赞成电报和电话的国家经营，以及创办国家邮政业务，这一切在他写作时还未曾出现；但是，他反对铁路的国家经营，尽管出于国家利益，它应当受到严格管制。应当指出的是，根据经济理论的原则，杰文斯对工会抱有强烈的厌憎和质疑。但是，他期待工会转变成为合作的团体，而且让它们充分享有自由。根据相似的原则，他对仲裁和安抚不寄希望，而是主张竞争的自由参与。应该注意到，在与劳动力相关的问题上，产业社会横向分化成不同技术等级的熟练工和不熟练工、管理者、资本家、地主等，以及垂直分化成农业利益集团、煤矿利益集团、铁矿利益集团等，杰文斯从来不曾忽略这两种分化的重大区别，而这往往被一般人所忽略。由于这种忽略，阶级的运行与工会运动之间的区别就被混淆。杰文斯对产业的合伙制的未来抱有深远的信念——一个饱受抨击的信念，因为他坦然承认英国的经验是与他相违背的,而用英国的经验类推,法国的经验通常是无法成为准确推论的依据。

以上评论的著述是伟大的;我们应当认识到这些著述最终决定了杰文斯在经济理论史中所处的地位。在他的《政治经济学理论》中,他努力做的唯一的事就是将经济科学重新构建成人类满意程度的计算器。生产从消费当中获得它所有的意义,即产品的任一给定单位的重要性取决于它能够带来的满意程度的增加值。因此,任何两种商品的等价交换比例是这些商品能够带来的满意增量的等价比例。交换价值就是由满意提供者的边际效率决定的。但是,这种边际的重要性不是绝对固定的。它取决于个人或群体已经占有的或享受的商品数量,其满意状况在我们的考察之内。因此,我们建立如下函数,$F(x)$ 表示一件商品对其所有者的重要性总和或者是使用价值,$F'(x)$ 表示一个单位的商品增量对他的重要性,换而言之,是交换价值的测度(参照《效用的衡量与效用最终衡量》)。假如当某些生产要素从一个行业转移到另一个行业,边际效率即给定的生产要素组合生产的产品的交换价值就会增加,那么,这个事实就会决定这种决策会变成现实。具有更大重要性的产品产量就会增加,反之就会减少产量。因此,前者的重要性增量就会下降,而后者的重要性增量会上升,直到两者均衡为止。生产性要素的相关支出就会与产品的相关价值相等;尽管生产成本决定的不是产品的价值,而是产品(预期的)价值,它决定生产要素的投入。这些原则与"无差异原则"——实际上是"同类替代"原则的新的应用——一起使杰文斯能够将交换理论转变成一系列数学等式的形式。接下来,我们不可避免地进入分配理论的讨论。价值长期以来被认为是租金的原因而不是其效应。杰文斯宣称价值也是工资的原因而不是效应。因此,分配理论必须得以重新创立,作为给消费者带去的重要性的起点。杰文斯为他的后来者留下大量工作以创立该理论。他的数学等式模型对公平的批评是敞开的。他看来几乎没有意识到他的研究方法所产生的影响。但是,他的《政治经济学理论》依然达到了预定的目标。当所有这些推论都得以完成后,经济学将会被重新构建。关于优先和原创性的争论,涉及古诺、戈森、瓦尔拉斯和门格尔(Menger)的著作。

除了以上提及的著作,杰文斯还发表了关于科学和社会主题的大量科学方法的论文,一篇关于产业的文章——《煤炭问题》分析了煤矿可能枯竭的问题,并产生了重大的影响,引发了偿付国家债务的极大努力,以及导致出现大量的多少有些基础的和普及的书籍,这些书涉及逻辑学、国家管理和控制的问题和政治经济学。

回顾这位胆大心细的思想者的所有著作,他的才智以及在他的著作中为边际重要性所做的所有的一切,我们不能不将他的离世视作我们这个时代的科学研究最大的损失。

杰文斯著作所有的目录都放在由他妻子编辑的《信件和杂志》(1886)一书的附录B中,里面收录了他主要著作的分类清单,而且附有第一次发表和收入文集的日期: *Primer of Logic*, 1876; *Elementary Lessons in Logic*, 1870; *Pure Logic and Other Minor Works*(collected), 1890; *Principles of Science*, 2 vols., 1874; *Studies in Deductive Logic*, 1880; *The Coal Question*, 3rd ed. 1906; *The State in Relation to Labour*, 1882; *Methods of Social Reform*(collected), 1883; *Money*, 1875; *Invertigation in Currency and Finance*(collected), 1884; *Primer of Political Economy*, 1876; *Theory of Political Economy*, 1871; *Principles of Economics, a fragment*, 1905; "Fall in Gold," 1863, in *Investigations*; Art. on "*Cantillon*", *Contemp. Review*, Jan. 1881; Art. on "Bimetallism", *Contemp. Review*, May 1881.

2. 杰文斯的经济学著作[①]

人们期待已久的杰文斯死后出版的著作和关于经济学理论[②]零散的论文,无疑引起人们关注他的经济学著作的性质和影响。他将数学方法

[①] 摘自《经济学杂志》XV卷第59期(伦敦),1905,第432—436页。
[②] 杰文斯著:《经济学理论》,由亨利·希格斯修订并作序(伦敦,麦克米伦公司,1905年,第273页)。

应用于经济学不是偶然的,而是坚持与他有建设性思想的构思和意识相关的方向有关。正是相同的动力驱使他创造了他的逻辑体系,试图用科学的原理为发现偶然事件的规律提供依据,利用以太阳黑子活动为标志而假定存在的气象周期,寻求商业危机产生的根源,并且将微积分原理应用到价值理论当中。在所有这些研究中,杰文斯敞开胸怀面对唯物主义(孔德、奥古斯特试图以低级的方法研究高级的科学的方法)浅薄的控诉,这些控诉没有在杰文斯的任何一个研究中被证明是合理的。杰文斯所做的研究没有为了应用更低级的方法而使更高级的科学降格,而是创立了科学的层次理论,而且是名副其实的,真正在低级方法的坚实基础上创立了高级理论,而且确定了它其中的哪些组成要素说是可以被保留下来并被赋予更合理的对待,而这些要素却被华丽的辞藻或者是形而上学的方法所抛弃。例如,亚里士多德的演绎法则正如同杰文斯的逻辑机器一样是机械的,而且,就好比中世纪的三段论第一格的第一式、三段论第一格的其他形式和杰文斯的键盘和滑轮一样都是逻辑算盘。但是,杰文斯充分而且清楚地认识到过程的机械性质,因此偏好于它的机制。但是,语言上错误使他的逻辑机器被称为"合乎逻辑的机器",好像机器本身是合乎逻辑的和理性的;然而,事实上,他极力表明,尽管假定前提的设定是至关重要的,但根本不是机械的,一旦它们得以设定,它们就能机械地运作,而且如果提供完美的机械装置,那么,它们所有的结论都可以达到精确,不会有错误或者遗漏的可能。如果没有机械装置,过程仍是机械的,但是会增加出错的可能。它是由差的机械装置指挥的,但仍然是机械的。

利用完全相同的方法。当杰文斯意识到某个经济学的基本概念的量化性质时,尤其是交换的价值,在一定范围内,是价值的一阶微分值。他使经济学的一部分事实上是数学的内容摆脱了夸夸其谈和形而上学的控制,而这部内容必须通过清晰的和精确的方法,或者是通过不那么严谨的数学方法处理。他并没有如同所受到的粗俗指责那样,企图通过先验的演绎的纯数学方法去研究人类需求和本能欲望的无限的复杂性。相反,没有人比他更深刻地认识到广泛的和持久的演绎法研究对经济科学的必要性,而且没有人比他用更细致的心理分析应用于经济学问题的研究上;只有他认识到,当某一种在本质上是数学性质的抽象的经济学命题一旦被提出,它们将包含或者排除其他的某些命题;而且,如果认识到它们的数学特征,我们就能确信,在从假定到结论的过程中,我们没有丢弃或者添加任何东西。正如逻辑的运行机制,你通过引进数学的方法排除了一种产生错误的根源,但是你最终不会获得你在开始时没有隐含地插入的任何东西,而且你插入的任何事物都是不可能通过数学的方法取得的。杰文斯希望通过借助于统计学以获得比以往实际上获得的更多数量的精确公式,因此他高估了数学参与到经济科学的程度。然而,如果是这样,这是错误的估计,而不是理论的错误。他认为政治经济学理论的某些重要的相关关系与概念本质是数学的,唯一的问题是它们是否得到了适当的数学方法的处理,在这一点上,他是正确的。

如今,杰文斯自己确信对上述事实的认识引发了一场革命。1860年6月,他在给弟弟的信中写道:"我很幸运地醒悟到,我信奉《经济学的真理》一书,是如此的彻头彻尾,以致于我现在看到经济学的其他书籍时无不带着愤怒。"他越来越相信随着时间的流逝,他的发现为在"理性的基础上"重构经济学指引了方向,而且,继李嘉图和穆勒的研究之后,经济学被要求"拾起支离破碎科学的碎片,而且开创新的科学"。

对《经济学杂志》的读者来说,详细介绍杰文斯的贡献是什么是没有必要的。当然,他的发现正是他亲自阐述的"最终效用"原则,而现在则更广泛地称为"边际重要性变化的原理"。正如我们所看到的,他确信这个原则最终会变革经济理论的抽象部分内容;而如今,《政治经济学理论》1871年出版以后的一个完整的世代,我们要问经济学革命是否已经发生,或者正在发生。杰文斯的细心读者清楚地认识到,边际理论的普遍应用不是被他当作预感,而是得到详细地贯彻和实现。一代经济学家追随着他,尤其是奥地利和美洲的经济学家,无论是通过直接受到他著作中的激励,或者是在贯彻与其他研究相类似的方法,已经在利用他的原理以获得合理的结论方面作出了很大贡献。在他们的分析中,生产成本理论概念是根据原理的间接表现形式,利用与边际效用相一致的处理方式获得的;分配原理整个体系是通过变动的边际效应原理的各种各样的应用推导而获得的。但是,另一方面,与这种思潮并行地存在着曾经有过的和现有的其他思想,这些思想在英国得到人们更有效的认识。在杰文斯论点的彻底辩护者的经济学家学派中,马歇尔教授是杰出的代表。该学派真正接受和宣扬杰文斯的理论,但是宣称,他们没有发动经济学革命,他们只是完善、阐明和澄清他们公开承认要推翻的理论。对该学派的学者而言,承认消费创新理论的科学使生产理论相对地不受到影响。作为一般价格的决定性因素,生产成本是与由需求列表而获得的"需求曲线"相一致的。而且,虽然经过修正,租金、利息和工资收入传统上互为不同的收入类型,仍然在分配理论的研究中处在首要地位。

杰文斯在经济学思想中的地位如此重要,人们自然地转向研究杰文斯的遗作,首先,了解作者在对他的原理的意义的理解是否取得实质性的进展,其次是二三十年的争论与研究产生争议的阶段,他是否为理论争议本身作出了重要的创新性贡献。我大胆地说,我认为对这两个问题的回答都是否定的。但是,另一方面,在所有的这个片断中几乎没有一个段落,这些片断被认为可替代的、可反驳的和肤浅地叙述,被令人遗憾地拖延,致使它长期远离公众。

我们至少要感谢上苍,我们最终还是拥有了它。我们无法失去杰文斯著作的任何一个片段,虽然他特殊的数学方法没有得到承认,然而他的思想特点在处处都打下了烙印。他敏锐的洞察力,对偏见的果敢和挣脱,他对不同寻常的经济现象(如煤渣在微小的正负价值之间的摆动,他创造性地和幽默地将曼彻斯特的煤渣和巴比伦的妇人进行类比)的兴趣,他的广泛和充满好奇的阅读,以致于最后,他相信所有最神奇的经济影响将集中体现在 J. S. 穆勒身上,所有这些集合在一起,使穆勒重新复活在他的著作里了。实际上这个著作是零散的,如果它是从完整的和系统的叙述中截取的,就赋予其讨论的魅力。

书籍也包括了再版的李嘉图经典论文,一篇关于政治经济学发展前景的文章,它还包含了一本关于洛(Lowe)的建议和终止比例税的非常有趣的和令人振奋的小册子,这本书最终的结论是从中挑选出来的如下具有心理性质的观点:"很多印花税虽然确实很烦人,但是必须进行有耐心的征收,因为它们变得与一致同意的事件联系在一起,如收取款项、重大交易的完成、政府权力的授予,等等"。

很难说序言里的解释或者说明成功地为这卷书的观点进行了延迟的辩护;但是,不做如下说明是不合人意的,即耐心的、勤奋的和敏锐的编辑们竭尽所有敬畏之情以令人满意的形式出版了这最后一卷的书籍。我们很欣慰我们的书架上放有最权威的、最有胆识的和非凡的思想家之一的"完整著作",他们为经济科学奉献了一生。

3. 帕累托的政治经济学手册①

"信仰是人类行为的唯一巨大的动力,因此,在社会利益的角度上,人类中的大多数人,或者甚至是任何数量的群体科学地处理社会事务是远远不能令人满足的。因此,为在行为的条件和知识的条件之间存在着冲突提供了鲜明的证据,即世界传道者智慧的缺乏和知识边界的无穷无尽。"这些清晰和独创的字句出现在帕累托教授"手册"的第 119 页,这些字句在注释中得到说明,我们推断可能受到大多数英国人的青睐,例如,英国比德国优越,是因为大多数德国人认为英国比德国好;然而,这两种观点(同时获得有益的结论)的共存,从科学的角度看,是绝不可能的。如果是这样,帕累托教授就不会因为担心而被剥夺休息,唯恐他的手册因过度拓宽经济学和社会学知识的范围而带来实际的混乱;因为很难相信,即使在欧洲大陆,会存在多达一定数量的学生能够掌握经济学的极度概括和抽象的阐述。然而,无论如何,我都不由地认为,作者以深刻的和广泛的原理作为他自身的特点,因为,我认为,帕累托比其他任何经济学家更多地告诉我们认识并牢记一个事实,即作为普遍的法则,任何偏好的物品的边际重要性不只是我们拥有该物品数量的函数,而且是我们拥有大多数或者全部的其他偏好的物品数量的函数。他向我们

---

① 《经济学杂志》第十六卷,第 64 期,伦敦,1906 年,第 553—557 页,再版。

指出，而且在这本著作中他比以前更加坚持如下观点，即如果我们单独对任意的 A 现象进行分析，而且我们对远离任何给定具体的命题的观点进行假定，我们必须通过考察相应的 B、C、D 等现象的变化来检验我们的结论，这些都是可能与 A 现象共存的；或者，在他的研究术语中，我们没有用逻辑演绎①的方法检验就不可能展开分析。在现今，思考如下社会的条件是天方夜谭。在这个社会里，人类中的大多数能够满足异常高的需求，帕累托认为他们企图用经济科学的知识来达到目的，而同时，坚持在本质上相同假定，即他们利用刺激到行为进行填充的假定。没有伴随着社会系统的其他变化，一场教育的和知识性的革命不可能发生，例如没有人（除了孔德、奥古斯特）曾经预料到的革命以及其他变化会导致社会情形在所有的方面会如此不同于现状，以致我们无法用标准的尺度去衡量当时存在的社会关系和行为。但是，预期行为不再建立在国民的臆想之上似乎是保险的。传播经济学知识的企图可能是徒劳的，但这几乎是没有风险的。

现在的评论家不能冒险对"手册"进行全面批评，因为他深刻认识到，手册所提供的经济问题的新颖的和集中的研究提出了他还没有完全掌握和吸收的观点，他渴望长时期的连续的和强化的研究，而且在试图预期它的完整的意义之前，希望有可能获得其他学生的阐述和评论；因为这是一项在与"手册"的读者数量非常不成比例的范围内改变和推动经济学思想的研究。可能只有少数人能够读懂它，但是每个读懂它的人都会受到它的影响。然而，熟读这本书所形成的临时的意见，我们已经在前面论述中介绍过了。这本书的优点是将帕累托自身的原理迈出新的一步，而它的不足是没将这步走得足够远。A 商品的边际重要性不单是 A 商品本身的函数，而是 A、B 和 C 等商品的函数，当我们通过使用这一原理而达到合理的结论时，我们应当理解在经济与非经济现象之间划清界限是不可能的；因为，没有意识到经济的与社会的条件之间的相互作用不能仅仅被

---

① 帕累托教授直接应用这个原理阐述了（在他的《政治经济学教程》和《国民经济学的应用数学》）"分配的和谐法则"推理上的谬误。埃奇沃思教授正是将相同的法则应用于其他研究领域之中。我想借此机会承认他们判断的公正性。

放置于附属的地位时,要设定一个远离现存事实的经济学假定是不可能的;以及在没有意识到我们事实上研究的是从应用领域延伸至经济问题之外的心理决策时,要提出另外一些极度抽象的经济学研究方法(如通过图表和数学方法)是不可能的。帕累托的书既直接又间接地领着我们朝着上述这个结论长途跋涉。这本书呈现了普遍的社会科学导论;它接着阐述了比迄今为止所提出的更抽象和更一般的经济问题的研究方法,其中,该书没有提到消费和分配,极少提到生产,但适当地引导它们检验了"满足的均衡"、他们达到满足途中的"障碍",以及作为最终结果的均衡。书中描述我们在市场上不是进行交易和谈判,而是"攀登幸福之山",通过"路径"以到达由"障碍"所指定的一个"地方"。所有的图解在被视为这本书的核心章节中得以概述,并在其后面紧接着的三个章节中会有更加翔实的描述和解释。然后是关于"人口"的一章,分析的不只是从标题直接反映的问题,而且还分析了各种社会阶层之间活动和均衡的法则、收入分配的范围,等等。最后,在对不动产和人力资源进行论述之后,就是文章结论的章节。在这一章节中仔细研究了经济活动这一方面和政治及社会活动的另一方面之间的相互作用。书的每一页内容都是新颖的和发人深思的。数学的附录是该书的最后部分。

然而,这篇概述,由于自身的原因,在很多方面给出错误的印象。首先,开篇章节没有像强调一般社会科学和经济学方法之间的差异一样,强调它们之间的联系;开篇章节为提出经济学的定义作准备,以使我们能在这个经济学定义的基础上,较之与应用于社会科学其他的和更模糊的理论分支的方法,提出更严谨的和更科学的方法。因此,帕累托绝对不是倾向于清除经济科学的界线。在经济学中,他说道:"我们应研究的是人们的那些行为,它们是合乎情理的,重复的和为数众多的,以及负责确保满足他们欲望商品的安全。"(第142页)"逻辑"这个术语是指对现象的一种心理关联,近似于存在这些现象之间的客观的联系。然而,虽然作者反复坚持所有的区分和界限都是人为的,由于生活的实际现象是连续变化的,他仍然几乎没有意识到,如果它包括了极小部分的商业实际现象,这个界线将会延伸多少;他也没有表现出意识到他的图表,如他的"无差异曲线",他的"幸福的顶峰"和"攀登的路径",较之于他的经济学的范围,覆盖了一个在多大程度上更加无限宽广的领域。确实,在客观关系(包括了在主观和客观之间关系的关联经验的,与先验的明显区别开来)保持不变的条件下,它是否仍然存在着大规模高频率接受选择的空间可能是不会受到质疑的。

其次,这本著作的核心章节没有与我们的概述所收集的内容紧紧结合在一起。后面章节没有对一般研究方法的抽象公式进行详细和精确的以及充分直接的探讨。这些章节通常绕开这些问题,就如同作者以前在《政治经济学教程》中一样,一般极少解释和论证书上所采用的曲线的公式,而通常在附录里专门用公式表述出来。

最后,必须补充一点,书的纯抽象部分是以高雅和平淡的笔调著述的,而在书的其他部分里,自由地运用嘲讽的和贬损的笔法,则过于清晰地显现了作者的感情色彩。对英国的读者而言,引证的事实可以表明这一点,例如以下:"当(在英国)选举来临时,候选人指使他们的妻子和女儿去乞求选票,并用她们的手和唇靠近粗俗和鄙陋的民众,他没有因而羞愧"(该书第 140 页)。在 1904 年,我们得知,保守派政府在期待一场选举,"获得国会下议院的支持,通过一项法律以解除工会与发动罢工有关联的所有责任,而且授权罢工者可以不受惩罚地迫害反对工会的工人,让人们明白这么做只是对未来小小的期盼和进一步的妥协"(该书第 449 页)。

4. 西德尼·查普曼先生的政治经济学①

西德尼·查普曼(Sir Sidney Chapman)《政治经济学》(*Home University Library of Modern Knowledge*. London: Williams & Norgate. 1912 1s)"以马歇尔博士为代表的后来的经济学作者,完善了杰文斯和里昂·瓦尔拉斯(Léon Walras)开创的精确分析,并将其应用到整个经济现象领域的研究之中,我将进一步阐述在此之后的经济学解释。

---

① 摘自《经济学杂志》第二十三卷,第 89 期,伦敦,1913 年,第 72—75 页,重印本。

虽然数学对新的思想提出了很多观点,但用没有包含数学知识的简练语言陈述观点是最容易的方法;我将努力这样去做"(该书第7、8页)。

如果上述两句话中,第一句话的含义以及第二句所隐含的观点被接受,对查普曼教授的书的批评就会使自身陷入对推理、技巧和它体现出的精致不适当的崇拜之中。

然而,隐含的意义和断言都受到了现今评论家的质疑。较之前一句话,从后面一句开始更容易论述。该书第75页写道:"商品的价格是指需求与供给数量相等时所决定的价格,假定供给轻微的增加说明供给价格在需求价格之上,供给轻微的减少说明供给价格低于需求价格。理论上有可能,但在事实上不可能存在多个均衡价格。只有报酬递增的条件下多个均衡价格才是可能的,当需求是极度缺乏弹性时,多个均衡价格是极不可能的。"如果一个读者从来没有看过或者创建过这样一个图表,在图中,供给曲线在三处与需求曲线相交,两处从需求曲线的下方与之相交,一处从其上方与之相交,但是他能够理解上述分析中所包含的限制性条件的意义,而且能意识到不稳定的均衡点一定是位于两个稳定的均衡点之间,让曲线从该点穿过,查普曼教授就会将该读者看作支持其论断的一个见证者,其论断是应用无数学的语言进行有效阐述这些设想是"最简单"的。我无论如何都不会对此作预先判断。

上述引证的第一句需要更长篇幅的讨论。正如查普曼教授著作中所解释的那样,无论如何,它们获得了马歇尔博士的支持,他采取慎重的(以及极大胆的)方式,最大限度地尽可能减少和掩饰新方法所拥有的革命性质,他是新方法拥护者中的杰出人物。尽可能保留旧的经济学术语,缩小新理论与传统理论的分歧与争议,并且阐述了曾被认可的早期作者一些不完善的理论所抑制的多少具有重要价值的真知灼见,在这些方面所做的尝试是马歇尔著作的最重要的特征;这与杰文斯在与弟弟信中所做有些狂妄的声明形成了明显的反差:"在最近几个月,我很幸运地猛然醒悟到,我信奉《经济学的真理》一书是如此的彻头彻尾,以致于我现在看到经济学的其他书籍时无不带着愤怒。"要寻找出查普曼教授手册的错误就意味这样一种观点,即在两人之中,杰文斯的愤怒相对于马歇尔博士的敬畏可能会激发出更多的研究成果。

另外,事实上是查普曼教授坚持不懈地阐明他鲜明的论点,这些阐述与古典传统产生了分歧,并将原理上和理论上的区别降低为只是侧重点上的实际区别;为了保存那些事实上已经降低到次要位置的差异如同起初那样,这些概述放弃了其所包含的简化意义。

因此,在该书的第172页,我们读到:"工厂会给雇主带来价值是因为……他们所生产的是……对消费者有价值的……同样的,其他生产要素的价值是它给生产带来的边际价值。"如今,"生产成本"仅仅是指生产要素的市场价值的总和,以及它们的价值被众所公认的只当作产品价值的组成要素,它们的价值全部依次取决于,较之于另外的商品消费者所形成的对某件商品价值的相对估计;然而,"生产成本"在查普曼教授的整本书里都是独立的,在某种意义上产生了与"需求价格曲线"在同一坐标图上的"供给价格曲线",通过他自己的证明,它们应当获得所有的真实性。事实上,书中最有创意和灵感的章节是详细阐述两条曲线之间的平行性。这个描述过程是一个标准的演绎性推理,但它建立在骇人听闻的假定之上,即每个企业拥有对资本和市场不受限制的支配权,并且只根据规模必须与"中枢机构的能力"的最佳匹配的考量来决定它的产量。查普曼教授研究的最后部分似乎承认他的最初假定是远离事实的。如果他要将他提出的伟大的原理进行到底,那么,在他的整个研究中他能否不与事实保持紧密的联系呢?他确信,以预期结果的意义的权重为指导,在生产要素作出连续的选择作为资源配置的结束,此时,使用任何一种生产要素的成本正好等于放弃另外一种可选择要素的机会成本;报酬与支出同时是由生产者预期的相关产品的最终意义测算和决定的;商品买卖成交的点上记录了决策者预期的正确或错误,并趋于修正预期,这一预期是做出生产要素选择的基础。

同样,查普曼教授清楚认识到"报酬递减"是通过以下最初的假定获得的,即只有一种生产要素(土地)的数量保持不变,连续增加另外一种要素的数量;同时,这种方法也适用于任何一种生产要素(例如劳动力),而且,虽然"劳动力"在总体上不能快速地增长,但是它可能在一定范围内从这个行业转移到另一个行业,对土地也是同样如此;另外,一种生产要素可能改变与另一种要素的使用比例,两种不同数量的要素组合可能带来相同产量;所有生产要素的价值都来源于产品的价值。尽管如此,他坚持传统的信条,即租金不进入成本,像传统做法那样尽可能地将递增和递减的收益区分开来,而且特别地将土地从他的分配模型中排除出来。他将租金定义成任何一种要素(例如土地或劳动力)的微分价值的支出,而且明确地认为,如同一个富人向杰出的外科医生的支出不一致一样,租金也不会与农夫向地主支付的一致,然而他将租金直接地与土地发生联系,这样做似乎尽可能地掩盖了所有他认识到的在土地和其他生产要素之间理论的性质,将它隐藏在坚持程度上差异的表面下,他利用此来保存不再建立在理论上差异。

但是,所有这些都是对这门学科权威的和现行研究的一个偏见,而不是完全专门针对查普曼教授的著作。假定所有接受的方法都令所有人满意,这本书的阐述就没有再提升的空间。除了可辩论的和已辩论的内容,它在对事实的坚持方面也受到特别的赞誉,如"正是生活中没有价格的不可触摸的东西赋予了可交易商品的价值"(该书第 164 页),在这卷书的收尾章节"分配问题"中体现了坚持这一核心原理的强硬态度,它是有启发意义的和极富睿智的研究。

5. 达文波特的企业经济学[①]

对于密苏里州大学教授达文波特(H. J. Davenport)的《企业经济学》(New York:Macmillan,1913),我们一直读到这本经典著作的最后一页,才读懂它的精髓,即它决心对有个人利益的与有社会价值的职业、特权和地位之间相互统一的假说予以"致命"的一击。也许,没有人能审慎地断言存在这种一致性,即使是很大程度上的一致;但是,几乎每个人都认为这是正常的,并且推断它是接近于普遍的。这种乐观使得大量的经济学文献近似于说教,受到那些良心上向往美好的人的热捧,但是也受到那些

---

① 摘自《经济学杂志》第二十四卷,第 95 期,伦敦,1914 年,第 421—425 页,重印本。

意识到"伤痕累累,苦难和伤痛"的人利用生产性的、有用的、人类需求的供给等术语进行的驳斥。

达文波特教授估计至少有 2/3 的美国资本的财富是仅仅由"从他人那里抽取贡赋或盘剥他人的权利的现有价值"组成(该书第 520 页)。但是,事实并不完全如此。那些真正提供服务而获得报酬的人并不必然是因为提供了对社会有意义的服务而获得回报的人。我们生活在一个以个人主义为本位所构成的产业社会中,无论是什么为一个人的支付产生了有价值的体验,都以"服务"计算,即使它破坏了其他人获得的有价值体验的源泉,以及即使所确保的实际体验是对长远的幸福有害的。

在所有这些方面,达文波特教授从不厌倦以惊人的率直和丰富的例证材料坚持,通常用以说明"为某些人构建不只是适应事实的需要,而且适应他们改进现状的需要的经济科学"的必要性为目标,因为我们生活在"一个竞争的社会,大多数重要问题总结成一个最大和最终问题:如何将私人收入限定在他所提供的社会服务范围内"(该书第 416 页)。

然而,这本书的大部分内容讲述的是真正的经济学问题,涉及提出和利用经济学原理,普遍被接受但是极少得到足够的坚持和完全的应用。

在上述所有的背后是对生产性的和非生产性的行业的传统的划分不利的批评。唯一的最终"产品"必然是与人的心理有关的。物质只是手段;从最广义上说,体验是最终的和唯一的产品。所要购买的任何东西,或是为某个具体的目标而生产的东西,其之所以被购买和生产是因为它被指望能直接或间接地导致产生意愿的体验。也就是说,因它被当作有"有益的"。这是愿望而不是幻想在起重要的作用,并使东西成为生产性的,只是因为它能在竞争的和个人主义盛行的社会的经济科学中找到用武之地。被传统的讨论隐约触及的真正区分是或多或少有些迅速消失的和多少有些长久存续的商品之间的差异。这是或多或少之间的差异。一件永久性的物品在它存续期间会源源不断带来收入,无论收益是不断产生体验的物质(如生产工具)还是直接作为体验的收益(如一件艺术品或是品位低俗的书),都不会影响到它的生产性。

虽然没有挣脱与之的联系,潜在的争论是对我们产业体系——市场的基本现象的分析。可喜可贺的是,达文波特教授准确和有效率地阐述了如下占统治地位的论断是建立肤浅的和产生误导的分析之上,即供给曲线与需求曲线的正常相交,以及它们的交点决定了价格。"在最终的分析中,卖方的保留价格是需求,同样重要的是价格的固定和买方以**完全相同**(黑体字是评论者加上的)方式出价(该书第55页)。该书第51页上的这个原理以列表形式的论述对争论作了个了断。

通过描述任何生产要素的"成本"只是以其在其他生产中所产生的预期意义来衡量,一项正好与上述相类似的研究揭示了"生产成本"价值理论的根源,以致于(如同一件商品持有者提供的保留价格)生产成本本身应包含在需求曲线上。最后,我们可能会"当我们谈及边际成本决定价格,就如同我们想起刻舟求剑的故事那样"(该书第94页)①。

但是,这并不是意味着达文波特教授抛弃了分配法则的具体内容,尤其是由于租金的特殊性而将其作为专门的类型考察。只存在着市场法则,除此之外别无他物。报酬递减法则除了带来混乱和模棱两可之外,没有其他贡献,直到我们意识到"要素的不恰当组合产生损失,恰当的要素组合产生收益的原理得以应用,该原理并不是只应用于土地与其他生产要素的关系,而且也应用于所有其他生产要素与另一种生产要素的关系之中"(该书第444页)。但是,与许多其他经济学家不同,达文波特推翻了土地研究专门的理论赖以存在的基础,并坚决反对通过技术和实践来恢复它。相反,他不仅企图论证:不动产和人力资本之间的合理区分上有本质上的起源,而且旗帜鲜明地提出了补充意见:"如果一个人掌握必要的学识以在人力资本的法律特性和来自资本的土地的经济性质之间描绘出它们联系的类型和程度,这将是最有意思的研究。它们不只是偶然相一致的观点,毋庸置疑地会得到接受。"(第510页)

分配原理的一般表述虽然有很多合理的成分,但是从清晰的观点看,

---

① 再也没比如下事实更有力证据证明其错误的隐蔽性,即在达文波特阐述他的观点之后,他经常(故意地)提及"相交的曲线",时常因犯无意识的错误而受到批评,比如在该书第481页中,他写道:"一般而言,价格不可能位于生产者的边际成本的下方",以取代"边际的生产者不可能在长期保持成本超过产品的价格的状态"的提法。

它在以下问题中显露出其弊端：试图使"边际"的两个意义（被视为截然不同的）并行不悖；完全不能辨别在以下两者之间的区分：连续消费同一种商品而出现的重要性递减；某种生产要素与其他一种或者多种生产要素而组成的要素组合的大小变化所引起的其中任何一个单位的重要性变化。此外，正是生产要素之间的替代原则给予了分配理论的最终结论，并说明了以下两种过程的完全相类似：每个单个厂商根据产品的市场价格调整每种生产要素的预期重要性（每种生产要素根据市场价格所具有的对它的重要性，它代表着其他人对该种生产要素边际重要性的预期）；与之对应的过程是，单个消费者调整支出，以致他所消费的所有商品的边际效用与它们各自的价格相一致。在达文波特教授对分配问题予以正式解决之后不久，他（比如在该书第 428 页）向我们阐述了他最有意义的研究，该研究的核心部分是边际替代理论。

尽管其中的内容在安排上存在着瑕疵（我们的批评可能的确过于夸大），但是，浏览一下如下的内容不能不给我们留下深刻的印象。这些内容是：所有的论证；原理的统一性；突出障碍的克服；或者从所控制的资源到意愿的体验连续运作之间的对比。

达文波特教授系统地从企业家的观点出发，首先是审视出现在他面前的事物，然后继续表明他的观点的局限性要在经济学家满意之前得到解决。因此，它书名是企业经济学。然而，著作的核心章节是与"企业"直接有关的部分，其对货币、银行、借贷资金、银行存款、经济危机和衰退等专门问题都进行了分析。同时，它是最令人不满意的部分。它固然涵盖了许多有益的意见和敏捷的判断，但是，数学精确性的显著匮乏却降低了结论的价值，而且，研究的线索有时似乎已被紧紧抓在手中，有时却被抛弃了。因此，该书的第 317 页"数量法则"最终被抛弃。"当黄金在商品市场上贬值，它作为货币也必须贬值；而商品的价格上涨。""交易中介的数量的变化是结果，而不是造成价格水平变化的原因。"还有，该书第 329 页写道："很明显，金银复本位制一旦建立，与只流通一种金属货币相比，货币铸造的数量将会增加，一般价格水平将会上升。"通过模型解释上述现象，得出的结论是，将两种金属按固定比例铸造货币将会降低这两种金属在商品市场的价格——除此之外，还有其他方法让更多铸币进入流通领域吗？作者的著作极大地鼓舞了人心，然而，他的观点出现明显的前后不一致，分析各种各样的不一致后，评论者不可避免地质疑——他是否已经真正理解作者的意思。

扩充课程的精选提纲①

政治经济学的要素(益处或价值),1891

第一讲 经济学在社会科学中的地位

政治经济学或经济学的定义,与其说是"(物质)财富的生产、分配和交易(和消费)法则"的研究,更好的提法可能是"制造、分享、交易(以及使用)(物质的)财富"的研究。

与之相抗衡的定义是"经济学是合理配置社会协作劳动的艺术"。

政治经济学或家庭(domestic)经济学或者像伦理学那样,是一门行为科学,或者像物理学那样,是一门纯粹的观测、概括和演绎推理的科学,它是一门艺术吗?

穆勒提出了"经济人"的假设,拉斯金对此提出了异议。沃尔克和马歇尔。

对上述冲突观点的进一步研究取决于"消费"在经济学研究中所处的地位。

将"消费"排除在经济学之外的趋向,或仅仅认为它附属于

---

① 正如导言部分所介绍的那样,威克斯蒂德长期是大学扩充课程内容的讲授者。以下的课程大纲是从他讲授材料范围内精选出来的,而且涵盖了他对这门学科发展趋势的看法。

"生产"时才有意义。

即使是这么认为,因为在考虑"消费"时缺少了心理分析,李嘉图和拉斯金在他们的生产与交换理论中出现了同样的错误。心理特点是经济学的核心主题。

但是,对消费的准确分析同时导致了"需要的满足"是福祉还是祸害之间的分歧,以及经济学在更广阔的领域与社会学发生联系。

从各个角度分析如下的企图:使"经济人"成为经济学所独有的行为主体。

批判政治经济学的相关理由是它是一门"不道德"的学科。

有充分根据怀疑这样的学科,它将人视为创造财富和乞求财富的动物,此外,同时他也被认为是利用财富的动物,而财富仅仅是动物为达到某个目标的手段。

经济学家们最近逐渐认识到,有必要探究经济学在社会理想中的指导作用。

这会使经济学成为一门行为科学吗?

"经济人"的独立研究的相关理由。

经济人拥有的动机是天生的和有效率的。正如在我们的社会中,他们维护自己的权利,安排自己的活动。确定他们行为会导致什么结果是重要的。当我们发现人们如何行为或者趋向于什么样的行为,什么样的人际关系与制度让自己倾向于让自己受到"获得财富与躲避付出"愿望的指引,如果可以的话,那么,我们就想知道,在什么程度上基于个人利己主义和自我节制的动机而自发组织形成的协作是适当的。

1. "经济"的意思是对家庭或公司的支配或处置,"政治经济"是指对城市或者国家机构控制或处置。这些词源对讲稿上的讨论主题提示了什么样的思想?

2. "财富"的意思是福祉产生时的状态,正如"匮乏"是物品很稀缺时产生的状态,健康是事物很健壮时表现出的状态。将这个词限定为"旨在实现物质追求目标的工具"是否会造成道德侵害,如果是这样的话,作为教会学校讲授课程的政治经济学在多大程度上应该为此负责?

3."政治经济学是一门讲述得多、实践得少的学科。"引出并批评作为这个论断根据的哲学的或者其他的假定。　　828

第二讲　产业和产业现象的本质和形式

很多英国的经济学家似乎认为假定应是与一般的现象近似于相一致的。

因此,一场革命抛弃了经济理论,取而代之的是历史学、社会学的和统计学的分析。

经济原理的相关信条,来自英国、印度和美国的阐述。

有必要在绝对的原理与相关的形式之间进行区分。前者是普遍的和统一的。后者是以道德、社会、政治和产业环境为条件自生自灭的。

经济理论必须从每个产业的表现形式追溯到根本原理,并从不同社会和产业体制下并行的表现形式追溯到它们共同的根源上。

算术上的证明。

根据这些方法获得的经济理论产生的随机的和误导的推断。

例证材料。价格和流通中介的现象,反映了体验的多样性,以及普遍的情况和偏好原则。租金现象反映了不同质量、不同位置的土地所提供的产量上的差异。将利益现象反映到与之相近的基本原理上的重要性。我们将之付诸行动的尝试将使我们能够解释鲁宾逊·克鲁索的孤岛经济,在社会主义的状态下和完全利他主义的群体等条件下利益的变化形态。或者,如果利益现象将在这些社会模式下消失,那么,就可以准确解释为什么以及怎样对我们的社会模式进行改变以使利益现象在体制下消失。

特定地方的或者具体的现象,如低工资、不稳定的就业、竞争、生产过剩等,在它们在被充分理解之前,必须都被归纳为基本原理和一般原则。

通过与之相同的步骤,我们就能够理解将"经济人"假定作为更深层的心理法则专门体现的动机。预测它们在社会哲学上所处的真实地位。　　829

1. 在鲁宾逊·克鲁索的孤岛上,租金的基本原理会以什么样的形式出现?这种租金存在的形式是否在产业社会已出现过或者有可能出现?

2.《回顾》的作者是否将货币的控制与交易的控制混淆在一起?

3. 经济"乌托邦"真正的功能是什么,它有哪些不可避免的局限性,以及它首要的危害是什么?

第三讲 使用价值与交换价值

经济学术语"有用的"和"效用"含义。与"想要的"和"能满足欲望的"相近替代术语。

亚当·斯密关于使用价值与交换价值的论述。对他阐述部分的批评是在文中有做记号的地方。

如果一个国家在满足欲望方面是理性的,就会增加使用价值来改善人们福利。无论如何它都是产业社会的目标。

财富之所以成为财富是因为具有使用价值。但是,反之则不成立。很多有使用价值的商品并没有列在财富的表单中,而且没有交换价值。

交换价值反映消费者对商品欲望的程度。它与使用价值的关系是怎样的?

例如,供给的减少会使总的使用价值下降,但却增加了交换价值。财富的列表上显示的财富增加了,但是人们的福利却下降了。

商品的使用价值只是反映所有者眼中欲望的满足程度。交换价值反映的是他人眼中欲望的满足程度。但是,并不是一些商品,而是再多一些商品的欲望满足程度决定交换价值。

这导致了总的使用价值、平均使用价值和最后一个单位的使用价值之间的区别。

最后可以得到的一个单位商品的使用价值与交换价值保持一致。

边际单位的使用价值决定了所有的交换价值。

商品的边际单位决定了所有单位交换价值的进一步说明。

1. 给出你自己的关于交换价值与使用价值显著差别的阐述。

2. 自己举例说明"边际"的人或物的行为对总体的影响。

3. 在什么情况下，一个国家的"收入"不能如实反映该国年度的"幸福的总量"。

第四讲　交换价值，一个比率

同一件物品所拥有的全部的欲望满足程度或者预期的幸福在理论上是可以测量的。

交换价值表示等价交换的比例。

交易的商品必须是不同类的，否则交易不可能发生，而且必须要有共性，否则它们之间不能形成交换的比例。

它们的差异是很明显的。那么，它们们共性在哪里？

（a）马克思的回答：人类劳动的产物是它们的共同点。

（b）杰文斯的回答：作为"有用品"或者"有效用的产品"是它们的共同点。

对（a）极力反对的理由：如果一件物品是没有人需要的，尽管需要付出努力和代价进行生产，那么，它也不会参与交换。虽然被需要的商品耗费不同数量的劳动，但是有可能按相同比率进行交换。以英国种植的与美国种植的小麦为例。很多不是现在被生产的或者从未经过生产的物品在进行交换，如以前画家的作品、珍贵的书籍、特别的葡萄酒、土地，等等。交换比率的"劳动"价值理论无法解释上述现象，从而是不成立的。

对（b）极力反对的理由：假如因一些发明使手表比以前耗费更少的"劳动"，手表就会变得更加便宜，即交换比率发生改变，而不是因为有用性下降了。生产一件商品的付出增加而使交换比率上升，但是不能因此提高它的有用性。水比酒有用，但是没有它贵，因为更容易获得。因此，并不是一件商品的有用性决定它的交换比率。

如果我们认为连续使用的商品每个单位的价值是不同的，而且最后一个单位的使用价值决定了其他所有单位商品的价值，那么对（b）反对意见就是不成立的。

后文将对此做进一步的和更多的准确分析。

1. 除了上文中提到的"价值"定义，是否存在着其他的定义？如果有，它们之间是什么样的关系？

2. 利用简略的表达——"劳动"来取代"努力和付出的总和"，或者用"土地"取代"自然的生产要素和财富的源泉"是否合适？指出这些提法的优劣。

3. 尽可能简明扼要地叙述上文提出的理论没有充分解释"价值"的案例；或者是你的异议。

第五讲 连续商品之间比率关系的图示方法

交换价值和使用价值都是比率。使用价值的总和是连续单位商品使用价值的加总。连续商品的价值总和是依据度量的标准确定的比率决定其量的大小。

根据每两种商品交换比率利用图示的方法呈现连续使用单位商品之间的比率关系。

函数的性质。图示法。如一个单位商品的价值是另外一个单位商品价值的已知函数，连续使用商品相互之间的价值关系就可以通过曲线形式描述出来。函数关系的曲线。"变量"的定义。

但是，我们希望用一种便捷的方法记录连续使用或者共存的商品的使用价值，它们与图表中任何的变量没有函数关系。根据这种方法可以获得的是描述性的曲线。

1. 在社会科学、自然科学与历史学等领域，举出描述性曲线的实际应用和函数曲线实际或者可能应用的例子。

2. 举出无法精确量化的数量函数关系的例子。是否存在本质上即使理论上也不可量化的函数关系？

3. 讨论如下问题：拥有金钱的数量越多，占有更多金钱的欲望是否就会下降？

第六讲　鲁宾逊·克鲁索的孤岛经济学

第二讲提到了"鲁宾逊"的价值。劳动和边际等价理论的初步论述。

基本的原理是：以鲁宾逊能通过劳动确定获得的商品，建立"拥有物品的数量和对更多物品欲望的边际强度"的曲线。

在两种工作之间分配时间的原理。

第三种工作的引入，并设定单位劳动的收益标准。

交换比率在每个交易活动中，决定同一种商品的边际等价。这些是潜在的交换比率。

为什么劳动力的评价和产品的等价物的边际满足程度的评价会得出相同的结果？

生产商品能力的假定的限制条件。

在相互竞争行业的劳动力资源配置原理的图表描述。

这些原理对产业社会的作用有待研究。

1. 想象你选择的任何环境，当这些商品出现在假定的条件下，然后画出自己的关于某两种或者三种商品的"拥有物品的数量和对更多物品欲望的边际强度"的曲线。

2. 准确地作出图表（可以凭喜好取任何数据）以说明在两种活动之间时间分配的法则。

3. 通常的说法是，商品的交换价值取决于各个商品所包含的劳动数量。任何人大都不会认为商品的"边际等价"也是由劳动决定的。你能想象的和提出的交换价值与边际等价之间联系与区别是什么？

第七讲　它们共同存在的条件和相对等级

A 对 U、V、W、X、Y、Z 商品的意愿供给量，习惯上用（小写字母）u、v、w 等表示。

边际单位决定不同商品相互之间某个确定的需要程度的比率。当制成表后，这些比率会组成对 A 的"相对评价"。

同样，B 表示对 U、V、W 等每一种商品的"相关评价"。

在自由交换和没有交易费用的社会中，A 和 B 对相关商品的评价标准必须是相等的。

1. 将你自己的在某些商品方面的支出与偏好以及需要与你的朋友的不同进行比较。其中，有什么样的关联（如果存在的话）为文中内容的正确与错误提供了论据。

2. 我们通常意识到只是针对一部分而不是全部商品需要更多的钱。

3. 什么是商品自由交换的主要实际障碍？与我们的"相对规模"对应的结果是什么？

第八讲　交换媒介和商品相对重要性的绝对测量

在 A 与 B 对给定商品欲望程度之间建立联系的不可能性。

衡量标准的形成。作为衡量标准所必须具备的性质，及成为衡量标准所需要的条件。

黄金作为衡量的标准。

1. "1 先令对于一个穷人比对于一个富人来说更有价值。""1 先令对于穷人群体比对富人群体更有价值。""1 先令对一个人在穷困时比他在富裕时更有价值。""价值"在上述各句中有什么意义？指出上述各句的论断的差异；用自己的观点判断这些论断是否都有充分的理由？

2. "耐磨性"如何影响黄金的价值？为什么和对什么人能保持任何数量的价值？

3. "神赐权威；然而，事实上是因此认为商品是有价值的，是因为它们能与金钱交换；然而事实上是因为货币能交换到商品所以才有价值。"简要分析和评判这句话。

第九讲　生产耗费和生产力的分配法则

对同一种物品的欲望的比较和使之均衡存在于不同的对象中。生产过程的必要性和风险。永远不能忽视它们的相互依存。

画出公共需求的曲线。它的不确定特征。

单位的变化不会影响到曲线所表达的含义。例子和习题。

"鲁宾逊"法则的相似物出现在社会的产业中。它实际的意义。

提出在自由交换的社会中，实现自由生产的产品的交换价值的劳动评价和边际效用评价一致的完整解决方案。

在支出给定的条件下，自由生产和自由交换在多大程度上能够确保获得最大收益回报？

1. 分析如下权威意见："政治经济学教导我们说，人们总是愿意为他们想要任何的商品进行支付，因此，进行补贴是错误的。"

2. 画出反映物质或经济现象的曲线。然后，改变计量单位，重新画出曲线，并说明曲线所表达的含义没有因此改变。

第十讲　无差异定律，规避

"无差异定律"包含在前面所有的论述当中。

它的精确公式表达。它是心理法则普遍性和事实显现多样性的一个典范。

它包含了边际决定的现象和市场法则。

它在商业的重要性。它的规避有时是有益的，有时是不利的。举例说明。

1. 对该课程所涉及的主题的前后之间相互关系做个简要的叙述，你认为紧接着的下一个主题将是什么？

2. 在你的知识范围内给出无差异定律规避的例子；并判断它们是否是合理的，既可以依据当今主流的观点也可以是你自己的观点。

3. 根据这些叙述涉及的观点，简洁阐明你心里存在的任何疑问。

课 程 大 纲①

经济学推理所涉及的数学基本概念的阐述

I

在算术教科书上：

(i) $$a+b=b+a$$

(ii) $$ab=ba$$

(iii) $$a(b+c)=ab+ac$$

a、b、c 等可以取任意的、无论是以何种方式形成或者获得的整数或分数。

另外，如下公式：

(iv) $$a+b-c=a-c+b$$

(v) $$a(b-c)=ab-bc$$

这些公式从来不用来表示不实际的事物，但是在数学上，如果 c 比 a 大，公式(iv)就完全没有意义，同样，如果 c 比 b 大，公式(v)也就没意义。

通过扩大字母符号所表达的含义以便与人们可以理解的用途保持一致，同时解释至今还毫无意义的公式。

在 $a-b$ 的式子中，a 比 b 大会导致什么样的结果呢？

引进画图的方法，在图中，每个增加的单位表示朝一个方向前进一个单位，每个减少的单位表示朝相反方向前进一单位。

根据"意义"这个概念加入到数值的大小中，重新考虑字母符号所表达的含义。如 $-a$ 的意义。

具体条件提供了对任何确定的问题"意义"的解释；但是，加减法通常

---

① 初版是作为《政治经济学基本原理(价值或价格)》讲稿的附录，再版，第 827—836 页。

包含了两种相反"意义"的确定值。因此,无论 a 大于 b 或小于 b,$a-b$ 往往只有一种含义。

但是,考察公式(ii)提醒我们在运算符号和操作数之间作出区分,并且说明我们还没有发现当 b 比 a 大时,作为运算符号 $(a-b)$ 的含义。

遵循与前面相同的方法;当 a 比 b 大时,
$$(a-b)c = ac - bc$$

$-b$ 乘以 c 与 b 乘以 c 结果的负数是等价的。

因此,公式(iii)可以被扩展为如下的公式:
$$\overset{\pm}{a} \times \overset{\pm}{b} = \overset{\pm}{b} \times \overset{\pm}{a}$$

紧接着就可以同样地理解 $ab = ba$。

符号的规则。

837

II

(vi) $\qquad (x+a)(x+b) = xx + (a+b)x + ab$

这六个等式中,a 和 b 可按如下取值:都是正数和互不相等;负数和不相等;正负符号相反和不相等时;正数和互为等值;负数和互为等值;或者正负符号相反和数值相等时。

将式子 $xx + 2px + q$ 表示成因子的解决方法。

III

函数、常数和变量。

图形描述和函数。

如下公式的图形表达——
$$xx + 2px + q$$

它是 x 的函数,利用直角坐标的方法表示。

标出曲线与横坐标交点的位置。

如果　　$xx+2px+q=(x+\alpha)(x+\beta)=xx+(\alpha+\beta)x+\alpha\beta$

那么　　　　　　　　　$x=-\alpha$

　　　　　　　　　　　$x=-\beta$

表示当式子等于 0 时 x 的取值。

所以,如果　　$xx+2px+q=(x-\alpha)(x-\beta)$

那么,$-\alpha$ 和 $-\beta$ 表示式子的横截距的取值和正负号。

那么　　　　　　　　$\dfrac{\alpha+\beta}{2}=-p$

　　　　　　　　　　　$\alpha\beta=q$

因此,从上式可知式子假定 γ 是曲线与横坐标相交的两点连线的中点,

$$pp-q=\gamma\gamma$$

有式子如下:

$$xx+2x-4$$

那么,就可得:　　　　$1+4=\gamma\gamma$

所以,γ 在上式中,它的平方等于 5。

但是,没有这样整数或分数的平方刚好是 5;2 的平方小于 5;3 的平方大于 5。没有一个特定的分数的平方可以等于一个整数。

所以,我们可以有一个确定测度的量值,它与另一个量值的平方发生数量关系,但在此条件下,它不能通过后面这个量值的整数或者分数形式表示出来。

Ⅳ

上述所获的结论意味着什么?

数值的倍数,以及数值除以 2。不可数。不可被整除的数。量值的相对性。

比率的定义。

相似三角形主要部分合理性的证明。(见埃路西德(Elucid)的第六本书)

画出直线说明配合比率的图示方法。

以面积取代直线表示配合比率的便捷性。图形因计量单位的变化而进行的自我调节。

线性体系和面积体系的表征根据横坐标上的点和线段相互对应;隐含了微积分的原理。

配比的规则得到证明,以一般规则出现,整数和分数的乘法和除法的规则是其特例。(埃路西德的第二本书)

V

极限的定义。有限的比率。极限值不是近似值。"无穷"数列。无穷大的数,等等。

作为有限比率的增长率。

微积分的简单例子。

无穷小数和处理它们的规则。

Ⅵ

测度理论。

在微分或积分后单位重要性的变化。

839

租金和利息,1892

Ⅰ

作为价格的一种形式的租金。租金的存在暗含着没有得到满足的需要,因此是不足的供给。

什么控制着租金比率?与价格的决定同理。从"消费者"着手。被出租物品的类型。马匹、钢琴、锅碗瓢盆、礼服、房子和土地。消费者对更多数量商品的欲望程度建立在其已经拥有的数量之上。

为什么以租赁代替购买？第一组的例子：土地及其他，无法生产的物品。第二组：对能够或多或少地被连续使用的商品的间歇需要。为什么生产这样的产品以供出租？获得一种交易方式。让为出租的生产和为交换或者立即消费的生产达到平衡。包含了直接可获得的资源的问题。第三组：现有的收入与现有的支出一致。购买方式意味着什么？在现期与未来各期之间保持平衡，在同一个社会的全体成员中不是偶然的，而是理性地进行预期。资产有富余的人。第四组：耐用消费品。遥远的将来。生产者的继承者。

租金的分析：使用权的转让或者持有。工资。对由于先前高强度使用而导致的产品不当损耗进行补偿。对遥远的未来的补偿。

II

利率是租金吗？这个问题的不同观点。利率在现期商品和将来商品之间的交换。

有的人试图提前预支。有的人试图延期付款。他们之间交易的规则。资产有富余的人。

需求。暂时处于困境的人，挥霍的和不考虑将来的人，产业借贷者，所有想获得现有财富的供应并以提供未来财富作为回报的人。所有的人都根据相同欲望的程度获得供应。

产业借贷者的案例研究起来更容易些。他借贷了什么？其中借贷的工具。工具的功能是让劳动力更有效率。遵从报酬递减的普遍原则。工具的边际报酬将与产业租金率吻合。

III

产业租金实际上不止是对使用权转让和承担风险的补偿。这是利息，预示着工具的功能没有消耗殆尽，而且对借贷人来说，现在持有财富比未来持有多余的财富更有价值。

产业中生产工具的分配原则。个体经营业主的劳动报酬是总产量微分决定的面积。利息是最后一个单位效益决定的面积。生产工具增加的供给间接效应位于价格之上。

IV

最后一个单位的工具实际上产生了收入,除了置换等之外。因此,存在一种将现期财富转换成未来财富的现实的方法。当根据现期财富判断其在将来升值的相关预期,生产工具的供给就会增加,利率就会下降。利率可能降到0或为负数吗?

因需要而产生的股票、贷款等的价格必须与产业投资处于同一水平。

利率对生产工具的影响及其他。为什么低利率永远不能诱致积累。对如下积累可能产生影响:(1)开辟行业新的领域的积累;(2)为实现财富平均分配的积累。

庞巴维克(Bohm-Bawerk)对利息的研究与评论。

收入和支出理论(第二次课),1895

第一讲 研究的方法

本次课考察如下准则,即我们面对事实的自身行为的准则,包括人的行为与本能。

研究我们自身行为的准则在多大程度上可以解释控制我们行为的本能。

我们欲望的满足涉及了对他人的某些行为;因此我们行为的一部分是受到影响他人行为的愿望指使的;即本身受到这种行为的影响。这种彼此相互影响的性质将在多大程度上向我们解释社会和产业现象?

法律允许的或者禁止的行为与自由行为之间的区别。基本行为准则的一致性。建立在权力基础上的法律执行对影响行为资源有合法的支配权。这些资源有哪些?

第二讲　资源的开发和耗费

我们对资源的支配，自我保障或者受到法律保护。资源的分配在以下两群人之间完成：自我表现，享受快乐，自我发展而且与自然进行直接接触的一群人；对他人产生的影响和与他人进行往来作为生存方式的一群人。可能的和适当的共性。

对他人造成的影响有时计算不清，有时可以精确地衡量。我们希望利用这种影响能够部分地保证获得我们直接想要的服务和商品，部分地提升我们对他人影响的指挥权；也就是说，我们想要的商品一些是为我们自己，一些是因为它们能让我们控制那些需要商品的人。无限重复地分析。

零售商、教师等人的行为的说明。直到我们找到需要某件物品的人，这个人需要它不是因物品本身，而是因他自己或者他喜欢的其他某个指定的人，有意转让给他人的除外，解释才是完全的。

我们需要钱是因为别人需要它。针对这点上明显的欲望，没有完全充分的解释，但是事实是很清楚地成立的。贯彻分析我们自身行为的方法并确定它能够带着我们走多远。特殊方法的保留。

金钱作为影响他人的方式。不是唯一的方式。在什么意义上它是"一般商品"？"每个人都会为金钱而做一些事，而一些人为金钱可以做出任何事"，这句话是对的吗？

第三讲　支出均衡的一般原理

收入是获得的支配权。我们只有行使我们已有的支配权才能获得我们所没有拥有的支配权。因此，收入来源于资源的分配法则。所以，对资源耗费的彻底的探究包括了收入理论。

我们根据什么原理来耗费资源和（更狭义地说）花费金钱？通过连续增加商品的数量以满足人们对其的欲望，直到与对另一种商品的欲望达到均衡为止。资源的使用根据其被确定的价格。有效需求的前提。（微分和边际的法则）我们的偏好和资源的变化趋于改变价格。许多偏好及其他适当地改变价格。

第四讲　标准的变化与保持

多种方式购买物品。均衡的方式受到确定的库存的制约。预期的需求（多样的或者唯一的）决定了所需要的库存，并控制某种商品支出与其他商品的支出处于均衡时的水平。

预期可能失败。消费的库存商品的边际功效与它的价格所表示的功效一般水平之间的均衡所造成的失败。

给商店购买专门的储藏物资。购买的数量通常或多或少精确地根据预计的消费时间长短而定。商品易腐烂的性质阻止了预计时期的延长；同时商店商品补给的困难又不能让它的时间缩减。

对于较慢腐烂（在消费之前）而且价格稳定、容易获得补充的商品，库存的功效与它的价格所表示的功效之间无法实现均衡的现象就会消失殆尽，因为消费的时期的两种状态的其中一种都有可能会出现（例如牛奶、文具和火柴）。

第五讲　库存商品的价格及其与生产成本的关系

概括上一讲的内容。任何的 a_x 欲望与 b_x，c_x … 欲望竞争利用专门的资源 X 进行生产。欲望 a_y，b_y，c_y … 同样为获得 Y 专门资源而竞争，等等。但是假定 X, Y, Z … 分别是所包含资源的集合 Φ 之中的一种专门资源，那么，$a_x b_x$，c_x … 竞争(i)直接获得 X (ii)间接（通过 Y, Z …）a_y，$b_y c_y … a_z$，$b_z c_z …$。从(i)到(ii)的变化范围。各种情形下商品的边际效率。

假如我出价购买任何一件商品，我要求出售者以某种方式使用他的资源。他的目标可能是通过使用他的资源获得影响力的最大支配权。无论如何，这都是最大化行为。通过他的资源禀赋直接满足很多的或者所有的不是他自己的而是属于别人的相互竞争的欲望，而且简化他的问题，并且使他自己成为节约资源耗费的机器，保持库存均衡，在消费者之间是客观存在的均衡，对他来说，是主观的。因此，在他所关心的范围内，分配变得大部分是自动完成的。

一个人为他的商品和服务支付的价格取决于：(i) 他对他自己和他人现有的支配权与他要满足的欲望之间关系的估计；(ii) 增加支配权的条件，或者"生产成本"，"生产成本"只是他们不那么专业的资源对欲望总量的关系的表达形式，这些资源是间接服务于满足欲望的要求。

相类似的，基本的和详细的，在(i)与(ii)关系，及前面讨论的例子中，商品的边际功效仍然是唯一要思考的问题。

第六讲　根据订单生产的产品的价格及其与生产成本的关系

前一讲的(ii)可以通过对应(i)和(ii)自行分析，因此我们接下来阐述人们最终的资源。

当我订购还没有生产的产品，我对用来生产这种产品的原料与技术的需要直接是与另一人的需要等同的，所有达到均衡的需要水平将是这些原料与技术的边际效率一致。

因此，商品的"偿付"价格或者承包人的"生产成本"，可能会以相同的原则从最终的"生产成本"变化而来，上一讲中的(ii)到(i)的变化就是依据这些原则。"偿付"价格是这样的条款，使商品出售从相对不确定的可能转变成确定的渠道，而且它取决于仍没有变成专业化资源的边际重要性。

每种独立的"生产要素"将进入到"生产成本"，直接根据它本身的边际报酬，间接地和最终地根据产品的"生产要素"的边际报酬，但通常是根据生产要素的边际效率。

第七讲　生产成本和价值理论

"生产成本"自身是边际效率的一种形式。因此，边际报酬理论对价格与价值进行了完整的阐述。

传统上，"生产成本"对任何价格没有影响，除非判断与因果分析出了错误。

"生产成本"作为一个预测，是假定的"生产要素"边际报酬的自我表现形式。

在私人生活中，坏的经济是一种我们已经为一些商品支付了代价因此想要获得它们的经济，也就是说，以它们的生产成本对它们进行估值。类似的坏的经济在商业中则是坚持错误的预期，并且在这些预期被推翻后仍按其采取行动。

必须区分为我们的时间付出代价和为倒翻的牛奶哭泣之间的差异。

第八讲 主要的资源和它们的区别

接下探讨的是人类的最终资源，我们认为它们是人力资本（脑力的和体力的）和来自自然界的物质和生物，这些资源就是平常讲的劳动力和土地。

人们的直接行动全部包括在物的移动之中。他学会调整或者应用动物和其他能行走的生物的活动以及能用来移动事物的力量。

自然物质和生物的每个变异都是为了使它们能直接或者间接地满足人们的需要，这种变异是专业分工的和不可逆的。

因此，产业和教育划分出相对独立的区域。在这个区域里，竞争可能会提高或者降低边际效率和重要性；根据决定主要资源的预期的偏离，边际效率在更高的程度和更低的程度之间进行变化。

决定哪种资源应被识别和忽视的传统力量。

第九讲 历史增长与制度

相对于人们对它们的欲望，所有的物资资源（主要的和专门的）绝对是稀缺的。制度调节对这些资源的控制权。

对于使用它的人或者其他一些人而言，制度或多或少地保护了人力资本的控制权。

（只要是影响人们行为的资源控制权存在，制度就能发挥作用；人偷懒的动机。）

任何社会制度的特有性质决定了经济类型，在经济类型下，分配的一般法则就会自行表现出来。

伴随着我们的历史演变产生了如下的社会阶层,即拥有技能而没有物质资料的阶层和所控制的物质资料远远超过了他们工作的能力的阶层。因此,租金、佣金、利息、工资成为重要的经济范畴。

租金的法则和工资的法则(或者,更一般的,收入)都可以从支出的一般理论推理中获得。利息法则表现得较为棘手。

第十讲 利 息

人是前瞻性的动物。未来时期的满足可能会步入与现期满足的竞争。如谷物在贮藏,作为种子保留下来和饲养牲畜等用途之间达成均衡。

两个人之间的交易,一个人遵守交换价值的一般规律,以放弃未来财富作为承诺,与另一个人进行交换以获得现期的财富。

生产工具是一种以它的生产能力和收益期,将现有的一定数量的资源实际转换成一定数量的未来资源的途径。未来财富的承诺不能以更低的价格购买到现有的财富,也不需要比实际置换率更高的价格来购买它;竞争者取代了其他人获得现有的财富,而且与他们一样,随着对现有财富需求的满足,对它的急切需求也随之下降。

只要生产工具是有生产力的,现在的财富购买未来收益的承诺就会获得溢价。相反,只要任何能够和愿意以高于财富票面价值的未来财富购买现期的资源,生产工具就会保持生产状态。

问 题

(讲稿将提示哪些问题应联系每篇讲稿进行回答)

1. 根据你自身的经验,给出生产与消费的部分或者完全一致的例子;以及完全不一致的例子。

2. 我买一些物品作为"礼物",而我赠予的人没有对它估值。在这个例子中,如果有任何人的话,谁可以说是"为他自己需要"的人?如果没有人,是否应用上述各讲的理论就会无法解释整个交易。

3. 给出如下商品的例子:其所有者无法用之交换以获得货币的商

品；可以用之以交换货币的商品，如果其所有者决定转让，但是需要他们的人不能用之获得任何货币；实际上可以换得货币，但是人们的第一印象是它们是不可以换得货币的商品。

4. 给出如下例子：你有意识地接受法律约束的例子；你故意违背法律的例子；你判断他人受到法律约束的行为的例子。

5. 分析你所了解的容易腐烂商品以或者似乎以固定价格出售的例子。

6. 给出永久或者暂时影响价格的时尚（时间）变化或时尚多样性（地点）的例子。通过因此产生的结果分析变化的过程。

7. 给出你习惯行为的例子和你习惯性地不考虑你所使用商品的价格的例子。

8. 给出你通常视作备选项的几种花费金钱的不同方式。它们在你预算中是"不互相排斥的方式"吗？

9. 给出零售商或者其他商人在短期的和局部的商品短缺时可以但是却没有提高商品价格的例子。并分析该情形。

10. 经营企业的人的唯一目标是"赚钱"，这种通常的说法是正确的吗？除非可以通过经营赚到钱，否则没有人会从中得到满足，这句话是对的吗？这两个问题在事实上是一致的吗？

11. "生产成本"这个术语能否应用于文学或者艺术的创作之中？当它面对文学作品、一幅画或者一项科学发现时，它的含义或者与它最接近的同类项是什么？

12. 分析如下的例子，生产要素参与到与生产成本大相径庭的成交价格之中。

13. 在你的经验与研究范围内，有着困惑的情况，如什么等同于"浪费"；因为付出代价而做到物尽其用的努力。在这些努力的背后是否隐藏着一条合理的法则？

14. 说明将"劳动"和"土地"阐述为唯一的财富主要源泉所存在的风险。

15. 分析一些相对复杂的产业。

16. 举出一种专门的培训结束时又提供另外的可能培训的例子。

17. 在产业的奴隶制下,什么与工资等同?

18. 从道德和社会的角度,分析针对依靠利息生存的任何现行的反对意见。在什么范围内,这些反对意见是合理的,以及在什么范围内它们对其他收入的形式是适用的?

获取与支出,1905

第一部分 选择与交换

第一讲 市场法则和生存法则

研究的方法。普遍认可的从未知到已知过程的法则。什么是"已知的"? 亚里士多德对"最初在自然中的"和"最初被我们认识的"之间进行了区分。我们从"智力上的精确"过渡到"实践上的娴熟",或者反之亦然。举例说明。

政治经济学的经典理论试图孤立企业行为的主要动机,而且用精确的系统的概念替代这些术语,如"资本"、"租金"等的内涵。从这些"精确可理解的"资料,经济学通过演绎推理形成了一门基于假定的科学,经济家们被指望能给出最接近于产业的真实效应的估计。对于预期的偏差立即给予纠正。

这种方法上的异议。简化的心理与事实相差颇远;而且这种系统的概念在术语的理论与普及的应用之间造成了带来不利影响的分歧。

这种方法没有导致如此辉煌的成功,以致阻止了从"实践上的娴熟"返回到"理解上精确"的努力。本课程的讲稿对此进行了努力。

将产业与商业生活的现象看成我们所发现的那样,我们了解到它们构成了行为的一个或数个分支,而且它们因此属于同一主题的行为群体,如伦理规范、政治学及其他。

历史地、心理地或者说教地研究经济学,然而,遵循这些方法的任何一种而不参考其他的方法也许是不可能的。研究方法（这里是指深思熟虑的）的理论性或抽象性必须从与研究问题中人的实际行为相关的心理学（或者是对动机和原则的研究）开始。

以实际经济生活中的通常的现象为例，如"市场交易"。现行的术语显示，"市场交易"的法则与其他领域行为的法则是一致的。"除非你愿意支付价格，否则你就不可能拥有它。""它值这个价吗？"等等。市场心理学是选择心理学的一个应用。

良好的市场交易者的特殊和一般的限定条件。恶劣的市场交易的不同类型。一件物品"价值"是多少？衡量价值的标准有：金钱、时间、花费的努力及效应，等等。

在市场的两个货摊之间进行的购买选择行为与两种生活方式之间的选择是类似的。市场。家庭。生活。不同事物与动机的统一的衡量标准。

什么是"浪费"？为"值得的"的事物耗费，为另一件事物储备。对任何一种满足各种各样需要的商品的分配。

不同商品支出的阐述。作为消费的一件物品的价值与为其支付的价格之间的不一致。

问题：

1. 你是否注意到老年人和年轻人在经济上的差异，这种差异体现在被前者不完全意识到的价格的变化上。

2. 分析如下说法："在比赛中的每个竞争者都给予一桶水，第一个把那桶水带到目的地并洒出最少的人将获得奖励。""如你给我们任何选择的自由，我将建议我们步行到最近的和最矮的山坡。""一个乐施好善的人试图如此调节他的行为以确保他最好的善行多多益善。""一个假说必须能解释现象；而且这个假说是(i) 最重要的和(ii) 最多数量的现象的最好解释。""奶酪与1.5磅的牛肉营养一样。""我从来不会犹豫为达到措辞的精确性而牺牲它的优雅。" 850

3. 给出例子说明你和他人拒绝以"不合理"的价格购买一件商品，尽管意识到这种行为将招致损失。这种拒绝赖以存在的原则是什么？

第二讲　选择和改变选择的考量

我们在两个可选择项之间犹豫，最终选择其中的一个。在什么条件下的一个变化会影响到我们的选择？

1. "价格"的变化影响到我们购买物的本性和特征，例如，影响到我们对展现在我们面前的两个选择项的取舍。"价格"的一般本质是"我们获得可选择事物的条件"。当前理论形式的趋势是忽视选择行为中的这个定量的因素。

2. "第二次永远不会比第一次更有助。"我愿意确保受我拥有的存货影响的商品的条件。作为一项心理法则的"报酬递减"现象。

对已有可靠的储藏或供给的考虑是价格，或者是与做出选择的"条款"的考虑联系在一起的。

选择的心理将我们引向"消费"心理。但是，"消费"的研究是整个政治经济学研究的核心。对经济学研究这个分支的日益关注有着重要的意义。与以前简约和受约束的生计不一致。"收益递减"法则的研究，即"消费心理"，给予我们占统治地位的原则和观点。直到我们理解这个法则的一般原理，我们才能确实地将它应用于特定的行为分析中。

问题：

1. 首先考虑一下在你个人认识的所有人当中，谁的人生的一般行为和实质观念最明智而且给你留下深刻印象。然后，叙述他的性格和生活方式。

2. 阅读的偏好通常被认为是迎合意愿的倾向，经常是一种德行。给出你的观点和理由。

3. 你是否说过："我必须购买某商品，但是我其实并不想买它？"你是否说过："我真正想购买这件商品，但是我不能购买？"在这些情形下，为什么你购买你其实并不想买的，却不购买你想买的商品？

第三讲　重要资源的管理

"收益递减"心理法则的普遍性。报酬递减只有"过了某个特定的点之后"才发生。这个事实在理论上的极端重要性。分析它为什么较少引起我们实际关注的原因。

所谓的"收益递减"心理法则的例外。金钱。艺术和文学的享受。直接满足和享受能力培养之间的区分。

享受的渴望与享受的能力。典型的例子。损害性享受的特性。堕落放纵的特性。"无疾而终的奢侈。"自我节制习惯的重要性。

获得一件想要的商品数量越多就意味着获得另一种想要的独立商品数量就越少,或者为确保它的实现而导致不得不获得更多不想要的结果。亚里士多德的财富学说。作为最大化的财富。举例说明。

直接或间接追求最终渴望的体验。道德与宗教;在社会上的累积经验的记录和惯例;就个人而言,试图主张全面解决问题,反对逃避和躲藏。

个人理性。理性对收益的关系。一致的区域。

以关注他人的福利为行为动机。它是否也遵循收益递减法则?

义务和宗教的考量是否绝对符合事实和法律?文字的混淆使用掩盖了定量的要素。最不可思议的。

问题:

1. 给出你通常作为备选项的花费金钱的不同方式。在你的预算中是否存在"互不竞争的消费商品"?

2. 赌博与保险之间存在的共同点是什么?它们的本质差异是什么?

3. 在荷兰的城镇上,有很多建造得很坚固的老房子。这已经通过在18世纪后半期的利息只有2%的事实得到解释。它们之间的联系是什么?

第四讲 资财的管理

可以购买的商品和无法购买的物品。它们之间没有明确的界限。有很多物品拥有它以后无法变成货币;没有一件最终想要获得的商品是可以通过金钱确保实现的;但也不存在着一件商品是不通过金钱就可以拥有或者消费的。

资财管理专门考量对收益递减法则没有产生新的争议,但它数量衡量的精确性使诸如均衡数量,作为起初不明显的共同的衡量标准等很多问题变得重要起来。

在争夺可获得的资财的竞争者中达成均衡。交换媒介。资源的可撤销和不可撤销的特性。

相对不易腐烂的物品(书籍等)与易腐烂物品(食品等)之间的平衡。

在投资与对相对不易腐烂商品上的支出之间的平衡。

为永久性设施借款与购买服务之间的平衡。

延期满足与当前满足之间的平衡。

满足与不满足之间的平衡。举例来说,一个人购买相同的物品(如衣服)用来直接满足某方面的需要;而购买另一件商品是间接地为了防止不满足的出现。

均衡水平的变化与保持。合适的单位数和不连续性问题。

购买有多种用途形式的商品。在确定的储存范围内使用途达到均衡。

预期的需要(多种形式或单一的),调节需要的储存,而且控制某种商品的支出与其他商品支出之间达成均衡的水平。

预期可能的失灵。储存商品消费的边际效率与价格代表的一般效率水平的均衡造成的失灵。

购买专门的资源作为储备。通常购买的决定或多或少是根据准确消费存续时间的预期。商品易腐烂的性质可能会阻止估计时间的延长;而商品补给的不便又无法缩短时间。

如果是较慢腐烂(除非已消费的)而且较容易以稳定的价格补充数量的商品,那么,储存的效率和价格代表的效率之间的均衡失灵就会消失,因为商品消费的存续时间可以以任何一种方式进行不确定的调整。

问题:

1. 通常所说的一个人经营企业的唯一目标是"赚钱"是正确的吗?如果一个人从中无法赚到钱,他将无法从经营中得到快乐,这种说法正确吗? 这两个问题实际上是等同的吗?

2. 我向一个人提供他所需的是为了去生产在他所处的条件下生产

对我不利的产品,这永远都是不公正的。这是不是第二法则?

3. 分析野外活动和技能性运动或者其他的竞赛道德规范和享乐主义。

第五讲　交易和经济人

"经济动机"的重要性和坚持它作为特殊假定的合理性的证明,但是"经济人"的假定是不成立的和不必要的。

"连续性法则"和"行动的第二法则"包括了"经济人"假定中所有必要的内容,并排除了所有造成损害的内容。

一般社会框架下"经济动机"的地位。"有者会更富有"法则的自由运用没有为公正分配的体系提供任何保障。产生这样的结果部分是因为心理的替代方式,部分是因为管理者观察的错误和失败。

管理者必须根据"经济目的"进行决策,因此必须研究和理解它,但应最终使它不脱离控制状态为目的。自由贸易和工厂立法的例子。

没有充分认识这些法则引起的事实上的混淆。一个人对商品的需要程度与由商品供给方式支配的价格之间的混淆。分析以下叙述:"人们愿意为他们最想要的东西支付最高的价格","资本和劳动力将会流向最需要它们的地方",等等。

集体和个人努力做到最小化"经济"目的和社会目的之间的冲突。

"商业"的关系。它最初与任何的个人利益或利害关系无关。

保持企业独立的不可能性。"在商言商"的法则和企业的人性化。生意关系中的个人元素和个人关系中的商业元素。

赚钱既是目的又是手段。作为一个行业的商业。作为一种博弈的商业。

问题:

1. 分析你所知道的有关易腐烂商品实际上或者看似以固定价格出售的任何实例。

2. 分析如下陈述:"每个人会为了钱而做些什么","一些人会为了钱做任何事情"。

3. 有一些持久性的工作与商业活动相同或者类似,但是不受经济目的的驱使,你能想到的关于这种工作最有代表性的例子是什么?

第六讲　市场和市场价值

市场价值。使用价值与交换价值。价格的范围和每个个人消费的规模。总体的规模。市场价格的原则体系。

"价格"和"出售数量"互为函数。其中的任何一个变量为可控变量的条件。不受约束地同时控制两个变量的不可能性。

总体评价标准的完全客观的性质。隐含在其下的主观重要性的理性最广泛的多样性。

劳动力市场、商业能力、专业技能、资本等的市场。利用变化的和复杂的因素,做出供给和需求的计划。

问题:

1. "面包有很大的使用价值,但是交换价值很低。""钻石没有什么使用价值,但交换价值很高。"对这些说法进行评论。

2. "无差异法则"阐述了"在同一个市场里相同的商品不能同时出现两种价格"的原理。给出"无差异法则"显然或者实际上没有发挥作用的例子。

3. 出现固定不变的零售价格的根本条件是什么,它对所涉及各个人的行为会产生什么影响,对这些问题进行推测和判断。

第二部分　生产和分配

第七讲　生产资源的配置

在经济驱动下,社会资源在配置方式方面与个人支出类似。

所有不同种类资源的用途的不确定因素。估算错误的倾向导致产生"机械的"管理者原则的再调整。

在与前面已经研究过的个人决策例子中相类似的条件和约束的影响下,维持资源特殊用途的价值与放弃的另一种用途的价值的相等状态。

自然资源与制造产品的价格（它们之间的差异仅仅是程度上的差异）。投标价格。资本的投资。

关于"生产成本"和"交换价值"争议的笔记

生产成本对交换价值影响的程度等同于参与生产的资源另外一种用途产生的确定收益的别称。只有在其他用途仍然可以利用的范围内，生产成本才能影响商品的价值。

对这个问题的分析没有涉及新的法则。

问题：

1. 你是否有意培养这样的思维习惯，即为了鼓励自己购买某件商品，你将会发现它的有用之处，而你的理智告诉你这只是一个怂恿你购买的诱饵？分析这种思维习惯。你是否带着不情愿的心情"使用"一些商品，仅仅是因为你已经为它们付了钱。

2. "如果出租车司机数量减少，那么，他们的收入状况就会改善；如果减少医生数量，医生状况就会改善；其他职业的人以此类推。因此，如果我们人口总数都减少了，我们经济状况就都会得到改善。"分析这个论点。它是否能真正得到实施？

第八讲 分配的一般问题

作为一个政治经济学术语的"分配"的内涵。分配的一般问题已经通过"市场"研究的预期结果获得答案。产品以等价于商品的价格分成不同份额分配给每种生产要素。

每一次分配过程都会涉及根据它们对实际增加产出的"价值"，对劳动力、生产工具、土地、能力等进行估价。直接的问题是："增加一个单位的某种生产要素所产生的收益是否相当于它的成本？""减少一个单位的某种生产要素的（资金）节约是否值得做出？"最终的问题是："一种生产要素增加或者减少一个单位是否能补偿相应的另外一种生产要素减少或者增加一个单位所产生的收益？"

那些控制生产要素供给数量的人是以普通市场上商品持有者的身份

出现的。例如，原材料和劳动力的流通价格都是取决于相类似的决策因素。

增加一个单位的商品对我的价值决定了我愿意为它支付的价格；它对他人的价值决定了我出售它所能获得的收入。

分配的一般原则：任何一种生产要素的价值与它的实际产出的边际收益一样多，企业和非企业形式使用任何要素或商品的均衡。

问题：

1. 最近发现，大量的铁矿石在英国部分地区地面表层几英尺之下。你预计这会对深处开采的铁矿业的生产和财务状况产生什么影响？

2. 在产业的奴隶制下，什么是工资在分配上的对等物？

第九讲　分配收入原则的专门研究

现有著述阐述了土地、劳动力和资本这些生产要素，以及作为各自收入的租金、工资和利息的分配。对这些术语的批评。这些术语含义模糊，尤其是在"资本"的使用上。

这些术语的普遍应用是相当连贯一致和便捷的，但鲜有或者完全没有科学价值。通过定义给它以必要的精确阐述所花费的努力。普遍应用和科学应用相同的这些术语将带来结论的分歧。可能的风险和困难。

我们的方法让我们摆脱有关这些术语和概念的争论。它们的界定对我们研究不重要。

我们为我们的劳动获得的报酬与允许他人使用我们持有的商品所获得报酬之间有着鲜明的差异。

收入。经济学的悖论。

问题：

1. 你是否对"能力租金"、"消费者租金"这些术语熟悉？如果熟悉，对它们进行评论。否则，说明它们字面上本来的含义可能是什么（如果有任何含义的话）？

2. 你能否论及"分配法则"以及在星期五到来之前鲁宾逊·克鲁索在孤岛上与之对应法则？我们社会中存在的以工资收入、租金或是利息表现的基本条件和关系中,哪种会在孤岛上出现?它们是以什么形式表现自身的?

第十讲 租金和利息

租金和利息之间一般的区别。租金与雇佣。抵押、租金、利息、抵御风险的保费之间科学区分的努力。应用它们之间的区分对有经济意义的现象进行解释。在这些努力中,关于土地价值与资本价值存在的相应难题期待着得以解决。

现有的关于租金法则的论述。"递减报酬"和作为残余价值的租金。对该法则的分析和变换。

作为一种生产要素的土地的所有者根据一般原则享有产品的一定份额。相互竞争的生产性和非生产性的土地使用。土地和资本之间划清界限的必要性,以及"经济租金"和实际生活中为人所熟知的租金之间的区别的必要性,都没有在这项研究中被提及。

问题:

1. 你是否能举出你认为的老年人对贫穷过分担忧的例子?这个例子是如何自圆其说的?

2. 在什么样环境下,你认为储蓄是为养老、疾病,或者灾难提供积蓄最合适的办法,以及在什么环境下参与保险更加合适?

3. 丁尼生(Tennyson)谈及"泪水感兴趣的遥远趣事"。你是否习惯于在货币报酬之外使用"利息"这个词?它们共同的本质是什么?

第十一讲 利 息

虽然利息与租金之间、资本与土地之间的界限在此项研究中不能固定于任何有益的目标,然而,当前与资本和利息这两个术语相关的思想提出了政治经济学的重要问题,这些问题没有在与土地与租金的术语中直接显现出来。

利息的神秘成分没有反映租金的性质。关于租金应该支付给谁,存在着激烈的争论,但是对什么是租金的争论,相对来说几乎没有;而且毋庸置疑的是，它与商品本质存在的一些事实是对应的。在利息方面，存在着其他的观点上的争议，例如它是什么，它是否与实际上存在的任何客观事物相对应。因此，对利息的研究应给予特殊的留意与关注。

当前的政治经济学教科书将生产工具解释或是定义成一种"资本"的典型形式。我们究竟为什么要使用这些工具？提高劳动力效率的报酬是从生产工具的使用中产生的。人类所拥有的优势是能够利用生产工具为某人提供产品的经济学观点。增长的递减率。生产工具的边际效率决定它们市场的使用费率。

生产工具的使用费率、租金等之间的均衡。支付未来资产以获得现有的资产的产业和非产业的竞争者之间的均衡。

零利率的含义是什么？负利率是什么含义？趋向降低利率或者提高利率的动力。以此类推个人的消费现象。

作为"节制的报酬"的利息。这个措施常受到取笑，但是将我们引入真理。无法耗尽他所有的财富的富人，因为这样而获得足够的补偿，这只不过是支配每个市场运行的法则的极度表述而已。

问题：

1. 假定在原始社会中，农民们每年丰收后要参加两个星期的集市，而后将货物通过公路运往邻近地区，现在只能通过水路才可到达。他们花费了几年时间才把路修通。相对于通过借款，在几周之内修通公路，而后通过征税支付利息的方式，这种方式的优缺点是什么？

2. "进步的首要条件是不知足。""让人们开化就是让他们认识到他们的需要。""满足的本质是持续不断的享受。""统治心满意足的公民是每个君主的愿望。"你在这些论述中能发现什么样的实情，你如何让它们协调一致？

第十二讲 分配原则的协调

对于工业产品在那些控制数种生产要素的人中进行分配的原则予以说明的问题一直没有得到彻底解决，直到我们要么能证明产品根据所设立的原则足以满足所有的偿付要求，而且按这一原则，刚刚好能使产品得以"分配"完毕;要么对产品分配的过剩或者不足做出令人满意的说明。

政治经济学教科书上,通常不会进行如下的尝试,即将分配理论付诸上述的检验,或者甚至于将它转换成另一种形式,然后付诸可以实践的检验。这个问题(显然)只能通过数学的方法予以解决;而且这个解决方法(正如以上所说的)由于太过于抽象以致于无法在这儿分析。但是,关于这个问题的本质可以在这里给出或多或少精确的理念。

公式 $P = f(a, b, c\cdots)$ 的解释。

A 的分配份额 $P = \dfrac{\mathrm{d}f}{\mathrm{d}a}a$。

问题:我们能否确定 $\dfrac{\mathrm{d}f}{\mathrm{d}a}a + \dfrac{\mathrm{d}f}{\mathrm{d}b}b + \cdots$ 的加总通常等 P?

就研究本身所包含的一般结论而言,它使如下现象成为可能,即当我们合乎情理地接近于政治经济学通常所假定的情形时(例如,在完全竞争市场,每个个别竞争者所生产的产品只占市场上这个行业产量的极小部分),我们就能获得其所预示的结果。只要我们远离上述条件(例如,在完全垄断和托拉斯情形下)我们就不能获得上述的结果,而且使那些控制企业的人的所得超过了以他们边际生产效率衡量的在产品中所应得的份额。

这个结论不会影响到我们分配公式的成立。

附录

"Das Kapital." *To-Day*, vol. II., pp. 388 – 409 (Oct. 1884).

"The Jevonian Criticism of Marx" (reply to G. B. Shaw's criticism of "Dus Kapital," in *To-Day*, Jan. 1885). *To-Day*, vol. III., pp. 177 – 179 (April 1885).

The Alphabet of Economic Science (pp. xv, 142). London: Macmillan, 1888.

The following articles in *Palgrave's Dictionary of Political Economy*, London: Macmillan, 1894, etc.: "Degree of Utility," "Dimensions of Economic Quantities," "Final Degree of Utility," "W. S. Jevons," "Political Economy and Psychology."

Getting and Spending (p. 36). London, 1888. Reprint of twelve special articles entitled "Money" in *Inquirer*, May 19-Sept. 29, 1888. Further unaltered reprint (p. 52), 1897.

"On Certain Passages in Jevons's 'Theory of Political Economy.'" *Quarterly Journal of Economics*, vol. III., pp. 293 – 314 (April 1889).

What Does the Labour Church Stand for? 1892.

An Essay on the Co-ordination of the Lau's of Distribution (p. 56). London: Macmillan, 1894. This Essay has now been issued as No. 12 of the "Series of Reprints of Scarce Tracts in Economics and Political Science," published by the London School of Economics.

"The Advent of the People" in *The New Party, described by some of its Members*, 1894.

A Symposium of Value. Ed. J. H. Levy. London: P. S. King & Son, and The Personal Rights Association, 1895. No. VI. by Philip H. Wicksteed (pp. 38 - 40).

"Land Nationalisation." *Transactions of the National Liberal Club Political and Economic Circle*, vol. III. , pp. 214 - 238 (1901).

"Note on Jevons's Economic Work." *Economic Journal*, vol. XV. , pp. 432 - 436 (Sept. 1905).

Review of H. Stanley Jevons's "Essays on Economics." *Economic Journal*, vol. XV. , pp. 570 - 573 (Dec. 1905).

Review of Professor V. Parcto's "Manuale di Economia Politica." *Economic Journal*, vol. XVI. , pp. 553 - 557 (Dec. 1906).

"The Social Ideals and Economic Doctrines of Socialism." An Address ... given at Nottingham, under the auspices of the National Conference Union for Social Service. *Inquirer*, Nov. 28, 1908. Reprinted by the Union (p. 16).

The Common Sense of Political Economy, including a Study of the Human Basis of Economic Law (pp. xiv, 702). London: Macmillan, 1910.

Review of S. J. Chapman's "Political Economy." *Economic Journal*, vol. XXIII. , pp. 72 - 75 (March 1913).

"The Distinction between Earnings and Income, and between a Minimum Wage and a Decent Maintenance: A Challenge." In *The Industrial Unrest and the Living Wage*. Converging Views of Social Reform, No. 2. Being a series of lectures ... given at the Inter-

Denominational Summer School at Swanwick, 1913. London: The Collegium, 1913.

"The Scope and Method of Political Economy in the Light of the 'Marginal' Theory of Value and Distribution." Presidential Address to Section F of the British Association. In *Report of the British Association for the Advancement of Science*, 1913, pp. 560 – 573. Also in a revised form with diagrams, *Economic Journal*, vol. XXIV, pp. 1 – 23 (March 1914).

Review of H. J. Davenport's "Economics of Enterprise." *Economic Journal*, vol. XXIV. , pp. 421 – 425 (Sept. 1914).

"The Mission of the Churches in War Time," in *International Relationships in the Light of Christianity*. Lectures at the Inter-Denominational Summer School at Swanwick, 1915.

"Who Said 'Barren Metal'?" A Symposium by Prof. E. Cannan, W. D. Ross, Dr. J. Bonar, and Dr. P. H. Wicksteed. *Economica*, No. 2, pp. 105 – 111 (June 1922).

"Church and State in Conflict," by Romolo Murri; trans. by P. H. Wicksteed, *Hibbert Journal*, vol. XX. , pp. 643 – 656 (July 1922).

"Final Utility" in *Palgrave's Dictionary of Political Economy*, 2nd Ed. , ed. by Henry Higgs, vol. II. , pp. 857 – 859.

索引[1]

A

积累(Accumulation)—参看储蓄(see Saving)

资源管理(Administration of resources)

——个人资源管理(by individuals),293页,300页,776页,780页,852页及以下;

——资源管理的困难(difficulties),96页及以下;

——资源管理的利息效应(effect of interest),300页;

——企业家的资源管理(entrepreneurs),367页,778页;

——资源管理中的失误(errors in),88页及以下,264页;

——家庭主妇的资源管理(housewives),18页及以下,80页,89页,176页,262页,459页;

——人类资源管理的努力(human effort),333页;

——资源管理努力的有限性,空间与时间(的有限性)(limited effort, space and time),77页及以下;

——自始至终的资源管理(through time),268页及以下;

——资源管理中的浪费(waste in),114页及以下

亚里士多德(Aristotle),776页,779页,810页,853页

拍卖(Auctions),252页

---

[1] 本索引的所有页码均为英文版的页码(即位于本书各页切口位置的页码)。——译者注

B

英格兰银行(Bank of England),603页及以下,612页

银行业(Banking)

 ——银行业的利益(advantages of),583页,585页;

 ——银行业务的起源(origin of),581页;

 ——银行业储备(reserves),584页,601页,606页

交易票据(Bills of exchange)——参看交易(see Exchange)

庞巴维克(Böhm-Bawerk),viii,xvii,841页

贷款(Borrowing)

 ——非生产性贷款(unproductive),683页及以下

商业(Business)

 ——商业经济关系(economic relations),16页,166页,179页;

 ——商业交易(transactions),170页,174页

C

凯恩斯,J. E. (Cairnes, J. E.),vii,725页,726页,766页

资本(Capital)

 ——资本与土地(and land),365页,574页;

 ——资本的功能(functions of),343页;

 ——资本的使用(hire of),748页及以下;

 ——资本的收益(issues of),238页及以下;

 ——利用税收筹措资本(raised by taxation),681页

卡拉瑟斯,约翰(Carruthers, John),733页

可能性,机会(Chances)

 ——关于机遇的学说 doctrine of,120页

查普曼,S. J. (Chapman, S. J.),xvi,818—822页

方案选择(Choice between alternatives)

 ——方案的选择习惯(habit),28页及以下;

 ——方案的非理性选择(irrational),29页及以下;

 ——方案选择中的错误(mistakes in),114页及以下;

——方案选择的负面效应（negative satisfactions），25页，26页；

——方案选择的即期与将来（考虑）（present and future），112页及以下，268页；

——方案选择的心理学（psychology of），2页，3页，816页，849页；

——选择不同方案的支出与收益（spending and saving），22页；

——无意识地对不同方案进行选择（unconscious），34页及以下；

克拉克，J. B.（Clark, J. B），x, xxi

（劳资）集体谈判（Collective bargaining），690页及以下；

商品（Commodities）

——互补商品（complementary），478页；

——可交易商品（exchangeable），151页；

——影响商品购买的因素（influences affecting purchase），21页及以下；

——商品提供的长期服务与短期服务（long and short service），105页及以下，268页；

——不可交易商品（not exchangeable），132页；

——在市场上供给的商品（supply in the market），261页；

——商品的市场理论（theory of the market），7页

公共范围（Communal scale），143页，144页，488页，497页及以下，

竞争（Competition）

——现期与未来之间的竞争（between present and future），292页；

——市场竞争（in the market），220页

孔德，奥古斯特（Comte, Auguste），771页，809页，815页

康索斯（一种货币名）（Consols），240页

消费者的不动产租金（Consumer's rent），570页

消费（Consumption），101页及以下，767页，783页，800页，827页，851页

连续性（Continuity）

——连续性法则（principle of），205页

合作 Co-operation

——合作的利弊（advantages and disadvantages），186页及以下；

——合作的经济关系（economic relations），171页；

——欺诈性的合作（fraudulent），184页

生产成本（Cost of production）

——生产成本与需求（and demand），535页及以下；

—生产成本与要素(and factors),820页;

—生产成本与价格(and price),380页,382—391页,844页;

—生产成本与租金(and rent),540页,821页;

—生产成本与价值(and value),89页,373页,380页,382—391页,845页;

—在不同生产成本方案之间的选择(choice between alternative),394页;

—生产成本曲线(curves of),535页,539页;

—生产成本的决定性因素(determinants of),540页;

—增产的生产成本效应(effect of increased output),534页;

—生产成本的递增与递减(increasing and diminishing),532页;

—放弃对生产成本的选择(relinquished alternatives,)xviii,382页,788页,820页,824页

成本价格(Cost price),380页,820页

古诺(Cournot),725页,765页,808页

通货(Currency)—参看交易媒介与货币(see Media of Exchange and Money)

曲线(Curves)

—曲线的滥用(abuse of),437页;

—曲线的精确性(accuracy of),452页及以下;

—公共曲线(communal),488页,494页;

—曲线之间的矛盾(controversy re),475页;

—关于曲线的一般性讨论(general discussion),415—438页;

—相互作用的曲线(interactions of),476页,

—交叉的曲线(intersection of),498页及以下,

—曲线的局限性(limitations of),464页;

—成本曲线(of cost),535页,539页;

—边际重要性曲线(of marginal significance),415页及以下,443页及以下,735页及以下,744页及以下;

—资本的生产率曲线(of productivity of capital),749页及以下;

—供给曲线(of supply),785页及以下,797页;

—私人曲线(personal),474页;

—总和曲线(summation of),494页

D

达韦南特(Davenant),735 页以下

达文波特,H. J. (Davenport, H. J.),822—826 页

国债(Debt, National),684 页以下

延期支付(Deferred payments),107 页

效用度(Degree of utility),759—761 页

需求(Demand)

 —需求与成本(and cost),535 页及以下;

 —需求曲线(curves),785 页及以下致(派生)需求(derived),261 页;

 —需求的变动效应(effect of changes of),520 页,648 页

欲望(Desire)

 —欲望的最终目标(ultimate objects of),152 页

图表(Diagrams)

 —图表的滥用(abuse of),8 页,437 页;

 —图表的精确性(accuracy of),452 页及以下;

 —关于图表的一般性讨论(general discussion of),415—438 页,734 页;

 —图表的局限性(limitations of),464 页;

经济量的维数(Dimensions of economic quantities),738—752 页,755—758 页

边际重要性递减(Diminishing marginal significance)

 —可应用于利益的边际重要性递减(法则)(applicable to interest),284 页;

 —持续的边际重要性递减过程(continuous process),48 页及以下;

 —边际重要性递减的图示(diagrams),415 页及以下,443 页及以下;

 —边际重要性递减的案例(examples),415 页及以下;

 —关于边际重要性递减的一般讨论(general discussion),39 页及以下,86 页;

 —不适用于体验的边际重要性递减(法则)(inapplicable to experiences),402 页;

 —交易中的边际重要性递减(in exchange),128 页及以下;

 —对边际重要性递减(法则)异议的回应(objections answered),82 页及以下,404—414 页;

 —边际重要性递减(现象)仅发生在"某一点后"(occurs only "after a certain point"),82 页;

——不同商品的边际重要性递减(of different commodities),71页及以下;

——要素的边际重要性递减(of factors),362页,546页;

——闲暇的边际重要性递减(of leisure),76页;

——边际重要性递减(法则)的一般应用(universal application),155页及以下,159页,403页及以下,529页

参看重要性与边际重要性(See also Significance and Marginal Significance)

收益递减(Diminishing returns)

——收益递减与租金(and rent),550—574页;

——精神上的收益递减(psychic),86页;

——劳动收益递减(to labour),546页

参看边际重要性递减(See also Diminishing Marginal Significance)

分配(Distribution)

——分配与最终效用(and final utility),798页;

——分配与心理学(and psychology),769页;

——分配的和谐法则(coordination of laws of),ix,xiii,xxi,373页注,815页,862页;

——生产性努力的分配(of productive effort),835页;

——财富的分配(of wealth),650页及以下;

——分配法则(one law of),6页,778页,798页及以下,824页;

——分配问题(problem of),359页,858页;

——要素总和的分配(summation of factors),369页

劳动分工(Division of labour)

——劳动分工的利弊(advantages and disadvantages),133页,186页及以下,346页;

——为交易而进行劳动分工(for exchange),133页;

——关于劳动分工的一般讨论(general discussion),167页;

——通过货币促进劳动分工(promoted by money),140页;

——劳动分工的储蓄(saving),278页,294页

倾销(Dumping),253页及以下

E

收入,所得(Earnings),319页及以下,344页,841页及以下.

经济(上)的(Economic)

——经济的定义(definition of),162页及以下;

——经济力量(forces),167页,189页,191页,199页,201页,207页及以下,392—398页;

——经济"和谐"("harmonies")184页,784页;

——经济法则(laws),161页,780页;

——经济人(man),4页,163页,770页,780页,828页,829页,855页;

——经济动机(motives),163页,175页,181页;

——经济数量(quantities),738—752页,755—758页;

——经济关系(relations),xxi,4页,5页,165页及以下,170—211页,772页及以下,781页

经济学(Economics)

——经济学与心理学(and psychology),766页及以下,827页;

——经济学与社会学(and sociology),817页,827页;

——经济学的定义(definition of),17页,827页;

——经济学的范围(scope of),xiv,4页,15页,16页,160页,772—796页

埃奇沃思,F. Y. (Edgeworth, F. Y.),ix,xi,xx,373页注,725页,815页注

教育(Education),335页,345页,663页,700页

目的(Ends)

——目的与手段(and means),14页及以下,154页,777页,782页,783页;

——(建立或发生)经济关系的目的(economic relations),165页及以下,170页及以下;

——相互破坏的目的(mutually destructive),396页;

——交易之外(outside circle of exchange),152页,154页

企业家(Entrepreneurs),367页,371页

均衡(Equilibrium)

——资源调整的均衡(adjustment of resources),88页及以下,

——现在与未来之间的均衡(between present and future),112页及以下,270页及以下;

——价格与边际重要性之间的均衡(between price and marginal significance),76页,94页,96页;

——均衡的定义(definition),216页;

——个体的均衡(for an individual),65 页及以下;

——交易社会中的均衡(in an exchanging community),141 页及以下;

——支出均衡(in expenditure),775 页,843 页

——市场均衡(in the market),213 页及以下,219 页,776 页

——价值均衡(value),213 页

估计(Estimates)

——估计的精确性(accuracy of),453 页及以下

埃弗里特,J. D. (Everett, J. D.),755 页,758 页及以下

交换、交易(Exchange)

——交易的各种利益(advantages of),133 页及以下;

——与交易要求相对(against claims),578 页及以下;

——交易与边际重要性(and marginal significance),128 页及以下;

——交易与心理学(and psychology),768 页;

——两个人之间的交易(between two individuals),128 页及以下;

——票据交易(bills of),590 页及以下,606 页;

——交易圈(界)(circle of),4 页,151 页及以下;

——交易条件(conditions of),128 页及以下;

——交易的限制(limits of),130 页及以下;

——交易媒介(参看货币)(media of),135 页及以下;585 页及以下(see also Money)

——交易对象(objects of),151 页及以下;

——交易之外的目标(objects outside),152 页;

——为交易而生产(production for,) 133 页;

——以间接交易方式进行的购买(purchase an indirect form of),127 页及以下;

——汇率(rates of),131 页,593 页;

——间或不可能的交易(sometimes impossible),132 页;

——交易条件(terms of),130 页及以下

外汇(Exchanges)——参见外汇(see Foreign Exchanges)

支出(Expenditure)

——提前或推迟支出的利益(advantages of anticipating or postponing),270 页;

——持续的与间断的支出(continuous and discontinuous),101 页及以下;

——常规性支出(conventional),115 页及以下;

—支出的均衡(equilibrium of),775页;

—大宗支出(large items of),105页;

—支出的突然变化(sudden changes in),648页;

—非生产性支出(unproductive),683页

F

生产要素(Factors of production)

—生产要素的共同尺度(common measure of),369页;

—生产要素的等微分(differential equivalence of),779页;

—生产要素分类的困难(difficulty of classification),365页;

—生产要素的边际重要性递减(diminishing marginal significance),362页,546页;

—生产要素的边际替代(substitution at margin),361页及以下;

—生产要素总和(summation of),369页,820页;

—生产要素的价值(value of),541页

饥荒(Famine)

—饥荒的经济效应(economic effects),736页及以下;

—饥荒基金(funds),642页及以下

最终效用(Final utility),762页及以下,797页及以下

外汇(Foreign exchanges),580页,768页

福克斯韦尔,H. S. (Foxwell, H. S.),805页

期货(Futures),237页

G

赌博(Gambling),628页及以下

乔治,亨利(George,Henry),vi

当事人活着时有效的赠予(Gifts inter vivos),647页

黄金(Gold)

—黄金在不同用途之间的分配(distribution between uses),596页及以下;

—黄金的流动(flow of),588页,608页;

—作为交换媒介与价值标准的黄金(medium of exchange and standard of value),137页及以下,577页,587页,600页;

——黄金铸币(minting of),601页及以下,607页;

——黄金点(points),594页;

——黄金价格(price of),605页;

——黄金储备(reserves),601页

戈森,H. H.(Gossen, H. H.),765页,808页

格莱辛定律(Gresham's law),610页注

H

赫弗德,C. H.(Herford, C. H.),v,vi

动产租金(Hire)

——动产租金与利息(and interest),276页,840页;

——动产租金与不动产租金(and rent),312页;

——动产租金的经济视角(economic aspect),108页及以下,311页;

——资本的动产租金(of capital),748页及以下;

——用动产租金购买(purchase by),107页

霍布森,J. A.(Hobson, J. A.),507—513页

家庭主妇(Housewives),18页及以下,89页,176页,262页,459页

住宅问题(Housing problem),634页及以下

I

收入(Income)

——收入与规模偏好(and scales of preference),483页;

——收入的分配(distribution of),650页及以下;

——挣得的与非挣得的收入(earned and unearned),342页及以下;

——国民收入(national),649页及以下;

——当收入较少时(when small),106页

收益递增(Increasing returns),529页

无差异定律(Indifference—Law of),715页,719页,721页,836页

保险(Insurance),237页,312页,630页

利息(Interest)

——利息与资源管理(and administration of resources),300页,799页注;

—利息与动产租金(and hire),276 页,748 页,840 页;

—利息与边际重要性(and marginal significance),284 页;

—利息与不动产租金(and rent),314 页,859 页;

—利息的下降(decline of),309 页;

—储蓄的利息效应(effect of saving of),314 页;

—市场的利息法则(Law of the market),6 页,287 页;

—负利息(negative),310 页;

—利息现象的来源(sources of the phenomenon),274 页,281 页

J

杰文斯,W. S. (Jevons, W. S.),vi,viii,x,xii,xv,xvi,xvii,xviii,1 页,2 页,3 页,611 页,708 页注,715 页,716 页,721 页,724 页,725 页,726 页,730 页,734—753 页,758 页,759 页,761 页,762 页,764 页,765 页,795 页,797 页,799 页,801—813 页,818 页,819 页,831 页

约翰逊,W. E. (Johnson, W. E.),734 页注,744 页注

K

凯恩斯,J. N. (Keynes, J. N.),766 页

金,格雷戈里(King, Gregory),734 页,735 页

L

劳动(Labour)

—劳动分工(division of)—参看劳动分工(see Division of Labour);

—劳动的边际重要性(marginal significance of),546 页,554 页及以下;

—劳动市场(market),338 页;

—劳动的含义(meaning of),338 页;

—劳动供给(supply of),522 页及以下;

土地(Land)

—土地与资本(and capital),365 页,574 页;

—作为工具的土地(as a tool),290 页;

—土地的生产力(fertility of),540 页,790 页;

——土地的边际重要性(marginal significance of),554页及以下;

——土地的国有化(nationalization of),686页及以下;

——土地的供给(supply of),533页

边际重要性递减定律(Law of diminishing marginal significance)

——参看边际重要性递减(see Diminishing Marginal Significance)

市场法则(Law of the market),7页,228页,262页,287页,325页,516页,544页

经济学定律(Laws of economics),161页

闲暇(Leisure),76页,524页

有限的比率(Limiting rate),60页,446页

贷款(Loans)

——非生产性贷款(unproductive),683页

M

马尔萨斯的理论(Malthusian theory),706页

边际(Margin)

——边际(概念)的不明确使用(ambiguous use of),572页,790页,793页,794页,800页

边际的(Marginal)

——边际调整(adjustments),114页,774页;

——边际增量与减量(increments and decrements),47页及以下,56页

边际重要性(Marginal significance)

——边际重要性精确估计的不可能(accurate estimate impossible),50页及以下;

——边际重要性与生产成本(and cost of production),380页;

——边际重要性与分配(and distribution),573页;

——边际重要性与利息(and interest),284页;

——边际重要性与市场价格(and market price),91页,92页,143页;

——边际重要性与总的重要性(and total significance),45页及以下;

——可比商品的边际重要性(commodities compared),63页及以下;

——集体的边际重要性(communal scale),143页及以下;

——边际重要性的持续降低(continuous diminution of),48页及以下;

——边际重要性的定义(definition),62页;

索引

——仅在一定点后减少的边际重要性(diminishes only after a certain point),82页;

——放弃选择的边际重要性效应(effect of alternatives relinquished),93页;

——财富分配的边际重要性效应(effect of distribution of wealth),227页;

——紧急情况的边际重要性效应(effect of emergencies),90页及以下;

——支付价格的边际重要性效应(effect of price paid),91页,92页;

——所有商品功能的边际重要性(function of all commodities),479页,482页;

——关于边际重要性的一般讨论(general discussion),39页及以下;

——边际重要性的均衡(in equilibrium),76页,216页;

——交易中的边际重要性(in exchange),128页及以下;

——从货币角度看边际重要性(in terms of money),137页;

——有限比率的边际重要性(limiting rate),60页;

——黄金的边际重要性(of gold),618页;

——土地的边际重要性(of land),554页及以下;

——闲暇的边际重要性(of leisure),525页;

——比率的边际重要性(rates of),57页及以下,71页及以下;

——递增方法的边际重要性(ways of increasing),344页

参看重要性与边际重要性递减(See also Significance and Diminishing Marginal Significance)

边际(Margins)

——边际教条(doctrine of),39页及以下;

——边际替代(substitution at),360页及以下

市场(Market)

——财富的市场预期(anticipations of wealth),272页;

——封闭的市场与开放的市场(closed and open),482页;

——市场竞争(competition in),220页;

——市场的定义(definition of),213页;

——谷物的市场分配(distribution of crops),215页;

——市场客观地同等对待(不同)的欲望(equates wants objectively),189页;

——市场均衡(equilibrium in),216页,776页;

——企业家市场(for entrepreneurs),372页;

——劳动市场(for human effort),319页及以下;

——原材料市场(for raw materials),258页;

——(满足)预付的市场(for advances),291页;

——股票市场(for stocks and shares),238页及以下;

——市场的功能(functions of),236页,784页;

——市场法则(Law of),6页,228页,262页,287页,325页,516页,544页,788页,789页;

——垄断性市场(monopolistic),256页;

——市场价格,参看价格(price—see Price);

——市场中的价格歧视(price discrimination in),253页及以下;

——市场上投机性资产的本质(speculative holding essential),234页;

——市场的商品供给(supply of commodities),261页;

——批发市场与零售市场的差异(wholesale and retail contrasted),250页

马歇尔,A.(Marshall, A.),vii,xii,xvi,xvii,xviii,513页,725页,812页,818页,819页,827页

马克思,卡尔(Marx, Karl),vii,705—733页,831页

手段与目的(Means and ends),14页及以下,154页,777页,782页,783页

交换媒介(Medium of exchange),135页及以下,585页及以下,834页。参见货币(See also Money)

门格尔,C.(Menger, C.),x,xvi,2页,765页,808页

穆勒,J. S.(Mill, J. S.),xvi,725页,811页,813页,827页

最小的敏感(*Minimum sensibile*),406页

米塞斯(Mises, L. V.),xxii

货币(Money)

——货币符号(a symbol),115页;

——货币的交换循环(circle of exchange),152页及以下;

——货币的功能(functions of),141页及以下,773页及以下;

——作为交换媒介的货币(medium of exchange),135页及以下,585页及以下;

——货币的必要性(necessity of),153页,155页;

——纸币(paper),618页及以下;

——促进分工的货币(promotes division of labour),140页;

——货币数量论(Quantity Theory of),610页及以下,768页;

——货币的重要性(significance of),486 页

垄断(Monopolies),256 页,327 页,677 页

动机(Motives)

——经济动机(economic),4 页,163 页,181 页;

——合作的动机(for co-operating),171 页及以下;

——动机的复杂性(mixed nature of),194 页

市政企业(Municipal enterprise),675 页及以下

O

生产过剩(Over-production),640 页.

P

帕累托,V.(Pareto, V.),viii,ix,xi,xviii,xix,373 页注,479 页,814—818 页

政治经济学(Political Economy)

——政治经济学的定义(definition),13 页,14 页;

——政治经济学的特殊定律(special laws of),161 页。参看经济学(See also Economics)

偏好,偏好的程度(Preference, scales of)

——参看偏好的程度(see Scales of Preference)

价格(Prices)

——价格与生产成本(and cost of production),380 页,382—391 页,844 页;

——价格与均衡价值(and equilibrium value),214 页;

——价格与边际重要性(and marginal significance),91 页,92 页,143 页;

——价格与存货规模(and size of stocks),231 页;

——价格与投机性资产(and speculative holding),234 页;

——集体确定的价格(collectively fixed),218 页;

——价格的决定性因素(determinants of),503 页,516 页,784 页;

——歧视性价格(discriminating),253 页及以下;

——价格均衡函数(equilibrating function),143 页;

——对价格的试错估计(erroneous estimates),224 页及以下;

——确定价格的案例(examples of fixation),507—516 页;

——价格所表示的经济关系(express economic relations),5 页;

——价格的一般概念(generalised conception),27页及以下;

——价格作为选择的指数(index of alternatives),21页及以下;

——价格的惯性(inertia of),599页

——垄断性价格(monopolistic),256页;

——黄金的价格(of gold),605页;

——服务的价格(of services),319页及以下;

——保留价格(reservation),229页及以下,323页,324页,327页;

——零售价格(retail),250页;

——惯例价格 traditional,249页

生产(Production)

——生产与心理学(and psychology),769页;

——生产要素(factors of)——参看生产要素(see Factors of Production)

——为交换而生产(for exchange),133页

为将来做预备(Provision for the future)——参看储蓄(see Saving)

心理学(Psychology)

——心理学与经济学(and Economics),766页及以下;

——选择的心理学(of choice),2页,3页,816页,849页

购买(Purchase)

——购买是一种间接形式的交换(an indirect form of exchange),127页及以下;

——通过动产租金的购买(by hire),107页;

——通过长期节俭(牺牲)的购买(by long-period sacrifice),105页

Q

经济数量(Quantities, economic),738—752页,755—758页

货币数量论(Quantity Theory of Money),610页及以下,768页

R

原材料市场(Raw material markets),258页

相对规模(Relative scale)——参看规模偏好(see Scales of Preference)

不动产租金(Rent)

——不动产租金与生产成本(and cost of production),540页,821页;

——不动产租金与动产租金(and hire),312页,799页注;

——不动产租金与利息(and interest),314页,859页;

——消费者不动产租金(consumer's),570页

——不动产租金定律(law of),790页及以下;

——不动产租金不是剩余(not a residuum),568页,570页;

——不动产租金的市场理论(theory of the market),6页

零售贸易(Retail trade),250页

李嘉图,D.(Ricardo,D.),xvi,xvii,xx,568页,574页,724页,725页,770页,790页,811页,827页

鲁宾逊,克鲁索(Robinson Crusoe),522页,716页,722页,829页,833页

皇家造币厂(Royal Mint),603页

S

满足(Satisfaction)

——满足估计的精确性(accuracy of estimates),452页,454页;

——满足能力(capacity for),423页;

——总满足(程度)曲线(curve of total),447页,463页,467页及以下,476页;

——满足(程度)的图示(diagrams of),442页及以下;

——从工作中获得的满足(from work),198页及以下;

——关于满足的一般讨论(general discussion of),415—435页;

——欲望的满足(of wants),350页及以下;

——正满足与负满足(positive and negative),25页及以下,415页及以下;

——即期的满足与将来的满足(present and future),112页及以下,299页;

——破坏性的满足(ruinous),423页;

——满足的总和(summation of),479页;

——高级满足(superior),432页;

——剩余满足(surplus),479页及以下;

——满足的(计量)单位(unit of),440页;

——浪费性满足(wasteful),424页

储蓄(Saving)

——储蓄的优点(advantages of),343页;

——储蓄与利息(and interest),307 页;

——储蓄的原因(causes of),309 页;

——在储蓄用途上的竞争(competition for use of),285 页及以下;

——劳动储备的分工(division of labour in),278 页,294 页;

——储蓄的效应(effect of),281 页,306 页及以下;

——过度储蓄(excess of),298 页;

——阻碍储蓄的(因素)(hindrances to),305 页;

——储蓄的性质(nature of),283 页;

——储蓄过程(process of),277 页及以下;

——储蓄率(rate of),309 页;

——工具作为储蓄的结果(tools a result of),282 页;

——储蓄的浪费(waste of),308 页

——明智的与不明智的储蓄(wise and unwise),294 页

偏好的程度(Scales of preference)

——无意识的偏好程度(automatic),35 页;

——收入改变的偏好程度(changes of income),483 页;

——偏好程度的巧合(co-incidence of),834 页;

——集体的偏好程度(communal),143 页,144 页,488 页,497 页及以下;

——交换的偏好程度(exchange),128 页及以下;

——关于偏好程度的一般讨论(general discussion),32 页及以下;

——偏好程度的重要性(importance of),122 页及以下;

——客观的偏好程度(objective),147 页;

——心理上的或关键的偏好程度(psychological or vital),147 页

销售商(Sellers)

——持保留价格的销售商(at reserve prices),229 页;

——销售商的联合(combinations among),256 页;

——零售商(retail),250 页

服务(Services)

——可交易的服务(exchangeable),151 页,316 页及以下;

——服务需求的波动(fluctuations in demand),330 页;

——缺乏公共管理的服务(lack of communal administration),333 页;

——服务市场(market for),319 页及以下;

——服务的不可储存性(perishable nature of),321 页;

——服务价格(price of),319 页及以下;

——服务的保留价格(reserve prices),323 页,324 页,327 页;

——服务中的投机(speculation in),328 页;

——服务的供给(supply of),332 页,522 页及以下;

——服务的市场理论(theory of the market),7 页;

——服务的价值(worth of),339 页及以下

萧伯纳,G. B. (Shaw, G. B.),viii,731 页,732 页,733 页

重要性(Significance)

——资源配置效应的重要性(effect of distribution of resources),281 页;

——远期效应的重要性(effect of remoteness),112 页及以下;

——不同个体的重要性(for different individuals),189 页;

——相对重要性,客观重要性(objective, relative),147 页;

——货币的重要性(of money),486 页;

——总和的与边际的重要性(total and marginal),45 页及以下;

——关键的与客观的重要性(vital and objective),148 页

参看边际重要性与边际重要性递减(See also Marginal Significance and Diminishing Marginal significance)

斯密,亚当(Smith, Adam),xvii,725 页,830 页

社会主义(Socialism),675 页及以下

投机(Speculation)

——关于投机的一般讨论(general discussion),633 页;

——对将来的投机(in futures),237 页;

——市场投机(in markets),234 页及以下;

——服务中的投机(in services),328 页;

——股票投机(in stocks and shares),238 页,245 页及以下

价值标准(Standard of value),137 页及以下,577 页及以下,参看货币(See also Money)

股票市场(Stock markets),238 页及以下

边际替代(Substitution at the margin),365 页及以下

重叠法则（Superposition—principle of），203 页

供给（Supply）

 ——供给与利息（and interest），309 页；

 ——供给曲线（curves of），xx，506 页，516 页，785 页及以下，797 页；

 ——供给的决定因素（determination of），517 页；

 ——市场上对预付的供给（in market for advances），291 页；

 ——商品供给（of commodities），261 页，719 页；

 ——劳动供给（of human effort），332 页，522 页及以下；

 ——土地供给（of land），533 页.

剩余价值（Surplus value），43 页及以下，487 页

T

关税（Tariffs），641 页，664 页，666 页及以下

税收（Taxation）

 ——关于税收的一般讨论（general discussion），660 页及以下；

 ——地方税收（local），675 页；

 ——利用税收筹集资本（to raise capital），681 页

工资理论等，不必要的（Theories of wages, etc., unnecessary），6 页，788 页

理论与实践（Theory and practice），202 页

市场理论——参看市场法则（Theory of the market—see Law of the market）

工具（Tools），282 页，290 页，299 页

贸易（Trade）

 ——贸易波动（fluctuations in），639 页及以下；

 ——国内外贸易（home and foreign），589 页；

 ——工会主义（Unionism），690 页及以下

U

不确定性（Uncertainty），113 页

支付不足（Underpayment），340 页

失业（Unemployment），637 页及以下，666 页及以下

单位（Units）

——边际单位(at the margin),573 页;

——单位规模效应(effect of size),56 页,97 页;

——单位(商品)的部分消费(fractional consumption of),311 页;

——满足的单位(of satisfaction),440 页

效用(Utility)

——效用(概念)的不明确运用(ambiguous use of),800 页;

——效用与价值(and value),715—733 页;

——效用程度(degree of),759—761 页;

——最终效用(final),762 页,797 页及以下;

——杰文斯使用的效用(概念)(Jevonian use of),742 页及以下;

——效用的可变性(variation of),715 页,721 页,811 页

参看边际重要性(See also Marginal Significance)

V

价值(Value)

——价值与先前的努力(and antecedent efforts),93 页

——价值与惯例,等等(and conventions, etc.),115 页及以下;

——价值与生产成本(and cost of production),89 页,373 页,380 页,382—391 页;

——价值与市场价格(and market price),214 页;

——价值与相对规模(and relative scales),141 页及以下;

——价值与使用价值(and value in use),45 页及以下,830 页;

——价值比率(ratio),831 页;

——价值依赖于稀缺性(dependent on scarcity),347 页;

——供给固定的价值(fixed supply),309 页;

——杰文斯的价值理论(Jevonian Theory),716 页及以下,724 页及以下;

——边际价值理论(marginal theory),774 页;

——马克思的价值理论(Marxian Theory),vii,705—733 页;

——要素的价值(of factors),541 页;

——货币的价值(of money),610—623 页;

——服务的价值(of services),339 页及以下;

——工具的价值(of tools),290 页;

——价值标准(standard of),137 页及以下,577 页;

——剩余价值(surplus),43 页及以下,487 页,710 页,722 页,733 页

效用变化定律(Variation of Utility—Law of),715 页,721 页,811 页

W

工资(Wages)

——工资与不动产租金(and rent),550—574 页;

——商议的工资(cross),331 页;

——工资的惯性(inertia of),599 页;

——最低工资(minimum),682 页,693 页;

——支付给服务的工资(payment for services),320 页;

——工资的市场理论(theory of the market),6 页;

——国家控制下的工资(under State control),682 页及以下

沃尔克,F. A.(Walker, F. A.),707 页注,791 页,827 页

瓦尔拉斯,里昂(Walras, Léon),x,xviii,2 页,725 页,736 页,762 页,765 页,808 页,818 页

欲望(Wants)

——欲望与经济关系(and economic relations),781 页;

——欲望变化的性质(changing nature of),349 页;

——市场对欲望的同等对待(equated in market),189 页;

——不同个体的欲望(of different individuals),148 页及以下,782 页;

——欲望的资源(限制)(resources of),114 页及以下;

——储蓄的欲望(of savings),308 页

威克塞尔,K.(Wicksell, K.),xvii,xx

维塞尔,F.(Wieser, F.),xii,xvi,xviii

价值(Worth)

——价值与经济(and economy),14 页;

——价值与商品(of commodities),713 页及以下,718 页;

——劳动的价值(of labour),339 页及以下;

——价值的额外报酬(remuneration in excess of),341 页,343 页;

——价值增加的途径(ways of increasing),344 页

译后记

一般而论,译事完成之后,译者应当写一篇介绍文字,对所译著作的内容、主旨、时代背景、学术价值,以及作者及其创作过程、学术生涯做些介绍和评论。简短的几页文字,有助于读者用最短时间对著作有所了解。它是介绍,是导读,也是最好的新书广告。多年来,本人在书店或图书馆里每见新书,总是先浏览序和跋,然后再翻阅正文,决定是否购买、阅读。很多书都是先读了甚至浏览了序,就产生了购买、阅读的欲望的。序之为书、为读者,功德莫大焉。因此,每见到一本书没有序,总觉得作者(译者)似乎没有完成他的工作,使书缺了点什么似的。

不过,读者可以看出,本书的这项工作已经由丛书主编韦森教授及本书编者罗宾斯教授极其出色地完成了。如果译者不揣冒昧,非要如此这般地再来一遍,何止是叠床架屋,东施效颦,只怕是佛头着粪,大煞风景,非被读者一顿大棒子打出门去不可。译者因此失了业,只好改行写跋,交代一点翻译过程中的事。

在《产业组织经济学手册》的译后记中,我曾经写到:我们这些生于五十年代的学人多年来深深受惠于学术译作,一直视译者为盗火的普罗米修斯。因此,从事学术工作之后,但凡自觉有点能力,总是希望能在这个受惠甚多的领域多少还一点欠账。或许正是基于这一情怀,2005年,当韦森先生建议我承担菲利普·亨利·威克斯蒂德的《政治经济学常识》一书的翻译时,居然不自量力地贸贸然答应了。说不自量力，不仅仅是因为高估了自己的能力，而且也严重低估了自己的工作负担。其时我正担任所在大学的经济学院副院长，兼任教育部人文社会科学重点研究基地——厦门大学宏观经济研究中心主任，主持经济学院研究生培养模式的改革、所在大学经济学科教育部985工程科研平台项目——厦门大学"中国宏观经济分析与预测"的申报，以及利用这一项目资金组建王亚南经济研究院等工作，行政工作负担较重，然而正常的教学科研工作并不因此稍减。2005年至今，每年的寒暑两假又都贡献给了宏观经济研究中心的"中国季度宏观经济模型（CQMM）"的宏观经济预测及报告的发布了，实在难有余裕承担翻译工作。与此同时，还不得不提及的是，这些年来，中国大学对教师以项目、论文、获奖为导向的考核评价制度，使学术著作的译介成为无足轻重的鸡肋。在此激励导向与考核压力之下，本书的翻译也就年复一年地拖延下来。

本书的翻译之所以最终能够得以完成，译者首先感谢责任编辑鲍雯妍女士，正是她耐心的等待、不懈的坚持、热情的鼓励，使我深感负债和内疚，重新拾起几次中断的译事。

其次，应当感谢的是2015年6月不期而来的一场大病，它使我暂时从日常忙碌中抽身出来，也因此提醒我要尽快完成久拖不决的本书翻译工作。

刘洁、孙建国、王燕武、李静、周闽军、谢攀、蔡伟贤、蔡伟毅、郑振雄、胡应环、袁伟彦、熊英、陈婷婷等同志参加了本书初稿的翻译，为译事奠定了良好的基础。十分抱歉的是，由于主译者的延误，他们的劳动至今才得以社会实现——当接手翻译此书时，他们大多还是在校的博士生、博士后，而今多已毕业数年，四散全国各地，不少已是所在大学的学术新锐了。

翻译过程中，高鸿桢、林添湖、瞿宛文、龚敏、徐敏等或协助译者翻译了书中的拉丁文、德文、法文、意大利文词句，或帮助译者解决了翻译中的部分疑难问题，在此表示衷心感谢。当然，译文所遗疏漏不当之处，当由本人负全部责任。

译作出版之际,译者怀着忐忑的心情,敬请读者不吝批评指正,以便今后再版修订时有所参考。译者的电子邮箱地址是:wpli@xmu.edu.cn。

李文溥
2016 年 6 月记于厦门大学北村

图书在版编目(CIP)数据

政治经济学常识/[英]菲利普·威克斯蒂德著;李文溥等译. —上海:复旦大学出版社,2016.7
(西方经济社会思想名著译丛)
书名原文:The Common Sense of Political Economy
ISBN 978-7-309-12350-0

Ⅰ.政… Ⅱ.①菲…②李… Ⅲ.政治经济学 Ⅳ.F0

中国版本图书馆 CIP 数据核字(2016)第 136686 号

本书由上海文化发展基金会图书出版专项基金资助出版。

政治经济学常识
[英]菲利普·威克斯蒂德 著 李文溥等 译
责任编辑/鲍雯妍

复旦大学出版社有限公司出版发行
上海市国权路 579 号 邮编:200433
网址:fupnet@fudanpress.com http://www.fudanpress.com
门市零售:86-21-65642857 团体订购:86-21-65118853
外埠邮购:86-21-65109143
上海市崇明县裕安印刷厂

开本 787×960 1/16 印张 49 字数 670 千
2016 年 7 月第 1 版第 1 次印刷

ISBN 978-7-309-12350-0/F·2278
定价:88.00 元

如有印装质量问题,请向复旦大学出版社有限公司发行部调换。
版权所有 侵权必究